COMMENT JUGEZ-VOUS CE QUI EST PROPOSÉ DANS LES DOMAINES SUIVANTS ?	très satisfaisant	satisfaisant	peu satisfaisant	pas satisfaisant	POURQUOI ? *(En nous donnant des précisions, vous nous aidez à mieux comprendre votre réponse)*
En conclusion (après une vue d'ensemble du manuel)					
Le repérage pour l'élève au sein du manuel	❑	❑	❑	❑	
L'accessibilité du manuel pour un élève de 6ᵉ	❑	❑	❑	❑	
L'ouverture culturelle *(références littéraires, historiques, artistiques – Rubrique « Enquêt'art »)*	❑	❑	❑	❑	
La mise en œuvre des nouveaux programmes	❑	❑	❑	❑	

W0293155

3. Quelle est votre perception du CD audio-Rom ?

❑ **Très Favorable** ❑ **Plutôt Favorable** ❑ **Peu Favorable**

Pourquoi ? ....

4. Bilan : votre appréciation globale du manuel *Fil d'Ariane 6ᵉ*

- **Ce que vous avez particulièrement apprécié dans l'ouvrage :** ....
- **Ce qui vous a le moins séduit :** ....

5. Quelles sont vos suggestions pour la 5ᵉ ? (à partir de ce que vous avez vu du manuel de 6ᵉ)

....

Manuel actuellement en usage en 6ᵉ : ....

Prévoyez-vous un changement de manuel en 6ᵉ à la rentrée 2009 ? ❑ **Oui** ❑ **Non**

Si oui, quel est le manuel envisagé ? ....

Pourquoi ? (la ou les raisons principales) ....

QUESTIONNAIRE À NOUS RETOURNER IMPÉRATIVEMENT **AVANT LE 30 JUIN 2009,**
EN UTILISANT L'ENVELOPPE LIBRE RÉPONSE JOINTE (**PAS D'AFFRANCHISSEMENT NÉCESSAIRE**).

Vos coordonnées pour l'envoi du cadeau au choix : ❑ *Crime d'auteur* ❑ *Avertissement de conduite*

Nom et Prénom ....
Adresse personnelle ....
Code postal .... **Ville** ....
Téléphone ....

E-mail ....
Nom de l'établissement ....
Ville de l'établissement ....
Nombre d'années d'enseignement ....

Souhaitez-vous recevoir notre lettre d'information bimestrielle par e-mail ? ❑ **Oui** *(précisez ci-dessus votre adresse e-mail)* ❑ **Non**
Accepteriez-vous d'être contacté pour une autre enquête ? ❑ **Oui** ❑ **Non**

2009 / 15

didier Éditions Didier - 13, rue de l'Odéon - 75006 Paris - www.editionsdidier.com

FRANÇAIS COLLÈGE 2009

didier

Répondez à ce questionnaire en ligne sur notre site :
http://enquetes.editionsdidier.com/fildariane6e.html

Vous avez pris le temps de feuilleter le nouveau manuel de français *Fil d'Ariane 6*[e].
Votre avis nous intéresse, merci de nous le faire partager !

L'équipe des relations enseignants Didier

Un ouvrage, au choix, de la collection **Atelier de lecture (avec CD) offert** pour toute réponse **avant le 30 juin 2009 !**

1. Quelles sont vos premières impressions sur le manuel *Fil d'Ariane 6*[e] ?

❑ Très positives ❑ Plutôt positives ❑ Plutôt négatives ❑ Très négatives

Pourquoi ? ....

....

....

2. D'après les éléments dont vous disposez (manuel, CD audio-Rom, extrait du guide pédagogique), comment jugez-vous ce qui est proposé dans les domaines suivants ?

POURQUOI ?
(En nous donnant des précisions, vous nous aidez à mieux comprendre votre réponse)

	très satisfaisant	satisfaisant	peu satisfaisant	pas satisfaisant	Pourquoi ?
Premières impressions générales					
◗ **La présentation / lisibilité d'ensemble**	❑	❑	❑	❑	....
◗ **L'étude de la langue et sa liaison avec les textes**	❑	❑	❑	❑	....
Analyse détaillée					
◗ **Le choix des thèmes**	❑	❑	❑	❑	....
◗ **Le choix des textes** *(nombre, longueur, intérêt, niveau)*	❑	❑	❑	❑	....
◗ **Le questionnement des textes** *(nombre, pertinence, accessibilité des questions)*	❑	❑	❑	❑	....
◗ **L'iconographie, le choix des illustrations**	❑	❑	❑	❑	....
◗ **L'étude de l'image** *(intérêt / pertinence du questionnement)*	❑	❑	❑	❑	....
◗ **Les bilans** *(« Construire le bilan sur... »)*	❑	❑	❑	❑	....
◗ **Les pages d'entraînement** *(vocabulaire, oral, écrit)*					
« Mieux connaître les mots »	❑	❑	❑	❑	....
« S'exercer pour l'oral »	❑	❑	❑	❑	....
« S'exercer pour l'écrit »	❑	❑	❑	❑	....
◗ **L'évaluation**	❑	❑	❑	❑	....
◗ **La partie Étude de la langue**					
Les leçons	❑	❑	❑	❑	....
Les exercices	❑	❑	❑	❑	....

ATELIER DE LECTURE
Une collection d'ouvrages avec CD audio pour éprouver le plaisir de lire et écouter des histoires.
Un appareil pédagogique avec questions, activités et lexique des mots difficiles.
Public : élèves en difficulté et nouvellement arrivés en France.

Code	Titre	PRIX public	Forfait de mise à disposition	Sous-total
	→ **COLL. ATELIER DE LECTURE**			
47 5560 9	Virgule (bande dessinée) Livre + CD audio	6,00 €		
47 5557 5	SOS urgences Livre + CD audio	6,00 €		
47 4825 7	Quinze jours pour réussir ! Livre +CD audio	6,00 €		
47 4820 8	C'est pas compliqué l'amour Livre + CD audio	6,00 €		
47 4821 6	Avertissement de conduite Livre + CD audio	6,00 €		
47 4818 2	Le jour où j'ai raté le bus Livre + CD audio	6,00 €		
47 5558 3	Un agent très secret Livre + CD audio	6,00 €		
47 5559 1	L'ours sort ses griffes Livre + CD audio	6,00 €		
47 4824 0	Crime d'auteur Livre + CD audio	6,00 €		
47 4822 4	Disparition à Saint-Malo Livre + CD audio	6,00 €		
47 4823 2	Le casque mystérieux Livre + CD audio	6,00 €		
47 4819 0	Carton rouge ou mort subite Livre + CD audio	6,00 €		

LA REVUE INTERNATIONALE D'ÉDUCATION - SÈVRES
Une approche internationale pour une information et une réflexion sur les grandes questions d'actualité en éducation.

	→ **COLL. LA REVUE INTERNATIONALE D'ÉDUCATION - SÈVRES / C.I.E.P.**			
4729190	**N° 46** : l'émergence d'une autre école : constats et perspectives	13,90 €		
4748042	**N° 48** : l'école et son contrôle	13,90 €		
4748059	**N° 49** : Quel avenir pour les études de sciences humaines ?	13,90 €		
4766010	**N° 50** : En classe. Approches comparées	13,90 €		

Ci-joint mon règlement d'un montant de..
par : ....
n° carte bancaire

N° I__I__I__I__I I__I__I__I__I I__I__I__I__I I__I__I__I__I
date d'expiration I__I__I I__I__I
date : .... signature obligatoire :

❍ chèque à l'ordre des éditions Didier
❍ bon administratif pour paiement
par l'établissement à réception de la facture

frais de port (acheminement normal).. offerts
❍ Dom-Tom et étranger ....8,00 €
❍ Option service + (livraison sous 48 h à réception
de votre commande - France métropolitaine - Hors Corse)..........5,00 €

TOTAL (+ frais de ports) : .... €

Je souhaite recevoir
❍ le catalogue secondaire / 94 2932 5

FRANÇAIS COLLÈGE

BON DE COMMANDE

200/216-AC-L1-01012
Mlle LOPEZ SABINE
PROF DE FRANCAIS
COLLEGE NELSON MANDELA
11 ALLEE DES DROITS DE L HOMME
93150 LE BLANC MESNIL

Adresse de livraison si différente
(pendant les vacances d'été uniquement)...

|_|_|_|_|_|...

• COMMANDEZ PAR INTERNET

OFFRE D 090315

Sur le site **www.editionsdidier.com**
À tout moment choisissez chez vous les ouvrages qui vous intéressent et bénéficiez des conditions enseignants.
Vous pouvez les recevoir sous 48 h.

• Par courrier ou par fax, il suffit de retourner le bon de documentation ci-dessous, accompagné d'une attestation professionnelle à l'adresse :

Éditions Didier, commandes enseignants,
libre réponse 65009,
86509 MONTMORILLON Cedex
(affranchissement réglé par les Éditions Didier)

Tél : 05 49 91 87 77 – ou par fax au : 05 49 91 87 78
Bon valable pour 1 exemplaire par référence. Pour toute commande en nombre, veuillez consulter votre libraire.
Pour ces ouvrages, les enseignants de la matière et dans le cycle concerné, bénéficient d'un forfait de mise à disposition.

www.editionsdidier.com/fil-d-ariane/

LA COLLECTION FIL D'ARIANE 6E

OU

+

Code	Titre		PRIX public	Forfait de mise à disposition	Sous-total
→	**COLL. FIL D'ARIANE 6e**				
474870 3	Livre unique + CD audio-Rom Livre unique		22,00 €		
9724014	**Pack** Volume 1* «Textes et images » **+** Volume 2* « Étude de la langue » avec son CD-rom		~~24,50 €~~	6,00 €	
474229 2	CD audio élève remplacement	juin. 09	5,00 €		
972400 6	**Pack** 10 CD audio rom de remplacement	juin. 09	25,00 €		
472862 2	Guide pédagogique	juil. 09	15,00 €		
472864 8	DVD + livret	juil. 09	65,00 €		
472865 5	Transparents	oct. 09	30,00 €		
	* Manuel numérisé : conditions commerciales sur www.kiosque-edu.com				

* Les ouvrages peuvent aussi être acheté à l'unité - volume 1 : 14,00 € et volume 2 : 10,50 €

Offre valable jusqu'au 31/12/09

99 3640 2

didier

Textes enregistrés sur la partie audio

1 Contes d'ogres et de fées *Les fées*, Charles Perrault, p. 16	Pistes 1-2-3
2 Magie des métamorphoses « Conseils d'une chenille », Lewis Carroll, p. 42	Piste 4
3 Paroles sacrées « Le serpent tentateur », La Bible, p. 64	Piste 5
4 Des contes pour expliquer le monde *Fari l'ânesse,* Birago Diop, p. 86	Pistes 6-7-8-9
5 Sagesse des fables *Le Lion et le Rat,* La Fontaine, p. 112	Piste 10
6 « La poésie, c'est autre chose » *La lune blanche,* Paul Verlaine, p. 136	Piste 11
Avenue du Maine, Max Jacob, p. 136	Piste 12
Jardin de France, Leopold Sédar Senghor, p. 136	Piste 13
7 Un voyage dans le monde d'Ulysse Incipit, Homère, p. 156	Piste 14
8 Vies extraordinaires des héros « Le premier roi du monde », p. 184	Piste 15
9 Premiers pas sur les planches « Une entrée en scène surprenante » Carlo Goldoni, p. 208	Piste 16
10 Lever de rideau sur la comédie « On m'a dérobé mon argent ! », Molière, p. 230	Piste 17

fil d'Ariane 6e
programme de français 2009

Livre unique

Sous la direction
d'**Odile Marais**
Agrégée de Lettres Modernes
Cité scolaire Hector Berlioz, Vincennes

Geneviève Ginter
Certifiée de Lettres Classiques

Bérengère Humbert-Vier
Certifiée de Lettres Modernes

Armelle Larvor
Certifiée de Lettres Classiques

Marie-Pierre Verhille
Certifiée de Lettres Modernes

Marion Weber-Pallez
Auteur du CD partie rom

didier

Les auteurs du manuel remercient tout particulièrement l'équipe éditoriale, avec laquelle ils ont eu un grand plaisir à travailler.

Ils tiennent aussi à remercier vivement Annick Gibert et Bruno Gourdin pour leurs précieux conseils et leur disponibilité, ainsi que Monique Bergonhe pour ses remarques.

Un grand merci aux relecteurs pour leur regard critique, ainsi qu'à Matthias Cyprien pour sa contribution à la réalisation des pages « De la classe au CDI ».

Conception et direction artistique de la couverture :
Christian Dubuis Santini © Agence Mercure

Principes de maquette pages intérieures (hors réalisation et iconographie) :
Christian Dubuis Santini © Agence Mercure

Illustrations :
Michel Galvin, pages 16, 17, 19, 40, 66, 70, 86, 87, 88, 89, 112, 116, 132, 134, 156, 158, 159, 178, 180

Mise en page :
Sabine Beauvallet

Lecture-corrections :
Laure Mistral

Photogravure :
IGS

Enregistrements, montage et mixage :
Olivier Ledoux, Studio Corby

Interprétation des textes sur le CD partie audio :
Valérie Bezançon, Arnaud Caron, Philippe Houriet

Déroulons le fil d'Ariane...

Dans un récit de la mythologie, Minos, roi de Crète, victorieux d'Athènes, exige que la cité grecque lui livre chaque année, sept jeunes garçons et sept jeunes filles. Les adolescents sont ensuite dévorés par le Minotaure, qui est enfermé dans un labyrinthe. Thésée, fils du roi d'Athènes, décide de mettre fin à cet odieux sacrifice.

Lorsqu'Ariane, fille de Minos, découvre Thésée à son arrivée en Crète, elle tombe amoureuse de lui et décide de l'aider. Elle lui confie une pelote de fil qui le guide pour sortir du labyrinthe après sa victoire contre le Minotaure.

Les enseignants connaissent bien ce récit, les parents s'en souviennent sûrement, les élèves de 6e vont le découvrir cette année... Le mythe a inspiré plusieurs œuvres en peinture, au théâtre...

Entrée dans la langue, l'expression « fil d'Ariane » signifie le chemin que l'on suit, qui nous guide. Un « fil d'Ariane » désigne d'ailleurs une aide à la navigation sur Internet.

Liens entre textes et étude de la langue, arts et faits littéraires, papier et multimédia, passé et présent, élève et enseignant, classe et maison : la collection « Fil d'Ariane » se propose de tisser tous ces liens, pour transmettre aux élèves les contenus du programme de français 6e en application à la rentrée 2009.

Avec conviction et passion, l'équipe qui a travaillé sur cet ouvrage (auteurs, éditeur, relecteurs, graphiste, directeur artistique, iconographe, illustrateur) s'est attachée à suivre une démarche pédagogique simple mais exigeante, proposer des contenus et une mise en forme visuelle tournés vers l'élève, pour qu'il soit motivé par ses découvertes et ses apprentissages, mesure ses acquis et ce qu'il va apprendre, sans... perdre le fil.

Nous espérons que vous aurez tous, enseignants et élèves d'abord, parents également, plaisir à utiliser cet ouvrage.

Programme du collège de l'enseignement du français
Cycle d'adaptation – Classe de sixième

Les objectifs et les principes de mise en œuvre des programmes sont développés dans le préambule auquel les professeurs sont invités à se reporter pour organiser l'enseignement dans le cadre des domaines suivants. L'étude de la langue, indispensable en elle-même, se met au service de la pratique constante de la lecture et de l'expression écrite et orale.

I. L'ÉTUDE DE LA LANGUE

1. Grammaire

L'analyse de la phrase

– la phrase verbale/non verbale ;
– la phrase simple (un seul noyau verbal) ;
– les quatre types de phrase (déclarative, interrogative, injonctive, exclamative) ;
– la phrase affirmative/ la phrase négative ;
– l'interrogation totale et l'interrogation partielle (marques écrites et orales) ;
– initiation à la phrase complexe (plusieurs noyaux verbaux).

Les classes de mots

– le nom et ses déterminants : les articles, indéfinis, définis, partitifs ; distinction entre *des* article indéfini, *des* article défini contracté ; *du* article partitif, *du* article défini contracté ; le déterminant possessif ; le déterminant démonstratif ;
– le verbe (savoir l'analyser en donnant son infinitif, son groupe, son temps, son mode, sa personne ; cette analyse se complexifiera au fur et à mesure que la connaissance du verbe sera approfondie) ;
– les pronoms : les pronoms personnels (leurs formes et leurs fonctions ; distinction entre *la*, *les* déterminants et pronoms) ; les pronoms possessifs ; les pronoms démonstratifs ;
– l'adjectif qualificatif (il s'ajoute au nom pour le qualifier, s'accorde en genre et en nombre avec le nom qu'il qualifie).

Les fonctions grammaticales

– le sujet du verbe (le groupe nominal et le pronom ; le sujet déplacé ou inversé) ;
– les compléments d'objet du verbe (direct, indirect, second) ;
– les groupes nominaux compléments circonstanciels (mobiles et supprimables, valeurs de moyen et de manière, de temps et de lieu) ;
– l'épithète ;
– l'attribut du sujet ; (distinction attribut / complément d'objet direct).

La conjugaison du verbe

– l'infinitif et les trois groupes verbaux ;
– l'indicatif (temps simples et temps composés ; y compris le conditionnel) : étude systématique, avec décomposition des formes en éléments ;
– l'impératif.

Les valeurs des temps verbaux

– se situer dans le temps : passé / présent / futur ;
– le présent (présent de vérité générale, présent d'actualité, présent de narration) ;
– le passé simple et l'imparfait (premier plan et arrière-plan dans un récit ; l'imparfait dans la description ; le passé simple dans la narration ; action ou état borné/non borné) ;
– le passé composé (extension de son usage due à la disparition du passé simple à l'oral) ;
– le futur (valeur temporelle de projection dans l'avenir ; valeurs modales de futur catégorique ou de futur de supposition).

2. Orthographe

Orthographe grammaticale

– les accords dans le groupe nominal (l'adjectif, le déterminant, le nom) ;
– l'accord simple sujet-verbe et sujet-attribut ;
– l'accord du participe passé avec *être* et *avoir* (cas simples) ;
– la morphologie du verbe à l'indicatif : 1er, 2e et 3e groupes, en lien avec les conjugaisons du programme (les verbes morphologiquement réguliers) ;
– les pluriels en *-aux*, *-eux*, *-oux* ;
– la ponctuation : les divers points, la virgule, les guillemets, les parenthèses, les tirets.

Orthographe lexicale

– les signes auxiliaires : tréma, apostrophe, trait d'union ;
– l'accentuation de *e ;*
– majuscule ou minuscule.

Quelques homonymes ou homophones

– distingués par l'accent : *à/a ; la/l'a/l'as/là ; mur/mûr*...
– autres : *et/est ; mais/mes ; on/ont ; ce/se ; ces/ses ; son/sont*...

3. Lexique

L'étude du lexique vise à enrichir le vocabulaire des élèves de façon structurée à partir de réseaux de mots. Ces réseaux se rapportent à des domaines lexicaux définis pour chaque niveau. Ils se constituent à l'aide de notions lexicales dont la progression se poursuit au cours des quatre années de collège.

Domaines lexicaux

– vocabulaire des émotions ;
– vocabulaire des religions (croyances et pratiques religieuses dans l'Antiquité) ;
– vocabulaire des genres littéraires (conte, récit).

Notions lexicales

– formation des mots : radical, préfixation, suffixation, composition, dérivation, familles de mots, initiation à l'étymologie ;
– sens propre et sens figuré ;
– niveaux de langue ;
– reprises et substituts du nom (en lien avec l'étude des classes grammaticales : les noms et pronoms) ;
– synonymie, antonymie, paronymie.

Pour mettre ce travail en cohérence avec les activités de lecture et d'écriture, le professeur construit des réseaux de mots à partir d'entrées lexicales choisies en relation avec les œuvres étudiées. Il peut, par exemple, privilégier les pistes suivantes :
– la métamorphose ;
– les attitudes et mouvements du corps ;
– l'art de la narration ;
– les jeux sur les mots et sur les sons.

II. LA LECTURE

La progression pédagogique du professeur s'attache à traiter toutes les entrées du programme de lecture, certaines pouvant faire l'objet de plusieurs lectures d'œuvres. Les œuvres qu'elle retient sont étudiées en œuvre intégrale ou par groupements de textes en classe ; elles peuvent aussi faire l'objet d'une lecture cursive en dehors du temps scolaire. Un projet d'organisation raisonnable au regard des objectifs poursuivis par ces programmes comprend la lecture d'au moins trois œuvres intégrales et trois groupements de textes étudiés en classe, et trois œuvres lues en lecture cursive en dehors du temps scolaire. Pour certaines œuvres, une version modernisée ou une adaptation de qualité est recommandée ; un astérisque les signale. Le programme rassemble des propositions parmi lesquelles le professeur est libre de faire des choix à l'intérieur des rubriques, selon le niveau de sa classe et son projet d'enseignement.

1. Textes de l'Antiquité

Le professeur fait lire des extraits choisis parmi les œuvres suivantes :
– *Le Récit de Gilgamesh*;*
– La Bible*,
– *L'Iliade**, *L'Odyssée** d'Homère ;
– *L'Énéide** de Virgile ;
– *Les Métamorphoses** d'Ovide.

2. Contes et récits merveilleux

Le professeur fait lire au moins deux contes choisis parmi les œuvres suivantes :
– *Les Mille et Une Nuits** ;
– *Contes* de Charles Perrault, de Madame d'Aulnoy, des frères Grimm, de Hans Christian Andersen ;
– *Alice au pays des merveilles** de Lewis Carroll ;
– *Le Petit Prince* d'Antoine de Saint-Exupéry ;
– *Petit Bodiel et autres contes de la savane ; Il n'y a pas de petite querelle* de Amadou Hampâté Bâ ;
– *Contes, Nouveaux contes d'Amadou Koumba* de Birago Diop ;
– *La Belle Histoire de Leuk-le-lièvre* de Léopold Sédar Senghor.

3. Initiation à la poésie

Le professeur choisit :
– des poèmes en vers réguliers, des poèmes en vers libres ou variés, des calligrammes, des haïkus ou des chansons, du Moyen Âge au XXIe siècle, pour faire découvrir la diversité des formes et motifs poétiques ;
– des *Fables* de Jean de La Fontaine (choisies dans les Livres I à VI).

4. Initiation au théâtre

Le professeur fait lire, intégralement ou par extraits, au choix :
– une pièce de Molière : par exemple *Le Médecin volant, L'Amour médecin, Le Médecin malgré lui, Le Sicilien ou l'amour peintre* ;
– une courte pièce, choisie par exemple parmi celles des auteurs du XXe siècle suivants : Jean Tardieu, Roland Dubillard, René de Obaldia.

5. Étude de l'image

L'approche de l'image est toujours mise en relation avec des pratiques de lecture, d'écriture ou d'oral. Elle est renforcée par l'initiation à l'histoire des arts.
La lecture de l'image a sa place en préparation, accompagnement, prolongement des textes et thèmes abordés durant l'année : en classe de sixième, le professeur puise principalement dans l'iconographie très riche liée aux textes de l'Antiquité et à leur représentation au fil des siècles. Il procède aussi à l'étude comparative d'images représentant les mêmes épisodes, par exemple le jugement de Pâris, la chute de Troie, la rencontre des Sirènes ou encore la construction de la tour de Babel ; la confrontation des différentes versions d'un même sujet conduit l'élève à réfléchir sur les intentions des artistes, sur la visée de leurs œuvres respectives.
Le professeur fait prendre conscience de l'existence de différents types d'images fixes et animées (tableaux, photographies, publicité, bandes dessinées, films...), ainsi que de leurs différentes fonctions. Parmi celles-ci, il privilégie la fonction narrative, pour laquelle les fresques, les polyptyques ou la bande dessinée, entre autres, fournissent des exemples.
En ce qui concerne les outils d'analyse, des entrées simples, aisées à mettre en œuvre, sont retenues pour la sixième : premières notions de cadrage, de composition, dont l'étude des plans.

III. L'EXPRESSION ÉCRITE

L'écriture s'apprend : elle nécessite dès la sixième un enseignement rigoureux et un entraînement régulier.

1. Objectifs

L'objectif prioritaire à atteindre à la fin de la classe de sixième est la rédaction d'un texte narratif correct et cohérent d'une page environ (une vingtaine de lignes).
L'élève doit pouvoir présenter son texte de manière lisible, avec une graphie claire et régulière. Il doit veiller à la correction de la langue et de la ponctuation. Il apprend à organiser son texte en paragraphes et à ménager des alinéas.
En sixième, on privilégie la rédaction de textes narratifs dans lesquels l'élève exerce ses capacités d'invention. Il peut y insérer des descriptions et des dialogues.

2. Modalités de mise en œuvre

Le professeur saisit toutes les occasions pour susciter le goût et le plaisir d'écrire. Il fait prendre conscience à l'élève du rôle de l'écrit dans notre société. Il veille à varier les consignes, les types d'exercices et les modes d'évaluation.
Pour développer les compétences rédactionnelles de l'élève, le professeur insiste sur la nécessité de se faire comprendre, de prendre en compte son destinataire et de s'adapter à la situation de communication définie par les consignes. Il incite l'élève à recourir aux dictionnaires dans la phase d'écriture.
L'élève utilise régulièrement le brouillon, puisque c'est le lieu de l'invention et de l'organisation des idées. Il comprend ainsi la nécessité de revenir sur son propre travail afin de l'améliorer.
L'apprentissage de l'écriture passe par une pratique régulière et progressive. Le professeur initie progressivement l'élève à l'élaboration d'une trace écrite : préparation, synthèse ou réinvestissement du travail effectué en classe.
Des séances spécifiques sont par ailleurs consacrées à l'expression écrite. À partir d'une recherche d'idées, guidée par le professeur ou librement menée, l'élève peut effectuer une exploration du langage, de ses ressources et de ses contraintes. En ce sens, l'apprentissage de l'écriture est étroitement lié à l'étude de la langue et s'appuie de façon rigoureuse sur l'étude du lexique et des structures grammaticales. L'élève s'habitue aussi peu à peu à structurer ses écrits en améliorant leur cohérence.
Les textes littéraires fournissent des modèles à imiter, permettant de s'inspirer fructueusement de leur structure (celle du conte ou de la fable par exemple), de la thématique qu'ils développent, de leur mise en mots.
Il est souhaitable les élèves rédigent un devoir complet et abouti au moins toutes les trois semaines. Modeste dans sa longueur et son contenu au début de la sixième, il s'étoffe et s'enrichit au cours de l'année. Ponctuellement, un devoir déjà rédigé peut donner lieu à une réécriture partielle et personnelle afin de l'améliorer.
L'utilisation du traitement de texte, et plus largement des TIC, peut apporter une aide précieuse dans les différentes étapes de la rédaction.

3. Travaux d'écriture

– récits rendant compte d'une expérience personnelle (l'élève peut éventuellement y exprimer sa propre appréciation, ses émotions et ses sensations) ;
– écrits en relation avec le programme de lecture : une courte fable, un conte ou une partie de conte, un épisode épique, une courte scène de théâtre ;
– textes favorisant l'expression poétique ;
– narrations à partir des œuvres étudiées dans le cadre de l'histoire des arts ;
– écrits à partir de supports divers permettant de développer des qualités d'imagination (images, objets, documents audio-visuels).
Une écriture longue peut être envisagée de façon individuelle ou collective, notamment la rédaction d'un conte.

IV. L'EXPRESSION ORALE

En classe de sixième, l'apprentissage de l'oral vise prioritairement les objectifs suivants :
– identifier les différentes situations de communication orale et ce qu'elles impliquent ;
– s'exprimer de façon audible et compréhensible, dans un niveau de langue approprié ;
– écouter et prendre en compte la parole d'autrui ;
– raconter une expérience (épisode vécu, lecture, film, visite ...).
Les élèves pratiquent régulièrement la lecture à haute voix et la récitation, en insistant sur la nécessaire mise en valeur du texte.

V. L'HISTOIRE DES ARTS

La priorité est accordée à l'Antiquité, l'étude des textes fondateurs permettant de mettre en valeur la thématique « Arts, mythes et religions ». C'est l'occasion de sensibiliser les élèves au fait religieux et de leur faire découvrir, en liaison avec la lecture des textes, des œuvres d'art antique et moderne, leur attention se portant principalement sur des sujets et des figures mythiques. Certains textes appellent un regard sur le travail des illustrateurs, sur la représentation du texte théâtral ou sur les adaptations cinématographiques. L'écoute d'œuvres musicales peut aussi compléter l'étude littéraire de certains textes.

Sommaire

Grammaire

Les classes de mots

Les fonctions dans la phrase

La phrase

Le verbe

Orthographe

Vocabulaire

> CD Partie rom

Il comporte des exercices supplémentaires liés à chaque fiche (« S'exercer »), ainsi que des entraînements de difficulté graduée croisant plusieurs points de langue (« Se tester »).

Des outils pour vous aider

Gustave Doré, *La Lecture des contes en famille*, 1867, gravure, frontispice de l'édition Hetzel des *Contes* de Perrault.

1 – Contes d'ogres et de fées
Qu'est-ce qu'un conte traditionnel ?

> PARCOURS TEXTES ET IMAGES

Et si les auteurs nous parlaient ?
C. Perrault, J. et W. Grimm, H. C. Andersen

1 caractériser les personnages
2 analyser la structure d'un conte
3 définir le registre merveilleux
4 comprendre ce que le conte enseigne
5 construire le bilan

Toujours d'actualité Le Petit Chaperon rouge *imité et parodié*
Enquêt'art *Le château de conte de fées*

> ENTRAÎNEMENT

Mieux connaître les mots

S'exercer pour l'oral
lire un conte à voix haute
S'exercer pour l'écrit
décrire un lieu de conte

> ÉVALUATION

Lire l'image

Regardez bien
– Comment voit-on que les contes se transmettent de génération en génération ?

Regardez mieux
– Un tableau au fond représente un ogre allongé avec ses bottes. Savez-vous dans quel conte il apparaît ?

GRAMMAIRE DU PARCOURS

Les classes de mots : l'adjectif qualificatif (Texte 1)
Les fonctions : le complément d'objet direct (Texte 3)
La phrase : les propositions (Texte 2) – la phrase exclamative (Texte 4)
Le verbe : le passé simple (Texte 1) – le futur simple (Texte 2) – le présent de l'impératif (Texte 3) – le présent de l'indicatif (Texte 4)

Charles Perrault, vous êtes l'auteur

du célèbre conte *Le Petit Poucet*. Enfant, aviez-vous des points communs avec lui ?

Charles Perrault, *Contes*, 1880, gravure, frontispice de l'édition Garnier Frères.

Je ressemblais un peu au Petit Poucet car j'étais le plus jeune des cinq enfants de la famille. Je suis né en 1628 et comme mon père je suis devenu avocat. Ensuite, j'ai travaillé à la cour du roi Louis XIV et je suis entré à l'Académie française. C'est seulement à la fin de ma vie, à l'âge de 66 ans, que j'ai publié les contes en vers et un peu plus tard les contes en prose. Mon fils Pierre est allé dans les fermes pour écouter les histoires qu'on racontait devant la cheminée ; il les a notées et je les ai ensuite rédigées pour qu'elles soient publiées. Quelle surprise pour moi de voir qu'on a oublié tout ce que j'ai écrit et que seuls ces Contes de ma mère l'Oye[1], *petites histoires sans prétention, m'ont rendu si célèbre ! Je suis mort en 1703 et je suis toujours étonné de voir que les enfants connaissent tous mon nom !*

1. Ou encore *Histoires ou Contes du temps passé avec des moralités*.

Jacob et Wilhelm Grimm, étiez-vous

travailleurs comme vos personnages, les sept nains ?

Nous sommes nés en Allemagne au XVIIIe siècle, et nous étions six enfants : cinq fils et une fille. Nous avons beaucoup travaillé, fait des études et publié de nombreux livres sérieux et difficiles.
Un jour, nous avons décidé de retrouver les contes traditionnels qui se racontaient depuis toujours et de les écrire ensemble. En 1812 a été publié notre recueil de Contes d'enfants et du foyer, *et depuis tout le monde a oublié nos prénoms. On ne nous appelle plus Wilhelm et Jacob, mais tout simplement les « frères Grimm ». Nos contes,* Blanche-Neige, Cendrillon *ou* Le Petit Chaperon rouge, *nous ont rendus inséparables pour toujours.*

Les frères Grimm avec la conteuse Dorothea Viehmann à Niederzwehren, 1819, gravure.

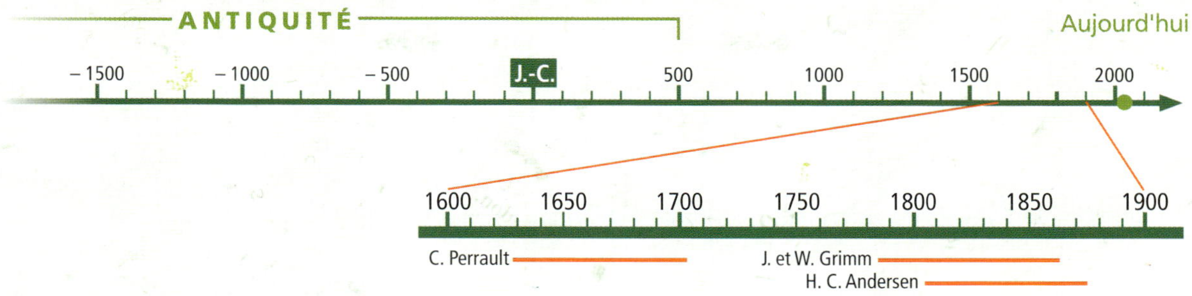

Hans Christian Andersen, comme

le héros de votre conte, est-il vrai que vous étiez un vilain petit canard devenu cygne ?

C'est vrai ! Connaissez-vous Odense ? C'est une petite ville du Danemark où je suis né, le 2 avril 1805. Ma vie a mal commencé : j'étais très laid et très pauvre. Comme mon père est mort quand j'avais onze ans, j'ai été obligé d'arrêter l'école pour travailler à l'usine. Puis, à quatorze ans, je suis parti faire fortune à Copenhague. Pendant longtemps j'ai mené une vie misérable : j'écrivais des récits de voyage, et des pièces de théâtre, mais personne ne les lisait. J'étais découragé !
Un beau jour de 1835, ma vie a changé : pour me divertir, j'ai écrit des contes pour enfants et tout le monde a voulu les lire. Alors j'ai continué à écrire des récits merveilleux. Mes contes m'ont rendu célèbre dans le monde entier et je suis traduit dans plus de quatre-vingts langues !
Je suis mort à Copenhague le 4 août 1875 mais mon succès est toujours aussi grand.

Statue d'Andersen à Central Park, New York.

Les fées

Charles Perrault : p. 14.

Il était une fois une veuve qui avait deux filles ; l'aînée lui ressemblait si fort et d'humeur et de visage, que qui la voyait voyait la mère. Elles étaient toutes deux si désagréables et si orgueilleuses qu'on ne pouvait vivre avec elles. La cadette, qui était le vrai portrait de son père pour la douceur et pour l'honnêteté, était avec cela une des plus belles filles qu'on eût su voir. Comme on aime naturellement son semblable, cette mère était folle de sa fille aînée, et en même temps avait une aversion[1] effroyable pour la cadette. Elle la faisait manger à la cuisine et travailler sans cesse.

Il fallait entre autre chose que cette pauvre enfant allât deux fois le jour puiser de l'eau à une grande demi-lieue[2] du logis, et qu'elle en rapportât plein une grande cruche. Un jour qu'elle était à cette fontaine, il vint à elle une pauvre femme qui la pria de lui donner à boire. « Oui-da, ma bonne mère », dit cette belle fille ; et rinçant aussitôt sa cruche, elle puisa de l'eau au plus bel endroit de la fontaine, et la lui présenta, soutenant toujours la cruche afin qu'elle bût plus aisément. La bonne femme, ayant bu, lui dit : « Vous êtes si belle, si bonne et si honnête, que je ne puis m'empêcher de vous faire un don (car c'était une fée qui avait pris la forme d'une pauvre femme de village, pour voir jusqu'où irait l'honnêteté de cette jeune fille). Je vous donne pour don, poursuivit la fée, qu'à chaque parole que vous direz, il vous sortira de la bouche ou une fleur ou une pierre précieuse. »

Lorsque cette belle fille arriva au logis, sa mère la gronda de revenir si tard de la fontaine. « Je vous demande pardon, ma mère, dit cette pauvre fille, d'avoir tardé si longtemps » ; et en disant ces mots, il lui sortit de la bouche deux roses, deux perles et deux gros diamants. « Que vois-je ? dit sa mère tout étonnée ; je crois qu'il lui sort de la bouche des perles et des diamants ; d'où vient cela, ma fille ? » (Ce fut là la première fois qu'elle l'appela sa fille.) La pauvre enfant lui raconta naïvement tout ce qui lui était arrivé, non sans jeter une infinité de diamants. « Vraiment, dit la mère, il faut que j'y envoie ma fille ; tenez, Fanchon, voyez ce qui sort de la bouche de votre sœur quand elle parle ; ne seriez-vous pas bien aise d'avoir le même don ? Vous n'avez qu'à aller puiser de l'eau à la fontaine, et quand une pauvre femme vous demandera à boire, lui en donner bien honnêtement. – Il me ferait beau voir, répondit la brutale, aller à la fontaine. – Je veux que vous y alliez, reprit la mère, et tout à l'heure. »

Elle y alla, mais toujours en grondant. Elle prit le plus beau flacon d'argent qui fût dans le logis. Elle ne fut pas plus tôt arrivée à la fontaine qu'elle vit sortir du bois une dame magnifiquement vêtue qui vint lui demander à boire : c'était la même fée qui avait apparu à sa sœur mais qui avait pris l'air et les habits d'une princesse, pour voir jusqu'où irait la malhonnêteté de cette fille. « Est-ce que je suis ici venue, lui dit cette brutale orgueilleuse, pour vous donner à boire ? Justement j'ai apporté

1. Aversion : horreur et dégoût.

2. Une demi-lieue : environ deux kilomètres.

un flacon d'argent tout exprès pour donner à boire à Madame ! J'en suis d'avis, buvez à même si vous voulez. – Vous n'êtes guère honnête, reprit la fée, sans se mettre en colère ; eh bien ! Puisque vous êtes si peu obligeante, je vous donne pour don qu'à chaque parole que vous direz, il vous sortira de la bouche ou un serpent ou un crapaud. »

D'abord que sa mère l'aperçut, elle lui cria : « Eh bien, ma fille ! – Eh bien, ma mère ! » lui répondit la brutale, en jetant deux vipères et deux crapauds. Ô Ciel ! s'écria la mère. Que vois-je là ? C'est sa sœur qui en est cause, elle me le paiera » ; et aussitôt elle courut pour la battre. La pauvre enfant s'enfuit, et alla se sauver dans la forêt prochaine. Le fils du roi qui revenait de la chasse la rencontra et, la voyant si belle, lui demanda ce qu'elle faisait là toute seule et ce qu'elle avait à pleurer. « Hélas ! Monsieur, c'est ma mère qui m'a chassée du logis. » Le fils du roi, qui vit sortir de sa bouche cinq ou six perles et autant de diamants, la pria de lui dire d'où cela lui venait. Elle lui conta toute son aventure. Le fils du roi en devint amoureux, et considérant qu'un tel don valait mieux que tout ce qu'on pouvait donner en mariage à un autre, l'emmena au palais du roi son père où il l'épousa. Pour sa sœur, elle se fit tant haïr que sa propre mère la chassa de chez elle ; et la malheureuse, après avoir bien couru sans trouver personne qui voulût la recevoir, alla mourir au coin d'un bois.

MORALITÉ

Les diamants et les pistoles[3]
Peuvent beaucoup sur les esprits ;
Cependant les douces paroles
Ont encor plus de force, et sont d'un plus grand prix.

AUTRE MORALITÉ

L'honnêteté coûte des soins,
Et veut un peu de complaisance[4],
Mais tôt ou tard elle a sa récompense,
Et souvent dans le temps qu'on y pense le moins.

Charles Perrault, « Les fées », *Histoires ou Contes du temps passé avec des moralités*, 1697.

3. Pistoles : monnaie ancienne.

4. Et veut un peu de complaisance : nécessite d'être aimable.

Walt Disney, *Il était une fois*, film américain, photogramme, 2007.

William Robert Symonds, *La Princesse et le Crapaud*, Bradford Art Galleries and Museums, Angleterre, 1894.

LIRE LE TEXTE

Caractérisation des personnages

1 *Quels sont les différents personnages du conte ?*

2 *[L. 3 et 4] Relevez les deux adjectifs qualificatifs.*
[L. 19] Relevez trois adjectifs qualificatifs.
(> Grammaire, fiche 8)
À quels personnages se rapporte chacun de ces adjectifs ?

3 *À qui ressemble la fille cadette ? Quel est son caractère ?*

Fonction des personnages

4 *Qui est le héros (ou l'héroïne) ?*

5 *[L. 25] Relevez les verbes. Quel est le temps utilisé ?*
(> Verbe, fiches 22 et 29)

6 *Quel personnage s'oppose à l'héroïne ?*

7 *Comment les qualités de l'héroïne sont-elles récompensées ?*

8 *Pourquoi la fille aînée est-elle punie ?*
Quelle est sa punition ?

Orthographe (> fiches 36 et 37)

9 *[L. 4 à 10] Relevez les mots dans lesquels la lettre c se prononce [k], puis les mots dans lesquels elle se prononce [s]. [L. 16] Pourquoi doit-on mettre une cédille au mot « rinçant » ?*

Vocabulaire (> fiche 41)

10 *Trouvez dans le texte trois mots formés sur le radical « honnête ».*

11 *Décomposez chaque mot : comment sont-ils formés ?*

> Expression écrite

Choisissez l'une des deux images de cette page.
Rédigez le portrait du personnage représenté : donnez-lui un nom et décrivez en quelques lignes son physique puis son caractère.

Lire l'image

– Quels sentiments provoque chacun des personnages ? Pourquoi ?
– Quelles paroles pourraient-ils être en train de prononcer ?

L'ESSENTIEL

- Les personnages du conte sont **stéréotypés** : leur physique correspond à leur caractère.
- Le **nom** du personnage permet de connaître son caractère, sa caractéristique physique ou sa fonction.
- Le **héros**, ou l'héroïne, est le personnage principal, qui se distingue par ses qualités.
- Les personnages qui aident le héros sont les **adjuvants**. Ceux qui s'opposent à lui sont les **opposants**.

2 Analyser la structure d'un conte

La boule de cristal

Jacob et Wilhelm Grimm : p. 14.

Il était une fois une magicienne dont les trois fils s'aimaient fraternellement ; mais elle n'avait pas confiance en eux et croyait qu'ils voulaient lui ravir son pouvoir. Elle changea l'aîné en aigle, il habitait sur un pic rocheux et on le voyait parfois monter et descendre dans le ciel en décrivant de nombreux cercles. Le deuxième fut changé en baleine, il vivait dans les profondeurs de la mer et l'on ne voyait de lui que le jet d'eau puissant qu'il lançait parfois en l'air. Craignant d'être changé lui aussi en bête féroce, en ours ou en loup, le troisième fils prit secrètement la fuite. Or il avait entendu dire qu'au château du Soleil d'or il y avait une princesse enchantée qui attendait sa délivrance ; mais chacun devait pour cela risquer sa vie, vingt-trois jeunes gens avaient déjà péri d'une mort lamentable, et il ne restait plus qu'un essai à faire, après quoi personne n'aurait plus le droit de se présenter. Et comme son cœur était sans crainte, il résolut de se rendre au château du Soleil d'or. [*Il s'en alla donc vers le château, et bientôt…*] il se trouva sur une haute montagne, devant la porte du château.

Il entra et, traversant toutes les pièces, il trouva la princesse dans la dernière chambre. Mais quelle ne fut pas sa frayeur en la voyant : elle avait un visage de couleur cendre et tout ridé, des yeux troubles et des cheveux rouges. « Êtes-vous la princesse dont tout le monde vante la beauté ? » demanda-t-il. « Ah, répondit-elle, ce n'est point là ma vraie figure, les yeux des hommes ne peuvent me voir que sous cet aspect hideux, mais afin que tu saches quelle est mon apparence, regarde dans ce miroir, il ne se laisse pas tromper, il te montrera mon image telle qu'elle est en réalité. » Elle lui tendit le miroir et il contempla l'image de la plus belle fille du monde, et il vit des larmes de tristesse lui rouler sur les joues. Alors il dit : « Comment peut-on te délivrer ? Je ne crains aucun danger. » Elle dit : « Il te faut te procurer la boule de cristal et la tenir devant le magicien pour briser son pouvoir, alors je reprendrai ma vraie forme. Ah, ajouta-t-elle, plus d'un a déjà trouvé la mort à cause de cela, et toi, tendron, tu me fais pitié de t'exposer à de si grands dangers.
– Rien ne me retiendra, dit-il, mais dis-moi ce que je dois faire.
– Tu sauras tout, dit la princesse ; en descendant la montagne sur laquelle se trouve le château, tu verras en bas, près d'une source, un aurochs[1] sauvage auquel tu devras livrer combat. Et si tu réussis à le tuer, il sortira de son corps un oiseau de feu qui porte dans son ventre un œuf incandescent[2], lequel contient une boule de cristal en guise de jaune. Mais il ne laissera pas tomber l'œuf qu'il n'y soit forcé, et s'il tombe par terre, il s'enflammera et brûlera tout alentour, et l'œuf lui-même fondra et avec lui la boule de cristal, et toute ta peine aura été en vain. »

Le jeune homme descendit à la source, où il trouva l'aurochs haletant qui l'accueillit par des beuglements. Après une longue lutte, il lui enfonça l'épée dans le corps et il s'affaissa. Aussitôt il en sortit un oiseau de feu qui voulut s'envoler, mais l'aigle,

1. **Aurochs :** bœuf sauvage.

2. **Incandescent :** très chaud et lumineux.

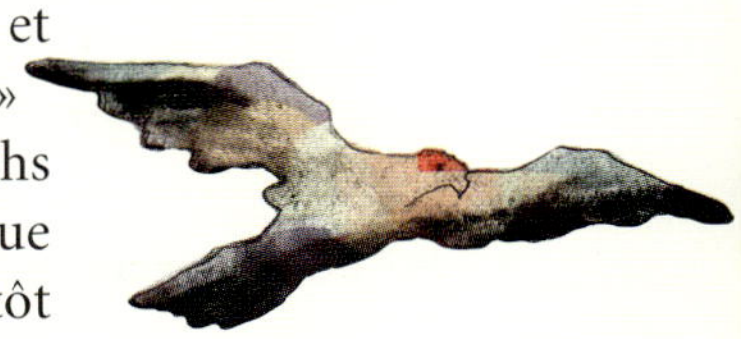

>

le frère du jeune homme qui s'en venait en fendant les nuages, fondit sur lui, le chassa vers la mer et le perça de son bec de telle sorte que, dans sa détresse, il laissa tomber l'œuf. Or il ne tomba pas à la mer, mais sur une cabane de pêcheur qui se trouvait sur la rive et qui se mit tout de suite à fumer, comme si elle allait être la proie des flammes. Alors des vagues hautes comme des maisons se soulevèrent, inondèrent la cabane et vinrent à bout du feu. C'était l'autre frère, la baleine, qui était venu à la nage et avait fait jaillir l'eau. Quand l'incendie fut éteint, le jeune homme chercha l'œuf et par bonheur il le trouva : il n'avait pas encore fondu, mais la coquille avait été fendillée par suite du brusque refroidissement, de sorte qu'il put sortir la boule de cristal sans l'endommager.

Quand le jeune homme alla trouver le sorcier pour lui présenter la boule, celui-ci lui dit : « Mon pouvoir est brisé, et à partir de maintenant, tu es le roi du château du Soleil d'or. Grâce à cela, tu peux aussi rendre à tes frères leur forme humaine. » Alors le jeune homme courut retrouver la princesse et quand il entra dans sa chambre, elle y était dans toute la splendeur de sa beauté, et pleins de joie ils échangèrent leurs alliances.

Jacob et Wilhelm Grimm, « La boule de cristal », *Contes* (1812),
traduit de l'allemand par Marthe Robert, Gallimard, 1976.

LIRE LE TEXTE

[L. 1 à 3] La situation initiale

1 Quels sont les quatre personnages dont parle la première phrase ?

2 Combien de propositions la première phrase contient-elle ? (> Grammaire, fiche 15)

3 Résumez en une phrase la situation de départ.

[L. 3 à 8] L'élément perturbateur

4 Quelle décision de la magicienne vient modifier la situation de départ ?

[L. 8 à 62] Les péripéties

5 [L. 8 à 20] Quelles sont les péripéties principales ?

6 [L. 36 à 44] Relevez les verbes conjugués au futur simple de l'indicatif. Pourquoi ce temps est-il utilisé par la princesse ? (> Verbe, fiche 23)

7 Quels sont les trois obstacles à surmonter pour récupérer l'œuf ?

8 [L. 46 à 62] Dans cette épreuve, qui sont les opposants ? Qui sont les adjuvants (→ p. 18) ?

[L. 63 à 66] L'élément de résolution

9 À qui le héros donne-t-il la boule de cristal ? Quel effet cette action a-t-elle ?

[L. 67 à 69] La situation finale

10 Quels sont les différents maléfices qui sont annulés ?

11 Quelle est la situation à la fin du conte ?

Orthographe (> fiche 42)

12 Cherchez dans le premier paragraphe un homophone du mot « chœur ». À l'aide du dictionnaire, dites quel est le sens de chacun de ces deux mots.

13 [L. 52] Quel mot a la même caractéristique orthographique ? Connaissez-vous deux autres mots qui ont cette caractéristique ?

Vocabulaire (> fiche 45)

14 [L. 1, 11, 32, 63]. Relevez les mots qui appartiennent au champ lexical du merveilleux.

> Expression écrite

– Faites d'abord la lecture d'images de la page 21.
– À partir de l'image illustrant la situation initiale, imaginez le début du conte : commencez par « il était une fois » et inventez un élément perturbateur indiqué par l'expression « un jour ».

A

B

Michel Ocelot, *Azur et Asmar*, film d'animation français, photogrammes, 2006.

C

Lire l'image

– Identifiez la situation initiale – la péripétie de l'épreuve – la situation finale.
– Donnez un titre à chaque image pour préciser ce qui se passe.

L'ESSENTIEL

Le **schéma narratif** du conte comporte **cinq étapes** principales.

- La **situation initiale** est la situation au début du conte, avant que l'action ne commence.
- L'**élément perturbateur** modifie la situation initiale et déclenche l'action principale.
- Les **péripéties** sont les différents événements qui s'enchaînent dans le récit et qui font avancer l'action.
- L'**élément de résolution** permet de mettre fin aux épreuves et aux problèmes.
- La **situation finale** est la situation sur laquelle se termine le conte.

Situation initiale → Élément perturbateur → **Péripéties** → Élément de résolution → Situation finale

3 Définir le registre merveilleux

Le Petit Poucet

Charles Perrault : p. 14.

L'Ogre comprend qu'il a égorgé ses filles à la place du Petit Poucet et de ses frères, qui se sont enfuis. Furieux, il appelle sa femme…

« Donne-moi vite mes bottes de sept lieues[1], lui dit-il, afin que j'aille les attraper. »

Il se mit en campagne, et après avoir couru bien loin de tous côtés, enfin il entra dans le chemin où marchaient ces pauvres enfants qui n'étaient plus qu'à cent pas du logis de leur père. Ils virent l'Ogre qui allait de montagne en montagne, et qui traversait des rivières aussi aisément qu'il aurait fait le moindre ruisseau. Le Petit Poucet, qui vit un rocher creux proche le lieu[2] où ils étaient, y fit cacher ses six frères et s'y fourra aussi, regardant toujours ce que l'Ogre deviendrait.

L'Ogre, qui se trouvait fort las[3] du long chemin qu'il avait fait inutilement (car les bottes de sept lieues fatiguent fort leur homme), voulut se reposer, et par hasard il alla s'asseoir sur la roche où les petits garçons s'étaient cachés. Comme il n'en pouvait plus de fatigue, il s'endormit après s'être reposé quelque temps, et vint à ronfler si effroyablement que les pauvres enfants n'en eurent pas moins de peur que quand il tenait son grand couteau pour leur couper la gorge. Le Petit Poucet en eut moins de peur, et dit à ses frères de s'enfuir promptement à la maison, pendant que l'Ogre dormait bien fort, et qu'ils ne se missent point en peine de lui. Ils crurent son conseil et gagnèrent vite la maison. Le Petit Poucet, s'étant approché de l'Ogre, lui tira doucement ses bottes et les mit aussitôt. Les bottes étaient fort grandes et fort larges ; mais comme elles étaient fées[4], elles avaient le don de s'agrandir et de s'apetisser selon la jambe de celui qui les chaussait, de sorte qu'elles se trouvèrent aussi justes à ses pieds et à ses jambes que si elles avaient été faites pour lui. Il alla droit à la maison de l'Ogre où il trouva sa femme qui pleurait auprès de ses filles égorgées.

« Votre mari, lui dit le petit Poucet, est en grand danger, car il a été pris par une troupe de voleurs qui ont juré de le tuer s'il ne leur donne tout son or et tout son argent. Dans le moment qu'ils lui tenaient le poignard sur la gorge, il m'a aperçu et m'a prié de vous venir avertir de l'état où il est, et de vous dire de me donner tout ce qu'il a vaillant[5] sans en rien retenir, parce qu'autrement ils le tueront sans miséricorde. Comme la chose presse beaucoup, il a voulu que je prisse ses bottes de sept lieues que voilà pour faire diligence[6], et aussi afin que vous ne croyiez pas que je sois un affronteur[7]. » La bonne femme fort effrayée lui donna aussitôt tout ce qu'elle avait, car cet Ogre ne laissait pas d'être fort bon mari, quoiqu'il mangeât les petits enfants.

Le Petit Poucet étant donc chargé de toutes les richesses de l'Ogre s'en revint au logis de son père, où il fut reçu avec bien de la joie. […]

Charles Perrault, « Le Petit Poucet », *Histoires ou Contes du temps passé avec des moralités*, 1697.

1. **Bottes de sept lieues :** elles permettent de faire sept lieues, c'est-à-dire 28 km, en une seule enjambée.
2. **Proche le lieu :** proche du lieu.
3. **Las :** fatigué.
4. **Fées :** magiques.
5. **Tout ce qu'il a de vaillant :** tout son argent.
6. **Faire diligence :** aller vite.
7. **Affronteur :** menteur.

Kay Nielsen, *La Maison d'Hansel et Gretel*, illustration, 1909.

Georges Rochegrosse, *La Fée Phosphatine*, illustration pour *La Dernière Fée, conte pour les enfants*, de Matilde Serao, 1909.

LIRE LE TEXTE

L'Ogre

1 *Quels objets magiques l'ogre possède-t-il ?*

2 *Relevez une phrase dans le deuxième paragraphe qui montre le pouvoir de ces objets.*

3 *[L. 1 et 2] Relevez deux compléments d'objet direct* (> Grammaire, fiche 12)

4 *[L. 25 et 26] Quel autre pouvoir est décrit ?*

5 *Quel est le rôle de ces objets pour le Petit Poucet ?*

Le Petit Poucet

6 *Quelles indications le nom du Petit Poucet nous donne-t-il sur son apparence physique ?*

7 *[L. 1] À quel temps et à quel mode est conjugué le premier verbe ?* (> Verbe, fiche 27) *Quel est le ton de l'Ogre quand il prononce ce verbe ?*

8 *L'Ogre est-il effrayant ? [L. 11 à 29] Le Petit Poucet en a-t-il peur ?*

Orthographe (> fiche 42)

9 *Cherchez dans un dictionnaire ce que signifie un* « lieu » *(l. 8) et ce que signifie une* « lieue » *(l. 1).*

10 *Un* « lieu » *peut aussi désigner un animal ; cherchez lequel dans un dictionnaire.*

Vocabulaire (> fiches 41 et 43)

11 *Comment le mot* « agrandir » *est-il formé ?*

12 *Cherchez un antonyme de ce mot dans le texte.*

> Expression orale

Que feriez-vous si vous aviez des bottes de sept lieues ? Exprimez-vous au futur de l'indicatif en commençant votre prise de parole par : « Quand j'aurai des bottes de sept lieues, je… »

Lire l'image

– Comme les bottes de l'Ogre qui sont « fées », comment voyons-nous que cette jeune femme est « fée » ?
– Comment comprenons-nous que cette maison est « fée » ?
– Pour répondre, observez la lumière dans les deux illustrations.

L'ESSENTIEL

> Le **registre merveilleux** s'appuie sur des éléments magiques : des personnages, des objets, des situations : l'ogre est un être merveilleux, ses bottes sont merveilleuses.
> Le merveilleux peut être un adjuvant ou un opposant.
> Les éléments merveilleux sont parfois **effrayants** comme les ogres, **laids** comme les sorcières ou **séduisants** comme les fées.

4 Comprendre ce que le conte enseigne

Le Petit Chaperon rouge – *[Version A]*

Il était une fois une petite fille de village, la plus jolie qu'on eût su voir : sa mère en était folle, et sa mère-grand plus folle encore. Cette bonne femme lui fit faire un petit chaperon[1] rouge qui lui seyait[2] si bien, que partout on l'appelait le Petit Chaperon rouge. Un jour, sa mère, ayant cuit et fait des galettes, lui dit :

« Va voir comment se porte ta mère-grand, car on m'a dit qu'elle était malade. Porte-lui une galette et ce petit pot de beurre. »

Le Petit Chaperon rouge partit aussitôt pour aller chez sa mère-grand, qui demeurait dans un autre village. En passant dans un bois, elle rencontra compère le loup, qui eut bien envie de la manger ; mais il n'osa, à cause de quelques bûcherons qui étaient dans la forêt. Il lui demanda où elle allait. La pauvre enfant, qui ne savait pas qu'il était dangereux de s'arrêter à écouter un loup, lui dit :

« Je vais voir ma mère-grand, et lui porter une galette, avec un petit pot de beurre, que ma mère lui envoie. »

Le loup propose à la fillette de faire la course. Il arrive le premier, mange la grand-mère et se met dans son lit. La fillette arrive plus tard et entre. Le loup lui dit alors : « Mets la galette et le petit pot de beurre sur la huche et viens te coucher avec moi. »

Le Petit Chaperon rouge se déshabille et va se mettre dans le lit, où elle fut bien étonnée de voir comment sa mère-grand était faite en son déshabillé. Elle lui dit :

« Ma mère-grand, que vous avez de grands bras !

– C'est pour mieux t'embrasser, ma fille !

– Ma mère-grand, que vous avez de grandes jambes !

– C'est pour mieux courir, mon enfant !

– Ma mère-grand, que vous avez de grandes oreilles !

– C'est pour mieux écouter, mon enfant !

– Ma mère-grand, que vous avez de grands yeux !

– C'est pour mieux te voir, mon enfant !

– Ma mère-grand, que vous avez de grandes dents !

– C'est pour te manger ! »

Et, en disant ces mots, le méchant loup se jeta sur le Petit Chaperon rouge, et le mangea.

MORALITÉ

On voit ici que de jeunes enfants,
Surtout de jeunes filles,
Belles, bien faites et gentilles,
Font très mal d'écouter toutes sortes de gens.

Charles Perrault, « Le Petit Chaperon rouge », *Histoires ou Contes du temps passé avec des moralités*, 1687.

1. **Chaperon :** petite capuche.
2. **Qui lui seyait :** qui lui allait.

Le Petit Chaperon rouge – *[Version B]*

Le loup a mangé la grand-mère et le Petit Chaperon rouge…

Sa voracité satisfaite, le loup retourna se coucher dans le lit et s'endormit bientôt, ronflant plus fort que fort. Le chasseur, qui passait devant la maison, l'entendit et pensa : « Qu'a donc la vieille femme à ronfler si fort ? Je vais entrer et voir si quelque chose ne va pas. » Il entra donc et, s'approchant du lit, vit le loup qui dormait là.

– C'est ici que je te trouve, vieille canaille ! dit le chasseur. Il y a un moment que je te cherche !

Et il allait épauler son fusil, quand, tout à coup, l'idée lui vint que le loup avait peut-être mangé la grand-mère et qu'il pouvait être encore temps de la sauver. Il reposa son fusil, prit des ciseaux et se mit à tailler le ventre du loup endormi. Au deuxième ou au troisième coup de ciseaux, il vit le rouge chaperon qui luisait ; deux ou trois coups de ciseaux encore, et la fillette sautait dehors en s'écriant :

– Oh, là, là, quelle peur j'ai eue ! Comme il faisait noir dans le ventre du loup !

Et bientôt après, sortait aussi la vieille grand-mère, mais c'était à peine si elle pouvait encore respirer. Le Petit Chaperon rouge courut chercher de grosses pierres qu'ils fourrèrent dans le ventre du loup ; et quand il se réveilla et voulut bondir, les pierres pesaient si lourd qu'il s'affala et resta mort sur le coup.

Tous les trois étaient bien contents : le chasseur prit la peau du loup et rentra chez lui ; la grand-mère mangea la galette et but le vin que le Petit Chaperon rouge lui avait apportés, se retrouvant bientôt à son aise. Mais pour ce qui est du Petit Chaperon rouge, elle se jura : « Jamais plus de ma vie je ne quitterai le chemin pour courir dans les bois, quand ma mère me l'a défendu. »

Jacob et Wilhelm Grimm, « Le Petit Chaperon rouge », *Contes* (1812), *Les Grands Contes de Grimm*, Albin Michel Jeunesse, 1999.

Félix Lorioux, *Le Petit Chaperon rouge*, illustration, 1919.

Sarah Moon, *Le Petit Chaperon rouge*, photographie, 1983.

LIRE LES TEXTES

Version de Charles Perrault

La leçon

1 *À quel endroit du texte se trouve exprimée la moralité ?*

2 *Quel est le temps des verbes dans la morale ? Quelle est sa valeur ? (> Verbe, fiche 20)*

3 *Qui prend la parole ? À qui s'adresse-t-il ?*

4 *Reformulez cette moralité avec vos propres mots.*

5 *[L. 31 à 43] Relevez les phrases exclamatives. Quelles indications donnent-elles au lecteur ? (> Grammaire, fiche 17)*

Les mises en garde du narrateur

6 *[L. 2-3]* « Sa mère en était folle, et sa mère-grand plus folle encore » *: que signifie cette phrase ?*

7 *Est-ce qu'il est prudent de laisser partir seule la petite fille ? Quelle phrase souligne le danger ?*

Version des frères Grimm

8 *Comparez la fin du conte de Grimm avec celle de Perrault. En quoi ces deux dénouements sont-ils très différents ?*

9 *Qui tire la morale de l'histoire dans la version des frères Grimm ?*

Orthographe (> fiche 37)

[Texte 2, l. 30 à 37]

10 *Relevez les mots contenant un g.*

11 *Dans quel mot se prononce-t-il [ʒ] ? Dans quel mot se prononce-t-il [g] ? Pourquoi ?*

Vocabulaire (> fiche 41)

12 *Trouvez le diminutif qui correspond à* « petite fille ».

13 *À votre tour, formez les diminutifs de « jardin, garçon, table », et retrouvez les radicaux des mots suivants : « galette, chevillette, mignonnette » (attention au piège !).*

> Expression écrite

Pour aller chez sa grand-mère, le Petit Chaperon rouge doit traverser une ville. Rédigez les recommandations que vous lui feriez si vous étiez sa mère.
Vous utiliserez le présent de l'impératif et le futur de l'indicatif.

Lire l'image

Regardez et comparez les deux illustrations :
– Le loup est-il représenté de la même manière dans les deux illustrations ? Quelle est sa taille, sa position, son attitude ? A-t-il l'air effrayant ?
– Laquelle choisiriez-vous pour la version de Perrault et laquelle pour la version des frères Grimm ? Pourquoi ?

L'ESSENTIEL

> Le conte a souvent pour fonction de donner une **leçon** au lecteur.

> Pour exprimer la leçon, le narrateur s'appuie sur des **généralités** et utilise le **présent de vérité générale :** « Les jeunes filles *font* très mal d'écouter toutes sortes de gens. »

> Le **caractère indéfini** du conte et de ses personnages permet à la leçon de s'adresser à tout le monde.

5 Construire le bilan sur le conte traditionnel

texte intégral

La Princesse sur un pois

Hans Christian Andersen : p. 15.

A Il y avait une fois un prince qui voulait épouser une princesse véritable. Il fit donc le tour du monde pour en trouver une, et, à la vérité, les princesses ne manquaient pas, mais il ne pouvait jamais être sûr que c'étaient de vraies princesses. Il finit par rentrer chez lui, bien affligé[1] de n'avoir pas trouvé ce qu'il désirait.

B Un soir, il faisait un temps horrible, les éclairs se croisaient, le tonnerre grondait, la pluie tombait à torrents, c'était épouvantable ! Quelqu'un frappa à la porte du château, et le vieux roi s'empressa d'ouvrir.

C C'était une princesse. Mais, grand Dieu ! Comme la pluie et l'orage l'avaient arrangée ! L'eau ruisselait de ses cheveux et de ses vêtements, entrait par la pointe de ses souliers et sortait par le talon. Néanmoins, elle se donna pour[2] une véritable princesse.

« C'est ce que nous saurons bientôt ! » pensa la vieille reine. Puis, sans rien dire, elle entra dans la chambre à coucher, ôta toute la literie et mit un petit pois au fond du lit. Ensuite, elle prit vingt matelas qu'elle étendit sur le pois et encore vingt édredons qu'elle entassa par-dessus les matelas. C'était la couche destinée à la princesse. Le lendemain, on lui demanda comment elle avait dormi. « Bien mal ! répondit-elle. C'est à peine si j'ai fermé les yeux de toute la nuit ! Dieu sait ce qu'il y avait dans le lit ! C'était quelque chose de dur qui m'a rendu la peau toute violette. Quel supplice ! »

D À cette réponse, on reconnut que c'était une véritable princesse, puisqu'elle avait senti un pois à travers vingt matelas et vingt édredons. Quelle femme, sinon une princesse, pouvait avoir la peau aussi délicate ?

E Le prince, bien convaincu que c'était une princesse, la prit pour épouse, et le pois fut placé au musée, où il doit être encore, à moins qu'un amateur ne l'ait enlevé.

Voilà une histoire aussi véritable que la princesse !

Hans Christian Andersen, « La Princesse sur un pois », *Contes*, traduit du danois par Anne-Mathilde Paraf, éditions Gründ, 1966.

1. **Affligé :** triste.
2. **Elle se donna pour :** elle se présenta comme.

Lisez le texte attentivement, puis répondez aux questions en vous aidant des indices de couleur dans le texte (attention, ce ne sont pas les réponses).

1 *À quels temps les verbes sont-ils conjugués ? Quand et où le conte se passe-t-il ?*
2 *Quels sont les personnages de ce conte ?*
3 *Comparez les lignes 1 à 5 et les lignes 28 à 31 : que cherchait le prince ? A-t-il trouvé ce qu'il cherchait ?*
4 *Pourquoi peut-on dire que ce récit est merveilleux ?*
5 *« Il ne faut pas se fier aux apparences » : cette leçon est-elle écrite dans le conte ou faut-il la deviner ?*

BILAN

> Le conte est un récit qui se situe dans une **époque passée, sans date ni lieu géographique précis**.
> Les personnages sont désignés par leur **fonction** ou leur **surnom**. (→ Texte 1)
> Sa structure suit un **schéma narratif en cinq étapes**. (→ Texte 2)
> Le conte contient des éléments magiques ou surnaturels appelés **merveilleux**. (→ Texte 3)
> L'une de ses fonctions est de **donner une leçon**. (→ Texte 4)

Le Petit Chaperon rouge imité et parodié[1]

1 – Le petit jogging rouge

Hello, j'ai enfilé mon jogging rouge, j'ai chaussé mes Nikes, et je suis allée porter à mamie un petit pot de ketchup et un paquet de brownies. J'ai traversé le parking du Super-Market. Des clients poussaient des Caddies chargés de packs de bière. Dans leurs camping-cars, d'autres regardaient les news à la télé.
Moi, mon walkman sur les oreilles, j'écoutais du rap en courant le long des rails du tramway, de l'autre côté des greens du golf. Je piquais des sprints. [...]
Je me serais bien accordé un break au fast-food, mais [...] j'ai fait un petit cross-country. Le coup du big bad woolf, je connais. Je me méfie. J'ai foncé au finish jusqu'à la maison de mamie où je suis arrivée no problem. Mamie m'attendait, relax. Je l'aime beaucoup. Mais elle est un peu old-fashion. Elle veut que j'ôte ma casquette des lakers quand j'entre, que j'arrête mon walkman ou ma game-boy quand elle parle, tout ça. Elle n'est pas people du tout, et ne connaît même pas les stars du charity-business. D'ailleurs elle ne parle pas comme nous, ne dit ni « stop », ni « cool », ni « bye-bye », et elle lit des livres. En français ! C'est class, non ?

Yak Rivais, *Fa fuffit !*, L'École des loisirs, 2006.

2 – Une bande dessinée

Quino, *La Bande à Mafalda*, éditions Glénat, 1981.

3 – Une couverture d'album

© Kaléidoscope, 2004.

1 *Quels indices dans le document 1 permettent de savoir que l'auteur s'est inspiré du* Petit Chaperon rouge *? Quels indices dans le document 2 ? Quels indices sur le document 3 ?*
2 *Comment comprenez-vous qu'il s'agit d'un texte et de documents contemporains : grâce au titre ? à la langue ? à la situation ? aux objets cités ?*

> À vous !
– Choisissez un titre de conte connu et transformez-le à la manière du document 1 ou du document 3.
– Puis rédigez la situation initiale de manière parodique[2] en vous inspirant du document 1.

1. **Parodier :** imiter de manière comique.
2. **Parodique :** qui parodie.

LE CHÂTEAU DE CONTE DE FÉES

> *Le château est un motif caractéristique des contes de fées.*
> *Comment inspire-t-il les artistes ?*

OUVRONS L'ENQUÊTE

Document 1 Walt Disney, le château de la Belle au bois dormant, XXe siècle, Parc Eurodisney, Marne-la-Vallée.

LEXIQU'ART

Architecture (n. f.) : *l'art de construire des édifices.*

Architecte (n. m.) : *celui qui fait les plans du bâtiment et dirige la construction.*

Technique (n. f.) : *désigne le support et les matériaux utilisés par l'artiste pour créer son œuvre.*

1 Regardez la couleur, les formes des fenêtres, les tours : comment voyez-vous qu'il s'agit d'un château imaginaire qui sert uniquement de décor ?

2 Comparez les documents 2 et 3 : que fait Jacques Demy pour transformer le château réel en château de conte ?

Document 2 Le château du Plessis-Bourré (Maine-et-Loire), construit au XVe siècle, photographie.

Document 3 Jacques Demy, *Peau d'Âne*, photogramme du film représentant le château, 1970.

COMPLÉMENT D'ENQUÊTE

Document 4 Katia Bourdarel, *L'Expérience verticale*, vidéo installation 2007, Courtesy gallerie La B.A.N.K.

Document 5 Hayao Miyazaki, *Le Château dans le ciel*, détail de l'affiche française du film (images de synthèse faites par ordinateur), 1986.

Observez

1 Laquelle de ces deux œuvres est réalisée en volume ?

2 Doc. 4 et 5 : Parmi les mots ci-dessous, quels sont ceux qui correspondent à chaque document ? Aux deux documents ?
Balançoire – ciel – ombre – tours – vent – dessin – couleur bleue – mouvement – nuages.

3 Pouvez-vous ajouter d'autre(s) mot(s) à cette liste ?

Exprimez vos sentiments

4 Comment chacun des artistes donne-t-il l'impression que le château est léger ?

5 Complétez les phrases suivantes :
L'affiche de Miyazaki semble destinée aux enfants parce que…
Les objets de Katia Bourdarel rappellent l'enfance parce que…

Interprétez

6 Ces châteaux existent-ils dans la réalité ou sont-ils le fruit de l'imagination des artistes ?

7 Pensez-vous que ces artistes ont lu des contes et pourquoi ?

8 Quel autre titre proposeriez-vous pour chacune des œuvres et pourquoi ?

RAPPORT D'ENQUÊTE

> La **technique** choisie, les **couleurs** et les **formes** permettent à l'artiste d'exprimer ce qu'il ressent.
> Chaque artiste propose sa **vision personnelle** du château de conte de fées : il s'inspire de la réalité mais ne la copie pas.

ÉTYMOLOGIE – Du latin au français

Observer

> Le « conte », le « comte » et le « compte » sont trois homophones.

1 *Recopiez le tableau en associant le mot français avec le mot latin correspondant. Soulignez les lettres qui vous ont aidé :*

Le comte : *noble, mari de la comtesse*	*comitem*
Le compte : *résultat mathématique d'un calcul*	*computum*

2 *Complétez les phrases suivantes en orthographiant correctement les mots qui manquent.*
On … sept nains dans le … de Blanche-Neige.
Le … de Monte-Cristo n'est pas un personnage de …
Monsieur le … a fait ses …

Comprendre

3

***mir**ari*
(= s'étonner)
→ ad**mir**er
→ se **mir**er

***mir**abilia*
(= des choses étonnantes)
→ **mer**veille

Classez ces mots selon leur radical puis cherchez dans un dictionnaire ce qu'ils signifient : merveilleux – mirifique – mirobolant – miraculeux – émerveillé – admirable.

Manipuler

4 *Complétez le tableau en vous aidant d'un dictionnaire. Sur chaque ligne, mettez les mots qui appartiennent à la même famille comme sur la première ligne :*

Nom dérivé	Nom radical	verbe
La charmeuse	Le charme	charmer
		conter
L'	Le poison	

JOUONS AVEC LES MOTS – Un mot pour un autre

Le Trois, la Traîne et la souricière

Il était une voix, il y a bien des aînées, un Trois et une Traîne qui n'avaient pas d'encens. La Traîne se lamentait dans le donjon de son gâteau fort. Le Trois n'arrivait plus à s'occuper des affaires du royaume tant il était triste. Un four, la Traîne se grandit chez une souricière qui lui donna une portion magique. « Pour avoir un encens très vite, lui dit la souricière, il faut **affaler** cette portion à minuit, au chair de dune, puis prononcer cette fortune magique : brabra ca brabra ! »
La Traîne fit tout ce que la souricière lui avait conseillé, et bientôt elle eut un **encens** : c'était une bille, avec de grands jeux bleus, si poubelle et si gracieuse que tout le monde l'admirait. Le four de son baptême, le Trois et la Traîne invitèrent les Trois, les Traînes, les Princes et les Princesses de tous les royaumes alentours. On fit la fête pendant une semelle entière dans le gâteau fort. Et comme le Trois et la Traîne connaissaient le conte de la Poubelle au Bois dormant, ils n'oublièrent pas d'inviter aussi la souricière. Celle-ci fut très flattée de cette invitation. Elle monta sur son balai, se grandit au gâteau de la Traîne et du Trois, et leur dit : « Grâce à la portion magique que je vous ai donnée, vous avez eu une adorable bille que tout le monde admire. Pour que vous soyez comblés, je donne à votre bille, en plus de sa beauté, l'intelligence et la richesse. »
Ainsi, tout finit bien dans ce conte-là. Mais pour raconter l'histoire, l'auteur était tellement ému qu'il a souvent… vidangé les mots ? Épongé les mots ? Non : il a mélangé les mots. Ce n'est pas très brave puisque vous avez tout compris.

a *Lisez le texte à voix haute comme il est écrit.*
b *Formulez la « règle du jeu » adoptée pour écrire ce texte.*
c *Récrivez le premier paragraphe en remplaçant les mots surlignés en orange par les mots qui conviennent.*
d *Cherchez la définition des mots en gras.*

ENRICHIR SON VOCABULAIRE – Éviter les répétitions

1 *Lisez attentivement le texte ci-dessous.*

Dans le royaume il y a une forêt. Dans cette forêt il y a un château. Dans ce château il y a une tour. Dans cette tour il y a une chambre. Dans cette chambre il y a un lit. Dans ce lit il y a une princesse. Comment l'appelle-t-on ?

2 *Récrivez ce court texte en respectant les deux consignes suivantes.*
a *Évitez les répétitions en remplaçant l'expression* « il y a » *par un verbe ou une expression de même sens : se trouve – se tient – se situe – on voit – est placé – il existe.*
b *Évitez de répéter la préposition « dans » en employant les mots suivants : dedans – à l'intérieur de – au milieu de – au centre de – au cœur de – au sein de.*

Des mots pour lire l'image – La composition

L'organisation des différents éléments d'une œuvre sur un support s'appelle la ***composition****.*
Le ***cadre*** *est formé de ce qui entoure et délimite la scène.*
Le ***centre*** *se trouve à l'endroit où les deux diagonales se coupent.*

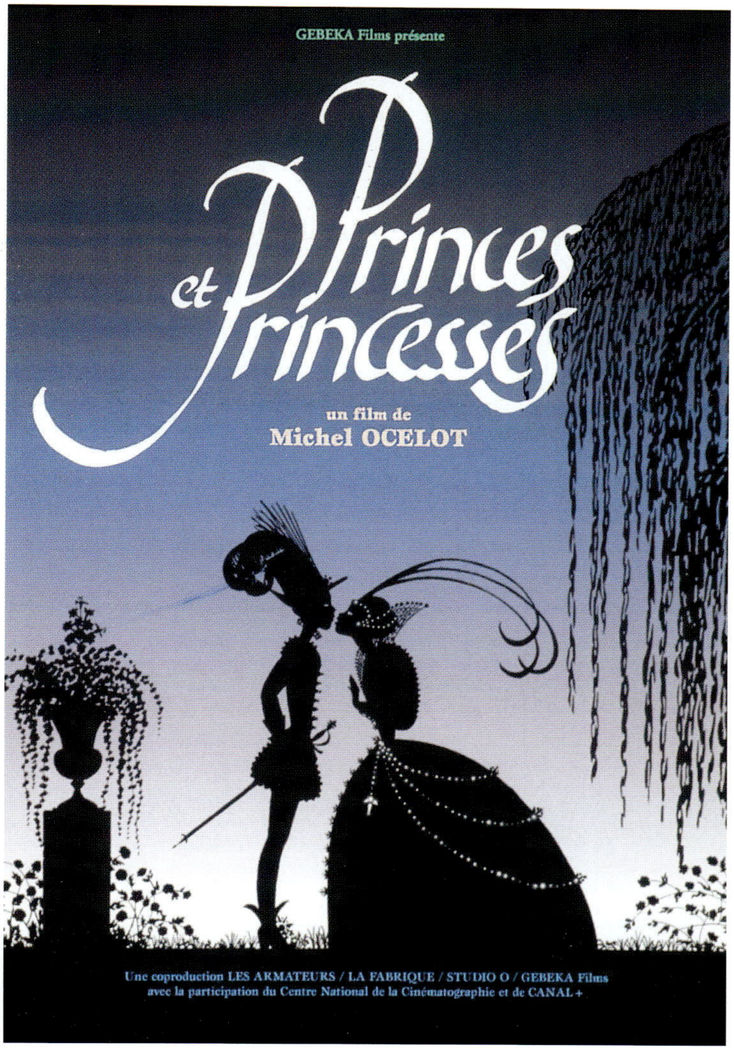

Michel Ocelot, affiche du film d'animation français *Princes et Princesses* (1999).

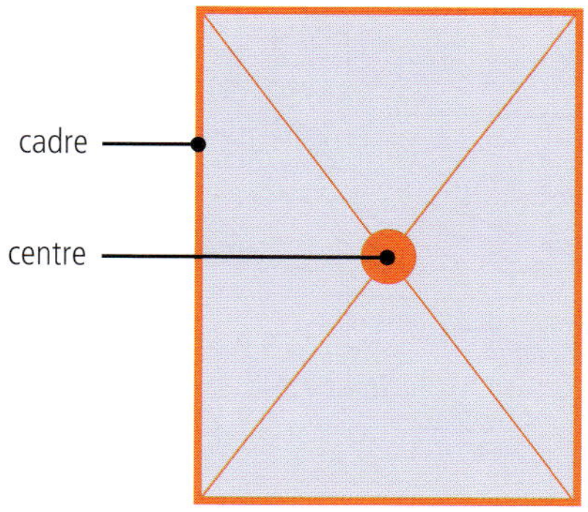

1 *Quels éléments de l'affiche (texte ou dessin) forment un cadre ?*
2 *Que voyez-vous au centre ?*

Lire un conte à voix haute

CONSEIL
Il est plus facile de lire à voix haute un texte que l'on a déjà lu silencieusement.

1 *Varier le rythme de la lecture*

La sorcière amoureuse (extrait)

C'était une **vieille, très vieille** sorcière. Elle habitait une maisonnette au fond des bois, près de la source des trois rochers.
Un jour, un jeune homme passa devant sa fenêtre. Il était **beau. Plus beau** que les princes des contes de fées. Et bien **plus beau** que les cow-boys des publicités télévisées.
La vieille sorcière fut **émue**, tout d'abord, puis **troublée**, et enfin **amoureuse. Plus amoureuse** qu'elle ne l'avait jamais été.
Naturellement, elle ne ferma pas l'œil de la nuit. Elle feuilleta toutes sortes de vieux grimoires remplis de formules **magiques**, elle courut les bois à la recherche d'ingrédients **mystérieux**, elle coupa, hacha, mixa, mélangea, pesa, ajouta, remua, goûta… et au petit matin, elle mit en bouteille un plein chaudron d'élixir pour **rajeunir**.

Bernard Friot, « La Sorcière amoureuse », *Histoires pressées*, éditions Milan, 1988.

Entraînez-vous à lire lentement ou vite selon les passages.
a Appuyez sur les mots en gras. N'hésitez pas à détacher certaines syllabes pour mettre le mot en évidence : « et enfin a-mou-reuse » par exemple.
b Attention à la ponctuation : les points de suspension (…) indiquent qu'il faut faire une pause.
c Lisez de plus en plus vite les passages soulignés.

2 *Varier l'intonation de la voix*

Gotlib, « L'examen de magie », L'intégrale *Rubrique à brac*, tome 1, Dargaud, 2002.

d Entraînez-vous à lire à voix haute les bulles de cette bande dessinée avec une grosse voix, une petite voix, une voix aiguë ou grave, à chuchoter ou à parler fort en donnant une voix différente à chacun des personnages.
e Lisez la bande dessinée ci-dessus en adoptant : un rythme lent s'il y a des pauses / un rythme rapide si tout s'enchaîne (5e case) ; vous prendrez en même temps une grosse voix pour les grosses lettres / une petite voix pour les petites lettres.

Décrire un lieu de conte

CONSEIL
Révisez la leçon sur la ponctuation des phrases *(> Orthographe, fiche 32).*

1 *Ponctuez correctement vos phrases*

[…] la jeune fille resta seule au château alors elle se promena partout visita salles et chambres à son gré et finit par arriver devant un vieux donjon elle gravit l'escalier étroit en colimaçon et se trouva devant une petite porte il y avait une clé rouillée dans la serrure et comme elle tournait la porte s'ouvrit

> Ce texte comporte quatre phrases auxquelles il manque quatre points, quatre majuscules et deux virgules.
Recopiez le texte en mettant en vert les majuscules et les points, puis en replaçant les virgules à la bonne place.

2 *Organisez vos phrases*

a il y avait plus de <u>cent salles</u> formées par des tourbillons de neige.
b <u>Au centre</u> trônait la reine des neiges.
c <u>Au milieu de ces salles</u> neigeuses, vides et sans fin, il y avait un lac gelé.
d <u>Les murs</u> du château étaient faits de neige pulvérisée, <u>les fenêtres et les portes</u> de vents coupants,

Hans Christian Andersen, « La Reine des Neiges », *Contes*, traduit du danois par Anne-Mathilde Paraf, éditions Gründ, 1966.

Retrouvez l'ordre de cette description en partant de l'extérieur du château pour entrer peu à peu à l'intérieur jusqu'au centre, comme le ferait un visiteur (aidez-vous des mots soulignés qui servent de repères).

3 *Variez les adjectifs et les noms*

Le château du roi de la mer

À l'endroit le plus **profond** s'élève le château du roi de la mer. Les murs en sont de <u>corail</u> et les **hautes** fenêtres **pointues** sont faites de <u>l'ambre</u> le plus **transparent**, mais le toit est en <u>coquillages</u> qui se ferment ou s'ouvrent au passage des courants. L'effet en est **féerique** car dans chaque coquillage il y a des <u>perles</u> **brillantes** dont une seule serait un ornement **splendide** sur la couronne d'une reine.

La maison de la sorcière

[La petite sirène] arriva dans la forêt à un espace **visqueux** où s'ébattaient de **grandes** <u>couleuvres</u> d'eau montrant des ventres **jaunâtres**, **affreux** et **gras**. Au milieu de cette place s'élevait une maison construite <u>en ossements humains</u>. La sorcière y était assise et donnait à manger à un <u>crapaud</u> sur ses lèvres.

Hans Christian Andersen, « La Petite Sirène », *Contes*, traduit du danois par Anne-Mathilde Paraf, éditions Gründ, 1966.

> Voici deux descriptions dont les adjectifs ont été mis en gras.
e Trouvez d'autres adjectifs qui pourraient qualifier : le jardin – les arbres – les fleurs – la forêt.
f Complétez le texte suivant en décrivant un jardin de rêve puis un jardin effrayant.
Dans un jardin …, … et …, on <u>admirait</u> de … fleurs … et … Au milieu se trouvaient de … et … arbres. Dans un jardin …, … et …, on <u>frissonnait</u> devant de … fleurs … et … Au milieu se trouvaient de … et … arbres.

4 **Rédigez**

g Inventez un personnage (exemples : le roi du ciel, la princesse du désert, la reine des fleurs…).
h Décrivez son château ou sa maison de conte, en partant de l'extérieur puis en entrant à l'intérieur pour arriver au centre.
– L'extérieur : mur – porte – fenêtres – toit.
– L'intérieur : salles – couloirs.
– Le centre avec le personnage.
i Comme Andersen, vous indiquerez avec quoi est fait chaque élément.
N'oubliez pas de mentionner l'effet produit (vous pouvez vous inspirer des textes de cette page et des châteaux des pages 28-29).

LECTURE DE TEXTE

Les histoires ne sont plus ce qu'elles étaient

L'histoire était fin prête, tout le monde était en place. Le roi lissait sa barbe blanche et astiquait sa couronne. Sa fille, la princesse, mettait une dernière touche à son maquillage, sans se douter le moins du monde que le dragon allait l'enlever dans un quart d'heure. Le dragon, qui savait bien, lui, ce qu'il préparait, réglait son lance-flammes électronique. À quelques pas de là, un petit jeune homme timide sautillait sur place en balançant les bras : c'était le chevalier sans peur et sans reproche qui se porterait volontaire pour sauver la princesse. Mais d'abord il devait rendre service à la vieille femme qui ramassait du bois. En fait, la vieille femme était une fée : elle était justement en train de revêtir son costume et de répéter une dernière fois son texte. Au milieu de son fagot, elle avait caché l'épée magique qu'elle devait donner au chevalier pour qu'il puisse tuer le dragon. Après, il pourrait épouser la princesse et, si tout se passait bien, ils auraient beaucoup d'enfants.

Bref, tout était prêt, on pouvait commencer :

« il était une fois… »

Bernard Friot, « Les histoires ne sont plus ce qu'elles étaient », *Histoires pressées*, éditions Milan, 1988.

1 *Quels sont les personnages du conte qui va se jouer ?*
2 *Dans les deux premières phrases, relevez les verbes conjugués et indiquez leur temps et leur mode.*
3 *Quel est le sujet de chaque verbe relevé ? Indiquez sa classe grammaticale.*
4 *Qui sera un adjuvant ? Qui sera un opposant ?*
5 *[L. 5-6] Mettez au pluriel en respectant les accords :* « un petit jeune homme timide sautillait ».
6 *Quel sera l'élément perturbateur ?*
7 *Quels sont les éléments merveilleux ? Expliquez.*
8 *Quels indices montrent qu'il s'agit d'un texte contemporain ?*
9 *Relevez un mot dans lequel la lettre g se prononce [ʒ] et un mot dans lequel elle se prononce [g] : quelle est la règle ?*
10 *Expliquez comment sont formés les mots* « lance-flammes » *et* « chevalier ».

ORTHOGRAPHE

Dictée à préparer

Les voilà donc bien affligés, car plus ils marchaient, plus ils s'égaraient et s'enfonçaient dans la forêt. La nuit vint, et il s'éleva un grand vent qui leur faisait épouvantablement peur. Ils croyaient n'entendre de tous côtés que des hurlements de loups qui venaient à eux pour les manger. Ils n'osaient presque se parler ni tourner la tête. Il survint une grosse pluie qui les trempa jusqu'aux os ; ils glissaient à chaque pas et tombaient dans la boue, d'où ils se relevaient tout crottés, ne sachant que faire de leurs mains.

Charles Perrault, « Le Petit Poucet », *Histoires ou Contes des temps passés avec des moralités*, 1697.

Avant la dictée :

1 *Relevez les verbes et cherchez les sujets.*
2 *[L. 1] Cherchez avec quel mot s'accorde le participe passé* « affligés ».
3 *Apprenez par cœur l'orthographe de* voilà – presque – jusqu'aux os.
4 *Pourquoi doit-on mettre une cédille à la lettre c du verbe* « s'enfonçaient » *?* (> fiche 37)

LECTURE DE L'IMAGE / HISTOIRE DES ARTS

Paul Grimault,
Le Roi et l'Oiseau,
film d'animation français
d'après Jacques Prévert,
1980 et 2003.

1 *Décrivez le château représenté.*
2 *Comment peut-on voir qu'il s'agit d'un château imaginaire ?*
3 *Donnez un nom merveilleux à ce château en tenant compte de son architecture.*

CONNAISSANCE DES AUTEURS ET DE LEURS ŒUVRES

1 *Attribuez à chaque auteur de la colonne de gauche un texte de la colonne de droite :*

La Boule de cristal	*Charles Perrault*
La Princesse sur un pois	*Jacob et Wilhelm Grimm*
Les Fées	*Hans Christian Andersen*

2 *Complétez les phrases suivantes en vous aidant de la carte ci-contre et de la frise p. 15 :*
Le pays d'Andersen était le …
Il est né au … siècle.
Les frères Grimm vivaient en … au … siècle.
Perrault vivait en … au … siècle.

3 *Réfléchissez à l'origine des contes.*
a *Où Charles Perrault a-t-il trouvé les contes qu'il a publiés ?*
b *Les frères Grimm ont-ils inventé les contes qu'ils ont écrits ?*
c *Pourquoi dit-on que les contes ont une origine populaire ?*

Giuseppe Arcimboldo, *L'Homme-potager*, 1590, huile sur bois, 35,8 cm x 24,2 cm, Musée civique, Crémone, Italie.

2 – Magie des métamorphoses
Changer d'apparence : comment et pourquoi ?

> PARCOURS TEXTES ET IMAGES

Et si les auteurs nous parlaient ?
Ovide, Apulée, L. Carroll

1 analyser une métamorphose progressive
2 observer l'aspect merveilleux de la métamorphose
3 découvrir les causes de la métamorphose
4 comprendre à quoi sert une métamorphose
5 construire le bilan

Toujours d'actualité *La métamorphose a le goût du chewing-gum*
Enquêt'art *Alice change de taille…*

> ENTRAÎNEMENT

Mieux connaître les mots

S'exercer pour l'oral
imaginer un début et une fin à une métamorphose
S'exercer pour l'écrit
décrire les étapes d'une métamorphose

> ÉVALUATION

Lire l'image
Regardez bien
– Que représente ce tableau ? Pouvez-vous identifier précisément les légumes ?
Regardez mieux
– Retournez votre manuel pour voir le tableau à l'envers. Que constatez-vous ?

GRAMMAIRE DU PARCOURS
Les fonctions : le sujet (Texte 1) – le complément circonstanciel de temps (Texte 3)
La phrase : les types de phrases (Textes 2 et 4)
Le verbe : le participe passé (Texte 2) – l'infinitif (Texte 1) – le conditionnel (Texte 3) – le présent de l'impératif (Texte 4)

Ovide, pourquoi êtes-vous célèbre depuis 2000 ans ?

Je suis né en 43 avant Jésus-Christ, un an après l'assassinat de Jules César, et très jeune j'ai composé des poèmes d'amour. Ensuite, pour plaire à l'empereur Auguste, j'ai décidé d'écrire Les Métamorphoses *où je raconte 231 récits mythologiques de transformations des dieux et des hommes en plantes, en animaux... C'est le plus long poème de l'Antiquité : il comporte quinze livres, près de douze mille vers en latin ! Malgré tout cela, l'empereur m'a exilé et je me suis éteint loin de Rome, en l'an 17 après Jésus-Christ, voici près de 2000 ans. Depuis, résonne toujours le chant de ma lyre...*

Apulée, on dit que vous vous intéressiez à la magie...

Je m'intéressais à tout ! Je suis né en 125, et toute ma vie j'ai voyagé et je me suis passionné pour les sciences, la philosophie... et aussi la magie ! Dans mon récit en latin intitulé L'Âne d'or *ou* Les Métamorphoses, *j'ai donné mon prénom au personnage de Lucius (mon nom complet était Lucius Apuleius) et, comme moi, il cherche à percer les secrets de la magie... Ce long récit, composé de onze livres, sur les aventures de Lucius changé en âne, est considéré comme mon chef-d'œuvre. À ma mort, en 170, j'avais acquis grâce à mes talents de conteur, une renommée considérable, qui dure encore !*

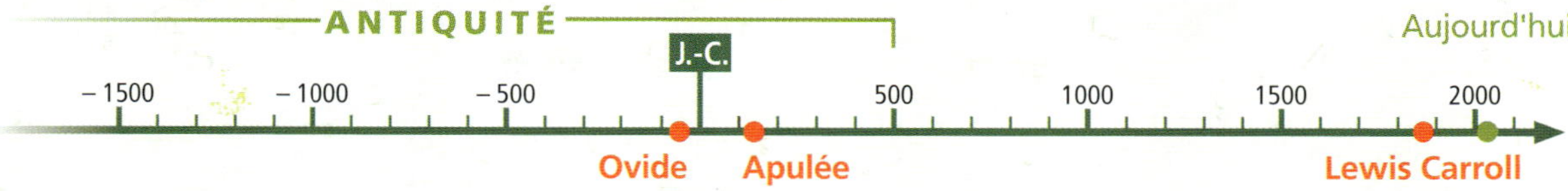

Lewis Carroll,

il paraît qu'Alice était votre amie ?

Je suis né en 1832, et avant d'inventer des contes, je m'appelais Charles Lutwidge Dogson et j'étais professeur de mathématiques au collège d'Oxford, en Angleterre. Le doyen, M. Liddell, était le père d'Alice, une petite fille adorable. Un jour, pour l'amuser, j'ai inventé Alice's Adventures in Wonderland, *qu'on traduit en français par* Alice au pays des merveilles. *Je lui ai promis que toutes ces aventures extraordinaires seraient écrites et publiées. Et j'ai tenu ma promesse ! Le conte a eu tellement de succès que j'ai écrit une suite intitulée* De l'autre côté du miroir. *Jusqu'en 1898, année de ma mort, je suis resté un grand enfant, aimant les jeux de mots, les énigmes et les histoires merveilleuses.*

Photographie d'Alice Liddell par Lewis Caroll, 1859, musée d'Art métropolitain, New York.

1 Analyser une métamorphose progressive

Une manipulation qui tourne mal

Apulée : p. 38.

Lucius, romain obsédé par la magie, souhaite, comme Pamphile la magicienne, se métamorphoser en hibou pour pouvoir voler. Il demande l'aide de Photis, la servante de la magicienne, mais la transformation ne se passe pas comme prévu...

Après m'avoir répété ces affirmations, elle se glisse en tremblant de tout son corps dans la chambre et tire une boîte du coffret. Je pris la boîte à deux mains, je lui donnai des baisers et la priai de bien vouloir m'accorder la faveur[1] d'un vol heureux. Puis, retirant à la hâte tous mes vêtements, j'y plongeai avidement les mains et, puisant une bonne quantité d'onguent[2], je me frictionnai toutes les parties du corps. Et déjà je m'efforçais d'imiter les mouvements d'un oiseau en agitant alternativement les bras mais pas le moindre duvet, pas la plus petite plume de nulle part, au lieu de cela, mes poils s'épaississent et deviennent des crins[3], ma peau, si tendre, se durcit et devient un cuir, aux extrémités de mes mains je ne sais plus combien j'ai de doigts, tous se ramassent en un seul sabot ; et au bas de mon dos pousse une immense queue. Déjà, mon visage est difforme, ma bouche s'allonge, mes narines sont béantes[4], mes lèvres pendantes, et mes oreilles, de la même façon, grandissent démesurément et se hérissent de poils. [...]

Et tandis que, incapable de rien faire pour me sauver, j'aperçois, en regardant mon corps, non pas un oiseau, mais un âne ; maudissant l'action de Photis, mais privé désormais de la possibilité de faire les gestes et d'employer les mots des hommes, je laisse pendre la lèvre inférieure et lui lance, de mes yeux humides, un regard de côté, pour lui adresser de la sorte des reproches muets. Dès qu'elle me vit ainsi transformé, elle se frappa violemment la figure et : « Malheureuse, s'écrie-t-elle, je suis morte ; la crainte et la hâte ont fait que je me suis trompée, j'ai été induite en erreur par la ressemblance des boîtes. Mais tout va bien, car le remède à cette métamorphose est facile à trouver et abondant. »

Apulée, *L'Âne d'or ou les Métamorphoses*, Livre III, traduit du latin par Pierre Grimal, Gallimard, 1958.

1. **Faveur :** don, bienfait.
2. **Onguent :** sorte de pommade.
3. **Crins :** poils durs, épais et longs.
4. **Béantes :** grandes ouvertes.

Les frères Marsy, bassin de Latone, 1670, d'après « Les paysans de Lycie » dans *Les Métamorphoses* d'Ovide, château de Versailles.

LIRE LE TEXTE

Un changement imprévu

1 *En quel animal le héros espère-t-il se métamorphoser ? [L. 1 à 10] Relevez quatre mots qui appartiennent au champ lexical de cet animal.*

2 *Grâce à qui et à quoi le personnage veut-il réaliser sa transformation ?*

3 *En quoi est-il finalement métamorphosé ? Recopiez la phrase qui le révèle.*

Un changement physique

4 *[L. 3 à 7] Quels sont les trois préparatifs énumérés ?*

5 *[L. 10 à 17] Classez dans un tableau à deux colonnes les verbes selon qu'ils expriment un changement de matière ou un changement de forme. Donnez leur infinitif.* (> Verbe, fiche 19)

6 *[L. 10 à 17] Que devient chaque partie du corps du héros ? Complétez selon le modèle :* « mes poils » → « deviennent des crins » ; « ma peau » → « … » ; « ma bouche » → « … » ; « mon visage » → « … » ; « mes oreilles » → « … ». *Puis précisez la fonction grammaticale de ces six groupes nominaux.* (> Grammaire, fiche 9)

Les réactions psychologiques

7 *[L. 5 à 7] Relevez une expression montrant l'impatience du héros avant la métamorphose.*

8 *Ce dernier est-il satisfait du résultat de la métamorphose ? Comment le manifeste-t-il à Photis ?*

Orthographe (> fiches 34 et 42)

9 *Recopiez la dernière phrase en marquant en vert les accents graves et en bleu les accents aigus. Dans cette phrase, comment peut-on distinguer* « est » *de* « et » *?*

Vocabulaire (> fiches 41 et 43)

10 *Trouvez dans le texte les verbes correspondant aux adjectifs suivants : (devenir) épais – dur – long – grand. Cherchez un antonyme pour chacun des verbes trouvés.*

> Expression écrite

Peu avant ce passage, l'auteur décrit la métamorphose de Phamphile en hibou. Il commence par « Pamphile commença par se dévêtir entièrement ». *Poursuivez la description en détaillant toutes les étapes du processus. Vous utiliserez :*

– des verbes qui expriment un changement ;

– le lexique du corps humain ;

– le vocabulaire des sensations.

Lire l'image

- En quel animal les paysans sont-ils en train de se transformer ?
- Quelle(s) partie(s) de leur corps est (sont) déjà modifiée(s) et comment ?

L'ESSENTIEL

- La métamorphose est un **processus** qui fait passer **d'une forme à une autre forme.**
- Elle est **plus ou moins détaillée dans les récits** : parfois l'auteur énumère toutes les étapes de la transformation ; parfois seuls sont mentionnés l'état initial et l'état final.
- La description de la métamorphose fait appel au **champ lexical de la transformation** ainsi qu'à celui des **sentiments**, car elle s'accompagne souvent de bouleversements psychologiques.

2 Observer l'aspect merveilleux de la métamorphose

Conseils d'une chenille

Lewis Carroll : p. 39.

Désireuse de retrouver sa taille normale, Alice demande conseil à une chenille.

Au bout d'une ou deux minutes, la Chenille retira le narguilé[1] de sa bouche, bâilla une ou deux fois, et se secoua. Puis, elle descendit du champignon et s'éloigna dans l'herbe en rampant, après avoir prononcé ces simples mots :

– Un côté te fera grandir, l'autre côté te fera rapetisser.

« Un côté de quoi ? L'autre côté de quoi ? » pensa Alice.

– Du champignon, dit la Chenille, exactement comme si Alice eût posé ses questions à haute voix. Après quoi, elle disparut.

Alice regarda pensivement le champignon pendant une bonne minute, en essayant de distinguer où se trouvaient les deux côtés ; mais, comme il était parfaitement rond, le problème lui parut bien difficile. Néanmoins, elle finit par étendre les deux bras autour du champignon aussi loin qu'elle le put, et en détacha un morceau de chaque main.

« Et maintenant, lequel des deux est le bon ? » se dit-elle. Là-dessus, elle grignota un petit bout du morceau qu'elle tenait dans sa main droite, pour voir l'effet produit. L'instant d'après, elle ressentit un coup violent sous le menton : il était tombé sur ses pieds !

Terrifiée par ce changement particulièrement soudain, elle comprit qu'il n'y avait pas de temps à perdre, car elle diminuait rapidement ; en conséquence, elle entreprit de manger un peu de l'autre morceau. Son menton était tellement comprimé contre son pied qu'elle avait à peine assez de place pour ouvrir la bouche ; mais elle finit par y arriver et parvint à avaler un fragment du morceau qu'elle tenait dans sa main gauche.

– Enfin ! ma tête est dégagée ! » s'exclama-t-elle d'un ton ravi[2].

Mais, presque aussitôt, son ravissement se transforma en vive inquiétude lorsqu'elle s'aperçut que ses épaules ne se trouvaient nulle part : tout ce qu'elle pouvait voir en regardant vers le bas, c'était une immense étendue de cou qui semblait se dresser comme une tige, au-dessus d'un océan de feuilles vertes, bien loin au-dessous d'elle. [...]

Elle fut enchantée de découvrir que son cou se tordait aisément dans toutes les directions, comme un serpent. Elle venait juste de réussir à le courber vers le sol en décrivant un gracieux zigzag, et elle s'apprêtait à plonger au milieu des feuillages (qui n'étaient autres que les cimes[3] des arbres sous lesquels elle s'était promenée quelque temps plus tôt) lorsqu'un sifflement aigu la fit reculer en toute hâte : un gros pigeon s'était jeté en plein sur son visage et la frappait violemment de ses ailes.

– Serpent ! cria le Pigeon.

– Mais je ne suis pas un serpent ! riposta Alice d'un ton indigné. Laissez-moi donc tranquille !

Lewis Carroll, *Alice au pays des merveilles* (1865), chapitre V « Conseils d'une chenille », traduit de l'anglais par Jacques Papy, Gallimard, 1961.

1. **Narguilé :** pipe à eau orientale.

2. **Ravi :** enchanté, heureux.

3. **Les cimes :** le sommet des arbres.

Arthur Rackham, *Alice et la chenille*, 1907, illustration pour *Alice au pays des merveilles*.

Charles Robinson, *Alice et le pigeon*, 1907, illustration pour *Alice au pays des merveilles*.

LIRE LE TEXTE

Un monde merveilleux

1 *Qui sont les deux interlocuteurs d'Alice au cours de l'épisode ? Qu'ont-ils de merveilleux ?*

2 *[L. 5] Relevez le conseil de la chenille puis précisez le type de la phrase. Le ton est-il assuré ou hésitant ?* *(> Grammaire, fiches 16 et 17)*

3 *Quel pouvoir magique le champignon possède-t-il ?*

Un processus merveilleux

4 *[L. 1 à 14] Quelles expressions du texte donnent des indications sur la taille d'Alice ?*

5 *[L. 18, 23 et 27] Relevez les participes passés accompagnés d'un auxiliaire. Avec quel mot s'accordent-ils ? Quelles précisions apportent-ils sur la métamorphose d'Alice ?* *(> Verbe, fiche 28)*

6 *En quoi consiste sa deuxième métamorphose ? Relevez les indices dans le texte.*

7 *À quoi le narrateur et le pigeon comparent-ils le cou d'Alice ? Pourquoi selon vous ?*

Orthographe (> fiche 37)

8 *Observez la lettre g dans les noms* « narguilé » *et* « pigeon » *: que remarquez-vous ?*

9 *[L. 28 à 43] Relevez deux autres mots dans lesquels la lettre g est suivie d'une voyelle et se prononce [ʒ], puis deux mots dans lesquels la lettre g est suivie d'une voyelle et se prononce [g].*

Vocabulaire (> fiche 43)

10 *Alice est tour à tour pensive – terrifiée – ravie – inquiète – enchantée – indignée. Associez à chaque mot précédent un synonyme dans la liste suivante : soucieuse – scandalisée – comblée – songeuse – heureuse – épouvantée.*

> Expression écrite

Alice est minuscule dans l'herbe du jardin.
– Imaginez qu'elle rencontre un autre animal que la chenille. Cet animal habituellement tout petit lui paraît immense.
– Décrivez en quelques lignes ce qu'elle voit et ce qu'elle ressent. Aidez-vous du vocabulaire de la question 10.

Lire l'image

- Quel(s) passage(s) du texte représente chacune des deux images ?
- Comment la métamorphose est-elle traduite dans l'illustration d'Alice avec le pigeon ?

L'ESSENTIEL

> La métamorphose est un **phénomène merveilleux** qui se déroule dans un cadre **imaginaire**.
> Elle est déclenchée par un **élément doté de pouvoirs magiques**.
> Cet élément peut être **inanimé** (substance, végétal, objet) ou **animé** (magicien, fée, dieu...).

3 Découvrir les causes de la métamorphose

Histoire de Sidi Nouman

1. Goule : femme vampire dans les contes orientaux.

2. Calife : souverain chez les musulmans.

3. Cavale : jument de race.

4. Châtier : punir.

5. Châtiment : punition.

6. Pernicieuse : diabolique.

7. Faire pénitence : se repentir.

Pour avoir découvert que sa femme Amine était une goule[1] se nourrissant de cadavres la nuit, Sidi Nouman est puni et transformé en chien par cette dernière. Heureusement, une magicienne bien intentionnée lui rend son aspect humain. Il raconte au calife[2] comment elle l'a aidé à se venger.

« Les choses se passèrent comme la jeune magicienne me l'avait prédit. Amine ne fut pas longtemps à rentrer. Comme elle s'avançait, je me présentai à elle, l'eau dans la main, prêt à la lui jeter. Elle fit un grand cri ; et, comme elle se fut retournée pour regagner la porte, je lui jetai l'eau en prononçant les paroles que la jeune magicienne m'avait enseignées ; et aussitôt elle fut changée en une cavale[3]. [...]

« À l'instant, et dans la surprise où elle était, je la saisis aux crins ; et, malgré sa résistance, je la tirai dans mon écurie. Je lui passai un licou, et, après l'avoir attachée en lui reprochant son crime et sa méchanceté, je la châtiai[4] à grands coups de fouet, si longtemps que la lassitude enfin m'obligea de cesser ; mais je me réservai de lui faire chaque jour un pareil châtiment[5].

« Commandeur des croyants, ajouta Sidi Nouman en achevant son histoire, j'ose espérer que Votre Majesté ne désapprouvera pas ma conduite, et qu'elle trouvera qu'une femme si méchante et si pernicieuse[6] est traitée avec plus d'indulgence qu'elle ne mérite. »

Quand le calife vit que Sidi Nouman n'avait plus rien à dire : « Ton histoire est singulière, lui dit le sultan, et la méchanceté de ta femme n'est pas excusable. Aussi je ne condamne pas absolument le châtiment que tu lui en as fait sentir jusqu'à présent. Mais je veux que tu considères combien son supplice est grand d'être réduite au rang des bêtes, et je souhaite que tu te contentes de la laisser faire pénitence[7] en cet état. Je t'ordonnerais même d'aller t'adresser à la jeune magicienne qui l'a fait métamorphoser de la sorte, pour faire cesser l'enchantement, si l'opiniâtreté et la dureté incorrigibles des magiciens et des magiciennes qui abusent de leur art ne m'étaient connues, et que je ne craignisse de sa part contre toi un effet de sa vengeance plus cruel que le premier. »

Les Mille et une Nuits, traduit de l'arabe par Antoine Galland, 1704-1711.

Liberale da Verona, *L'Enlèvement d'Europe*, vers 1470, peinture sur bois, 1,18 m x 40 cm, musée du Louvre, Paris.

LIRE LE TEXTE

La vengeance de Sidi Nouman

1 *[L. 6 à 10] En quoi Sidi Nouman métamorphose-t-il sa femme ? Relevez les mots qui montrent sa métamorphose.*

2 *[L. 10 à 13] Relevez le champ lexical de la faute et de la punition.*

3 *[L. 13]* « chaque jour » *: quelle est la classe grammaticale et la fonction de ces mots ? Que laissent-ils entendre des sentiments de Sidi Nouman à l'égard de sa femme ?* *(> Grammaire, fiche 14)*

4 *Déduisez-en le sens qu'il cherche à donner à la métamorphose de sa femme.*

La sagesse du calife

5 *Le calife trouve-t-il la métamorphose bénéfique ?*

6 *[L. 25 à 31] Quels sont les deux défauts des magiciens que souligne le calife ?*

7 *[L. 25] À quel temps le verbe* « je t'ordonnerais » *est-il conjugué ? S'agit-il ou non d'un ordre ?* *(> Verbe, fiche 26)*

Orthographe (> fiche 32)

8 *[L. 14 à 31] Relevez et justifiez l'emploi des majuscules.*

Vocabulaire (> fiches 41 et 46)

9 *Trouvez dans le texte trois mots ou expressions qui désignent le calife.*

10 *[L. 7] Trouvez des dérivés au mot* « cavale ».

> Expression orale

Zeus a de nombreuses fois changé de forme pour séduire les mortelles. Il a pris un jour l'aspect d'un taureau pour enlever Europe, la jeune femme qu'il aimait.
– Expliquez pourquoi Zeus doit se transformer.
– Décrivez le taureau en vous aidant de l'image.
– Vous insisterez sur sa beauté, sa puissance et son pouvoir de séduction.

Lire l'image

- Repérez dans le tableau les trois scènes : Zeus séduisant Europe ; Zeus enlevant la jeune fille ; les deux amoureux à leur arrivée en Crète.
- Ce tableau se lit-il de droite à gauche ou de gauche à droite ?

L'ESSENTIEL

> Il est rare qu'un personnage se métamorphose sans raison. Les **causes** de sa transformation peuvent être multiples.

> Ce sont souvent des **sentiments** qui sont **à l'origine du processus** : la **vengeance**, le désir de punir, la **jalousie**, mais aussi l'**envie de récompenser** ou **de séduire**.

4 Comprendre à quoi sert une métamorphose

Un amour fatal

Ovide : p. 38.

Narcisse continue à mépriser les autres nymphes[1] qui habitent les bois ou les fontaines jusqu'au jour où l'une d'entre elles, élevant vers le ciel des mains suppliantes, s'écrie :

– Grands dieux, écoutez-moi ! Faites que cet orgueilleux aime à son tour sans pouvoir être aimé !

Némésis, la déesse qui veille à la justice, a entendu : elle va exaucer cette juste prière.

Il y avait une source limpide dont l'eau brillait comme de l'argent : personne ne venait s'y désaltérer, ni les bergers ni les troupeaux qui paissent sur les montagnes. [...] C'est là qu'un jour, fatigué de la chasse et de la chaleur, Narcisse vient s'asseoir, attiré par la fraîcheur et le silence des lieux. Il a soif et se penche vers la source pour boire, mais voilà qu'il sent tout à coup naître en lui une soif nouvelle. Tandis qu'il boit, il est séduit par son image qui se réfléchit dans l'eau : il tombe amoureux de sa propre beauté. Il prend pour un corps ce qui n'est que de l'eau : il s'admire, il reste figé dans sa contemplation, immobile comme une statue qu'on aurait sculptée dans le marbre de Paros[2]. Étendu sur le sol, il contemple ses yeux qui brillent comme des étoiles, ses cheveux flamboyants dignes du dieu Apollon, ses joues fraîches et lisses, son cou d'ivoire, sa bouche gracieuse, son teint de lis et de roses. [...] Que de baisers sans réponse a-t-il donnés à la source trompeuse ! Que de fois a-t-il plongé les bras au milieu de l'eau pour y saisir sa tête sans parvenir à l'atteindre ! Que voit-il ? Il ne sait pas ; mais ce qu'il voit le brûle, et l'erreur qui trompe ses yeux les excite tout autant !

Cependant, Narcisse n'arrive pas à s'en aller. Ni le besoin de nourriture ni le sommeil ne peuvent l'arracher à cette source. Étendu sur l'herbe fleurie, le jeune homme contemple son image sans répit[3]. Il oublie de manger, il ne dort plus : il dépérit, victime de ses propres yeux. [...]

Accablé par la douleur, il déchire sa robe et se frappe violemment la poitrine : dans l'eau redevenue transparente, son visage réapparaît, aussi pâle que de la cire. Son teint n'a plus l'éclat de la rose et du lis, son corps a perdu toutes ses forces. [...]

La tête de Narcisse tombe sur l'herbe verte : la nuit de la mort envahit ses yeux victimes de sa beauté. Mais sa passion le poursuit jusqu'aux Enfers : il y cherche encore son image dans les eaux du Styx[4] ! Les naïades[5] et les nymphes le pleurent : elles gémissent et se coupent les cheveux en signe de deuil. Elles ont déjà préparé la cérémonie funèbre[6] et le bûcher pour incinérer son corps, mais Narcisse a disparu : à sa place, les nymphes ne trouvent qu'une fleur jaune couleur de safran[7], dont le centre est entouré de pétales blancs.

Ovide, « Écho et Narcisse », *Vingt-Cinq Métamorphoses*, traduit du latin par Annie Collognat, Le Livre de poche Jeunesse, 2007.

1. **Nymphes :** divinités grecques de la nature.
2. **Marbre de Paros :** marbre blanc de l'île de Paros, en Grèce.
3. **Sans répit :** sans s'arrêter.
4. **Le Styx :** fleuve des Enfers.
5. **Naïades :** divinités des fontaines et des rivières.
6. **Cérémonie funèbre :** funérailles.
7. **Safran :** épice jaune orangé.

Nicolas Poussin, *Écho et Narcisse*, vers 1650, huile sur toile, 1 m x 74 cm, musée du Louvre, Paris.

LIRE LE TEXTE

À l'origine de la métamorphose

1 *Comment Narcisse se comporte-t-il vis-à-vis des nymphes ?*

2 *[L. 4] Quel est le temps et le mode du verbe* « écouter » *? Quels sentiments cela laisse-t-il transparaître de la part de la nymphe ? (> Verbe, fiche 27)*

3 *[L. 6-7] Relevez les termes montrant que Némésis a pris en compte la demande de la nymphe.*

Le narcissisme

4 *Relevez les verbes qui montrent que Narcisse se regarde et s'aime lui-même.*

5 *[L. 19 à 22] À quoi sont comparées les différentes parties de son corps :* « ses yeux », « ses cheveux », « son cou », « son teint » *? Ces comparaisons sont-elles flatteuses ?*

6 *[L. 22 à 26] Quels types de phrases le narrateur utilise-t-il pour évoquer le comportement de Narcisse ? Pourquoi ? (> Grammaire, fiches 16 et 17)*

La transformation en fleur

7 *Quelle leçon le lecteur peut-il tirer de cet épisode ?*

8 *Quelle explication l'épisode apporte-t-il au nom commun* « narcisse » *?*

Orthographe (> fiche 39)

9 *[L. 37 à 45] Relevez trois noms se terminant par un x au pluriel. Mettez-les au singulier.*

Vocabulaire (> fiche 41)

10 *Le mot* « narcisse » *vient du grec* νάρκισσος *(narkissos) qui signifie* « engourdissement ». *Expliquez le mot* « narcotique », *formé sur le même radical.*

11 *Quel adjectif formé sur le même radical désigne quelqu'un qui parle trop de lui-même ?*

> Expression écrite

– D'autres métamorphoses d'Ovide rapportent l'origine merveilleuse de végétaux, d'arbres ou d'animaux : celle d'Arachné métamorphosée en araignée ; de Thisbé devenu mûrier à sa mort, de la nymphe Daphné transformée en laurier (→ p. 56-57), de paysans changés en grenouilles (→ p. 41).

– Racontez en dix lignes une de ces métamorphoses en inventant un lien entre l'état initial et l'état final.

Lire l'image

– Quel passage du texte le tableau représente-t-il ?
– À quel détail du corps de Narcisse voit-on qu'il se transforme en fleur ?

L'ESSENTIEL

La **métamorphose** comporte souvent un **enseignement** qui remplit différentes fonctions :
- une fonction morale : en délivrant une **leçon** à travers une récompense ou une punition ;
- une fonction **explicative** sur le nom, l'origine ou la forme d'un animal ou d'un végétal.

5 Construire le bilan sur la métamorphose

Un enfant bien mal intentionné

Cérès, la déesse de l'agriculture, sillonne le monde à la recherche de sa fille Proserpine, enlevée par Pluton, le dieu des Enfers.

Pendant ce temps, la mère, qui s'inquiétait à cause de sa fille, la cherchait vainement par toutes les terres, sur tout l'abîme de la mer. Ni l'Aurore[1] aux cheveux humides, à son lever, ni Vesper[2] ne la voient s'arrêter. Elle allume à l'Etna[3] les torches de pin qu'elle porte, une dans chaque main, à travers les ténèbres glacées, sans trêve. Quand le jour bienfaisant avait éteint l'éclat des astres, elle cherchait, encore, du coucher du soleil et jusqu'à son lever.

Épuisée de fatigue, elle avait soif : à aucune fontaine elle n'avait humecté ses lèvres, quand d'aventure elle aperçut le toit de chaume d'une maison. Elle frappe à la petite porte : une vieille en sort. Voyant la déesse qui lui demande de l'eau claire, elle lui offre le vin doux avec dessus de la polenta[4] grillée. Pendant que la déesse boit, un enfant à l'air méchant et insolent s'est planté là et il se moque d'elle en la traitant de goinfre[5]. Comme elle n'avait pas encore tout bu, offensée, elle l'asperge avec la polenta mélangée d'eau.

Sa figure s'est imprégnée de taches et, à la place de ses bras, il a des pattes. À son corps métamorphosé une queue vient se coller et, pour qu'il ne soit pas bien nuisible, ses proportions ont rétréci. Il est plus court qu'un petit lézard.

Quand la vieille, ébahie et en pleurs, essaie de le toucher, l'animal étrange se sauve et cherche une cachette. Son nom[6] va avec la couleur constellée de gouttes multicolores.

Ovide, *Les Métamorphoses*, Livre V, v. 438-461, traduit du latin par Anne Videau, Hatier, 2005.

1. Aurore : divinité chargée d'ouvrir au char du Soleil les portes du ciel.

2. Vesper : l'Étoile du soir.

3. Etna : volcan de Sicile.

4. Polenta : farine d'orge.

5. Goinfre : très gourmande.

6. Son nom est le stellion, issu du latin *stella* (« étoile ») comme le participe « constellée ».

Lisez le texte attentivement, puis répondez aux questions en vous aidant des indices de couleur dans le texte (attention, ce ne sont pas les réponses).

1 *Qui sont les personnages ? Lesquels sont des êtres ordinaires ? Lesquels ont une origine merveilleuse ?*

2 *En quel animal l'enfant est-il métamorphosé ? Quels sont les mots qui l'indiquent ?*

3 *Quelle faute commet l'enfant vis-à-vis de Cérès ?*

4 *Quelle leçon la déesse veut-elle lui donner ? Quel lien peut-on faire entre le nom de l'animal et son physique ?*

BILAN

- La métamorphose est un **processus** qui fait changer le héros de forme, de matière, de couleur, de consistance... (→ Texte 1)
- C'est un **phénomène merveilleux** qui met en scène des personnages et des éléments doués de pouvoirs magiques. (→ Texte 2)
- La métamorphose a toujours une **cause** ; elle est déclenchée par des sentiments aussi différents que la vengeance ou l'amour. (→ Texte 3)
- Elle peut avoir pour **fonction** de **donner une leçon** ou de **fournir une explication** sur certains éléments de la nature. (→ Texte 4)

La métamorphose a le goût du chewing-gum

1 – « Adieu, Violette ! »

Au cours de la visite de la chocolaterie merveilleuse de Mr Wonka, Violette, malgré les mises en garde, goûte un nouveau chewing-gum…

Tous les regards étaient fixés sur Violette Beauregard, en train de mâcher cette gomme extraordinaire. […]
– Ton nez devient bleu comme une myrtille !
– Ta mère a raison ! hurla à son tour Mr Beauregard. Tu as le nez tout violet !
– Que voulez-vous dire ? dit Violette sans cesser de mastiquer.
– Tes joues ! hurla Mrs Beauregard. Elles virent au bleu aussi ! Et ton menton ! Toute ta figure est bleue !
– Recrache immédiatement cette gomme ! ordonna Mr Beauregard.
– Pitié ! Au secours ! hurla Mrs Beauregard. Ma fille est en train de devenir bleue et mauve partout ! Même ses cheveux changent de couleur ! Violette ! Te voilà violette ! Qu'est-ce qu'il t'arrive ?
[…] Tous les yeux étaient fixés sur Violette. Quel terrible et singulier spectacle ! Son visage, ses mains, ses jambes et son cou, en fait, toute sa peau, sans oublier sa chevelure bouclée, tout était d'un bleu-violet éclatant, exactement comme du jus de myrtille ! […]
– Ciel ! hurla Mrs Beauregard. Tu gonfles comme un ballon, ma fille !
– Comme une myrtille, dit Mr Wonka.
– Vite, un médecin ! cria Mrs Beauregard.
– Piquez-la avec une épingle ! dit l'un des pères.
– Sauvez-la ! pleura Mrs Beauregard en se tordant les mains.
Mais il n'y avait pas moyen de la sauver pour l'instant. Son corps s'arrondissait toujours, changeant d'aspect avec une rapidité telle qu'au bout d'une minute il fut transformé en une énorme boule bleue – une gigantesque myrtille. Tout ce qui restait de Violette elle-même était une minuscule paire de jambes et une minuscule paire de bras plantés dans le gros fruit rond, et une toute petite tête au sommet. […]
– Conduisez-la vite à la salle aux jus de fruits.
– La *salle aux jus de fruits* ? s'écria Mrs Beauregard. Qu'est-ce qu'ils vont en faire, là-bas ?
– La presser, dit Mr Wonka. Il faut qu'elle perde immédiatement tout son jus. Après nous verrons bien. Mais ne vous tourmentez pas, chère madame. Nous vous la réparerons, quoi qu'il arrive. Je suis navré, vraiment… »

Roald Dahl, *Charlie et la Chocolaterie*,
traduit de l'anglais par Elisabeth Gaspar, Gallimard, 1967.

2 – *Charlie et la Chocolaterie*, de Mel Stuart, 1971

1 Quelles sont les différentes métamorphoses qui affectent Violette Beauregard ?
2 Par quoi la métamorphose est-elle déclenchée ?
3 Quel est le lien entre son prénom et la métamorphose ?

> À vous !

Imaginez que le chewing-gum, mâché par un autre enfant, provoque une nouvelle métamorphose en dessert ou en sucrerie (fruit, gâteau, bonbon…).
– Décrivez les changements qui surviennent (couleur, forme…).
– Utilisez ou inventez un prénom qui aura un lien avec la métamorphose.

ALICE CHANGE DE TAILLE…

> *Pour montrer les transformations subies par un personnage qui change de taille, quels procédés les illustrateurs emploient-ils ?*
> *Pour le savoir, suivons Alice au pays des merveilles : elle grandit ou rapetisse à vue d'œil.*

OUVRONS L'ENQUÊTE

Documents 1a ▲ et 1b ▼ Helen Oxenbury, illustrations pour *Alice au pays des merveilles*, Flammarion, 1999.

Document 2 Nicole Claveloux, illustration monochrome pour *Les Aventures d'Alice au pays des merveilles*, Grasset, 1974.

LEXIQU'ART

Gravure (n. f.) : *Les lignes du dessin sont creusées sur une plaque (de métal ou de bois), puis le graveur recouvre la surface d'encre afin de l'imprimer.*

Monochrome : *qui est d'une seule couleur (contr. : « polychrome », p. 96).*

1 Doc. 1a et b : Quand vous regardez chaque image, avez-vous l'impression d'être sous la table ou au-dessus ? Voyez-vous la même chose qu'Alice ?
2 Comment comprenez-vous qu'Alice est grande ou petite ?
3 Doc. 2 : Comment l'artiste a-t-elle représenté la métamorphose en train de s'effectuer ?

COMPLÉMENT D'ENQUÊTE

Document 3 Sir John Tenniel, gravure sur bois pour la première édition, *Alice's Adventures in Wonderland*, 1865.

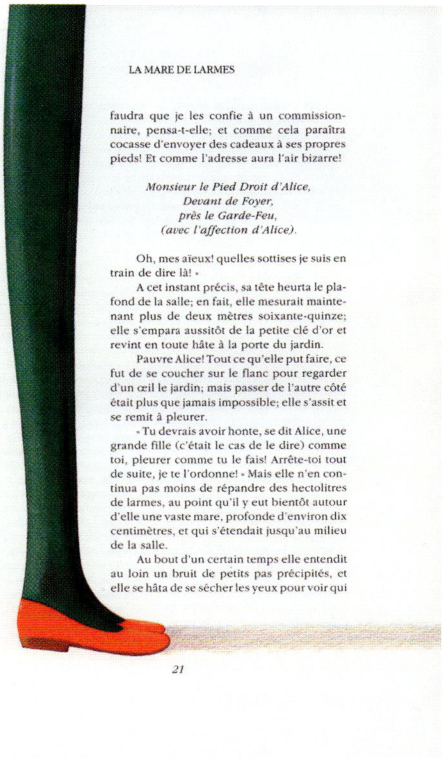

Document 4 Anthony Browne, illustration pour *Alice au pays des merveilles*, éditions Kaléidoscope, 1989.

Observez

1 Par quoi est constitué le cadre de chaque dessin ?
2 Sur quel document Alice sort-elle du cadre ?

Exprimez vos sentiments

3 Comment comprend-on que le cadre est trop petit pour la grande taille d'Alice ?
4 Doc. 3 : Quels objets à terre paraissent minuscules par rapport à Alice ?

Interprétez

5 Doc. 1 à 3 : Alice a-t-elle l'air contente d'avoir grandi démesurément ? Qu'indiquent ses gestes ?

RAPPORT D'ENQUÊTE

Pour **exprimer les changements de taille**, les illustrateurs peuvent utiliser :
> différents **points de vue** (une vue de **dessus**, en plongée ; une vue de dessous, en **contre-plongée**) ;
> la présence d'objets qui permettent d'établir une **échelle** ;
> le **cadrage**.

ÉTYMOLOGIE – Famille grecque et famille latine

Observer

1 *À l'aide des préfixes ou des suffixes proposés, formez deux mots d'origine grecque puis deux mots d'origine latine.*

Famille du grec μορφω (morpho = « *forme* »)

méta- → **morph(o)-** → -ose / -logie

Famille du latin forma (= « *forme* »)

Trans- / Di(f)- → **form(e)** → -ation

Comprendre

2 *Reliez les mots avec leurs définitions en vous aidant des préfixes.*

- *qui a une forme unique*
- *qui a plusieurs formes*
- *qui a la forme d'une croix*
- *qui a la forme d'un fil*
- *qui a la forme d'une poire*

> cruciforme
> uniforme
> piriforme
> multiforme
> filiforme

Manipuler

3 *Recopiez les phrases en remplaçant les parenthèses par un des mots de l'exercice 1.*

a *Après son mariage, sa* (modification) *a été complète.*

b *Sur cette photo personne ne le reconnaît : il est* (affreux)*.*

c *Il mesure plus de deux mètres : il a la* (apparence extérieure) *d'un géant.*

JOUONS AVEC LES MOTS – Un mot à l'endroit, un mot à l'envers

> *Les noms des oiseaux ont été métamorphosés par le verlan et dissimulés sous d'autres mots :* « choucas » *devient* « cachou ».

1 *Saurez-vous retrouver les cinq autres oiseaux dont on a effacé le nom ?*

2 *Métamorphosez un nom d'animal de la même manière et faites-le retrouver à vos camarades.*

Le verlan des oiseaux

Choucas
cachou

…………
Beau corps

…………
Ange mais

…………..
Lents égaux

……………..
Ouf de samba

………
coucou

Michel Besnier (poèmes) et Véronique Boiry (illustrations), *Le Verlan des oiseaux*, éditions Motus, 1995.

ENRICHIR SON VOCABULAIRE – Former les verbes de la métamorphose

1 *Complétez les verbes suivants :*

Changer

- **de couleur**
  bleu… – noirc… – blanch…
  verd… – jaun… – roug…
- **de forme**
  …rond… – allong… – …largir – gros…
  …grand… – rapetis… – minc…

2 *Associez deux verbes de la colonne de gauche à chaque définition de la colonne de droite :*

- *pulvériser*
- *pétrifier*
- *liquéfier*
- *fondre*
- *immobiliser*
- *broyer*

> *réduire en poudre*
> *changer en pierre*
> *devenir liquide*

Des mots pour lire l'image – Le cadrage

Pour ***souligner une scène*** *et* ***diriger le regard*** *du spectateur, l'artiste peut* ***renforcer le cadrage*** *de l'œuvre.*

François Place, illustration pour *Sur les traces d'Aladdin*, adaptation des *Mille et Une Nuits*, Gallimard Jeunesse, 2001.

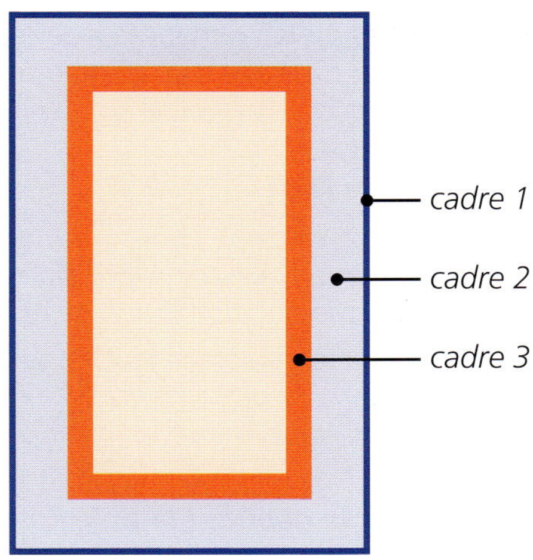

1 *Dans l'illustration, qu'est-ce qui constitue le cadre 1 ? le cadre 2 ? le cadre 3 ?*
2 *Sur quoi le regard du spectateur est-il dirigé ?*

Imaginer un début et une fin à une métamorphose

CONSEIL
Pour faire l'exercice, révisez les verbes de la métamorphose p. 53.

1 *Choisir un ordre*

L'homme se transforme-t-il en bête ou la bête en homme ?

a *Observez attentivement les images proposées.*
b *Remettez-les dans l'ordre qui vous paraît le meilleur.*
c *Expliquez l'ordre que vous proposez en décrivant minutieusement chaque image.*

A

B

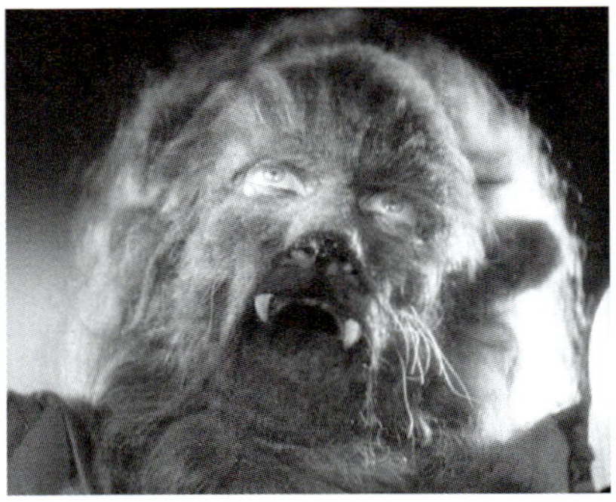

C

D

E

F

Jean Cocteau, *La Belle et la Bête*, film français, 1946.

2 *Construire le début et la fin*

Pourquoi le personnage se transforme-t-il ?

d *Se transforme-t-il seul ? Avec l'aide d'un objet ou de quelqu'un ?*
e *S'agit-il d'une punition ou d'une récompense ?*

Que fait le personnage quand il est transformé ?

f *Quels sentiments éprouve-t-il ?*
g *Retrouve-t-il ensuite sa forme initiale ou reste-t-il métamorphosé ?*

3 *Présenter le début et la fin à l'oral*

Après avoir noté vos propositions, vous les exposerez à votre classe.
Vous pouvez décider d'un temps maximum à respecter (par exemple cinq minutes).

Décrire les étapes d'une métamorphose

CONSEIL
Aidez-vous des pages 40-41 et 52-53.

1 *Rétablir l'ordre des étapes*

Lisez chaque phrase puis remettez-les dans l'ordre logique de la métamorphose d'Alice :

a *Elle essaya de voir si elle serait mieux en se couchant, un coude contre la porte, son autre bras replié sur la tête.*
b *Une minute plus tard, elle n'avait même plus assez de place pour rester à genoux.*
c *Puis, comme elle ne cessait toujours pas de grandir, elle passa un bras par la fenêtre, mit un pied dans la cheminée.*
d *Elle continuait à grandir sans arrêt, et, bientôt elle fut obligée de s'agenouiller sur le plancher.*
e *Elle se mit effectivement à grandir, et plus tôt qu'elle ne s'y attendait.*
f *Avant d'avoir bu la moitié du contenu de la bouteille, elle s'aperçut que sa tête était pressée contre le plafond, si bien qu'elle dut se baisser pour éviter d'avoir le cou rompu.*

Lewis Carroll, *Alice au pays des merveilles*, traduit de l'anglais par Jacques Papy, Gallimard, 1961.

2 *Observer la progression d'une métamorphose*

Rédigez les différentes étapes de la métamorphose du cochon en homme.
Pour chaque image, décrivez : la forme du visage – la peau – les yeux – le nez – la bouche.

Isabelle Forestier, illustration pour *La Légende de l'Odyssée*, éditions Nathan, 1992.

3 *Inventer une métamorphose*

a *Préparez votre brouillon :*

> *La situation initiale :*
Choisissez votre personnage. Sera-t-il un animal ? un être humain ?

> *La métamorphose :*
– En quoi va-t-il se transformer ?
– Qu'est-ce qui va permettre cette transformation : un objet magique, une formule, un magicien… ?
– Quels sont les éléments qui se transforment ? Dans quel ordre se transforment-ils ?
– Notez les différents changements : la couleur – la forme – la matière – la taille – l'odeur…

> *La situation finale : le personnage est transformé. Est-il satisfait ou mécontent ?*

b *Rédigez trois paragraphes avec soin et clarté :*
– un paragraphe de trois ou quatre lignes pour la situation initiale ;
– un paragraphe de dix lignes pour la transformation ;
– un paragraphe de trois ou quatre lignes pour la situation finale.
N'oubliez pas : chaque paragraphe doit commencer par un espace au début de la ligne.

LECTURE DE TEXTE

Apollon et Daphné

Poursuivie par le dieu Apollon, la nymphe Daphné[1] implore son père.

– Mon père, je t'en supplie, viens à mon secours ! s'écrie-t-elle. Aide-moi ! S'il est vrai que les fleuves ont un pouvoir divin, délivre-moi par une métamorphose de cette beauté qui cause mon malheur !

À peine achevait-elle sa prière que Daphné sent ses membres s'engourdir ; une fine écorce enveloppe sa poitrine délicate ; ses cheveux se changent en feuillage, ses bras s'allongent en rameaux ; ses pieds, tout à l'heure si rapides, prennent racine et s'attachent à la terre ; la cime d'un arbre couronne sa tête ; il ne reste plus d'elle-même que l'éclat de sa beauté passée. Cependant Apollon l'aime toujours : il pose sa main droite sur ce qui est désormais le tronc d'un arbre et, sous l'écorce naissante, il sent encore palpiter le cœur de Daphné. Ce sont de jeunes rameaux qu'il enlace au lieu des bras de la nymphe ; c'est du bois qu'il embrasse, mais l'arbre repousse ses baisers. Alors le dieu s'exclame :

– Ah ! puisque tu ne peux être mon épouse, du moins tu seras mon arbre ! Désormais, et pour toujours, cher laurier, ton feuillage viendra couronner mes cheveux, ma lyre et mon carquois. De même que ma longue chevelure flamboyante conserve une éternelle jeunesse car elle n'est jamais coupée, de même, je le veux, la tienne sera faite d'un feuillage verdoyant qui ne se fanera jamais.

Ovide, « Apollon et Daphné », *Vingt-Cinq Métamorphoses*, traduit du latin par Annie Collognat, Le Livre de poche Jeunesse, 2007.

1. **Daphné :** laurier, en grec.

1 *Quel est l'état initial de Daphné ? Quel est son état final ?*

2 *Pourquoi Daphné veut-elle se métamorphoser ?*

3 *[L. 1 à 3] Quels sont les types de phrases utilisés ? Quel sentiment expriment-elles ?*

4 *Indiquez précisément en quoi se transforme chaque partie de son corps : ses cheveux – ses bras – ses pieds – sa poitrine.*

5 *[L. 12 à 16] Relevez trois verbes différents conjugués au futur simple de l'indicatif. Donnez leur infinitif. Quelle caractéristique des feuilles de laurier expliquent-ils ?*

6 *Dans le nom Daphné, d'origine grecque, la graphie ph se prononce [f] : relevez dans le texte deux autres noms qui ont la même caractéristique. Donnez leur définition.*

7 *La couronne de laurier était le symbole de la victoire ; que signifie « s'endormir sur ses lauriers » ? Dans cette expression, le nom « lauriers » est-il employé au sens propre ou figuré ?*

ORTHOGRAPHE

Dictée à énigmes phonétiques

Bientôt arrivent directement du fo[**j**]er le potage bou[**j**]ant et les divers plats chauds. Vient ensuite le second service : des noix, des figues sèches, des dattes toutes ridées, des prunes, des pommes parfumées dans de larges corbe[**j**], du raisin fraîchement cue[**j**]i. Enfin un large ra[**j**]on d'un miel savoureux couronne le festin. Les dieux sont surtout ravis de l'accue[**j**] simple et chaleureux qu'ils reçoivent.

Ovide, « Philémon et Baucis», *Vingt-Cinq Métamorphoses*, traduit du latin par Annie Collognat, Le Livre de poche Jeunesse, 2007.

Recopiez le texte en orthographiant [j] avec la graphie y – ill – il ou ille sans oublier les accords si nécessaire.

LECTURE DE L'IMAGE / HISTOIRE DES ARTS

1 *En quelle matière est faite la statue présentée ?*
2 *En quoi Daphné est-elle en train de se métamorphoser ?*
3 *Observez ses pieds, ses mains, ses cheveux, ses jambes : que voyez-vous ?*

Gian Lorenzo Bernini, dit **le Bernin**,
Apollon et Daphné, 1622-1625, marbre de Carrare,
hauteur 2,43 m, Rome, Italie.

CONNAISSANCE DES AUTEURS ET DE LEURS ŒUVRES

1 *À l'aide des indices donnés, trouvez l'auteur évoqué :*

a

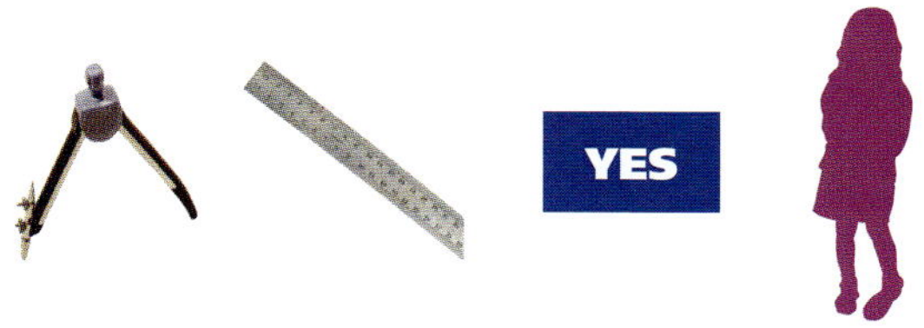

b

c

2 *Attribuez à Apulée, Lewis Carroll et Ovide la lettre A, B ou C qui correspond sur la frise chronologique :*

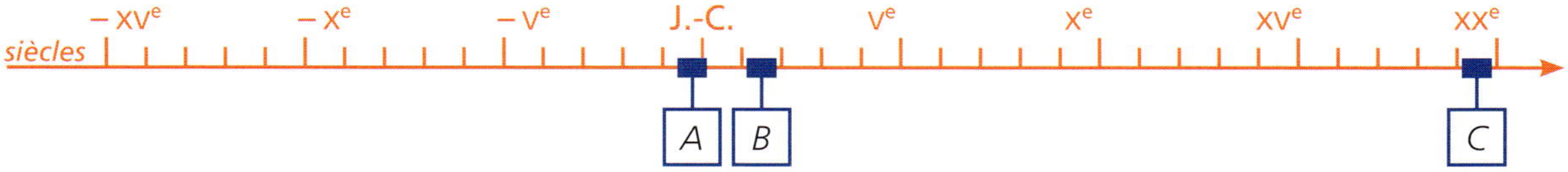

RENDRE COMPTE D'UNE LECTURE

À l'oral

Pour vous aider

Pour exprimer ses sentiments ou son opinion, il n'y a pas que le verbe *aimer* !
On peut aussi utiliser les expressions ou les verbes suivants pour parler d'un livre :

Aspects plaisants :
Apprécier l'époque ancienne – **adorer** tel personnage – **affectionner** une façon de raconter – **estimer** l'auteur – être **amateur** de contes – **raffoler** des personnages de sorciers – éprouver du **goût** pour la magie – avoir un **penchant** pour tel personnage – avoir une **prédilection** pour les histoires de métamorphoses.

Aspects déplaisants :
Regretter la brièveté du conte – **s'ennuyer** à la lecture des épisodes – **éprouver du désintérêt** pour le thème de l'histoire – **détester** le caractère d'un personnage – **être insensible aux** épreuves d'un héros – **désapprouver** la morale d'un conte.

! Exercez-vous à… parler d'un personnage.

Dans vos lectures, choisissez un personnage que vous trouvez particulièrement intéressant. Attention, ce ne sera pas forcément le héros !

1 *Rappelez son identité (si c'est un personnage de la mythologie, dites qui sont ses parents, ses enfants, etc.).*
2 *Retrouvez dans votre lecture les éléments de son portrait physique (attributs, visage, regard, force, habileté, capacités physiques…) et de son portrait moral (courage, ruse, intelligence, autorité, discrétion, qualités artistiques…).Citez-les, ou lisez-les à haute voix.*
3 *Recopiez un court passage (quelques lignes) que vous avez apprécié au sujet de ce personnage.*
4 *Présentez votre intérêt pour le personnage en utilisant les termes en gras de l'exercice précédent.*

À l'écrit

Quelques conseils pour rédiger pas à pas un résumé.

1 ***Lisez-bien le texte à résumer**. Éventuellement, relisez-le.*
2 ***Donnez-vous une longueur totale du résumé** : 10 à 15 lignes pour un petit livre, par exemple.*
3 ***Au brouillon**, faites **la liste des dix éléments essentiels** qu'il faut raconter selon vous.*
4 *Rédigez pour chacun **une phrase**, au présent.*
5 *Dans ces phrases, **vérifiez que vous variez bien le sujet** : « le héros », « il », « le personnage principal », donnez son nom (« le Petit Poucet ») ou son titre (« la princesse »), etc.*
6 *Au propre, **rédigez un texte au présent** composé de ces dix phrases, **en les reliant par les termes suivants** : d'abord, alors, soudain, c'est alors que, quand, ensuite, puis, finalement, au dénouement, …*

LE TRUC EN PLUS !

Pour discuter au sujet d'un livre, il faut se souvenir de ce que l'on éprouvait quand on lisait…
Je prenais mon temps… je m'ennuyais… je voulais vite connaître la fin…
je savourais tous les paragraphes… je relisais des passages que j'aimais…
je ne comprenais pas tous les détails… je sautais des paragraphes… j'ai été surpris de la fin…
je m'attendais à autre chose… je n'ai pas été étonné… j'ai été content du dénouement…
j'ai été déçu, …

QU'EST-CE QU'UNE PREMIÈRE DE COUVERTURE ?

La couverture est une grande feuille cartonnée composée de quatre pages ; la première de couverture est la première face du livre (appelée aussi « une de couverture »).

! *Observez ces premières de couverture. Quelles indications donnent-elles ? Quelle est celle qui vous donne le plus envie de lire le livre ? Pourquoi ?*

Une bande dessinée

Des récits issus de la mythologie

Un roman contemporain

Enquêter sur un livre

Parmi vos lectures récentes, ou encore pour un livre que vous venez de choisir, reconstituez la carte d'identité complète du livre, en vous aidant du vocabulaire des exercices précédents :

TITRE ....

AUTEUR ....

ÉDITEUR ....

COLLECTION ....

DATE DE PARUTION ....

IMPRIMERIE ....

LIEU D'ACHAT OU DE PRÊT ....

NOMBRE TOTAL DE PAGES ....

NOMBRE DE PAGES CONSACRÉES À L'HISTOIRE ....

CHAPITRES ....

LE RESUMÉ DE L'HISTOIRE ....

CE QUE J'AI EPROUVÉ A LA LECTURE ....

CE QUE J'ATTENDAIS A LA FIN ....

LE PERSONNAGE PRINCIPAL ....

SON PORTRAIT PHYSIQUE & MORAL ....

MON PASSAGE PRÉFÉRÉ ....

POURQUOI J'AI CHOISI CE PASSAGE ....

B 2i VISITER LE SITE WEB D'UNE MAISON D'ÉDITION

a *Cherchez l'adresse exacte sur un moteur de recherche.*

Exemples

http://www.rageotediteur.fr
http://www.pocketjeunesse.fr
http://www.ecoledesloisirs.fr
http://www.livredepoche.com/
http://www.gallimard-jeunesse.fr/

b *Avec le professeur documentaliste, discutez de votre lecture, puis rédigez, seul ou en groupe, une lettre adressée à un auteur, que vous enverrez à sa maison d'édition.*

Michel-Ange, *La Chapelle Sixtine*, 1508-1512, détail de la fresque du plafond, 550 m², 40,93 m x 13,41 m x 20,70 m, Cité du Vatican, Italie.

3 – Paroles sacrées
Quelles sont les grandes figures de la Bible ?

Lire l'image

Regardez bien
– Parvenez-vous à identifier Adam et Ève sur cette fresque ? Pouvez-vous les décrire ?

Regardez mieux
– Où peut-on admirer cette fresque de Michel-Ange ?

GRAMMAIRE DU PARCOURS

Les classes de mots : l'adjectif qualificatif (Texte 1)
Les fonctions : le complément d'objet (Texte 3) – l'attribut du sujet (Texte 1) – le complément circonstanciel de lieu (Texte 4)
La phrase : la phrase interrogative (Texte 2)
Le verbe : le futur simple (Textes 1, 2 et 3) – le présent de l'impératif (Texte 4)

Sait-on qui a écrit la Bible ?

Difficile à dire ! La Bible n'a pas été écrite en une seule fois mais sur de nombreux siècles (du xe siècle avant Jésus-Christ jusqu'au IIe siècle après) et par une multitude de rédacteurs différents. Ils ont rassemblé des histoires transmises par la tradition orale depuis des siècles et de génération en génération. Ils étaient tous des hommes très érudits, puisque à leur époque il n'était pas donné à tout le monde de savoir écrire, et ils occupaient souvent des fonctions religieuses.

Dans quelle langue la Bible est-elle écrite ?

Dans plusieurs langues, comme le montre le tableau ci-dessous :

Langues d'origine	***L'hébreu*** *(à partir du xe siècle avant J.-C.)*	בְּרֵאשִׁית בָּרָא אֱל˙הִים אֵת הַשָּׁמַיִם וְאֵת הָאָרֶץ *(Genèse, chapitre I, verset 1)*
	Le ***grec ancien*** *(à partir du IIIe siècle avant J.-C.)*	Ἐν ἀρχῇ ἐποίησεν ὁ Θεὸς τὸν οὐρανὸν καὶ τὴν γῆν
Traductions	***Le latin*** *(à partir du IVe siècle après J.-C.)*	*In principio creavit Deus caelum et terram.*
	Le français *(à partir du XVIe siècle – Bible d'Olivétan)*	*Au commencement Dieu créa le ciel et la terre.*

Aujourd'hui, on peut la lire dans plus de 300 langues. C'est un des ouvrages les plus consultés dans le monde.

Pourquoi le mot Bible prend-il une majuscule ?

On écrit toujours ce mot avec une majuscule pour montrer que ce livre n'est pas un simple recueil de textes mais qu'il est aussi considéré comme un livre sacré, inspiré aux hommes par Dieu.

Pour qui est-ce un livre sacré ?

La Bible est un livre de référence pour les trois grandes religions monothéistes, c'est-à-dire les religions qui ne révèrent qu'un seul Dieu.
Elle réunit les textes fondateurs du judaïsme (la religion des juifs) et du christianisme (la religion des chrétiens).
C'est un livre saint pour l'islam (la religion des musulmans), puisqu'on retrouve de nombreuses figures et épisodes de la Bible dans leur livre sacré : le Coran.
C'est aussi un texte littéraire et poétique...

Pourquoi dit-on de la Bible qu'elle est une « grande bibliothèque » ?

En parlant de « bibliothèque » à propos de la Bible, on fait référence à l'étymologie du mot, qui vient du grec ta biblia, *« les livres ». En effet, la Bible n'est pas un ouvrage unique mais une collection de plusieurs livres parfois très différents (récits, poèmes, lettres, discours…) réunis par les Hébreux au cours des siècles.*

Yan Gilbert

Plusieurs livres… mais alors, comment s'organise la Bible ?

La Bible est structurée autour de deux grandes parties, appelées les « Testaments » (le mot « testament » est une traduction du mot hébreu berith *qui signifie « alliance ») :*

*– L'*Ancien Testament, *qui rapporte la première alliance que Dieu a passée avec le peuple hébreu. Il est commun aux juifs et aux chrétiens.*

– Le Nouveau Testament, *qui raconte la nouvelle alliance que Dieu a passée avec les hommes en envoyant son fils Jésus. Il ne concerne que les chrétiens.*

1 Comprendre le message délivré par un épisode biblique

Le serpent tentateur

Adam et Ève, premières créatures humaines façonnées par Dieu, vivent heureux dans le jardin d'Éden, le paradis sur terre. Mais un jour, un serpent rusé vient séduire et corrompre Ève…

Or le serpent était la plus astucieuse de toutes les bêtes des champs que le SEIGNEUR[1] Dieu avait faites. Il dit à la femme : « Vraiment ! Dieu vous a dit : “Vous ne mangerez pas de tout arbre du jardin”… » La femme répondit au serpent : « Nous pouvons manger du fruit des arbres du jardin, mais du fruit de l'arbre qui est au milieu du jardin, Dieu a dit : “Vous n'en mangerez pas et vous n'y toucherez pas afin de ne pas mourir.” » Le serpent dit à la femme : « Non, vous ne mourrez pas, mais Dieu sait que le jour où vous en mangerez, vos yeux s'ouvriront et vous serez comme des dieux possédant la connaissance de ce qui est bon ou mauvais. »

La femme vit que l'arbre était bon à manger, séduisant à regarder, précieux pour agir avec clairvoyance[2]. Elle en prit un fruit dont elle mangea, elle en donna aussi à son mari, qui était avec elle, et il en mangea. Leurs yeux à tous deux s'ouvrirent et ils surent qu'ils étaient nus. […]

Le SEIGNEUR Dieu dit à la femme : « Qu'as-tu fait là ? » La femme répondit : « Le serpent m'a trompée et j'ai mangé. »

Le SEIGNEUR Dieu dit au serpent : « Parce que tu as fait cela, tu seras maudit entre tous les bestiaux et toutes les bêtes des champs ; tu marcheras sur ton ventre et tu mangeras de la poussière tous les jours de ta vie. […] »

Il dit à la femme : « Je ferai qu'enceinte, tu sois dans de grandes souffrances ; c'est péniblement que tu enfanteras des fils. Ton désir te poussera vers ton homme et lui te dominera. »

Il dit à Adam : « Parce que tu as écouté la voix de ta femme et que tu as mangé de l'arbre dont je t'avais formellement prescrit de ne pas manger, le sol sera maudit à cause de toi. C'est dans la peine que tu t'en nourriras tous les jours de ta vie, il fera germer pour toi l'épine et le chardon et tu mangeras l'herbe des champs. À la sueur de ton visage tu mangeras du pain jusqu'à ce que tu retournes au sol car c'est de lui que tu as été pris. Oui, tu es poussière et à la poussière tu retourneras. »

L'homme appela sa femme du nom d'Ève – c'est-à-dire La Vivante –, car c'est elle qui a été la mère de tout vivant.

Le SEIGNEUR Dieu fit pour Adam et sa femme des tuniques de peau dont il les revêtit. Le SEIGNEUR Dieu dit : « Voici que l'homme est devenu comme l'un de nous[3] par la connaissance de ce qui est bon ou mauvais. Maintenant, qu'il ne tende pas la main pour prendre aussi de l'arbre de vie, en manger et vivre à jamais ! »

Le SEIGNEUR Dieu l'expulsa du jardin d'Éden pour cultiver le sol d'où il avait été pris.

La Bible, Ancien Testament, livre de la Genèse, chap. III, verset 1-23, traduction œcuménique, éditions du Cerf, 2004.

1. « SEIGNEUR » est le nom donné à Dieu dans la traduction choisie par l'éditeur.

2. **Clairvoyance :** jugement, compréhension.

3. **L'un de nous :** c'est-à-dire Dieu lui-même et sa cour céleste composée d'anges.

Masolino, *La Tentation*, 1426, fresque, Santa Maria del Carmine, Florence, Italie.

Hugo van der Goes, *La Chute*, 1467, partie d'un diptyque, huile sur chêne, Kunsthistorisches Museum, Vienne, Autriche.

LIRE LE TEXTE

De la faute à la chute

1 *Où vivent Adam et Ève ?*

2 *Quelle interdiction Dieu leur a-t-il donnée ? De quoi Adam et Ève sont-ils menacés s'ils désobéissent ?*

3 *Dans le deuxième paragraphe, relevez les trois raisons pour lesquelles Ève ne respecte pas l'interdiction.*

4 *En quoi la vie d'Adam et Ève est-elle alors changée ? Aidez-vous des lignes 16, 24 et 29, 38-39 et 42.*

Le serpent

5 *[L. 1] Quelle est la classe grammaticale et la fonction du mot* « astucieuse » *? (> Grammaire, fiches 8 et 11)*

6 *Que fait le serpent pour séduire Ève ? Que lui promet-il si elle goûte au fruit défendu ?*

7 *Que représente le serpent ?*

Du récit à la réflexion

8 *[L. 3]* « Vous ne mangerez pas » *: à quel temps et à quel mode le verbe est-il conjugué ? Pouvez-vous exprimer la même interdiction d'une autre façon ? (> Verbe, fiche 23)* Pourquoi Dieu se fâche-t-il ?

9 *Quelle leçon le lecteur peut-il retenir de cet extrait ?*

Orthographe (> fiche 34)

10 *[L. 1 à 3] Classez en deux colonnes les différentes façons d'écrire les sons [é] et [ê].*

Vocabulaire (> fiche 43)

11 *[L. 11] Identifiez le couple d'antonymes. Cherchez les antonymes des mots suivants :* « astucieuse » *[l. 1],* « mourir » *[l. 7],* « connaissance » *[l. 10],* « nus » *[l. 16],* « jardin d'Éden » *[l. 42].*

> Expression écrite

La mythologie grecque rapporte qu'une jeune femme nommée Pandore est en possession d'une « boîte » contenant tous les maux de l'humanité. Or, malgré l'interdiction de Zeus, Pandore ouvre la boîte.

– Poursuivez l'histoire en commençant par : « Mais un jour Pandore… »

– Votre récit fera une dizaine de lignes et comportera un dialogue entre Pandore et Zeus.

– Vous insisterez, à la manière du récit biblique, sur le lexique du Bien et du Mal.

– N'oubliez pas de ponctuer le dialogue avec des guillemets (> fiche 32).

Lire l'image

- Identifiez les trois créatures représentées dans chaque tableau.
- Quel moment de l'épisode biblique les deux tableaux montrent-ils ?
- Quelles sont les différentes représentations du Tentateur dans les deux tableaux ?

L'ESSENTIEL

> La Bible est un recueil de textes religieux. Elle peut aussi se lire comme un **ouvrage fondateur** de l'histoire et de la culture du monde occidental.

> **Le serpent** est une figure du **Mal** qui incite Ève à désobéir et à commettre **la première faute**, appelée **péché originel**.

> Les histoires de la Bible comportent une **leçon** qui vise à **instruire le croyant**.

2 Analyser un exemple d'écriture biblique

Caïn : un frère jaloux

Après avoir été chassés du Paradis, Adam et Ève eurent deux fils : Abel et Caïn.

L'homme[1] connut Ève sa femme. Elle devint enceinte, enfanta Caïn et dit : « J'ai procréé un homme, avec le SEIGNEUR[2]. » Elle enfanta encore son frère Abel. Abel faisait paître les moutons, Caïn cultivait le sol. À la fin de la saison, Caïn apporta au SEIGNEUR une offrande de fruits de la terre ; Abel apporta lui aussi des prémices[3] de ses bêtes et leur graisse. Le SEIGNEUR tourna son regard vers Abel et son offrande[4], mais il détourna son regard de Caïn et de son offrande. Caïn en fut très irrité et son visage fut abattu. Le SEIGNEUR dit à Caïn : « Pourquoi t'irrites-tu ? Et pourquoi ton visage est-il abattu ? Si tu agis bien, ne le relèveras-tu pas ? Si tu n'agis pas bien, le péché, tapi[5] à ta porte, te désire. Mais toi, domine-le. »

Caïn parla à son frère Abel et, lorsqu'ils furent aux champs, Caïn attaqua son frère Abel et le tua. Le SEIGNEUR dit à Caïn : « Où est ton frère Abel ? » – « Je ne sais, répondit-il. Suis-je le gardien de mon frère ? » – « Qu'as-tu fait ? reprit-il. La voix du sang de ton frère crie du sol vers moi. Tu es maintenant maudit du sol qui a ouvert la bouche pour recueillir de ta main le sang de ton frère. Quand tu cultiveras le sol, il ne te donnera plus sa force. Tu seras errant[6] et vagabond sur la terre. »

Caïn dit au SEIGNEUR : « Ma faute est trop lourde à porter. Si tu me chasses aujourd'hui de l'étendue de ce sol, je serai caché à ta face, je serai errant et vagabond sur la terre, et quiconque me trouvera me tuera. » Le SEIGNEUR lui dit : « Eh bien ! Si l'on tue Caïn, il sera vengé sept fois. » Le SEIGNEUR mit un signe sur Caïn pour que personne en le rencontrant ne le frappe.

La Bible, Ancien Testament, livre de la Genèse, chap. IV, versets 1-15, traduction œcuménique, éditions du Cerf, 2004.

1. **L'homme :** il s'agit d'Adam.
2. Cela signifie qu'elle a eu un enfant, avec l'aide de Dieu.
3. **Prémices :** c'est-à-dire les premiers animaux nés du troupeau.
4. **Offrande :** don offert à Dieu.
5. **Tapi :** caché.
6. **Errant :** vagabond, perdu.

Caïn et Abel, vers 1084, objet en ivoire, musée du Louvre, Paris.

LIRE LE TEXTE

Les étapes du récit

1 *Résumez en une phrase chaque étape de l'épisode : [L. 1-6], [l. 7-12], [l. 13-20].*

Les personnages

2 *Indiquez pour chaque frère le rang dans la fratrie, le métier pratiqué, la nature de l'offrande et la réaction de Dieu.*

3 *Le récit explique-t-il pourquoi Dieu refuse le cadeau de Caïn ? Quelle image de Dieu le texte propose-t-il ?*

4 *Dans les paroles que Dieu adresse à Caïn, relevez les quatre phrases interrogatives. (> Grammaire, fiche 16) Lesquelles ont valeur de reproche ? Lesquelles expriment une demande d'information ?*

5 *Associez une phrase du texte à chacun des défauts de Caïn évoqués : la jalousie, le mensonge, l'insolence.*

6 *Pourquoi, selon vous, Dieu épargne-t-il Caïn à la fin de l'épisode ?*

L'écriture biblique

7 *Pourquoi le mot* « SEIGNEUR » *est-il repris aussi souvent dans le texte ? Relevez d'autres mots ou expressions du texte qui se répètent.*

8 *[L. 25]* « Si l'on tue Caïn, il sera vengé sept fois » *: à quel temps l'auxiliaire* « être » *est-il conjugué ? (> Verbe, fiche 23) Quelle est la valeur de ce temps ?*

Orthographe (> fiches 30 et 35)

9 *Le nom* « Caïn » *: quelle indication le tréma donne-t-il sur la prononciation ? Recopiez le mot en marquant le découpage en syllabes. Placez les trémas sur les mots suivants : égoisme – mais – héroique – naif – hébraique.*

Vocabulaire (> fiche 44)

10 *[L. 16-17]* « La voix du sang de ton frère crie du sol vers moi. » *Le verbe est-il utilisé ici au sens propre ou au sens figuré ? Faites une phrase dans laquelle vous l'utiliserez dans son autre sens.*

> Expression orale

Racontez un épisode de votre vie personnelle dans lequel vous avez été confronté au sentiment d'injustice. Vous vous aiderez du champ lexical de :
- *la jalousie : le dépit, envieux, jalouser…*
- *la tristesse : la peine, douloureux, pleurer…*
- *l'injustice : la victime, inéquitable, se révolter…*

Lire l'image

- Cette image se lit-elle de gauche à droite ou de droite à gauche ? Retrouvez les trois grandes étapes du récit biblique qu'elle raconte.
- Dieu se manifeste à deux reprises à Caïn sur ce document. Identifiez-le et expliquez comment il est représenté.

L'ESSENTIEL

> La Bible se compose de **récits** qui sont devenus très célèbres.

> Elle comporte des **personnages**, ou **figures**, marqué(e)s par leurs qualités ou leurs défauts comme **Caïn**, qui commit **le premier crime de l'humanité**.

> Son écriture est liée à la **tradition orale** avec des **répétitions** et des **images** pour frapper les esprits.

3 Prendre conscience des symboles transmis par la Bible

Noé : un homme juste

Un jour, Dieu décida d'effacer les hommes de la surface de la terre. Il souhaitait refaire un monde meilleur avec Noé, seul « homme juste » à ses yeux. Obéissant aux ordres de Dieu, Noé construisit une arche[1], y installa sa famille ainsi qu'un couple de chaque espèce animale. Le déluge s'abattit alors sur terre et l'eau inonda tout. Enfin, la décrue commença…

Or, au bout de quarante jours, Noé ouvrit la fenêtre de l'arche qu'il avait faite. Il lâcha le corbeau qui s'envola, allant et revenant, jusqu'à ce que les eaux découvrent la terre ferme. Puis il lâcha la colombe pour voir si les eaux avaient baissé sur la surface du sol. Mais la colombe ne trouva pas où poser la patte ; elle revint à lui vers l'arche car les eaux couvraient toute la surface de la terre. Il tendit la main et la prit pour la faire rentrer dans l'arche. Il attendit encore sept autres jours et lâcha à nouveau la colombe hors de l'arche. Sur le soir elle revint à lui, et voilà qu'elle avait au bec un frais rameau d'olivier[2] ! Noé sut ainsi que les eaux avaient baissé sur la terre. Il attendit encore sept autres jours et lâcha la colombe qui ne revint plus vers lui […].

Noé put alors sortir de l'arche, accompagné de sa femme, de ses fils, de leurs épouses et de tous les animaux, s'installer sur la terre ferme et écouter la parole de Dieu.

Dieu dit à Noé accompagné de ses fils :

« Je vais établir mon alliance avec vous[3], avec votre descendance après vous et avec tous les êtres vivants qui sont avec vous : oiseaux, bestiaux, toutes les bêtes sauvages qui sont avec vous, bref tout ce qui est sorti de l'arche avec vous, même les bêtes sauvages. J'établirai mon alliance avec vous : aucune chair ne sera plus exterminée par les eaux du Déluge, il n'y aura plus de Déluge pour ravager la terre. »

Dieu dit : « Voici le signe de l'alliance que je mets entre moi, vous et tout être vivant avec vous, pour toutes les générations futures.

« J'ai mis mon arc dans la nuée[4] pour qu'il devienne un signe d'alliance entre moi et la terre. Quand je ferai apparaître des nuages sur la terre et qu'on verra l'arc dans la nuée, je me souviendrai de mon alliance entre moi, vous et tout être vivant quel qu'il soit ; les eaux ne deviendront plus jamais un Déluge qui détruirait toute chair. L'arc sera dans la nuée et je le regarderai pour me souvenir de l'alliance perpétuelle entre Dieu et tout être vivant, toute chair qui est sur la terre. »

La Bible, Ancien Testament, livre de la Genèse, chap. VIII, versets 6-12, et chap. IX, versets 8-16, traduction œcuménique, éditions du Cerf, 2004.

1. Arche : désigne le bateau fermé construit par Noé.

2. Rameau d'olivier : branche d'olivier.

3. Je vais établir mon alliance avec vous : je vais établir un lien particulier avec vous.

4. J'ai mis mon arc dans la nuée : j'ai placé mon arc-en-ciel dans les nuages.

André Normil, *Arche de Noé*, 1967, peinture à l'huile, 41,8 cm x 63,8 cm, Haïti.

LIRE LE TEXTE

La fin du Déluge

1 *Pourquoi Noé lâche-t-il la colombe ? Que veut-il vérifier ?*
2 *Combien de fois doit-il répéter son geste ?*
3 *Combien de jours s'écoule-t-il entre chaque « lâcher » ? Que vous évoque ce chiffre ?*

Dieu, Noé et les hommes

4 *Dans cet épisode, Noé a au moins deux qualités qui font de lui un homme sage : lesquelles ?*
5 *[L. 14 et 18] Quelle est la fonction du mot « alliance » ? Quel lien Dieu veut-il nouer avec les hommes ?* *(> Grammaire, fiche 12)*
6 *Dieu apparaît-il comme cruel ou protecteur ? Pourquoi ?*

Des symboles fondateurs

7 *Que symbolisent la colombe et le rameau d'olivier ?*
8 *[L. 25 à 31] Relevez tous les verbes conjugués au futur. Quel signe Dieu veut-il envoyer aux hommes pour faire alliance avec eux ?* *(> Verbe, fiche 23)*
9 *De quoi cet élément est-il devenu le symbole aujourd'hui ?*

Orthographe (> fiche 39)

10 *[L. 16] Donnez le singulier de « oiseaux » et de « bestiaux ». Puis retrouvez le pluriel des noms suivants : canal – chacal – carnaval – cheval – festival – mal – métal.*

Vocabulaire (> fiche 41)

11 *Le mot « alliance » est formé à partir du radical « lier ».*
– Trouvez d'autres mots formés à partir de ce même radical et expliquez leur sens.
– Cherchez p. 63 le lien entre le mot « alliance » et le mot « testament ».

> Expression écrite

Noé construit une arche.
Imaginez et décrivez cette arche. (Vous pouvez inventer une arche ou vous inspirer d'une image.)

Lire l'image

– Quel moment de l'épisode biblique est représenté sur le tableau ?
– Qu'est-ce qui est mis en valeur par les contrastes de lumière ?

L'ESSENTIEL

- **Noé** est une figure du **Bien** : Dieu l'a **épargné** parce qu'il est un **homme juste**.
- La Bible parle aux hommes à travers des **symboles** : l'arc-en-ciel, sorte de pont entre le ciel et la terre, symbolise l'**alliance** que Dieu a scellée avec les hommes.
- Ces symboles sont souvent devenus **universels** : la colombe et l'olivier sont des symboles de paix et de bonheur retrouvés.

4 Comparer des textes sacrés : Bible et Coran

Abraham : un homme d'obéissance et de foi

[La Bible]

Abraham descend de Sem, un des trois fils de Noé. Il est âgé de plus de cent ans lorsque sa femme Sarah, jusqu'alors stérile, lui donne un fils, Isaac.

Or, après ces événements, Dieu mit Abraham à l'épreuve et lui dit : « Abraham » ; il répondit : « Me voici. » Il reprit : « Prends ton fils, ton unique, Isaac, que tu aimes. Pars pour le pays de Moriyya et là, tu l'offriras en holocauste[1] sur celle des montagnes que je t'indiquerai. » […]

Lorsqu'ils furent arrivés au lieu que Dieu lui avait indiqué, Abraham y éleva un autel[2] et disposa les bûches. Il lia son fils Isaac et le mit sur l'autel au-dessus des bûches. Abraham tendit la main pour prendre le couteau et immoler[3] son fils. Alors l'ange du SEIGNEUR l'appela du ciel et cria : « Abraham ! Abraham ! » Il répondit : « Me voici. » Il reprit : « N'étends pas la main sur le jeune homme. Ne lui fais rien, car maintenant je sais que tu crains Dieu, toi qui n'as pas épargné ton fils unique pour moi. » Abraham leva les yeux, il regarda, et voici qu'un bélier était pris par les cornes dans un fourré. Il alla le prendre pour l'offrir en holocauste à la place de son fils. Abraham nomma ce lieu « le SEIGNEUR voit » ; aussi dit-on aujourd'hui : « C'est sur la montagne que le SEIGNEUR est vu. »

L'ange du SEIGNEUR appela Abraham du ciel une seconde fois et dit : « Je le jure par moi-même, oracle du SEIGNEUR. Parce que tu as fait cela et n'as pas épargné ton fils unique, je m'engage à te bénir, et à faire proliférer ta descendance autant que les étoiles du ciel et le sable au bord de la mer. Ta descendance occupera la porte de ses ennemis ; c'est en elle que se béniront toutes les nations de la terre parce que tu as écouté ma voix. »

La Bible, Ancien Testament, livre de la Genèse, chap. XXII, versets 1-18, traduction œcuménique, éditions du Cerf, 2004.

1. Holocauste : dans l'Antiquité, les Hébreux sacrifiaient des animaux ou des récoltes pour remercier Dieu ou implorer son aide. L'holocauste était une offrande particulière qui consistait à brûler l'intégralité de la victime.

2. Autel : table en pierre sur laquelle on pratiquait les sacrifices.

3. Immoler : sacrifier.

[Le Coran]

Nous lui avons alors annoncé une bonne nouvelle :
La naissance d'un garçon, doux de caractère.

Lorsqu'il fut en âge d'accompagner son père,
celui-ci dit :
« Ô mon fils !
Je me suis vu moi-même en songe,
et je t'immolais ; qu'en penses-tu ? »

Il dit :
« Ô mon père !
Fais ce qui t'est ordonné.
Tu me trouveras patient,
si Dieu le veut ! »

Après que tous deux se furent soumis,
et qu'Abraham eut jeté son fils, le front à terre,
nous lui criâmes :
« Ô Abraham !
Tu as cru en cette vision[4] et tu l'as réalisée ;
c'est ainsi
que nous récompensons ceux qui font le bien :
voilà l'épreuve concluante. »

Le Coran, sourate XXXVII, versets 101-113, traduit par D. Masson, Gallimard, Folio classique, 1967.

4. Tu as cru en cette vision : Abraham a réalisé ce qu'il avait vu en rêve.

Bible : *Moïse recevant les tables de la Loi*, miniature provenant d'un manuscrit du XIIIe siècle.

Coran : Manuscrit d'un Coran mamelouk du XIV-XVe siècle.

LIRE LES TEXTES

Deux manières d'écrire

1 *Qui s'exprime à travers le « nous » du Coran ?*

2 *Entre les extraits de la Bible et du Coran, lequel se présente comme un récit, lequel se présente comme un discours ?*

Les ressemblances entre les deux textes

3 *[Bible, l. 3-5] Que demande Dieu à Abraham pour le mettre à l'épreuve ? Quel mode verbal indique qu'il s'agit d'un ordre ?* *(> Verbe, fiche 27)*

4 *Le vieil homme préfère-t-il parler ou agir ? Quelle qualité cela révèle-t-il chez lui ?*

5 *Comment Dieu remercie-t-il Abraham de sa confiance ?*

6 *Que lui promet-il à la fin des deux textes ?*

Les différences entre les deux textes

7 *Qui parle à Abraham dans la Bible, dans le Coran ?*

8 *[Bible, l. 1-10 ; Coran, l. 1-10] Relevez les compléments circonstanciels de lieu. Lequel des deux textes est le plus riche en détails ?* *(> Grammaire, fiche 14)*

9 *L'épisode du sacrifice d'Isaac comporte une étape supplémentaire dans la Bible : laquelle ?*

Orthographe (> fiche 42)

10 *[Bible, l. 3 et 8] Trouvez des homonymes à* « fils » *et* « autel ». *Précisez s'il s'agit pour chacun d'un homographe ou d'un homophone.*

Vocabulaire (> fiche 45)

11 *À quel champ lexical appartiennent les mots* « fils », « père », « enfant », « descendance » *?*

> Expression écrite

Un héros de l'Antiquité, Agamemnon, a dû lui aussi sacrifier sa fille Iphigénie, sur ordre de la déesse Artémis. Au dernier moment, Artémis, prise de pitié, remplace Iphigénie par une biche.

Racontez la scène à la manière de l'épisode biblique :

– vous détaillerez les circonstances de l'échange ;

– vous intercalerez un dialogue dans lequel la déesse donnera des ordres à Agamemnon, et ce dernier, par ses paroles, montrera sa soumission.

Lire l'image

- Comparez les deux manuscrits : lequel est illustré ?
- Observez l'écriture des textes : quelles différences voyez-vous ?

L'ESSENTIEL

- **Abraham** est considéré comme un **patriarche** : l'ancêtre des juifs, des chrétiens et des musulmans.
- **La Bible** constitue le texte sacré de deux grandes religions : **le judaïsme** et **le christianisme**.
- **Le Coran** (en arabe = lecture, récitation) est le texte sacré de **la religion musulmane** (l'islam).
- De nombreux **récits** bibliques de l'Ancien Testament sont **communs à ces trois religions monothéistes**.

5 Construire le bilan sur la Bible

Job : un homme exemplaire

[Texte A]

Pour pousser Job, qui est irréprochable, à se révolter contre Dieu, Satan lui a pris ses richesses et ses enfants. Mais Job a accepté son malheur sans rien dire. Satan ne s'avoue pas vaincu et se présente devant Dieu.

Le Seigneur[1] lui demanda :
– D'où viens-tu donc ?
L'accusateur[2] répondit :
– Je viens de faire un petit tour sur terre.
– Tu as sûrement remarqué mon serviteur Job, dit le Seigneur. Il n'a pas son pareil sur terre. C'est un homme irréprochable et droit ; il m'est fidèle et se tient à l'écart du mal. Il est resté fermement irréprochable. C'est donc pour rien que tu m'as poussé à lui faire du tort[3].
– Échange de bons procédés, répliqua l'accusateur : tout ce qu'un homme possède, il le donnera pour sauver sa peau. Mais ose toucher à sa personne, et je parie qu'il te maudira ouvertement !
Le Seigneur dit à l'accusateur :
– Eh bien, tu peux disposer de lui, mais non pas de sa vie.
Alors l'accusateur se retira hors de la présence du Seigneur. Il frappa Job d'une méchante maladie de peau, depuis la plante des pieds jusqu'au sommet du crâne. Job s'assit au milieu du tas de cendres et ramassa un débris de poterie pour se gratter.
Sa femme lui dit :
– Tu persistes à rester irréprochable. Mais tu ferais mieux de maudire Dieu et d'en mourir !
– Tu parles comme une femme privée de bon sens, lui répondit Job. Si nous acceptons de Dieu le bonheur, pourquoi refuserions-nous de lui le malheur ?
Dans cette nouvelle épreuve, Job ne prononça aucun mot qui puisse offenser Dieu.

La Bible, Ancien Testament, livre de Job, chap. II, versets 2-10, Alliance biblique universelle, éditions du Cerf, 1984.

1. Le Seigneur : Dieu.
2. L'accusateur : Satan, le démon.
3. Allusion à la première épreuve subie par Job.

[Texte B]

Mentionne notre serviteur Job.
Il cria vers son Seigneur :
« Le démon m'a atteint
par une souffrance et un châtiment. » [...]

– Nous lui avons rendu sa famille
et deux fois plus nombreuse :
ce fut une miséricorde[4] venue de nous.

Le Coran, sourate XXXVIII, versets 41-43, traduit par D. Masson, Gallimard, Folio classique, 1967.

4. Miséricorde : pitié par laquelle on pardonne au coupable.

Lisez les textes attentivement, puis répondez aux questions en vous aidant des indices de couleur dans les textes (attention, ce ne sont pas les réponses).

1 *Quelles sont les figures du Bien et les figures du Mal dans le texte ?*
2 *Quelle épreuve subit Job ? Pourquoi est-il le symbole de l'« innocent persécuté » ?*
3 *Quelle leçon Job tire-t-il de cette épreuve ?*
4 *Le texte B rapporte aussi l'histoire de Job : de quelle religion est-il le texte fondateur ?*

BILAN

> La Bible se présente comme un **récit avec des personnages**, ou **figures**, qui se distinguent par leurs **qualités** ou leurs **défauts**. (→ Texte 2)
> La Bible parle aux hommes à travers des **symboles** qui ont fondé la **culture occidentale**. (→ Texte 3)
> Les épisodes bibliques fournissent des **explications sur le monde** et donnent une **leçon au croyant**. (→ Texte 1)
> L'**Ancien Testament** est le **texte fondateur** des **religions juive et chrétienne**. De nombreux épisodes et personnages sont **communs au Coran**, texte fondateur de l'**islam**. (→ Texte 4)

La publicité nous tente !

1 – Publicité pour un moteur de recherche Internet

2 – Publicité pour un grand magasin

3 – Publicité pour un parfum

1 *De quoi ces trois documents font-ils la publicité ? Proposez une réponse par document.*

2 *À quel épisode biblique font-ils référence ? Quels personnages retrouvez-vous ?*

3 *Quel est le rapport entre les pommes et le message publicitaire « Les 6 jours tentation » ?*

4 *Pourquoi les épisodes bibliques sont-ils utilisés par les publicitaires ?*

> À vous !

Cherchez une autre publicité autour de vous (magazines, journaux, affiches) jouant avec des références bibliques. Apportez-la en classe.

En vous aidant du message des documents 1 « Faites un vœu et puis voilà » et 2 « Les 6 jours tentation », trouvez à votre tour un slogan publicitaire pour le document 3.

– Un slogan doit être court : il sera formulé en une phrase, verbale ou non verbale.

– Il doit être lié à l'image : il fera allusion à l'épisode biblique représenté.

DAVID CONTRE GOLIATH

> ***La Bible raconte que tel un sculpteur, Dieu a modelé l'homme dans l'argile avant de lui donner un souffle de vie.***
> ***La sculpture aurait-elle le pouvoir de rendre vivante une matière inanimée ?***

OUVRONS L'ENQUÊTE

Document 1 Intérieur de la basilique Sainte-Marie-Madeleine de Vézelay, Bourgogne.

LEXIQU'ART

Chapiteau (n. m.) : *de forme élargie, il se trouve en haut d'une colonne.*

Bronze (n. m.) : *métal qui est fondu puis coulé dans un moule pour former une statue. Les artistes l'utilisent dès l'Antiquité.*

Documents 2a et b *Le Combat de David contre Goliath*, chapiteau de la nef, basilique Sainte-Marie-Madeleine de Vézelay, 1120-1150.

1 *Identifiez sur le chapiteau David et Goliath (voir le récit biblique, p. 79). Qu'est-ce qui les oppose ?*
2 *Le chapiteau se lit comme une bande dessinée. Pouvez-vous reconnaître les trois épisodes du combat de David contre Goliath sculptés par l'artiste ?*

COMPLÉMENT D'ENQUÊTE

Observez

1 Doc. 3 et 4 : Quel est le matériau utilisé par chacun des artistes ? Aidez-vous des légendes.

2 À quel siècle ces statues ont-elles été sculptées ? Laquelle des deux est la plus ancienne ?

3 Chaque statue correspond à un épisode du combat de David. Laquelle le montre avant la victoire ? Laquelle le montre après ? Quels détails vous aident à répondre ?

Exprimez vos sentiments

4 Quelle statue exprime un mouvement ? Comment ?

5 Parmi les qualités suivantes, lesquelles selon vous s'appliquent au David de Donatello, lesquelles au David du Bernin ?
force – douceur – intelligence – séduction – confiance – détermination.

Interprétez

6 Pourquoi David est-il représenté sans Goliath ?

7 Doc. 2 à 4 : Attribuer à chaque artiste la phrase qui correspond le mieux à son objectif principal :
a Il montre que la sculpture peut paraître vivante.
b Il cherche à illustrer fidèlement la Bible.
c Il veut imiter les statues grecques.

Document 3 Donatello, *David*, 1430-1432, bronze, hauteur 1,58 m, Musée national du Bargello, Florence, Italie.

RAPPORT D'ENQUÊTE

> Dans les lieux de culte, les **sculptures** rappellent aux chrétiens les **histoires de la Bible**.
> Les artistes s'approprient aussi les épisodes et les personnages de la Bible pour montrer leur talent.

Document 4 Gian Lorenzo Bernini, dit Le Bernin, *David*, 1623-1624, marbre, hauteur 1,70 m, Galerie Borghèse, Rome, Italie.

ÉTYMOLOGIE – Racines latines

Observer

1 *Identifiez comment sont formés les mots du schéma de gauche pour compléter le schéma de droite.*

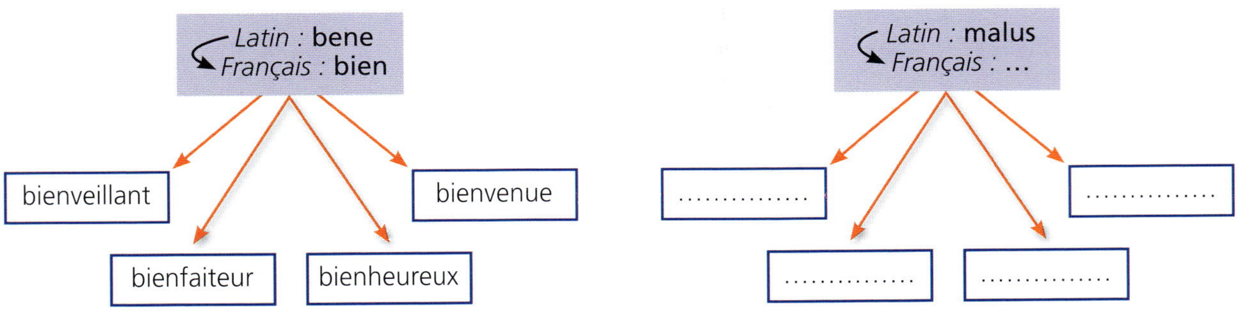

Comprendre et manipuler

2 *Recopiez le tableau et complétez la colonne de droite en vous aidant de celle de gauche.*

Définitions	*Définitions*
Bienfaiteur : *personne qui a rendu service.*	a .... : *qui veut du mal à quelqu'un.*
Bienheureux : *qui est rempli de bonheur.*	b .... : *qui arrive au mauvais moment.*
Bienveillant : *qui veut du bien à quelqu'un.*	c .... : *qui est très triste.*
Bienvenue : *qui arrive au bon moment.*	d .... : *brigand, voleur, qui fait du mal.*

JOUONS AVEC LES MOTS – Des expressions «vieilles comme Hérode» !

1 *Complétez les phrases avec les expressions suivantes puis identifiez les épisodes de l'Ancien Testament auxquels il est fait référence.*

- Costume d'Adam
- Pauvre comme Job
- Tenue d'Ève
- Goliath contre David
- Exode
- Vivre vieux comme Mathusalem
- Déluge
- (Être) sorti de la côte d'Adam

a *Dans un camp de naturistes, les hommes se promènent en … et les femmes en … .*
b *Pendant la Seconde Guerre mondiale, les populations françaises du Nord de la France ont été contraintes à l'… devant l'avancée allemande.*
c *Quelle honte pour un élève de 3e de s'en prendre à un jeune 6e ; c'est … !*
d *L'ouragan Katrina a provoqué en 2005 un véritable … sur la ville de La Nouvelle-Orléans aux États-Unis.*
e *Qu'Étienne est prétentieux. Il se croit … !*
f *Il est essentiel de prendre soin de son alimentation et de son corps si l'on veut … .*
g *Pierre a dépensé toutes ses économies au tiercé. Il s'est retrouvé … .*

ENRICHIR SON VOCABULAIRE – Trouver l'origine biblique des mots

1 *Identifiez le terme biblique dont ces mots sont dérivés.*

a *Il ne faut pas croire que les jérémiades sont propres aux enfants ! Les parents aussi se lamentent.*
b *Ma voiture, mon téléphone et mon costume sont antédiluviens, mais mon esprit est comme neuf !*
c *N'oublie pas de ranger ton recueil de contes dans ta bibliothèque.*
d *Pour des vacances édéniques, allez en Martinique !*
e *Benjamin a besoin d'un tournevis cruciforme pour dévisser la plaque de sa voiture.*
f *Un jéroboam de vin contient trois litres.*

2 *Donnez à chaque mot souligné sa définition.*

- *grosse bouteille contenant 4 bouteilles normales*
- *très vieux*
- *meuble ou lieu où sont conservés des livres*
- *en forme de croix*
- *paradisiaque*
- *plaintes fréquentes*

Des mots pour lire l'image – Les contrastes de lumière

Le contraste *est le rapprochement de deux éléments opposés, comme l'ombre et la lumière.*
Ce qui est éclairé est souligné ***par contraste*** *avec ce qui est sombre.*
L'utilisation de la lumière a toujours une signification.

Georges de La Tour, *Job et sa femme*, vers 1640-1645, huile sur toile, 1,45 m x 0, 97 m, musée départemental d'Art ancien et contemporain, Épinal.

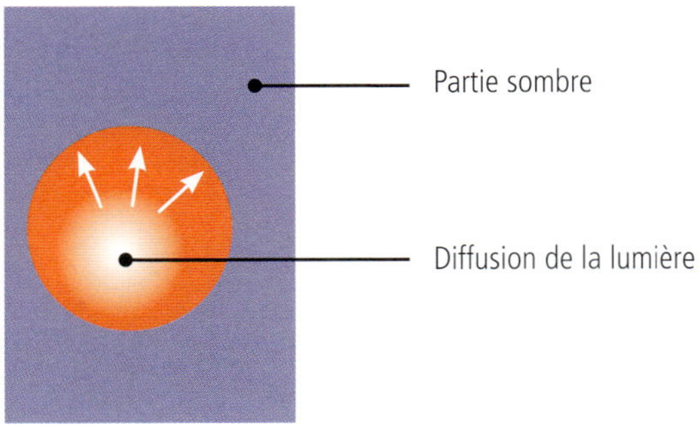

1 *Qu'est-ce qui est sombre dans le tableau ?*
2 *D'où vient la lumière ? Qu'est-ce qui est éclairé ?*
3 *Cherchez ce que symbolise la bougie.*

Savoir prendre la parole

CONSEIL
Chez vous, entraînez-vous à vous exprimer devant un miroir à voix haute.

1 *Parler distinctement*

Adam

Ève

Arche de Noé

a *Un élève invente une phrase à partir d'une image figurant ci-dessus, puis demande à un camarade choisi au hasard de la répéter.*
b *Regardez bien votre camarade et aidez-vous de l'image pour retenir sa phrase.*

2 *Parler au bon moment*

Un élève commence un récit à partir d'une image figurant ci-dessus.
Un de ses camarades prend la parole lorsque le moment s'y prête, c'est-à-dire :
– qu'il a levé le doigt ;
– qu'il a attendu que le professeur lui ait donné la parole ;
– qu'il a attendu le silence ;
– qu'il tient compte du début du récit pour le poursuivre de manière cohérente.

3 *Présenter un document avec clarté et précision*

a

b

c

Voici trois affiches de films ou de spectacles illustrant l'épisode biblique des « dix commandements » dictés par Dieu à Moïse.
Présentez un de ces documents à la classe en respectant les consignes suivantes :
– votre présentation durera deux minutes maximum (regardez votre montre) ;
– vous indiquerez la nature du document ;
– vous le décrirez avec soin : image, texte, support, format… ;
– vous donnerez votre avis sur le document.

Élaborer un récit détaillé

CONSEIL

– Révisez la notion de schéma narratif, p. 21.

– Relisez la fiche sur le passé simple (> Verbe, fiche 22) et celle sur l'imparfait (> Verbe, fiche 21)

1 *Donner des informations claires et ordonnées*

David est un jeune musicien très doué que Saül, roi d'Israël, prend plaisir à écouter.

C'est aussi quelqu'un dont le courage est exemplaire.

Un jour, alors que les armées des Israélites et des Philistins[1] se font face, un énorme géant du nom de Goliath sort du rang des Philistins et lance un défi à ses adversaires. Il veut combattre un seul homme. S'il gagne, les Israélites seront vaincus, s'il perd, ils seront vainqueurs. David décide alors de combattre le géant. Le roi Saül craint pour son jeune protégé, aussi lui offre-t-il une armure que le jeune David refuse.

Il s'avance en direction de Goliath uniquement armé d'un lance-pierres et de cinq cailloux ronds soigneusement choisis dans la rivière. Le premier jet est le bon : Goliath touché en plein front s'écroule. David s'empare de l'épée du géant et lui tranche la tête, assurant ainsi la victoire des Israélites.

I. Béraud-Sudreau, M. Vizzavona, *Les scènes de la Bible*, éditions Bonneton jeunesse, 2007.

1. **Philistins :** peuple de l'Antiquité en guerre contre les Israélites.

a Faites le schéma narratif de ce résumé d'un récit biblique.

b Formulez en une autre phrase la situation initiale et la situation finale.

2 *Décrire avec précision*

Alors sortit des rangs des Philistins un champion du nom de Goliath. Il était de Gath. **Sa taille était......... Il avait un casque .... et il était revêtu d'une cuirasse............... Le poids de la cuirasse était de cinq mille sicles[2] de bronze. Il avait sur ses jambes des jambières .... et entre ses épaules un javelot de bronze. Le bois de sa lance était comme .... et la pointe de sa lance pesait six cents sicles de fer.** Le porte-bouclier marchait devant lui. [...] **Dès que le Philistin se fut levé, il marcha et s'approcha à la rencontre de David et David se hâta, il courut au front de bataille à la rencontre du Philistin.**

X. de Chalendar, E. Dabouis, *La Bible, textes choisis*, La Bibliothèque Gallimard, 2001.

2. **Cinq mille sicles :** 60 kg environ.

c Recopiez les phrases en gras puis complétez-les pour préciser la description du géant.

3 *Utiliser les temps du récit*

Dans le texte de l'exercice 2, relevez les verbes conjugués au passé simple. Indiquez leur sujet.

d À quel temps sont conjugués les autres verbes ?

e Recopiez le dernier paragraphe du résumé en conjuguant les verbes au passé simple.

4 *Rédiger un récit détaillé*

f Recopiez la phrase en bleu et continuez à raconter le récit biblique de manière détaillée, en vous aidant du résumé.

– Vous utiliserez le passé simple et l'imparfait.

– Vous vous appuierez sur les pages 74 et 75 et sur le tableau pour structurer le récit en deux étapes : le combat puis la victoire.

– Vous terminerez par la phrase suivante :

« Les Philistins virent que leur héros était mort et ils s'enfuirent. »

Daniele da Volterra, *David et Goliath*, vers 1555, huile sur ardoise, 1,33 m x 1,72 m, musée du Louvre, Paris.

LECTURE DE TEXTE

Après leur installation en Égypte, les Hébreux sont rapidement réduits en esclavage par Pharaon. Moïse, leur chef, guidé par Dieu, va aider son peuple à sortir du pays. Pour cela, il leur faut traverser la mer Rouge alors que les chars de Pharaon les poursuivent.

La Bible *[Texte A]*

Moïse étendit la main sur la mer. Le SEIGNEUR refoula la mer toute la nuit par un vent d'est puissant et il mit la mer à sec. Les eaux se fendirent, et les fils d'Israël pénétrèrent au milieu de la mer à pied sec, les eaux formant une muraille à leur droite et à leur gauche. [...]
Le SEIGNEUR dit à Moïse : « Étends la main sur la mer : que les eaux reviennent sur l'Égypte, sur ses chars et ses cavaliers ! » Moïse étendit la main sur la mer. À l'approche du matin, la mer revint à sa place habituelle, tandis que les Égyptiens fuyaient à sa rencontre. Et le SEIGNEUR se débarrassa des Égyptiens au milieu de la mer. Les eaux revinrent et recouvrirent les chars et les cavaliers ; de toutes les forces de Pharaon qui avaient pénétré dans la mer derrière Israël, il ne resta personne.

La Bible, livre de l'Exode, chapitre XIV, versets 21-28, traduction œcuménique, éditions du Cerf, 2004.

Le Coran *[Texte B]*

Lorsque les deux groupes furent en vue l'un de l'autre,
les compagnons de Moïse dirent :
« Nous sommes rejoints ! »

Moïse dit :
« Non !
Mon Seigneur est avec moi, il me dirigera. »

Nous avons révélé à Moïse :
« Frappe la mer avec ton bâton. »
Elle s'entrouvrit alors,
et chacune de ses parties devint semblable
à une immense montagne.

Nous en avons fait approcher les autres,
tandis que nous avons sauvé Moïse
et tous ceux qui étaient avec lui ;
puis nous avons englouti ceux qui les poursuivaient.

Le Coran, sourate XXVI, versets 61-66, traduit par D. Masson, Gallimard, Folio classique, 1967.

1 *[Texte A] Relevez une phrase qui est répétée deux fois. Pourquoi trouve-t-on de nombreuses répétitions dans la Bible ?*
2 *[Texte A, l. 1 à 3] Relevez les compléments circonstanciels de lieu, de temps, de manière et de moyen. Lequel des deux textes détaille le plus l'épisode biblique ?*
3 *[Texte A, l. 7-8]* « Étends la main sur la mer. » *Indiquez le temps et le mode du verbe souligné. Sur quel ton Dieu s'adresse-t-il à Moïse ?*
4 *Quelles sont les deux conséquences magiques des gestes de Moïse ?*
5 *Comment Dieu se comporte-t-il envers les Égyptiens ? et vis-à-vis des Hébreux ?*
6 *Que veut-il faire comprendre à Moïse et à son peuple ?*
7 *À quelle personne la Bible est-elle écrite ? et le Coran ?*
8 *[Texte A] Comment s'appelle l'accent des mots* « Moïse » *[l. 1] et* « Israël » *[l. 4] ? À quoi sert-il ?*
9 *À quoi la mer est-elle comparée dans la Bible ? dans le Coran ?*

ORTHOGRAPHE

Dictée à choix multiples

C'est/Sait un enfant des Hébreux », dit-elle. Sa sœur dit **à/a** la fille du Pharaon : « Veux-tu que j'aille **appeler/appelé** une nourrice **chez/cher** les femmes des Hébreux ? Elle pourrait **allaiter/allaité** l'enfant pour **toi/toit**. – Va », lui dit la fille de Pharaon. **Et/est** la jeune fille appela la **mère/mer** de l'enfant. « Emmène **cet/cette** enfant et allaite-le-moi, lui dit la fille de Pharaon, et **c'est/sait** moi qui te donnerai un salaire. »

La Bible, livre de l'Exode, chap. II, versets 7-9, traduction œcuménique, éditions du Cerf, 2004.

– Recopiez le texte en choisissant la bonne orthographe pour les mots en gras.
– Pour ne pas faire d'erreur, relisez la fiche sur les homonymes *(> Orthographe, fiche 42)* *et celle sur le participe passé* *(> Verbe, fiche 28)**.*

LECTURE DE L'IMAGE / HISTOIRE DES ARTS

Cecil B. De Mille,
Les Dix Commandements,
film américain, 1956.

1 Moïse fait-il le même geste sur la photo et dans le texte biblique ?
2 Dieu n'est pas présent sur l'image, pourtant un élément traduit sa colère vis-à-vis du peuple égyptien. Lequel ?
3 Que cherche à exprimer le regard droit et fixe du comédien interprétant Moïse : la détermination, l'obéissance, la joie ?

CONNAISSANCE DE L'ŒUVRE

1 Les rédacteurs
Les affirmations suivantes sont-elles vraies ou fausses ?
a Les rédacteurs de la Bible ont vécu entre le xe siècle avant J.-C. et le IIe siècle après J.-C.
b Les rédacteurs de la Bible écrivaient en latin.
c Les rédacteurs pouvaient être aussi des rédactrices.
d Ils ont mis par écrit des récits transmis par la tradition orale depuis des siècles.

2 Une vaste bibliothèque
Répondez aux questions suivantes.
e Que veut dire le mot « testament » ?
f Quelle partie la Bible chrétienne a-t-elle en commun avec la Bible des juifs ?
g La Bible n'est-elle composée que de récits ?

3 Les figures bibliques
Reliez les figures bibliques de gauche aux petites annonces de droite.

> Serpent	*• Homme juste et ami des bêtes, cherche gros bras pour l'aider à construire une arche.*
> David	*• Recherche aide-soignante pour panser mes plaies et nettoyer la cendre qui recouvre mon corps. Attention, ai une femme fort acariâtre.*
> Noé	*• Appel à témoins : recherche animal perfide et rusé qui a joué un fort mauvais tour à l'humanité. Si vous croisez son chemin, ne vous laissez pas tenter !*
> Job	*• Souhaite remercier la bonne âme qui m'a prêté pierre et fronde pour combattre un géant.*

Amadou Dieng, *Ile de Gorée*, 2005, peinture sur toile, Sénégal.

4 – Contes pour expliquer le monde

Quelles réponses apportent les contes aux mystères d'ici et d'ailleurs ?

> PARCOURS TEXTES ET IMAGES

Et si les auteurs nous parlaient ?
Birago Diop

1 lire un texte intégral long
2 découvrir un texte d'ailleurs
3 analyser le merveilleux du conte
4 réfléchir sur l'explication et la leçon du conte
5 bilan sur le conte explicatif

Toujours d'actualité *Le conte explicatif se donne en spectacle*
Enquêt'art *Les arts du monde entier*

> ENTRAÎNEMENT

Mieux connaître les mots

S'exercer pour l'oral
dire un conte seul ou à plusieurs

S'exercer pour l'écrit
inventer un conte explicatif

> ÉVALUATION

Lire l'image

Regardez bien
– Quelles scènes de la vie quotidienne pouvez-vous identifier ? Où se passent-elles ?

Regardez mieux
– Quelle(s) scène(s) évoque(nt) pour vous la magie des contes ?

GRAMMAIRE DU PARCOURS

Les classes de mots : le nom – les pronoms personnels

Les fonctions : les compléments circonstanciels – le complément d'objet direct – le sujet

Le verbe : le passé simple – le futur simple – le présent de l'indicatif – l'imparfait de l'indicatif – l'infinitif

Birago Diop, pouvez-vous
nous raconter votre histoire ?

Je suis né à Dakar, au Sénégal, en 1906 et j'ai vécu jusqu'en 1989. J'étais vétérinaire de brousse, et parcourais sans relâche la savane pour m'occuper des animaux, mais aussi pour entendre et recueillir ces contes que l'on se raconte partout en Afrique. Je les ai patiemment écoutés, collectionnés et mis par écrit pour assurer leur survie et les faire connaître. C'est en 1947 que j'ai publié les Contes d'Amadou Koumba.

Musiciens du Senegal.

Et qu'est-ce qu'un griot ?

Comme le dit Narr le Maure dans Fari l'ânesse, *il chante « la gloire des rois défunts ». C'est un grand connaisseur de l'histoire de son pays, de la généalogie de son roi, mais c'est surtout un poète musicien, dépositaire de la culture orale.*

Et qui est Amadou Koumba ?

Dans mes contes, c'est le griot, celui qui raconte les histoires. Il transmet les « contes et les paroles de sagesse que le grand-père de son grand-père avait appris de son grand-père ». Il est l'interprète des contes, car les contes n'ont pas d'auteurs, ils appartiennent à tout le monde.

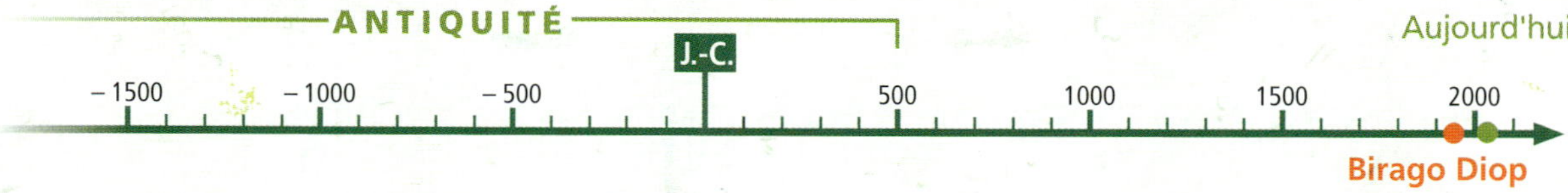

> *Carte de l'Afrique*

texte intégral

Fari l'ânesse

Sortir de son propos – souvent à peine y être entré – pour mieux y revenir, tel faisait à l'accoutumée Amadou Koumba, dont je rapporterai les dits[1] et dont un jour sans doute je conterai les faits.

Souvent, sur un mot de l'un de nous, il nous ramenait loin, bien loin dans le temps. Souvent aussi, un homme qui passait, le geste d'une femme faisaient surgir de sa mémoire des contes et les paroles de sagesse que le grand-père de son grand-père avait appris de son grand-père.

Le long de la route du Sud que nous avions remontée un jour durant, des carcasses récurées à blanc par les charognards[2] et des cadavres à tous les stades de putréfaction[3] avaient remplacé les bornes qui n'avaient jamais existé. Cadavres et carcasses d'ânes qui apportaient au Soudan les charges de colas[4] de la côte.

J'avais dit : « Pauvres ânes ! Qu'est-ce qu'ils endurent ! »

– Tu les plains, toi aussi ? avait répliqué Amadou Koumba. C'est bien de leur faute pourtant s'ils en sont là aujourd'hui ; s'ils sont les esclaves des esclaves… si les ordres – impôts et prestations[5] – de Dakar retombent, après avoir passé du gouverneur au commandant de cercle, du commandant de cercle au chef de canton[6] (sans oublier l'interprète), du chef de canton au chef de village, du chef de village au chef de famille, du chef de famille sur leur échine[7] à coups de trique[8]. Comme jadis (car je ne crois pas qu'il y ait quelque chose de changé) du Dame-le-roi aux Lamanes-vice-rois, des Lamanes aux Diambours-hommes-libres, des Diambours aux Badolos de basse condition, des Badolos aux esclaves des esclaves… Si l'âne en est aujourd'hui où il en est, c'est qu'il l'a bien cherché.

1. **Dits :** paroles.

2. **Charognards :** animal qui dévore les cadavres d'animaux.

3. **Putréfaction :** décomposition, pourriture.

4. **Cola :** graine d'un arbre africain.

5. **Impôts et prestations :** paiements.

6. Noms de différentes fonctions de la société dans certains pays africains, du plus puissant au moins puissant.

7. **Échine :** colonne vertébrale.

8. **Triques :** gourdins.

Aux temps anciens, bien anciens, dont ils n'ont certainement pas comme nous perdu la mémoire, les ânes, comme tous les êtres sur terre, vivaient libres dans un pays où rien ne manquait. Quelle première faute commirent-ils ? Nul ne l'a jamais su et nul ne le saura jamais peut-être. Toujours est-il qu'un jour une grande sécheresse dévasta le pays sur lequel s'abattit la famine. Après des conseils et des palabres[9] interminables, il fut décidé que la reine Fari et des courtisanes[10] s'en iraient à la recherche de terres moins désolées, de régions plus hospitalières, de pays plus nourriciers.

Au royaume de N'Guer qu'habitaient les hommes, les récoltes semblaient plus belles qu'en aucun autre pays. Fari voulut bien s'y arrêter. Mais comment disposer sans risques de toutes ces bonnes choses qui appartenaient aux hommes ? Un seul moyen peut-être : se faire homme soi-même. Mais l'homme cède-t-il volontiers à son semblable ce qui lui appartient, ce qu'il a obtenu à la sueur de ses bras ? Fari ne l'avait jamais entendu dire. À la femme, peut-être, l'homme ne devait rien refuser, puisque, de mémoire d'être vivant, l'on n'avait jamais vu un mâle refuser quelque chose à une femme ou la battre – à moins qu'il ne fût fou comme un chien fou. Fari décida donc de rester femelle et de se métamorphoser en femme, sa suite également.

Narr, le Maure[11] du roi de N'Guer, était peut-être le seul sujet du royaume à pratiquer sincèrement la religion du Coran ; À cela, il n'avait aucun mérite, puisqu'il devait se montrer digne de ses ancêtres qui avaient introduit par la force l'Islam dans le pays. Mais Narr se distinguait encore des autres par sa couleur blanche d'abord, ensuite par ceci qu'il ne pouvait pas garder le plus infime des secrets. Et de nos jours encore, l'on dit d'un rapporteur qu'il a « avalé un Maure ».

Narr était donc pratiquement fervent et ne manquait aucune des cinq prières de la journée. Quel ne fut pas son étonnement, un matin, en allant faire ses ablutions[12] au lac de N'Guer, d'y trouver des femmes qui se baignaient ! La beauté de l'une d'elles qu'entouraient les autres était telle que l'éclat du soleil naissant en était terni. Narr oublia ablutions et prières et vint en courant réveiller Bour, le roi de N'Guer :

– *Bour ! Bilahi ! Walahi !* (En vérité ! au nom de Dieu !) Si je mens, que l'on me coupe le cou ! J'ai trouvé au lac une femme dont la beauté ne peut se décrire ! Viens au lac, Bour ! Viens ! Elle n'est digne que de toi.

Bour accompagna son Maure au lac et ramena la belle femme et sa suite. Et fit d'elle son épouse favorite.

9. Palabres : discussions.

10. Courtisanes : femmes proches de la reine, qui la suivent et la servent.

11. Maure : venu d'Afrique du Nord.

12. Faire ses ablutions : se laver pour se purifier avant de prier.

>

Quand l'homme dit à son caractère : « Attends-moi ici », à peine a-t-il le dos tourné que le caractère marche sur ses talons. L'homme n'est pas le seul à souffrir de ce malheur. L'âne, comme les autres créatures, le partage avec lui. C'est pourquoi Fari et ses courtisanes, qui auraient dû vivre heureuses et sans souci à la cour du roi de N'Guer, s'ennuyaient et languissaient chaque jour davantage. Il leur manquait tout ce qui fait la joie et le bonheur pour une nature d'âne : braire et péter, se rouler par terre et ruer… Aussi demandèrent-elles un jour à Bour, prétextant les grandes chaleurs, l'autorisation, qui leur fut accordée, d'aller se baigner tous les jours au crépuscule dans le lac.

Ramassant les calebasses[13], les marmites et tous les ustensiles sales, elles allaient ainsi, tous les soirs, au lac où, rejetant boubous et pagnes[14], elles pénétraient dans l'eau en chantant :

13. Calebasses : gros fruits qui sont séchés et vidés pour servir de récipients.

14. Boubous et pagnes : vêtements traditionnels africains.

Fari hi ! han !
Fari hi ! han !
Fari est une ânesse,

Où est Fari la reine des ânes
Qui émigra et n'est pas revenue ?

Au fur et à mesure qu'elles chantaient, elles se transformaient en ânesses. Elles sortaient ensuite de l'eau, courant, ruant, se roulant et pétant.

Nul ne troublait leurs ébats. Le seul qui l'eût pu faire, le seul qui sortît du village au crépuscule pour ses ablutions et la prière de Timiss, Narr le Maure, était parti en pèlerinage à La Mecque[15]. Fatiguées et heureuses, Fari et sa suite reprenaient leur corps de femme et s'en retournaient chez Bour, calebasses et marmites récurées.

15. La Mecque : ville sainte pour les musulmans.

Les choses auraient pu peut-être durer toujours ainsi, si Narr avait péri en chemin ; s'il avait été pris là-bas vers l'est dans un royaume bambara, peulh ou haoussa[16] et maintenu en esclavage ; ou s'il avait préféré demeurer, le restant de ses jours, près de la Kaaba[17] pour être plus près du paradis. Mais Narr revint un beau jour, et justement à la tombée de la nuit. Il alla, avant de saluer le roi, vers le lac. Il y vit les femmes et, caché derrière un arbre, il écouta leur chanson. Son étonnement fut plus grand que le jour où il les y avait trouvées, en les voyant se changer en ânesses. Il arriva chez Bour, mais il ne put rien dire de ce qu'il avait vu et entendu, tant il fut fêté et questionné sur son pèlerinage. Mais, au milieu de la nuit, son secret, qui s'était mis en travers du couscous et du mouton dont il s'était gavé, l'étouffait. Il vint réveiller le roi :

16. Bambara, peulh, haoussa : peuples africains (carte, p. 85).

17. La Kaaba : édifice sacré se trouvant dans la Grande Mosquée de La Mecque.

– *Bour ! Bilahi ! Walahi !* Si je mens, que l'on me coupe la tête, ta femme la plus chérie n'est pas un être humain, c'est une ânesse !

– Que racontes-tu là, Narr ? Les génies t'ont-ils tourné la tête sur le chemin du salut ?

– Demain, Bour, demain, *inch allah* !

Le lendemain matin, Narr appela Diali, le griot-musicien[18] du roi, et lui apprit la chanson de Fari.

– Après le déjeuner, lui dit-il, lorsque notre reine favorite caressera sur sa cuisse la tête de Bour pour qu'il s'endorme, au lieu de chanter la gloire des rois défunts, tu joueras sur ta guitare et tu chanteras la chanson que je viens de t'apprendre.

– C'est à La Mecque que tu as appris cette chanson ? s'enquit Diali, curieux comme tout griot qui se respecte.

– Non ! Mais tout à l'heure, tu verras la puissance de ma chanson, répondit Narr le Maure.

Bour somnolait donc, la tête sur la cuisse de sa favorite, pendant que Narr racontait à nouveau son pèlerinage, lorsque Diali qui, jusque-là, fredonnait doucement en frôlant sa guitare, se mit à chanter :

Fari hi ! han !
Fari hi ! han !

La reine tressaillit. Bour ouvrit les yeux. Diali continua :

Fari hi ! han !
Fari est une ânesse…

– Bour, dit la reine en pleurant, empêche Diali de chanter cette chanson.

– Pour quelle raison, ma chère femme ? Je la trouve très jolie, moi, dit le roi.

– C'est une chanson que Narr a apprise à La Mecque, expliqua le griot.

– Je t'en supplie, mon maître ! gémit la favorite. Arrête-le. Elle me fait mal au cœur, car on la chante chez nous aux enterrements.

– Mais ce n'est pas une raison pour faire taire Diali, voyons !

Et Diali chantait toujours :

Fari est une ânesse,

Où est Fari la reine des ânes
Qui émigra et n'est pas revenue ?

Soudain, la jambe de la reine qui supportait la tête de Bour se raidit et sous le pagne apparut un sabot et puis une patte. L'autre jambe se transforma, ses oreilles s'allongèrent, son beau visage également… Rejetant son royal époux, Fari, redevenue ânesse, ruait au milieu de la case, décrochant la mâchoire de Narr le Maure. Dans les cases voisines, dans les cuisines, dans la cour, les ruades et les hi ! han ! indiquaient que les sujettes[19] de Fari avaient, elles aussi, subi le même sort que leur reine.

Comme leur reine, elles furent maîtrisées à coups de trique et entravées[20] ; de même que tous les ânes qui, inquiets du sort de leur reine et de leurs épouses, partirent à leur recherche et passaient par le royaume de N'Guer.

Et c'est depuis N'Guer et depuis Fari que les ânes peinent à coups de trique et trottent, chargés, par tous les sentiers, sous le soleil et sous la lune.

Birago Diop, *Les Contes d'Amadou Koumba*, Éditions Présence africaine, 2004.

18. Griot : conteur-chanteur africain.

19. Sujettes : femmes qui sont sous la domination de Fari, la reine.

20. Entravées : attachées.

1 Lire un texte intégral long

Griot, Gambie.

- Avec quel instrument de musique le griot accompagne-t-il son récit ?
- Observez l'expression de son visage : comment capte-t-il l'attention des auditeurs ?
- A-t-il besoin d'un livre pour raconter son récit ? Pourquoi ?

La construction du texte

1 *[L. 1 à 5] Donnez la fonction des pronoms personnels* « je » – « il » – « nous » *et précisez qui est représenté par chacun de ces pronoms.* *(> Grammaire, fiche 6)*

2 *Le texte a été divisé en quatre parties.*
Attribuez à chaque partie l'une des indications suivantes : Amadou Koumba tire la leçon du conte – Birago Diop prend la parole – Birago Diop donne la parole à Amadou Koumba – Amadou Koumba raconte l'histoire de Fari.

Lignes 1 à 16	
Lignes 17 à 29	
Lignes 30 à 174	
Lignes 175 à 177	

Les étapes du conte

3 *[L. 38 à 40] Quel événement marque le début du récit ? Indiquez à quel temps sont conjugués les verbes* « dévaster » *et* « s'abattre » *pour souligner cet événement.* *(> Verbe, fiche 22)*

4 *[L. 40 à 174] Indiquez les numéros de lignes correspondant à chaque étape du récit :*
a. Les ânesses quittent leur pays.
b. Au royaume de N'Guer, elles se métamorphosent en femmes.
c. Le conseiller du roi les découvre et le roi épouse la reine des ânesses.
d. Les ânesses devenues femmes décident de redevenir ânesses de temps en temps.
e. Le conseiller découvre que Fari est une ânesse et lui tend un piège.
f. Fari et sa suite redeviennent ânesses.

Les noms propres

5 *Recopiez le tableau et attribuez à chaque nom propre de la colonne de gauche ce qu'il désigne :*

Bour [l. 72]	*Le pays où se passe le conte*
Amadou Koumba [l. 2]	*Le conseiller du roi*
N'Guer [l. 45]	*La reine des ânes*
Diali [l. 130]	*Le roi*
Fari	*Le conteur*
Narr [l. 58]	*Le griot*

Les personnages

6 *Pourquoi les ânesses se transforment-elles en femmes ?*
7 *Pourquoi décident-elles de redevenir des ânesses de temps en temps ?*
8 *Par qui et comment leur secret est-il découvert ?*

> Expression écrite

[L. 67 à 72] Narr aperçoit, près du lac, Fari et sa suite, devenues de très belles femmes.
Décrivez, en un paragraphe, les femmes dont la beauté étonne Narr :
– Vous commencerez par « Narr observa attentivement les femmes près du lac... ».
– Vous décrirez leurs coiffures, leurs vêtements, leurs gestes.
– Vous finirez par « Narr vint en courant réveiller Bour pour lui décrire ce qu'il avait vu ».

2 Découvrir un texte d'ailleurs

– Observez l'ombre des personnages : d'où vient la lumière du tableau ?
– Pourquoi les trois personnages se détachent-ils très nettement ?
– Quels indices peuvent nous renseigner sur le pays où se passe la scène ?

Willis Tilly, *Près de la plage*, 2007, huile sur toile.

Un conte africain

1 *Parmi les mots suivants, distinguez les noms de pays, les noms de villes et les noms de peuples :* Peulh – Bambara – Dakar – Soudan – La Mecque – Haoussa. *Soulignez les noms que vous pouvez situer sur la carte page 85.*

2 *[L. 36 à 47] Qu'apprend-on sur le climat du pays des ânesses et des hommes ?*

3 *Relevez dans le texte trois paroles qui ne sont pas écrites en français. Que signifient-elles ?*

La société

4 *[L. 20 à 28] Recopiez le tableau suivant puis complétez-le, en classant les personnages du plus puissant au moins puissant :*

Jadis	*Aujourd'hui*
Dame-le-Roi	____________
____________	*Commandant de cercle*
____________	*Chef de canton*
____________	*Chef de village*
Les esclaves	*Chef de famille*
	Les ânes

Qui n'a aucun pouvoir ? Qui jadis avait le pouvoir sur toute la société ?

La religion

5 *[L. 58 à 62] Indiquez la classe grammaticale et la fonction des mots* « religion » *et* « Islam ». *(> Grammaire, fiche 12)*

6 *Quelle est la religion pratiquée dans le royaume de N'Guer ? [L. 66 à 71 et l. 106] Relevez les rites liés à la pratique de cette religion.*

7 *Pourquoi le fait que Narr pratique cette religion est-il important dans le conte ?*

Les coutumes

8 *Précisez pour chaque mot suivant s'il désigne une habitation, de la nourriture, un vêtement ou un ustensile :* une calebasse – un pagne – le cola – une case – un boubou – un couscous.

9 *[L. 134-135] Relevez les verbes conjugués qui indiquent la mission confiée au griot. Précisez leur temps, leur mode et leur infinitif. (> Verbe, fiche 23)*

10 *Quel rôle le griot remplit-il auprès du roi ?*

Orthographe (> fiche 2)

11 *Écrivez le féminin des mots suivants :* un âne – un sujet – un mâle – un époux – un Africain.

Vocabulaire (> fiche 45)

12 *Relevez six mots appartenant au champ lexical de la religion.*

3 Analyser le merveilleux du conte

– À quel passage du conte ce tableau peut-il correspondre ?
– Qu'est-ce qui donne une impression de mystère dans le tableau ?

Michèle Battut, *Le Lac africain*, 1997, huile sur toile.

Des ânesses merveilleuses

1 *De quel pouvoir disposent les ânesses ?*

2 *Quelles sont les réactions des hommes face à ce pouvoir ?*

Un chant magique

3 *Relevez la phrase qui montre les effets magiques de la chanson des ânesses. En quoi s'agit-il bien d'une chanson d'ânes ?*

4 *[L. 149 à 159] Relevez trois formes du verbe* « chanter ». *Précisez à chaque fois le mode et, s'il est conjugué, indiquez le temps utilisé.* *(> Verbe, fiches 19, 20, 21)*

5 *Relevez les différentes réactions de Fari lorsque le griot commence à chanter et expliquez-les.*

La métamorphose

6 *[L. 164] Quelle est la classe grammaticale et la fonction des mots* « sabot » et « patte » *? Pourquoi ces mots sont-ils en fin de phrase ?* *(> Grammaire, fiche 9)*

7 *[L. 163 à 166] Dans quel ordre s'effectue la transformation du corps de la reine ?*

8 *À quoi voit-on que Fari et ses sujettes sont redevenues des ânes ?*

> Expression écrite

Dans un paragraphe d'une dizaine de lignes, décrivez les métamorphoses des ânesses, suivantes de Fari, surprises en pleine action dans les autres cases du village : l'une était en train de cuisiner, l'autre de s'occuper des enfants…

Comme dans le texte :

– précisez les étapes de la métamorphose ;

– décrivez les réactions de l'entourage ;

– expliquez comment l'ânesse est maîtrisée.

4 Réfléchir sur l'explication et la leçon du conte

Transport de céréales à dos d'âne, Burkina Faso.

– Quel passage du conte est illustré par cette photo ?
– Proposez une phrase du conte qui pourrait être la légende de cette photo.
– Quels indices permettent de situer la scène en Afrique ?

L'explication

1 *Quelle était la condition des ânes « aux temps anciens » ?*

2 *Quelle est la condition des ânes aujourd'hui ?*

Les vérités générales

3 *Pourquoi Fari décide-t-elle de se métamorphoser en femme et non en homme ?*

4 *[L. 50 à 57] Quelles sont les remarques générales faites sur le comportement humain ?*

5 *[L. 80 à 89] Pourquoi les ânesses s'ennuient-elles à la cour du roi ?*

6 *[L. 80 à 82] Analysez le temps et la valeur des verbes* « dire » et « marcher ». *(> Verbe, fiche 20) Que signifie cette phrase ?*

La leçon

7 *De quoi finalement l'ânesse et ses suivantes sont-elles punies ?*

8 *[L.174 à 177] Relevez les groupes nominaux compléments circonstanciels de la phrase. Indiquez leur valeur et précisez pour chacun le verbe qu'il complète. (> Grammaire, fiche 14)*

9 *Comment comprend-on que toute la race des ânes est concernée par le sort de Fari et de ses sujettes ? Rédigez une phrase qui donne la leçon de ce conte.*

Orthographe (> fiche 30)

10 *[L. 96 à 100] Comptez les syllabes écrites de chaque vers de la chanson de Fari. Comptez ensuite les syllabes orales. Quels vers ont le même nombre de syllabes, à l'écrit et à l'oral ?*

Vocabulaire (> fiche 41)

11 *Le mot « ânesse » est dérivé du radical « âne ». Indiquez la formation et le sens des mots et expressions suivants : un « ânon » – une « ânerie » – « passer du coq-à-l'âne ». Qu'est-ce qu'un « dos d'âne » ?*

5 Bilan sur le conte explicatif

> **Le conte explicatif s'est transmis oralement :**
– Les **contes de tous les pays** ont une **origine populaire et orale** : avant d'être écrits, ils étaient dits par des conteurs.
– Ils se sont racontés **de génération en génération**.

> **Le conte explicatif est lié aux traditions d'un pays avec ses rites et ses coutumes :**
– Des indices dans le texte permettent de situer **les lieux** où il se passe.
– Le cadre décrit est celui où vivaient **les hommes** qui se racontaient ces contes.

> **Le conte explicatif fait intervenir le merveilleux :**
– On y trouve des **animaux qui parlent** et agissent comme des êtres humains.
– On y trouve aussi des objets ou des créatures qui ont des **pouvoirs magiques** : le chant des ânesses est merveilleux.

> **Il tente de donner une réponse aux interrogations des hommes :**
– Il répond au désir des hommes de **comprendre le monde** qui les entoure.
– Le conte est aussi l'occasion de **réfléchir sur le comportement** des hommes.

> *Faites le lien avec d'autres récits du manuel :*

Récits merveilleux

Des **contes**

parlent du bien et du mal.
Ex : *Le Petit Chaperon rouge* (p. 24).

expliquent le monde.
Ex : *Fari l'ânesse* (p. 86-89).

Les personnages sont des **hommes** ou des **animaux**, mais aussi des fées, des ogres, des sorcières…

Les **légendes** sont des récits où des **faits historiques** sont **transformés** par l'imagination populaire ou l'invention poétique.
Ex : La légende de Romulus et Rémus (p. 180).

Des **personnages historiques** côtoient des **personnages merveilleux**.

Les **mythes** mettent en scène dieux et héros. Ils expliquent l'univers, la destinée des hommes.
Ex : Le mythe d'Orphée (p. 142-143).

Les personnages sont souvent des **dieux**, des **héros**.

Le conte explicatif se donne en spectacle

1 – Dessin animé *Kirikou et la sorcière*, de Michel Ocelot, 1998

2 – Comédie musicale *Kirikou et Karaba*, 2007

1 Quelle sorte de film a été choisi pour raconter le conte de Kirikou (document 1) ?
2 Savez-vous ce qu'est une comédie musicale (document 2) ?
3 Comparez les documents 1 et 2 : la sorcière du film et la comédienne sont-elles semblables ?
Comment Kirikou est-il représenté dans la comédie musicale ?
4 Comparez les décors et les personnages : comment peut-on identifier qu'il s'agit d'un conte africain ?

> À vous !

Choisissez une comédie musicale ou un film que vous avez vu dans une salle de spectacle, à la télévision ou sur un DVD.
– Qu'avez-vous pensé de ce spectacle ?
– Rédigez quelques lignes pour donner envie ou au contraire déconseiller aux spectateurs d'aller le voir.

LES ARTS DU MONDE ENTIER

> ***Les objets venus principalement de tribus d'Afrique, d'Asie, d'Océanie ou d'Amérique sont des témoins de la diversité des cultures et des civilisations.***
> ***Quel regard porter sur ces œuvres, dont l'Occident a longtemps ignoré la qualité artistique ?***

OUVRONS L'ENQUÊTE

Document 1 Masque poisson en bois et plumes, Alaska, Amérique du Nord.

Document 2 Masque en forme d'aigle, en bois polychrome, Canada.

Document 3 Masque utilisé dans la danse Yack du peuple Monpa, début du XIXe siècle, nord-est de l'Inde.

LEXIQU'ART

Arts premiers : *expression qui désigne des objets de tribus d'Afrique, d'Asie, d'Océanie et d'Amérique.*

Polychrome : *cet adjectif signifie « de plusieurs couleurs ». Un bois polychrome est un bois que l'on a peint avec différentes couleurs (contr. : « monochrome », p. 50).*

1 D'où proviennent ces œuvres ?
2 Dans quelles matières sont-elles réalisées ?
3 Comment pouvez-vous identifier les animaux représentés ?
4 Connaît-on le nom des artistes ? Pourquoi ?

COMPLÉMENT D'ENQUÊTE

Document 4 William Wilson *Chaise de l'aigle vue de dos*, 1989, assemblage de bois polychrome, 74 cm x 111 cm x 17 cm.

Document 5 Pablo Picasso, *Tête de taureau*, 1942, selle en cuir et guidon en métal, 33,5 cm x 43,5 cm x 19 cm, Musée national Picasso, Paris.

Observez

1 Doc. 4 et 5 : Que représentent ces deux œuvres ?

2 Quand ont-elles été réalisées et par qui ?

3 Avec quels matériaux sont-elles fabriquées ? Ces matériaux sont-ils « nobles » (précieux) ?

Exprimez vos sentiments

4 Pourquoi a-t-on l'impression que ces deux « animaux » sont vivants ?

5 Ces deux artistes ont-ils de l'humour ? Pourquoi ?

Interprétez

6 Est-il nécessaire de donner beaucoup de détails pour que l'œuvre soit expressive ?

7 Quel lien pouvez-vous faire entre ces œuvres et les arts premiers de la page 96 ?

RAPPORT D'ENQUÊTE

> Il faudra attendre le **début du xxe siècle** pour que l'Occident apprécie l'intérêt des **arts** venus des tribus **d'Afrique, d'Asie, d'Océanie** ou **d'Amérique**.

> Après avoir été longtemps ignorées, ces œuvres **influenceront de nombreux artistes**.

> Le fait que des **musées** leur soient **entièrement consacrées,** comme celui du quai Branly à Paris, marque le changement du regard occidental.

ÉTYMOLOGIE

Observer et comprendre

1 *Le verbe latin* dicere, *qui signifie « dire », se retrouve en français dans deux radicaux différents. Après avoir recopié le tableau ci-dessous, classez les mots dans la liste donnée selon leur radical :*
dictionnaire ; dictée ; prédiction ; médire ; dicton ; maudire ; contradictoire ; indicible.

Dire	
-di	-dict

Manipuler

2 *Recopiez le tableau suivant et complétez-le avec les mots de l'exercice précédent en les classant selon leur classe grammaticale.*

Verbe	*Nom*	*Adjectif*

JOUONS AVEC LES MOTS – Des objets imaginaires

Sur le modèle du fauteuil-radiateur (a), choisissez un des deux objets imaginaires b ou c :
– Inventez-lui un nom.
– Rédigez un court texte pour en expliquer la fonction et le mode d'emploi (n'oubliez pas que ces objets sont totalement inutilisables !).

Le fauteuil radiateur

Voilà un objet tout à fait étrange : il ressemble à la fois à un fauteuil et à un radiateur. Du fauteuil, il possède les quatre pieds, les accoudoirs, le siège et le dossier. Du radiateur, il possède les éléments en fonte, le tuyau d'arrivée d'eau chaude, le robinet.
Cet appareil se branche tout d'abord sur n'importe quelle installation de chauffage. Indispensable aux personnes frileuses, il peut être allumé pendant l'intersaison et permet en outre de réaliser de substantielles économies, surtout si, en plus, on adjoint un robinet thermostatique. Mais, pour l'utiliser sans danger, il faut recouvrir le siège et le dossier d'une couverture.

Jacques Carelman, *Catalogue d'objets introuvables*, Balland, 1969.

a

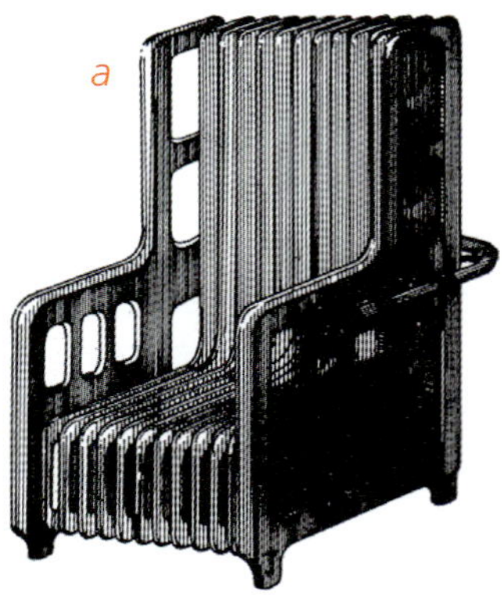

b

c

ENRICHIR SON VOCABULAIRE – Manier les indices logiques et chronologiques

Texte puzzle à reconstituer

a *Or il arriva qu'une femme impie prît une poignée de blé pour… nettoyer son enfant.*

b Pourquoi le blé n'a qu'un épi ?

c *Dieu, irrité contre cette femme, ordonna que le blé ne produisît plus qu'un seul épi. Et c'est depuis ce temps que la famine et la disette ont été connues des hommes.*

d *Dans les temps anciens, le blé donnait une multitude d'épis, aussi la récolte était-elle cent fois plus considérable que de nos jours.*

Muriel Bloch, *365 contes des Pourquoi et des Comment*, Gallimard Jeunesse, 1997.

1 *Remettez dans l'ordre les paragraphes de ce conte explicatif. Pour vous aider, repérez le schéma narratif du conte (situations initiale, finale…). Aidez-vous des indices temporels et logiques du texte.*

2 *Réécrivez ce conte, en remplaçant les mots soulignés par des mots de la liste suivante :* jadis – c'est pourquoi – par conséquent – cependant.

Des mots pour lire l'image – Le texte et le visuel

*Une affiche contient en général un **visuel**, constitué d'une photo ou d'un dessin, et un **texte**. La **relation** qui s'établit entre le texte et le visuel donne une **signification** à l'ensemble.*

Le texte et le visuel se complètent. Sans le texte, le visuel n'a plus la même signification. Sans le visuel, le texte n'a plus la même force.

1 *Quelles informations apporte le texte ?*

2 *Que représentent les cuillères toutes différentes ?*

Dire un conte seul ou à plusieurs

CONSEIL
Pour bien raconter, il ne faut pas parler trop vite, utiliser la voix, ainsi que les mains et le corps.

1 *Lire à plusieurs à haute voix*

Comment le chameau acquit sa bosse

Au commencement des temps, quand le monde était tout neuf et tout et tout, et que les Animaux commençaient juste à travailler pour l'Homme, il y avait un Chameau qui vivait au milieu d'un désert Hurlant car il ne voulait pas travailler ; d'ailleurs c'était un Hurleur lui-même. Alors il se nourrissait de bouts de bois, de tamaris[1], de plantes grasses et de piquants d'épine, avec une douloureuse paresse ; et lorsqu'on lui adressait la parole, il répondait : [**avec indifférence**] « Bof ! » Simplement [**avec indifférence**] « Bof ! » et rien d'autre. Alors le Cheval vint le trouver le lundi matin avec une selle sur le dos et un mors[2] dans la bouche et il lui dit : [**poliment**] « Chameau, ô Chameau, viens donc trotter comme nous tous ! [**d'un air moqueur**] – Bof ! » dit le chameau. Et le Cheval s'en fut le répéter à l'Homme. Alors le Chien vint le trouver avec un bâton dans la gueule et il lui dit : [**furieux**] « Chameau, ô Chameau, viens donc chercher et rapporter comme nous tous. [**d'un air moqueur**] – Bof ! dit le Chameau. Et le Chien s'en fut le répéter à l'Homme.

Rudyard Kipling, *Comment le chameau acquit sa bosse*, Hachette éducation, coll. « Le Bibliobus », 2003.

1. **Tamaris :** arbuste dont les feuilles extrêmement petites ressemblent aux aiguilles des conifères.
2. **Mors :** pièce en métal que l'on place dans la bouche d'un cheval pour le diriger.

a Distribuez les quatre rôles : un narrateur – un chameau – un cheval – un chien.
b Entraînez-vous à lire en respectant les indications de lecture entre crochets.
c Changez de rôle pour varier votre voix et votre ton.

2 *Raconter sans lire*

Le conte tel qu'on le dit : L'avare

Il était une fois, dans la ville du Caire, un avare tellement avare qu'il ne donnait rien.
Un jour, il tombe dans l'eau du Nil !
Il se débat !
Il ne sait pas nager !
Quelqu'un qui passe se penche vers lui, tend la main et crie :
– Donne ta main !
Donne ta main !
Mais l'avare est **avare** !
Il ne donne **rien** !
Heureusement quelqu'un qui le connaissait passe par là. Il le reconnaît et, plein de compassion, se penche vers lui, tend la main et crie :
– Prends ma main !
Prends !
Et c'est ainsi que l'avare fut sauvé.

Catherine Zarcate, *Le Loukoum à la pistache et autres contes d'Orient*, Syros, 2000.

> Le conte ci-dessus a été publié, selon l'éditeur, « plutôt comme on le dit que comme on l'écrit ».
d Quelles sont les caractéristiques des phrases des lignes 1 à 5 ?
e Dans l'ensemble du texte, quels mots sont mis en valeur ? De quelles manières ? Justifiez ou discutez les choix.
f Apprenez par cœur le texte pour le dire à vos camarades, comme le conteur.

Inventer un conte explicatif

CONSEIL
Révisez la ponctuation du récit (> Grammaire, fiche 32) et le passé simple (> Verbe, fiche 22)

1 *Observer la construction d'un conte explicatif*

Pourquoi l'holothurie a la bouche fendue

Conte japonais

Autrefois, l'holothurie, ou bêche de mer (c'est un échinoderme[1] utilisé comme comestible[2] en Extrême-Orient), n'avait pas la bouche fendue qui le caractérise aujourd'hui.
Mais, un jour, la déesse Uzume, accompagnant le Fils des Dieux, **voulut** obtenir pour lui le dévouement fidèle de tous les poissons.
Elle **réunit** tous les êtres munis de nageoires et leur **demanda** : « Voulez-vous respectueusement servir l'auguste Fils des Divinités célestes ? »
À ces mots, tous les poissons **s'inclinèrent** ; tous **promirent** de respectueusement servir le Fils des Dieux.
Un seul poisson **se tut** : l'holothurie.
La céleste Uzume **tira** son petit poignard et **dit** : « Ah ! Voilà une bouche qui ne donne pas de réponse ! »
D'un coup de poignard, elle **fendit** cette bouche qui avait eu le tort de rester close.
Voilà pourquoi l'holothurie a aujourd'hui la bouche fendue.

Félicien Challaye, *Contes et légendes du Japon*, Nathan, 1950.

1. **Échinoderme :** animal marin à la peau épineuse.
2. **Comestible :** qui se mange.

a *Lisez le conte explicatif ci-dessus.*
b *Résumez ce conte en trois phrases, en commençant chacune d'elles par les indications de temps soulignées dans le texte.*
c *Recopiez le tableau ci-dessous et complétez-le en comparant les mots au début et à la fin du conte :*

SITUATION INITIALE		*SITUATION FINALE*
....	→	*Aujourd'hui*
verbe « avoir » conjugué à l'imparfait	→	*verbe « avoir » conjugué........................*
phrase	→	*phrase affirmative*

2 *Repérer les caractéristiques du conte explicatif*

d *À quel temps sont les verbes en caractères gras ?*
e *Le merveilleux : qui est Uzume ? Qu'est-ce qui est inventé dans la situation initiale ?*
f *La réalité : qu'est-ce qu'une* « holothurie » *? Qu'est-ce qui est réel dans la situation finale ?*

3 *Écrire un conte explicatif*

– Choisissez le début du conte parmi ces propositions :
« Autrefois, le chameau n'avait pas de bosse… » ; « Autrefois, le rhinocéros n'avait pas la peau toute froissée… » ; « Autrefois, la girafe n'avait pas de taches… », « Autrefois, l'oiseau ne portait pas de plumes… » ; « Autrefois, le poisson n'avait pas de nageoires… »
– Inventez une explication que vous raconterez au passé simple et à l'imparfait.
– Terminez par « Voilà pourquoi aujourd'hui… »
– N'oubliez pas d'écrire le titre du conte.

LECTURE DE TEXTE

Pourquoi le soleil brille plus que la lune

Conte des Philippines

Bathala, le créateur du monde, avait un fils, Apolaki, et une fille, Mayari [...] Les yeux d'Apolaki et de Mayari brillaient continuellement, et c'est pour cela que la lumière sur la terre était ininterrompue.

Mais un jour, le vieux Bathala mourut. Après sa mort, Apolaki et Mayari se mirent à se disputer, car chacun d'eux voulait régner seul sur le monde.

« Je suis un homme, déclara Apolaki, et c'est pour cela que je serai le successeur de mon père. Je régnerai sur le monde, que cela te plaise ou non. »

De colère, les yeux de Mayari lancèrent des étincelles, et elle répliqua : « Je suis l'enfant de mon père, tout comme toi. Je lui succéderai sur le trône, que cela te plaise ou non. »

Les enfants continuèrent à se disputer et devinrent violents. Ils saisirent des gourdins et se mirent à se battre. Dans la bataille, Apolaki frappa Mayari au visage et lui creva un œil.

Lorsque Apolaki vit ce qu'il avait fait, il demanda pardon à sa sœur et dit : « Cessons de nous battre, ma sœur, et partageons-nous le royaume de notre père. Nous régnerons à tour de rôle et nous serons amis. »

Mayari accepta et, depuis, Apolaki, que nous appelons le Soleil, règne sur le jour. Mayari, que nous appelons la Lune, règne sur la nuit. Lorsque Apolaki monte sur le trône, ses yeux clairs lancent de chauds rayons qui illuminent le monde. Lorsque Mayari règne, le monde s'enveloppe d'une clarté froide et sans éclat, car Mayari ne voit plus que d'un œil.

Trente-Six Façons d'inventer le monde, textes choisis par Simone Lamblin, Librairie générale française, 1983.

1 *Quel phénomène naturel ce conte explique-t-il ? Quelle était la situation avant les événements racontés ?*
2 *Dans quelles parties du texte ces explications nous sont-elles données ?*
3 *[L. 4 et 5] À quel temps les verbes* « mourut » *et* « se mirent » *sont-ils conjugués ? Pourquoi ce temps est-il employé à ce moment du récit ?*
4 *Au début du texte, relevez les deux groupes nominaux compléments circonstanciels qui marquent le tournant du récit. Précisez leur valeur (temps, lieu, manière ou moyen).*
5 *Quels sont les éléments merveilleux du conte ?*
6 *Quelle péripétie du récit explique précisément le phénomène qui est le sujet du conte ?*
7 *[L. 11 à 13] Relevez deux compléments d'objet direct. Indiquez pour chacun sa classe grammaticale et le verbe qu'il complète.*
8 *[L. 3] Expliquez la formation du mot* « ininterrompue ».

ORTHOGRAPHE

Dictée à compléter

Origine des coloquintes

Jadis, quelque part, il y avait une famille miserable, mais riche d'enfants. Il en naissait sans cesse. Le pere se decida a etrangler le dernier arrive, l'enterra dans son champ.

L'annee suivante, a l'endroit où le bebe avait ete enterre, apparut une plante donnant des fruits allonges avec un etranglement au milieu, et c'etaient des coloquintes.

Contes et légendes du Japon, coll. « Aux origines du monde », traduction de Maurice Coyaud, éditions Flies France, 1999.

1 *Recopiez le texte en ajoutant les accents graves ou accents aigus qui manquent sur les mots soulignés.*
2 *Révisez la leçon sur les accents si nécessaire.* (> fiche 34)

LECTURE DE L'IMAGE / HISTOIRE DES ARTS

Masque en or du Soleil, objet précolombien de Mongoya, Quito, Équateur.

1 *En quel matériau ce masque est-il fait ? Pourquoi ce matériau a-t-il été choisi ?*
2 *Comment comprend-on qu'il s'agit d'un masque ?*
3 *Quelles caractéristiques humaines a ici le soleil ?*

CONNAISSANCE DES CONTES ET DES CONTEURS

1 *Complétez chaque phrase avec l'un des noms proposés :*
Griot – Narr le Maure – Amadou Koumba – Birago Diop.
a _________ *a écrit le conte de* Fari l'ânesse, *mais il ne l'a pas inventé.*
b *L'auteur donne la parole à* ____________ *pour raconter l'histoire de Fari.*
c *En Afrique, le conteur, qui est aussi poète et musicien, est appelé un* __________.
d *Le personnage du griot dans* Fari l'ânesse *est appelé* _______________.

2 *Choisissez la bonne réponse :*
e *Les contes explicatifs se passent : dans des pays imaginaires ou dans des pays réels ?*
f *Les légendes reposent : sur des événements historiques ou sur des événements totalement imaginaires ?*
g *L'histoire de Romulus et Rémus est : un conte ou une légende ?*
h *Les contes ont d'abord été : racontés puis écrits, ou écrits puis racontés ?*

3 *Associez l'œuvre et son genre :*

L'histoire du Petit Chaperon rouge	•	> *légende*
L'histoire de Fari l'ânesse	•	> *mythe*
L'histoire d'Orphée	•	> *conte*
L'histoire de Romulus et Rémus	•	> *conte explicatif*

TRAVAILLER LE BROUILLON

À l'oral

Pour vous aider

Un sujet d'écriture, c'est comme un chemin tracé par le professeur : il ne faut pas sortir des sentiers proposés car le risque serait alors de ne pas traiter le sujet !
Souvent, le professeur vous propose un sujet qui vous permet de réutiliser astucieusement certaines notions étudiées en cours.

! Exercez-vous à… parler pour préciser votre pensée.

L'équivalent oral du brouillon, c'est la reformulation par des expressions spécifiques.
Entraînez-vous à utiliser les expressions suivantes à l'oral, dans les phrases proposées, et dans d'autres que vous inventerez :
ou plutôt – autrement dit – c'est-à-dire – plus précisément – pour tout dire – plus exactement à vrai dire – en somme

1 *Depuis le Moyen-Âge, le Tentateur est représenté par un reptile, … un serpent.*
2 *D'après la Genèse, Ève est tirée d'Adam, … de ses flancs.*
3 *Le fruit croqué par l'Homme est cueilli sur un arbre, … l'Arbre de la Connaissance.*
4 *Caïn apporte en offrande à Dieu les fruits de la terre, … ses récoltes.*
5 *Noé bâtit une arche, … un grand bateau.*
6 *On trouve de grandes similitudes entre certaines parties de la Bible et le livre sacré de l'Islam, … le Coran.*

À l'écrit

Quelques conseils pour travailler un brouillon.
1 *D'abord,* ***lisez-bien le sujet à traiter****, et même* ***relisez-le*** *une deuxième fois.*
2 *Puis posez à l'écrit, en sautant des lignes,* ***dix petites phrases simples*** *(sujet + verbe + complément).*
3 ***Essayez ensuite de dédoubler chaque phrase :*** *ajoutez des adjectifs qualificatifs aux noms, des compléments circonstanciels, des conjonctions ou des adverbes de temps* ***(soudain, alors, mais, ainsi, puis, enfin, …)***
4 *Lorsque les vingt phrases sont enrichies, vérifiez dans quel ordre les rédiger.* ***Numérotez-les !***
5 *Les temps du récit sont très importants : ne mélangez pas le système* ***imparfait + passé simple*** *avec le système* ***présent + passé composé****. Réécrivez les phrases utilisant un verbe intrus.*
6 *Relisez une fois encore : interdisez-vous toute répétition, et* ***utilisez le dictionnaire pour remplacer les répétitions par des synonymes****.*
7 *Recopiez enfin proprement, en soignant chaque majuscule. N'allez pas à la ligne à chaque phrase, mais changez de paragraphe quand vous sentez que l'action que vous racontez, change.*

LE TRUC EN PLUS !

Il faut s'exercer à ne pas toujours utiliser les verbes *avoir*, *être* ou *faire* :
Dans votre brouillon, soulignez chaque apparition des verbes *être*, *avoir* et *faire*. **Attention,** lorsque les verbes *être* ou *avoir* sont auxiliaires, il ne faut pas les compter !
Obligez vous d'abord pendant quelques semaines à **remplacer la moitié de ces verbes** par des termes plus précis.
Ensuite, essayez de les éliminer totalement de vos écrits : c'est une astuce pour enrichir vos textes.

À QUOI SERT UN BROUILLON ?

Un brouillon, c'est une feuille sur laquelle on pose toutes ses idées, même ce qui ne paraît pas très intéressant. Puis on réécrit, on corrige, on fait des flèches ou des paragraphes, jusqu'à ce que le texte soit prêt à être écrit au propre. Personne n'écrit bien du premier coup, et surtout pas les grands écrivains…

! *Observez ces deux brouillons. Quel auteur rature et s'acharne sur sa feuille ? Lequel choisit et compose avec des couleurs ? De quel auteur vous sentez-vous le plus proche ?*

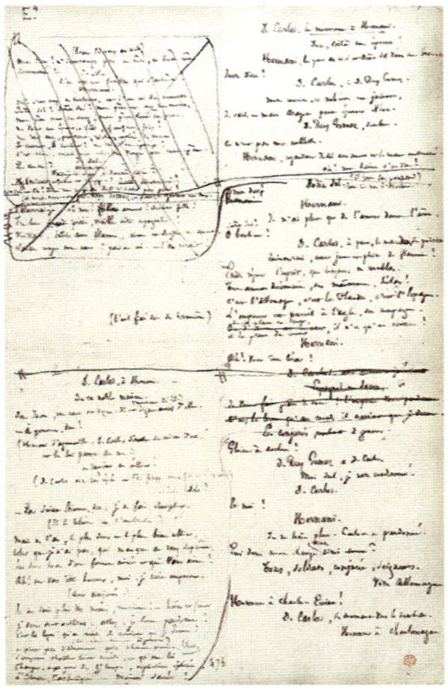

Victor Hugo

Andrée Chédid

Parcourir une exposition en ligne

Le site de la Bibliothèque Nationale de France propose de très nombreuses expositions en ligne, pour ceux qui ne peuvent se déplacer ou plus simplement pour tous les amateurs qui apprécient de naviguer sur la Toile. Laissez-vous aller à feuilleter les brouillons des grands écrivains : http://expositions.bnf.fr/brouillons

B 2i OUVRIR UN FICHIER DE TRAITEMENT DE TEXTE : RÉDIGER, CORRIGER, AMÉLIORER

Le traitement de texte est un outil idéal pour l'amélioration des textes au brouillon.

a *Ouvrez un fichier et commencez à rédiger dix phrases qui vous viennent au sujet du thème d'écriture imposé par le professeur. Séparez-les par une ligne [ENTRÉE]*

b *Positionnez ensuite le curseur au début de chaque phrase, et ajoutez un adverbe de temps ou bien un adverbe de manière.*

c *Choisissez quelques noms communs, et insérez des adjectifs qualificatifs pour étoffer votre phrase : ex. un arbre* majestueux */ une* cruelle *sorcière / un* terrible *sortilège, etc.*

d *Si de nouvelles idées vous viennent alors, ajoutez des phrases pour préciser le paysage, le portrait du personnage, …*

e *Réduisez les écarts entre les dix phrases : relisez alors le texte constitué, et changez les phrases qui ne vous semblent pas intéressantes.*

f *Relisez une nouvelle fois, et séparez deux ou trois paragraphes, toujours à l'aide de la touche [ENTRÉE]*

g *Pensez à sauvegarder votre travail final, même si vous l'imprimez : l'impression vous révèlera peut-être des fautes que vous n'aurez pas vues à l'écran. Il faudra alors pouvoir corriger le texte et l'imprimer à nouveau, sans faute.*

Arthur Rackham, *Le Lièvre et la Tortue*, 1912, frontispice d'une édition des *Fables* d'Ésope (dessin au pastel).

5 – Sagesse des fables
Des textes amusants pour réfléchir ?

> PARCOURS TEXTES ET IMAGES

Et si les auteurs nous parlaient ?
Ésope, Phèdre, La Fontaine

1 connaître les origines d'une fable
2 identifier la leçon de la fable
3 comprendre le rôle du récit dans la fable
4 étudier le caractère symbolique des personnages
5 construire le bilan

Toujours d'actualité *Sur le modèle de La Fontaine…*
Enquêt'art *Illustrateurs de La Fontaine*

> ENTRAÎNEMENT

Mieux connaître les mots

S'exercer pour l'oral
discuter et débattre
S'exercer pour l'écrit
rédiger une fable

> ÉVALUATION

Lire l'image

Regardez bien
– Quels animaux reconnaissez-vous ?
Regardez mieux
– En quoi ressemblent-ils à des êtres humains ?

GRAMMAIRE DU PARCOURS

Les classes de mots : les déterminants et pronoms possessifs (Texte 1) – les déterminants et pronoms démonstratifs (Texte 4)
Les fonctions : le sujet (Texte 2)
La phrase : définition de la phrase (Texte 3)
Le verbe : le passé simple (Textes 1 et 3) – l'imparfait de l'indicatif (Texte 3) – le présent de l'indicatif (Texte 2) – le futur simple (Texte 4)

Ésope, selon les Grecs, vous auriez inventé les fables !

Frontispice des *Fables* d'Ésope, édition du XVe siècle.

Quelle légende ! Avant moi, on se racontait des fables depuis longtemps... Doué d'esprit et de sagesse, je n'étais qu'un pauvre esclave laid et difforme, vivant au VIe siècle avant Jésus-Christ. Les gens se moquaient de mon physique et de mon bégaiement.
Après avoir appartenu à plusieurs maîtres, j'ai été affranchi[1]. J'ai pu entreprendre un long voyage pendant lequel j'ai raconté des fables qui sont devenues célèbres à travers le monde : auprès des gens du peuple, mais aussi auprès des princes et des rois. Depuis l'Antiquité, mes fables ont été traduites et imitées par de multiples écrivains.

1. Affranchi : libéré de l'esclavage.

Phèdre, vous êtes un traducteur latin habile !

J'admirais le talent d'Ésope, dont j'avais lu les fables en grec.
C'est pourquoi j'ai entrepris de traduire en vers latins 123 fables d'Ésope. Grâce à moi, les Romains du Ier siècle ont pu connaître ces fables et les transmettre aux générations futures.

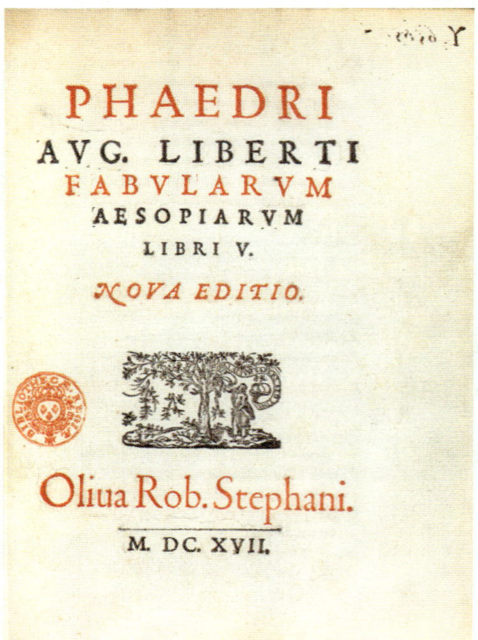
PHAEDRI
AVG. LIBERTI
FABVLARVM
AESOPIARVM
LIBRI V.
NOVA EDITIO.
Oliua Rob. Stephani.
M. DC. XVII.

Manuscrit des *Fables* d'Ésope traduites par Phèdre, édition de1617.

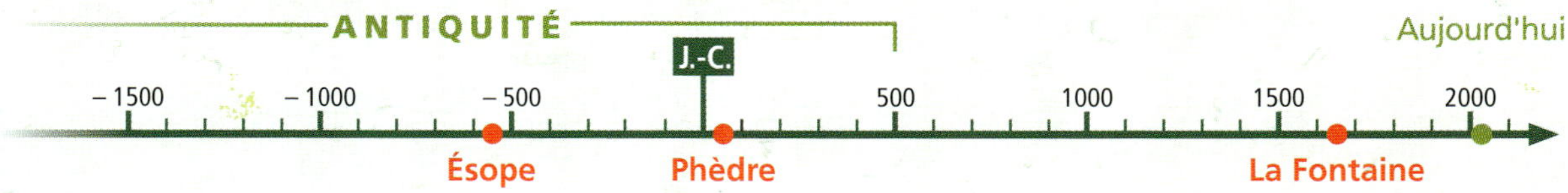

Jean de La Fontaine, vous êtes

un imitateur[2] de génie !

Jean Cocteau, *Portrait de Jean de La Fontaine*, 1960, plume et encre brune, musée Jean de La Fontaine, Château-Thierry.

« Je chante les héros dont Ésope est le père » : presque toutes mes fables sont inspirées de textes qui existaient déjà. J'ai imité le Grec Ésope ou le Latin Phèdre, mais aussi des auteurs indiens. On dit même que j'ai réussi à dépasser mes modèles. En publiant douze livres qui réunissent 240 fables, je suis devenu un fabuliste[3] très célèbre. Si bien que ma maison de Château-Thierry en Champagne, où je suis né en 1621, est maintenant un musée. À présent, je suis un imitateur qu'on imite ! Mes fables sont traduites dans de nombreuses langues, elles sont réécrites, parodiées, transformées. Si vous allez sur le site http://www.la-fontaine-ch-thierry.net, vous constaterez que j'ai quitté le monde d'ici-bas en 1695, mais que je suis toujours parmi vous !

2. L'imitation demande du talent : il ne s'agit pas de copier.
3. Fabuliste : celui qui écrit des fables.

1 Connaître les origines d'une fable

Κύων κρέας φέρουσα
[Texte A]

Le chien qui porte de la viande

Un chien tenant un morceau de viande traversait une rivière. Ayant aperçu son ombre dans l'eau, il crut que c'était un autre chien qui tenait un morceau de viande plus gros. Aussi, lâchant le sien, il s'élança pour enlever celui de son compère. Mais le résultat fut qu'il n'eut ni l'un ni l'autre, l'un se trouvant hors de ses prises, puisqu'il n'existait même pas, et l'autre ayant été entraîné par le courant.

Cette fable s'applique au convoiteux[1].

Ésope, *Fables*, VIe siècle av. J.-C., traduction du grec par E. Chambry, Les Belles Lettres, Paris.

1. **Convoiteux :** jaloux, envieux.

Canis per fluvium carnem ferens
[Texte B]

Le chien transportant de la viande dans un fleuve

Celui qui veut avoir ce qui est à autrui
Finit par perdre aussi le bien qui est à lui.

Un chien qui, dans un fleuve, portait de la viande,
Dans le miroir des eaux aperçut son reflet :
Il crut qu'un autre chien portait une autre viande,
Et voulut la lui prendre : avide, il se trompait,
Car il perdit ce que, dans sa gueule, il tenait,
Mais il ne put atteindre ce qu'il convoitait.

Phèdre, *Fables*, Livre I, Fable 4, Ier siècle, traduction du latin par B. Gourdin.

Le chien qui lâche sa proie pour l'ombre
[Texte C]

Chacun se trompe ici-bas.
On voit courir après l'ombre
Tant de fous, qu'on n'en sait pas
La plupart du temps le nombre.

Au chien dont parle Ésope il faut les renvoyer.
Ce chien, voyant sa proie en l'eau représentée,
La quitta pour l'image, et pensa se noyer ;
La rivière devint tout à coup agitée.
À toute peine il regagna les bords,
Et n'eut ni l'ombre ni le corps.

Jean de La Fontaine, *Fables*, 1668, Livre VI, Fable 17.

Jean-Michel Folon, *Le Chien qui lâche sa proie pour l'ombre*, 1996, aquarelle, Nuages Edizioni.

LIRE LES TEXTES

Un texte ancien

1 *Regardez les dates des textes : qui a écrit la première version ?*

2 *Dans quel vers La Fontaine mentionne-t-il l'auteur qu'il imite ? Recopiez-le.*

3 *En quelle langue écrit Ésope ? Phèdre ? La Fontaine ?*

Un texte repris et transformé

4 *Quels sont les textes écrits en vers ?*

5 *[Textes A et C] Relevez les déterminants possessifs et les pronoms possessifs. (> Grammaire, fiches 4 et 7). Que possède le chien dans les différentes versions ?*

6 *Relevez dans chaque texte les verbes conjugués au passé simple. (> Verbe, fiche 22) Les trois textes racontent-ils le même récit ?*

7 *Où se trouve la morale chez Ésope ? chez Phèdre ? chez La Fontaine ?*

8 *Est-ce que la morale est la même ?*

Orthographe (> fiche 42)

9 *[Texte C, v. 1 à 4] Relevez deux homophones. Connaissez-vous un autre homophone des deux mots relevés ?*

Vocabulaire (> fiche 40)

10 *Trouvez les mots français qui sont issus des mots latins* canis, fluvium, carnem.

> Expression écrite

Un témoin était présent quand le chien a traversé la rivière, a manqué de se noyer et a lâché sa proie avant de remonter sur la rive.

– Racontez ce qu'il a vu en quelques lignes.

– Ce témoin aime beaucoup les animaux : décrivez ses sentiments quand le chien est en difficulté, et son soulagement quand le chien est sauvé.

Lire l'image

– L'artiste Folon a-t-il exactement illustré cette fable ? Qu'en a-t-il retenu ?
– Comparez avec la gravure de la page de gauche, relevez les ressemblances et les différences.

L'ESSENTIEL

- La **fable** est un genre très **ancien**.
- Les traducteurs **interprètent** les fables et peuvent les **modifier**.
- C'est pourquoi on peut trouver **différentes formes de la même fable**.
- Pour écrire ses fables, La Fontaine **s'inspire** souvent d'Ésope ou de Phèdre.

2 Identifier la leçon de la fable

Le Lion et le Rat

Il faut, autant qu'on peut, obliger[1] tout le monde :
On a souvent besoin d'un plus petit que soi.
De cette vérité deux fables[2] feront foi[3],
Tant la chose en preuves abonde[4].

Entre les pattes d'un Lion
Un Rat sortit de terre assez à l'étourdie.
Le Roi des animaux, en cette occasion,
Montra ce qu'il était, et lui donna la vie.
Ce bienfait ne fut pas perdu.
Quelqu'un aurait-il jamais cru
Qu'un Lion d'un Rat eût affaire[5] ?
Cependant il avint[6] qu'au sortir des forêts
Ce Lion fut pris dans des rets[7]
Dont ses rugissements ne le purent défaire.
Sire[8] Rat accourut, et fit tant par ses dents
Qu'une maille rongée emporta tout l'ouvrage.

Patience et longueur de temps
Font plus que force ni que rage.

Jean de La Fontaine, *Fables*, 1668, Livre II, Fable 11.

1. **Obliger :** aider.
2. La deuxième fable n'est pas reproduite ici et s'intitule « La Colombe et la Fourmi ».
3. **Faire foi :** prouver.
4. **Abonde :** est en grande quantité.
5. **Eût affaire :** eût besoin.
6. **Il avint :** il arriva.
7. **Rets :** filet, piège.
8. **Sire :** Monsieur.

Gustave Doré, *Le Lion et le Rat*, 1868, gravure.

LIRE LE TEXTE

Des personnages opposés

1 *[V. 7] Quel animal est désigné ? Relevez l'expression utilisée.*

2 *Attribuez au lion et au rat les adjectifs qui conviennent :* sale – beau – grand – petit – faible – puissant – laid – majestueux.

3 *Comparez les sonorités des mots* « roi » *et* « rat ».

4 *[V. 15] Quel mot désigne le rat ? Pourquoi est-il nommé ainsi ?*

5 *Quelle sorte d'homme représente le lion ? le rat ?*

La leçon

6 *[V. 3 et 4] Quel est le sujet du groupe verbal* « feront foi » *et du verbe* « abonde » *? (> Grammaire, fiche 9) Pourquoi La Fontaine utilise-t-il ces deux mots ?*

7 *Quelles sont les deux leçons du texte ? À quels vers sont-elles exprimées ?*

8 *À quel temps est conjugué le verbe du dernier vers ? Quelle est la valeur de ce temps ? (> Verbe, fiche 20)*

9 *À qui s'adressent les leçons de la fable ? Précisez ce qui vous permet de le savoir.*

Orthographe (> fiche 39)

10 *Quel est le singulier du nom* « animaux » *? Employez-le dans une phrase. Trouvez le singulier de* chevaux – taureaux – agneaux.

Vocabulaire (> fiche 41)

11 *Sur le radical* « roi », *formez deux adjectifs dérivés et deux noms dérivés. Quelle lettre du radical subit une modification ?*

> Expression écrite

« On a souvent besoin d'un plus petit que soi » *: rédigez un paragraphe pour présenter une situation dans laquelle cette morale s'applique.*

– Mettez en scène deux êtres humains, un humain et un animal, ou bien deux animaux.

– Présentez le problème auquel doit faire face le personnage le plus grand, puis montrez qu'il est résolu grâce au personnage le plus petit.

– Vous pouvez vous inspirer de votre expérience ou tout inventer.

Lire l'image

– Comment les différences de taille et de caractère des animaux sont-elles mises en valeur ?

– Quel moment du récit est illustré chez Gustave Doré ?

L'ESSENTIEL

> La **fable** est un texte qui donne une **leçon** au lecteur.

> Cette leçon s'exprime dans une **morale** sous la forme d'une **généralité**.

> La morale se trouve au **début** ou à la **fin** de la fable.

> Parfois la morale est **sous-entendue** et le lecteur doit la comprendre en lisant le récit.

3 Comprendre le rôle du récit dans la fable

Le Geai[1] paré des plumes du Paon
[Texte A]

Un paon muait : un geai prit son plumage ;
Puis après se l'accommoda[2] ;
Puis parmi d'autres paons tout fier se panada[3],
Croyant être un beau personnage.
Quelqu'un le reconnut : il se vit bafoué,
Berné[4], sifflé, moqué, joué,
Et par messieurs les paons, plumé d'étrange sorte ;
Même vers ses pareils s'étant réfugié,
Il fut par eux mis à la porte.
Il est[5] assez de geais à deux pieds comme lui,
Qui se parent souvent des dépouilles d'autrui,
Et que l'on nomme plagiaires[6].
Je m'en tais, et ne veux leur causer nul ennui :
Ce ne sont pas là mes affaires.

Jean de La Fontaine, *Fables*, 1668, Livre IV, Fable 9.

1. **Geai :** un oiseau de la taille d'un pigeon.
2. **Se l'accommoda :** le mit sur lui.
3. **Se panada :** se montra.
4. **Berné :** ici, signifie bousculé.
5. **Il est :** il y a.
6. **Plagiaires :** copieurs.

Un bonhomme en sucre, un bonhomme en plomb
[Texte B]

Un bonhomme en sucre, un bonhomme en plomb
Se battaient sur un pont.
Ils tombèrent
Dans la rivière.
Et voici ce qu'il arriva :
L'un fondit, l'autre coula.
Réfléchissez un peu sur cette affaire-là.

Pierre Gamarra, dans Jean-Marie Henry et Régis Lejonc,
Le Fabuleux Fablier, *Anthologie*, éditions Rue du Monde, 2001.

Raymond de la Nézière, illustration de 1930.

Publicité ancienne pour des vêtements de travail.

LIRE LES TEXTES

Le schéma narratif

1 *[Texte A, v. 1 à 9 et Texte B, v. 1 à 6] S'agit-il du récit ou de la morale ?*

2 *[Textes A et B] Relevez ce qui caractérise le récit par rapport à la morale. Combien de phrases comporte chaque récit ? (> Grammaire, fiche 15)*

3 *[Textes A et B] Quelle est la situation initiale ? Quelle est la situation finale ?*

4 *[Texte B, v. 2 et 3] Relevez les verbes et indiquez leurs temps. Pourquoi sont-ils conjugués à des temps différents ? (> Verbe, fiche 29)*

Les personnages

5 *[Textes A et B] Quels sont les personnages de chaque récit ? Combien sont-ils ?*

6 *[Textes A et B] Quel est l'avantage de mettre en scène peu de personnages ?*

7 *[Textes A et B] Qu'est-ce qui oppose un geai et un paon d'une part, le plomb et le sucre d'autre part ? Pourquoi ces oppositions sont-elles utiles pour illustrer les leçons données ?*

Orthographe (> fiche 38)

8 *[Texte A] Trouvez trois graphies différentes du son [ɑ̃].*

Vocabulaire (> fiche 47)

9 *Recopiez le tableau pour classer les mots suivants selon leur niveau de langue :*
se moquer – se ficher – mettre en boîte – ridiculiser – railler – persifler – se payer la tête.

familier	*courant*	*soutenu*

> Expression orale

– Apprenez par cœur l'une des deux fables.
– Récitez votre fable debout en vous appuyant sur des gestes : utilisez vos bras par exemple ; vous pouvez aussi faire des mimiques avec votre visage pour mieux faire comprendre le texte.
– Ne dites pas de la même manière le récit et la morale pour bien les distinguer.

Lire l'image

– Comment peut-on reconnaître la fable qui est illustrée ?
– Comment voit-on la transposition dans le monde des êtres humains ?
– Les illustrations permettent-elles de comprendre la leçon donnée ? Comment ?

L'ESSENTIEL

- La fable contient toujours un **récit court** et **clair**, avec **peu de personnages** et des actions qui s'enchaînent **rapidement**.
- Le **récit** proposé sert d'**exemple** pour illustrer la leçon donnée.

4 Étudier le caractère symbolique des personnages

La Génisse[1], la Chèvre et leur sœur, la Brebis, en société avec le Lion

La Génisse, la Chèvre, et leur sœur la Brebis,
Avec un fier Lion, seigneur du voisinage,
Firent société[2], dit-on, au temps jadis,
Et mirent en commun le gain et le dommage[3].
Dans les lacs[4] de la Chèvre un cerf se trouva pris.
Vers ses associés aussitôt elle envoie[5].
Eux venus, le Lion par ses ongles compta,
Et dit : « Nous sommes quatre à partager la proie. »
Puis en autant de parts le cerf il dépeça ;
Prit pour lui la première en qualité de Sire :
« Elle doit être à moi, dit-il ; et la raison,
C'est que je m'appelle Lion :
À cela l'on n'a rien à dire.
La seconde, par droit, me doit échoir[6] encor :
Ce droit, vous le savez, c'est le droit du plus fort.
Comme le plus vaillant, je prétends la troisième.
Si quelqu'une de vous touche à la quatrième,
Je l'étranglerai tout d'abord. »

Jean de La Fontaine, *Fables*, 1668, Livre I, Fable 6.

1. **Génisse :** jeune vache.
2. **Firent société :** devinrent associés.
3. **Le gain et le dommage :** les bénéfices et les pertes.
4. **Lacs :** filets, piège. On prononce [la].
5. **Elle envoie :** elle leur dit de venir.
6. **Me doit échoir :** doit m'appartenir.

Jean-Jacques Grandville, *La Génisse, la Chèvre et leur sœur, la Brebis, en société avec le Lion*, 1842, gravure.

LIRE LE TEXTE

Des animaux humanisés

1 *[V. 1 et v. 2] Relevez deux mots qui s'appliquent d'habitude aux êtres humains.*

2 *À quels vers y a-t-il des guillemets ? Qui prend la parole ?*

3 *Dans le discours direct, relevez un déterminant démonstratif et un pronom démonstratif. Quel est le ton du lion ? (> Grammaire, fiches 5 et 7)*

4 *[V. 14 et 15] Quel mot est répété trois fois ? Pourquoi ?*

5 *Relevez les quatre justifications du lion pour prendre les quatre parts.*

Des animaux symboliques

6 *Qu'est-ce qui rapproche la génisse, la chèvre et la brebis et les oppose au lion ?*

7 *Pourquoi La Fontaine choisit-il ces quatre animaux comme personnages ?*

8 *[V. 18] À quel temps et quel mode est conjugué le verbe* « étranglerai » *? Pourquoi ? (> Verbe, fiche 23)*

9 *Attribuez à chaque animal ce qu'il représente : l'imprudence – la force – la faiblesse – la cruauté – la naïveté.*

Orthographe (> fiches 9 et 33)

10 *Relevez les sujets inversés. Pourquoi met-on un tiret ?*

Vocabulaire (> fiche 41)

11 *Le verbe* « échoir » *vient du verbe « choir ». Cherchez dans un dictionnaire le sens du verbe « choir » et de l'expression « le cas échéant ».*

> Expression écrite

– Rédigez un paragraphe où vous expliquerez la signification de cette fable.

– Puis rédigez la morale de cette fable en utilisant le présent de vérité générale. (> fiche 20)

Lire l'image

- Reconnaît-on les animaux de la fable ?
- Avec quels détails J.-J. Grandville, l'illustrateur, humanise-t-il ses animaux ?
- Comment l'illustration souligne-t-elle la toute-puissance du lion ? Comparez avec l'image p. 113.

L'ESSENTIEL

> Les **personnages des fables** sont souvent des **animaux**. Parfois ce sont des êtres humains, des plantes ou des éléments naturels.

> Quelle que soit leur nature, les personnages de la fable sont choisis pour leur **caractère symbolique** : ils représentent des **qualités** ou des **défauts** que le lecteur peut identifier.

5 Construire le bilan sur la fable

Le Lion s'en allant en guerre

Le Lion dans sa tête avait une entreprise[1],
Il tint conseil de guerre, envoya ses prévôts[2],
Fit avertir les animaux.
Tous furent du dessein[3], chacun selon sa guise :
L'Éléphant devait sur son dos
Porter l'attirail nécessaire,
Et combattre à son ordinaire ;
L'Ours, s'apprêter[4] pour les assauts ;
Le Renard, ménager de secrètes pratiques ;
Et le Singe, amuser l'ennemi par ses tours.
« Renvoyez, dit quelqu'un, les Ânes qui sont lourds,
Et les Lièvres, sujets à des terreurs paniques.
– Point du tout, dit le Roi ; je les veux employer :
Notre troupe sans eux ne serait pas complète.
L'Âne effraiera les gens, nous servant de trompette ;
Et le Lièvre pourra nous servir de courrier[5]. »

Le monarque prudent et sage
De ses moindres sujets sait tirer quelque usage,
Et connaît les divers talents.
Il n'est rien d'inutile aux personnes de sens.

Jean de La Fontaine, *Fables*, 1668, Livre V, Fable 19, d'après une fable latine intitulée *De Asino tubicine et Lepore tabellari*, « L'Âne trompette et le Lapin messager ».

1. **Entreprise :** ici, le projet d'une action.
2. **Prévôts :** officiers.
3. **Dessein :** projet.
4. **S'apprêter :** se préparer.
5. **Courrier :** messager.

Lisez le texte attentivement, puis répondez aux questions en vous aidant des indices de couleur dans le texte (attention, ce ne sont pas les réponses).

1 *Cette fable a-t-elle été totalement inventée par La Fontaine ?*
2 *Quel est le temps des verbes de la morale ? Pourquoi ?*
3 *Quels sont les temps des verbes dans le récit ? Quelle ponctuation marque le dialogue ?*
4 *Quel animal représente la ruse ? Lequel représente la force ?*

BILAN

> La fable est un **genre issu de l'Antiquité**. Comme La Fontaine, de nombreux auteurs ont **traduit** et imité les fables antiques au cours des siècles. (→ Texte 1)

> La fable comporte une **leçon exprimée dans une morale** de portée générale. Parfois la morale est **sous-entendue**. (→ Texte 2)

> La **leçon** de la fable est illustrée par un **récit court et clair**. (→ Texte 3)

> Les **personnages** des fables sont souvent des **animaux**. Ils **représentent les êtres humains** et sont choisis pour leur **caractère symbolique**. (→ Texte 4)

Sur le modèle de La Fontaine...

1 – La Cimaise et la Fraction

La cimaise ayant chaponné tout l'éternueur
se tuba fort dépurative quand la bixacée fut verdie :
pas un sexué pétrographique morio de moufette ou de verrat.
Elle alla crocher frange
Chez la fraction sa volcanique
La processionnant de lui primer
Quelque gramen pour succomber
Jusqu'à la salanque nucléaire.
« Je vous peinerai, lui discorda-t-elle,
avant l'apanage, folâtrerie d'Annamite !
interlocutoire et priodonte. »
La fraction n'est pas prévisible :
c'est là son moléculaire défi.
« Que ferriez-vous au tendon cher ?
discorda-t-elle à cette énarthrose.
– Nuncupation et joyau à tout vendeur,
Je chaponnais, ne vous déploie.
– Vous chaponniez ? J'en suis fort alarmante.
Eh bien ! débagoulez maintenant. »

Raymond Queneau, dans **Oulipo**, *La Littérature potentielle. Créations, re-créations, récréations*, Gallimard, 1973.

Cette fable a été composée avec la méthode S+7, qui consiste à remplacer les mots principaux de la fable par le septième mot de la même classe grammaticale dans le dictionnaire.

2 – La Cigale et la Fourmi

La cigale ayant chanté
Tout l'été
Moyennant de gros cachets
Dans les casinos chics du midi de la France,
Se trouva tellement pourvue
Lorsque la bise fut venue
Qu'elle chercha quelqu'un pour gérer ses finances
Pendant que tout l'hiver il lui faudrait dormir.
Elle passa une annonce.
La fourmi d'accourir :
– Je m'y connais, dit-elle, et puis vous garantir
Que de vos capitaux vous ne perdrez pas une once.
– Et pour les intérêts ? demande la chanteuse
Qui déjà dort plus qu'à demi.
– Cent pour cent, répond la fourmi.
Trouvant la chose merveilleuse,
L'autre lui remet son argent
Et va se coucher en bâillant.

Et puis l'hiver s'en vient
Qui jamais n'a fait grâce à la moindre cigale.
De tout ce bien volé, la fourmi se régale,
s'offre des meubles, des parfums,
des robes de soie, des bijoux d'or fin.
Elle est sur le point d'acheter
Une auto des plus confortables
Quand, sans même la voir, un être fourmidable
(C'est l'homme, dont je veux parler)
Écrabouille la misérable.

Moralité ? Je n'en vois qu'une :
Pas d'avenir pour la fortune
Quoi qu'on fasse pour l'acquérir.
Mieux vaut chanter pour son plaisir.

Jean Rousselot, *Du blé de poésie*, éditions Le Dé bleu, 1997.

1 Comparez ces deux fables avec le texte original de La Fontaine de la page « S'exercer pour l'oral », p. 124 :
– Quels sont les éléments communs ?
– Quelles sont les différences ?
2 Quels détails de la société actuelle reconnaissez-vous dans le texte 2 ?

> À vous !
Prenez les quatre premiers vers de l'une des fables de La Fontaine des textes du manuel et transformez-la selon la méthode S+7 de Raymond Queneau.

ILLUSTRATEURS DE LA FONTAINE

> Les fables sont presque toujours accompagnées d'illustrations. Ont-elles toujours la même fonction ?

> Pour y réfléchir, observons différentes illustrations de la fable de La Fontaine,* Le Geai paré des plumes du Paon, *que vous pouvez lire page 114.

OUVRONS L'ENQUÊTE

168 FABLES CHOISIES.

FABLE NEUFIESME.

Le Geay paré des plumes du Pân.

UN Pân muoit ; un Geay prit ſon plumage ;
Puis aprés ſe l'accommoda ;
Puis parmy d'autres Pâns tout fier ſe panada,
Croyant eſtre un beau perſonnage.
Quelqu'un le reconnût ; il ſe vit baffoüé,
Berné, ſiflé, moqué, joüé,
Et par Meſſieurs les Pâns plumé d'eſtrange ſorte :
Meſme vers ſes pareils s'eſtant refugié,
Il fut par eux mis à la porte.
Il eſt aſſez de Geays à deux pieds comme luy,
Qui

Document 1 François Chauveau, premier illustrateur des *Fables* de La Fontaine en 1668, gravure, éditeur Claude Barbin.

Document 2 Benjamin Rabier, 1906, illustration, éditions Tallandier.

Comparez les documents 1, 2 et 3 :

1 Quelle est la place et la taille de l'illustration par rapport au texte ?

2 L'illustrateur a-t-il choisi un seul passage du texte ou plusieurs ?

3 Est-il parfaitement fidèle au texte ?

LEXIQU'ART

***Illustration** (n. f.) : image qui accompagne un texte pour l'expliquer ou l'orner. Il s'agit en général d'un dessin ou d'une gravure.*

Document 3 J.-J. Grandville illustre les *Fables* en 1838, (gravure, éditeur Michel de l'Ormeraie). Le buste sous le tableau est celui du dieu Hermès, dieu grec des voleurs.

COMPLÉMENT D'ENQUÊTE

Document 4 Alphonse Yemadjè (artiste tisserand africain contemporain), toile tissée appelée « toile d'Abomey », 1994, 1,52 m x 1,11 m.

Document 5 Willy Aractingi, 1989, huile sur toile, 0,81 m x 1 m.

Observez

1 *Doc. 4 et 5 : Comment peut-on identifier les plumes du paon sur chaque œuvre ?*
2 *Doc. 4 et 5 : Quels sont les autres éléments de la fable que vous reconnaissez ?*
3 *Doc. 1 à 5 : Quelles illustrations font le lien entre les animaux et les humains ?*

Exprimez vos sentiments

4 *Doc. 4 et 5 : Les couleurs et les formes choisies produisent-elles une impression de calme ou de mouvement ? Pourquoi ?*
5 *Doc. 1 à 5 : Les techniques utilisées renseignent-elles sur l'époque ou le lieu de réalisation des illustrations ?*

Interprétez

6 *Doc. 1 à 5 : Quelles illustrations font réfléchir au sens de la fable ? Comment ?*
7 *Selon vous, laquelle illustre le moins clairement la fable ? Pourquoi ?*

RAPPORT D'ENQUÊTE

> Les **illustrations** ont généralement pour fonction d'**aider le lecteur à comprendre** la fable. Dans ce but, elles respectent le texte et le complètent.
> Mais de nombreux **illustrateurs** sont eux-mêmes des **créateurs**. Ils prennent des libertés avec la fable, qui devient un prétexte pour favoriser une **expression personnelle**.

ÉTYMOLOGIE – Les mots issus de *fabulam*

Observer

> *Le mot « fable » vient du latin* fabulam*, qui signifie « propos, récit ».*

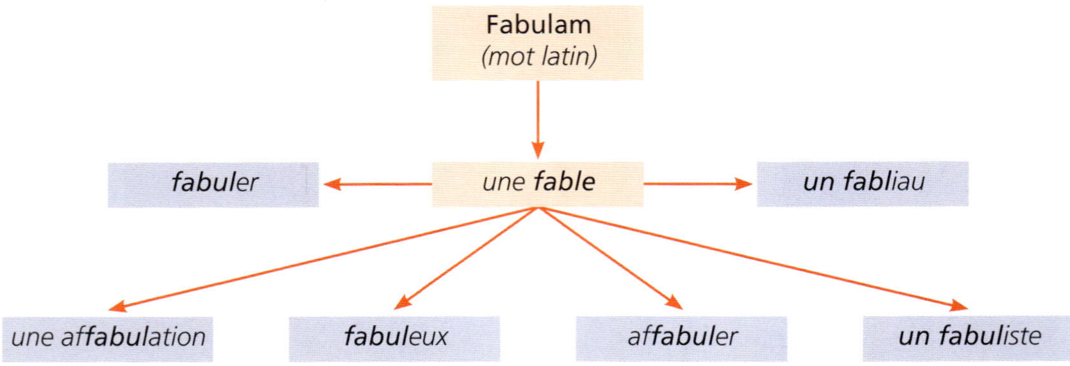

1 *Classez les mots de cette famille en trois groupes : les noms – les verbes – les adjectifs.*

Comprendre

2 *Complétez les phrases suivantes avec l'un des mots de la famille de* fabulam.

a *Ésope et Phèdre sont des fab______ célèbres depuis l'Antiquité.*
b *J'ai vu un spectacle magique, tout à fait fab______.*
c *De nombreux fab______ ont été écrits au Moyen Âge.*
d *Il se prend pour Napoléon mais tout le monde sait qu'il fab______.*
e *Incroyable ! Les prix sont fab______ dans ce magasin !*

Manipuler

3 *Dans les phrases suivantes, remplacez le mot « fable » par un des mots de la liste suivante : risée – mensonge – récit.*

a *Pour expliquer son retard à ses parents, il invente une* **fable**.
b *La Fontaine a écrit des* **fables** *célèbres.*
c *À cause de sa coiffure bizarre, il est la* **fable** *du collège.*

JOUONS AVEC LES MOTS – Proverbes croisés

- Ventre affamé craint l'eau froide.
  Chat échaudé n'a point d'oreilles.
- L'occasion ne fait pas le moine.
  L'habit fait le larron.
- Qui va à la chasse s'assemble.
  Qui se ressemble perd sa place.
- Qui sème le vent vole un bœuf.
  Qui vole un œuf récolte la tempête.
- Pas de nouvelles, chose due.
  Chose promise, bonne nouvelle.
- Pierre qui roule s'enrichit.
  Qui paie ses dettes n'amasse pas mousse.

4 *Dans les phrases proposées ci-dessus, les proverbes ont été mélangés deux par deux. Par exemple « Chat échaudé craint l'eau froide » est mélangé avec « Ventre affamé n'a point d'oreilles ». Saurez-vous retrouver les autres proverbes ?*

ENRICHIR SON VOCABULAIRE – Donner une leçon

maxime – morale – proverbe – dicton – adage – précepte

1 *Ces mots sont presque synonymes : rédigez une seule définition qui résume leur sens.*

2 *Recopiez-les et indiquez après chacun, en le notant comme dans la rubrique « Lexiqu'art » (p. 120), s'il est masculin ou féminin.*

3 *Complétez les phrases suivantes avec les mots ci-dessus en accordant le déterminant et l'adjectif :*
a *« Qui se ressemble s'assemble » est* (un / une) pr… *bien* (connu / connue).
b *« En avril ne te découvre pas d'un fil » est* (un vieux / une vieille) di…
c *Selon* (un ancien / une ancienne) ad…, *il vaut mieux tenir que courir.*
d (Le / La) ma… *des Mousquetaires était « Un pour tous, tous pour un ».*
e *Les fables contiennent souvent* (une / un) mo…
f *Les parents rappellent parfois à leurs enfants* (certains / certaines) pr…

Des mots pour lire l'image – Les couleurs

*– Les couleurs **primaires**, bleu, jaune et rouge, sont pures.*
*– Les couleurs **secondaires**, vert, orange et violet, proviennent chacune du mélange de deux couleurs primaires.*
*– Chaque couleur primaire est **complémentaire** d'une couleur secondaire : rouge et vert, bleu et orange, jaune et violet.*
– Pour produire un contraste, on peut associer deux couleurs complémentaires.

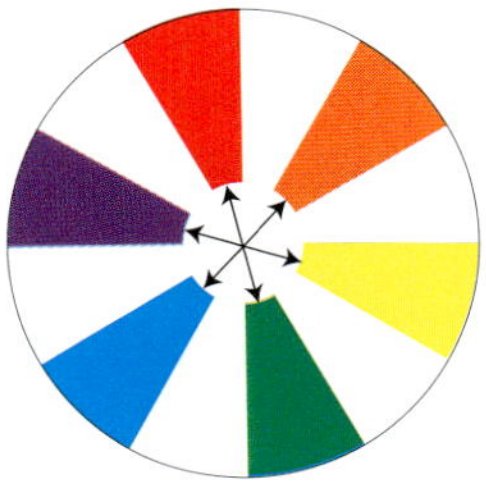

couleurs complémentaires

Uffe Christoffersen, *La Génisse, la Chèvre et la Brebis en société avec le Tigre* (d'après la fable de La Fontaine du même nom, → p. 116), 2005, aquarelle.

1 *Comment la gueule du tigre est-elle rendue bien visible ?*
2 *Comment, au contraire, le cerf est-il rendu presque invisible ? Pourquoi ?*

Discuter et débattre

CONSEIL
Pour débattre sereinement et efficacement, il est nécessaire de parler chacun son tour sans couper la parole aux autres.

La Cigale et la Fourmi

La Cigale, ayant chanté
Tout l'été,
Se trouva fort dépourvue
Quand la bise fut venue.
Pas un seul petit morceau
De mouche ou de vermisseau.
Elle alla crier famine
Chez la Fourmi sa voisine,
La priant de lui prêter
Quelque grain pour subsister
Jusqu'à la saison nouvelle.
Je vous paierai, lui dit-elle,
Avant l'août[1], foi d'animal,
Intérêt et principal[2].
La Fourmi n'est pas prêteuse ;
C'est là son moindre défaut[3].
Que faisiez-vous au temps chaud ?
Dit-elle à cette emprunteuse.
Nuit et jour à tout venant
Je chantais, ne vous déplaise.
Vous chantiez ? j'en suis fort aise :
Eh bien ! dansez maintenant.

Jean de La Fontaine, *Fables*, 1668, Livre I, Fable 1.

1. L'août : la moisson du mois d'août.
2. Principal : le capital de la somme.
3. Son moindre défaut : un défaut sans importance.

La Fourmi et la Cigale

« Fini, fini ! »
Dit la fourmi.
« Au diable la parcimonie !
Dès aujourd'hui
Je convie
Toutes cigales affranchies
À me chanter leurs mélodies,
Et nous fêterons, en compagnie,
La vie qui bouge,
La vie qui fuit ! »

« Holà, holà ! »
Fit la cigale
Poussant un cri très vertical.
« Pour moi, adieu le carnaval !
L'hiver, l'hiver m'a tant appris,
Et le souci tant rétrécie,
Que j'ai rangé toutes mes rêveries
Pour m'établir
En Bourgeoisie[4] ! »

Andrée Chedid, *Fêtes et Lubies*, éditions Flammarion, 1999.

4. M'établir en Bourgeoisie : devenir bourgeoise.

1 *Comprendre et réfléchir à plusieurs*

a Lisez les deux fables et réfléchissez à leur signification.
– Quelle pourrait être la morale de chacune ?
– Selon vous, faut-il être fourmi ? Faut-il être cigale ?
b Analysez les personnages de la fable :

la Fourmi
- *qualités ?* → *économe ? travailleuse ?*
- *défauts ?* → *égoïste ? sévère ?*

la Cigale
- *qualités ?* → *joyeuse ? talentueuse ?*
- *défauts ?* → *imprévoyante ? futile ?*

2 *Débattre*

c Préparez vos arguments (c'est-à-dire vos preuves et vos raisons) :
– À quel être humain ressemble la fourmi ? la cigale ?
– Laquelle vous semble être un exemple à suivre ? Pourquoi ?
d Exprimez votre opinion :
– Demandez la parole.
– Formulez à voix haute votre interprétation de ces fables et dites celle que vous préférez.
– Appuyez votre idée par des arguments.
– Illustrez vos arguments par des exemples pris autour de vous ou dans l'actualité.

Rédiger une fable

CONSEIL

Révisez les compléments circonstanciels (> Grammaire, fiche 14) et les adjectifs qualificatifs (> Grammaire, fiche 8).

1 *Déterminer la leçon qui sera donnée*

> La leçon est formulée dans une morale sous forme de vérité générale.
Exemple : « S'associer au plus puissant que soi peut se révéler dangereux. »

a Cherchez d'autres manières de formuler la même morale en commençant par « Celui qui s'associe… » puis « On doit se méfier des puissants… »

b Transformez les phrases suivantes en vérités générales :
« Tu ne dois pas partir en retard si tu veux arriver à l'heure. »
« Je n'écoute pas les flatteurs car ce sont des menteurs. »

c Selon les exemples précédents, formulez votre morale de La Cigale et la Fourmi*, p. 124.*

2 *Préciser la situation*

__________, une fourmi rôdant dans la campagne, ramassait __________, et les mettait __________ pour s'en nourrir __________.

d Complétez cette fable d'Ésope avec les compléments suivants :
des grains de blé et d'orge – en réserve – dans la saison d'été – en hiver.

e Dans La Cigale et la Fourmi *(→ page 124), quelles sont les différentes expressions utilisées par La Fontaine pour traduire* « la saison d'été » *?*

f Changez la traduction en commençant par « pendant… », « quand… », « au moment où… », « en… ».

g De quelle manière l'auteur traduit-il « en hiver » *? Trouvez deux autres manières de le traduire.*

3 *Présenter les personnages*

h Complétez les phrases suivantes dans lesquelles sont présentés les animaux de la fable :
a) La Cigale […] se trouva __________ . b) La Fourmi n'est pas __________ .

i Finissez chacun des adjectifs suivants qui pourraient qualifier chacun des personnages :
a) La fourmi est travailleuse, labor…, sér…, stud…, zél…
b) La cigale est affamée, famél…, infort…, pauv…, misér…

j Choisissez deux animaux très différents. Présentez le premier animal avec trois adjectifs qualificatifs, et le deuxième animal avec trois adjectifs antonymes des premiers.

4 *Inventer une fable en prose*

k Rédigez une morale en une phrase.
– Vous pouvez vous inspirer de La Fontaine ou d'un proverbe connu.
– Vous mettrez cette morale à la fin ou au début de votre fable.

l Racontez une histoire en une page pour illustrer votre morale.
– Vous expliquerez la situation en donnant les circonstances.
– Vous mettrez en scène des animaux que vous caractériserez avec des adjectifs.
– Vous pouvez les faire parler ou raconter ce qu'ils disent.
– Faites des paragraphes pour aérer votre travail.
– Proposez un titre.
– Faites une illustration si vous le souhaitez.

LECTURE DE TEXTE

Le Loup fier de son ombre et le Lion

Λύκος διὰ τὴν ἑαυτοῦ σκιὰν γαυρωθεὶς καὶ λέων

Un loup errait un jour dans des lieux déserts, à l'heure où le soleil penchait sur son déclin[1]. En voyant son ombre allongée, il dit : « Moi, craindre le lion, avec la taille que j'ai ! Avec un plèthre[2] de long, n'est-il pas tout simple que je devienne le roi de tous les animaux ? » Comme il s'abandonnait à l'orgueil, un puissant lion le prit et se mit à le dévorer. Le loup changeant d'avis s'écria : « La présomption[3] nous est une cause de malheur. »

Ésope, *Fables*, traduction d'Émile Chambry, Les Belles Lettres, 1985.

1. **Penchait sur son déclin :** descendait.
2. **Plèthre :** mesure antique égale à 30 mètres environ.
3. **Présomption :** orgueil, prétention.

1 Qui est l'auteur de cette fable ? Cet auteur est-il grec, latin ou français ?
2 [L. 1] Donnez la classe grammaticale et la fonction de « un jour » *et* « dans des lieux déserts ».
3 [L. 1-2] Pourquoi l'heure indiquée est-elle importante pour le sens de la fable ?
4 Que représente le lion dans la société des animaux ? Relevez l'adjectif qui le qualifie.
5 Le récit est caractérisé par le passé simple de l'indicatif : relevez les quatre verbes conjugués à ce temps et indiquez leur infinitif.
6 [L. 5-6] La dernière phrase sert de morale : que veut-elle dire ?
7 Relevez dans cette dernière phrase ce qui marque la généralité.
8 Trouvez les noms correspondants aux adjectifs suivants : présomptueux – orgueilleux – fier – simple – prétentieux – modeste. Classez-les en deux groupes de synonymes.

ORTHOGRAPHE

Autodictée à ponctuer

Zeus et la tortue

zeus, célébrant ses noces, régalait tous les animaux seule, la tortue fit défaut intrigué de son absence, il la questionna le lendemain : pourquoi, seule des animaux, n'es-tu pas venue à mon festin – logis familial, logis idéal répondit la tortue zeus indigné contre elle la condamna à porter partout sa maison sur son dos.

Ésope, *Fables*, traduction d'Émile Chambry, Les Belles Lettres, 1985.

> Dans ce texte, les points, les majuscules et les guillemets ont été enlevés.

1 Recopiez le texte en ajoutant les six points manquants pour retrouver :
– quatre phrases déclaratives ;
– une phrase exclamative ;
– une phrase interrogative.
2 Ajoutez les majuscules en début de phrase et aux noms propres.
3 Ouvrez et fermez les guillemets pour indiquer le discours direct.

LECTURE D'IMAGE ET HISTOIRE DES ARTS

Jean-Baptiste Oudry, *Portrait allégorique de La Fontaine*, XVIIIe siècle, Bibliothèque nationale de France.

1 *Qui est le personnage difforme debout ? Qui est sculpté et mis sur un piédestal (socle) ?*
2 *Pourquoi l'illustrateur a-t-il représenté ces deux hommes ensemble ?*
3 *Expliquez la présence des animaux.*

CONNAISSANCES DES AUTEURS ET DE LEURS ŒUVRES

1 *Dites en quelle langue s'exprime chaque auteur :*
a *Jean de La Fontaine écrit en …*
b *Phèdre écrit en …*
c *Ésope s'exprime en …*

2 *Tous les trois ont écrit une fable intitulée* « Le Corbeau et le Renard » *mais dans des langues différentes. Attribuez à chaque auteur ce titre écrit dans la langue qui convient.*

- *La Fontaine* > *Vulpis et Corvus*
- *Ésope* > *Le Corbeau et le Renard*
- *Phèdre* > *Κόραξ καὶ ἀλώπηξ*

3 *Qui a écrit la première version de cette fable ? Qui a écrit la deuxième version ? Qui a écrit la troisième version ?*

Raymond Peynet, *Le Poète papillon*, 1980, lithographie.

6 – « La poésie, c'est autre chose »
Comment lire, écouter et regarder un poème ?

> PARCOURS TEXTES ET IMAGES

Et si les auteurs nous parlaient ?
V. Hugo, P. Verlaine, G. Apollinaire

1 explorer sensations et sentiments dans un poème
2 être sensible aux images du poème
3 écouter la musicalité du poème
4 regarder la disposition du poème
5 construire le bilan

Toujours d'actualité *La poésie et le quotidien*
Enquêt'art *Orphée, un poète mythique*

> ENTRAÎNEMENT

Mieux connaître les mots

S'exercer pour l'oral
lire et réciter un poème

S'exercer pour l'écrit
écrire un poème

> ÉVALUATION

Lire l'image

Regardez bien
– Comment les fleurs et les animaux sont-ils transformés par le regard du poète ?

Regardez mieux
– Quels éléments inattendus voyez-vous dans le ciel ?

GRAMMAIRE DU PARCOURS

Les classes de mots : les déterminants articles (Texte 1) – l'adjectif qualificatif (Texte 2)
Les fonctions : le sujet (Texte 1)
La phrase : définition de la phrase (Texte 3)
Le verbe : l'infinitif (Textes 1, 2) – le présent de l'impératif (Texte 3) – le conditionnel (Texte 4)

Victor Hugo, comment
êtes-vous devenu poète ?

Quand je suis né, le siècle avait deux ans : c'était en 1802. Tout jeune déjà, j'adorais lire et écrire ! J'ai publié mon premier recueil de poèmes à vingt ans, et bien d'autres par la suite, comme Les Contemplations *où j'ai exprimé mes bonheurs et mes douleurs. J'ai aussi écrit des pièces de théâtre et des romans dont le plus célèbre s'intitule* Les Misérables *: j'ai voulu mettre ma plume au service de ceux qui souffrent. Avant de mourir, en 1885, j'ai écrit mes derniers mots : « Aimer, c'est agir ». Car selon moi, le poète doit guider les hommes. La poésie, c'est la beauté, c'est aussi la générosité.*

Étienne Carjat, portrait de Victor Hugo, 1877, photographie.

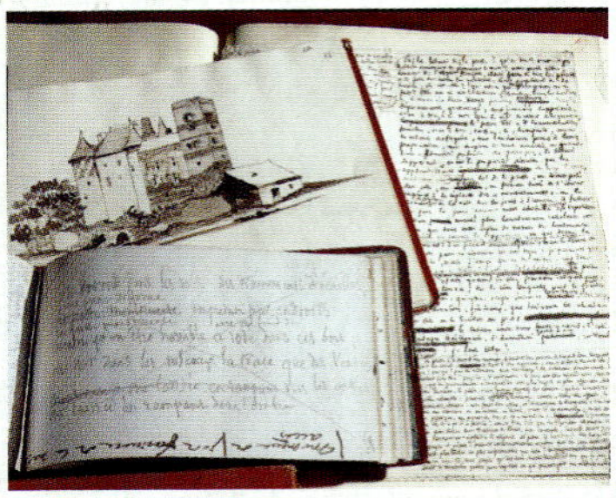

Victor Hugo, manuscrit « Le Rhin », 1840, Bibliothèque nationale de France.

Paul Verlaine,
quelle est votre définition de la poésie ?

La poésie permet d'évoquer des impressions qu'habituellement on ne montre pas ; pour cela, je me suis servi d'images, souvent mélancoliques, car ma vie a été si triste qu'on m'a qualifié de poète maudit. Quand je me suis éteint à cinquante-deux ans, en 1896, j'étais seul et pauvre. Mais toute ma vie, j'ai fait « chanter » les vers et ce n'est pas par hasard que j'ai intitulé l'un de mes recueils La Bonne Chanson. *La poésie est « de la musique avant toute chose » !*

Edmond Aman-Jean, *Verlaine*, 1892, huile sur toile, musées de La Cour d'or, Metz.

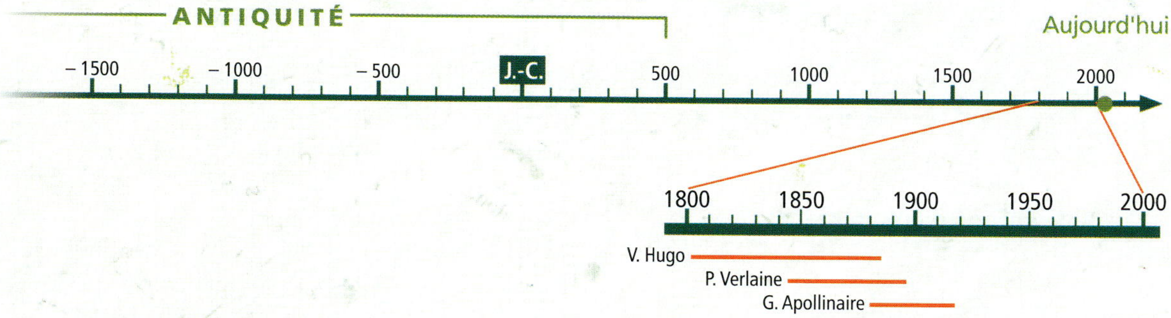

Et vous Apollinaire, quelle sorte
de poète étiez-vous ?

Avec moi, tout était possible ! J'ai écrit des vers réguliers, mais aussi des vers libres ; j'ai créé des calligrammes, j'ai voulu renouveler la poésie et m'enivrer de poèmes : savez-vous que l'un de mes recueils s'intitule Alcools *? J'ai évoqué dans mes poèmes l'amour et le temps qui passe... Ma vie a été si courte ! Elle s'est arrêtée en 1918, je n'avais que trente-huit ans.*

Jean Metzinger, *Guillaume Apollinaire*, 1910, huile sur toile.

1 Explorer sensations et sentiments dans un poème

Un petit bateau – *[Texte A]*
人生は 小冊のよう

Le vent, les vagues
Poussent l'océan.
La vie tangue
Comme un petit bateau

Le soleil du printemps
Regarde notre défi.

La lune, les étoiles
Scintillent sur la mer.
La vie résonne
Comme un petit bateau

La musique d'été
Soutient nos efforts.

Le phare, les mouettes
Se reflètent dans le ciel.
La vie roule[1]
Comme un petit bateau

Les feuilles de châtaignier
Murmurent des mots d'encouragement.

Le vin, les poissons
Donnent la joie.
La vie coule
Comme un petit bateau

Les nuages de Bretagne
Enveloppent nos amours.

Teruko Yamazaki, *Ivre de nature et de paysage*, éditions Signum, novembre 2006.

1. **Roule :** est soumise au roulis (le roulis est le mouvement d'un bateau sous l'effet des vagues).

Teruko Yamazaki : Japonaise, elle écrit ses poèmes en français et en japonais.

« Je vis, je meurs… » – *[Texte B]*

Je vis, je meurs : je me brûle et me noie,
J'ai chaud extrême en endurant froidure[1] :
La vie[2] m'est et trop molle et trop dure.
J'ai grands ennuis entremêlés de joie.

Tout à un coup je ris et je larmoie,
Et en plaisir maint grief[3] tourment j'endure,
Mon bien[4] s'en va, et à jamais il dure,
Tout en un coup je sèche et je verdoie.

Ainsi Amour inconstamment me mène,
Et quand je pense avoir plus de douleur,
Sans y penser je me trouve hors de peine.

Puis, quand je crois ma joie être certaine,
Et être au haut de mon désiré heur[5],
Il me remet en mon premier malheur.

Louise Labé, *Sonnets*, VIII (1555), dans *La Renaissance en poésie*, Gallimard, Folio Junior, 1983.

1. **Froidure :** un grand froid.
2. **Vie :** prononcer « vi-e », en deux syllabes.
3. **Grief tourment :** un grave tourment ; prononcer « gref », en une seule syllabe.
4. **Bien :** bonheur, bien-être.
5. **Heur :** bonheur.

Louise Labé (1524-1566) : Poétesse passionnée de sonnets et d'amour.

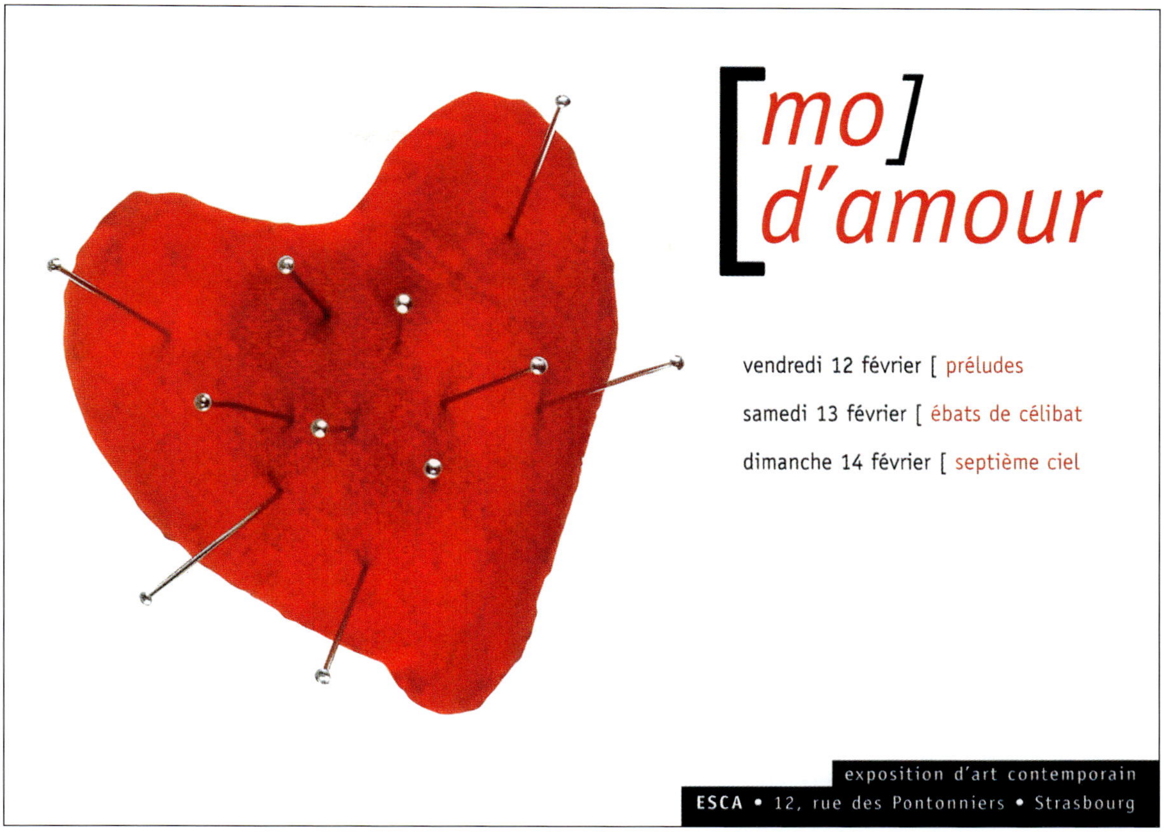

« mo d'amour », exposition d'art contemporain (1999), carton d'invitation, ESCA, Strasbourg.

LIRE LES TEXTES

Les sensations

1 *[Texte A] À quoi est comparée la vie dans les strophes de quatre vers ?*

2 *[Texte A] Quelles saisons sont évoquées dans les strophes de deux vers ?*

3 *[Texte A] Indiquez l'infinitif et le sujet des verbes :* « scintillent » *(v. 8),* « murmurent » *(v. 18). (> Verbe, fiches 9 et 19) Quelle sensation exprime chacun de ces verbes : auditive, visuelle ou tactile ?*

Les sentiments

4 *[Texte B] Relevez des sentiments contraires.*

5 *[Texte B] Dans le français actuel, quels déterminants mettrait-on devant :* « grands ennuis » *(v. 4) et* « Amour » *(v. 9) ? (> Grammaire, fiche 3)*

6 *Dans les mots suivants, dites s'il s'agit d'une sensation ou d'un sentiment. Pour chaque sensation, précisez si elle est visuelle, auditive ou tactile :*
[Texte A] « la musique » *(v. 11) –* « la joie » *(v. 20) –* « nos amours » *(v. 24)*
[Texte B] « brûle » *(v. 1) –* « froidure » *(v. 2).*

Orthographe (> fiche 38)

7 *[Texte A] Dans les six premiers vers, donnez les graphies du son [ɑ̃] (→ alphabet phonétique).*

Vocabulaire (> fiche 43)

8 *[Texte B] Dans la première strophe, relevez deux verbes, deux noms, deux adjectifs de sens contraire.*

> Expression écrite

À la manière de T. Yamazaki, écrivez un poème de 4 vers.
– Dans les deux premiers vers, évoquez un élément d'un paysage que vous aimez.
– Dans les deux suivants, exprimez le(s) sentiment(s) en harmonie avec votre description.
– Si vous le souhaitez, faites une illustration.

Lire l'image

- Sur l'inscription du carton d'invitation, s'agit-il des « mots » (d'une phrase) ou des « maux » (pluriel de « mal ») ?
- À quel poème de la p. 132 ce carton d'invitation pourrait-il convenir ? Pourquoi ?
- Que peut évoquer la couleur rouge ?

L'ESSENTIEL

> Les **sensations** sont perçues par le **corps :** celles perçues par la **vue** sont dites **visuelles** ; les sensations perçues par l'**ouïe** sont dites **auditives** ; celles qui sont produites par le **toucher** s'appellent **tactiles**.

> Les **sentiments** sont des émotions **ressenties intérieurement**.

> Dans un poème, souvent les sensations et les sentiments se mélangent et se répondent.

2 Être sensible aux images du poème

La Neige – *[Texte A]*

Regardez la neige qui danse
Derrière le carreau fermé
Qui là-haut peut bien s'amuser
À déchirer le ciel immense
En petits morceaux de papier ?

Pernette Chaponnière, *L'Écharpe d'Iris*, Le Livre de poche Jeunesse, 1990.

Cierges – *[Texte B]*

KEPIA

Constantin Cavafy (1863-1933) : né à Alexandrie. Il est un des plus grands poètes en langue grecque contemporaine.

Les jours à venir se tiennent devant nous,
Rangée de petits cierges allumés,
Dorés, chauds et vivaces.

Les jours passés restent derrière,
Triste ligne de cierges éteints,
Les plus proches fument encore,
Froids, fondus, courbés.

Je ne veux pas les voir, leur aspect m'attriste
Comme m'attriste le souvenir de leur forme première.
Je regarde devant moi les cierges allumés.

Je ne veux pas regarder en arrière, je ne veux pas frémir de voir
La hâte de la ligne noire à s'allonger,
La hâte des cierges éteints à se multiplier.

Constantin Cavafy, *Œuvres poétiques*, traduit du grec par Socrate C. Zervos et Patricia Portier, éditions de l'Imprimerie nationale, 1992.

Maurits Cornelis Escher, *Reptiles*, 1943, lithographie, National Gallery of Art, Washington.

LIRE LES TEXTES

Comprendre les images

1 *[Texte A, v. 5] Que représente l'image des* « petits morceaux de papier » *?*

2 *[Texte B] Que représente l'image des* « petits cierges allumés » *?*

3 *[Texte B] Relevez quatre adjectifs qui qualifient les* « cierges » *dans la première strophe. (> Grammaire, fiche 8) Quels sentiments évoquent ces adjectifs ?*

4 *[Texte B, v. 12] Pourquoi le poète a-t-il choisi l'adjectif* « noire » *pour qualifier* « la ligne » *?*

Identifier les images

5 *[Texte A, vers 1 et 4] Relevez deux verbes employés au sens figuré.*

6 *[Texte A] Indiquez le mode et le groupe de ces verbes. (> Verbe, fiche 19)*

7 *[Texte B] Par quelle image sont représentés, dans la deuxième strophe, les* « jours passés » *?*

8 *[Texte B] Dans les deux dernières strophes, qu'est-ce qui montre que le poète préfère l'avenir ?*

Orthographe (> fiche 39)

9 *[Texte A] Quel est le singulier du nom* « morceaux » *? le pluriel du nom* « carreau » *?*

Vocabulaire (> fiche 41)

10 *[Texte B] Relevez l'adjectif et le verbe qui sont de la famille du nom* « tristesse ».

> Expression orale

À vous, maintenant, de créer des images en associant un sentiment à une sensation :

– « La joie est douce comme le velours, la colère est froide comme…, l'amitié…, la jalousie… ».

– Un élève propose un sentiment, un autre enchaîne avec une sensation.

Lire l'image

- Quand un des reptiles « plonge » dans la page, que devient-il ?
- Qu'est-ce qui est animé d'un mouvement ? Indiquez les changements que vous observez.

L'ESSENTIEL

> Le **sens premier** d'un mot s'appelle le **sens propre** ; le **sens imagé** d'un mot s'appelle le **sens figuré**.

> Souvent, les poètes expriment leurs sentiments grâce à des **images** et emploient des **mots au sens figuré** pour s'adresser à l'imagination du lecteur.

3 Écouter la musicalité du poème

La lune blanche – *[Texte A]*

La lune blanche
Luit dans les bois ;
De chaque branche
Part une voix
Sous la ramée[1]...
Ô bien-aimée.

L' étang reflète,
Profond miroir,
La silhouette
Du saule noir
Où le vent pleure...
Rêvons, c'est l'heure.

Un vaste et tendre
Apaisement
Semble descendre
Du firmament[2]
Que l'astre irise[3]...
C'est l'heure exquise.

Paul Verlaine, « La lune blanche », *La Bonne Chanson*, 1870.

1. **Ramée :** branches des arbres.
2. **Firmament :** voûte céleste où apparaissent les étoiles.
3. **Irise :** colore de toutes les couleurs.

Paul Verlaine : p. 130.

Avenue du Maine – *[Texte B]*

Les manèges déménagent
Manège, ménageries, où ?... et pour quels voyages ?
Moi qui suis en ménage
Depuis... ah ! il y a bel âge !
De vous goûter, manèges,
Je n'ai plus... que n'ai-je ?...
L'âge.
Les manèges déménagent
Ménager manager
De l'avenue du Maine
Qui ton manège mène
Pour mener ton ménage !
Ménage ton ménage
Manège ton manège.
Ménage ton manège.
Manège ton ménage.
Mets des ménagements
Au déménagement
Les manèges déménagent,
Ah ! vers quels mirages ?
Dites pour quels voyages
Les manèges déménagent.

Max Jacob, « Avenue du Maine », *Œuvres burlesques et mystiques de frère Matorel*, Gallimard, 1912.

Max Jacob (1876-1944) : Avec beaucoup d'humour et de fantaisie, il crée des poèmes en toute liberté.

Jardin de France – *[Texte C]*

[...]
Mais l'appel du tam-tam
bondissant
par monts
et
continents,
Qui l'apaisera, mon cœur,
À l'appel du tam-tam
Bondissant
véhément[4],
lancinant[5] ?

Léopold Sédar Senghor, « Jardin de France », *Œuvre poétique*, Éditions du Seuil, 1990.

4. **Véhément :** vif ou violent.
5. **Lancinant :** de manière insistante et continue.

Léopold Sédar Senghor (1906-2001) : Sénégalais, il a écrit de nombreux poèmes pour rendre hommage à sa terre natale, l'Afrique.

Keith Haring, peinture murale, 1982, New York, États-Unis.

LIRE LES TEXTES

Le rythme

1 *[Texte A] Quelle est la caractéristique des vers 6, 12 et 18 ? Quels sentiments le poète y exprime-t-il ?*

2 *Combien de phrases y a-t-il dans le texte A ? Sont-elles simples ou complexes ? (> Grammaire, fiche 15)*

3 *[Texte A] « La/ lu/ne/ blanch(e)/ » est un vers de quatre syllabes prononcées. Le nombre de syllabes prononcées est-il le même dans chaque vers de la première strophe ?*

4 *[Texte C] Regardez la disposition des mots. Comment le poète nous indique-t-il que le rythme est saccadé ?*

Les sonorités

5 *Relevez un exemple de rimes dans chaque texte.*

6 *Quelles sonorités sont répétées dans le texte 1 ? dans le texte 2 ? dans le texte 3 ?*

7 *À chaque poème, associez un ou deux de ces adjectifs : amusant – calme – dynamique – doux.*

8 *[Texte A, v. 12] Quel est le mode du verbe « Rêvons » ? À qui peut s'adresser le poète ? Exprime-t-il : un conseil ? un ordre ? une invitation ? (> Verbe, fiche 27)*

Orthographe (> fiche 8)

9 *[Texte A] « blanche » (v. 1), « exquise » (v. 18) : donnez le masculin de ces adjectifs.*

Vocabulaire (> fiche 43)

10 *[Texte B] Employez les verbes « ménager », « déménager », « emménager » et « aménager » dans quatre phrases pour faire comprendre leurs sens différents.*

> Expression écrite

Continuez ce poème sur le même modèle en ajoutant six autres prénoms commençant par une autre lettre. Attention à faire rimer à chaque fois l'adjectif et le prénom.

Le très bel Abel
L'exquis Alexis
La fidèle Adèle
La lisse Alice…

Jean Lestavel, *Jouer avec les poètes*, Le Livre de poche Jeunesse, 2002.

Lire l'image

– Qu'est-ce qui se répète plusieurs fois dans cette œuvre ?
– À quel(s) poème(s) de la p. 136 pourriez-vous associer cette image ?

L'ESSENTIEL

- La **musicalité** d'un poème s'appuie sur le **rythme** et les **sonorités**.
- Le **rythme** est indiqué par la **ponctuation** et par les **syllabes prononcées.** Dans un vers régulier, le e se prononce devant une consonne ; il ne se prononce pas devant une voyelle ni à la fin du vers.
- Les **sonorités**, à l'intérieur du poème, peuvent se répondre.
- Les **rimes** sont des sonorités qui se font écho deux par deux à la fin des vers.

4 Regarder la disposition du poème

Poème en strophes – *[Texte A]*

Enfant ! si j'étais roi, je donnerais l'empire,
Et mon char, et mon sceptre, et mon peuple à genoux
Et ma couronne d'or, et mes bains de porphyre[1],
Et mes flottes, à qui la mer ne peut suffire,
Pour un regard de vous !

Si j'étais Dieu, la terre et l'air avec les ondes,
Les anges, les démons courbés devant ma loi,
Et le profond chaos aux entrailles fécondes,
L'éternité, l'espace, et les cieux, et les mondes,
Pour un baiser de toi !

Victor Hugo, « À une femme », *Les Feuilles d'automne*, 1831.

1. **Porphyre :** roche rouge précieuse.

Victor Hugo : p. 130.

Calligramme – *[Texte B]*

LA CRAVATE
DOU
LOU
REUSE
QUE TU
PORTES
ET QUI T'
ORNE O CI
VILISÉ
OTE- TU VEUX
LA BIEN
SI RESPI
RER

Guillaume Apollinaire, *Calligramme* (1918),
éditions Gallimard, 2004.

Guillaume Apollinaire : p. 131.

Anagrammes – *[Texte C]*

Me croiras-tu si je m'écrie
Que toute NEIGE a du GENIE ?

Vas-tu prétendre que je triche
Si je change ton CHIEN en NICHE ?

Me traiteras-tu de vantard
Si une HARPE devient PHARE ?

Tout est permis en poésie,
Grâce aux mots, l'IMAGE est MAGIE.

Pierre Coran, « Jaffabule », dans *Jouons avec les mots*,
I. Coran et G. Caiti, éditions Casterman, 1998.

Acrostiche – *[Texte D]*

Etrange recette
Venin de serpent
Et pomme bien blette

Jean-Hugues Malineau, *Drôles de poèmes pour les yeux et les oreilles*, éditions Albin Michel Jeunesse, 2002.

Benjamin Vautier, alias Ben, *Le Mur des mots*, 1995, École des beaux-arts et de musique, Blois.

LIRE LES TEXTES

Jouer avec l'écriture des mots

1 *[Texte A] Combien y a-t-il de strophes ? Quelle est la particularité des vers 5 et 10 ?*

2 *[Texte B] Qu'est-ce qui est dessiné ? Quels mots nous aident à comprendre ?*

3 *[Texte C] Lisez ce texte en observant les mots écrits en majuscules et donnez la définition d'une* « anagramme ».

4 *[Texte D] Lisez le mot écrit en caractères gras en observant dans quel sens il est écrit, et donnez la définition d'un* « acrostiche ».

Jouer avec le sens des mots

5 *[Texte A] Quel est le temps et le mode du verbe* « donnerais » *? Quel sens a ce verbe dans le poème ?* *(> Verbe, fiche 26)*

6 *[Texte B] Que symbolise la cravate ? Quels sont les différents sens possibles du verbe* « respirer » *?*

7 *[Texte D] Quel épisode de la Bible est évoqué ?* *(Aidez-vous de la p. 64.)*

Orthographe (> fiche 31)

8 *Créez des anagrammes à partir des mots suivants (attention, parfois plusieurs mots sont possibles !) : ECRAN – RELIER – SALIES – IRREEL.*

Vocabulaire (> fiches 40 et 41)

9 *La racine grecque* « gramme » *signifie* « tracé, dessin ou écriture ». *Cherchez dans un dictionnaire le sens des mots* « calligramme » *et* « pictogramme ».

> Expression écrite

– Créez des acrostiches à partir d'un nom : ce peuvent être des prénoms, des noms de pays, de villes, d'animaux. Vous pouvez vous mettre en binôme.

– En vous inspirant des calligrammes d'Apollinaire, disposez de façon inventive et visuelle l'une de ces phrases : la terre se fend – l'escalier s'envole – la pluie ruisselle – il pleut des mots.

Lire l'image

– S'agit-il ici d'affiches ou de graffitis ?
– L'artiste Ben est-il un poète ou un peintre ?
– Comment a-t-il rendu son œuvre amusante ?

L'ESSENTIEL

> Les poèmes sont souvent écrits en **vers**, parfois regroupés en **strophes**.

> Les poètes peuvent jouer avec la **graphie** et la **disposition des mots** :
– pour **donner sens** à leur texte ;
– pour **s'amuser** avec les lettres ;
– pour créer de véritables « dessins de mots », appelés « **calligrammes** ».

5 Construire le bilan sur la poésie

Si tu vas à la mer…

Si tu vas à la mer
Merci de lui chuchoter
Tes vagues la belle
Bêlent gentiment
Mens pas à l'océan
Entends-tu
Tu le regretterais
Raison ou pas
Passe ton chemin
Mains dans l'eau
L'eau à la bouche
Bouche bée
Bêche le vent
Vante l'air
Erre ainsi
Si tu vas à la mer
Merci de lui chuchoter…

Patrick Huré, dans Jacques Charpentreau,
Jouer avec les mots, Le Livre de poche Jeunesse, 2002.

Lisez le texte attentivement, puis répondez aux questions en vous aidant des indices de couleur dans le texte (attention, ce ne sont pas les réponses).

1 *Quels mots évoquent une sensation ? un sentiment ? à la fois un sentiment et une sensation ?*

2 *Que signifie l'expression figurée « avoir l'eau à la bouche » ? Dans le texte, s'agit-il du sens propre ou du sens figuré ?*

3 *Que remarquez-vous sur les sonorités ? Comment sont disposées celles qui se font écho ?*

4 *Quel vers comporte 6 syllabes prononcées ? 5 syllabes ? 3 syllabes ?*

5 *Comment la longueur des vers rend-elle visible le mouvement ondulé des vagues ?*

BILAN

- **Le poète** s'appuie sur les **sensations** et les **sentiments** pour communiquer sa vision personnelle du monde. (→ Texte 1)
- **Le poème** offre des **expressions imagées**. (→ Texte 2)
- Le poème joue sur les **sonorités** et comporte souvent des **rimes**. (→ Texte 3)
- Les vers commencent par une majuscule. Le nombre de leurs syllabes peut varier en fonction du **rythme** recherché. (→ Texte 3)
- Le poète peut jouer avec la **disposition** des vers et l'**écriture des mots**. (→ Texte 4)

La poésie et le quotidien

1 – Slam *Le RER*

[…]
mon unique souhait ma seule prière
on ne sait jamais si j'peux m'permettre
c'est le RER jusqu'à la mer
même si c'est zone six ou sept
bord de l'océan arrêt flots bleus
de l'oxygène et puis de l'iode
l'est c'qui me manque pour être heureux
le transport urbain jusqu'à la flotte
l'périphérique jusqu'à l'Atlantique
Les feux vert algue jusqu'à la baille
tout droit jusqu'à la porte d'la digue
les mouettes survolant la pagaille
pour remplacer mon hamburger
'vec du persil un steak de thon
le RER jusqu'à la mer
sur la vie d'ouam ça s'rait mignon
sous les pavés p'raît qu'y a la plage
'lors si on creuse encore l'concept
vu qu'y aura toujours des péages
je garde les tongues j'jette les baskets …

Pilote Le Hot, *Amours, poésies et pâtes fraîches*, Slam Éditions et Le Castor Astral, 1999.

2 – Chanson *La Complainte du progrès*

Autrefois pour faire sa cour
On parlait d'amour
Pour mieux prouver son ardeur
On offrait son cœur
Aujourd'hui c'est plus pareil
Ça change, ça change
Pour séduire le cher ange
On lui glisse à l'oreille
Ah… Gudule !…Viens m'embrasser…
Et je te donnerai

Un frigidaire
Un joli scooter
Un atomixer[1]
Et du Dunlopillo[2]
Une cuisinière
Avec un four en verre
Des tas de couverts
Et des pell' à gâteaux
Une tourniquette
Pour fair' la vinaigrette
Un bel aérateur
Pour bouffer les odeurs
Des draps qui chauffent
Un pistolet à gaufres
Un avion pour deux
Et nous serons heureux […]

Boris Vian, *Textes et chansons*, éditions 10/18, 1969.

1. **Atomixer :** mot inventé par Boris Vian.
2. **Dunlopillo :** marque de matelas.

3 – Objets design pour la maison

http://www.pylones.com

1 *Quels objets quotidiens identifiez-vous dans les documents 1, 2 et 3 ?*
2 *Sur le document 3, comment ces objets sont-ils transformés pour devenir poétiques ?*

> À vous !
– Inventez une autre suite à la manière de Boris Vian en utilisant des objets quotidiens.
– Vous commencerez par : « Ah… Gudule !… Viens m'embrasser… Et je te donnerai… »

ORPHÉE, UN POÈTE MYTHIQUE

> *Dans les récits de la mythologie, Orphée est un poète qui avait un chant si magique qu'il pouvait attendrir les animaux, les rochers et même les dieux.*
> *Comment le mythe a-t-il traversé les siècles de l'Antiquité à nos jours ?*

OUVRONS L'ENQUÊTE

Document 1 Vase grec représentant Orphée, musée archéologique de Naples, Italie.

Document 2 François Perrier, *Orphée devant Pluton et Proserpine*, 1650, huile sur toile, 1,95 m x 1,30 m, musée du Louvre, Paris.

Document 3 Franz Stuck, *Orphée*, 1801, huile sur bois et fond doré, Darmstadt, Allemagne.

LEXIQU'ART

Chorégraphie (n. f.) : *désigne la composition d'une danse, l'enchaînement des pas et des figures dansées.*

Ballet (n. m.) : *spectacle de danse dont la chorégraphie est apprise et interprétée par les danseurs.*

1 À quels indices peut-on reconnaître Orphée ?
2 Comment comprend-on que la poésie à l'origine était un chant ?
3 Doc. 2 et 3 : Dans chacune des œuvres, de quel pouvoir use-t-il et envers qui ?

COMPLÉMENT D'ENQUÊTE

Document 4 Jean Cocteau, *Orphée*, 1950, film français. L'acteur Jean Marais joue Orphée.

Document 5 Marcel Camus, *Orfeu negro*, 1959, film musical franco-italiano-brésilien. L'acteur Breno Mello joue Orphée.

Observez

Doc. 4, 5 et 6 :

1 Décrivez le personnage d'Orphée sur chaque photo.

2 Comment les artistes font-ils le lien avec l'Antiquité ?

3 Comment rendent-ils le mythe plus actuel ?

Exprimez vos sentiments

3 Doc. 6 : À quels signes peut-on comprendre qu'Orphée a des pouvoirs ?

4 Quels sont les « pouvoirs » du cinéma et de la danse ?

Interprétez

5 Doc. 1 à 6 : À quoi voit-on que le mythe d'Orphée a traversé les pays et les époques ?

6 En identifiant les différents domaines artistiques de la double page, dites pourquoi Orphée est le symbole de l'art en général.

Document 6 Pina Bausch, *Orphée et Eurydice*, 2005, ballet. Le danseur Yann Bridard a le rôle d'Orphée.

RAPPORT D'ENQUÊTE

> Le personnage d'Orphée a fasciné les poètes depuis l'Antiquité : il représente un **idéal** et traduit le pouvoir du chant poétique.

> Il est repris sous de multiples formes, car il est aussi le **symbole du pouvoir de l'art**.

> Au cours du temps, les artistes **adaptent et interprètent le mythe** selon leur époque et selon les spécificités de leur domaine artistique.

ÉTYMOLOGIE – Radicaux grecs et latins

Observer

Radicaux grecs	
ἄνθος (anthos)	*fleur*
ποιεῖν (poiein)	*créer, fabriquer*
δέκα (déca)	*dix*
ὀκτώ (octô)	*huit*
Radical latin	
flores	*fleurs*

1 De quel radical vient le mot « poésie » ?

2 « Anthologie » et « florilège » : lequel est d'origine grecque ? Lequel est d'origine latine ?

Comprendre et manipuler

3 Cherchez dans un dictionnaire la définition de ces deux mots.

4 D'après l'étymologie, combien de syllabes prononcées comporte un octosyllabe ? un décasyllabe ?

JOUONS AVEC LES MOTS – Les mots-valises

> Pour créer un « mot-valise », il faut prendre deux mots, les assembler ou les mélanger. On invente ensuite une définition amusante du mot créé.

Exemple : un « colibriquet » est un oiseau de feu des régions tropicales. (Il est formé des mots « colibri » + « briquet ».)

a Retrouvez les mots qui ont servi à former les mots-valises suivants.
b Associez chaque mot-valise de gauche à une définition de droite.
(Ces définitions, présentées dans le désordre, sont à remettre en face du mot correspondant.)

Mots-valises	**Définitions**
Une clouche	Sport consistant à lancer des tomates dans un panier, jusqu'à ce qu'elles soient transformées en sauce.
Un ouistutu	Air de musique ayant un effet bénéfique sur le traitement d'une maladie.
Une basketchup	Petit mammifère rongeur, dont la longue queue touffue sert à nettoyer le fond des casseroles.
Un épousantail	Bonbon à base de sucre fondu, ayant la faculté de changer de couleur en fonction de son degré de cuisson et de la surface sur laquelle on le pose.
Un récureuil	Instrument de musique et de cuisine, utilisé successivement pour sonner l'heure du repas et pour servir la soupe.
Un mélodicament	Oiseau de feu.
Un caraméléon	Homme qui fait fuir toutes les femmes qu'il demande en mariage.
Une aloumette	Singe que l'on exhibe dans les cirques, déguisé en ballerine.

Alain Créhange, *Le Pornithorynque est un salopare, Dictionnaire de mots-valises*, Arthème Fayard, collection « Mille et une nuits », Paris, 2004.

ENRICHIR SON VOCABULAIRE – S'entraîner à la versification

1 *Observez le schéma ci-dessous :*

Les vers traditionnels se reconnaissent au ***nombre de syllabes prononcées*** *qu'ils contiennent.*

- *Un* ***octosyllabe*** *comporte* ***8*** *syllabes prononcées.*
- *Un* ***décasyllabe*** *comporte* ***10*** *syllabes prononcées.*
- *Un* ***alexandrin*** *comporte* ***12*** *syllabes prononcées.*

Les ***vers libres*** *n'ont pas le même nombre de syllabes prononcées et n'ont parfois pas de rimes.*

2 a *Le « Roman d'****Alexandre*** *» est un poème du Moyen Âge en vers de … syllabes.*
b Tout / est / permis / en / poésie (→ *Texte 1, p. 138) : ce vers est un …*
c *[Page 132] : Comment s'appellent les vers du poème de Louise Labé ?*
d *[Page 134] : Comment s'appellent les vers du poème intitulé « La Neige » ?*
e *[Page 134] : Quel poème est écrit en vers libres ? Pourquoi ?*

Des mots pour lire l'image – La symétrie

Des éléments ***symétriques*** *sont placés* ***face à face*** *de chaque côté d'un* ***axe*** *ou d'un* ***point****.*
Une ***composition symétrique*** *exprime* ***l'harmonie*** *et* ***l'équilibre*** *d'une scène.*
On l'appelle aussi « disposition en miroir ».

Nicolas Poussin, *L'Inspiration du poète*, vers 1630, huile sur toile, 1,82 m x 2,13 m, musée du Louvre, Paris.

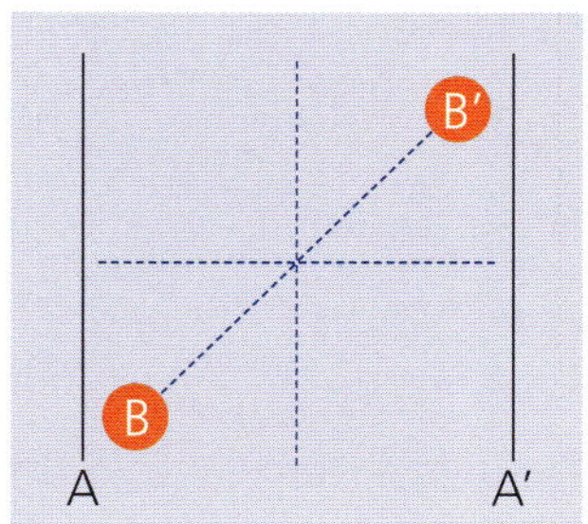

1 *Quel personnage est symétrique à la Muse placée à gauche ? à l'enfant dans les airs ?*
2 *Le personnage au centre est un dieu : lequel ?*

Lire et réciter un poème

CONSEIL

« Lire de manière expressive » consiste à faire comprendre aux auditeurs les sentiments et les intentions de l'auteur. Pour cela, il faut adapter le ton et le rythme de la lecture au texte qui est lu.

1 *Travailler les pauses, la respiration, le rythme*

Le gardien du phare aime trop les oiseaux

Des oiseaux par milliers volent vers les feux
Par milliers ils tombent par milliers ils se cognent
Par milliers aveuglés par milliers assommés
Par milliers ils meurent

Le gardien ne peut supporter des choses pareilles
Les oiseaux il les aime trop
Alors il dit Tant pis je m'en fous !

Et il éteint tout

Au loin un cargo fait naufrage
un cargo venant des îles
un cargo chargé d'oiseaux
des milliers d'oiseaux des îles
des milliers d'oiseaux noyés.

Jacques Prévert, *Histoires*, éditions Gallimard, 1926.

a *[Vers 1 à 4] La ponctuation a été restituée ci-dessous pour guider votre lecture.*
– Faites une pause très marquée à chaque **point**.
– Faites une pause légère à chaque **virgule**.
– Accentuez les mots soulignés.

Des oiseaux par milliers volent vers les feux**.** //
Par milliers ils tombent**.** // Par milliers ils se cognent**.** //
Par milliers aveuglés**,** / par milliers assommés**,** /
Par milliers ils meurent**.** //

b *[Vers 5 à 8] La ponctuation a été restituée ci-dessous pour guider votre lecture.*
– Indiquez vous-même les pauses fortes (//) et les pauses plus légères (/).
– Soulignez les mots que vous voulez accentuer.

Le gardien ne peut supporter des choses pareilles.
Les oiseaux**,** il les aime trop.
Alors il dit **: «** Tant pis, je m'en fous **! »**

Et il éteint tout**.**

c *Préparez la lecture des vers 9 à 13.*

d *Entraînez-vous à dire l'ensemble du poème de Prévert en respectant les pauses et en accentuant les mots que vous aurez soulignés.*

2 *Réciter un poème*

e *Préparez le texte en indiquant les pauses et les mots que vous voudrez accentuer.*
f *Entraînez-vous à le lire plusieurs fois à voix haute.*
g *Apprenez-le par cœur et récitez-le de manière expressive.*

Dites au vent que j'ai sommeil
Et qu'un oiseau m'a apporté dans une cafetière
de nuage vert
des pleurs d'étoiles tristes
trop tristes de nous regarder.

René Philoctète, « On dirait… », *Figures d'Haïti*, Le Temps des cerises, 2005.

Écrire un poème

CONSEIL
Révisez le vocabulaire de la versification p. 145.

1 *Retrouver les rimes*

a *Placez les quatre mots suivants à la fin des vers de ce poème-devinette, pour retrouver les rimes : habit – viens – rien – conduis.*

J'ai des dents, mais ne mange …
J'ai dos, manche, et n'ai pas d'…
Je tiens, je pique, je …
En bas, en haut, je vais, je …
Qui suis-je ? La Fourchette

Jacques Charpentreau, *Poésie en jeu*,
Éditions ouvrières, 1981.

b *Hélas ! on a perdu la disposition de ce poème-devinette de quatre vers ! Retrouvez-les :*

La panse pleine et le dos rond, je vais, je tourne et je me jette dans la soupe
ou dans le bouillon, puis je partage mes conquêtes.
Qui suis-je ? La Louche

Jacques Charpentreau, *Poésie en jeu*, Éditions ouvrières, 1981.

2 *Inventer des vers*

c *Choisissez un objet ou un animal qui existe, ou que vous inventez comme sur les vignettes.*
d *Écrivez quatre vers rimés ou quatre vers libres sur cet objet ou cet animal.*

Sarah Fistol, « Le musée des oubliettes »
http://www.lamusedejaracasse.fr/musedejaracasse.html

3 *Chercher comment disposer les mots*

e *Écrivez le poème sur la fourchette ou la louche des exercices 1 et 2 de façon à dessiner une fourchette ou une louche avec les mots.*
f *Écrivez vos vers de l'exercice 2 de manière à ce que les mots forment la silhouette de l'objet ou de l'animal, comme pour le poème sur le hérisson ci-contre.*

Michel Beau, *Scriptoformes*, éditions Graph2000, 1981.

LECTURE DE TEXTE

Mes vers fuiraient...

Mes vers fuiraient, doux et frêles,
Vers votre jardin si beau,
Si mes vers avaient des ailes,
Des ailes comme l'oiseau.

Ils voleraient, étincelles,
Vers votre foyer qui rit,
Si mes vers avaient des ailes,
Des ailes comme l'esprit.

Près de vous, purs et fidèles,
Ils accourraient nuit et jour,
Si mes vers avaient des ailes,
Des ailes comme l'amour.

Victor Hugo, *Les Contemplations*, Livre II, 2,1856.

1 *[V. 2, 3 et 4] Comptez le nombre de syllabes prononcées : ce nombre est-il constant ?*
2 *Combien de fois le mot* « ailes » *est-il employé dans le poème ?*
3 *Relevez les trois autres mots où l'on entend le son* « ailes ».
4 *Avec quel mot s'accordent les adjectifs* « frêles » *(v. 1) et* « beau » *(v. 2) ?*
5 *[V. 4, 8 et 14] Relevez les déterminants. Donnez leur classe grammaticale précise.*
6 *Quels vers constituent une sorte de refrain ?*
7 *[V. 4, 8 et 12] Dans quel vers le mot* « ailes » *est-il employé au sens propre ? dans quel vers est-il employé au sens figuré ?*
8 *Quel sentiment le poète exprime-t-il envers la personne à qui il s'adresse ? À quel vers précisément le voyez-vous ?*
9 *Relevez cinq verbes différents et donnez leur infinitif.*
10 *Trouvez dans le poème un adjectif synonyme de* « fragile » *pour qualifier les vers.*

ORTHOGRAPHE

Autodictée
Un hémisphère dans une chevelure

[...] Tes cheveux contiennent tout un rêve, plein de voilures et de mâtures ; ils contiennent de <u>grandes</u> mers dont les moussons me portent vers de <u>charmants</u> climats, où l'espace est plus <u>bleu</u> et plus <u>profond</u>, où l'atmosphère est <u>parfumée</u> par les fruits, par les feuilles et par la peau <u>humaine</u>. [...]

Charles Baudelaire, *Le Spleen de Paris* (*Petits Poèmes en prose*), posthume 1869.

1 *Retenez l'orthographe des mots* « hémisphère » *et* « atmosphère ». *Attention au* « <u>ph</u> ».
2 *Repérez les mots qui comportent un accent circonflexe.*
3 *Observez chaque mot souligné. Cherchez avec quel nom il s'accorde.*
4 *Apprenez le texte par cœur afin de le réécrire seul.*

LECTURE DE L'IMAGE / HISTOIRE DES ARTS

> *Regardez l'image et le texte de la publicité pour la Martinique, une île des Caraïbes.*

1 *Dans l'expression* « La Martinique, fleur des Caraïbes », *le mot* « fleur » *est-il employé au sens propre ou au sens figuré ? Que signifie cette expression ?*

2 *Comment l'image illustre-t-elle de manière poétique cette* « fleur » *?*

CONNAISSANCE DES AUTEURS ET DE LEURS ŒUVRES

1 *Paul Verlaine – Guillaume Apollinaire – Victor Hugo.*
Lequel est né le premier ? Lequel est né le dernier ?

3 *Qui a écrit : « Ce siècle avait deux ans… », en parlant de sa naissance ?*

4 *Qui a écrit* Calligrammes *?*

5 *Associez chaque poète avec l'une de ses œuvres :*

Les Contemplations	•	•	*Guillaume Apollinaire*
Alcools	•	•	*Paul Verlaine*
La Bonne Chanson	•	•	*Victor Hugo*

EFFECTUER UNE RECHERCHE SUR UN AUTEUR

À l'oral

Pour vous aider

Il est inutile de recopier entièrement une notice biographique ou d'imprimer tout un dossier : ce qui compte, c'est de retenir les informations principales au sujet d'un auteur.

! Exercez-vous à… parler et écouter pour relever les informations essentielles.

Le professeur connaît probablement l'essentiel des sources que vous allez utiliser. Ce qui compte n'est donc pas de réutiliser sans comprendre, mais de composer une recherche personnelle avec vos propres mots : le professeur appréciera ce travail de reformulation !

Dans le texte suivant, triez les informations essentielles → un élève lira le texte suivant à haute voix ; les autres noteront, à l'écoute :

1 *le siècle auquel vécut Louise Labé*
2 *son surnom*
3 *la date de parution de ses poèmes*

Née à Lyon, elle était la fille d'un riche marchand, surnommé Labé. Elle reçut une bonne éducation – enseignement de l'italien, du latin et de la musique et maniement des armes. Autour de 1543, son mariage avec un cordier lui valut son surnom de « Belle Cordière ». Elle fut fort réputée, et appréciée des poètes de son temps, qui lui dédièrent de nombreux poèmes. L'œuvre de Louise Labé, publiée en 1555, est composée de poèmes variés écrits entre 1545 et 1555. Ces poèmes sont très originaux pour l'époque.

D'après © Encyclopédie Encarta.

À l'écrit

Quelques conseils pour rédiger une fiche biographique.

1 *D'abord, croisez **plusieurs sources** : le dictionnaire, une encyclopédie, un site Internet.*

2 *Il est essentiel alors que vous **lisiez** et de **relisiez** l'ensemble du texte consacré à l'auteur dans les trois supports.*

3 *Pour être sûr de relever des dates et des **œuvres importantes**, notez celles qui apparaissent dans les trois documents – n'oubliez jamais les **années de naissance et de mort**.*

4 *Ce qui est intéressant chez un auteur, ce sont ses **œuvres**, éventuellement ses **voyages** ou les grands moments de sa vie : ne relevez pas d'anecdotes inutiles.*

5 *Enfin, il est important de tout **organiser selon une chronologie** qui rassemble quatre ou cinq dates essentielles.*

LE TRUC EN PLUS !

Même pour un travail sur un auteur, les illustrations sont toujours un « plus » apprécié, surtout lorsqu'elles sont commentées :

Voici par exemple la statue de La Fontaine (Charles Correia, 1983, Paris) : regardez bien, elle fait apparaître des personnages très célèbres de ses fables : c'est une bonne illustration pour présenter le fabuleux fabuliste…

À QUOI SERVENT LES TABLES DES MATIÈRES ET LES SOMMAIRES ?

Un sommaire, placé au début du livre, ou une table des matières, située en fin d'ouvrage, sont des listes paginées qui permettent de se repérer rapidement dans un livre, d'aller par exemple directement à un texte que l'on cherche, sans perdre du temps à feuilleter.

! *Observez ces deux sommaires. Que vous apprennent-ils sur le contenu de chaque livre ? Lequel de ces recueils vous attire davantage ? Pourquoi ?*

Composer un index des auteurs abordés en cours.

Dans votre cahier ou classeur de Français, vous abordez toute l'année de nombreux textes. Leurs auteurs sont toujours mentionnés. Voici comment réaliser un index :

1 *Numérotez toutes les pages de votre cahier ou de votre classeur.*
2 *Au brouillon, relevez pour chaque texte l'auteur et la page.*
3 *Classez ces noms par ordre alphabétique, puis, en face de chaque nom, signalez toutes les pages auxquelles on peut trouver un de ses textes.*
4 *Au propre, ménagez un espace, en fin de cahier/classeur, pour chaque lettre de l'alphabet.*
5 *Placez les noms propres de tous les auteurs que vous connaissez, et ajoutez les numéros de pages concernées. Ex. LA FONTAINE… p. 8, 24, 25, 26, 44.*

B2i EFFECTUER UNE RECHERCHE BIOGRAPHIQUE SUR INTERNET

En tapant le nom et le prénom d'un auteur sur Internet, on est sûr de tomber sur des centaines de pages qui lui sont consacrées, par des amateurs, des professionnels, des enseignants, des élèves : il faut savoir identifier les sources, les trier, et les citer !

a *D'abord, ouvrez une page de traitement de texte (Word, OpenOffice Writer...)*
b *Puis, rendez-vous sur l'un de ces sites consacrés aux auteurs :*

http://www.jdlf.com   http://www.lafontaine.net
http://www.jeancocteau.net   www.paul-verlaine.net

c *… ou bien sur l'une de ces encyclopédies en ligne :*

http://fr.wikimini.org   http://www.larousse.fr   http://fr.wikipedia.org

d *Tapez dans le cartouche blanc le nom de l'auteur sur lequel vous recherchez des informations.*
e *Lorsque vous lisez une page qui vous semble intéressante, copiez le paragraphe que vous souhaitez relever sur la page de traitement de texte. Effectuez cette manipulation chaque fois que vous pensez trouver des informations importantes.*
f *N'oubliez pas de copier des illustrations, des photos ou des tableaux, en mentionnant à chaque fois les références (date, nom du photographe, nom du peintre, …).*
g *Une fois la recherche terminée, consacrez-vous au fichier texte :*
– organisez les données relevées suivant les dates mentionnées ;
– placez les illustrations copiées au bon endroit.
h *Votre dossier est constitué, il vous reste à le relire, et à en tirer les informations essentielles.*

Pablo Picasso, *Ulysse et les Sirènes*, 1947, huile sur ciment, 3,50 m x 2,50 m, musée Picasso, Antibes.

7 – Un voyage dans le monde d'Ulysse
Comment le héros surmonte-t-il les épreuves ?

> PARCOURS TEXTES ET IMAGES

Et si les auteurs nous parlaient ?
Homère

1 découvrir le récit d'un voyage extraordinaire
2 étudier la ruse du héros
3 observer le courage du héros face aux monstres
4 comprendre que le héros est exemplaire
5 construire le bilan

Toujours d'actualité L'Odyssée *nous fait voyager*
Enquêt'art *Ulysse et le Cyclope*

> ENTRAÎNEMENT

Mieux connaître les mots

S'exercer pour l'oral
exprimer la violence de la tempête
S'exercer pour l'écrit
raconter une suite d'actions

> ÉVALUATION

Lire l'image

Regardez bien
– Quels sont les éléments du tableau qui évoquent la mer ?

Regardez mieux
– Quelles parties d'un bateau reconnaissez-vous ?

GRAMMAIRE DU PARCOURS

Les classes de mots : l'adjectif qualificatif (Texte 1) – les déterminants possessifs (Texte 3) – le nom (Texte 4)
Les fonctions : le sujet (Texte 2), le complément circonstanciel de lieu (Texte 2) – l'attribut du sujet (Texte 4) – le complément d'objet direct (Texte 4)
Le verbe : le présent de l'impératif (Textes 1 et 2) – le présent de l'indicatif (Texte 3) – l'imparfait/le passé simple (Texte 4)

Jean-Baptiste Auguste Leloir, *Homère*, XIXe siècle, musée du Louvre.

Homère,

qui êtes-vous ?

L'histoire de ma vie est faite de légendes et de mystères... Certains vont même jusqu'à dire que je n'ai pas existé ! Le plus souvent, on dit que je suis un aède né en Asie Mineure, au VIIIe siècle avant J.-C., que j'ai raconté, dans L'Iliade *et* L'Odyssée, *des histoires qui appartenaient à la tradition orale.*

Pouvez-vous préciser en quoi consistait le travail de l'aède ?

L'aède était à la fois un conteur, un compositeur, un chanteur et un musicien : il racontait les mythes et légendes à son auditoire en chantant avec un instrument à cordes, la phormynx, une sorte de lyre.

Mais pourquoi dit-on que vous êtes un poète ?

Parce que mes deux œuvres sont des poèmes : 15 693 vers pour L'Iliade, *12 110 pour* L'Odyssée. *Un travail de titan ! Elles sont écrites en grec ancien. Regardez l'alphabet que je vous ai apporté.*

> L'alphabet grec

majuscules	minuscules	nom français	correspondances en français
Α	α	alpha	a
Β	β	bêta	b
Γ	γ	gamma	g
Δ	δ	delta	d
Ε	ε	epsilon	é
Ζ	ζ	dzêta	dz
Η	η	êta	ê
Θ	θ	thêta	th
Ι	ι	iôta	i
Κ	κ	kappa	k
Λ	λ	lambda	l
Μ	μ	mu	m
Ν	ν	nu	n
Ξ	ξ	xi	x
Ο	ο	omicron	o
Π	π	pi	p
Ρ	ρ	rhô	r
Σ	σ,ς	sigma	s
Τ	τ	tau	t
Υ	υ	upsilon	u
Φ	φ	phi	ph
Χ	χ	khi	kh
Ψ	ψ	psi	ps
Ω	ω	ôméga	ô

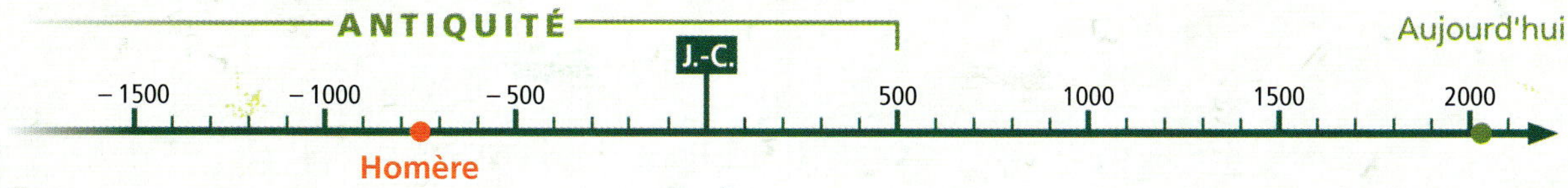

> *L'œuvre de* L'Odyssée

C'est une épopée composée de vingt-quatre chants qui utilise le procédé du retour en arrière.

Chant I à IV	Chant V à VIII	Chant IX à XII	Chant XIII à XXIV
L'aède prend la parole : Télémaque part à la recherche de son père, Ulysse, disparu après son départ de Troie, dix ans auparavant.	Les dieux demandent à la nymphe Calypso de laisser partir Ulysse, qu'elle retient sur son île depuis sept ans. Celui-ci prend donc la mer sur un radeau, mais essuie une terrible tempête déchaînée par Poséidon. Il fait naufrage chez les Phéaciens.	Dans le palais d'Alcinoos, le roi des Phéaciens, Ulysse fait lui-même le récit de ses aventures. Il raconte que, depuis son départ de Troie, il a dû affronter successivement les Cicones, les Lotophages, les Cyclopes, Éole, les Lestrygons, les sortilèges de Circé,le pays des morts, les chants des Sirènes, Charybde et Scylla, la colère d'Hélios, l'amour excessif de Calypso.	L'aède reprend la parole et raconte le retour d'Ulysse à Ithaque, comment il se fait reconnaître des siens, se venge des prétendants, qui convoitent son trône et retrouve enfin Pénélope, son épouse.

> *Le monde merveilleux de* L'Odyssée

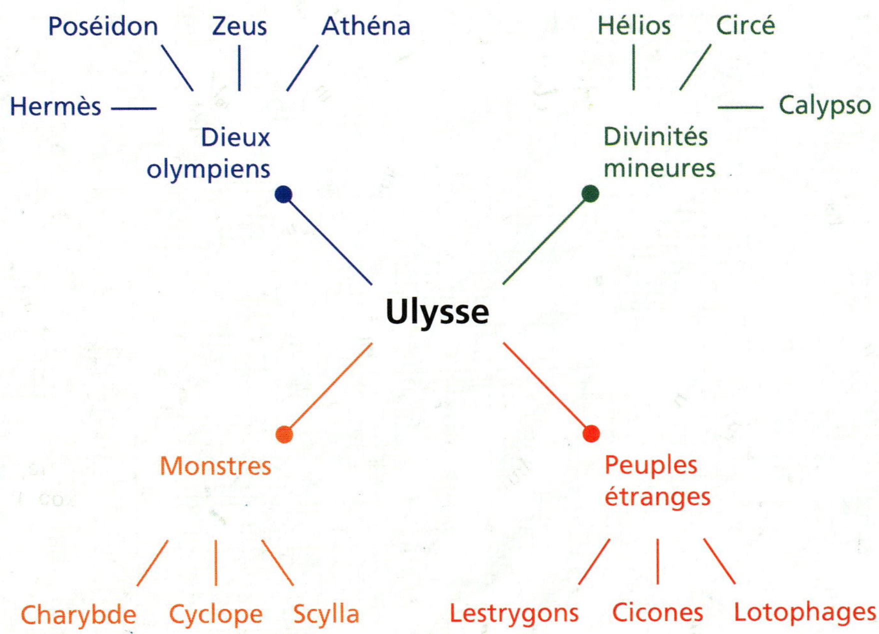

1 Découvrir le récit d'un voyage extraordinaire

1. **Incipit** : début d'un récit.

2. Ulysse était parti avec les Grecs faire la guerre à Troie.

3. **Hélios Hypérion :** le dieu soleil.

4. **Nymphe :** divinité.

5. **Ithaque :** île de la mer Méditerranée.

Incipit[1] – Chant I

Muse, chante ce héros aux mille ruses qui, après avoir détruit les remparts sacrés de Troie[2], porta de toutes parts ses pas errants, parcourut les cités de peuples nombreux, et s'instruisit de leurs mœurs. Sur les mers, il endura de grandes souffrances lorsqu'il luttait pour sa vie et le retour de ses compagnons dans leur patrie. Il ne put les sauver malgré tout son désir ; ils périrent victimes de leur folie : ils osèrent manger les troupeaux d'Hélios Hypérion[3] et ce dieu leur enleva le jour du retour. Déesse, fille de Zeus, raconte-nous ses aventures.

Tous les guerriers échappés à la mort cruelle devant les remparts de Troie étaient rentrés dans leur demeure, à l'abri des dangers de la guerre et de la mer. Seul Ulysse aspirait en vain à revoir son épouse et sa patrie, retenu dans les grottes profondes de la nymphe[4] immortelle, Calypso, qui désirait s'unir à lui par les liens du mariage. Mais quand, par le cours du temps, l'année arriva où les dieux avaient décidé son retour au foyer, à Ithaque[5], des périls et des combats l'attendaient encore au milieu des siens dans son propre palais. Tous les dieux étaient touchés de ses peines. Seul Poséidon le poursuivit avec une haine implacable jusqu'à son retour dans sa terre natale.

Homère, *L'Odyssée*, chant I, traduit du grec par A. Gilbert et A. Larvor.

Du grec ancien à la traduction en français

vers 1-2

Ἄνδρά μοι ἔννεπε, Μοίσα, πολύτροπον, ὅς μάλα πολλὰ
πλάγχθη, ἐπεὶ **Τροίης** ἱερὸν πτολίεθρσν ἔπερε

« Muse, chante ce héros aux mille ruses qui, après avoir détruit les remparts sacrés de **Troie**, porta de toutes parts ses pas errants… »

- Quelles sont les lettres communes aux deux mots en gras ?
- Dans le premier vers, retrouvez le mot grec signifiant « Muse ».

(→ alphabet grec, p. 154)

Jean-Philippe Marin, *Carte du monde tel qu'il était connu du temps d'Homère*, site Internet : http://www.iliadeodyssee.com.

LIRE LE TEXTE

Un récit de voyage

1 *Relevez les informations concernant le voyage d'Ulysse : son point de départ, sa destination, les différentes étapes.*

2 *Qui accompagne Ulysse dans ce voyage ?*

3 *[L. 3 à 5] Relevez les adjectifs qualificatifs. Quelles informations nous donnent-ils sur le voyage d'Ulysse ? (> Grammaire, fiche 8)*

4 *Quel mot du texte résume le mieux ce voyage ? Justifiez votre réponse.*

Un récit merveilleux

5 *[L. 1] À quel mode et à quel temps est le verbe ? À qui s'adresse le narrateur et que demande-t-il ? (> Verbe, fiche 27)*

6 *Quelles sont les qualités du héros Ulysse ?*

7 *Quels personnages font obstacle au retour d'Ulysse dans sa patrie ? Pourquoi ?*

8 *Qui cependant le protège et le favorise ?*

Orthographe (> fiches 8 et 9)

9 *Dans la dernière phrase, remplacez* « Poséidon », *par* « Poséidon et ses fils » *et faites les modifications nécessaires dans la phrase.*

Vocabulaire (> fiche 45)

10 *Relevez le champ lexical de l'aventure.*

> Expression orale

Vous êtes Ulysse : prenez la parole à la première personne pour reformuler ce qui est présenté dans le texte.

– Attention de ne rien oublier !

– Commencez votre discours par la formule : « C'est moi, Ulysse, le héros aux mille ruses… »

Lire l'image

– Repérez le point départ d'Ulysse et sa destination, ainsi que les étapes dont parle le texte.

– Comment appelle-t-on aujourd'hui la « Grande Mer », l'« île des Trois-Caps » ?

L'ESSENTIEL

> ***L'Odyssée*** est une **épopée** écrite en **grec** ancien.

> Homère raconte le **voyage** du **héros Ulysse** dans un monde gouverné par les **dieux**.

> Son voyage sera parsemé d'**épreuves** qu'il devra surmonter.

2 Étudier la ruse du héros

Ulysse et le Cyclope

Qu'est-il arrivé à Ulysse avant son naufrage sur l'île de Nausicaa ? À la cour du roi des Phéaciens, le héros raconte ses aventures : après avoir quitté Troie, il est arrivé avec ses compagnons sur l'île des Cyclopes, des géants qui n'ont qu'un œil. Ils sont entrés dans une grotte et se retrouvent face à Polyphème, l'un des Cyclopes et fils de Poséidon…

Tout à coup, se ruant sur nous, il empoigna deux de mes compagnons et les brisa contre les rochers, comme des petits chiens. Leur cervelle et leur sang jaillirent. Puis il les découpa membre à membre et les dévora. Il ne resta d'eux ni chair, ni intestin, ni os. À ce spectacle horrible, nous levions tous nos mains vers Zeus.

Quand le Cyclope eut rempli son énorme ventre de chairs humaines et de lait, il s'étendit au milieu de son troupeau. Entraîné par mon courage, indigné, j'allais saisir mon épée et la lui plonger jusqu'au fond du cœur, quand la prudence arrêta mon bras. En effet, c'était nous condamner à une mort certaine, car jamais nous ne pourrions déplacer l'énorme rocher qui fermait l'entrée de la grotte. C'est pourquoi nous attendîmes l'aube divine en gémissant.

Quand parut l'Aurore aux doigts de rose, il ralluma le feu, entreprit de traire ses brebis, rendit les petits à leur mère. Puis, saisissant encore deux de mes hommes, il en fit son repas. Une fois sa voracité assouvie, il poussa sans peine l'énorme roc, il fit sortir son troupeau de la caverne, puis referma la porte aussi facilement que le couvercle d'un carquois[1]. Et, tout en sifflant affreusement, il conduisit son troupeau sur la montagne.

Je restai dans la caverne, méditant des projets de vengeance.

Ulysse a une idée : il chauffe dans le feu un épieu pointu et le cache. Puis tous attendent le retour du Cyclope pour lui crever l'œil...

Le soir, le Cyclope revint, ramenant ses bêtes. Il les fit toutes entrer dans la caverne, poussé par la méfiance ou par un dieu. Il souleva ensuite l'énorme rocher et ferma l'entrée de la grotte. Il s'assit, se mit à traire chèvres et brebis bêlantes, puis il plaça chaque petit sous sa mère. Ce travail achevé, il saisit à nouveau deux de mes compagnons et les dévora. Alors, tenant dans les mains une coupe de vin noir, je m'approchai de lui :

– Cyclope, bois ce vin, après ce festin de chair humaine, et tu sauras quel trésor renfermait notre bateau. J'en aurais fait une libation[2], si, touché par la pitié, tu nous avais laissés reprendre la mer. Mais tu es trop furieux !

Je dis ; il prit la coupe et la but tout entière. Il savoura le doux breuvage et m'en demanda à nouveau.

– Donne m'en encore, mon ami, et apprends-moi ton nom, car je veux te faire un cadeau de bienvenue qui te réjouisse.

Il dit et je lui donnai ce vin ardent ; trois fois je le servis, trois fois il vida la coupe, l'insensé ! Mais quand les vapeurs du vin eurent troublé son esprit, je lui dis ses paroles mielleuses[3] :

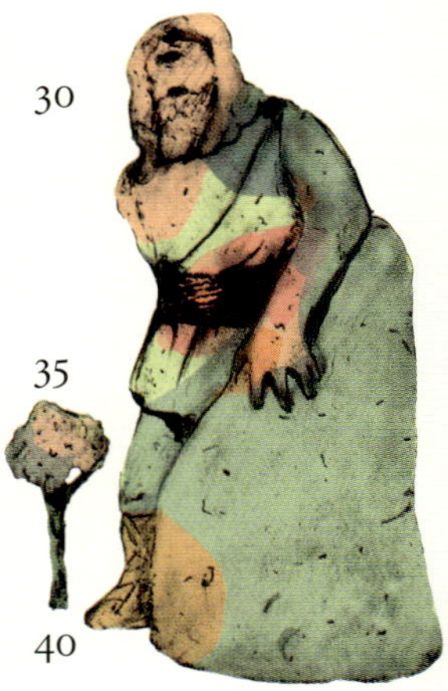

1. **Carquois :** étui pour ranger des flèches.

2. **Libation :** vin versé au sol en offrande aux dieux.

3. **Mielleuses :** douces comme du miel mais hypocrites.

– Cyclope, tu me demandes mon nom illustre. Je vais te l'apprendre et tu me feras le présent d'hospitalité que tu m'as promis. Personne, c'est mon nom ; mon père et ma mère et tous mes compagnons me nomment Personne.

Je parlai ainsi, et ce cœur impitoyable me répondit :

– Eh bien ! voilà mon cadeau : je mangerai Personne après ses compagnons.

Il dit et tomba à la renverse, dompté par le sommeil. De sa gorge jaillirent le vin et des morceaux de chair humaine. Il rotait, plein de vin. Aussitôt, je mis l'épieu sous la cendre pour le chauffer. J'encourageai mes compagnons. Au moment où l'épieu allait s'enflammer, je le retirai du feu. Mes compagnons se pressaient autour de moi ; un dieu nous inspirait de l'audace. Ils saisirent le pieu pointu et l'enfoncèrent dans l'œil du Cyclope. Moi, j'appuyai dessus, je le fis tourner. De son œil jaillit le sang chaud. Les vapeurs de la pupille enflammée brûlèrent ses paupières et ses sourcils. Les racines grésillaient, comme lorsqu'un forgeron plonge une hache brûlante dans l'eau froide pour donner au fer sa force. Ainsi l'œil sifflait, transpercé par l'épieu.

Il poussa un hurlement horrible, les rochers en retentirent. Nous prîmes la fuite, épouvantés. Il arracha de son œil l'épieu ensanglanté et le jeta au loin. Hurlant, il appela à son secours les Cyclopes voisins. Ceux-ci accoururent de toutes parts, et, debout devant la grotte, ils lui demandèrent :

– Pourquoi, Polyphème, pousses-tu de tels hurlements dans la nuit divine ? Souffres-tu ? Un mortel te dérobe-t-il tes bêtes ? Quelqu'un veut-il te tuer, par la ruse ou par la force ?

Et, du fond de son antre, le géant répondit :

– C'est par la ruse, non par la force ! Et qui me tue ? Personne !

Ils lui répondirent ces paroles ailées :

– Puisque tu es seul, personne ne t'attaque. C'est donc une maladie envoyée par le grand Zeus ; on ne peut y échapper ! Supplie ton père, le roi Poséidon.

Ils dirent et repartirent chez eux. Je ris au fond de mon cœur de les avoir tous trompés par ce nom et cette ruse.

Homère, *L'Odyssée*, chant IX,
d'après la traduction de Leconte de Lisle.

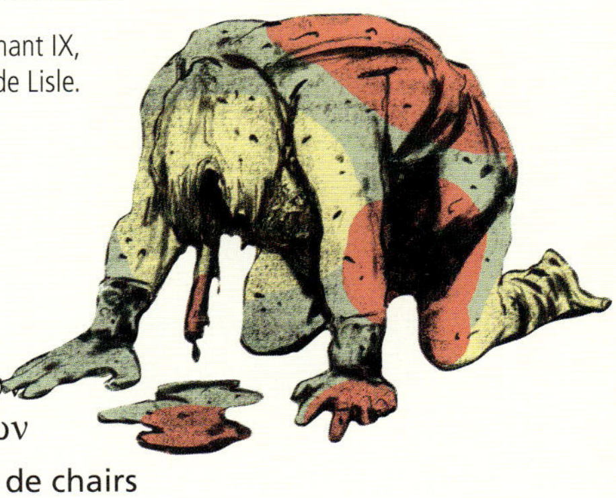

Du grec ancien à la traduction en français

vers 296-297

Αὐτὰρ ἐπεὶ Κύκλωψ μεγάλην ἐμπλήσατο νηδὺν
ἀνδρόμεα κρέ' ἔδων καὶ ἐπ ἄκρητον γάλα πίνων

« Quand le Cyclope eut rempli son énorme ventre de chairs humaines et de lait… »

• Lisez à voix haute le mot « Κύκλωψ » et retrouvez-le dans le texte français.

(→ alphabet grec, p. 154)

Ulysse et le Cyclope, début IVe siècle, mosaïque, Villa Casale, Sicile.

LIRE LE TEXTE

Un hôte terrible

1 *Complétez le tableau à l'aide du texte :*

	Polyphème	*Les Grecs*
Habitat		*Une maison*
Nourriture		*Viande cuite*
Boisson (l. 8)		*Vin*
Physique		

2 *À quoi voit-on que le Cyclope est un barbare ?*

3 *Relevez une phrase montrant que le Cyclope peut aussi éprouver de la souffrance.*

Le face-à-face d'Ulysse et du Cyclope

4 *Pourquoi Ulysse ne tue-t-il pas le Cyclope dans son sommeil ?*

5 *[L. 38 et 39] Sur quel ton le Cyclope s'adresse-t-il à Ulysse ? Pour répondre, indiquez le mode et le temps des verbes.* *(> Verbe, fiche 27)*

6 *Indiquez les différentes ruses d'Ulysse.*

7 *[L. 56 à 61] Le mot « œil » est répété trois fois ; dites quelle est sa fonction dans chaque cas.* *(> Grammaire, fiches 9 et 14)* *Pourquoi ce mot est-il répété si souvent ?*

8 *Quelle conséquence aura cet épisode sur Poséidon ?*

Orthographe (> fiches 8 et 9)

9 *[L. 36-37]* « Le doux breuvage » *Remplacez* « breuvage » *par* « boisson » *puis par* « boissons ».

Vocabulaire (> fiche 10)

10 *Associez le nom avec son épithète homérique.*

Poséidon	*bienheureux*
Les dieux	*aux doigts de roses*
L'Aurore	*qui porte l'égide*
Zeus	*divine*
L'aube	*qui ébranle la terre*

> Expression écrite

Rédigez, pour une Encyclopédie des monstres, *un article informatif sur les Cyclopes.*

– Collectez des informations en relisant le texte et en observant l'image.

– Présentez votre article sur une page avec une illustration et sa légende.

– Définissez différentes rubriques : physique, habitat, nourriture…

– Écrivez votre texte au présent de l'indicatif.

Lire l'image

– Comment reconnaît-on le Cyclope ?

– Comment ce qu'il porte autour du cou et sur ses genoux montre sa barbarie ?

– Quels détails vestimentaires au contraire montrent l'aspect civilisé d'Ulysse ?

L'ESSENTIEL

> Le monde de *L'Odyssée* est un **monde merveilleux**, peuplé d'humains, mais aussi de **dieux** et de **monstres**.

> Isolé sur son île, le **Cyclope** est un être primitif et monstrueux, qui incarne la **barbarie**.

> Face à lui, **Ulysse** le rusé met en valeur le **raffinement** de la **civilisation grecque**.

3 Observer le courage du héros face aux monstres

Charybde et Scylla, deux monstres marins redoutables

Naufragé et recueilli chez les Phéaciens, Ulysse poursuit le récit de ses aventures.
Il raconte que la magicienne Circé lui a donné des conseils quand il a quitté son île.

« Deux voies seront possibles, Ulysse. Tu devras décider seul laquelle prendre : je vais te les décrire. Sur la mer s'élèvent deux hautes roches, contre lesquelles le grand flot d'Amphitrite[1] aux yeux bleus roule avec le bruit du tonnerre. L'une, de son sommet aigu, touche le ciel, et une nuée bleue l'environne en toute saison. Aucun mortel ne pourrait y monter ou en descendre, même s'il avait vingt bras et vingt pieds, tant la roche est haute et lisse comme une pierre polie. Au milieu de l'écueil[2], il y a une caverne noire dont l'entrée est tournée vers l'Érèbe[3] et c'est de cette caverne, Ulysse, qu'il faut approcher ton navire creux. C'est là qu'habite Scylla, l'horrible hurleuse. C'est un monstre terrible que personne ne se réjouit de voir, pas même un dieu. Elle a douze pieds difformes, six cous sortent de son corps ; à chacun s'attache une tête effroyable, et dans chaque gueule, pleine de la noire mort, se trouve une triple rangée de dents épaisses. Elle est enfoncée dans la caverne creuse jusqu'aux reins mais étend au dehors ses têtes, et, regardant autour d'elle, elle saisit les dauphins, les chiens de mer et les autres monstres innombrables que nourrit Amphitrite. Jamais les marins ne peuvent se glorifier d'avoir passé auprès d'elle sains et saufs, car chaque tête enlève un homme hors du navire à la proue[4] bleue.

L'autre écueil, Ulysse, est moins élevé. À son sommet se trouve un figuier sous lequel la divine Charybde engloutit l'eau noire. Elle l'aspire et la revomit trois fois par jour horriblement. Et si tu arrivais quand elle l'engloutit, Celui qui ébranle la terre lui-même, ne pourrait te sauver. Passe donc rapidement le long de Scylla, car il vaut mieux perdre six de tes compagnons, que de les perdre tous. »

Il continue son récit, et raconte qu'après avoir évité le piège des Sirènes[5], il se trouve face aux deux horribles monstres décrits par Circé.

Mes hommes, terrifiés, laissèrent tomber les avirons ; la mer emporta le bateau. Courant çà et là, j'exhortai mes compagnons par de douces paroles :
– Mes amis, nous savons ce qu'est le malheur. Souvenez-vous du Cyclope ! Par ma vertu, par mon intelligence et ma sagesse, nous lui avons échappé, je ne pense pas que vous l'ayez oublié. Alors faites ce que je dis ! Frappez de vos rames le flot de la mer ! Et toi, pilote, je te l'ordonne, dirige notre navire loin de cette fumée et de ce courant, et gagne cet autre écueil, si tu veux nous éviter la mort.

1. **Amphitrite :** déesse de la mer, femme de Poséidon.
2. **Écueil :** rocher qui constitue un danger pour les marins.
3. **Érèbe :** dieu des ténèbres infernales.
4. **Proue :** avant du navire.
5. **Sirènes :** monstres marins mi-femmes mi-oiseaux (→ p. 171 et 175).

>

Je parlai ainsi, et ils obéirent à mes paroles, mais je ne leur dis rien de Scylla pour qu'ils n'aillent pas, de terreur, se cacher au fond du navire.

Et nous traversâmes le détroit en gémissant. D'un côté se trouve Scylla, de l'autre la divine Charybde qui dévore avec fracas l'eau salée de la mer. Quand elle la vomit, elle bouillonne et jaillit jusqu'en haut des écueils. Et quand elle engloutit à nouveau l'eau salée, on la voit bouleversée dans les profondeurs, on voit aussi la roche et le sable bleu du fond. La pâle terreur saisit mes compagnons. Nous regardions Charybde, car c'était d'elle que nous attendions notre perte ; mais, pendant ce temps, Scylla enleva du bateau six de mes plus braves compagnons. Je vis leurs pieds et leurs mains qui passaient dans l'air ; ils m'appelaient dans leur désespoir.

Après avoir fui Charybde et Scylla, nous arrivâmes à l'île admirable du dieu Soleil, fils d'Hypérion.

Homère, *L'Odyssée*, chant XII, d'après la traduction de Leconte de Lisle.

Du grec ancien à la traduction en français

vers 235-236

ἔνθεν μέν Σκύλλη, ἑτέρωθι δὲ δῖα Χάρυβδις
δεινὸν ἀνερροίβδησε θαλάσσης ἁλμυρόν ὕδωρ.

« D'un côté se trouve Scylla, de l'autre la divine Charybde qui dévore avec fracas l'eau salée de la mer. »

→ Retrouvez les mots « Scylla » et « Charybde » dans le texte grec (→ alphabet grec, p. 154)

LIRE LE TEXTE

Les dangers de la mer

1 *[L. 13 à 21] À quel temps sont les verbes conjugués dans la description de Scylla ? Précisez la valeur de ce temps et dites pourquoi Circé l'emploie.* *(> Verbe, fiche 29)*

2 *Recopiez et complétez le tableau avec des extraits du texte.*

	Apparence du monstre	Son action	Comment y échapper
Charybde			
Scylla			

3 *Par quels verbes l'auteur montre-t-il la violence du tourbillon provoqué par Charybde ?*

4 *Lequel, de Charybde et Scylla, est le monstre le plus dangereux ? Pourquoi ?*

5 *Quels dangers que l'on peut rencontrer en mer ces deux monstres incarnent-ils ?*

La mise en valeur du héros

6 *Quelles sont les réactions des compagnons d'Ulysse face à Charybde et Scylla ? Relevez des extraits précis.*

7 *Comment voit-on qu'Ulysse est un chef efficace ?*

8 *[L. 36 à 38] Relevez tous les groupes nominaux précédés de déterminants possessifs. Quels mots s'appliquent à Ulysse ? À ses compagnons ?* *(> Grammaire, fiches 2 et 4)*

Orthographe (> fiche 42)

9 *[L. 1]* « Deux voies seront possibles » *: trouvez deux homophones du mot « voie ». Employez-les chacun dans une phrase de votre invention.*

Vocabulaire (> fiche 44)

10 *L'expression « aller de Charybde en Scylla » signifie « aller d'un danger à un danger plus grand encore ». Dans le texte, s'agit-il du sens propre ou du sens figuré ? Employez cette expression au sens figuré dans une phrase de votre invention.*

> Expression orale

Beaucoup de dangers guettent les hommes en mer, sur terre ou dans le ciel.

– Comme Circé, décrivez un danger, réel ou imaginaire, contre lequel vous mettrez en garde vos amis.

– Aidez-vous des mots de la rubrique « Enrichir son vocabulaire », p. 171.

Peter Connolly, *Scylla dévore les compagnons d'Ulysse*, aquarelle, 1986.

Alessandro Allari,
Ulysse entre Charybde et Scylla, 1580,
fresque, Palazzo Salviati, Italie.

Lire l'image

- Les représentations des deux monstres sont-elles fidèles au texte ?
- Comment l'aspect effrayant des monstres est-il traduit ?

L'ESSENTIEL

> Les **monstres marins** de *L'Odyssée* sont des créatures merveilleuses qui incarnent les **dangers de la navigation** à l'époque d'Homère.

> Face à ces monstres, le **héros** fait preuve de **courage** et apprend la **sagesse**.

4 Comprendre que le héros est exemplaire

Le secret du lit d'Ulysse

Après une absence de vingt ans et bien des épreuves, Ulysse revient à Ithaque. Il retrouve enfin sa femme, Pénélope.

Athéna répandit la beauté sur sa tête afin qu'il parut plus majestueux, et elle lui fit don de cheveux bouclés semblables aux fleurs de jacinthe. Lorsqu'il sortit du bain, il avait l'air d'un dieu immortel et, se tournant vers sa femme, il dit :

– Malheureuse ! Parmi toutes les autres femmes, à toi, les dieux ont donné un cœur de pierre. Aucune autre femme ne resterait aussi longtemps loin d'un mari qui revient, après vingt ans, dans sa patrie. Allons, nourrice, prépare mon lit, que je dorme seul.

Et la sage Pénélope lui répondit :

– Malheureux ! Je ne te reconnais pas encore, me souvenant trop de ce que tu étais quand tu partis d'Ithaque. Va, nourrice, prépare hors de la chambre le lit qu'Ulysse a construit lui-même, et couvre-le de tapis, de peaux et de couvertures.

Elle parla ainsi, pour éprouver son mari ; mais Ulysse, irrité, répondit :

– Ô femme ! Quelle triste parole as-tu dite ? Qui donc a déplacé mon lit ? Aucun homme vivant, même en pleine jeunesse, n'a pu, à moins d'être aidé d'un dieu, le bouger. Ce lit a une particularité secrète. C'est moi-même qui l'ai fait, sans l'aide de personne. Dans la cour se trouvait un olivier verdoyant, plus épais qu'une colonne. Tout autour, je bâtis les murs de ma chambre avec de lourdes pierres ; je mis un toit par-dessus, et je la fermai de portes solides. Puis, je coupai les branches de l'olivier ; je taillai le tronc au-dessus des racines ; je le polis soigneusement ; l'ayant troué avec une tarière[1], j'en fis la base du lit que je construisis au-dessus et que j'ornai d'or, d'argent et d'ivoire. Enfin, je tendis au fond la peau d'un bœuf. Tel est le secret de ce lit ; mais j'ignore si mon lit est toujours au même endroit, ou si quelqu'un l'a transporté, après avoir coupé le tronc de l'olivier, au-dessus des racines.

Il dit, et Pénélope reconnut les signes décrits par Ulysse ; elle sentit son cœur et ses genoux défaillir. Elle se mit à pleurer, jeta ses bras autour de son cou et dit :

– Ne sois pas fâché contre moi, Ulysse, le plus sage des hommes. Les dieux nous ont accablés de maux ; ils nous ont envié la joie de jouir ensemble de notre jeunesse et de parvenir ensemble au seuil de la vieillesse. Maintenant tu m'as révélé les signes certains de notre lit, qu'aucun homme n'a jamais vu, hormis toi, moi et la servante qui gardait les portes de notre chambre. Tu as touché mon cœur, bien qu'il fût plein de méfiance.

Elle parla ainsi, et le désir de pleurer saisit Ulysse ; et il pleura en serrant dans ses bras sa chère femme.

Homère, *L'Odyssée*, chant XXIII, d'après la traduction de Leconte de Lisle.

1. **Tarière :** outil servant à percer un trou dans le bois.

Marc Chagall, *Ulysse et Pénélope*, 1974, lithographie.

LIRE LE TEXTE

Des retrouvailles difficiles

1 *Comment Athéna favorise-t-elle encore une fois Ulysse ?*

2 *[L. 1 et 4] Quelle est la classe grammaticale et la fonction des mots* « beauté » *et* « dieu » *?*
(> Grammaire, fiches 11 et 12)

3 *Que reproche Ulysse à Pénélope ?*

4 *Pourquoi Pénélope est-elle méfiante ?*

5 *Quels sont les sentiments éprouvés par Ulysse au cours de la scène ?*

L'épreuve et la reconnaissance

6 *[L. 15] Cherchez ce que veut dire* « éprouver », *puis quelle épreuve Pénélope fait passer à Ulysse.*

7 *Relevez les verbes et identifiez les deux temps du passé employés par Ulysse entre les lignes 21 à 27.*
(> Verbe, fiches 21 et 22)

8 *Qu'a d'extraordinaire le lit construit par Ulysse ?*

9 *Pourquoi ce lit est-il le symbole de la fidélité ?*

10 *Comment Pénélope explique-t-elle les épreuves qu'ils ont subies tous les deux ?*

Orthographe (> fiche 33)

[L. 20-21] « C'est moi-même qui l'ai fait, sans l'aide de personne ».

11 *Relevez les mots qui ont une apostrophe. Écrivez-les sans apostrophe.*

12 *Donnez leur classe grammaticale.*

Vocabulaire (> fiche 45)

13 *[L. 31] Le mot* « racines » *est-il employé au sens propre ou au sens figuré ?*

14 *Écrivez deux phrases pour employer ce mot au sens propre puis une phrase avec ce mot au sens figuré.*

> Expression écrite

Le lit d'Ulysse permet à Pénélope de le reconnaître avec certitude.

– Rédigez un court paragraphe en inventant un autre secret.

– Vous commencerez par « Il y a un secret dans ce lit… » et vous terminerez par « … Voilà le secret ».

Lire l'image

– Pour peindre Ulysse et Pénélope, combien de visages l'artiste a-t-il représentés ?

– Comment voit-on qu'Ulysse et Pénélope sont unis pour la vie ?

– Quel est le lien entre ce tableau et le texte ?

L'ESSENTIEL

> Après **vingt ans d'absence**, Ulysse retrouve son épouse.

> L'ultime **épreuve de reconnaissance** que Pénélope lui fait subir prouve sa fidélité.

> Leur **amour** réussit à triompher malgré les épreuves, l'absence et l'éloignement.

> Par leurs qualités respectives, Ulysse et Pénélope sont des **héros exemplaires** ; Ulysse devient un **modèle** pour les héros à venir.

5 Construire le bilan sur *L'Odyssée*

Dans le palais du roi Alkinoos

Ayant recueilli Ulysse dans leur palais, Alkinoos, roi des Phéaciens, et la reine Arété, demandent au héros de raconter ses aventures.

– Parle, Ulysse, et dis-nous dans quels lieux tu as erré, les pays et les villes bien peuplées que tu as vus, les hommes que tu as rencontrés, cruels et sauvages, ou bien justes et hospitaliers qui vénèrent les dieux. Dis pourquoi tu pleures en écoutant la destinée des Grecs et des Troyens !
Voici ce que lui répondit le subtil Ulysse :
– Roi Alkinoos, le plus illustre de tout le peuple, tu me demandes de dire mes douleurs lamentables, et je n'en serai que plus affligé. Que dirai-je d'abord ? Comment continuer ? comment finir ?
D'abord je dirai mon nom : je suis Ulysse, fils de Laërte ; tous les hommes me connaissent par mes ruses ; ma gloire est allée jusqu'au ciel. J'habite la très illustre Ithaque, il n'est point d'autre terre qu'il me soit plus doux de contempler. Certes, la noble déesse Calypso m'a retenu dans ses grottes profondes, me désirant pour mari ; et, de même, Circé, pleine de ruses, m'a retenu dans sa demeure, en l'île Aiaiè, me voulant aussi pour mari ; mais elles n'ont point persuadé mon coeur dans ma poitrine, tant rien n'est plus doux que la patrie et les parents pour celui qui, loin des siens, habite même une riche demeure dans une terre étrangère. Mais je te raconterai le retour lamentable que me fit Zeus à mon départ de Troie.

Homère, *L'Odyssée*, Chant VII, d'après la traduction de Leconte de Lisle.

Du grec ancien à la traduction en français

τὴν δ' ἀπαμειβόμενος προσέφη πολύμητις Ὀδυσσεύς

« Voici ce que lui répondit le subtil **Ulysse** »

Lisez le texte attentivement, puis répondez aux questions en vous aidant des indices de couleur dans le texte (attention, ce ne sont pas les réponses).

1 *Retrouvez le nom « Ulysse » dans la phrase en grec ancien. Recopiez-le.*

2 *Quelles sont les qualités du héros ?*

3 *D'où le héros revient-il ? où va-t-il ?*

4 *Comment se déroulera son voyage appelé* « Odyssée » *?*

5 *De qui le sort du héros dépend-il ?*

BILAN

- *L'Odyssée* est une **épopée** : c'est un chant grec en vers récité par des poètes appelés « aèdes ». (→ Texte 1)
- *L'Odyssée* raconte **les exploits du héros** Ulysse, aux **qualités multiples** : il est séduisant mais fidèle (→ Texte 1), rusé (→ Texte 3), courageux (→ Texte 4).
- Ulysse entreprend un **long voyage** sur la mer Méditerranée. (→ Textes 1 et 4)
- Le héros devra traverser de **nombreuses épreuves** avant de **rentrer chez lui** (→ Textes 3 et 4).
- Le monde merveilleux de *L'Odyssée* fait intervenir les **dieux de la mythologie**. (→ Textes 1 et 4)

L'Odyssée nous fait voyager

1 Couverture d'une revue sur le voyage

2 Couverture d'un carnet de voyage

3 Logo d'une compagnie spécialiste du voyage des personnes à mobilité réduite

4 Logo d'une assurance pour les bateaux

1 *En grec, « Odyssée » signifie « voyage d'Ulysse ». Que signifie le mot « odyssée » aujourd'hui, par exemple dans la phrase : « Le Paris-Dakar est une odyssée à travers l'Afrique » ?*

2 *Expliquez le sujet de chaque document.*

3 *Qu'ont-ils en commun ? Quel est le lien de chacun d'eux avec L'Odyssée ?*

4 *Quel est le rapport entre les noms choisis et les logos ?*

> À vous !

Inventez à votre tour une publicité pour un produit qui s'appuiera sur l'Odyssée : l'hôtel Alkinoos, les chaussures Ulysse, les meubles Pénélope… Attention : le produit choisi aura un lien avec le monde d'Ulysse.

ULYSSE ET LE CYCLOPE

> *Depuis l'Antiquité, l'épopée d'Homère a été interprétée de différentes manières par les artistes : comment la représentent-ils ? Pourquoi ce récit les intéresse-t-il ?*
> *Prenons l'exemple de deux personnages devenus mythiques.*

OUVRONS L'ENQUÊTE

Document 1a Vase grec à figures noires, début du ve siècle avant J.-C., musée du Louvre, Paris.

Document 2 Vase grec à figures rouges, 420-400 av. J.-C.

Document 1b Dessin fait à partir du vase 1a, 1887.

1 Quelle scène de L'Odyssée *est représentée sur les deux vases ?*
2 Qui sont les personnages ?
3 Regardez les décorations autour de la scène. Sur quel vase sont-elles plus fines et plus difficiles à réaliser ?

Du IXe siècle au IVe siècle avant Jésus-Christ, les Grecs ont utilisé successivement deux techniques.

- **Technique des figures noires** : le vase est façonné puis les figures sont ajoutées sur la première couche d'argile. Les figures deviennent noires à la cuisson. Cette technique est la plus ancienne : elle ne permet pas de mettre des détails très fins.
- **Technique des figures rouges** : les figures sont formées puis l'argile servant de fond est ajoutée autour des figures. Le fond devient noir à la cuisson. Cette technique est plus rapide et permet des motifs plus précis.

LEXIQU'ART

Poterie (n. f.) : *objet en argile, façonné à la main sur un tour et cuit dans un four spécial. La couleur du vase en argile dépend du degré et du temps de sa cuisson.*

Argile (n. f.) : *terre servant à fabriquer les poteries. L'argile grecque était très réputée.*

Tour (n. m.) : *tablette sur laquelle le potier pose son bloc d'argile et qu'il fait tourner à grande vitesse pour façonner son vase à la main.*

COMPLÉMENT D'ENQUÊTE

Document 3 Pellegrino Tibaldi, *Ulysse crevant l'œil du Cyclope*, moitié du XVIe siècle, fresque, Palazzo Poggi, Italie.

Observez

1 Doc. 1 à 3 : Décrivez Ulysse (coiffure, vêtements, gestes).

2 Doc. 4 : Comment Matisse a-t-il représenté Ulysse ? En quoi est-ce différent des autres œuvres ?

3 Doc. 1 à 3 : Regardez les personnages et le lieu. Quelle œuvre présente le plus de détails ? Quelle œuvre en présente le moins ?

Exprimez vos sentiments

4 Comparez les quatre œuvres présentées. Dans quelles œuvres la souffrance du Cyclope est-elle visible ?

5 Doc. 4 : Comment voit-on qu'Ulysse enfonce le pieu avec violence ?

Interprétez

6 Quels sont les détails indispensables pour identifier la scène ?

7 Pourquoi cette scène est-elle caractéristique des aventures d'Ulysse ?

Document 4 Henri Matisse, Cyclope, 1935, lithographie illustrant *Ulysse* de Joyce.

RAPPORT D'ENQUÊTE

> **L'art s'inspire des textes littéraires**. Quand les œuvres sont très célèbres, comme *L'Odyssée* d'Homère, quelques détails suffisent au spectateur pour identifier la scène.

> Ulysse est devenu un **personnage mythique** : face au Cyclope, il devient le symbole de la Ruse terrassant la Force et de la Civilisation écrasant la Barbarie.

ÉTYMOLOGIE – L'héritage du grec ancien

Observer

> On trouve dans le vocabulaire français beaucoup de radicaux issus du grec ancien. Ce sont souvent des termes appartenant au domaine de la science.

Grec	Français	Sens
ἄνθρωπος	anthropo	Homme (genre humain)
γῆ	géo	terre
γράφειν	graph	écrire
λόγος	logie	science
μετά	méta	changement
μόνος	mono	un seul
μορφή	morphe	forme
μῦθος	mytho	légende, récit
πᾶν	pan	tout
φάγομαι	phage	manger
φιλεῖν	phile	aimer
πολύς	poly	nombreux
θεός	théo	dieu

Comprendre

1 a Retrouvez les radicaux grecs des mots suivants :
– la mythologie,
– la géographie,
– la métamorphose,
– anthropophage.

b Avec les radicaux du tableau, formez les mots désignant :
– la science de l'écriture,
– la science de l'homme,
– celui qui aime l'être humain,
– ce qui a plusieurs formes.

Manipuler

2 Vocabulaire de la religion
a Quel radical issu du grec est commun à tous ces mots : polythéiste, monothéiste, panthéon, théologie ?
b Sachant que le préfixe « a- » signifie « sans », que signifie le mot « athée » ?

JOUONS AVEC LES MOTS – Le sens caché des prénoms

Beaucoup de prénoms français viennent du grec.

3 Associez chaque définition avec le prénom correspondant

Aimer (philein) *les chevaux* (hippoï) *Aimer* (philein) *Dieu* (theos) *La sagesse* (sophia) *Le paysan* (georgos) *L'homme* (andros) *Celle qui vient de Delphes* (delphinè) *Noir* (melaïna)	*Mélanie* *André* *Delphine* *Philippe* *Sophie* *Théophile* *Georges*

3 Écrivez vous aussi votre nom en grec avec les majuscules grecques puis les minuscules (→ alphabet grec, p. 154).

ENRICHIR SON VOCABULAIRE – Varier les adjectifs

Recopiez le schéma et complétez les adjectifs.

Un monstre peut être…

- terrifiant, effrayant effroyable, redou…., épouv…
- affreux, hideux, repoussant, horrible, dif…, abomi…
- colossal, énorme, immense, démes…, gig…
- atroce, cruel, inhumain, inexorable, brutal, terrible, viol…, implac…, fér…, sauv…
- cyclopéen, titan…, monstru…

Des mots pour lire l'image – La vue en plongée

La plongée est un procédé qui donne l'impression au spectateur d'être ***au-dessus*** *de ce qu'il voit. Ce point de vue accentue l'****impression de profondeur*** *de ce qui est représenté.*

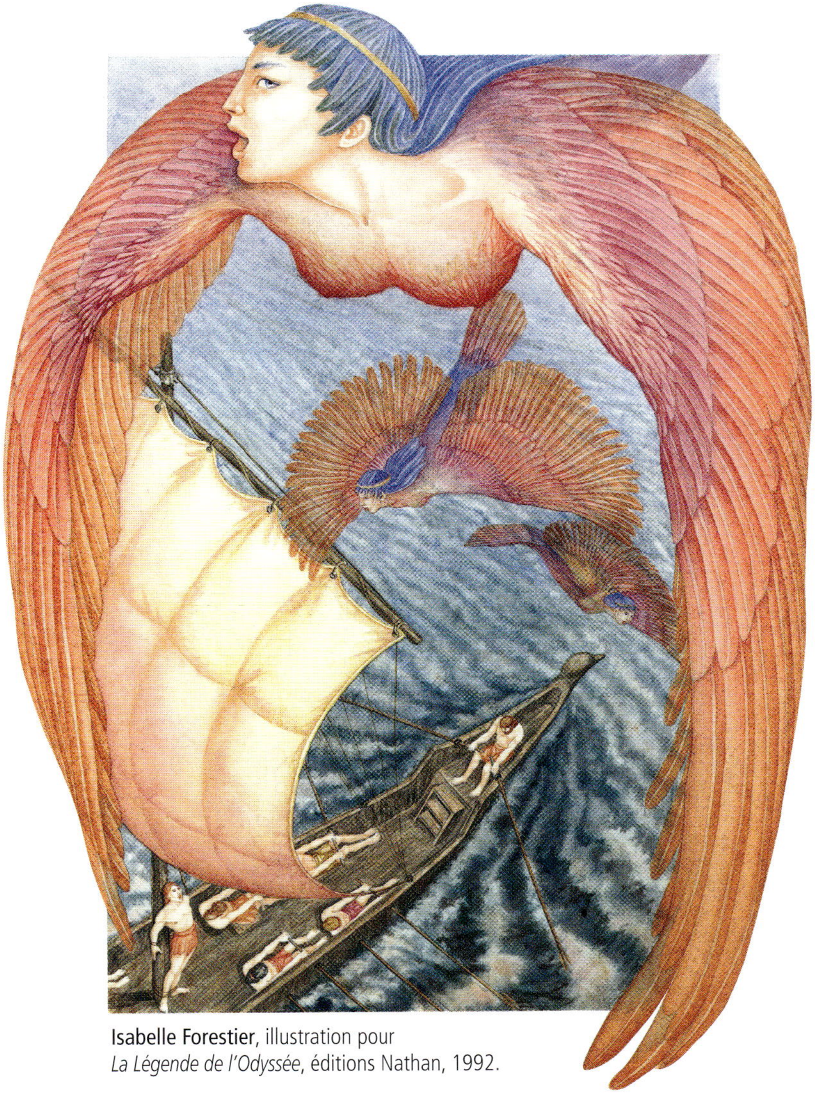

Isabelle Forestier, illustration pour *La Légende de l'Odyssée*, éditions Nathan, 1992.

1 Où se situe Ulysse ?
2 Comment comprend-on la puissance des sirènes ?

Exprimer la violence de la tempête

CONSEIL

Relisez l'épisode de Charybde et Scylla (→ p. 161-162)

1 *Décrire à voix haute*

Sébastien Ferran, *Ulysse, le chant des Sirènes*, tome 2, Emmanuel Proust éditions, Paris, 2003.

a Regardez bien les deux images proposées :
– Que fait Poséidon ?
– Que fait Ulysse ?
– Qu'arrive-t-il au bateau ?

b Décrivez ce que vous voyez en utilisant les mots proposés :
• Verbes
Éclater – se briser – soulever – déchaîner – souffler – se ruer – renverser – s'abattre
• Noms
La mer – les vagues – l'écume – le vent – la nuit – le froid – la tempête – les tourbillons
• Adjectifs et participes
Haut – effrayant – puissant – horrible – salé – bouillonnant – dangereux – agité

2 *À partir de l'image, faire parler un personnage*

c <u>Les menaces du dieu Poséidon</u> (image 1)
Il est violent et très en colère. Il s'adresse à Ulysse :
« Ulysse, crains la terrible colère de Poséidon, l'Ébranleur des terres… »

d <u>Les pensées d'Ulysse</u> (image 2)
Le héros courageux se parle à lui-même : « Malheureux que je suis !… »

e <u>Les prédictions de Circé</u>
Avant qu'Ulysse ne parte, elle l'avertit de ce qui va se passer dans l'image 1 et l'image 2. Elle décrit la tempête et ses conséquences : « Ulysse, écoute ce que je vais te dire !… »

• Préparez votre discours :
– en le notant sur une feuille ;
– en vous exerçant avant de le prononcer devant la classe ;
– en soulignant ce qui doit être dit plus fort.

• Soignez l'expression :
– en prenant un ton de voix adapté au personnage (menaçant ? désespéré ? calme ?) ;
– en cherchant des gestes pour accompagner votre discours : utiliser les bras, les mains, froncer les sourcils, secouer la tête…

Raconter une suite d'actions

CONSEIL

Révisez la leçon sur la phrase (> Grammaire, fiche 15) et sur la ponctuation (> Ortographe, fiche 32)

1 *Enchaîner les actions dans un récit*

a « Le soir, il revint, ramenant ses bêtes. [...]
b Il souleva l'énorme bloc et le plaça devant l'entrée.
c Il s'assit et commença à traire les brebis et les chèvres bêlantes, puis il mit un petit sous chacune d'elles.
d Quand il eut terminé ce travail, il saisit à nouveau deux de mes compagnons pour en faire son repas. »

– Relevez les verbes d'action conjugués ou non. Combien y a-t-il d'actions dans chaque phrase ?
– Dans quelle(s) phrase(s) peut-on relever des actions simultanées (qui se passent en même temps) ? Dans quelle(s) phrase(s) les actions se succèdent-elles chronologiquement ?

2 *Choisir avec soin le vocabulaire et l'organisation du récit*

Texte original en grec ancien et en vers	**Traduction 1**
"Ηδε δέ μοι κατὰ θυμὸν ἀρίστη φαίνετο βουλή. Ἄρσενες ὄιες ἦσαν ἐυτρεφέες, δασύμαλλοι, καλοί τε μεγάλοι τε, ἰοδνεφὲς εἶρος ἔχοντες· τοὺς ἀκέων συνέεργον ἐυστρεφέεσσι λύγοισιν, τῇς ἔπι Κύκλωψ εὗδε πέλωρ, ἀθεμίστια εἰδώς, σύντρεις αἰνύμενος· Homère, *L'Odyssée*, chant IX, vers 424 à 429	Et voici le projet que je crus le plus sage. Ses béliers étaient là, des mâles bien nourris, à l'épaisse toison. Sans bruit, avec l'osier qui servait de coucher à ce monstre infernal, j'avais fait des liens. J'attache les béliers ensemble trois par trois[...] Homère, *L'Odyssée*, traduction de Victor Bérard, Gallimard, Bibliothèque de la Pléiade, 1999.
Traduction 3	**Traduction 2**
Or voici le plan qui parut le meilleur à mon esprit. Il y avait dans la grotte des béliers bien nourris, à la laine touffue, beaux et grands, avec une toison de teinte sombre. Sans bruit je les attachai avec les liens flexibles sur lesquels dormait le Cyclope aux pensées cruelles : je prenais les bêtes trois par trois. Homère, *L'Odyssée*, traduction de Charles Georgin et Henri Berthaut, éditions Hatier, 1965	Or voici le projet que mon cœur jugea le plus sage : Il avait des béliers bien nourris, d'épaisse toison, Beaux et grands, qui portaient une laine foncée : Sans bruit je les liai avec ces osiers bien tressés Sur lequel le géant sans justice dormait, Trois par trois [...] Homère, *L'Odyssée*, traduction de Philippe Jaccottet, LGF, 2005.

– Comparez ces trois traductions du même passage.
e Pour chaque traduction, dites si le traducteur utilise une phrase ou deux phrases.
f Quelles sont les différences de vocabulaire dans les phrases en vert ?
g Quelles sont les différentes manières de désigner le Cyclope ? de nommer l'osier ? (Aidez-vous des couleurs).
h Quelle traduction suit le même ordre que le texte grec ? (Aidez-vous des couleurs).

3 *Rédiger un enchaînement d'actions*

i Observez les images proposées dans « S'exercer pour l'oral » (→ p. 172).
j Racontez le déroulement des actions de ces images :
– Vous commencerez par « Or voici que... ».
– Vous utiliserez cinq phrases.
– Chaque phrase comportera au moins un verbe d'action conjugué au passé simple.
– Aidez-vous du vocabulaire de la page 171.

LECTURE DE TEXTE

Ulysse dans la tempête

Alors le fils de Cronos[1] suspendit au dessus du navire creux un nuage épais et la mer devint noire. **Et aussitôt le strident Zéphyr[2] souffla avec un grand tourbillon, et la tempête rompit les deux câbles du mât, qui fracassa la poupe[3], brisant tous les os de la tête du pilote.**
Zeus tonna et lança la foudre sur notre bateau ; celui-ci tourbillonna et s'emplit de soufre[4]. Mes compagnons furent précipités dans la mer. Semblables à des oiseaux marins, ils étaient emportés par les flots, et aucun dieu ne leur permit d'échapper à la mort. Moi, je marchais dans le bateau jusqu'à ce que la force de la tempête eût arraché ses flancs. Et les flots ballottaient, inerte, çà et là. Le mât avait été rompu à la base, mais une courroie de peau de boeuf y était restée attachée. Avec celle-ci je le liai à la coque, et, m'asseyant dessus, je fus emporté par la violence des vents.
Puis je dérivai pendant neuf jours, et, la dixième nuit, les Dieux me poussèrent à l'île Ogygie, qu'habitait Calypso, la déesse aux beaux cheveux, qui me recueillit et qui m'aima.

Homère, *L'Odyssée*, chant XII, d'après la traduction de Leconte de Lisle.

1. **Le fils de Cronos :** Zeus.
2. **Zéphyr :** vent du nord.
3. **Poupe :** arrière du navire.
4. **Soufre :** éclairs.

1 *Dans ce passage, qui raconte : Ulysse ou l'aède ? Aidez-vous des lignes 6 et 8.*
2 *Quels sont les deux dieux présents ici ? Quel est le rôle de chacun ?*
3 *À quoi voit-on qu'Ulysse est un héros courageux ? un héros astucieux ? un héros séduisant ?*
4 *Dans la phrase en caractères gras :*
– Relevez trois actions qui s'enchaînent,
– Relevez deux actions simultanées (qui ont lieu en même temps).
5 *Relevez un mot qui montre la rapidité des actions, puis trois verbes qui marquent la violence de la tempête.*

6 *Relevez une épithète homérique.*
7 *Relevez un verbe attributif autre que* « être » *(précisez son infinitif et son temps).*
8 *Indiquez avec quels mots s'accordent* « noire » *(l. 2),* « ballottaient » *(l. 9),* « attachée » *(l. 11)*
9 *Relevez trois mots qui désignent une partie du navire.*

ORTHOGRAPHE

Dictée à trous

Le dieu Éole a remis à Ulysse une outre contenant des vents qui doivent l'aider dans sa navigation. Elle éveille la curiosité des compagnons d'Ulysse.

« L'outre bien (fermé) et bien (attaché) par le dieu Éole ne *(contenir)*-elle pas de l'or ou de l'argent ? Ils se *(sentir)* jaloux d'Ulysse, eux qui *(rentrer)* dans (leur) demeure les mains (vide). (Il) ouvrirent l'outre et, aussitôt, (tout) les vents s'en échappèrent.»

Homère, *L'Odyssée*, adaptation de C. Maret et Y. Dubois,
Le Livre de poche Jeunesse, 1996.

1 *Recopiez le texte en le complétant de la manière suivante :*
– accordez les mots entre parenthèses,
– conjuguez à l'imparfait les verbes en italique.

LECTURE DE L'IMAGE / HISTOIRE DES ARTS

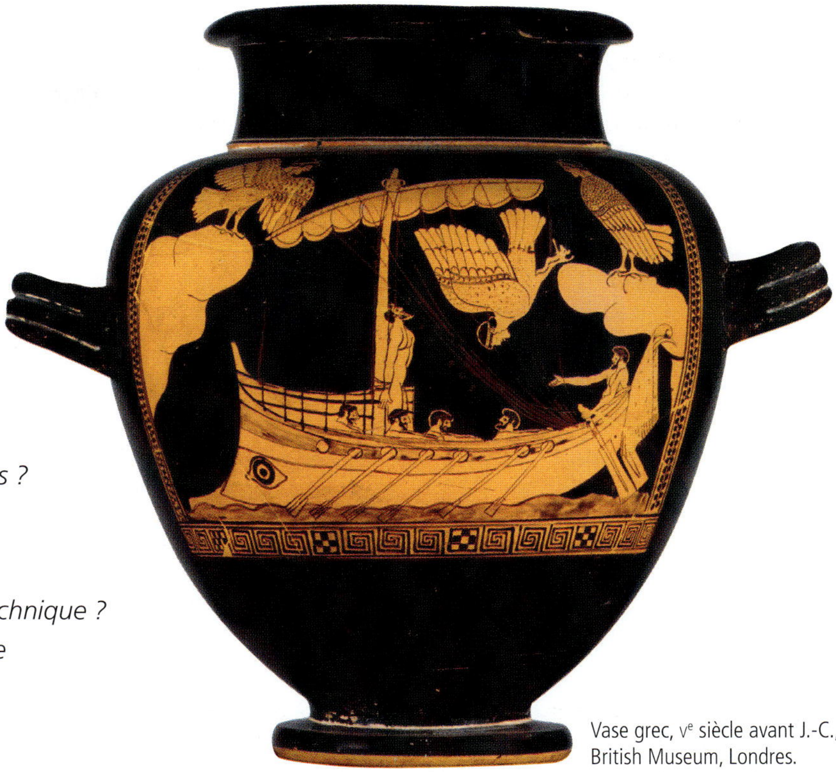

Vase grec, Vᵉ siècle avant J.-C., British Museum, Londres.

1 *Avec quelle matière les vases grecs sont-ils fabriqués ?*

2 *Sur le vase représenté, qu'est-ce qui est noir : le fond ou les figures ? Comment appelle-t-on cette technique ?*

3 *Comparez les sirènes du vase et celles des pages 152 et 171. Quelles sont les différences ?*

CONNAISSANCE DES AUTEURS ET DE LEURS ŒUVRES

1 *Dites si les affirmations suivantes sont vraies ou fausses.*
- a *Homère est un auteur latin.*
- b *Son nom signifie « celui qui ne voit pas ».*
- c *Ses œuvres sont écrites en vers.*
- d *L'aède s'accompagne d'un violon.*

2 *Choisissez la bonne réponse :*
- e *Homère est-il né au VIIIᵉ siècle avant Jésus-Christ ou après Jésus-Christ ?*
- f *Connaît-on son œuvre depuis près de 5 000 ans ou depuis près de 3000 ans ?*
- g *L'Odyssée est-elle composée de chants ou de chapitres ?*
- h *Le voyage de retour d'Ulysse de Troie à Ithaque dure-t-il vingt ans ou dix ans ?*
- i *Ulysse a existé : oui ou non ?*
- j *Les Sirènes ont existé : oui ou non ?*

3 *Voici le résumé de cinq épisodes de l'Odyssée :*
A/ Ulysse rencontre Charybde – B/ Ulysse se venge des prétendants – C/ Calypso laisse partir Ulysse – D/ Le séjour d'Ulysse chez les Phéaciens – E/ Ulysse chez les Cyclopes.

L'ordre du récit est : C – D – E – A – B.
Quel est l'ordre chronologique ? Répondez en écrivant en rouge les épisodes racontés par Ulysse, en vert ceux qui sont racontés par l'aède.

Desmond Davis, *Le Choc des titans*, film américain, 1981.

8 – Vies extraordinaires des héros

En quoi les héros antiques se distinguent-ils des hommes ?

> PARCOURS TEXTES ET IMAGES

Découverte de la mythologie

1 assister à la naissance du héros
2 découvrir les qualités du héros
3 étudier les exploits du héros
4 observer comment meurt un héros
5 construire le bilan

Toujours d'actualité *Des hommes héroïques immortalisés*
Enquêt'art *Le nu héroïque*

> ENTRAÎNEMENT

Mieux connaître les mots

S'exercer pour l'oral
rendre un exposé vivant

S'exercer pour l'écrit
rédiger un épisode héroïque

> ÉVALUATION

Lire l'image

Regardez bien
– Quel est le sujet de ce film ?
– Pouvez-vous identifier les personnages et les animaux représentés ?

Regardez mieux
– À qui Persée a-t-il coupé la tête ?

GRAMMAIRE DU PARCOURS

Les classes de mots : les pronoms personnels (Textes 1 et 4)

Les fonctions : les groupes nominaux compléments circonstanciels (Textes 2 et 3) – les compléments d'objet direct, indirect et second (Texte 4)

Le verbe : le présent de l'indicatif (Texte 2) – infinitif et groupes de verbes (Texte 3) – les temps du récit (Textes 1 et 4)

Sébastien Cornu, *Les Dieux de l'Olympe*, XIXe siècle, huile sur toile, musée Carnavalet, Paris.

Qu'est-ce que la mythologie ?

C'est un ensemble de récits très anciens mettant en scène des dieux et des héros, dans des actions ou des exploits remarquables. Ces récits furent d'abord transmis oralement, puis mis par écrit par des écrivains, traduits et adaptés jusqu'à aujourd'hui. Ils ont aussi été une source d'inspiration pour de nombreux artistes : peintres, sculpteurs, musiciens...

> *La famille des dieux*

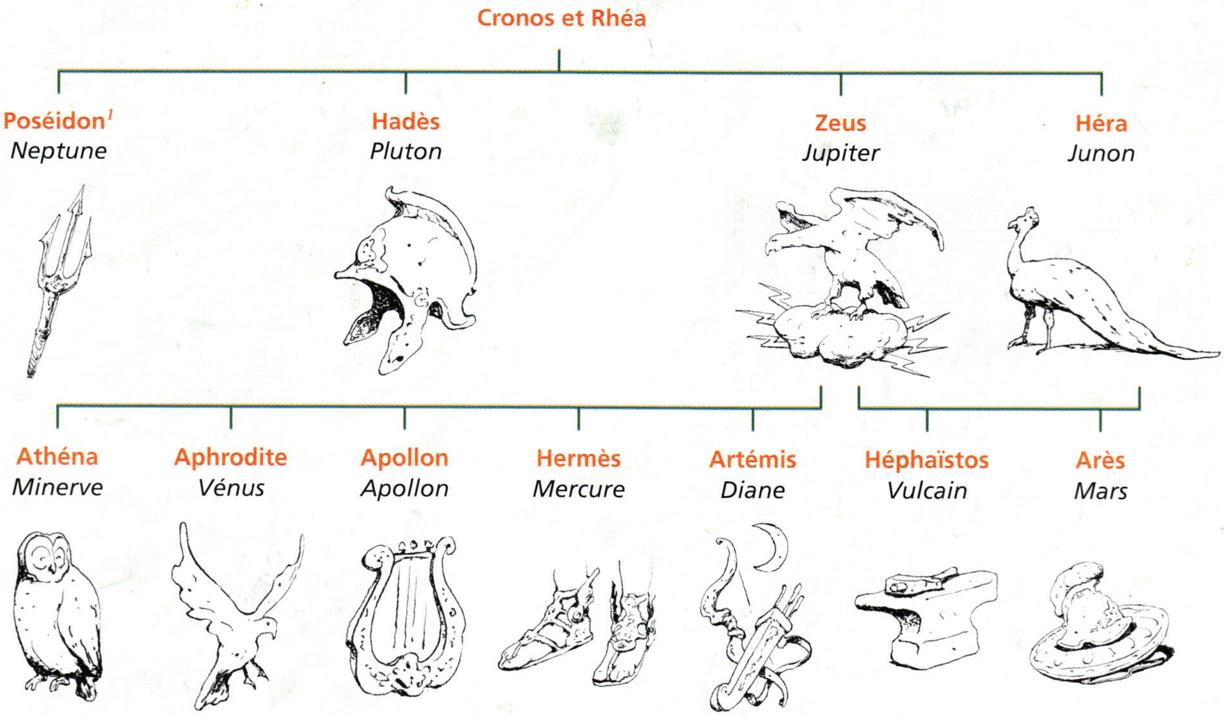

1. **Poséidon :** nom grec du dieu ; *Neptune* : nom latin correspondant.

Quels sont les dieux présents dans ces récits ?

Ils sont très nombreux, mais voici les principaux. Zeus, roi des dieux, règne sur le ciel et la terre, tandis que son frère Poséidon règne sur les mers et son autre frère, Hadès, sur les enfers. Marié à sa sœur Héra, déesse du foyer, Zeus a eu avec elle deux fils : Arès, dieu de la guerre, et Héphaïstos, dieu qui forge les armes des dieux et des héros. Zeus a aussi de nombreux autres enfants : Athéna, déesse de la guerre, Dionysos, dieu de la vigne et du vin, Aphrodite, déesse de l'amour et de la beauté, Hermès, dieu des voyageurs, Apollon, dieu du soleil et de la poésie, ou encore Artémis, déesse de la lune et de la chasse.

Quelle place occupent les hommes et les demi-dieux dans la mythologie ?

Il leur arrive aussi de nombreuses aventures, qu'ils partagent avec les dieux. Héraclès, le fils que Zeus a eu avec une mortelle, Alcmène, est ainsi un demi-dieu, qui a du subir la colère et la jalousie d'Héra. Tout comme Persée, autre fils de Zeus, ou encore la belle Hélène et Minos, roi de Crète, dont la fille Ariane a aidé Thésée à sortir du labyrinthe grâce à un fil, à l'issue de son combat victorieux contre le Minotaure. Tous ont eu des destins exceptionnels, dans le bonheur ou le malheur.

> *Le vaste monde des héros*

Les héros antiques

Gilgamesh : un héros oriental très ancien et très lointain.

Achille, Hector, Ulysse, Énée : les héros liés à la guerre de Troie dont les exploits sont racontés par Homère dans *L'Iliade* et *L'Odyssée* (→ p. 152), et par Virgile dans *L'Énéide*.

Héraclès, Persée, Jason et d'autres… : les héros des récits mythologiques, que raconte par exemple le poète latin Ovide dans *Les Métamorphoses* (→ p. 38).

Romulus et Rémus : les héros de la fondation de Rome, racontée par l'historien latin Tite-Live.

1 Assister à la naissance du héros

La naissance de Romulus et Rémus

Tite-Live (59 av. J.-C.– 17 ap. J.-C.) : historien latin.

Numitor et Amulius sont les fils du roi d'Albe, qui est un descendant d'Énée, prince troyen refugié en Italie après la guerre de Troie[1].

La violence l'emporta sur la volonté paternelle et sur le droit d'aînesse[2] : le cadet, Amulius, après avoir chassé son frère, s'empara du pouvoir. À ce crime, il en ajouta un autre en faisant massacrer tous les descendants mâles de Numitor. Quant à la fille de son frère, Rhéa Silvia, sous prétexte de l'honorer, il la nomma prêtresse de Vesta[3], la condamnant ainsi à une virginité perpétuelle et lui enlevant tout espoir d'avoir des enfants.

Mais le destin, sans doute, avait décidé la fondation de Rome et la création d'un empire appelé à devenir la plus grande puissance après celle des dieux. Victime d'un viol, la vestale mit au monde des jumeaux et, soit qu'elle le crût réellement, soit qu'elle estimât plus honorable de rendre un dieu responsable de sa faute, elle attribua à Mars[4] cette paternité douteuse.

Cependant, ni les dieux ni les hommes ne purent protéger la mère et ses enfants de la colère du roi. Il fit enchaîner et jeter en prison la prêtresse et ordonna de noyer ses fils dans le Tibre[5]. La tradition veut que le berceau contenant les enfants, après avoir flotté un moment, les eaux baissant tout à coup, s'arrêtât dans un endroit sec. C'est alors qu'une louve descendue de la montagne pour se désaltérer, attirée par les cris des nouveau-nés, s'approcha d'eux et leur offrit ses mamelles. Elle léchait doucement les deux nourrissons quand le chef des bergers du roi, un certain Faustulus, les découvrit.

Faustulus recueillit les enfants et les éleva comme s'ils étaient ses fils ; il les appela Romulus et Rémus. Romulus sera le fondateur de la ville de Rome, et donc de l'Empire romain.

Tite-Live, *Histoire de Rome* (extrait), in Henri Djian, *Récits des historiens latins*, Hachette, 1979.

1. **Guerre de Troie :** guerre légendaire qui opposa pendant dix ans les Grecs et les habitants de la ville de Troie, en Asie ; certains épisodes de cette guerre sont racontés dans *L'Iliade* et *L'Odyssée*, les épopées d'Homère (→ p. 154).
2. **Droit d'aînesse :** droit selon lequel c'est l'aîné de la famille qui devient roi.
3. **Vesta :** déesse du foyer ; les prêtresses dédiées à son culte n'avaient pas le droit de se marier.
4. **Mars :** dieu romain de la guerre, qui correspond au dieu grec Arès (→ p. 178).
5. **Tibre :** fleuve qui coule à Rome.

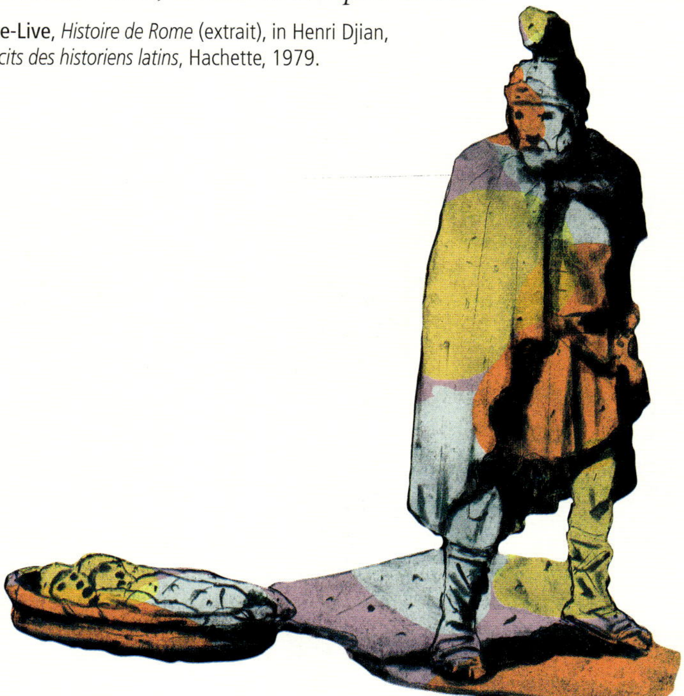

La Louve, statue de bronze étrusque, XIIe ou XIIIe siècle (les jumeaux ont été ajoutés au XVe siècle), musée du Capitole, Rome, Italie.

LIRE LE TEXTE

Une histoire de famille

1 *En vous appuyant sur le texte, dites qui sont : le grand-père des deux enfants ; leur mère ; leur père.*

2 *Relevez tous les mots qui désignent Rhéa Silvia dans le texte. (> Grammaire, fiches 6 et 46)*

3 *Quels sentiments animent Amulius ? Qualifiez son comportement et expliquez-le.*

Un destin hors du commun

4 *Comment les enfants échappent-ils à la mort ?*

5 *Qui sauve les enfants ? En quoi est-ce extraordinaire ?*

6 *[L. 21 à 23] Relevez les verbes et indiquez le temps de chacun. (> Verbe, fiche 29)*

7 *D'après vous, ce texte est-il : un récit mythologique ? un récit historique ? Pourquoi ?*

8 *Quelle signification l'auteur donne-t-il à cette légende ?*

Orthographe (> fiche 36)

9 *Relevez dans le texte trois manières différentes d'écrire le son [s].*

Vocabulaire (> fiche 41)

10 *[L. 4] Les* « descendants » *: trouvez un mot de la même famille dans le texte. Formez ensuite deux noms à partir du même radical et d'un préfixe différent.*

> Expression écrite

Racontez la scène où Faustulus découvre les enfants.
– Décrivez sa réaction devant le spectacle étonnant qu'il a sous les yeux et précisez ses sentiments.
– Vous décrirez aussi la réaction de la louve.
– Vous emploierez des mots appartenant au champ lexical de la surprise et de la peur.

Lire l'image

– À quoi voit-on que l'animal est sauvage ?
– Décrivez les enfants.
– La sculpture est-elle fidèle à la légende ?

L'ESSENTIEL

- Par **son origine divine ou royale,** le héros antique se distingue des autres hommes.
- Les **circonstances inhabituelles de sa naissance** et de son éducation montrent qu'il est promis à un **destin remarquable**.

2 Découvrir les qualités du héros

Le combat entre Achille et Hector

1. Voir note 1, p. 180.

2. Coudée : mesure de longueur équivalant à 50 centimètres.

3. Macabre : qui évoque des images de mort.

4. Hector porte l'armure d'Achille, prise sur le cadavre de Patrocle.

L'action se déroule pendant la guerre de Troie[1], au cours de laquelle Grecs et Troyens s'affrontent. Achille, un héros de l'armée grecque, veut venger la mort de son ami Patrocle, tué par Hector, un prince troyen.

Déjà, les deux combattants se font face. Tout à coup, Hector, pris de frayeur à la vue de ce monstre de métal écumant, fait demi-tour. Pour la première fois de sa vie, la peur le fait fuir ! C'est que la rage et la violence de son adversaire dépassent tant la mesure humaine qu'il n'entrevoit son salut que dans la fuite.

À la vue de cette lâcheté, Achille redouble de colère. Il fouette encore plus fort ses chevaux et lance son char à la poursuite d'Hector. Celui-ci n'a que quelques coudées[2] d'avance. Il longe les murailles de Troie à toute allure. Un tour, puis un second, et encore un troisième. Le Grec est toujours à ses trousses. Harassé de fatigue, asphyxié par la poussière, Hector s'arrête et saute de son char. À cet instant, Achille brandit son javelot et le lance. Le Troyen l'évite en se jetant sur le côté. Mais déjà Achille a extrait son glaive de son fourreau. À son tour, Hector tire son arme et se rue sur son adversaire. La lame se brise sur le bouclier d'Achille, qui cherche à pourfendre son rival. Il tourne autour d'Hector à la manière d'une bête affamée, pareil aux lions du mont Pélion qu'il combattait dans sa jeunesse. Il avance un bras toutes griffes dehors, pour faire reculer son ennemi. Puis il bondit sur le côté et tente de le percer de son épée. Mais l'autre recule d'un pas et, d'un geste rapide, cherche à atteindre le flanc de son javelot.

Ce jeu macabre[3] pourrait durer longtemps si Achille, abandonnant son épée, ne plantait enfin sa lance dans le cou d'Hector. La pointe acérée traverse la chair pour ressortir ensanglantée de l'autre côté. Le Grec la retire et regarde le meurtrier de son ami tomber à genoux. Ce dernier porte la main à sa blessure, lève les yeux vers son agresseur avant de s'affaisser de tout son poids dans la poussière. Achille s'empresse de le défaire de ce qui fut sa propre armure[4]. Il jette chaque pièce à bord de son char. Une fois Hector dénudé, il le saisit par les pieds et lui perce les chevilles pour y faire passer une lanière. Puis il traîne le corps à l'arrière du char et l'y attache fermement. Il lance alors ses chevaux à vive allure et se retourne de temps en temps pour s'assurer que le corps d'Hector heurte chaque caillou sans se détacher. Il sourit férocement en voyant sa tête brimbaler de gauche et de droite, méconnaissable. Il n'a qu'une idée : jeter les restes d'Hector aux pieds de son ami défunt.

Mano Gentil, *Les Combats d'Achille*, Nathan, coll. « Histoires noires de la mythologie », 2003.

Peter Connolly, *Achille avec le corps d'Hector*, aquarelle, 1986.

LIRE LE TEXTE

Les valeurs du héros

1 *Qu'est-ce qui oppose Achille à Hector ?*

2 *[L. 1 à 8] Quels sont les mots qui indiquent les sentiments d'Achille ?*

3 *[L. 6 à 10] Relevez les groupes nominaux compléments circonstanciels introduits par la préposition « à », et donnez leur valeur.* *(> Grammaire, fiche 14)*

4 *Quelles actions traduisent les sentiments d'Achille ?*

Le combat

5 *Relevez les mots ou expressions qui assimilent Achille à une bête féroce.*

6 *À quel temps se trouvent la plupart des verbes de ce récit ? Quelle est sa valeur ?* *(> Verbe, fiche 23)*

7 *Relevez les expressions montrant quelle est la situation d'Hector pendant le combat.*

8 *De quelle manière Achille venge-t-il la mort de son ami ? Selon vous, comment peut-on qualifier cette vengeance ?*

Orthographe (> fiche 2)

9 *[L. 6 à 21] Relevez les noms propres. Comment les reconnaissez-vous ?*

Vocabulaire (> fiche 45)

10 *[L. 18 à 37] Relevez les mots appartenant au champ lexical du corps. Pourquoi ces mots sont-ils si nombreux ?*

> Expression écrite

Racontez en une dizaine de lignes le combat d'un héros de votre choix avec son ennemi, en détaillant les différentes étapes, du début jusqu'à l'issue du combat.
– Vous utiliserez une comparaison avec un animal.
– Vous emploierez des verbes d'action.
– Vous pourrez vous aider des illustrations de la page 197.

Lire l'image

– Que voit-on en arrière-plan de l'illustration ?
– Comment Achille manifeste-t-il sa victoire ?
– Pourquoi l'artiste a-t-il choisi d'illustrer cette étape du récit ?

L'ESSENTIEL

> Le héros a de grandes qualités physiques et morales :
– il est souvent **invincible** et toujours **très habile** dans le maniement des armes ;
– il est **fidèle** à sa patrie, à sa famille et à ses amis.

> Il ne recule pas devant la **violence** pour châtier les ennemis, réparer les injustices ou venger son honneur.

3 Étudier les exploits du héros

Le premier roi du monde

Gilgamesh est le héros de l'épopée la plus ancienne de l'humanité. Il aurait vécu vers 2600 ans avant J.-C. Son épopée aurait été écrite en Mésopotamie vers le XVe siècle avant J.-C.

Les jours et les nuits s'enchaînent.

Il escalade, se hisse, assure ses prises en pliant des arbres, provoque des avalanches, disparaît sous les éboulis[1], se redresse ensanglanté, rattrape le chemin perdu, hurle à tue-tête son obstination à continuer et joue à écouter sa voix rouler dans les vallées, le précéder à travers les monts, pour annoncer qu'il ne renonce pas.

Il mange en marchant. Baies[2] grapillées, fruits de résineux volés aux écureuils. Il somnole sans ralentir son pas. Sa marche est devenue semblable à sa respiration, mécanique, indépendante de son vouloir.

Au terme d'une lunaison[3] pleine, il consent enfin à s'arrêter. Il se trouve dans une clairière aux parfums de feuillage rafraîchis par la nuit. Il s'endort comme une masse, avant d'être couché.

Mais un être le piste à distance, depuis des heures. Il l'a vu tomber sur le dos, ventre et poitrine offerts. Signes de soumission et de faiblesse. Il laisse passer Sîn[4], dans sa barque en croissant, et se jette sur sa victime dès que la clarté décline.

Gilgamesh s'éveille avec difficulté. Il sent qu'on frappe son corps, qu'on fouille sa poitrine comme pour y pénétrer. Il saisit son épée et s'agrippe à l'assaillant qu'il frappe à son tour et fouille.

L'autre voit qu'on lui résiste. Il appuie ses coups en grognant, mais Gilgamesh, fouetté par la douleur, libère les taureaux de son ventre et se déchaîne.

La nuit, effrayée, recouvre le combat. À bout de rage, les deux adversaires finissent par s'écrouler, et les arbustes de la forêt, secoués par le corps à corps, oublient ce qu'ils ont vu.

Lorsque Gilgamesh reprend conscience, il se retrouve couché en travers d'un monstre aux dents de bronze, aux ongles de silex : l'adversaire qu'il a terrassé. Un ours.

Ses efforts l'ont épuisé. Il est affamé et il prend son premier vrai repas depuis longtemps, à même la bête qui lui fournit sa nourriture.

[…] Après manger, il dépouille l'ours et se taille des vêtements dans sa fourrure, qu'il coud avec du lierre. Puis il reprend sa quête, plus déterminé que jamais.

Jacques Cassabois, *Le Premier Roi du monde, l'épopée de Gilgamesh*, traduction et adaptation, Le Livre de poche Jeunesse, Hachette, 2004.

1. **Éboulis :** amas de matériaux écroulés.

2. **Baies :** petits fruits sauvages.

3. **Lunaison :** espace de temps qui s'écoule entre deux nouvelles lunes consécutives, environ 29 jours.

4. **Sîn :** divinité de la lune dans la religion ancienne de Mésopotamie.

Tomb Raider Underworld, jeu vidéo d'action-aventure, capture d'écran, 2008.

LIRE LE TEXTE

Le voyage

1 *Relevez tout ce qui montre que le voyage de Gilgamesh est difficile.*

2 *Dans le deuxième paragraphe, relevez les groupes nominaux compléments circonstanciels et indiquez les verbes qu'ils complètent.* (> Grammaire, fiche 14)

3 *Comment peut-on qualifier le comportement de Gilgamesh pendant ce voyage ?*

Le combat

4 *[L. 20 à 29] Comment Gilgamesh se comporte-t-il pendant le combat ? Relevez une expression et un verbe pour justifier votre réponse.*

5 *[L. 16 à 38] Quels mots désignent l'ours ? Quelle expression montre que c'est un animal dangereux ?*

6 *[L. 20 à 23] Relevez les verbes. Indiquez leur infinitif et leur groupe.* (> Verbe, fiche 19) *Qu'indiquent-ils ?*

7 *Comment Gilgamesh fête-t-il sa victoire ?*

Orthographe (> fiche 8)

8 *[L. 17]* « ventre et poitrine offerts » *: expliquez l'accord du participe passé employé comme adjectif dans ce groupe nominal.*

9 *Remplacez* « ventre » *par* « tête » *et faites l'accord.*

Vocabulaire (> fiche 41)

10 *[L. 32]* « Terrassé » *: cherchez le radical de ce verbe ; déduisez-en son sens étymologique.*

> Expression orale

– Vous êtes commentateur sportif ; décrivez la course d'un sportif en plein effort.
– Votre description comportera trois étapes : le départ, l'épreuve, l'arrivée.
– [L. 1 à 5] Vous utiliserez les procédés du texte : énumération des actions, emploi de compléments circonstanciels.

Lire l'image

– Quelles ressemblances voyez-vous entre l'héroïne et le fauve qui l'affronte ?
– Cette héroïne de jeu vidéo a-t-elle des points communs avec les héros antiques ?

L'ESSENTIEL

> Le **héros** fait preuve d'une **endurance** et d'une **résistance extraordinaires**.
> Il doit souvent affronter des monstres ou des bêtes féroces, dans des **combats terribles** dont il sort **vainqueur**.
> Chaque **épreuve** le rend plus **fort** et parfois plus **sage**.

4 Observer comment meurt un héros

Mort d'Héraclès

Le centaure[1] Nessos, pour se venger d'Héraclès, a donné à Déjanire, épouse de celui-ci, un peu de son propre sang, lui disant qu'il pourrait lui ramener son mari s'il venait à lui être infidèle ; en réalité, le sang du centaure est un poison violent. Voilà qu'Héraclès tombe amoureux d'une jeune fille…

Déjanire décide alors d'essayer le prétendu remède de Nessos. Comme Héraclès doit s'habiller de neuf pour faire un sacrifice aux dieux, elle lui prépare une tunique neuve en suivant soigneusement les instructions du centaure et la lui envoie, bien pliée dans un coffret de cèdre. Pleine d'espoir, elle regarde partir son serviteur puis elle se retourne pour rentrer et aperçoit par terre le chiffon qui lui a servi à frotter la tunique avec le sang : il est resté par terre au soleil et se consume en bouillonnant. Déjanire est frappée de terreur ; elle comprend que Nessos l'a trompée et envoie un courrier[2] récupérer le coffret. Mais il est trop tard. Quand il arrive, Héraclès a déjà revêtu la tunique. À cette nouvelle, Déjanire se suicide.

La chaleur du soleil a réchauffé le poison qui commence à circuler dans le sang du héros. Il souffre horriblement, comme si mille serpents le mordaient. Il hurle, renverse les autels[3], se roule dans la poussière. Il maudit sa femme, persuadé que c'est elle qui a voulu le tuer. Il court partout en poussant des rugissements, déracine les arbres sur son passage. Il espère calmer ses brûlures par la douceur de l'eau, se jette dans une rivière qui en restera brûlante à jamais, mais rien ne réussit à apaiser ses souffrances. Tous, même les plus proches, impuissants à le soulager, se sont enfuis et pleurent de désespoir. Dans sa course folle, Héraclès découvre le messager de sa femme, tremblant de peur derrière un rocher. Sans écouter ses justifications, il le saisit par un pied et le lance très loin dans la mer.

Puis il annonce à son fils aîné qu'il veut mourir. On l'amène sur le mont Œta et, avec des branches de chêne et d'olivier sauvage, on lui construit un bûcher sur lequel il s'allonge, avec sa massue pour oreiller. Le héros, enfin apaisé, demande qu'on mette le feu au bûcher, mais personne ne peut s'y résoudre. C'est le fils d'un berger, Philoctète, qui accomplira le geste. Pour le remercier, Héraclès lui offre son carquois, son arc et ses flèches. Enfin tous se retirent et Héraclès meurt avec courage et dignité.

Zeus est fier de son fils. Il décide de l'accueillir parmi les immortels, n'en déplaise à[4] Héra[5]. Mais celle-ci oublie enfin sa rancœur et accepte de le considérer comme son fils. Dans l'Olympe, Héraclès épousera Hébé[6], dont il aura deux enfants. Sur terre, il en a eu soixante-dix. Il est honoré dans toute la Grèce.

Marie-Thérèse Adam, *Les Héros de la mythologie grecque*, Gallimard Jeunesse, 2006.

1. **Centaure :** animal mythologique qui a le corps d'un cheval et la tête et le buste d'un homme.
2. **Courrier :** messager.
3. **Autel :** table de pierre à l'usage des sacrifices offerts aux dieux.
4. **N'en déplaise à :** même si cela déplaît à.
5. **Héra :** femme de Zeus, ennemie d'Héraclès (→ p. 178-179).
6. **Hébé :** déesse de la jeunesse, fille de Zeus et d'Héra.

Antonio Canova, *Héraclès et Lycas*, 1795, statue en marbre de 3,35 m, musée de l'Académie, Venise, Italie.

LIRE LE TEXTE

La trahison

1 *Par quelle ruse le centaure Nessos se venge-t-il d'Héraclès ?*

2 *[L. 1] Expliquez l'expression* « le <u>prétendu</u> remède de Nessos ».

3 *Relevez tous les pronoms personnels de la deuxième phrase. Précisez leur fonction. (> Grammaire, fiche 6)*

4 *De quel défaut Héraclès est-il puni ?*

La mort

5 *Relevez tous les mots ou expressions qui montrent la souffrance d'Héraclès. Comment peut-on qualifier cette souffrance ?*

6 *[L. 13 à 25] Relevez les verbes et indiquez leur temps. (> Verbe, fiches 20 et 24)*

7 *Pourquoi Héraclès décide-t-il de se suicider ?*

8 *Quel sort exceptionnel attend Héraclès après la mort ?*

Orthographe (> fiche 2)

9 *[L. 26 à 34] Relevez trois noms communs qui ont la même orthographe au singulier et au pluriel. Indiquez pour chacun son genre et son nombre dans le texte.*

Vocabulaire (> fiches 40 et 41)

10 *[L. 12]* « Déjanire se suicide » *: décomposez le mot* « suicide » *en deux éléments dont vous chercherez le sens. Cherchez ensuite ce que signifient les mots « homicide », « parricide », « insecticide ».*

> Expression écrite

– Imaginez le discours de Zeus à Héra pour la persuader d'accueillir Héraclès parmi les dieux.

– Faites des recherches préalables :

- *Pourquoi Héra en veut-elle à Héraclès ?*
- *Quelles qualités dignes d'un dieu Zeus lui trouve-t-il ?*
- *Pour être convaincant, Zeus formulera des questions et des exclamations. Utilisez les types de phrases correspondants.*

Lire l'image

– Relevez dans le texte la phrase qu'illustre cette statue.

– Quels sont les deux attributs d'Héraclès que vous reconnaissez aux pieds du héros ?

– Par quels moyens l'artiste parvient-il à nous faire sentir la force d'Héraclès et sa douleur ?

L'ESSENTIEL

> La **mort du héros** est aussi **extraordinaire** que sa vie : le héros est souvent victime d'une **trahison** ou bien sa mort reste **mystérieuse** ; parfois, il **choisit** lui-même la façon dont il veut mourir.

> Après sa mort, le héros peut **rejoindre les dieux** : c'est l'**apothéose** du héros.

5 Construire le bilan sur le héros antique

Vie de Jason

Fils d'Æson, roi d'Iolcos en Thessalie[1], Jason était encore enfant lorsque son oncle Pélias détrôna son père. Il put s'échapper cependant et fut élevé par le centaure[2] Chiron. Parvenu à l'âge adulte, il quitta le mont Pélion pour Iolcos, dans l'espoir de reprendre une revanche sur Pélias et de rétablir Æson dans ses droits. En chemin, au bord d'une rivière, il rencontra une vieille femme sous les traits de laquelle se cachait Héra[3] qui lui demanda de bien vouloir la porter sur l'autre rive. Après ce service, qui lui attira pour quelque temps les faveurs de la déesse, il s'aperçut qu'il avait perdu une de ses sandales. Or un oracle[4] avait prédit à Pélias qu'il lui faudrait se méfier de toute personne qui se présenterait à lui déchaussée. Aussi, lorsque Jason arriva à la cour, le roi usurpateur, à la vue de cet homme au pied nu, fut saisi de frayeur et le chargea, afin de l'éloigner, de mener à bien une expédition pour conquérir la Toison d'or[5], gardée par le roi de Colchide, Aiétès. Jason accepta et s'embarqua sur l'*Argo* avec les principaux héros grecs, surnommés les Argonautes. Avec l'aide de Médée, qu'il épousa, il put s'emparer de la Toison d'or et revenir à Iolcos, où il vengea la mort de son père, que Pélias, en son absence, avait tué.

Mais, chassé par Acaste, il dut s'enfuir à Corinthe, avec Médée. Là, il s'éprit de Créüse, la fille de Créon, et répudia Médée qui se vengea en faisant périr sa rivale et en tuant ses propres fils. Deux versions content la fin de Jason : selon l'une, le héros se tua de désespoir à l'annonce de la mort de ses enfants ; selon l'autre, il mourut écrasé par la poupe du navire *Argo*.

Joël Schmidt, *Dictionnaire de la mythologie grecque et romaine*, entrée « Jason », Larousse, 1985.

1. **Thessalie :** région de Grèce.
2. **Centaure :** p. 186. Le centaure Chiron est réputé pour sa sagesse.
3. **Héra :** p. 178-179 et p. 186.
4. **Oracle :** parole d'un dieu.
5. **Toison d'or :** toison merveilleuse d'un bélier ailé.

Lisez le texte attentivement, puis répondez aux questions en vous aidant des indices de couleur dans le texte (attention, ce ne sont pas les réponses).

1 *Qui est le père de Jason ? Jason a-t-il été élevé comme les autres enfants ?*
2 *Quelles qualités lui faut-il pour réussir sa mission ?*
3 *Quelles épreuves doit-il traverser ?*
4 *Quelle déesse Jason rencontre-t-il ? Pourquoi cette rencontre est-elle importante ?*
5 *Que dit-on de sa mort ?*

BILAN

- Le héros antique est le plus souvent un **demi-dieu**, fils d'un dieu et d'une mortelle. Sa **naissance** et son enfance sont **hors du commun**. (→ Texte 1)
- Il a des **qualités physiques et morales** remarquables. (→ Texte 2)
- Sa vie est extraordinaire, avec des **missions périlleuses**, des **épreuves difficiles** et de **multiples rencontres**. (→ Texte 3)
- Les **dieux** interviennent souvent dans sa vie, en **protecteurs** ou en **ennemis**. (→ Texte 3)
- Le héros se distingue aussi par sa **mort, jamais banale** et **souvent mystérieuse**. (→ Texte 4)

Des hommes héroïques immortalisés

1 – Un discours officiel

Jean Moulin, considéré comme l'un des principaux héros de la Résistance, a subi la torture et est mort pendant la Seconde Guerre mondiale, en 1943. Ses cendres ont été transférées d'un cimetière au Panthéon[1] en décembre 1964. À cette occasion, le ministre André Malraux a prononcé un discours :

Voilà donc plus de vingt ans que Jean Moulin partit, par un temps de décembre sans doute semblable à celui-ci, pour être parachuté sur la terre de Provence, et devenir le chef d'un peuple de la nuit[2]. Sans la cérémonie d'aujourd'hui, combien d'enfants de France sauraient son nom ? Il ne le retrouva lui-même que pour être tué ; et, depuis, sont nés seize millions d'enfants…
Puissent les commémorations des deux guerres[3] s'achever aujourd'hui par la résurrection du peuple d'ombres que cet homme anima, qu'il symbolise, et qu'il fait entrer ici comme une humble garde solennelle autour de son corps de mort.
[…] Aujourd'hui, jeunesse, puisses-tu penser à cet homme comme tu aurais approché tes mains de sa pauvre face informe du dernier jour, de ses lèvres qui n'avaient pas parlé ; ce jour-là, elle était le visage de la France…

André Malraux (ministre d'État chargé des Affaires culturelles), discours adressé au président de la République de l'époque, Charles de Gaulle, le 19 décembre 1964.

1. **Panthéon :** monument de Paris rassemblant les cendres des principaux grands hommes. Dans l'Antiquité, un panthéon est un temple consacré à tous les dieux.
2. **Peuple de la nuit :** désigne les Résistants luttant en secret contre l'ennemi.
3. **Deux guerres :** la Première Guerre mondiale (1914-1918) et la Seconde Guerre mondiale (1939-1945).

3 – Une plaque commémorative

Plaque en l'honneur des pompiers de la ville de New York posée après les événements de septembre 2001.

2 – Un monument du souvenir

Monument dit « du Glaive brisé », érigé en 1954 à la mémoire de Jean Moulin, boulevard de la Résistance, Chartres.

1 Pourquoi Jean Moulin est-il considéré comme un héros ?
2 Pourquoi les pompiers de New York sont-ils considérés comme des héros ?
3 Comment sont-ils immortalisés ?

> À vous !
Dans votre ville, trouvez un monument, une rue, un bâtiment qui porte le nom d'un héros.
– Dites de qui il s'agit et quels sont les actes héroïques qu'il a accomplis.
– Rédigez votre présentation en un paragraphe.
– Mettez en valeur l'aspect remarquable du personnage.

LE NU HÉROÏQUE

> *Dans l'Antiquité, les Grecs considèrent que la nudité permet de montrer la beauté et la vertu (les qualités) d'un individu : ils ont utilisé le nu pour représenter les dieux et les héros.*
> *Comment cette tradition du « nu héroïque » est-elle perpétuée par les artistes ?*

OUVRONS L'ENQUÊTE

Document 1 *Hermès*, copie romaine d'une statue grecque en marbre, ve siècle avant J.-C., 1,83 m, Musée national romain, Italie.

Document 2 Cléoménès l'Athénien, *Marcellus* (neveu de l'empereur Auguste), marbre, 1,90 m, 20 avant J.-C., musée du Louvre, Paris.

1 Doc. 1 : Hermès est appelé Mercure par les Romains. Qui est-il (→ p. 178-179) ?
2 À quelle époque a été réalisée chaque statue ?
3 Comparez les deux statues (la matière, le visage, les jambes, les bras, le torse) : quelles sont les ressemblances ?
4 Doc. 2 : Pourquoi Marcellus a-t-il été sculpté comme un dieu ?

LEXIQU'ART

Marbre (n. m.) : *roche dure qui peut être sculptée. On la polit pour la rendre brillante. Sa qualité en fait un matériau noble recherché par les artistes.*

Sculpteur (n. m.) : *artiste qui réalise une œuvre en volume avec une matière qu'il façonne (bois, marbre, cire, argile…).*

COMPLÉMENT D'ENQUÊTE

Document 3 **Michel-Ange**, *David*, XVIe siècle, statue en marbre de 4,34 m, musée de l'Académie, Florence, Italie.

Document 4 **Fred Goudon**, photographie de couverture du calendrier 2006 des joueurs de rugby français.

Observez

1 Doc. 3 et 4 : Comparez-les avec la statue d'Hermès (doc. 1). Quelles sont les ressemblances ?
2 Doc. 3 : En quelle matière est faite la statue de David ?
3 Doc. 4 : Comment le photographe rend-il la peau du joueur semblable à du marbre ?

Exprimez vos sentiments

4 Doc. 1 à 4 : Pensez-vous que les corps présentés sont mis en valeur par les artistes ? Quels défauts ont pu être « gommés » ?
5 La nudité est-elle indécente quand il s'agit d'une œuvre d'art ?

Interprétez

6 Pourquoi David est-il sculpté comme un héros antique ?
7 Pourquoi les joueurs de rugby sont ils appelés « dieux du stade » ?

RAPPORT D'ENQUÊTE

> Le « **nu héroïque** » est destiné à **glorifier un individu** en le représentant nu, **à la manière des dieux et héros grecs**.
> Bien que la nudité soit considérée comme indécente ou choquante dans les sociétés occidentales modernes, la **culture grecque** antique a une telle force que la tradition du « nu héroïque » dure **depuis plus de 2000 ans**.

ÉTYMOLOGIE – Les évolutions de sens

Observer

> *Le sens des mots peut varier au cours du temps.*

	Étymologie	Sens étymologique →	Évolution du sens	
Héros	*Du grec* ἥρως *signifiant* « **demi-dieu** ».	*Personnage légendaire auquel on prête un courage et des exploits remarquables.*	→ *Tout homme digne de l'estime publique par sa force de caractère, son dévouement à une cause.*	→ *Personnage principal.*
Monstre	*Du latin* monstrum *signifiant* « **prodige, chose incroyable** ».	*Créature fantastique et effrayante.*	→ *Animal réel gigantesque. Être vivant ou organisme anormal.*	→ *Personne effrayante par son caractère ou son physique.*

Comprendre

1 *Dans les phrases suivantes, les mots en gras sont-ils employés dans un sens étymologique ?*
a *Le* **héros** *Hercule est le fils de Zeus et d'Alcmène.*
b *Pendant son voyage, Ulysse a affronté de nombreux* **monstres**.
c *Le Petit Poucet est le* **héros** *du conte de Perrault.*
d *Jean Moulin fut un* **héros** *de la Résistance.*
e *Il a abattu un travail* **monstre**.
f *Après avoir couru le marathon de Paris, son père fut le* **héros** *de la famille.*

2 *Précisez ensuite le sens des autres mots en gras.*

Manipuler

3 *Recopiez le tableau et complétez-le selon le modèle proposé avec les adjectifs suivants, puis cherchez les noms correspondants :*
courageux – vaillant – poltron – faible – brave – lâche – intrépide – téméraire – couard – peureux.

Le courage		La peur	
nom	adjectif	nom	adjectif
héros	héroïque	…	peureux
…	courageux	…	…
…	…	…	…
…	…	…	…

JOUONS AVEC LES MOTS – Méli-mélo de monstres

1 *Remettez dans l'ordre les lettres dans la colonne de droite pour savoir où se trouvent les noms suivants :*
CERBÈRE – CHIMÈRE – HARPIE – FURIES – MÉGÈRE

2 *Saurez-vous remettre dans l'ordre tout seul le dernier nom manquant ?*

L'une des trois Gorgones dont la tête hérissée de serpents changeait en pierre ceux qui la regardaient.	*ESMUDÉ*
Chien à trois têtes qui garde l'entrée des Enfers.	*REBÈRCE*
Nom de l'une des Furies.	*ÉGRÈME*
Divinités des Enfers chargées d'exercer la vengeance divine sur les criminels.	*RUFIES*
Monstre à tête de femme et à corps d'oiseau, aux griffes acérées.	*EPHIRA*
Monstre à tête et poitrail de lion, ventre de chèvre, queue de dragon, et qui crache des flammes.	*ERMICHÈ*

3 *En vous aidant du tableau précédent, trouvez les noms qui sont à l'origine des mots en gras.*
a *En voyant ce spectacle, j'ai été* **médusé** *! = j'ai été …*
b *Il y a un* **cerbère** *à l'entrée de cette banque = il y a un …*
c *Elle entre en hurlant car elle est* **furieuse** *= elle est …*

4 *Remplacez les mots en gras par des mots ou expressions synonymes.*

ENRICHIR SON VOCABULAIRE – Utiliser le dictionnaire

*HÉROS [ero] n. m. 1. Demi-dieu de la mythologie gréco-romaine. *Les dieux et les héros.* ♦ Personnage légendaire auquel on prête un courage et des exploits remarquables. 2. Celui qui se distingue par ses exploits ou un courage extraordinaire (dans le domaine des armes). → **brave** ; [1] **héroïne**. *Se conduire, mourir en héros. Les héros de la Résistance.* 3. Homme digne de gloire par son courage, son génie, son dévouement. *Pierre le Grand, héros national russe.* ◆ *Les héros de la science.* 4. Personnage principal (d'une œuvre, d'une aventure, etc. → [1] **héroïne**). *Le héros d'un film, d'un roman.* ◆ Le triste héros d'un fait divers. Hom HÉRAUT « messager »
ÉTYM latin *heros*, du grec *hêros* « chef militaire », puis « demi-dieu ».

Le Robert collège, entrée « héros », éditions Le Robert, 2008.

Cherchez dans l'article sur le mot « héros » les indications demandées pour les recopier avec précision :

a un homonyme du mot « héros » ;
b un synonyme du mot « héros » ;
c la prononciation du mot ;
d le nombre de sens distingués par le dictionnaire.

Des mots pour lire l'image – La vue en contre-plongée

La contre-plongée est un procédé qui donne l'impression au spectateur d'être ***en-dessous*** *de ce qu'il voit. Ce point de vue accentue l'****impression de hauteur*** *de ce qui est représenté.*

Pitof, *Catwoman*, film américain, 2004.

1 D'après sa position, que s'apprête à faire ce personnage ?

2 Quelles sont les différentes lignes obliques qui soulignent la contre-plongée ?

Rendre un exposé vivant

CONSEIL

Pour animer un exposé, il faut regarder votre auditoire et ne pas lire les yeux toujours baissés.

1 *Lire un exposé*

> *Voici deux paragraphes pour présenter un personnage mythologique : Ariane.*

Si vous ne connaissez pas l'origine de l'expression un « fil d'Ariane », écoutez-bien ! Cette héroïne est restée célèbre pour le fil qu'elle donna un jour à celui qu'elle aimait et qui le sauva ! Ariane est la fille de Minos, roi de Crète, et de Pasiphaé ; le Minotaure était son demi-frère. ***Attention ! Ce frère était vraiment un terrible monstre !*** Quand Thésée, ***véritable héros grec,*** vint en Crète pour délivrer les jeunes gens qui devaient être dévorés par le Minotaure, ***savez-vous ce qui arriva ?*** Elle tomba amoureuse de lui ! Alors, elle lui donna le fil qui lui permit de retrouver son chemin dans le labyrinthe après avoir tué le Minotaure. ***C'est une idée très ingénieuse, n'est-ce pas ?***

Après la mort du monstre, elle s'enfuit avec Thésée. On dit que Thésée l'oublia ou l'abandonna sur l'île de Naxos. Le dieu Dionysos la découvrit et l'épousa. Il lui offrit une couronne d'or, qu'il plaça ensuite dans le ciel, parmi les constellations.

a *Lisez l'exposé sur le personnage d'Ariane. Qu'apportent les phrases en gras à l'exposé ?*

b *Entraînez-vous à lire en regardant l'auditoire pour dire chaque phrase en gras.*

2 *Ajouter des commentaires personnels à un exposé*

c *Ajoutez au deuxième paragraphe de l'exposé les commentaires suivants au bon endroit :*

- Regardez les étoiles, vous la verrez peut-être !
- Par bonheur
- Comment tout cela se termina-t-il ?
- Hélas !!

d *L'entrée en matière d'un exposé est la façon de commencer.*
Changez l'entrée en matière en complétant les phrases suivantes :

- Savez-vous qui était …
- Connaissez-vous l'origine de …
- Si vous n'avez jamais entendu l'histoire …

3 *Animer un exposé en s'adressant à l'auditoire*

Médée est la fille du roi Aiétès, gardien de la Toison d'or. Quand Jason vint pour conquérir ce trésor, elle tomba amoureuse de lui. Comme elle était magicienne, elle donna à Jason un onguent qui lui permit de se protéger des flammes du dragon, gardien de la Toison d'or. Pour la remercier, Jason l'épousa, mais Médée se livra ensuite, par amour pour lui, à toutes sortes de crimes horribles. Un jour, Jason tomba amoureux d'une autre femme ; Médée offrit à la jeune fille une tunique qui la brûla sur tout le corps et égorgea ensuite ses propres enfants, pour se venger de Jason.

e *Commencez l'exposé sur Médée par une entrée en matière.*

f *Ajoutez à votre tour vos propres commentaires à l'exposé sur le personnage de Médée.*

g *Entraînez-vous à le lire en vous adressant à votre auditoire pour prononcer votre entrée en matière et vos commentaires.*

Rédiger un épisode héroïque

CONSEIL

Lisez le récit des douze travaux d'Héraclès en vous rendant au CDI ou dans une bibliothèque. Vous pouvez consulter aussi un dictionnaire de la mythologie ou utiliser Internet.

Les douze travaux d'Héraclès

Le héros Héraclès se voit imposer douze travaux par son cousin Eurysthée.

« Le premier travail qui lui fut imposé fut de rapporter la peau du lion de Némée, une bête féroce et invulnérable[1], née de Typhon[2]. Ainsi, Héraclès s'en alla affronter le lion [...] Arrivé à Némée, Héraclès suivit les traces du lion et commença à le frapper avec ses flèches ; mais il comprit immédiatement qu'il était invulnérable : aussi mit-il sa massue sur son épaule et le suivit-il... »

D'après **Apollodore**, auteur grec (entre le Ier et le IVe siècle après J.-C.)

1. **Invulnérable :** que l'on ne peut pas blesser.
2. **Typhon :** divinité malfaisante.

1 *Développer un paragraphe*

« Héraclès suivit les traces du lion et commença à le frapper avec ses flèches »

a *Rédigez un paragraphe pour préciser et enrichir ces deux actions. Décrivez Héraclès en pensant à un chasseur guettant sa proie, sachant qu'il a deux armes : une massue en olivier offerte par Athéna, et un arc orné de deux têtes d'aigle, donné par Apollon.*

b *Votre paragraphe devra comporter cinq phrases qui seront déclaratives et exclamatives* *(> Grammaire, fiches 16 et 17).*

c *Vous utiliserez les mots et expressions suivants (dans l'ordre que vous voulez) : grandes enjambées – embusqué – tapi – l'œil rivé sur le lion – bander son arc – ajuster le tir – prudent – résolu.*

2 *Rédiger plusieurs paragraphes*

« Le lion se réfugia dans une grotte à deux entrées. Héraclès en condamna une et entra par l'autre. »

d *Rédigez la suite du récit en deux paragraphes :*
Paragraphe 1 : Héraclès tua le lion.
Paragraphe 2 : Il écorcha la peau du lion mort.

Développez chaque paragraphe de la manière suivante :

❶ *Que fait le lion ? Que fait Héraclès ?* → *Décrivez le combat.* → *Montrez la violence et la force des deux adversaires.*

❷ *Quels sont les gestes d'Héraclès ?* → *Expliquez comment Héraclès utilise les griffes du lion mort.* → *Montrez son habileté et sa détermination.*

– Pour votre description, vous pouvez vous aider des images p. 187 et 197.
– Terminez par cette conclusion du récit : « Revêtu de la carcasse du lion, qui lui servirait désormais d'armure, Héraclès retourna à Mycènes. »

3 *Rédiger un épisode complet*

En suivant les consignes précédentes, racontez l'un des douze travaux d'Héraclès.
Voici par exemple le résumé du troisième travail imposé par Eurysthée :
– Héraclès doit ramener vivante une biche aux pieds d'airain vivant dans les forêts de Cérynée.
– Il aurait pu la tuer facilement, mais la ramener vivante est d'une grande difficulté.
– Il mettra un an pour la capturer.

LECTURE DE TEXTE

Énée et Turnus

Énée, prince troyen, est le héros de L'Énéide, *une épopée de Virgile (70-19 avant J.-C.) racontant son voyage et son arrivée en Italie, dans la région du Latium. Il affronte ici Turnus, le roi des Rutules, un peuple italien.*

[…] Énée et Turnus frappent et parent avec une même ardeur et une adresse pareille. Mais le Rutule se lasse. On le sent à la précipitation accrue[1] de ses coups.

Tout à coup son pied glisse, il tombe sur un genou, et son glaive levé avec violence heurte à faux le bouclier du héros troyen. La lame se brise comme du verre.

Un cri de désespoir s'exhale[2] de la gorge oppressée de Turnus. Il veut se relever, fuir. Mais le poing d'Énée s'est tendu : Turnus retombe à terre, la cuisse traversée de part en part.

Il tend vers Énée ses mains suppliantes.

– Je n'implore pas ta pitié pour moi, dit-il, vaillant Troyen. J'ai mérité mon sort. Mais si la douleur d'un père peut trouver grâce à tes yeux, songe à la morne vieillesse que ma mort réserve à Daunus[3]. […] Laisse-moi vivre !

Énée, à ces paroles de supplication, retient sa main déjà levée pour le coup mortel. Une pitié se glisse dans son cœur pour ce jeune homme étendu sans défense à ses pieds. Son épée retombe lentement. Mais soudain, il se penche. Sur l'épaule de Turnus brille un baudrier[4] qu'il reconnaît. C'est celui de Pallas[5] que lui arracha son vainqueur avec des clameurs d'insolent triomphe.

– Te laisser vivre ! crie alors Énée d'un accent si sauvage que son écho fait frissonner tous ceux de la plaine et de la ville. Te laisser vivre ! Non. Par ma main, c'est Pallas qui te tue !

Et d'un coup en plein cœur, terrassant Turnus, Énée achève sa victoire.

Georges Chandon, *Contes et récits tirés de l'Énéide*, Nathan, 1984.

1. **Accrue :** renforcée.
2. **S'exhale :** sort.
3. **Daunus :** père de Turnus.
4. **Baudrier :** harnais servant à porter une épée.
5. **Pallas :** fils du roi du Latium, tué par Turnus.

1 Relevez dans le texte trois mots ou expressions qui montrent la violence de ce duel.
2 [L. 19 à 26] Relevez deux groupes nominaux compléments circonstanciels de manière, et deux groupes nominaux compléments circonstanciels de lieu, en indiquant les verbes qu'ils complètent.
3 Pourquoi Turnus demande-t-il à Énée de l'épargner ?
4 Quel sentiment pousse finalement Énée à l'achever ?
5 Quel est le temps principalement employé dans ce récit ? Indiquez sa valeur.
6 Quelles caractéristiques du héros antique retrouve-t-on chez Énée ?
7 Quels détails rappellent un autre combat antique célèbre ?
8 [L. 1 à 4] Relevez les sept noms, en précisant si ce sont des noms communs ou des noms propres.
9 Relevez quatre mots appartenant au champ lexical de la guerre.

ORTHOGRAPHE

Dictée préparée

Quand [Orphée] chante en s'accompagnant de sa <u>lyre</u>, les **bêtes** fauves se font douces comme des <u>agneaux</u> et le suivent pour l'écouter ; les **arbres** s'inclinent vers lui comme s'ils voulaient danser et les **rochers** s'animent. Avec quelques notes, il attendrit même les **hommes** les plus sauvages. Ses **dons** lui viennent de sa mère[1].

Marie-Thérèse Adam, *Héros de la mythologie grecque*, Folio Gallimard, 2006.

1. La mère d'Orphée est une muse appelée Calliope.

Les cinq mots en caractères gras sont au pluriel : attention à leur terminaison.
1 Pour préparer la dictée, relevez tous les mots qui s'accordent avec chacun des noms en gras : les déterminants – les verbes – les adjectifs.
2 Apprenez par cœur les mots soulignés.

LECTURE D'IMAGE

Gwen de Bonneval et Frantz Duchazeau, *Gilgamesh*, bande dessinée, éditions Dargaud, 2005.

1 *Comparez les deux images : comment ce combat est-il rendu héroïque ?*

2 *À quoi voit-on la force de Gilgamesh ?*

CONNAISSANCE DES DIEUX ET DES HÉROS

1 *Dites si les affirmations suivantes sont vraies ou fausses :*
a *Les récits mythologiques sont des extraits de romans écrits dans l'Antiquité.*
b *Les récits mythologiques ont d'abord été transmis oralement.*
c *Les récits mythologiques racontent les exploits de héros.*
d *Les Grecs sont les inventeurs de la mythologie.*

2 *Choisissez la bonne réponse :*
e *Poséidon est-il le maître des mers ou le maître des Enfers ?*
f *Athéna est-elle fille de Zeus ou d'un autre dieu ?*
g *Héra est-elle une protectrice ou une ennemie pour Héraclès ?*
h *Quel dieu ou déesse est sorti de la cuisse de Zeus :*
– Athéna ?
– Hermès ?
– Dionysos ?

3 *Associez le dieu ou la déesse avec son attribut :*

Zeus •	> *un trident*
Athéna •	> *une lyre*
Héra •	> *un paon*
Apollon •	> *un aigle*
Poséidon •	> *une chouette*

DE LA CLASSE AU CDI

RÉALISER UNE AFFICHE D'EXPOSÉ EN GROUPE

À l'oral

Pour vous aider

Constituer un groupe, c'est commencer à se mettre d'accord pour travailler ensemble…
Il est important de définir des rôles et les travaux qui correspondent, par exemple : le scribe, qui copiera les textes sur l'affiche, le maquettiste, qui se chargera de la décoration et de la mise en page, etc.

! Exercez-vous à… parler du sujet en groupe.

Un thème de travail contient forcément plusieurs rubriques. À vous de les formuler pour les répartir entre vous. Pour vous exercer, complétez les rubriques pour les sujets d'exposés suivants, puis complétez l'affiche sur Promethée en remplaçant les points d'interrogation par les noms des rubriques.

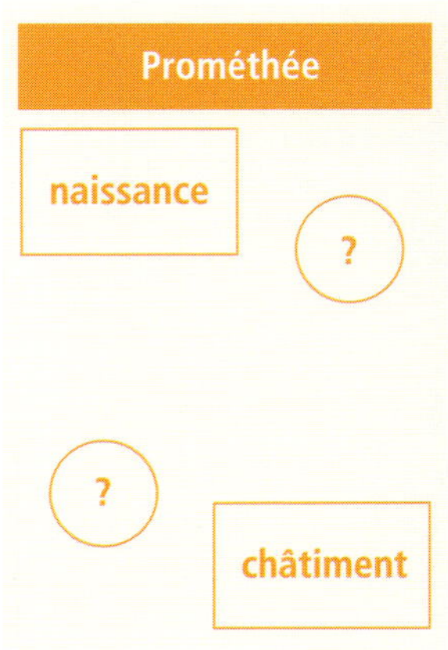

Exemple, un exposé sur :
Prométhée → sa naissance / ses amours
ses exploits / son châtiment
Zeus → ses amours / … / ….
Hercule → …/ … / … / sa mort.
Athéna → sa naissance / … / … / …
Thésée → …/ … / … / son père.
Ulysse → … / … /… / … son retour
Médée → ses pouvoirs magiques / … / … / …

À l'écrit

Quelques conseils pour s'organiser en groupe.

1 *D'abord, il faut définir **le rôle de chacun dans le groupe** : ce rôle peut être tout simplement de traiter une rubrique.*

2 *Lorsque vous aurez réuni des textes et des documents d'illustrations (pensez aussi aux arbres généalogiques pour les dieux…), crayonnez au dos de l'affiche **un brouillon du schéma général** : la **place occupée par chaque illustration**, la **taille donnée au texte**, la place et l'importance du **titre**, …*

3 *Une fois les textes choisis, triés, réécrits, faites-les corriger par le professeur : **pas une faute** ne doit se glisser sur une affiche qui sera lue par tous.*

4 *Chacun devra accomplir sa partie du travail en **laissant l'affiche au collège** : un oubli pénaliserait tout le monde.*

5 *La **présentation** de l'affiche se fait **devant toute la classe** : il faudra donc regarder les camarades, et ne pas lire les yeux baissés les textes déjà écrits. Chacun devra donc avoir préparé quelques phrases pour prendre la parole et présenter sa part de travail.*

LE TRUC EN PLUS !

Une affiche doit être un aussi *bon* travail qu'un *beau* travail :
choisissez des cartons de couleur. Autour de chaque illustration collée, n'hésitez pas à renforcer un cadre noir, ou bien avec des colonnes grecques, des obélisques égyptiens, des lettrines. Le titre peut par exemple imiter l'alphabet grec (*p.154*) : demandez à votre professeur ou au documentaliste !…

QU'EST-CE QU'UNE QUATRIÈME DE COUVERTURE ?

La quatrième de couverture est le dos du livre : les éditeurs y présentent souvent un texte, qui est soit un résumé de l'histoire, soit une « accroche » pour donner envie de lire le livre.

! *Lisez ces deux quatrième de couverture. Quelles sont les différences entre les deux récits proposés ? Lequel préfèreriez-vous lire, et pour quelles raisons ?*

Émile Genest, *Contes et légendes mythologiques :*
Vous les rencontrerez tous : les dieux et les déesses qui ressemblent, malgré leurs extraordinaires pouvoirs, aux pauvres mortels de la Terre ; les héros capables d'accomplir d'impossibles exploits ; les monstres sortis des songes les plus fous, des cauchemars les plus noirs. Ils font galoper notre imagination et n'ont pas fini de peupler nos rêves.

Odile Weulersse, *Le messager d'Athènes :*
À quinze ans, Timoklès ne songe qu'à triompher au gymnase, tandis que sa sœur se révolte d'être enfermée à la maison comme les autres filles d'Athènes. Mais tout, brusquement, va changer. L'exil, un naufrage, des pirates, et aussi leur propre audace, vont les jeter dans de folles aventures à travers la Grèce et jusqu'en Perse… Le « trésor des Athéniens » sera-t-il au bout du voyage ?

Écrire une 4e de couverture

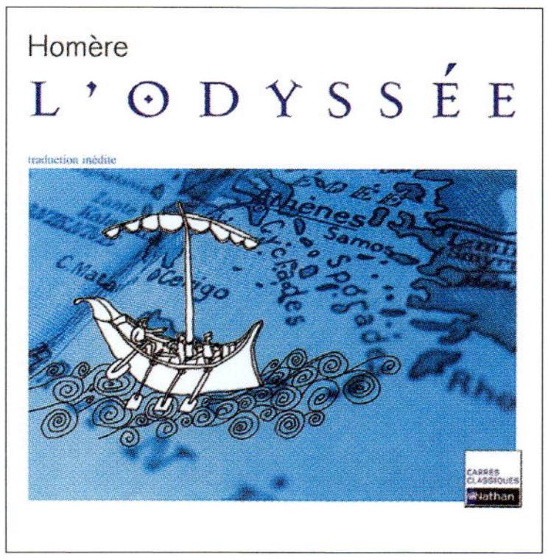

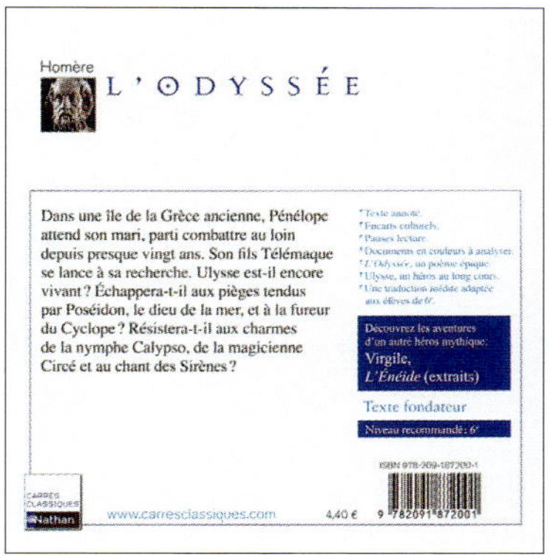

En parcourant à nouveau les textes de votre manuel, tirés des aventures d'Ulysse, composez vous-même la 4e de couverture de l'*Odyssée*. Pour vous aider, vous pouvez, en plus, vous inspirer des différentes éditions, complètes ou abrégées, probablement présentes dans votre CDI.

B 2i MENER UNE RECHERCHE ICONOGRAPHIQUE SUR INTERNET

Rubens
605 x 700 - 61 ko - jpg
www.latribunedelart.com

En cliquant sur l'onglet « Images » de votre moteur de recherches, les liens que vous obtenez sont exclusivement des vignettes qui proposent une illustration répertoriée sur Internet.

a *Effectuez une recherche d'images portant sur Prométhée : cinq informations sont contenues avec les vignettes : l'auteur (ici du tableau), la dimension en pixels, le « poids » du document, son type de format, et le site sur lequel il est répertorié.*

b *Pour trois images que vous choisirez, notez ces cinq caractéristiques.*

c *Après avoir imprimé l'illustration au format voulu, pensez à noter, sous la vignette collée sur l'affiche, le site dont l'image est tirée.*

René Magritte, *L'Image en soi*, 1961, huile sur toile, Fondation Menil, Anvers, Belgique.

9 – Premiers pas sur les planches
Qu'est-ce que le théâtre ?

> PARCOURS TEXTES ET IMAGES

Et si les auteurs nous parlaient ?
C. Goldoni, E. Labiche, J. Tardieu

1 identifier les indications de mise en scène
2 analyser le jeu des comédiens
3 étudier la situation de communication
4 comprendre que le théâtre est un spectacle
5 construire le bilan

Toujours d'actualité *Le spectacle est dans la rue !*
Enquêt'art *Les lieux de théâtre*

> ENTRAÎNEMENT

Mieux connaître les mots

S'exercer pour l'oral
dire un texte de théâtre
S'exercer pour l'écrit
rédiger un dialogue

> ÉVALUATION

Lire l'image

Regardez bien
– Pourquoi cette œuvre est-elle étrange ?
– Qu'est-ce qui évoque le rêve ?

Regardez mieux
– Sommes-nous placés devant ou derrière les rideaux ?

GRAMMAIRE DU PARCOURS

Les classes de mots : les déterminants articles (Texte 4)
La phrase : phrase verbale et non verbale (Texte 1) – la phrase négative (Texte 3) – les phrases exclamative et interrogative (Texte 2)
Le verbe : le présent de l'indicatif (Textes 2 et 4) – le présent de l'impératif (Textes 1 et 3) – infinitif et groupes de verbes (Texte 2)

Carlo Goldoni, on dit que vous êtes un « Molière » italien...

J'admirais Molière mais ne prétendais nullement l'imiter ! Mon objectif était d'apporter un nouveau théâtre en Italie, comme Molière l'avait fait en France. Né en 1707 à Venise, je suis d'abord fidèle aux traditions théâtrales, puis j'impose petit à petit de nouvelles idées : en 1750, dans la pièce Pamela, *les comédiens jouent pour la première fois sans masques couvrant leurs visages ! Et mes pièces comportent de nombreux personnages féminins qui prennent en main leur avenir ! Arrivé en France en 1762 où je passe mes trente dernières années, je présente au roi Louis XV ma réforme du théâtre. Les lumières de ma vie s'éteignent en 1793.*

Eugène Labiche,

peut-on vous caractériser comme un « maître du rire » ?

Un « maître du rire » ? Il est vrai que j'ai été l'auteur, depuis l'âge de vingt-deux ans et jusqu'en 1877, de cent soixante-treize pièces, toutes plaisantes et légères. Le succès de mes pièces tient avant tout aux folles poursuites, comme dans Un chapeau de paille d'Italie, *aux rencontres imprévues, par exemple dans* Le Voyage de Monsieur Perrichon, *aux dialogues comiques, aux chassés-croisés*[1] *amoureux. Oh, mais je viens de vous délivrer tous mes secrets ! Quelques années après mon entrée à l'Académie française, je quitte la scène de la vie en 1888.*

1. **Chassés-croisés** : changements rapides de situation.

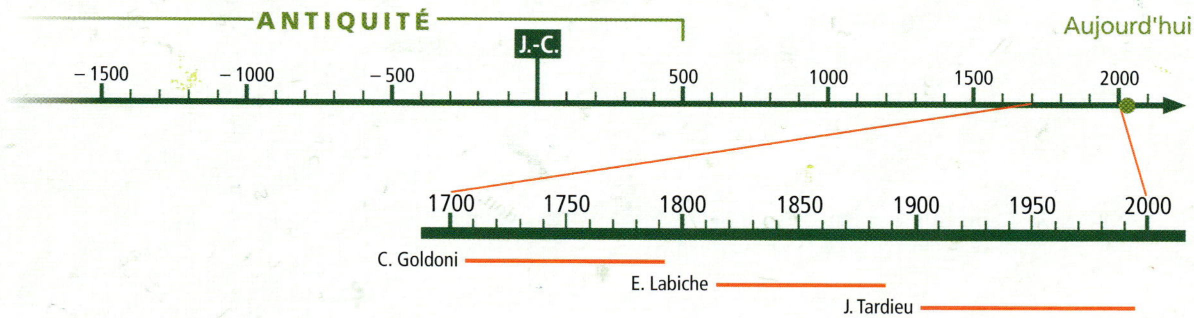

Jean Tardieu, pour vous, le théâtre est-il un immense laboratoire ?

Le théâtre, oui... mais la poésie aussi ! Ce sont de vrais « laboratoires » car tous deux m'ont permis de faire des expériences sur le langage. Vous savez, j'ai d'abord travaillé dans l'édition, puis à la Radiodiffusion nationale, la « radio » pour le dire simplement. J'ai donc développé mon œuvre dans différentes directions, m'essayant surtout à la poésie et au théâtre. Jusqu'à ma mort, en 1995, mon but a été de faire bouger les mots, les allumer, les éteindre, les forcer à produire des étincelles jamais vues. Et je crois que j'y suis parvenu...

Robert Doisneau, photographie de Jean Tardieu, 1944.

1 Identifier les indications de mise en scène

Un départ mouvementé

Eugène Labiche : p. 202.

ACTE I, SCÈNE 1 – MARJORIN, UN EMPLOYÉ DU CHEMIN DE FER, VOYAGEURS, COMMISSIONNAIRES[1]

La gare du chemin de fer de Lyon, à Paris. Au fond, barrière ouvrant sur les salles d'attente. Au fond, à droite, guichet pour les billets. Au fond, à gauche, bancs, marchande de gâteaux ; à gauche, marchande de livres.

MARJORIN, *se promenant avec impatience.* – Ce Perrichon n'arrive pas ! Voilà une heure que je l'attends... C'est pourtant bien aujourd'hui qu'il doit partir pour la Suisse avec sa femme et sa fille... *(Avec amertume[2].)* Des carrossiers[3] qui vont en Suisse ! des carrossiers qui ont quarante mille livres de rente ! des carrossiers qui ont voiture ! Quel siècle ! Tandis que, moi, je gagne deux mille quatre cents francs... un employé laborieux[4], intelligent, toujours courbé sur son bureau... Aujourd'hui, j'ai demandé un congé... j'ai dit que j'étais de garde. Il faut absolument que je voie Perrichon avant son départ... je veux le prier de m'avancer mon trimestre... six cents francs ! Il va prendre son air protecteur... faire l'important !... un carrossier ! ça fait pitié ! Il n'arrive toujours pas ! On dirait qu'il le fait exprès ! *(S'adressant à un facteur qui passe suivi de voyageurs.)* Monsieur, à quelle heure part le train direct pour Lyon ?...

LE FACTEUR[5], *brusquement.* – Demandez à l'employé.

Il sort par la gauche.

MARJORIN. – Merci... manant[6] ! *(S'adressant à l'employé qui est près du guichet.)* Monsieur, à quelle heure part le train direct pour Lyon ?...

L'EMPLOYÉ, *brusquement.* – Ça ne me regarde pas ! Voyez l'affiche.

Il désigne une affiche à la cantonade[7] à gauche.

MARJORIN. – Merci... *(À part.)* Ils sont polis dans ces administrations ! Si jamais tu viens à mon bureau, toi !... Voyons l'affiche...

Il sort par la gauche.

Eugène Labiche, *Le Voyage de Monsieur Perrichon*, comédie en quatre actes, acte I, scène 1, 1860.

1. **Commissionnaires :** porteurs de bagages.
2. **Amertume :** sentiment d'injustice.
3. **Carrossiers :** fabricants, vendeurs et réparateurs de voitures à cheval.
4. **Laborieux :** qui travaille beaucoup.
5. **Facteur :** porteur employé par la compagnie de chemins de fer.
6. **Manant :** mot méprisant signifiant « paysan ».
7. **À la cantonade :** en s'adressant à tout le monde.

Eugène Labiche, *Le Voyage de Monsieur Perrichon* (1860), mise en scène de Jean Le Poulain à la Comédie-Française, janvier 1982.

LIRE LE TEXTE

Distinguer paroles et indications de mise en scène

1 *Relevez les indications de mise en scène. Doit-on les dire quand on joue la pièce ?*

2 *Quand on lit le texte, comment les distingue-t-on des paroles ?*

3 *[L. 3 à 6] Relisez la didascalie : combien de phrases compte-t-elle ? S'agit-il de phrases verbales ou non verbales ? Pourquoi ?* *(> Grammaire, fiche 15)*

Analyser les didascalies

4 *Que vous apprend la première didascalie sur le décor ? Relevez tous les éléments utiles.*

5 *Sur quel ton le facteur et l'employé parlent-ils à Majorin ?*

6 *Quel mode verbal utilisent-ils ?* *(> Verbe, fiche 27)*

7 *Au début de la scène, quel personnage le spectateur voit-il ? Quels personnages apparaissent ensuite ?*

8 *Leurs déplacements sont-ils lents ou rapides ? Quels mots nous le font comprendre ?*

Orthographe (> fiche 2)

9 *Cherchez tous les noms propres du texte. Comment les avez-vous identifiés ?*

Vocabulaire (> fiche 41)

10 *[L. 10] Connaissez-vous d'autres métiers formés avec le suffixe* -ier, *comme* « carrossier » *? Aidez-vous de cette information pour retrouver le métier lié aux perruques et celui lié aux costumes.*

> Expression écrite

– Recopiez les lignes 1 à 21 du texte en conservant les paroles et en modifiant toutes les didascalies.

– Vous situerez l'action dans un aéroport et Marjorin demandera à la fin de sa réplique : « À quelle heure part l'avion pour Lyon ? »

– Vous modifierez les didascalies existantes.

– Vous ajouterez des didascalies supplémentaires.

– Vous respecterez l'écriture des didascalies en employant :
- des phrases courtes ;
- des phrases verbales et non verbales ;
- des parenthèses.

Lire l'image

– Relisez la première didascalie : le décor proposé est-il fidèle aux indications du texte ?

– Quels détails indiquent que l'action ne se déroule pas à notre époque ?

L'ESSENTIEL

> Le texte d'une pièce de théâtre est composé des paroles des personnages et d'indications de mise en scène concernant :
– le **décor** : lieu, époque, accessoires ;
– les **comédiens** : gestes, sentiments, intonations ;
– le déroulement de la **pièce** : actes, scènes, entrée des personnages.

> Ces indications sont les lignes écrites en italique. On les appelle **didascalies**.

> Quand la pièce est jouée, les personnages **ne les prononcent pas**.

2 Analyser le jeu des comédiens

Quelle heureuse rencontre !

Jean Tardieu : p. 203.

PERSONNAGES
MONSIEUR A, *quelconque. Ni vieux, ni jeune.*
MADAME B, *même genre.*

Monsieur A et Madame B, personnages quelconques mais pleins d'élan (comme s'ils étaient toujours sur le point de dire quelque chose d'explicite), se rencontrent dans une rue quelconque, devant la terrasse d'un café.

MONSIEUR A, *avec chaleur.* – Oh ! chère amie. Quelle chance de vous...

MADAME B, *ravie.* – Très heureuse, moi aussi. Très heureuse de... vraiment oui !

MONSIEUR A. – Comment allez-vous, depuis que ?...

MADAME B, *très naturelle.* – Depuis que ? Eh bien ! J'ai continué, vous savez, j'ai continué à...

MONSIEUR A. – Comme c'est !... Enfin, oui vraiment, je trouve que c'est...

MADAME B, *modeste.* – Oh ! N'exagérons rien ! C'est seulement, c'est uniquement... Je veux dire : ce n'est pas tellement, tellement...

MONSIEUR A, *intrigué, mais sceptique*[1]. – Pas tellement, pas tellement, vous croyez ?

MADAME B, *restrictive.* – Du moins, je le... je, je, je... Enfin !...

MONSIEUR A, *avec admiration.* – Oui, je comprends : vous êtes trop, vous avez trop de...

MADAME B, *toujours modeste, mais flattée.* – Mais non, mais non : plutôt pas assez...

MONSIEUR A, *réconfortant.* – Taisez-vous donc ! Vous n'allez pas nous... ?

MADAME B, *riant franchement.* – Non ! Non ! Je n'irai pas jusque-là !

Un temps très long. Ils se regardent l'un l'autre en souriant.

Jean Tardieu, *Finissez vos phrases ! ou Une heureuse rencontre*, dans *La Comédie du langage*, éditions Gallimard, 1987.

1. **Sceptique :** qui doute.

LIRE LE TEXTE

Dit et non-dit

1 *Que pouvez-vous dire des phrases de Monsieur A et Madame B ? Quel est le sujet de leur conversation ? Aidez-vous du titre de la pièce.*

2 *À partir de la ligne 14, relevez toutes les phrases négatives. (> Grammaire, fiche 18) Les personnages se comprennent-ils ?*

3 *Complétez la phrase suivante en choisissant a, b, ou c : « Les points de suspension signifient que… »*
a la conversation n'intéresse pas les personnages ;
b les personnages n'ont pas le vocabulaire suffisant ;
c les personnages sont en colère.

Le rythme

4 *Quelle est la longueur des répliques ?*

5 *À votre avis, les points de suspension marquent-ils un temps d'attente ou faut-il au contraire enchaîner très vite les répliques ?*

Le jeu des comédiens

6 *Relevez et classez les indications scéniques en deux colonnes (Monsieur A / Madame B). Concernent-elles le ton ou les gestes ?*

7 *[L. 14 à 26] Identifiez et relevez les verbes employés au mode impératif. Justifiez l'emploi de ce mode. (> Verbe, fiche 27)*

8 *Sur quoi le comédien doit-il s'appuyer pour jouer le personnage ?*

Orthographe (> fiche 33)

9 *Relevez dans le texte cinq mots différents qui sont élidés. Quelle est leur orthographe complète ?*

Vocabulaire (> fiche 45)

10 *Relevez dans le texte les verbes servant à exprimer une opinion. En connaissez-vous d'autres ?*

> Expression écrite

– [L. 5 à 15] Réécrivez le dialogue en complétant les phrases.
– Relisez bien le texte pour que vos ajouts soient logiques et vraisemblables.

Lire l'image

– Quel sentiment la comédienne exprime-t-elle sur chacune des photographies ?
– De quelle(s) partie(s) de son visage et de son corps se sert-elle ?

L'ESSENTIEL

> Sur scène, les personnages prononcent des paroles, qui s'appellent des **répliques**. Le nom du personnage est indiqué avant chaque réplique.

> Le comédien module **sa voix** et **ses intonations** selon les indications données par la ponctuation et les didascalies.

> Pour **devenir le personnage**, il doit aussi **s'exprimer** avec **son corps** à travers :
– les mimiques de son visage ;
– ses gestes et des déplacements dans l'espace.

3 Étudier la situation de communication

Une entrée en scène surprenante

Carlo Goldoni :
p. 202.

Sur la scène se trouvent Silvio, le Docteur, Clarice et Pantalon. Silvio, le fils du docteur Lombardi, et Clarice, la fille de Pantalon, s'aiment et veulent se marier. Sméraldine est la servante de Clarice. L'action se déroule à Venise.

ACTE I, TABLEAU 1
L'« altane » – c'est-à-dire la terrasse supérieure – de la maison de Pantalon.
[...]
Arlequin entre avec Sméraldine.

ARLEQUIN. – Je fais ma très humble révérence à toutes Vos Seigneuries. Oh ! quelle noble compagnie ! Oh ! quelle belle société !

PANTALON, *à Arlequin.* – Qui êtes-vous, mon ami ? Que désirez-vous ?

ARLEQUIN, *à Pantalon, montrant Clarice.* – Qui est cette gracieuse dame ?

PANTALON. – C'est ma fille.

ARLEQUIN. – Je m'en réjouis fort.

SMÉRALDINE, *à Arlequin.* – Et, de plus, elle est fiancée.

ARLEQUIN, *à Sméraldine.* – J'en suis bien aise. Et vous, madame, qui êtes-vous ?

SMÉRALDINE. – Je suis la femme de chambre de madame, monsieur.

ARLEQUIN. – Je m'en congratule[1].

PANTALON. – Allons, monsieur, assez de cérémonies ! Que nous voulez-vous ? Qui êtes-vous ? Qui vous envoie ?

ARLEQUIN. – Doucement, doucement, au pas, au pas ! Trois questions d'un seul coup, c'est trop pour un pauvre homme.

PANTALON, *bas, au docteur.* – Je crois que ce garçon est un niais.

LE DOCTEUR, *bas, à Pantalon.* – Il m'a plutôt l'air d'un farceur.

Carlo Goldoni, *Arlequin valet de deux maîtres* (1745), traduction de Michel Arnaud, éditions de L'Arche, 1961.

1. **Se songratuler :** se féliciter.

Carlo Goldoni, *Arlequin, valet de deux maîtres*, mise en scène de Jean-Louis Thamin au Théâtre Silvia-Monfort, Paris, mars 1993.

LIRE LE TEXTE

Une entrée en scène remarquée

1 *Quels personnages font leur entrée sur scène ?*

2 *Lequel des deux se fait remarquer ? Comment ?*

3 *Ce personnage est-il important pour la pièce ?*

4 *Dans l'extrait, le verbe « être » est-il employé comme auxiliaire ? Relevez trois formes différentes de ce verbe. Pourquoi est-il si souvent répété ?* *(> Verbe, fiches 19 et 20)*

La situation de communication

5 *Ce texte est composé de 13 répliques ; que nomme-t-on une réplique ?*

6 *Quels sont les deux personnages présents qui ne parlent pas ?*

7 *[L. 24 et 25] À qui les personnages s'adressent-ils quand ils parlent bas? Le public les entend-il ?*

8 *Relevez les phrases interrogatives et exclamatives prononcées par Arlequin* *(> Grammaire, fiches 16 et 17)*

9 *Illustrez avec une réplique chaque situation de communication proposée :*

Arlequin	*pose une question qui s'adresse*	*uniquement à Pantalon :* ....
		uniquement à Sméraldine : ....
	est le destinataire de la question posée :	....
	n'entend pas la réplique :	....

Orthographe (> fiche 37)

10 *Relevez dans le texte un nom comportant une cédille puis six autres mots dans lesquels la lettre c̲ se prononce [s].*

Vocabulaire (> fiche 47)

11 *Pour s'amuser, Arlequin emploie parfois un niveau de langue soutenu. Relevez deux exemples dans le texte. Transposez ces exemples en langage courant.*

> Expression orale

Lisez le texte à plusieurs :
– répartissez les rôles à l'avance ;
– changez le ton de votre voix pour bien faire comprendre les apartés et les différents sentiments des personnages.

Lire l'image

– Qui pourraient être les deux personnages ?
– Quelles répliques du texte conviendraient aux gestes des personnages ?

L'ESSENTIEL

- Sur scène, les personnages s'adressent à la fois aux autres personnages présents sur scène et aux spectateurs. On dit que **la situation de communication est double**.
- Lorsque plusieurs personnages parlent ensemble, c'est un **dialogue**. Lorsque le personnage parle seul sur scène, c'est un **monologue**.
- Un **aparté** est une réplique prononcée « à part », pour que certains personnages ne l'entendent pas.

4 Comprendre que le théâtre est un spectacle

Ami avec un poisson

Georges Courteline (1858-1929) : Il est considéré comme le Molière du XXe siècle. Aves ses courtes pièces, il fait rire de l'homme et de ses défauts.

Monsieur Pommade a domestiqué un poisson qu'il s'amuse à pêcher et à remettre à l'eau à longueur de journée. Un matin, il reçoit la visite d'un certain M. Garrigou…

À l'aube au bord de l'eau.

MONSIEUR POMMADE, *apprêtant sa ligne.* – Diable! le vent est au nord, ce matin. N'étaient les conditions[1] dans lesquelles j'opère, je ferais une fichue pêche. Heureusement... *(Il lance sa ligne. Le bouchon plonge immédiatement. Il tire vivement et amène un barbillon[2].)* Et d'un ! *(Il délivre le poisson et le rejette à l'eau. Ceci fait, il relance sa ligne. Même jeu que précédemment, et réapparition du même barbillon.)* Et de deux ! *(Le barbillon, redélivré, est remis à l'eau, puis repêché.)* Et de trois ! *(Même jeu.)* Et de quatre ! *(Même jeu encore.)* Et de cinq !

Arrive M. Garrigou, drapé dans un épervier[3]. Attirail de pêcheur farouche. Cinq lignes de longueurs inégales. Il a une épuisette sous le bras et un seau plein d'eau à la main. Il dépose son matériel, s'installe, les jambes ouvertes, dans l'herbe, et ouvre une boîte d'hameçons.

MONSIEUR POMMADE, *qui l'a regardé faire, avec un étonnement croissant.* – Eh là, l'homme ! *(M. Garrigou dresse le nez.)* Vous n'avez·sans doute pas, je pense, la prétention de toucher à mon bras ?

MONSIEUR GARRIGOU. – Votre bras !... Quel bras ?

MONSIEUR POMMADE. – Mon bras de rivière. […] Voulez-vous bien me ficher le camp, et plus vite que ça ! […]

MONSIEUR GARRIGOU. – Et à cause de quoi, que je m'en irais ? L'eau est à tout le monde, peut-être.

MONSIEUR POMMADE. – L'eau, c'est possible, mais pas le poisson. *(Étonnement de M. Garrigou.)* Je ne dis pas le poisson de rivière, naturellement : je dis le poisson de mon bras. […] vous n'avez pas l'air de me croire quand je dis que le poisson est à moi. […] Il faut que vous soyez le rebut[4] du genre humain pour oser dire une chose pareille, que ce poisson-là n'est pas à moi !

MONSIEUR GARRIGOU. – Ah ! mais, dites donc !...

MONSIEUR POMMADE. – Vous n'êtes pas convaincu ? Eh bien, regardez voir un peu. *(Il s'approche de l'eau, se place les mains en cornet sur la bouche et appelle d'une voix retentissante.)* Auguste !

Le barbillon se montre aussitôt et fait de la tête un petit signe amical.

MONSIEUR POMMADE, *qui triomphe.* – Il n'est pas à moi, ce poisson-là ?

Georges Courteline, *Le Bon Pêcheur, La paix chez soi et autres pièces*, 1903.

1. **N'étaient les conditions :** sans les mauvaises conditions.

2. **Barbillon :** petit poisson d'eau douce.

3. **Épervier :** filet de pêche en forme de cône.

4. **Rebut :** déchet.

Josiane Balasko, *Tout le monde aime Juliette*, mise en scène de l'auteur, Théâtre du Splendid, février 2009.

LIRE LE TEXTE

Vous êtes décorateur

1 *Où la scène se passe-t-elle ? Notez les deux éléments du décor donnés par les didascalies [l.1 et l. 11 à 15].*

2 *Le décor est-il facile à représenter sur scène ? Pourquoi ?*

3 *[L. 11 à 15] Relevez le temps et le groupe des verbes. Pourquoi l'auteur utilise-t-il ce temps pour rédiger les didascalies ?* *(> Verbe, fiche 20)*

Vous êtes accessoiriste

4 *[L. 1 à 15] Relevez les accessoires énumérés.*

5 *[L. 11 à 15] De quelle catégorie d'article chaque accessoire est-il précédé ? Ces articles indiquent-ils un accessoire précis ou plus général ?* *(> Grammaire, fiche 3)*

Vous êtes ingénieur son et lumières

6 *Quels bruits pourraient accompagner le jeu du poisson pêché et repêché par Monsieur Pommade ? Comment les feriez-vous entendre : grâce à des instruments ? des bruitages ? des sons pré-enregistrés ?*

7 *Quel éclairage choisiriez-vous pour représenter* « l'aube » *?*

Orthographe (> fiche 42)

8 *[L. 13]* « Il dépose son matériel » *: quelle est la classe grammaticale de* « son » *?*
Trouvez des homophones à ce mot mais appartenant à une autre classe grammaticale.

Vocabulaire (> fiche 45)

9 *Relevez les mots appartenant au champ lexical de la pêche.*

> Expression orale

Apportez en classe un accessoire du quotidien (stylo, brosse à cheveux…).
Jouez avec lui en l'utilisant au choix :
– de manière inhabituelle ;
– ou tour à tour avec des émotions différentes (colère, joie, surprise, tristesse, fatigue…).

Lire l'image

– Observez les éléments du décor : lesquels sont en volume ? Lesquels sont peints ?
– Quelles indications sur le lieu nous donnent-ils ?

L'ESSENTIEL

> Pour donner vie au texte, le **metteur en scène** s'appuie sur différents éléments présents ou non dans le texte de l'auteur :
– le **décor** ;
– les **accessoires** ;
– les **costumes** ;
– la **musique**, les **sons** ;
– la **lumière**.

> Le metteur en scène **dirige** aussi **les comédiens** qui joueront devant le public. Absent sur scène lors de la représentation, il conduit les répétitions.

5 Construire le bilan sur le théâtre

L'ours

Dans la scène précédente, le comédien Piégelé a demandé à Lapotasse de jouer le rôle d'un ours. Le scénario est le suivant : Piégelé doit tirer un coup de fusil sur Lapotasse, qui doit alors tomber mort. La représentation commence mais rien ne se passe comme prévu.

SCÈNE 2 (ET FINALE) – L'OURS, PIÉGELÉ

La scène. Le décor représente une forêt vierge.

[...] *Entrée de l'ours. Mouvement dans la salle.*

L'OURS. – Hoû ! Hoû ! Hoû !

PIÉGELÉ, *jouant*. – Que vois-je, un ours ! À moi, mon bon rifle[1] de Tolède[2] !

Il ajuste[3] l'ours et presse du doigt la gâchette. Le fusil rate[4]. Rires dans la salle.

L'OURS. – Hoû ! Hoû !

PIÉGELÉ, *improvisant*. – Attends, lâche animal ! Ah ! tu crois me faire peur ! Peur à moi !... l'intrépide. Hernandez ! *(Il ajuste l'ours de nouveau.)* Meurs donc !

Il presse la gâchette. Le fusil rate une seconde fois. Rires énormes dans le public.

L'OURS, *à part*. – Ah, diable ! Je ne sais plus quoi faire, moi.

PIÉGELÉ, *exaspéré et ne voulant pas manquer son effet*. – Ah ! C'est ainsi ! et mon arme fidèle me trahit à l'heure du danger !... *(Il empoigne l'arme par le canon[5] et assène[6] sur la tête de l'ours un formidable coup de crosse).* Meurs !

L'OURS. – [...] Qu'est-ce que je prends ! [...] J'en ai la mâchoire détraquée et la gueule comme une tomate.

Georges Courteline, *L'Ours, la Paix chez soi et autres pièces*, 1903.

1. **Rifle :** carabine.
2. **Tolède :** ville d'Espagne célèbre pour ses armes.
3. **Ajuste :** vise.
4. **Le fusil rate :** le coup ne part pas.
5. **Canon :** partie du fusil par où sort la balle.
6. **Il assène un coup :** il donne un coup violent.

Lisez le texte attentivement, puis répondez aux questions en vous aidant des indices de couleur dans le texte (attention, ce ne sont pas les réponses).

1 *À quoi correspond la phrase écrite en violet ? Comment la nomme-t-on ? À quoi correspond la phrase soulignée ?*

2 *Combien y a-t-il de personnages ?*

3 *[L. 15] À qui s'adresse la parole de l'ours : à Piégelé ? Aux spectateurs ? À lui-même ? Comment s'appelle ce type de réplique ?*

4 *Sur quoi l'élément en rouge renseigne-t-il le metteur en scène ?*

BILAN

- Le texte de théâtre comporte les **paroles** des personnages et des **didascalies**. (→ Texte 1)
- Il est écrit pour être **joué** par des **comédiens** devant un **public**. (→ Texte 2)
- Quand le personnage s'adresse **aux autres personnages** ou qu'il se parle **à lui-même**, il s'adresse aussi **aux spectateurs**. (→ Texte 3)
- Le texte d'une pièce de théâtre devient un **spectacle** grâce à la **mise en scène**. (→ Texte 4)

Le spectacle est dans la rue !

1 Spectacle de rue « Le savoir-vivre »

Compagnie Cirkatomik, Festival international de théâtre de rue d'Aurillac, place de l'Hôtel-de-Ville, août 2002.

2 Spectacle de danse de rue

Parvis du Centre Georges-Pompidou, Paris, 2008.

1 Sur chaque document, où la représentation a-t-elle lieu ? Quels détails des photographies vous permettent de répondre ?

2 S'agit-il de spectacles ayant lieu de nos jours ? Justifiez votre réponse.

3 Le public est-il proche ou loin des artistes ? Est-il confortablement installé ?

> À vous !

– Imaginez que vous mettez en scène dans la cour de votre collège l'un des textes proposés entre les pages 204 à 212.

– Où vont s'asseoir les élèves spectateurs : autour des comédiens, sur le devant, par terre ?

– Comment transformer le lieu (les arbres, le préau…) en éléments de décor ?

LES LIEUX DE THÉÂTRE

> *Le théâtre réunit en un même espace les comédiens et les spectateurs. Les espaces ont varié au cours du temps.*
> *Entrez dans la magie du théâtre et observez les différents types de lieux théâtraux…*

OUVRONS L'ENQUÊTE

Le mot « théâtre » vient du grec theatron, *qui signifie « le lieu où l'on regarde » : il comporte donc toujours un espace pour les spectateurs qui regardent, et un espace pour les comédiens qui sont regardés.*

Document 1 Yann-Arthus Bertrand, hémicycle du théâtre antique d'Épidaure, v^{e}-vi^{e} siècles avant J.-C., en Grèce, photographie.
Le théâtre d'Épidaure est l'un des mieux conservés de la Grèce antique.

Dans l'hémicycle antique :
1 Où se trouve le public ?
2 Où est la scène ?
3 Sur quoi sont assis les spectateurs ?
4 Quels sont les avantages et les inconvénients d'un théâtre en plein air ?

LEXIQU'ART

Hémicycle (n. m.) : *construction en demi-cercle. Les théâtres antiques grecs sont construits en hémicycle ; cette forme servira de modèle à la plupart des théâtres occidentaux.*

Théâtre à l'italienne (n. m.) : *salle souvent richement décorée, en forme de fer à cheval.*

COMPLÉMENT D'ENQUÊTE

Observez

1 *Quelle forme de théâtre identifiez-vous pour chaque document ?*

2 *Comparez les documents.*
– Où se trouve la scène ? Comment est-elle délimitée ?
– Comment les sièges sont-ils disposés ?

Exprimez vos sentiments

3 *Vous allez au spectacle et vous êtes en tenue de soirée. Choisissez-vous la salle du document 2 ou celle du document 3 ? Pourquoi ?*

Interprétez

4 *Ces lieux ont-ils des inconvénients ou des avantages par rapport au théâtre d'Épidaure (doc. 1) ?*

5 *Qu'est-ce qui transporte les spectateurs dans un « autre monde » : le spectacle ? le lieu ? les deux ? Pourquoi ?*

Document 2 Opéra du Palais-Garnier, Paris.

Document 3 Salle de spectacle L'Olympia, Arcachon.

RAPPORT D'ENQUÊTE

> Le théâtre est d'abord un lieu où se déroule une **représentation** à laquelle assistent des spectateurs.
> La **scène** est souvent séparée de la **salle** par un rideau.
> Aujourd'hui, le **public** participe de plus en plus au spectacle et les échanges entre la scène et la salle sont fréquents.

ÉTYMOLOGIE – Racines grecques et latines

Comprendre

1 *Retrouvez, à partir des racines grecques et latines ci-dessous, les mots qui se rapportent à l'univers théâtral.*

Racines grecques
- a drama = *l'action : …*
- b didaskalos = *l'enseignant : les …*
- c skênê *: la …*
- d theatron = *le lieu où l'on regarde : le …*

Racines latines
- e decorare = *orner : le …*
- f gradus = *marche : les …*
- g replicare = *renvoyer ; refléter : les …*
- h spectare = *regarder : les …*

Observer

> *La racine grecque* logos *signifie « discours ».*

2 *Donnez une définition des mots de la colonne de gauche en vous aidant de la colonne de droite et d'un dictionnaire.*

monologue	dia : *au travers, entre*
dialogue	epi : *sur, au-dessus*
épilogue	mono : *un seul*
prologue	pro : *avant*

3 *Complétez ensuite les phrases suivantes :*
- a *Aucun n'écoute l'autre : la discussion entre les deux personnages n'est qu'un … de sourds !*
- b *Les contes se terminent souvent par un mariage. Parfois l' … précise si les mariés eurent des enfants.*
- c *Le vieil avare gâteux et tout seul s'est lancé dans un long …*

JOUONS AVEC LES MOTS – Sens propre et sens figuré

4 *Complétez les expressions en vous aidant des mots illustrés en images. Cherchez ensuite la définition de chaque expression.*

a *le côté … de la scène*

b *le côté … de la scène*

c *le lever de …*

d *un … de théâtre*

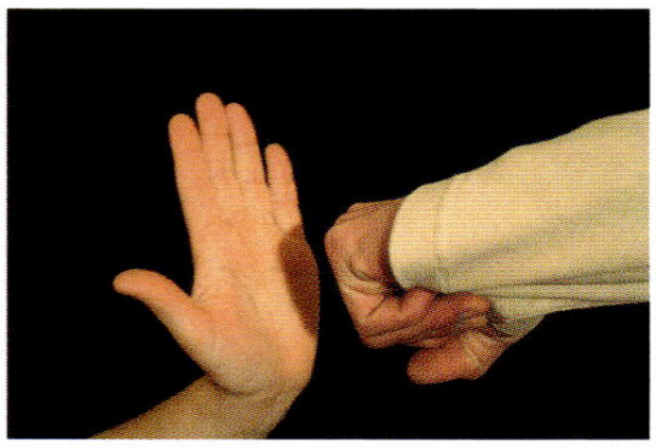

e *monter sur les …*

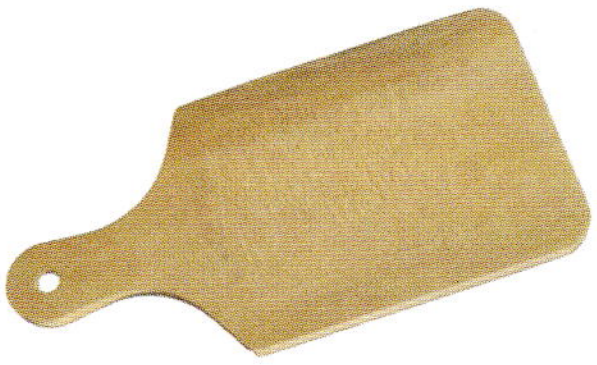

f *être sous les …*

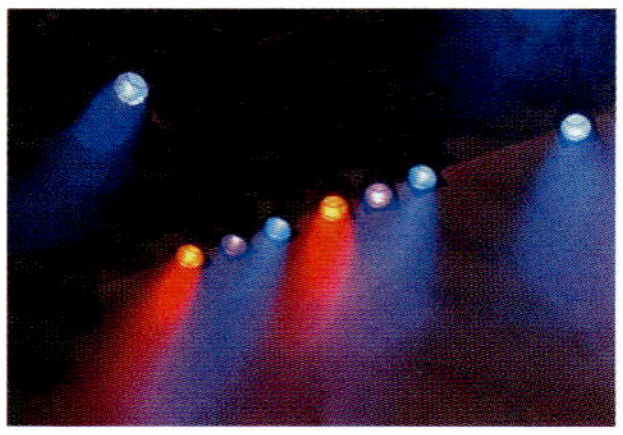

ENRICHIR SON VOCABULAIRE – Connaître du vocabulaire technique

> *Dans une salle de théâtre, les éléments sont désignés par des termes bien spécifiques. Regardez sur le schéma ci-dessous le numéro correspondant à chaque spectateur et replacez-le au bon endroit dans les phrases suivantes :*

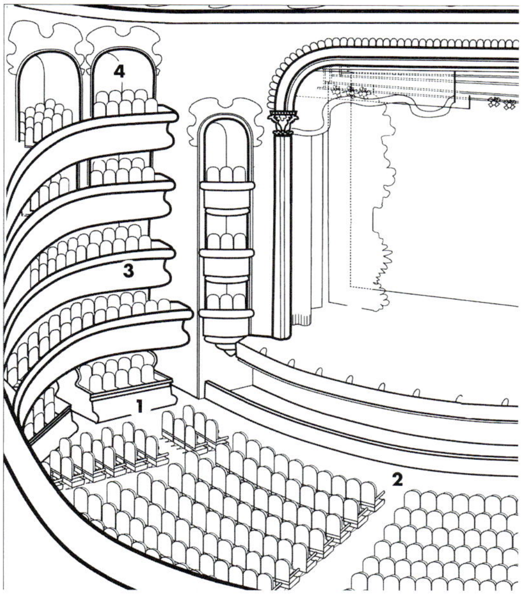

Plan en coupe d'un théâtre.

*a Madame A a choisi une place **à l'orchestre** : n° …*

*b Son mari, arrivé en retard au guichet, a acheté une place **au poulailler** : n° …*

*c Monsieur B a préféré une place **en baignoire** : n° …*

*d Mademoiselle C est **au deuxième balcon** : n° …*

Des mots pour lire l'image – Le trompe-l'œil

*Par le procédé du **trompe-l'œil**, une peinture peut donner l'**illusion du relief**. L'œil du spectateur n'arrive plus à distinguer ce qui est **réel** et ce qui est **peint**, ce qui est en relief et ce qui est plat.*

1 Sur cette photo, quels sont les éléments en relief faisant partie de l'architecture du bâtiment ?
2 Qu'est-ce qui est peint en trompe-l'œil ?

Trompe-l'œil sur la façade du palais des Papes, à Avignon (ville du célèbre festival).

Dire un texte de théâtre

CONSEIL
Pour être audible et compréhensible, faites attention à articuler et à parler suffisamment fort.

1 *Contrôler sa diction*

MONSIEUR. – Alors là, minute. C'est moi qui pose les questions. Ma femme, elle dort. Ma pauvre femme, elle dort. Elle ne flotte pas comme un grand lit, non : elle a plongé. Vous ne le croiriez pas : elle cherchait chon chien. Cherche. Cherche. Réchultat : la tête au fond de la baignoire, et ses fèches ! Monchieu, pardechus tête ! Vous auriez vu son pochtérieur ! Cha valait le chpectacle ! Trois échoiles ! Chon pot ! Le cachino de Paris ! Ch'en chuis encore tout chtupéfait ! Chon derche ! Chut ! Chut ! Chtupéfait, moi, un chlic !

Roland Dubillard, *Les Crabes ou les Hôtes et les hôtes*, Gallimard Jeunesse, 1971.

– Quatre coquets coqs croquaient quatre craquantes coquilles.
– Trois tortues trottaient sur trois trottoirs étroits.
– Je veux et j'exige d'exquises excuses.
– Il est absurde qu'elle absorbe ce sorbet de la sorte.

a Repérez quelles consonnes sont répétées dans chaque phrase afin d'identifier les difficultés de prononciation.
b Cherchez ce que signifie chaque phrase ci-dessus avant de la prononcer plusieurs fois.
c Entraînez-vous à répéter de plus en plus vite et sans vous tromper ces formules qui font fourcher la langue.
d Quels sont les mots du texte de gauche qui ont été « contaminés » par un « chien » ?
e Lisez à voix haute ce texte tel qu'il est écrit et sans vous tromper.

2 *Varier le rythme et le niveau sonore*

La carte

Un et Deux la lisent ensemble et alternativement.

La terrine du chef
Le pied du chef
Le museau du chef
L'œil du chef
Les turqueries farcies à la grecque [...]
Le bœuf en tube
Le changement de garniture
Le dentier neuf pommes pont neuf
Le cure-dent du chef
Le paf du chef selon grosseur
Non ! le pif du chef
Non ! le pouf du chef
Non ! le pif paf pouf du chef
Le cornichon maison
La maison du chef
La gueule du client
Les fruits du labeur
Le café turc
Le qu'a pas fait exprès
La table garnie
Les sièges
Le restaurant
Les bougies
La carpette
Maison du chef

Roland Dubillard, « Au restaurant », *Le Gobe-douille et autres diablogues*, Gallimard, 1998.

f Jouez le sketch à deux en respectant la didascalie.
g Amusez-vous à réciter le menu avec un débit lent, normal, rapide, très rapide.
h Récitez-le de plus en plus fort : en chuchotant, en murmurant, en parlant normalement, en parlant avec force.

Rédiger un dialogue

CONSEIL
Avant de vous entraîner, relisez la leçon sur les niveaux de langue (> Vocabulaire, fiche 47) et les types de phrase (> Grammaire, fiches 16 et 17).

> *Voici un extrait d'une pièce de Molière (XVIIe siècle) et une réécriture contemporaine.*

[Texte A]

GÉRONTE. – Eh bien, Scapin, comment va l'affaire de mon fils ?

SCAPIN. – **Votre fils, Monsieur, est en lieu de sûreté ; mais vous courez maintenant, vous, le péril le plus grand du monde**, et je voudrais pour beaucoup que vous fussiez dans votre logis.

GÉRONTE. – **Comment donc ?** [...]

SCAPIN. - Attendez. **Voici une affaire que je me suis trouvée fort à propos pour vous sauver.** Il faut que vous vous mettiez dans ce sac, et que...

GÉRONTE, *croyant voir quelqu'un.* – Ah !

SCAPIN. – Non, non, non, non, ce n'est personne. Il faut, dis-je, que vous vous mettiez là-dedans, **et que vous vous gardiez de remuer en aucune façon.**

Molière, *Les Fourberies de Scapin*, acte III, scène 2, 1671.

[Texte B]

BEN. – Salut mon pote . <u>C'est pas trop tôt !</u> <u>Ça fait une plombe que je poireaute !</u> T'as des nouvelles de mon fiston ?

BOB. – Te bile pas, ça baigne pour lui. Mais toi, fais gaffe, sinon tu risques d'avoir une tuile. **Crois-moi, t'as intérêt à te casser en vitesse.**

BEN. – Tu débloques... <u>c'est pas possible !</u>

BOB. – <u>Arrête de flipper !</u> Fais-moi confiance, j'ai un plan en béton. **File sur le parking, prends ma caisse et va te planquer chez moi. Je te rejoins cet aprem'.**

BEN. – <u>T'es dingue !</u> <u>J'ai la trouille qu'on me retrouve !</u>

BOB. – <u>Ça suffit maintenant !</u> Tu ferais mieux de te grouiller.

1 *Adapter les niveaux de langue*

> *Les personnages qui prennent la parole s'expriment différemment en fonction de la situation, de leur âge et de leur milieu.*

a Quel est le niveau de langue employé dans le texte A ? Dans le texte B ?
D'après les dialogues, quelle est la relation entre les personnages de chaque scène ?
b Transposez les phrases en caractères gras dans un autre niveau de langue.

2 *Analyser des émotions*

> *La phrase exclamative exprime les émotions.*

Parmi les phrases exclamatives soulignées dans le texte B, repérez puis recopiez :
– une phrase exclamative exprimant la colère ;
– une phrase exclamative exprimant la crainte.

3 *Rédiger un dialogue de théâtre*

Vous rédigerez sous forme de dialogue théâtral une conversation téléphonique entre un enfant et une personne de sa famille à propos d'un anniversaire. À vous d'inventer la situation.
Vous serez très attentif à la logique de la conversation et utiliserez :
– un niveau de langue courant ;
– au moins trois interjections parmi les suivantes :
« Zut ! Ah ! Chouette ! Hélas ! Super ! Eh ! Oh ! Hein ! Ouf ! Oh ! » ;
– des phrases exclamatives.

LECTURE DE TEXTE

La femme offensée

Comédie-éclair

Cette scène-éclair se déroule dans un lieu de passage quelconque (par exemple une rue ou un couloir du métro), entre deux personnages anonymes, Monsieur Lui *et* Madame Elle.

MONSIEUR LUI,

Accostant Madame Elle poliment, mais avec maladresse.

Pardon Madame ! Il me semble vous avoir déjà rencontrée quelque part.

MADAME ELLE,

Indignée et regardant Monsieur Lui avec courroux[1].

Insolent ! *(Elle lui donne une gifle.)*

MONSIEUR LUI,

Se frottant la joue et s'inclinant avec une déférence contrite[2].

Je rectifie : il me semble ne vous avoir jamais rencontrée nulle part !

MADAME ELLE,

Soudain apaisée et s'arrêtant.

Mais… justement si ! Je regrette, Monsieur…, ma vivacité… *(Avec une soudaine sympathie.)* Vous comprenez, une honnête femme !… *(Le regardant plus attentivement.)* Mais, Monsieur…, justement… Il me semble… N'êtes-vous pas… *(Comme si elle cherchait un nom.)*… N'êtes-vous pas ?… N'êtes-vous pas ?

MONSIEUR LUI,

L'interrompant avec tristesse.

Non ! je ne suis pas !… Tout à l'heure j'étais… je ne suis plus… Mais… j'espère être… à nouveau !

MADAME ELLE,

L'interrompant avec un sourire plein de promesses.

Ah ! Vous espérez ?… Comme c'est gentiment dit ! On ne peut être plus galant !… Eh bien ! Eh bien ! *(Un temps.)* Eh bien ! *(Baissant pudiquement les yeux.)*… Eh bien, oui : je ne dis pas non !

Jean Tardieu, « La femme offensée (comédie-éclair) », dans *Margeries*, Gallimard, 1986.

1. **Courroux :** colère.
2. **Déférence contrite :** respect qui marque le chagrin.

1 À quels indices voyez-vous qu'il s'agit d'un texte de théâtre ?
2 Que veut dire le mot « éclair » *dans l'expression* « comédie éclair » *?*
3 Cette scène est-elle constituée d'un dialogue ou d'un monologue ? Justifiez votre réponse.
4 Relevez une phrase déclarative ; une phrase interrogative ; une phrase exclamative. Qu'indique l'emploi de chaque phrase ?
5 Madame Elle donne une gifle à Monsieur Lui. S'agit-il d'une « vraie » *gifle ?*
6 Relevez trois didascalies :
– la première, concernant un déplacement ;
– la deuxième, concernant un geste ;
– la troisième, concernant une intonation.
7 [L. 2] Indiquez le radical, le préfixe et le suffixe du nom « maladresse ». *Trouvez dans le texte un mot formé avec le même suffixe.*

ORTHOGRAPHE

Dictée piégée

(**Écoute – Écoutes**), comme tu m'as (**donné – donner**) le secret du bonheur, moi aussi je veux t'aider. (**Vient – Viens**) ce soir au cirque Univers, il y a là-bas une petite fille bien malheureuse qui doit jouer sur un petit violon comme le tien, mais elle n'y arrive pas et Monsieur Univers la bat à tour de bras, il ne lui donne rien à (**manger – mangé**) parce qu'elle ne lui rapporte aucun argent. Demande-lui qu'il te la donne contre une (**soupiére – soupière**) et des (**cuillières – cuillères**), comme ça tu ne seras plus seul, tu auras un enfant, et comme tu as l'air bon la petite fille ne sera plus malheureuse et moi non plus. Rien que de la voir si triste, je pleure.

Il repleure.

Jean-Claude Grumberg, *Le Petit Violon*, Heyoka Jeunesse, Actes Sud-Papiers, 1999.

1 *Complétez le texte avec le mot correctement orthographié. Justifiez votre choix dans la marge.*
2 *Précisez le verbe et le temps de chaque verbe choisi.*

LECTURE DE L'IMAGE / HISTOIRE DES ARTS

Eschyle, *Les Perses* (472 avant J.-C.), mise en scène de Jean Prat, 1961.

1 *Que porte le comédien ? Comment peut-il exprimer ses émotions ?*
2 *Quel type de personnage pourrait-il être en train de jouer ?*

CONNAISSANCE DES AUTEURS ET DE LEURS ŒUVRES

1 *Retrouvez qui se cache derrière ce portrait ou ces images, puis remettez les auteurs C. Goldoni, E. Labiche et J. Tardieu dans l'ordre chronologique :*

Je suis né à Venise, en plein carnaval. Pourtant, mes comédiens ne sont pas masqués.
Qui suis-je ?

2 *Quel auteur était surnommé le « Molière italien » ?*
3 *Qu'a écrit Jean Tardieu en dehors des pièces de théâtre : des romans, des articles de journaux, des poèmes ?*

Molière, *Le Malade imaginaire*, mise en scène de Gildas Bourdet au théâtre de l'Ouest Parisien, février 2003.

10 – Lever de rideau sur la comédie
Comment faire rire les spectateurs ?

> PARCOURS TEXTES ET IMAGES

Et si les auteurs nous parlaient ?
Plaute, Molière

1 caractériser la première scène d'une comédie
2 reconnaître les procédés comiques
3 analyser le ridicule des défauts d'un personnage
4 caractériser un dénouement de comédie
5 construire le bilan

Toujours d'actualité *Les personnages de Molière rhabillés*
Enquêt'art *Pierrot et Arlequin*

> ENTRAÎNEMENT

Mieux connaître les mots

S'exercer pour l'oral
jouer un personnage de théâtre
S'exercer pour l'écrit
écrire une courte scène de théâtre

> ÉVALUATION

Lire l'image

Regardez bien
– Quel genre de pièce les comédiens sont-ils en train de jouer ?
Regardez mieux
– Quel effet produisent les couleurs choisies pour le décor ?

GRAMMAIRE DU PARCOURS

Les classes de mots : l'adjectif qualificatif (Texte 2) – le nom (Texte 4)
Les fonctions : le complément circonstanciel de lieu (Texte 1) – l'attribut du sujet (Texte 4)
La phrase : les types de phrases (Texte 3)
Le verbe : le conditionnel (Texte 1) – le présent de l'impératif (Texte 2) – infinitif et groupes de verbes (Texte 3) – le présent de l'indicatif (Textes 3 et 4)

Plaute, on dit que pour
les Latins vous étiez un auteur de comédies très populaire…

J'ai d'abord été comédien puis je suis devenu le plus populaire des auteurs latins ! Il faut dire que 130 pièces circulaient sous mon nom à la fin du IIe siècle avant J.-C., même si on ne peut m'en attribuer avec certitude que 21. Ma grande popularité m'a valu d'être imité par Molière, l'un des plus grands auteurs de théâtre français.

Molière, jouez-vous la comédie
quand vous déclarez être né à vingt-deux ans ?

Oui et non ! Je m'explique. Le nom que j'ai reçu à ma naissance, en 1622, à Paris, est Jean-Baptiste Poquelin. À l'âge adulte, je décide de consacrer ma vie au théâtre, renonçant au métier d'avocat mais aussi à celui de tapissier du roi que mon père voulait me transmettre. C'est alors que je change de nom et que j'adopte un pseudonyme[1]. Ainsi moi, Molière, suis-je pour ainsi dire né à vingt-deux ans !

Comment entrez-vous alors en scène ?

Je fonde avec la comédienne Madeleine Béjart une troupe, L'Illustre-Théâtre. *Puis je parcours la province durant quinze ans avec des comédiens ambulants.*

…

André Degaine, *Le Théâtre raconté aux jeunes*, éditions Nizet, 2000.

Enfin, après avoir écrit des farces, je rencontre le succès grâce aux comédies. Mon originalité est d'avoir réussi à faire rire les hommes sur leurs propres défauts.

1. Pseudonyme : nom choisi par une personne pour remplacer le sien ou masquer son identité.

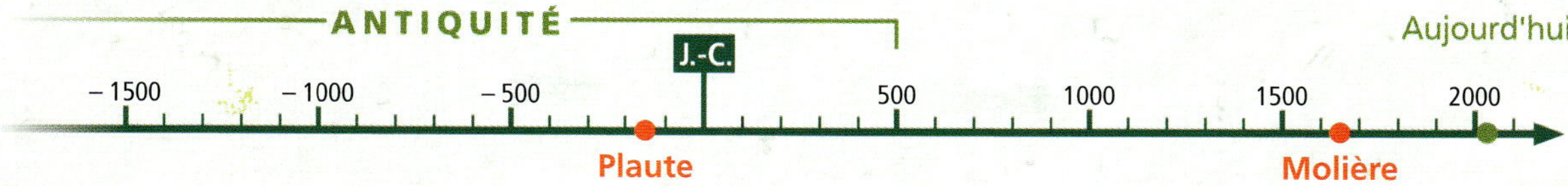

Il paraît cependant que vous avez eu des problèmes avec la censure[2] ?

Le roi Louis XIV aimait beaucoup mes comédies, mais mon succès a suscité des jalousies. En 1662, la censure veut interdire ma pièce L'École des femmes, *puis de nouveaux scandales éclatent avec* Tartuffe, *en 1664, et avec* Dom Juan, *en 1665. Toutes ces attaques m'ont beaucoup affecté.*

Vous avez parlé des médecins et de la médecine pour en faire la critique : auriez-vous été malade ?

J'ai eu des problèmes de santé, mais j'ai aussi souffert de l'infidélité de mon épouse et surtout de la mort de mon fils. Toutefois, j'ai continué à écrire de nombreuses pièces, dont L'Avare, *inspirée d'une pièce de Plaute,* La Marmite... *Alors que ma santé est de plus en plus mauvaise, j'écris une nouvelle comédie,* Le Malade imaginaire, *dont j'interprète, sur scène, le rôle principal. Lors de la quatrième représentation, le 17 février 1673, je suis pris de convulsions sur scène et je meurs à 51 ans.*

2. **Censure** : interdiction de publier un texte.

1 Caractériser la première scène d'une comédie

Sganarelle et les conseilleurs

Molière : p. 224-225.

ACTE I, SCÈNE 1 – SGANARELLE, AMINTE, LUCRÈCE, M. JOSSE, M. GUILLAUME

La scène est à Paris, dans une salle de la maison de Sganarelle.

SGANARELLE. – De tous les enfants que le Ciel m'avait donnés, il ne m'a laissé qu'une fille, et cette fille est toute ma peine. Car enfin je la vois dans une mélancolie la plus sombre du monde, dans une tristesse épouvantable, dont il n'y a pas moyen de la retirer, et dont je ne saurais même apprendre la cause. Pour moi, j'en perds l'esprit, et j'aurais besoin d'un bon conseil sur cette matière. Vous êtes ma nièce ; vous, ma voisine ; et vous, mes compères[1] et mes amis : je vous prie de me conseiller tout ce que je dois faire.

M. JOSSE. – Pour moi, je tiens que la braverie[2], que l'ajustement[3] est la chose qui réjouit le plus les filles ; et si j'étais que de vous[4], je lui achèterais, dès aujourd'hui, une belle garniture de diamants, ou de rubis, ou d'émeraudes.

M. GUILLAUME. – Et moi, si j'étais en votre place, j'achèterais une belle tenture de tapisserie de verdure, ou à personnages, que je ferais mettre dans sa chambre, pour lui réjouir l'esprit et la vue.

AMINTE. – Pour moi, je ne ferais point tant de façon ; et je la marierais fort bien, et le plus tôt que je pourrais, avec cette personne qui vous la fit, dit-on, demander il y a quelque temps.

LUCRÈCE. – Et moi, je tiens que votre fille n'est point du tout propre pour le mariage. Elle est d'une complexion[5] trop délicate et trop peu saine, et c'est la vouloir envoyer bientôt en l'autre monde que de l'exposer, comme elle est, à faire des enfants. Le monde n'est point du tout son fait, et je vous conseille de la mettre dans un couvent, où elle trouvera des divertissements qui seront mieux de son humeur.

SGANARELLE. – Tous ces conseils sont admirables assurément ; mais je les tiens un peu intéressés, et trouve que vous me conseillez fort bien pour vous. Vous êtes orfèvre, Monsieur Josse, et votre conseil sent son homme qui a envie de se défaire de sa marchandise. Vous vendez des tapisseries, Monsieur Guillaume, et vous avez la mine d'avoir quelque tenture qui vous incommode. Celui que vous aimez, ma voisine, a, dit-on, quelque inclination[6] pour ma fille, et vous ne seriez pas fâchée de la voir la femme d'un autre. Et quant à vous, ma chère nièce, ce n'est pas mon dessein, comme on sait, de marier ma fille avec qui que ce soit, et j'ai mes raisons pour cela ; mais le conseil que vous me donnez de la faire religieuse est d'une femme qui pourrait bien souhaiter charitablement d'être mon héritière universelle. Ainsi, Messieurs et Mesdames, quoique tous vos conseils soient les meilleurs du monde, vous trouverez bon, s'il vous plaît, que je n'en suive aucun. Voilà de mes donneurs de conseils à la mode.

Molière, *L'Amour médecin,* comédie en trois actes, acte I, scène 1, 1665.

1. **Compères :** mot familier pour désigner les amis, les camarades.
2. **Braverie :** vantardise, caractère du crâneur, de celui qui se met en avant.
3. **Ajustement :** fait d'arranger avec soin quelque chose.
4. **Si j'étais que de vous :** si j'étais vous.
5. **Complexion :** santé.
6. **Inclination :** amour.

Molière, *L'Amour médecin*, mise en scène de Jean-Marie Villegier à la Comédie-Française, Paris, avril 2005.

LIRE LE TEXTE

Les informations

1 *Où la scène se déroule-t-elle ?*

2 *Qui sont les personnages présents ?*

3 *Qui est le personnage principal ? Qu'attend-il de son entourage ?*

L'action

4 *[L. 13 à 22] Relevez tous les verbes conjugués au conditionnel présent en précisant leur infinitif. Pourquoi ce temps est-il utilisé ?* *(> Verbe, fiche 26)*

5 *Quels sont les différents conseils donnés à Sganarelle ?*

6 *[L. 23 à 29] Relevez les deux compléments circonstanciels de lieu dans la réplique de Lucrèce. Qu'indiquent-ils sur l'avenir de la fille de Sganarelle ?* *(> Grammaire, fiche 14)*

7 *La pièce va-t-elle aborder un autre thème que celui de l'amour ? Aidez-vous du titre de la pièce pour répondre.*

Le comique

8 *Qu'ont de comique les conseils donnés par les amis de Sganarelle ?*

9 *Dans sa dernière réplique, comment Sganarelle réagit-il face à tous ces conseilleurs ?*

Orthographe (> fiche 2)

10 *Écrivez au singulier* « Messieurs, Mesdames » *et au pluriel* « Mademoiselle ».

Vocabulaire (> fiche 43)

11 *Cherchez des synonymes du mot* « conseil ».

> Expression écrite

Toujours inquiet au sujet de la santé de sa fille, Sganarelle consulte un autre personnage : un pâtissier, un cordonnier, un voisin…

– Imaginez en quelques lignes le nouveau conseil donné.

– Vous commencerez par « Moi, je pense que votre fille… » puis « Par conséquent, je vous conseille de… »

Lire l'image

– Indiquez ce qui rappelle l'époque de Molière et ce qui est contemporain.

– Quels éléments de la mise en scène (costumes, décor) indiquent qu'il s'agit d'une comédie ?

L'ESSENTIEL

La première scène d'une pièce de théâtre s'appelle la **scène d'exposition**. Dans la comédie, elle a comme fonctions de :

> **donner les informations** nécessaires à la compréhension de la pièce en répondant aux questions « où ? quand ? qui ? quoi ? comment ? » de manière vraisemblable et claire ;

> **lancer l'action en donnant envie** au spectateur de connaître la suite ;

> **donner le ton** en faisant **rire** le spectateur.

2 Reconnaître les procédés comiques

Une consultation peu ordinaire

Molière : p. 224-225.

Lucile, la fille de Gorgibus, joue la malade pour échapper à un mariage que cherche à lui imposer son père. Sa cousine Sabine propose à Gorgibus de rencontrer un médecin nommé Sganarelle[1]*. Il s'agit en réalité d'un valet qui ne connaît rien à la médecine.*

SCÈNE 4 – GORGIBUS, SGANARELLE

SGANARELLE. – Ne vous imaginez pas que je sois un médecin ordinaire, un médecin du commun. Tous les autres médecins ne sont, à mon égard, que des avortons[2] de médecine. J'ai des talents particuliers, j'ai des secrets. *Salamalec, salamalec. « Rodrigue, as-tu du cœur ? » Signor, si ; segnor, non. Per omnia saecula saeculorum*[3]. Mais encore voyons un peu.

SABINE. – Hé ! ce n'est pas lui qui est malade, c'est sa fille.

SGANARELLE. – Il n'importe : le sang du père et de la fille ne sont qu'une même chose ; et par l'altération de celui du père, je puis connaître la maladie de la fille. Monsieur Gorgibus, y aurait-il moyen de voir de l'urine de l'égrotante[4] ?

GORGIBUS. – Oui-da ; Sabine, vite allez quérir de l'urine de ma fille. *(Sabine sort.)* Monsieur le Médecin, j'ai grand'peur qu'elle ne meure.

SGANARELLE. – Ah ! qu'elle s'en garde bien ! Il ne faut pas qu'elle s'amuse à se laisser mourir sans l'ordonnance du médecin. *(Sabine rentre.)* Voilà de l'urine qui marque grande chaleur, grande inflammation dans les intestins ; elle n'est pas tant mauvaise pourtant.

GORGIBUS. – Hé quoi ? Monsieur, vous l'avalez ?

SGANARELLE. – Ne vous étonnez pas de cela ! Les médecins, d'ordinaire, se contentent de la regarder ; mais moi, qui suis un médecin hors du commun, je l'avale, parce qu'avec le goût je discerne bien mieux la cause et les suites de la maladie. Mais, à vous dire la vérité, il y en avait trop peu pour asseoir un bon jugement : qu'on la fasse encore pisser[5].

SABINE, *sort et revient.* – J'ai bien eu de la peine à la faire pisser.

SGANARELLE. – Que cela ! voilà bien de quoi ! Faites-la pisser copieusement, copieusement. Si tous les malades pissent de la sorte, je veux être médecin toute ma vie.

SABINE, *sort et revient.* – Voilà tout ce qu'on peut avoir : elle ne peut pas pisser davantage.

SGANARELLE. – Quoi ? Monsieur Gorgibus, votre fille ne pisse que des gouttes ? Voilà une pauvre pisseuse que votre fille ; je vois bien qu'il faudra que je lui ordonne une potion pissative[6]. N'y aurait-il pas moyen de voir la malade ?

SABINE. – Elle est levée ; si vous voulez, je la ferai venir.

Molière, *Le Médecin volant*, farce en un acte, scène 4, 1646-1650.

1. **Sganarelle :** plusieurs personnages de Molière portent ce nom, il ne faut pas les confondre.

2. **Avorton :** terme péjoratif pour désigner un être malformé.

3. Expressions respectivement empruntées à l'arabe, à la pièce *Le Cid* de Corneille, à l'italien et au latin d'Église.

4. **Égrotante :** malade. L'examen de l'urine tient une place importante dans la médecine du XVIIe siècle.

5. **Pisser :** mot populaire à l'époque de Molière (mais pas vulgaire).

6. **Pissative :** qui fait uriner.

Bas-relief du Ier siècle avant J.-C., Musée de la civilisation romaine, Rome.

LIRE LE TEXTE

Une situation comique

1 *De Sabine, Gorgibus et du public, qui sait que Sganarelle est un vrai médecin ? Qui l'ignore ?*

2 *Relevez les phrases de Sganarelle formulées à l'aide du mode impératif.* *(> Verbe, fiche 27)*

3 *Sganarelle est-il un médecin sérieux ? Sur quoi fonde-t-il son diagnostic ?*

Un langage comique

4 *Relevez les adjectifs qualificatifs de la première réplique. Quelle image donnent-ils de Sganarelle ?* *(> Grammaire, fiche 8)*

5 *Que dit Sganarelle pour paraître savant ? Pourquoi cela fait-il rire le public ?*

6 *Quel mot familier est répété sous différentes formes à la fin de la scène ?*

Des jeux de scène comiques

7 *Quel geste de Sganarelle fait rire ? Comment est-il indiqué : par une réplique ? par une indication de mise en scène (« didascalie » → p. 205) ?*

8 *Relevez les quatre didascalies concernant Sabine. Pourquoi finissent-elles par faire rire le public ?*

Orthographe (> fiche 32)

9 *[L. 11 à 19] Relevez et justifiez l'emploi de toutes les majuscules des répliques.*

Vocabulaire (> fiche 41)

10 *[L. 32 à 36] Quels sont les mots dérivés de « pisse » utilisés par Sganarelle ? Précisez le sens de : « dame-pipi, pipi de chat, pissenlit, pissotière ».*

> Expression écrite

Inventez une consultation entre une dame naïve dont la voiture ne démarre plus et un faux garagiste. Pour impressionner et tromper son interlocutrice, le garagiste se vante et utilise tour à tour :
- *du vocabulaire savant,*
- *des langues étrangères,*
- *des banalités.*

Lire l'image

Un père et son ami attendent sur le pas de la porte le retour d'un jeune homme qui a fait la fête.
- Où se trouve le jeune homme ? Quel est le père fâché ? Que fait l'autre vieillard ?
- Pourquoi la scène est-elle une scène de comédie ?

L'ESSENTIEL

Pour faire rire, les procédés sont nombreux et souvent mêlés dans une même scène :
- Le **comique de situation** provient de malentendus entre les personnages, de quiproquos et de renversements de situation. Souvent le spectateur rit parce qu'il sait ce qu'un personnage ignore.
- Le **comique de mots** est centré sur le langage. Il utilise les jeux de mots, les répétitions, les déformations verbales, le vocabulaire grossier ou familier.
- Le **comique de gestes** est visuel. Il naît des attitudes, des mimiques ou encore des gestes et déplacements du comédien.

3 Analyser le ridicule des défauts d'un personnage

« On m'a dérobé mon argent ! »

Molière : p. 224-225.

Harpagon est un homme maladivement avare. Il est amoureux de son argent. Il veille sur la cassette contenant sa fortune avec grand soin, mais s'aperçoit un jour de sa disparition…

ACTE IV, SCÈNE 7 – HARPAGON

HARPAGON, *criant au voleur dès le jardin.* – Au voleur ! Au voleur ! À l'assassin ! Au meurtrier ! Justice, juste ciel ! Je suis perdu, je suis assassiné, on m'a coupé la gorge : on m'a dérobé mon argent. Qui peut-ce être ? Qu'est-il devenu ? Où est-il ? Où se cache-t-il ? Que ferai-je pour le trouver ? Où courir ? Où ne pas courir ? N'est-il point là ? N'est-il point ici ? Qui est-ce ? *(Il se heurte à la table.)* Arrête ! *(Il se prend lui-même le bras.)* Rends-moi mon argent, coquin !… Ah ! c'est moi. Mon esprit est troublé et j'ignore où je suis, qui je suis et ce que je fais. *(Il se jette à genoux.)* Hélas ! mon pauvre argent ! mon pauvre argent ! mon cher ami ! on m'a privé de toi ! Et puisque tu m'es enlevé, j'ai perdu mon support, ma consolation, ma joie ; tout est fini pour moi et je n'ai plus que faire au monde[1] : sans toi, il m'est impossible de vivre. C'en est fait, je n'en puis plus, je me meurs *(Il s'étend à terre)*, je suis mort, je suis enterré ! […] Que dites-vous ? Ce n'est personne. […] Eh ! de quoi est-ce qu'on parle là ? De celui qui m'a dérobé ? Quel bruit fait-on là-haut ? Est-ce mon voleur qui y est ? De grâce, si l'on sait des nouvelles de mon voleur, je supplie que l'on m'en dise. N'est-il point caché là parmi vous ? Ils me regardent tous et se mettent à rire. Vous verrez qu'ils ont part sans doute au vol que l'on m'a fait. […] Je veux faire pendre tout le monde ; et, si je ne retrouve mon argent, je me pendrai moi-même après !
(Il sort en courant par la gauche.)

Molière, *L'Avare*, comédie en cinq actes, acte IV, scène 7, 1668.

1. **Je n'ai plus que faire au monde :** je n'ai plus rien à faire sur cette terre.

Molière, *L'Avare,* mise en scène de Sissia Buggy, compagnie « Théâtre qui danse », à l'Espace Marais, Paris, 2004.

Molière, *L'Avare*, mise en scène du Théâtre de la Cité, Paris, 1944.

LIRE LE TEXTE

Un personnage risible

1 *Qui Harpagon soupçonne-t-il de lui avoir pris son argent ?*

2 *Quels mots montrent qu'Harpagon pense mourir s'il ne retrouve pas son argent ?*

3 *Que traduisent les gestes d'Harpagon ?*

4 *[L. 2 à 8] Observez et classez le type des phrases montrant le trouble du personnage.*
Classez-les en utilisant le tableau ci-dessous.
(> Grammaire, fiches 16 et 17)

Déclarative	....
Interrogative	....
Injonctive	....
Exclamative	....

5 *Relevez une expression qui montre qu'Harpagon aime son argent comme une personne vivante.*

Une victime de son défaut

6 *Pourquoi le spectateur peut-il penser qu'Harpagon devient fou ?*

7 *Identifiez le temps des verbes dans les didascalies. Indiquez l'infinitif et le groupe de chaque verbe.*
(> Verbe, fiches 19 et 20)

8 *Pourquoi Harpagon fait-il à la fois rire et réfléchir le public ?*

Orthographe (> fiches 2 et 39)

9 *Quel est le singulier du mot « genoux » ? Quel est le pluriel de : « pouls », « pou » ?*

Vocabulaire (> fiche 43)

10 *Trouvez dans le texte deux synonymes du verbe « voler ».*

> Expression écrite

Imaginez le monologue d'un gourmand à qui on a volé sa friandise préférée :
– Pensez à varier les types de phrases afin de rendre votre texte expressif.
– Utilisez les champs lexicaux du vol et de la gourmandise.

Lire l'image

– Quel comédien montre la tendresse d'Harpagon pour sa cassette ? Comment ?
– Quel sentiment exprime l'autre comédien ? Par quel geste ? Quelle expression ?

L'ESSENTIEL

> Le **comique de caractère** repose sur un défaut du personnage qui le rend ridicule.
> L'attitude du personnage provoque le **rire** et fait aussi **réfléchir** le public.
> Le personnage de comédie peut devenir un **type théâtral** que le spectateur reconnaît : par exemple, Harpagon représente le type du vieillard acariâtre appelé un barbon.

4 Caractériser un dénouement de comédie

Qui aura le dernier mot ?

Molière : p. 224-225.

Devant le refus de son père de lui laisser épouser Léandre, Lucinde joue la malade avec la complicité de Sganarelle, devenu médecin suite à une vengeance de sa femme, Martine. La supercherie est révélée à Géronte, qui décide de faire pendre Sganarelle.

ACTE III, SCÈNE 11 – LÉANDRE, LUCINDE, JACQUELINE, LUCAS, GÉRONTE, SGANARELLE, MARTINE

LÉANDRE. – Monsieur, je viens faire paraître Léandre à vos yeux, et remettre Lucinde en votre pouvoir. Nous avons eu dessein[1] de prendre la fuite nous deux, et de nous aller marier ensemble ; mais cette entreprise a fait place à un procédé plus honnête. Je ne prétends point vous voler votre fille, et ce n'est que de votre main que je veux la recevoir. Ce que je vous dirai, Monsieur, c'est que je viens tout à l'heure de recevoir des lettres par où j'apprends que mon oncle est mort, et que je suis héritier de tous ses biens.

GÉRONTE. – Monsieur, votre vertu[2] m'est tout à fait considérable, et je vous donne ma fille avec la plus grande joie du monde.

SGANARELLE, *à part*. – La médecine l'a échappé belle ![3]

MARTINE. – Puisque tu ne seras point pendu, rends-moi grâce d'être médecin[4] ; car c'est moi qui t'ai procuré cet honneur.

SGANARELLE. – Oui, c'est toi qui m'as procuré je ne sais combien de coups de bâton.

LÉANDRE, *à Sganarelle*. – L'effet en est trop beau pour en garder du ressentiment[5].

SGANARELLE. – Soit. (*À Martine.*) Je te pardonne ces coups de bâton en faveur de la dignité où tu m'as élevé ; mais prépare-toi désormais à vivre un grand respect avec un homme de ma conséquence[6], et songe que la colère d'un médecin est plus à craindre qu'on ne peut croire.

Molière, *Le Médecin malgré lui*, comédie en trois actes, scène 11 et dernière, 1666.

1. **Nous avone eu dessein :** nous avons voulu.
2. **Vertu :** valeur, courage.
3. Sganarelle devait être pendu pour s'être fait passer pour un faux médecin.
4. **Rends-moi grâce :** remercie-moi.
5. **Ressentiment :** rancune, rancœur.
6. **Conséquence :** importance.

Molière, *Le Médecin malgré lui*, texte intégral en bande dessinée, mis en scène par Virginie Cady, éditions Vents d'Ouest, 2005.

LIRE LE TEXTE

Une scène qui ménage des surprises

1 *La scène est-elle longue ou courte ? Réunit-elle peu ou beaucoup de personnages ?*

2 *Pourquoi Géronte soudainement ne s'oppose-t-il plus au projet de mariage de Lucinde et de Léandre ?*

3 *Quelle bonne surprise est réservée à Sganarelle ?*

Le bonheur retrouvé

4 *[L. 10] Quelle est la fonction et la classe grammaticale du mot* « héritier » *?* *(> Grammaire, fiche 1)*

5 *Pour qui l'action se termine bien ? Pour qui l'action se termine mal ? Pour qui est-ce plus ambigu ? Expliquez pourquoi.*

6 *[L. 24]* « la colère d'un médecin… » : *Identifiez le temps des deux verbes conjugués et donnez sa valeur.* *(> Verbe, fiche 27)*

7 *Sganarelle a-t-il compris la leçon de conduite que Martine a voulu lui donner ?*

Orthographe (> fiche 42)

8 *[L. 17-18]* « c'est toi qui m'as procuré je ne sais combien de coups de bâton » *: relevez deux homophones dans cette phrase. Employez chacun d'eux dans une autre phrase.*

Vocabulaire (> fiche 45)

9 *Dans la dernière réplique de Sganarelle, relevez le vocabulaire des sentiments et des émotions.*

> Expression orale

– Apprenez par cœur la dernière réplique de Sganarelle.
– Entraînez-vous à la dire suivant différentes techniques : à voix basse / en articulant beaucoup / en allongeant les syllabes / en imitant un personnage célèbre / en variant les émotions.

Lire l'image

- Identifiez chaque personnage de l'image en relisant le texte. Quel personnage n'est pas dessiné ?
- Comment voit-on que le dénouement est heureux ?

L'ESSENTIEL

Le **dénouement** marque la fin de la pièce et de son action. Dans une comédie, il doit être :

> **rapide** : il repose souvent sur une surprise appelée **coup de théâtre** ;
> **complet** : le sort des principaux personnages est connu, les **conflits** sont **résolus** ;
> **heureux** : les malentendus sont dissipés, les obstacles au bonheur éliminés.

5 Construire le bilan sur la comédie

La marmite

Plaute : p. 225.

EUCLION, vieil avare.
STAPHYLE[1], vieille esclave d'Euclion.
EUNOMIE, sœur de Mégadore, mère de Lyconide.
MÉGADORE, vieillard opulent et libéral.
STROBILE, esclave de Mégadore.
ANTHRAX[2], CONGRION, cuisiniers.
PYTHODICUS, esclave de Mégadore.
STROBILE[3], esclave de Lyconide.
LYCONIDE, fils d'Eunomie, amant de Phédra.
PHÉDRA, fille d'Euclion.

ARGUMENT[4]

Le vieil avare Euclion, qui se fie à peine à lui-même, a trouvé chez lui, sous terre, une marmite remplie d'or.

Il l'enfouit de nouveau profondément, et la garde avec de mortelles inquiétudes ; il en perd l'esprit. Lyconide a séduit la fille de ce vieillard. Sur ces entrefaites, le vieux Mégadore, à qui sa sœur a conseillé de prendre femme, demande en mariage la fille de l'avare. Le vieux hibou[5] a grand'peine à l'accorder. Sa marmite lui cause trop d'alarmes ; il l'emporte de chez lui et la change de cachette plusieurs fois. Il est surpris par Strobile, l'esclave de ce même Lyconide qui avait déshonoré la jeune fille. Lyconide obtient de son oncle Mégadore qu'il renonce en sa faveur à la main de son amante.

Ensuite Euclion, qui avait perdu par un vol sa marmite, la retrouve contre tout espoir ; dans sa joie, il marie sa fille à Lyconide.

Plaute, *La Marmite*, d'après la traduction de J. Naudet et Panckoucke (1833), Bibliothèque latine-française.

1. **Staphylê :** mot grec désignant une tumeur, un bouton gros comme un grain de raisin.
2. **Anthrax :** mot grec signifiant « charbon ».
3. **Strobilê :** mot grec signifiant « toupie ».
4. **Argument :** résumé de la pièce.
5. **Le vieux hibou :** désigne Euclion, le vieil avare.

Lisez le texte attentivement, puis répondez aux questions en vous aidant des indices de couleur dans le texte (attention, ce ne sont pas les réponses).

1 *Le titre : cet ustensile de cuisine est-il utilisé par des gens ordinaires ? Les personnages sont-ils présentés comme exceptionnels ? héroïques ?*
2 *Quelle est la situation au début de la pièce ?*
3 *Qu'est-ce qui peut faire rire le spectateur : dans les situations et les gestes ? dans les noms des personnages ?*
4 *Quel est le défaut du personnage principal ? Dans quelle autre pièce voit-on un vieillard qui lui ressemble ?*
5 *Comment se termine la pièce pour Euclion ? pour Phédra ?*

BILAN

- La comédie met en scène des **personnages ordinaires** (bourgeois, domestiques, paysans). (→ Textes 1 et 3)
- On appelle **exposition** le **début** de la pièce. (→ Texte 1)
- Le **personnage principal** d'une comédie a souvent un **défaut** qui le rend **ridicule**. (→ Texte 3)
- La comédie s'appuie sur les **situations**, les **gestes** et les **mots** pour faire **rire** le spectateur. (→ Texte 2)
- La **fin** de la pièce, appelée **dénouement**, est toujours **heureuse**. (→ Texte 4)

Les personnages de Molière rhabillés

1 ***Le Malade imaginaire*, de Molière, en 2007**

Mise en scène d'Éric Louis au Théâtre de l'Odéon, Paris, 6 octobre 2007.

2 ***L'Avare*, de Molière, en 2006**

Mise en scène d'Alain Gautreau au Théâtre de la Tempête, Paris, 17 avril 2006.

1 À quels indices voyez-vous qu'il s'agit de mises en scène contemporaines ?
2 Quels détails de l'image n° 2 montrent qu'il s'agit d'une pièce écrite au XVIIe siècle ?
3 Comment comprend-on qu'il s'agit de comédies ?

> À vous !

Vous êtes metteur en scène. Décrivez en quelques lignes le costume que vous donnerez au personnage d'Harpagon dans L'Avare *(→ aidez-vous des pages 230-231).*
– Son costume devra montrer son avarice ;
– il mélangera les accessoires contemporains avec des détails anciens ;
– vous lui donnerez une « cassette » *d'aujourd'hui : dans quoi pourrait-il cacher son argent ?*

PIERROT ET ARLEQUIN

> ***Pierrot et Arlequin sont deux personnages traditionnels de la* commedia dell'arte*, théâtre italien toujours constitué des mêmes personnages : Pantalon le vieillard avare, Matamore le soldat fanfaron, Colombine et Zerbinette les soubrettes, Pierrot et Arlequin les valets.***
> ***Pourquoi et comment les artistes ont-ils interprété les personnages d'Arlequin et de Pierrot ?***

OUVRONS L'ENQUÊTE

Document 1 Maurice Sand, *Arlequin* du XVIIe siècle, 1862.

Document 2 Nadar, *Adrien Tournachon* (1854-55), musée d'Orsay, Paris.

1 Doc. 1 et 2 : Décrivez les costumes d'Arlequin et de Pierrot. Détaillez votre réponse (couleurs – accessoires – formes).

2 Lequel de ces trois documents est une photographie, lequel est une gravure, lequel est une peinture ?

3 Doc. 3 : Comment Watteau peint-il le personnage de Pierrot : rêveur – ridicule – gai – mélancolique – entouré – jovial – insouciant – seul ?

4 Doc. 2 et 3 : Nadar et Watteau représentent-ils le personnage de Pierrot de la même manière ?

Document 3 Jean-Antoine Watteau, *Pierrot, dit autrefois « Gilles »*, vers 1718-1719, huile sur toile, 1,85 m x 1,50 m, musée du Louvre, Paris.

LEXIQU'ART

Photographie (n. f.) : *technique consistant à créer des images par l'action de la lumière. Cette technique est apparue au XIXe siècle et n'a cessé de se perfectionner.*

Huile sur toile (n. f.) : *tableau réalisé avec de la peinture à l'huile sur un support appelé « toile » qui est généralement en lin ou en coton.*

COMPLÉMENT D'ENQUÊTE

Document 4 Pablo Picasso, *Les Trois Musiciens*, 1921, huile sur toile, 2 m x 2,47 m, Museum of Modern Art, New York.

Document 5 André Derain, *Arlequin et Pierrot*, 1924, huile sur toile, 1,75 m x 1,75 m, musée de l'Orangerie, Paris.

Observez

1 Situez Arlequin et Pierrot dans chaque tableau. Grâce à quels attributs les reconnaissez-vous ?

2 Comparez les couleurs et les instruments de musique entre les deux tableaux.

Exprimez vos sentiments

3 Sur quel tableau les personnages donnent-ils l'impression d'être en déséquilibre ? Sur lequel donnent-ils l'impression d'être bien stables ?

4 Quel tableau vous paraît joyeux ? Quel tableau vous paraît mélancolique ? Pour répondre, faites le lien avec les questions 2 et 3.

Interprétez

5 Quels indices montrent que les deux artistes connaissent bien l'univers du théâtre ?

6 Rédigez deux phrases : l'une pour attirer le public à une exposition de Picasso, l'autre pour l'attirer à une exposition de Derain.

RAPPORT D'ENQUÊTE

> Les artistes sont sensibles à la **poésie des personnages** d'Arlequin et de Pierrot, mais aussi à la richesse et à la beauté de leur costume.

> La peinture, comme le théâtre, recrée **un monde** : le peintre avec des formes, des couleurs et des lignes ; le comédien avec des costumes, des gestes et des paroles.

ÉTYMOLOGIE – Du latin et du grec au français

Observer et comprendre

Le latin pedem *a donné le mot « pied ».*
Le grec paida *a donné le mot « enfant ».*

1 *Complétez l'arbre généalogique et donnez à chaque mot sa définition en vous aidant de sa racine : pédicure – pédiatre – pédopsychiatre – orthopédiste.*

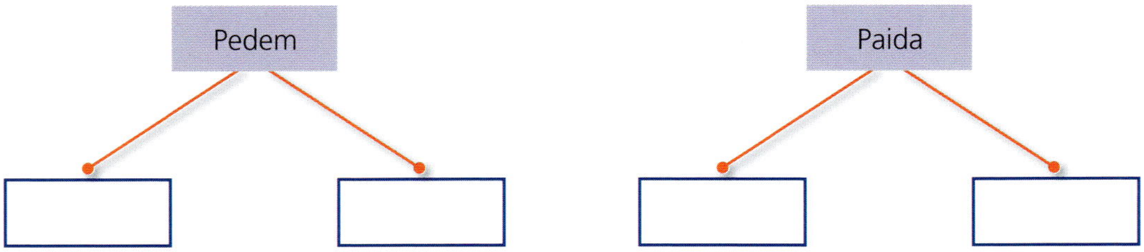

Manipuler

> *Le mot « comédie » n'a pas toujours eu le même sens. Ce mot est issu du mot latin* comoedia, *désignant le théâtre. Plus tard, le mot « comédie » sera utilisé pour parler d'une pièce comique.*

2 *À votre avis, dans les phrases ci-dessous, le mot « comédie » renvoie-t-il au sens premier du mot, c'est-à-dire à la « pièce de théâtre », ou au sens second d'une « pièce comique » ?*

a *Il joue la comédie en faisant semblant d'être malade afin de ne pas aller à l'école !*
b *Le valet est un personnage caractéristique des comédies de Molière.*
c *Aujourd'hui, nous partons visiter la Comédie-Française avec la classe.*
d *Je n'ai jamais autant ri qu'en regardant* Camping, *la dernière comédie de Fabien Ontoniente.*

JOUONS AVEC LES MOTS – Les rébus

Aidez-vous des images pour déchiffrer les rébus liés au monde du théâtre et de la comédie.

a 

b 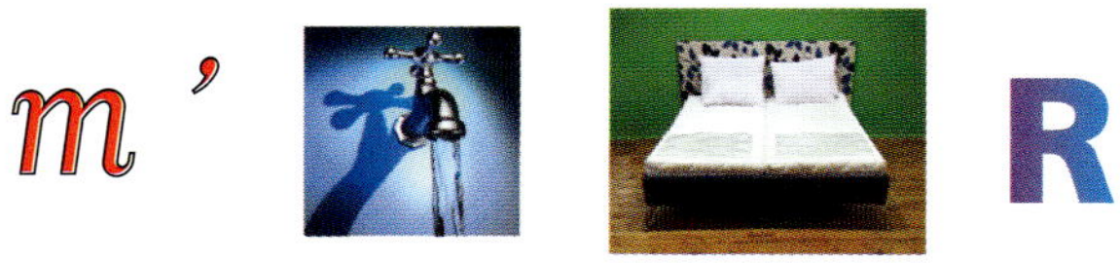

c 

d 

ENRICHIR SON VOCABULAIRE – Explorer un champ lexical

baladin – comédien – cabotin – histrion – saltimbanque – acteur.

1 *Cherchez la définition des mots que vous ne connaissez pas dans un dictionnaire.*

2 *Trouvez, parmi les six mots précédents, celui qui correspond à chaque définition : comédien sans talent – personne prétentieuse – acrobate – artiste ambulant.*

3 *Quels mots sont presque synonymes ?*

4 *Complétez les phrases suivantes avec l'un des mots de la liste :*
a *J'admire ce ..., il connaît parfaitement son métier d'...*
b *Il n'arrête pas de se mettre en avant : quel ... !*
c *Il ne sait pas jouer son rôle, ce n'est qu'un ...*
d *Toujours sur les routes, c'est un éternel ..., un vrai ...*

Des mots pour lire l'image – Les différents plans

Un ***premier plan*** *et un* ***arrière-plan*** *permettent de donner une* ***profondeur*** *à l'image.*
Le photographe peut souligner les différents plans avec des parties ***floues*** *et des parties* ***nettes****.*

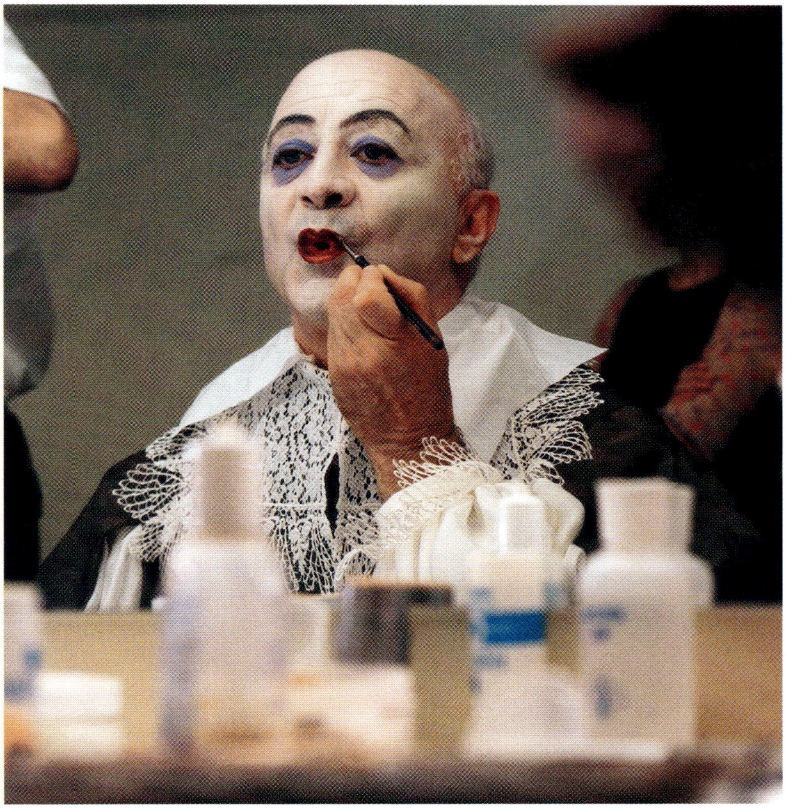

Séance de maquillage de Christian Blanc pour *Le Bourgeois gentilhomme*, mise en scène de Jean-Louis Benoît à la Comédie-Française, novembre 2001.

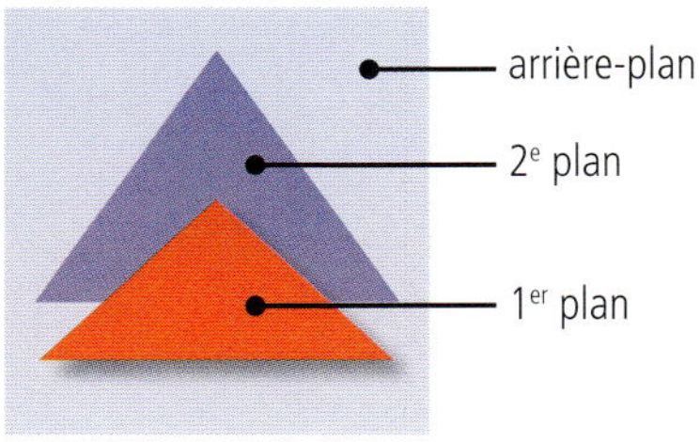

1 *Quel est le sujet principal de cette photographie ? Est-il placé au premier plan ?*

2 *Qu'est-ce qui est laissé volontairement flou ?*

Jouer un personnage de théâtre

CONSEIL
Pour s'identifier à un personnage, un comédien doit s'imaginer en situation.
On peut donner vie au personnage grâce à l'expression du visage.
Il faut aussi penser à se déplacer, à faire des gestes et des mimiques.

1 *Exprimer des sentiments sans paroles, avec des gestes et des mimiques*

a Observez les masques : quels sentiments expriment-ils ?
b Imitez les masques avec votre visage : vos camarades les reconnaissent-ils ?
c Quels gestes et quelles attitudes pouvez-vous ajouter à votre expression de visage ?

2 *Exprimer des sentiments en travaillant la voix*

> Avant de lire, cherchez dans le dictionnaire la signification des adjectifs entre parenthèses.

(Voix de marionnette, voix de fausset,
voix aiguë, nasillarde, cassée, cassante,
caquetante, édentée.)

Quoi qu'a dit ?
– A dit rin.

Quoi qu'a fait ?
– A fait rin.

A quoi qu'a pense ?
– A pense à rin.

Pourquoi qu'a dit rin ?
Pourquoi qu'a fait rin ?
Pourquoi qu'a pense à rin ?

– A'xiste pas.

Jean Tardieu, « La môme néant »,
dans *Monsieur Monsieur*, Gallimard, 1951.

d Lisez ce texte en modifiant votre voix selon les indications données avant le texte dans la didascalie entre parenthèses.
e Avec un camarade, amusez-vous à prononcer ce texte en exprimant avec la voix un sentiment différent : la joie, la colère, l'étonnement, la tristesse…
f Recommencez en accompagnant votre voix avec des mimiques du visage et des gestes.

Vous pouvez aussi écouter sur Internet le poème dit par Jean Tardieu lui-même :
http://domcorrieras.free.fr/dotclear/index.php?2008/03/16

Écrire une courte scène de théâtre

CONSEIL
Révisez la conjugaison du présent de l'indicatif *(> Verbe, fiche 20 et tableaux de conjugaison).*
Relisez la leçon sur la ponctuation *(> Grammaire, fiche 32).*

1 *Comparer deux versions d'une même histoire*

Version 1 – Roman

Hier, j'ai rencontré **quelqu'un d'un peu bizarre**. D'abord, **je n'ai pas tout de suite compris ce qu'il disait.** Peut-être que je n'étais pas bien réveillé, ou un peu trop distrait. J'ai cru entendre quelque chose comme : « **Dzwiagztrochv kinghuaxyelz trrplllikdawq iiiiiiuhhh.** » Et puis : « **Sprechen Sie Deutsch ?** » Et ensuite : « **Do you speak english ?** » Et enfin : « **Parlez-vous français ?** » **Je ne sais pas pourquoi il m'a demandé ça.** Évidemment que je parle français. C'est même la seule langue que je parle. Ce qui m'a un peu étonné aussi, c'est la façon dont il était habillé. Avec une espèce de combinaison vert et rouge, toute drôle : on aurait dit une peau avec des écailles. [...]
Il m'a posé toutes sortes de questions. Parfois, je ne savais pas quoi répondre. Par exemple, quand il m'a demandé si les instituteurs sont meilleurs à la broche ou en pot-au-feu. J'ai bien été obligé de lui dire que je n'en ai jamais mangé.
Ce qui était surtout rigolo, c'est qu'il sautait sans arrêt sur ses trois jambes. Ça faisait cric cric cric. Et de temps en temps il se grattait le dos avec sa langue. Je voudrais bien savoir comment il fait.
Après, je lui ai dit que je devais rentrer à la maison parce que maman m'attendait pour souper.

Bernard Friot, « *Rencontre* », *Histoires pressées*, Milan poche junior, 1988.

Version 2 – Texte de théâtre

SCÈNE 1

Une rue quelconque. Un petit garçon, sac à dos sur les épaules, rencontre ***une étrange créature*** *revêtue d'une combinaison vert et rouge et qui saute sur trois jambes.*

L'EXTRATERRESTRE *(sautant en faisant cric cric cric).* – **Dzwiagztrochv kinghuaxyelz !**

LE PETIT GARÇON. – **Que dites-vous ?**

L'EXTRATERRESTRE. – **Dzwiagztrochv kinghuaxyelz trrplllikdawq iiiiiiuhhh...**

(Bref temps de silence).

L'EXTRATERRESTRE. – **Sprechen Sie Deutsch ? Do you speak english ? Parlez-vous français ?**

LE PETIT GARÇON *(à part).* – **Pourquoi me demande-t-il ça !**

a *Quelles sont les informations données dans les parties en gras ?*
b *Comment sont-elles données dans le roman ? dans le texte de théâtre ?*

2 *Rédiger les indications et répliques manquantes*

LE PETIT GARÇON *(à part).* – Pourquoi me demande-t-il ça ! *(Haut)* Evidemment ! ....
....

L'EXTRATERRESTRE, *très poliment et en lui tendant une main d'au moins cent doigts.*

– ....
....

LE PETIT GARÇON. – Bonjour Monsieur.

L'EXTRATERRESTRE. – ....
....

LE PETIT GARÇON. – Je ne sais pas.

L'EXTRATERRESTRE. – ....
....

LE PETIT GARÇON. – Je n'en ai jamais mangé.

L'extraterrestre saute sans arrêt sur ses trois jambes en faisant cric cric cric. Et de temps en temps il se gratte le dos avec sa langue.

LE PETIT GARÇON *(à part).* – .... *(Haut)* Je dois rentrer à la maison parce que maman m'attend pour souper.

c *Continuez le dialogue de théâtre en donnant les mêmes informations que le roman et en respectant les règles d'écriture du théâtre :*
– le nom du personnage marque le début de la réplique ;
– il n'y a pas de verbe introducteur du dialogue ;
– à chaque prise de parole, on va à la ligne et on utilise un tiret.

LECTURE DE TEXTE

Une étrange maladie

Lucinde, la fille de Géronte, feint d'être muette pour retarder le mariage arrangé par son père. Sganarelle, qui n'est pas médecin, s'est rendu dans la maison de Géronte pour y soigner Lucinde.

ACTE II, SCÈNE 4 – LUCINDE, VALÈRE, GÉRONTE, LUCAS, SGANARELLE, JACQUELINE

LUCINDE. – Han, hi, hon.

SGANARELLE, *la contrefaisant*[1]. – Han, hi, hon, han, ha : je ne vous entends[2] point. Quel diable de langage est-ce là ?

GÉRONTE. – Monsieur, c'est là sa maladie. Elle est devenue muette, sans que jusques ici on en ait pu savoir la cause : et c'est un accident qui a fait reculer son mariage.

[…]

SGANARELLE, *se tournant vers la malade.* – Donnez-moi votre bras. Voilà un pouls qui marque que votre fille est muette.

GÉRONTE. – Eh ! oui, Monsieur, c'est là son mal ; vous l'avez trouvé tout du premier coup.

SGANARELLE. – Ah, ah !

JACQUELINE. – Voyez comme il a deviné sa maladie !

SGANARELLE. – Nous autres grands médecins, nous connaissons d'abord[3] les choses. Un ignorant aurait été embarrassé, et vous eût été dire : « C'est ceci, c'est cela » ; mais moi, je touche au but du premier coup, et je vous apprends que votre fille est muette.

Molière, *Le Médecin malgré lui*, comédie en trois actes, acte II, scène 4, 1666.

1. **La contrefaisant :** l'imitant.
2. **Entends :** comprends.
3. **D'abord :** tout de suite.

1 Expliquez la situation : qui est malade ? qui est médecin ?
2 « *La contrefaisant* » *: comment appelle-t-on cette indication en italique ?*
3 Relevez un exemple de comique de gestes et de mots en expliquant votre choix.
4 « Elle est devenue muette » *: quelle est la classe grammaticale et la fonction de* « muette » *?*
5 Quel est le diagnostic de Sganarelle ? Est-il un bon médecin ?
6 Relevez dans les répliques de Sganarelle : une phrase déclarative, une phrase injonctive, une phrase interrogative. Qu'indique l'emploi de chacune de ces phrases ?
7 Relevez dans le texte deux mots appartenant à la même famille que « maladie ».

ORTHOGRAPHE

Dictée à compléter

La dame explique au médecin les symptômes de son fils.

MADAME. – Attendez !… je [**se précipiter**] ; je le [**relever**]… Pouf ! il [**tomber**] une seconde fois. Étonnée, je le [**relever**] encore… Pouf ! par terre ! et comme ça sept ou huit fois de suite. Bref, docteur, je vous le [**répéter**], je ne [**savoir**] pas comment ça se [**faire**], depuis ce matin, tout le temps il [**tomber**].

LE MÉDECIN. – Voilà qui [**tenir**] du merveilleux. Je [**pouvoir**] voir le petit malade ?

Georges Courteline, *Le Petit Malade*, pièce en un acte, 1912.

1 Complétez le texte, en conjuguant au présent de l'indicatif les verbes à l'infinitif indiqués entre crochets.

LECTURE DE L'IMAGE / HISTOIRE DES ARTS

Molière, *Le Bourgeois gentilhomme*, mise en scène de Jean-Louis Benoît à la Comédie-Française, novembre 2001.

1 *À quel moment de la représentation la photographie a-t-elle été prise ?*
2 *Grâce à quels détails peut-on identifier des personnages comiques ?*
3 *Le personnage au centre de la photographie n'est pas en costume : de qui peut-il s'agir ?*

CONNAISSANCE DES AUTEURS ET DE LEURS ŒUVRES

1 *Le nom de naissance de l'auteur de* L'Avare *et du* Malade imaginaire *était :*
a *Molière ?*
b *Jean-Baptiste Poquelin ?*
c *Sganarelle ?*
d *Harpagon ?*

2 *Est-il né en 1522 ? 1622 ? 1722 ?*

3 *Que lui est-il arrivé lors de la quatrième représentation du* Malade imaginaire *?*

4 *Pour écrire* L'Avare, *Molière s'est inspiré d'une pièce de Plaute.*
Quel est le titre de cette pièce ?

a L'Autocuiseur

b La Marmite

c La Cocotte

5 *En quelle langue Plaute a-t-il écrit ses comédies ?*

RENDRE COMPTE D'UN SPECTACLE

À l'oral

Pour vous aider

Suite à un spectacle, vu au théâtre ou bien visionné en vidéo, votre professeur vous proposera sûrement d'exprimer vos impressions, c'est un moment important !
C'est l'occasion de formuler toutes vos impressions, vos sentiments, ce que vous avez ressenti, et de dire ce que vous avez aimé et ce qui a été décevant… tout compte : il faut donc classer vos opinions suivant les différents domaines du théâtre.
Dans le cahier ou au tableau, on peut proposer plusieurs colonnes pour recueillir les impressions générales sur chaque rubrique (salle de spectacle, costumes, lumières, maquillages, jeu des personnages, musique, …).

! Exercez-vous à… parler pour développer vos impressions.

Les échanges en classe permettent à chacun d'enrichir son point de vue ; il faut s'exprimer de façon précise pour chaque thème.
THÉÂTRE : *la salle peut être ancienne, moderne, meublée de façon contemporaine avec des décors métallisés, en bois peint, du velours rouge, vert, noir, de fauteuils, de bancs, dotée d'un lustre, de boiseries, de gradins métalliques, …*
LUMIÈRE : *il s'agit de la lumière du spectacle, pas particulièrement de l'éclairage de la salle. La lumière contribue à l'ambiance : crue, douce, faible, colorée, en pénombre, etc.*
COSTUMES : *on distingue en général deux grands types, les costumes de l'époque de Molière par exemple – perruques, gants, rubans, culottes bouffantes, grandes chemises de draps, dentelle, souliers à boucles, bas blancs ; coiffes de tissus, manches courtes, jupons sous la robe, …* (p. 243)*;*
on peut aussi trouver des mises en scène avec des costumes actuels (p. 235).

À l'écrit

Quelques conseils pour rédiger un compte-rendu de sortie ou d'extrait vidéo.

1 *Au brouillon, il faut d'abord l'envisager comme un récit à part entière, avec un début et une fin : si vous vous êtes déplacés,* ***le voyage*** *peut en faire partie.*
2 *En vous aidant du vocabulaire donné plus haut, classez vos impressions selon les grands thèmes convenus avec le professeur :* ***la salle, la lumière, les costumes, le maquillage, les accessoires, la musique, …***
3 *Choisissez plutôt d'utiliser le passé composé ou bien* ***le présent de narration****, tout simplement.*
4 *Exprimez-vous personnellement avec «* ***je*** *», ou bien englobez-vous parmi vos camarades : «* ***nous*** *».*
5 *Pour chaque thème choisi, distinguez deux paragraphes : d'abord* ***une description****, puis l'expression de* ***votre opinion.***
6 *Rédigez enfin quelques courtes lignes de conclusion en donnant votre appréciation générale sur le spectacle.*
7 ***Recopiez*** *enfin* ***au propre****, dans l'ordre : introduction / présentation, thèmes, conclusion / avis personnel.*

LE TRUC EN PLUS !

Pour se faire connaître, les compagnies de théâtre utilisent désormais deux grands moyens : les affiches ou prospectus, et Internet.
N'hésitez donc pas à **rapporter une affiche ou des prospectus du spectacle**, voire à contacter le théâtre pour qu'il vous en fasse parvenir. Vous pouvez aussi peut-être, avec le nom de la compagnie et du metteur en scène, retrouver sur Internet des photos du spectacle. Elles illustreront avantageusement votre travail.

http://lacompagnieneovent.fr

OÙ PEUT-ON RENCONTRER DES AUTEURS ET DES ARTISTES ?

Un festival rassemble des artistes très différents venus pour présenter leurs spectacles, souvent sur toute la journée et la soirée. Un salon du livre constitue un rassemblement pour les professionnels et le public, de présentation des ouvrages, des nouveautés en particulier.

! *Observez bien les affiches suivantes, ainsi que leurs présentations. Quelles informations donnent-elles ? Où iriez-vous plus volontiers ? Pourquoi ?*

Un festival de théâtre jeune public

Des salons du livre

Confectionner un agenda culturel pour le collège.

Pourquoi ne pas effectuer une recherche sur les manifestations culturelles qui se déroulent près de chez vous ?

1 *Rassemblez d'abord tous les prospectus, les livrets, les calendriers, les programmes des cinémas, des théâtres et des lieux culturels autour de votre collège : vos professeurs vous y aideront.*

2 *Visitez aussi les sites Internet de votre Conseil général, de votre commune, présentant les programmes culturels destinés au jeune public.*

3 *Sauvegardez sur une clé USB les affiches des manifestations que vous retenez.*

4 *Après avoir feuilleté tous ces agendas et ces calendriers, sélectionnez les rubriques « jeune public » ou bien « jeunesse ».*

5 *Établissez alors, sur une grande affiche, un calendrier des dix mois de la scolarité (septembre à juin).*

6 *Pour chaque manifestation sélectionnée, collez l'illustration découpée dans le prospectus autour de la date programmée.*

7 *Affichez le tout une fois achevé : ce calendrier pourra servir à tous ceux qui chercheront des idées à proposer aux professeurs.*

B 2i SAUVEGARDER DES IMAGES SUR UNE CLÉ USB

Une « clé » USB est en fait un disque dur miniature, permettant de stocker des fichiers. Elle se présente sous la forme d'un bâtonnet métallique.

a *Lorsque vous branchez la clé dans le « port » (comme un navire se range au port), elle doit être repérée par l'ordinateur qui l'intitule « disque amovible ».*

b *L'ordinateur lui attribue alors automatiquement une lettre : E, F, G, etc.*

c *Sur le navigateur, isolez l'image en cliquant dessus.*

d *Sur l'image souhaitée, cliquez sur le bouton de droite de la souris. Un menu déroulant s'affiche.*

e *Cliquez sur* ***> Enregistrez l'image sous.*** *L'ordinateur vous propose alors un panneau de navigation. Dans le menu déroulant, choisissez la lettre de votre clé USB.*

f *Cliquez alors en bas à droite sur* ***> Enregistrer****, et attendez quelques secondes.*

g *Retirez votre clé USB après avoir effectué toutes les procédures de fermeture sur l'ordinateur.*

Grammaire

Les classes de mots

Les fonctions dans la phrase

La phrase

Le verbe

Orthographe

Vocabulaire

Des outils pour vous aider

> CD Partie rom

Il comporte des exercices supplémentaires liés à chaque fiche (« S'exercer »), ainsi que des entraînements de difficulté graduée, croisant plusieurs points de langue (« Se tester »).

*, **, *** : ces étoiles signalent les niveaux de difficulté des exercices.

1 CLASSES ET FONCTIONS DES MOTS

Pour commencer

Pour **analyser** un mot, il faut identifier sa **classe grammaticale** et sa **fonction**.

1 LES CLASSES GRAMMATICALES

Chaque mot appartient à une classe grammaticale qui regroupe les mots ayant des **caractéristiques communes**. La classe grammaticale du mot est indiquée dans le dictionnaire.

On distingue

les classes de mots variables
– Ces mots s'accordent avec d'autres mots.
– Ils peuvent **changer de forme** selon leur place et leur emploi dans la phrase.

– **Noms et groupes nominaux** (→ fiche 2)
> *une* ***pomme*** *– une* ***poire****…*

– **Déterminants** (→ fiches 3, 4 et 5)
> ***la*** *table* – ***ce*** *lit* – ***son*** *armoire…*

– **Pronoms** (→ fiches 6 et 7)
> ***elle*** *vient* – pose **ça** – *mets* ***les tiens…***

– **Adjectifs** (→ fiche 8)
> *un* ***grand*** *garçon* – *une* ***belle*** *histoire…*

– **Verbes** (→ fiche 19)
> ***manger*** – *il* ***finit…***

les classes de mots invariables
– Ces mots ne s'accordent pas.
– Ils ont **toujours la même forme**, quelle que soit la phrase.

– **Adverbes**
> *très bien, ici, demain…*

– **Conjonctions** de coordination
> *car – donc – et – ni – mais – or – ou*

– **Conjonctions** de subordination
> *lorsque – quand – parce que…*

– **Prépositions**
> *à – de – pour – en – sans – avec – sur – dans – sous…*

– **Interjections**
> *oh – mince – aïe…*

Cas difficiles

– Un mot peut parfois **changer de classe** grammaticale.
> *Viens-tu* ***dîner*** *? – Je prépare* ***le dîner****.*
verbe ≠ nom commun

– **Deux mots** différents ont parfois **la même forme**.
> ***Ton*** *frère a un* ***ton*** *autoritaire.*
déterminant ≠ nom

2 LES FONCTIONS

La fonction indique **le lien du mot avec d'autres mots**.

Lié directement au verbe, le mot appartient au **groupe verbal (GV)**.
> *Cet homme* ***est*** *grand.*

Lié au nom, le mot appartient au **groupe nominal (GN)**.
> *Ce grand* ***homme*** *brun arrive.*

Lié à l'**ensemble de la phrase**, il est déplaçable et supprimable.
> *Ce matin,* ***il vient te voir.***

La fonction d'un mot peut **changer selon sa place et son emploi** dans la phrase.
> ***Le chat*** *dort.* (Sujet) > *Il cherche* ***son chat.*** (COD) > *Il pense* ***à son chat.*** (COI)

À retenir

– Les mots ayant les mêmes caractéristiques appartiennent à la même **classe grammaticale**.
– On distingue les **mots variables** des **mots invariables**.
– Selon les phrases, un même mot peut remplir des **fonctions différentes**.

1 Avez-vous compris ?

Classez les mots soulignés en utilisant le tableau ci-dessous.

Mots variables	Mots invariables

Tout à coup, au milieu de l'île, entre le feuillage des arbres, s'éleva un fil de fumée, pur, bleu. L'île était habitée. Mon cœur battit. J'observai avec attention le rivage opposé, mais vainement. Personne n'apparut.

Henri Bosco, *L'Enfant et la rivière*.

2 *Réécrivez les phrases en échangeant les mots soulignés avec l'un des mots de la liste suivante :* **assez – petite – notre – est nommé – congés – mardi – tulipes – romans** *

a Ces fleurs sentent bon. b Nous avons acheté une grande maison. c Tu parles trop vite. d Mon chien s'appelle Milou. e Le petit chat est mort. f J'ai lu le premier tome de cette série de livres. g Elle attend les vacances avec impatience. h Hier, nous avons fait une agréable promenade.

3 *Les phrases suivantes comportent six mots. Relevez les mots qui appartiennent à des classes grammaticales invariables.* *

a Hier, elle mangea rapidement un dessert.
b Hier elles mangèrent leur dessert rapidement.
c Elles ont mangé hier le dessert rapidement.
d Rapidement, elle a mangé deux desserts hier.

4 *Parmi cette liste de mots, lesquels sont des verbes ? Lesquels sont des noms ? Lesquels appartiennent aux deux classes ? Classez ces mots dans le tableau. Attention aux intrus et aux pièges.* **

berger – dessiner – manger – boucher – joli- oiseau – horloger – dîner – dormir – trop – goûter – déjà – écrire – rapidement

Verbes	Noms	Verbes ou noms

5 a *Selon le mot qu'ils peuvent remplacer dans la phrase, classez chaque mot de la liste dans le tableau.*

silencieux – les – semblent – cousins – tranquilles – seuls – restent – garçons – frères – ses – paraissent – ces

Déterminant	Nom	Verbe	Adjectif
mes	*enfants*	*sont*	*calmes*

b *Avec ces mots, écrivez ensuite trois phrases construites comme l'exemple.* **

6 *Retrouvez les phrases qui ont été mélangées sur le modèle* déterminant + nom + verbe. *Aidez-vous des accords et du sens.* **

Déterminants	Noms	Verbes
cet	vacances	chante
la	fille	est terminée
nos	homme	commencent
mon	histoire	est perdu

7 a *Placez les mots de la liste dans les phrases, dans l'ordre où ils sont donnés. N'oubliez pas de les accorder s'il y a lieu.* **

mais – tomber – été – oiseau – frais – profondeur – entièrement – gris

L'aube surprit Angélo béat et muet … réveillé. La hauteur de la colline l'avait préservé du peu de rosée qui … dans ces pays en … . Il bouchonna[1] le cheval avec une poignée de bruyère et roula son portemanteau[2]. Les … s'éveillaient dans le vallon où il descendit. Il ne faisait pas … même dans les … encore couvertes des ténèbres de la nuit. Le ciel était … éclairé d'élancements de lumière … .

Jean Giono, *Le Hussard sur le toit*.

1. Bouchonna : frotta. **2. Portemanteau** : étui en drap.

b *Soulignez, dans cette liste de mots, ceux qui sont invariables.* ***

8 *Utilisez les verbes entre parenthèses pour écrire trois phrases avec chaque nom proposé en modifiant la place du nom et sa fonction comme dans l'exemple donné.* ***

Il achète une voiture (COD) – Sa voiture roule bien (sujet) – Avec sa voiture, il va partout (CC)

a une robe *(coûte – coud – danse)* b une maison *(dort – habite – se trouve)* c un chien *(aboie caresse – se promène)* d un ordinateur *(possède – marche – travaille)*

9 Faites le bilan

a *Relevez deux mots invariables et deux mots variables.*
b *Parmi les mots soulignés, trouvez l'intrus et justifiez votre réponse.*
c *Relevez une phrase du texte ne comportant que trois mots : un déterminant, un nom et un verbe. Inventez une autre phrase de trois mots avec les mêmes classes grammaticales.*

Il tonna toute la nuit. Le tonnerre gronda vraiment, sans se ménager. Il couvrait de ses roulements sombres toute la campagne. Les éclairs s'ouvraient et se fermaient comme des ciseaux de feu. La foudre tomba sur un pin qui craqua et s'abattit. La maison tremblait. Le sous-sol en ses profondeurs répercutait les grondements. Enfoui sous mes couvertures, je pensais à la rivière.

Henri Bosco, *L'Enfant et la rivière*.

2 LE NOM ET LE GROUPE NOMINAL

! Pour commencer

Le **nom** est une **classe grammaticale** de mots servant à **nommer** ce qui est **concret** (les êtres, les objets) et ce qui est **abstrait** (les idées, les sentiments).

1 LA CLASSE GRAMMATICALE DES NOMS

Parmi les noms, on distingue

le nom commun

Il est précédé d'un déterminant.

> ***un*** *enfant* – ***des*** *souvenirs*

Cependant, le déterminant peut être absent.

> *Ici* ***maison*** *à vendre.*

le nom propre

Il commence toujours par une majuscule.

> ***P****aris* – ***J****ulie*

Certains noms propres peuvent avoir un déterminant.

> ***la F****rance* – ***les G****recs*

2 GENRE ET NOMBRE DES NOMS COMMUNS

– On appelle **genre** le masculin ou le féminin.
– On appelle **nombre** le singulier et le pluriel.

Les noms communs

Genre

Les noms communs ont un **genre** qui **ne varie pas**.

> ***la*** *maison (n.f.)* – ***le*** *château (n.m.)*

Mais quelques noms n'ont pas de genre : c'est l'article qui indique le féminin ou le masculin.

> ***un*** *élève* – ***une*** *élève*

Nombre

Le **pluriel** des noms se forme avec **un s ou un x**.

> ***une*** *maison* – ***des*** *maison****s*** / ***un*** *jeu* – ***des*** *jeu****x***

Attention, les noms terminés par un s ou un x ne varient pas au pluriel.

> ***une*** *souri****s*** – ***des*** *souri****s*** / ***un*** *pri****x*** – ***des*** *pri****x***

Certains mots s'emploient toujours au pluriel.

> ***les*** *retrouvailles* – ***les*** *gens*

Les cas particuliers difficiles du pluriel des noms sont expliqués fiche 39.

3 LE GROUPE NOMINAL

– Le **nom** est le **mot essentiel** (= **noyau**) du **groupe nominal** (GN).

GN

> *J'ai acheté une petite* ***boîte*** *ronde.*

Déterminant /adjectif/ **nom**/ adjectif

– Les **déterminants** et les **adjectifs** forment avec le **nom** le groupe nominal **(GN).**

– Le **nom** leur impose son **genre** et son **nombre**.

> ***les*** *petit****es*** *boît****es*** *rond****es***

! À retenir

– La **classe grammaticale** des noms comporte des noms communs et des noms propres.
– Le nom a un **genre invariable** (masculin ou féminin) et il **varie en nombre** (singulier et pluriel).
– Le nom est le **noyau** du groupe nominal.

1 Avez-vous compris ?

a *Lisez le texte et dites si les mots soulignés sont des noms. Attention aux pièges.*
b *Relevez les noms propres du texte.*

Nora, Lio et Sami se promènent dans la forêt. Caché derrière un arbre, quelqu'un les observe, discrètement.
– Moi, dit Nora, j'aimerais être une fée. Je serais grande et belle, et avec ma baguette magique je transformerais les radis en consoles vidéo !

Bernard Friot, *Ogre*.

2 *Indiquez le genre et le nombre des noms communs soulignés.* *

Alors Petit Ogre sort de sa cachette.
– Eh bien moi, dit-il, j'aimerais être un enfant, un enfant normal, banal. Je serais petit timide, je mangerais des radis, j'irais à l'école, je prendrais l'autobus. Et je ne serais pas obligé de vous manger. Et, en soupirant, il les avale tous les trois.

Bernard Friot, *Ogre*.

3 *Précisez si les mots soulignés sont des noms.* * *

a J'aime le coucher du soleil. b Il doit se coucher à 20 heures. c Voici des paquets : il faut que tu les livres tout de suite. d Son déjeuner est prêt. e Elle achète des livres pour l'école. f Il trace un rectangle. g Le chasseur suit la trace du loup. h Tâche de bien travailler !

4 *Indiquez si les noms soulignés sont des noms communs ou des noms propres.* **

a Capitale de la France, Paris est une ville superbe.
b L'équipe d'Angleterre a joué contre les Italiens.
c Il s'appelle Pierre et il habite en Allemagne depuis plusieurs mois.
d Carmen est née dans le sud de l'Espagne.
e Les Romains parlaient latin.

5 *Indiquez le singulier des noms communs suivants.* **

a des pays, un pa…
b des ennemis, un ennem…
c des croix, une cr…
d des soucis, un souc…
e des amis, un am…
f des choix, un ch….
g des cris, un cr…
h des puits, un pu… ;

6 *Aidez cet élève à terminer ses phrases avec les mots de la liste.* **

viande – tarte – citrons – matin – oranges – épicerie – beurre – marché

→ *Ce …, je suis allé au … . J'ai acheté de la …, des … bien mûres et des … verts. À l'…, j'ai aussi acheté du … bien frais et une … .*

7 *Indiquez le genre des noms soulignés en accordant correctement le déterminant devant chacun.* **

a La fleur est composée d'(*un / une*) ou de plusieurs pétales.
b Il y eut (*un / une*) déluge pendant quarante jours sur la terre ; les eaux montèrent et grossirent beaucoup.
c Il régnait (*un / une*) atmosphère étouffante dans le sud de la France, cet été.
d La Marseillaise est (*un / une*) hymne que chantent les Français.
e On a prononcé (*un / une*) magnifique éloge du héros.

8 *Relevez les douze noms communs du texte suivant.* ***

L'eau devenait rare et les animaux souffraient. La lionne n'avait plus beaucoup de force pour chasser. Elle ne parvenait plus à capturer ni gnous ni gazelles pour nourrir ses deux lionceaux. Ils n'avaient rien mangé depuis plusieurs jours et elle était inquiète. Pour assurer leur survie, elle s'attaqua à la progéniture du chacal dont elle tua tous les petits.

Jean Muzi, « Le Chasseur et la Lionne », *Vingt-six contes de la Savane*.

9 *Relevez les groupes nominaux et soulignez à chaque fois le noyau.* ***

Je ne suis, Seigneur, qu'un humble cheval, mais je suis beau. Si vous m'accordiez un cou un peu plus long, des pattes un peu plus hautes, un ventre un peu plus rond, une poitrine plus profonde, un arrière-train dansant […], je n'en serais que plus noble encore.

Jan Knappert, « Le cheval », *Trente-sept Fables d'Afrique*.

10 Faites le bilan

a *Relevez un nom propre dans le texte.*
b *Indiquez le genre et le nombre des deux noms communs soulignés.*
c *Relevez les dix groupes nominaux du texte et indiquez à chaque fois le noyau.*

Il regarde les rues animées, les gens bien habillés, […], puis ses pieds nus et ses poches vides, et se dit qu'il vaut mieux dormir dans la forêt toute proche, où il n'y a ni aubergiste ni cuisinier.
Le soir tombe sur la forêt. Jean accroche son hamac à deux arbres, allume un petit feu […].

Béatrice Tanaka, *Peau de Pou, La Fille du grand serpent*, Contes du Brésil.

3 LES DÉTERMINANTS ARTICLES

Pour commencer

– **L'article** appartient à la classe grammaticale des **déterminants** du nom.
– Il est un constituant de base du **groupe nominal**.

1 FORMES

L'article est **variable**. Il indique le genre et le nombre du nom qu'il détermine :
le genre > ***la*** *girafe* – ***le*** *girafon* **le nombre** > ***une*** *girafe* – ***des*** *girafes*

		Article indéfini	Article défini simple	Article défini contracté	Article partitif
singulier	masculin	**un** > ***un*** *melon*	**le – l'** > ***le*** *gâteau* > ***l'****abricot*	**au** (à + le) **du** (de + le) > *aller* ***au*** *marché* > *revenir* ***du*** *marché*	**du – de l'** > *acheter* ***du*** *beurre* > *avoir* ***de l'****espoir*
	féminin	**une** > ***une*** *poire*	**la – l'** > ***la*** *fraise* – ***l'****orange*		**de la – de l'** > *manger* ***de la*** *compote* > *boire* ***de l'****eau*
pluriel		**des** > ***des*** *melons* > ***des*** *poires*	**les** > ***les*** *fraises* > ***les*** *abricots*	**aux** (à + les) **des** (de + les) > *parler* ***aux*** *enfants* > *parler* ***des*** *enfants*	**des** > *prendre* ***des*** *rillettes*

L'article indéfini **des** prend parfois la forme **de**. > *Elle a* ***de*** *grands enfants à présent.*
L'article défini singulier s'élide devant une voyelle ou un h muet. > l'orange – l'horizon

Il ne faut pas confondre

des (défini contracté) et **des** (indéfini pluriel)
> *revenir* ***des*** *champs* (= *de* + *les*) – défini contracté
> *posséder* ***des*** *champs* (pluriel de *un*) – indéfini pluriel

du (défini contracté) et **du** (partitif)
> *descendre* ***du*** *train* (= *de le* train) – défini contracté
> *acheter* ***du*** *sel* (= *un peu de* sel) – partitif

2 EMPLOIS

L'article indéfini
s'emploie pour désigner un être ou un chose qui ne sont pas connus.
> *Il cherche* ***une*** *boulangerie.*

L'article défini
s'emploie pour désigner un être ou une chose qui sont connus ou identifiables.
> *Va à* ***la*** *boulangerie !*

Tous les deux peuvent s'employer pour exprimer une généralité.
> ***Un*** *boulanger se lève toujours très tôt.* – ***La*** *boulangerie est un métier difficile.*

L'article partitif
s'emploie devant un nom dont on ne peut pas déterminer la quantité.
nom concret > *Donne-moi* ***du*** *pain.* nom abstrait > *Donne-moi* ***du*** *courage.*

À retenir

– L'article se place **devant le nom** qu'il détermine.
– Il s'accorde avec ce nom dont il indique le genre et le nombre.
– Les trois catégories de l'article sont : **l'article indéfini, l'article défini, l'article partitif**.

1 Avez-vous compris ?

Recopiez le tableau suivant puis complétez-le avec les articles de la chanson et les noms qu'ils déterminent. Précisez pour chaque article son genre et son nombre.

Articles définis		Articles indéfinis
simples	contractés	

Partir effacer sur le Gange
La douleur
Pouvoir parler à un ange
En douceur
Lui montrer la blessure étrange
La douleur
D'un homme qui voudrait trouver
En douceur
Au fond de lui un reste de lueur
L'espoir de voir enfin un jour
Un monde meilleur

Daniel Balavoine, « Sauver l'amour ».

2 *Recopiez le texte et soulignez tous les articles. Des erreurs se sont glissées : rétablissez le bon accord entre l'article et le nom.* *

Le petite sorcière

Il était un fois un petite sorcière qui aurait aimé être bonne. Mais chaque fois qu'elle essayait de faire la bien, elle déclenchait un catastrophe.
Une jour, elle vit dans le forêt une méchant ogre qui s'apprêtait à dévorer une petit garçon. D'ordinaire, les ogres et les sorcières sont amis. Mais le petite sorcière s'émut à le pensée que la petit garçon serait mangé. Elle cria son formule magique et Plouf ! Plouf ! Patatras ! L'ogre devint une ananas.

Rivais / Laclos, *Les sorcières sont N.R..V.*

3 *Modifiez le texte qui suit en rétablissant les articles.* **

Histoire-télégramme

DRAGON ENLÈVE PRINCESSE – ROI DEMANDE CHEVALIER SAUVER PRINCESSE – TROIS CHEVALIERS ATTAQUENT DRAGON – PREMIER CHEVALIER CARBONISÉ – DEUXIÈME ÉCRABOUILLÉ – TROISIÈME AVALÉ TOUT CRU – ROI DÉSESPÉRÉ – FACTEUR IDÉE – ENVOIE LETTRE PIÉGÉE DRAGON – DRAGON EXPLOSE – PRINCESSE ÉPOUSE FACTEUR – [...]

Bernard Friot, *Histoires pressées.*

4 *Classez les articles suivants en deux colonnes : article défini, article indéfini. Quand l'article est élidé, indiquez son genre.* **

La grille d'un enclos, dans un zoo : d'un côté, un loup borgne, de l'autre un petit garçon à l'œil fermé.
Dans l'œil du loup défilent le Grand Nord, l'aventure, la fuite devant les hommes.
Dans l'œil du petit garçon, l'Afrique, l'incendie, le guépard, l'antilope, le dromadaire...

Daniel Pennac, *L'œil du loup.*

5 *Mettez les phrases suivantes à la forme négative.* **

a Le journal annonce des faits divers sordides. b Il a des livres anciens. c Il nous raconte des histoires ! d L'hiver, il y a des blessés en montagne.

6 *Relevez les articles et les noms qu'ils déterminent. Précisez si chaque article est défini, indéfini ou partitif.* ***

Mélangez de la farine et du sel dans une jatte, puis ajoutez du bout des doigts la margarine jusqu'à former une pâte grumeleuse. Versez de l'eau pour obtenir une pâte qui se tienne. Pétrissez-la légèrement une minute sur une surface farinée. Mettez-la dans du papier sulfurisé et faites-la glacer au réfrigérateur.

7 *Précisez dans chacune des phrases suivantes si* du *est un article défini contracté ou s'il s'agit d'un article partitif.* ***

a Te souviens-tu de la publicité : « **Du** pain, **du** vin, **du** boursin » ?
b Il est encore bronzé car il revient tout juste **du** ski.
c Il est rentré fou de joie **du** concert.
d Prends-tu **du** sucre dans ton café ?
e Si mon fils m'a donné **du** souci, je reconnais qu'il a **du** courage pour faire l'ascension **du** Mont-Blanc.

8 *Relevez les articles définis et les noms qu'ils déterminent. Puis précisez leur emploi (une généralité ou un être / une chose connus).* **

En moins d'un quart d'heure, la grosse boiteuse réussit à leur servir une omelette de bonne mine, du pain bis et du vin clairet.
Les paysans ne mangent pas vite, et le petit Pierre avait si grand appétit qu'il se passa bien une heure avant que Germain pût songer à se remettre en route. La petite Marie avait mangé par complaisance d'abord ; puis, peu à peu, la faim était venue : car à seize ans on ne peut pas faire longtemps diète, et l'air des campagnes est impérieux.

George Sand, *La Mare au Diable.*

9 Faites le bilan

a *Relevez les douze articles du texte et les noms qu'ils déterminent.*
b *Donnez la catégorie, le genre et le nombre de chaque article.*
c *Expliquez l'emploi des articles de la première phrase.*
d *Mettez cette première phrase au singulier.*
e *À la manière de l'article d'encyclopédie, rédigez un petit texte sur les cow-boys comprenant au moins dix articles (indéfinis, définis, partitifs).*

Les pirates sont des bandits, des hommes qui risquent tout. Ils cherchent la richesse et n'obéissent qu'à une seule loi : celle du plus fort. Ils attaquent tout ce qui passe à leur portée, sans aucune légalité, quelle que soit leur victime. Ils agissent dans des régions du monde à des périodes charnières où le droit est mal défini, mais ne résistent pas à la mise en place d'une administration et d'une police efficaces.

Brigitte Coppin, *Corsaires et Pirates.*

4 LES DÉTERMINANTS POSSESSIFS

Pour commencer

– La classe grammaticale des **déterminants** est **variable**.
– Le déterminant possessif **précède** le nom avec lequel il **s'accorde** en **genre** et en **nombre**.

1 FORMES

La forme du déterminant possessif varie

selon le nom déterminé (l'objet possédé)
Il en indique le **nombre** et au singulier uniquement, le **genre.**

> ***ses*** *fleurs* (fém. plur.) – ***ses*** *arbres* (masc. plur.)

> ***sa*** *maison* (n. f. sing.) – ***son*** *jardin* (n. m. sing.)

Attention, au singulier**, devant une voyelle ou un h muet,** il a la même forme au masculin et au féminin .

> ***ta*** *grande intelligence* → ***ton*** *intelligence*

> ***ta*** *grande habileté* → ***ton*** *habileté*

selon la **personne** et le **nombre** du **possesseur**
1e pers du sing. > ***ma*** *maison* (un possesseur)
3e pers du plur. > ***leur*** *maison* (plusieurs possesseurs)

Attention, il n'indique pas le genre du possesseur.

> *la maison de la voisine* = ***sa*** *maison*

> *la maison du voisin* = *s**a*** *maison*

Parfois le possesseur est difficile à identifier.

> *Arthur annonce à Marion* ***sa*** *bonne note.*

Est-ce la note d'Arthur ou de Marion ?

nombre de possesseurs / genre et nombre du nom déterminé	Singulier (un possesseur)			Pluriel (deux ou plusieurs possesseurs)		
	1re pers.	2e pers.	3e pers.	1re pers.	2e pers.	3e pers.
singulier masculin	**mon**	**ton**	**son**	**notre**	**votre**	**leur**
singulier féminin	**ma – mon**	**ta – ton**	**sa – son**			
pluriel	**mes**	**tes**	**ses**	**nos**	**vos**	**leurs**

2 EMPLOIS

On emploie le déterminant possessif pour marquer

une relation d'appartenance, de possession

> *Le petit garçon veut prêter* ***ses*** *jouets. = les jouets du petit garçon* (Les jouets lui appartiennent.)

une relation d'intérêt, d'habitude, de sentiment

> *Tu déclares* ***ton*** *amour.* = l'amour que tu éprouves

> *Vous avouez* ***vos*** *fautes.* = les fautes que vous avez commises

> ***Notre*** *train arrive.* = le train que nous allons prendre

Remarque : quand il s'agit des parties du corps, le déterminant possessif est la plupart du temps remplacé par l'article défini.

> *Il se lave* ***les*** *mains. – Il a mal à* ***la*** *tête.*

À retenir

– Le **déterminant possessif varie** selon **le nom qu'il détermine** mais aussi selon le **possesseur** dont il indique la **personne** et le **nombre**.
– En général, il indique une **possession** : ***mon*** *manteau* est celui qui m'appartient.

1 Avez-vous compris ?

a *Relevez les déterminants possessifs du texte en indiquant le nom qu'il détermine.*

b *Mettez le déterminant possessif qui convient devant les deux noms soulignés.*

Tous les soirs sans exception, cette vieille dame écrit. Je la vois en ombre chinoise derrière ses rideaux. Une lampe rose est posée sur son bureau, et reste toujours allumée très tard. Sa fenêtre est la dernière à être éclairée, et au milieu de la grande façade sombre, on dirait un écran de télé. Quelquefois, la vieille dame se lève, disparaît à l'intérieur de l'appartement, puis revient avec un tableau. Elle se réinstalle, boit son thé – ou son café – et se remet au travail.

Gudule, *La Bibliothécaire*.

2 *Réécrivez les groupes nominaux en utilisant un déterminant possessif.* *

a les parents du petit garçon : ... parents
b les habits que vous mettez : ... habits
c le gâteau que je mange : ... gâteau
d l'avion que nous prenons : ... avion
e le voyage que vous faites : ... voyage
f les livres qu'ils lisent : ... livres
g l'histoire qu'elle aime : ... histoire
h les problèmes que nous avons : ... problèmes

3 *Complétez les phrases suivantes avec le (les) déterminant(s) possessif(s) convenable(s).* *

a Pouvez-vous me prêter ... stylo ?
b Tu as perdu ... sac : à l'intérieur se trouvaient ... clés et ... carte d'identité.
c ... père et moi sommes très unis.
d Ils ont mis ... manteaux et ... gants car il fait froid.
e Nous sommes arrivés dans ... maison.

4 *Relevez chaque déterminant possessif avec le nom qu'il détermine. Précisez leur genre, leur nombre et leur personne. Indiquez le possesseur auquel chacun renvoie.* **

[...] Alors je racontai que les sorcières avaient enlevé leurs perruques, leurs gants et leurs chaussures et que soudain, j'avais vu leurs crânes chauves et boutonneux, leurs griffes et leurs pieds sans orteils !
Grand-mère avait rapproché son fauteuil de la table, et s'était assise sur le bord du siège. Des deux mains, elle tenait le pommeau doré de sa canne. Ses yeux scintillaient comme des étoiles.

Roald Dahl, *Sacrées Sorcières*.

5 *Transformez les groupes nominaux suivants au pluriel s'ils sont au singulier, et au singulier s'ils sont au pluriel, en gardant la même personne.* **

son gendre – ses enfants – leur fille – son garçon – notre tante – sa cousine – votre marâtre

6 *Transformez les groupes nominaux comme dans l'exemple en accordant l'adjectif et changeant le déterminant possessif si le genre du nom l'impose.* ***

son aile → sa grande aile
son appartement – son héritage – son histoire – son oiseau – son hélice – son ennemi – son avion – son armure – son éloge – son éléphant

7 *Complétez les groupes nominaux avec le déterminant possessif* leurs *ou* leur. ***

a ... mère est inquiète à cause de ... retard.
b Ils prennent ... cahiers et ... stylos pour faire ... travail.
c Je connais ... habitude : ils prennent ... déjeuner à midi pile.
d Les enfants ont raté ... autobus qui passe à 13 h.
e ... parents les attendent pour écouter ... explications.

8 *Classez les déterminants possessifs en deux colonnes : ceux qui indiquent une possession et ceux qui ont une autre valeur.* ***

a J'entends mes semelles qui craquent.
b Ton train est arrivé à l'heure prévue.
c Il nous a invité dans son restaurant habituel.
d Je connais bien votre sœur.
e Notre maison a été rénovée : voulez-vous l'adresse de notre architecte ?
f Leurs filles adorent les animaux.

9 Faites le bilan

a *Relevez dans le texte les déterminants possessifs. Indiquez leur genre, leur nombre et les noms qu'ils déterminent.*

b *À la place des pointillés, écrivez le déterminant possessif manquant avec le nom qu'il détermine.*

c *Précisez l'emploi des déterminants possessifs.*

Je crois que le fond de mon caractère est doux et paisible. Mais pour me défendre, je suis devenue lointaine, moqueuse et souvent désagréable. Heureusement, j'ai ... grand-mère. Elle habite près de chez nous. Sa maison est mon refuge. Ma mère et ma grand-mère se disputent souvent, ce qui ne veut pas dire qu'elles ne s'aiment pas. Mais elles ne peuvent pas s'empêcher de se chamailler. Depuis quelque temps, je suis la raison principale de ... bagarres. Ma grand-mère prend ma défense à tort et à travers, ce qui énerve ma mère, et leurs conversations tournent au drame une fois sur deux.

Marie Desplechin, *Verte*.

5 LES DÉTERMINANTS DÉMONSTRATIFS

Pour commencer

– La classe grammaticale des **déterminants** est **variable**.
– Le déterminant démonstratif **précède** le **nom** avec lequel il s'**accorde** en **genre** et en **nombre**.

1 FORMES

Le déterminant démonstratif s'accorde avec le nom qu'il précède

en genre

masculin
> ***ce*** *garçon*
> ***cet*** *homme*

féminin
> ***cette*** *fille*

en nombre

singulier
> ***ce*** *garçon*
> ***cette*** *fille*

pluriel
> ***ces*** *garçons*
> ***ces*** *filles*

Il ne faut pas confondre les homophones

cet et **cette**

cet = masculin
> ***Cet enfant*** *s'appelle Arthur.*

cette = féminin
> ***Cette enfant*** *s'appelle Marie.*

ce et **se**

> ***Ce*** *garçon* ***se*** *lave les mains.*

ce = déterminant démonstratif précède un **nom** = ***ce*** *garçon*
se = pronom personnel précède un **verbe** = ***se*** *lave.*

ces et **ses**

ces = déterminant démonstratif
> *Observez* ***ces*** *jouets.*
(= les jouets que vous voyez)

ses = déterminant possessif
> *Il prête* ***ses jouets.***
(= les jouets qui lui appartiennent)

	Singulier		Pluriel
masculin	devant une voyelle et devant un nom commençant par un h muet	devant une consonne	**ces**
	cet	**ce**	
féminin	**cette**		

Les formes renforcées du déterminant démonstratif se forment en ajoutant **-ci** ou **-là**.
Elles permettent d'insister sur le mot déterminé et de le mettre en valeur :

- L'ajout de **-ci** peut marquer **la proximité.**
- L'ajout de **-là** peut marquer **l'éloignement.**

dans le temps ou l'espace

> ***cette*** *robe-**ci*** (= celle qui est à côté de moi)

> ***cette*** *année-**là*** (= une année passée, il y a longtemps).

Remarque : le langage courant a tendance à utiliser la forme renforcée avec **-là** dans tous les cas.

2 EMPLOIS

On emploie le déterminant démonstratif pour désigner un être ou une chose.

que l'on montre.
> *Donne-moi* ***ce*** *stylo.*

dont on vient de parler.
> *Mon père m'a donné un vieux livre.* ***Ce*** *livre contient des exercices.*

dont on va parler.
> *En ouvrant le journal, j'ai vu* ***cette*** *annonce : vente flash dans les grands magasins.*

À retenir

– Les **déterminants démonstratifs** sont au nombre de quatre : **ce** – **cet** – **cette** – **ces**.
– Il **désigne** un être ou une chose que l'on montre, dont on vient de parler ou dont on va parler.
– Il faut apprendre à distinguer **cet** et **cette**, **ce** et **se**, **ces** et **ses**.

1 Avez-vous compris ?

a *Relevez les déterminants démonstratifs du texte et le nom qu'il détermine.*
b *Indiquez pour chacun son genre et son nombre.*
c *Lequel est un déterminant démonstratif de forme renforcée ?*

« [...] je comprends fort bien que ce monde que nous voyons n'est pas un champignon qui soit venu tout seul en une seule nuit. Je voudrais bien vous demander qui a fait ces arbres-là, ces rochers, cette terre et ce ciel que voilà là-haut [...] »

Molière, *Dom Juan*, Acte III, scène 1.

2 *Choisissez le déterminant démonstratif qui convient :* ce *ou* cet *?* *

a ... âne b ... chien c ... kangourou d ... crocodile e ... hippopotame f ... insecte g ... escargot h ... hérisson i ... hibou j ... éléphant

3 *Complétez les phrases suivantes avec le déterminant démonstratif qui convient.* *

a Donne-moi ... chemisette qui est en haut de l'armoire. b Le garçon souhaite emprunter ... livre. c Regardez comme ... tableaux sont peints avec finesse ! d Vous savez que ... renseignement est erroné. e Il fait plutôt froid ... hiver. f ... personne me semble plutôt étrange. g Pouvez-vous me prêter ... guide ? h Pendant ... temps, le voleur s'est emparé de tous les bijoux de ... vitrine.

4 *Relevez chaque déterminant démonstratif avec l'être ou l'objet qu'il désigne. Précisez s'il s'agit de formes renforcées.* **

Écoute Nicolas, m'a dit maman. Pas besoin de faire cette tête-là, cette petite bête n'aurait pas été heureuse ici. Maintenant, tu vas me faire le plaisir de ne plus y penser et de monter faire tes devoirs. Pour le dîner, il y aura un bon dessert. Et surtout, surtout, pas un mot de tout ceci à ton père. Il est très fatigué ces temps-ci, et je ne veux pas qu'on l'ennuie avec des histoires quand il revient à la maison. Pour une fois, ayons une soirée calme et tranquille.

Sempé et Goscinny, *La Rentrée du Petit Nicolas*.

5 *Transformez les groupes nominaux suivants au pluriel s'ils sont au singulier, au singulier s'ils sont au pluriel.* **

ces habits – cette vieille dame – ces maisons grises – ce jeune homme – ces objets – ces épreuves

6 *Complétez les phrases suivantes avec* cet *ou* cette. **

a ... histoire me plaît. b Tu connais bien ... homme et ... femme. c Regarde bien ... vitrine et ... étalage ! d Après ... aventure, il se reposa. e Nous avons acheté ... armoire et ... table. f ... élève est très intelligente.

7 *Complétez les phrases suivantes avec* ces *ou* ses. **

a ... chaussures me font mal aux pieds. b Il n'a pas appris ... leçons. c Il est poète à ... heures. d Tu ne vas pas pleurer devant tous ... gens ! e Si tu réussis ... épreuves sportives, tu seras un vrai champion ! f ... parents sont très sévères avec lui. g Je ne veux pas regarder ... émissions, elles sont trop stupides. h ... mains sont sales car il a jardiné.

8 *Pour chaque déterminant démonstratif souligné, indiquez :*
a *son nombre, son genre et ce qu'il désigne ;*
b *son emploi. Sert-il à désigner un être ou un objet que l'on montre, dont on va parler, ou dont on vient de parler ?* ***

Pendant ce temps Jacob, qui pleurait Abraham préparait le premier repas de deuil. Selon la coutume, celui-ci consistait en un plat de lentilles. Surgit Esaü, qui tenait à peine sur ses jambes.
Donne-moi de ces lentilles, dit-il, car je suis épuisé. Je prépare ce plat pour le repas de deuil. », dit Jacob.

Michèle Kahn, *Contes et légendes de la Bible*.

9 *Complétez les phrases avec* ce *ou* se. ***

a Que ... passe-t-il dans ... coin ? b Rien ne ... perd, tout ... transforme. c Où peut bien ... trouver la clé de ... cagibi ? d Pour ... spectacle, je préfère mettre ... veston. e ... petit chien ... laisse caresser.

10 *Classez les déterminants démonstratifs soulignés en deux colonnes : ceux qui désignent un être ou une chose que l'on montre et ceux qui ont une autre valeur.* ***

a Dans l'immeuble d'en face, une vieille dame écrit. Tous les soirs sans exception, cette vieille dame écrit. b Observez vite ce magnifique arc-en-ciel ! c Si tu réussis cet examen, tu auras une belle récompense. d Je viens de lire un article intéressant. Cet article a été écrit par un journaliste connu. e Je préfère ces chaussures-là aux autres.

11 Faites le bilan

a *Relevez les déterminants démonstratifs avec les noms qu'ils déterminent.*
b *Indiquez pour chacun son genre et son nombre.*
c *Recopiez les deux noms soulignés en les faisant précéder du déterminant démonstratif qui convient.*
d *Mettez ensuite les deux noms soulignés au singulier et faites-les précéder d'un déterminant démonstratif.*

Combien de nos semblables s'embarquent pour ce périple en chargeant tellement leur bateau qu'ils risquent à tout moment de sombrer sous le poids de toutes ces choses stupides qui leur semblent essentielles au plaisir et au confort du voyage mais ne constituent en fait qu'un bric-à-brac inutile. Regardez-les entasser sur leur malheureux rafiot tous ces beaux habits et ces grandes maisons, regardez embarquer ces domestiques dont ils n'ont nul besoin et cette foule d'excellents amis qui se soucient d'eux comme d'une guigne et dont eux-mêmes n'ont que faire.

Jérôme K. Jérôme, *Trois hommes dans un bateau*.

6 LES PRONOMS PERSONNELS

! Pour commencer

– Le mot « pronom » vient du latin *pro* = **à la place de**, et *nomen* = **nom** : le **pronom** peut avoir les **mêmes fonctions que le nom**.
– Il est **personnel** car on peut l'utiliser à la **1re personne**, à la **2e personne** ou à la **3e personne**.

1 FORMES

La forme du pronom personnel varie

à la 3e personne, selon le genre,
il est féminin ou masculin
> ***Il*** *est grand. /* ***Elle*** *est petite.*

selon **la fonction qu'il occupe** dans la phrase
> ***Elle*** *voit. – Je* ***la*** *vois. – Je* ***lui*** *dis.*
Sujet COD COI
(→ fiches 9, 12, 13)

selon le nombre
il est pluriel ou singulier
> ***Je*** *viens. /* ***Nous*** *venons.*

	Singulier				Pluriel			
	1re pers.	2e pers.	3e pers.		1re pers.	2e pers.	3e pers.	
Fonction			masculin	féminin			masculin	féminin
Sujet	**je, j'**	**tu**	**il**	**elle**	**nous**	**vous**	**ils**	**elles**
COD	**me, m'**	**te, t'**	**le, l'**	**la, l'**	**nous**	**vous**	**les, se, s'**	
COI/COS	**me, moi, m'**	**te, toi, t'**	**lui**		**nous**	**vous**	**leur, se, s'**	
							eux	**elles**

Pour renforcer et insister sur la personne

	moi	**toi**	**lui**	**elle**	**nous**	**vous**	**eux**	**elles**

2 EMPLOIS

• Les pronoms de la 1re et 2e personne renvoient à **l'émetteur** et au **destinataire**.
> ***Je t'****invite chez* ***moi****.*

• Les pronoms de la 3e personne sont des **représentants** : ils remplacent un nom ou un GN. (→ fiche 46)
> *Samir ne viendra pas.* ***Il*** *est malade.*

Il ne faut pas confondre

le pronom personnel et le déterminant article défini (→ fiche 3)
> Déterminant *Il prend* ***la*** *boîte.*
> Pronom *Il* ***la*** *range.*

Pour les distinguer, regardez le mot qui suit :
le – la – les – l' ou **leur** suivi par un verbe conjugué est un pronom personnel.
> *Il* ***la*** *voit.*

le – la – les– l'ou **leur** suivi par un nom est un déterminant.
> *Il voit* ***la*** *maison.*

le sujet et le complément d'objet (→ fiches 9 et 12)
> Sujet ***Vous*** *regard****ez****.*
> COD *Je veux* ***vous*** *regard****er****.*
> COI *Il vient* ***vous*** *parl****er****.*

Pour les distinguer, remplacez le verbe du 1er groupe par un verbe du 3e groupe.
Quand le pronom **vous** est sujet, le verbe s'accorde.
> ***Vous*** *écout****ez*** *la radio.*

Quand le pronom **vous** est COD ou COI, le verbe reste à l'infinitif.
> *Il vient* ***vous*** *écout****er****.*

! À retenir

– Le pronom personnel varie en **genre** et en **nombre**. Il change de forme selon la **fonction** qu'il a dans la phrase.
– **Attention** à ne pas confondre les **pronoms le, la, les, l'** avec **l'article défini**.

1 Avez-vous compris ?

a *Relevez les pronoms personnels sujets.*
b *Relevez les autres pronoms personnels et précisez leur personne et leur nombre.*

SGANARELLE. – Non, je te dis que je n'en veux rien faire, et que c'est à moi de parler et d'être le maître.
MARTINE. – Et je te dis, moi, que je veux que tu vives à ma fantaisie[1], et que je ne me suis point mariée avec toi pour souffrir[2] tes fredaines[3].

Molière, *Le Médecin malgré lui*, Acte I, scène 1.

1. à ma fantaisie : comme je le désire.
2. souffrir : supporter.
3. fredaines : folies.

2 *Remplacez les groupes nominaux soulignés par le pronom personnel qui convient.* *

a Le petit garçon qui n'aime pas beaucoup l'école dessine sur son cahier. b Tom dit à sa maman de ne pas le déranger pendant qu'il travaille. c La jeune fille assise au premier rang efface les dates, les noms et les phrases écrites sur le tableau noir. d On questionne tous les enfants. e Les enfants accourent pour observer la nouvelle attraction.

3 *Utilisez des pronoms personnels pour éviter la répétition du nom ou du groupe nominal souligné.* **

a Le chien de mon meilleur ami est méchant et le chien de mon meilleur ami ne cesse de grogner. b Lorsque les invités arriveront, j'accueillerai les invités. c Jean me prête sa console vidéo. Il a eu sa console vidéo pour Noël. d Paul a lavé toute la vaisselle et va ensuite essuyer toute la vaisselle. e On aperçut deux chamois dans la montagne. Mais, au bruit de nos pas, les deux chamois se sont vite enfuis.

4 *Précisez si chaque mot en gras est un pronom personnel ou un article défini.* **

Les six hommes obligèrent **le** taureau à se coucher sur **le** flanc. Ils lui lièrent **les** pattes afin de **l'**empêcher de se débattre. Puis **le** boucher prit son couteau pour **l'**égorger. Mais **le** couteau, pourtant très aiguisé, n'entama même pas **la** peau de **l'**animal. **Le** taureau possédait **le** pouvoir de résister aux métaux **les** plus tranchants.
Furieux, **le** boucher demanda aux hommes qui **l'**avaient accompagné d'aller chercher **la** vieille femme.

Jean Muzi, *La Naissance du Fleuve, Contes et Fables d'Afrique*.

5 *Dans ce début de conte explicatif, certains pronoms personnels ont été effacés. Retrouvez-les.* **

Comment se fait-il qu'il y ait des chauves-souris ?

Une souris, désorientée, grimpa sur un clocher où une hirondelle avait fait son nid et … demanda si … voulait ….'accueillir pendant quelques jours. L'hirondelle venait de perdre son mari et cela …'arrangeait bien que la souris … tienne compagnie : cela …. permettrait de se changer les idées. … l'admit donc chez … à la condition qu'elle l'aiderait à couver ses œufs. La souris accepta. Au bout de trois ou quatre jours, … partit vivre sa vie ailleurs.

Muriel Bloch, *365 contes des Pourquoi et des Comment*.

6 *Indiquez la fonction précise des pronoms personnels soulignés.* ***

a Chaque matin, je vais en vélo à l'école.
b Voici un beau bouquet de fleurs : je vais l'offrir à maman pour son anniversaire.
c Un coureur s'est blessé sur la ligne de départ. On lui apporte rapidement du secours.
d Le chasseur a tué deux lièvres. Il les ramasse et les glisse dans son panier.
e Les enfants sont partis en vacances sans leurs parents. Ils leur écrivent une lettre pour leur donner des nouvelles.

7 *Dans les phrases suivantes, relevez les pronoms personnels. Indiquez le nom qu'ils représentent, puis précisez leur fonction.* ***

a Sophie me prête son stylo vert.
b Le poisson a mordu à l'hameçon. Le pêcheur l'attrape, le décroche et le met dans son panier.
c Karim a deux biscuits pour son goûter et Frédéric a oublié le sien. Il lui donne un de ses biscuits.
d Il fait très chaud. Nous allons nous rafraîchir et acheter des glaces.

8 *Complétez les verbes avec* -ez *ou* -er *selon la fonction du pronom personnel* « vous ». ***

a Avant de sortir, il faut vous habill …
b Vous devez all … tout droit puis vous travers … la rue avant de vous arrêt … devant le numéro 9.
c Voulez-vous entr … ?
d Pour vous laiss…. les clés, il faut un mot de passe.
e Attention de ne pas vous tromp … !

9 Faites le bilan

a *Relevez les sept pronoms personnels ayant la fonction sujet avec leur verbe.*
b *Remplacez les noms ou les groupes nominaux soulignés par le pronom personnel qui convient.*

Puis il regarde avec appréhension les chefs de la cité. Ils sont graves et restent silencieux. Timoklès craint de n'avoir pas été assez explicite et reprend avec flamme :
« Si les Perses écrasent les Athéniens, ils écraseront la Grèce toute entière. Il n'y aura plus d'hommes libres.
– Nous savons apprécier un danger, remarque un roi d'un ton de reproche. Jamais nous n'avons connu de défaite. »
Timoklès, qui ne sait comment interpréter la remarque du roi, cherche désespérément ce qu'il peut ajouter sans le vexer.

Odile Weulersse, *Le Messager d'Athènes*.

7 LES PRONOMS POSSESSIFS ET DÉMONSTRATIFS

! Pour commencer

– Les pronoms possessifs et démonstratifs font partie de la classe grammaticale des **pronoms**.
– Ils **remplacent un nom ou groupe nominal** et ont une **forme variable**.

1 LE PRONOM POSSESSIF

La forme du pronom possessif **varie**

selon le **genre** et le **nombre du nom qu'il remplace.**

> *son ami* → ***le sien*** (masc. sing.)

> *mes filles* → ***les miennes*** (fém. plur.)

Les **pronoms** possessifs ***le nôtre, le vôtre...*** ont un accent **circonflexe**. Il ne faut pas les confondre avec les **déterminants** possessifs ***votre, notre.***

> ***Notre*** *maison est plus grande que* ***la vôtre****.*

selon la **personne du possesseur**.

> ***Je*** *possède une maison : c'est* ***la mienne.*** (possesseur ***je*** → 1re pers. sing.)

> ***Nous*** *avons des projets : ce sont* ***les nôtres****.* (possesseurs ***nous*** → 1re pers. plur.)

nom remplacé (objet possédé) / Nombre de possesseurs		Singulier (un possesseur)			Pluriel (deux ou plusieurs possesseurs)		
		1re pers.	2e pers.	3e pers.	1re pers.	2e pers.	3e pers.
singulier	masculin	**le mien**	**le tien**	**le sien**	**le nôtre**	**le vôtre**	**le leur**
	féminin	**la mienne**	**la tienne**	**la sienne**	**la nôtre**	**la vôtre**	**la leur**
pluriel	masculin	**les miens**	**les tiens**	**les siens**	**les nôtres**	**les vôtres**	**les leurs**
	féminin	**les miennes**	**les tiennes**	**les siennes**			

Les pronoms possessifs sont parfois précédés d'un article contracté.

> *Il ouvre la porte de son immeuble.* → *Il ouvre la porte* ***du sien.***

2 LE PRONOM DÉMONSTRATIF

Il présente **deux séries de formes**

Formes simples

> *celui – celle – ceux – celle – ce*

– ***ce*** s'élide et devient ***c'*** devant une voyelle (→ fiche 33)

> ***C'****est important.*

– ***Cela*** est utilisé à l'écrit ; à l'oral, on emploie souvent la forme ***ça***.

Formes composées

en ajoutant aux formes simples -**ci** ou -**là.**

– les formes ***ceci*** – ***cela*** au neutre, sont soudées et *là* perd son accent.

– les formes composées ***celui-ci – celui-là*** servent à distinguer deux objets selon leur proximité ou éloignement.

> *Voulez-vous* ***celle-ci*** *ou* ***celle-là*** ?

La forme du pronom démonstratif varie en genre et en nombre selon ce qui est désigné :

	Singulier	Pluriel
masculin	**celui (-ci / -là)**	**ceux (-ci / -là)**
féminin	**celle (-ci / -là)**	**celles (-ci / -là)**
neutre	**ce – ceci – cela – ça**	

! À retenir

– Les pronoms possessifs varient selon **le possesseur** et **l'élément possédé**.
– Les pronoms démonstratifs peuvent avoir une **forme simple** ou une **forme composée**.

1 Avez-vous compris ?

a *Indiquez si les pronoms soulignés sont démonstratifs ou possessifs.*
b *Indiquez le nom que chaque pronom en gras remplace.*
c *Recopiez la phrase entre crochets en remplaçant* chemise *par* pantalon. *Faites les changements nécessaires.*

À ce moment, alors que je repêchais la chemise, je m'aperçus qu'en fait <u>ce</u> n'était pas du tout **la mienne**, mais **celle** de George. Je les avais confondues. Pour la première fois, l'humour de la situation m'apparut clairement et je me mis moi-même à rire. [...] Puis finalement, je parvins, entre deux convulsions, à lui lancer:
[– <u>Ce</u> n'est pas ma chemise ! <u>C'</u>est la tienne !]

Jérôme K. Jérôme, *Trois hommes dans un bateau.*

2 *Remplacez les groupes nominaux par le pronom possessif qui convient.* *

– mon sac → ... – ses affaires → ... – tes livres → ... – sa voiture → ... – leur anniversaire → ... – notre appartement → ... – votre sacoche → ... – leurs enfants → ...
– vos parents → ... – mes amis → ... – ma chambre → ...
– son téléphone → ... – ses projets → ... – ton devoir → ...
– son but → ...

3 *Complétez les phrases avec le pronom démonstratif qui convient.* *

a J'aime beaucoup cette peinture mais je n'apprécie pas ...
b Ces voitures sont neuves au contraire de ...
c ... que j'apprécie le plus, c'est sa franchise.
d Ce jupon est ... que je trouve le plus original.
e Cette maison est ... de mon enfance.
f ... me fait énormément de peine.
g Ce n'est pas cette machine-ci qu'il faut réparer, c'est ... .

4 *Répondez aux questions ci-dessous en suivant le modèle :* s'agit-il de la maison de ton ami ? Oui, <u>c'est la sienne</u>. *Attention aux formes des pronoms possessifs.* **

a S'agit-il du livre de Marc ? ...
b S'agit-il de tes chaussures ? ...
c S'agit-il de sa chambre ? ...
d S'agit-il des lunettes de Paul ? ...
e S'agit-il de la maison de Maria ? ...
f S'agit-il du bureau du directeur ? ...
g S'agit-il des affaires de tes amis ? ...
h S'agit-il de la nouvelle voiture de vos voisins ? ...

5 *Suivez l'exemple pour distinguer ou opposer deux personnes ou deux objets à l'aide de pronoms démonstratifs.* Quel roman souhaites-tu lire ? Celui-ci ou celui-là ? **

a Quelle plage préfères-tu ? ...
b Quels stylos voulez-vous ? ...
c Quelles robes emportes-tu ? ...
d Quel sac prenons-nous ? ...
e Quels légumes comptes-tu acheter au marché ? ...
f Quel numéro faut-il composer ? ...
g Quelles sont tes couleurs préférées ? ...
h Quelle destination choisit-il ?

6 *Indiquez si les pronoms en gras sont possessifs ou démonstratifs.* **

a Cet exercice est assez long alors que **celui-ci** est très rapide à faire. b Faites attention à **ce** que je dis. c Cette valise est lourde mais **celle-là** me semble plus légère. d Mon magasin est plus achalandé que **le vôtre**. e **Ceux** et **celles** qui souhaitent participer à la course doivent s'inscrire au plus vite. f Votre fille est plus mature que **la nôtre**.

7 *Remplacez les mots entre parenthèses par un pronom démonstratif.* ***

a Je dois acheter un nouveau carnet pour remplacer *(le carnet)* que j'ai égaré. b Il connaît les romans de cet écrivain à succès mais il préfère *(les romans)* d'auteurs moins connus. c Marion a choisi une bicyclette trop grande alors que *(la bicyclette)* de son frère est trop petite. d Parmi tous ces films, c'est *(ce film)* que je souhaite voir ce soir. e Ces fraises sont plus succulentes que *(les fraises)* de la semaine dernière.

8 *Remplacez les mots entre parenthèses par le pronom possessif qui convient.* ***

a Notre jardin est plus grand que *(votre jardin)*.
b Mon classeur est aussi bien rangé que *(ton classeur)*.
c Vous avez annoncé la nouvelle à vos parents, et tu l'as annoncé toi aussi à *(tes parents)*. d Occupe-toi de tes papiers, moi, je m'occupe de *(mes papiers)*. e Comme ma voiture est en réparation, peux-tu me prêter *(ta voiture)* ?
f J'aime parler de mes souvenirs d'enfance, mais mes amis n'aiment pas évoquer *(leurs souvenirs d'enfance)*.

9 *Recopiez les phrases en les complétant par un pronom démonstratif ou un pronom possessif.* ***

a Est-ce ton livre ? Oui, c'est ... b Ce ne sont pas ces affaires-ci que j'emporte mais ... c N'as-tu pas entendu ... qu'ils ont dit ? d Nous n'avons pas tous le même avis. En fait, chacun a ... . e Son écharpe est plus jolie que ... que vous avez choisie. f Il n'est toujours pas rentré. ... m'inquiète.

10 Faites le bilan

a *Dans le premier paragraphe, relevez un pronom démonstratif et un pronom possessif. Indiquez le GN qu'ils remplacent puis précisez leur fonction.*
b *Dans les deux premières phrases, remplacez* histoire *par* aventures *et faites les modifications nécessaires.*
c *Remplacez les GN en gras par un pronom possessif.*

En somme, elle avait raconté, elle-même, notre propre histoire, comme elle l'avait annoncé, un moment plus tôt. Et celle-ci était devenue naturellement, peu à peu la sienne, tant elle était belle ! Elle ne s'en rendait pas compte, et justifiait ***son récit*** :
– Ce que je sais, je le sais tout entier de Bargabot. Et il ne ment pas, Bargabot.
Bargabot, le grand Bargabot !... Mais où est-il ?
On ne le voyait plus depuis longtemps. Braconnait-il plus bas sur la rivière ?... En tout cas, pas ça de gibier, pas ça de poisson ! Depuis qu'il avait disparu de ***nos quartiers***.

Henri Bosco, *Le Renard dans l'île.*

8 L'ADJECTIF QUALIFICATIF

! Pour commencer
- Le mot « adjectif » vient du latin *adjectivum* = **qui s'ajoute**.
- On ajoute l'adjectif qualificatif pour **qualifier** un nom ou un pronom.

1 CARACTÉRISTIQUES

L'adjectif qualificatif

appartient au **groupe nominal**.
> *un enfant **sage** – une table **basse***

ou au **groupe verbal**.
> *Cet enfant est **sage**.*

exprime une caractéristique, une qualité.
> *un **petit** homme **brun***
> *Elle semble **triste**.*

peut se combiner avec d'autres adjectifs.
> *une **grande** table **ronde noire***
> *La nôtre est **petite** et **carrée**.*

2 GENRE ET NOMBRE

– On appelle **genre** le masculin ou le féminin.
– On appelle **nombre** le singulier et le pluriel.
– L'adjectif qualificatif est **variable** : il s'accorde en **genre** et en **nombre** avec le nom ou le pronom qu'il qualifie.
> *les **grandes** tables **rondes** – le **petit** salon – Elle est **haute**, celle-là est **basse**.*

Le féminin des adjectifs

<u>Cas le plus fréquent</u>

Pour former le féminin **on ajoute un <u>e</u>.**
> *un homme prudent – une femme prudent**e***
> *Il est prudent. – Elle est prudent**e**.*

<u>Cas particuliers</u>

> ***fou** – **folle** / v**ieux** – v**ieille** / dou**x** – dou**ce** / **beau** / **belle***

<u>Autres cas</u>

– on **modifie la consonne finale.**
> *vi**f** – vi**ve** / frais – fraî**che** / publi**c** / publi**que** / merveill**eux** – merveill**euse**.*

– on **double la consonne finale**
> *gro**s** – gro**sse** / so**t**-sot**te** / bo**n** – bo**nne**/ mue**t**-mue**tte***

– on **ajoute un accent**
> *léger – lég**è**re / aigu – aigu**ë***

– on garde la **même forme si le masculin est terminé par <u>e</u>**
> *fragil**e** / agréabl**e***

Le pluriel des adjectifs

<u>Cas le plus fréquent</u>

Pour former le pluriel **on ajoute un <u>s</u>**.
> *des hommes prudent**s** – des femmes prudent**es***
> *Ils sont prudent**s**. – Elles sont prudent**es**.*

<u>Autres cas</u> (→ fiche 39)

– certains adjectifs **ne changent pas au masculin pluriel**
Quand ils se terminent par <u>s</u> ou <u>x</u> :
> *vieu**x** – gri**s** – poudreu**x***

– les adjectifs **en « -al »** font leur **masculin pluriel en « -aux »**
> *convivi**al** – convivi**aux***

Attention, *banal, bancal, fatal, natal, naval, glacial* ont un pluriel en **-als.**

– **les adjectifs** en « -eau » **prennent** un <u>x</u> au masculin pluriel
> *nouveau – nouveau**x***

Quand l'adjectif qualificatif qualifie plusieurs noms de genre différents, le masculin l'emporte sur le féminin.
> *deux chiens **blancs** – un chat et une chatte **blancs***

! À retenir
– L'adjectif qualificatif appartient à **une classe grammaticale** de mots **variables**.
– Il se rapporte à un **nom** ou à un **pronom** pour préciser une propriété, une **qualité**.
– Il **s'accorde en genre et en nombre** avec le nom ou le pronom auquel il se rapporte.

1 Avez-vous compris ?

Pour chaque adjectif souligné :
a *Donnez le nom ou le groupe nominal qu'il qualifie.*
b *Précisez le genre et le nombre de l'adjectif.*

En cette douce matinée de l'an 1100, le jeune homme ne se lassait pas d'admirer la grande île, ses maisons et ses églises neuves [...]. Des cris attirèrent son attention. Tout près du fleuve, sur la berge glissante, deux jeunes garçons se battaient.

Liliane Korb et Laurence Lefèvre, *Neuf récits de Paris*.

2 *Distinguez les adjectifs et les noms communs dans la liste suivante.* *

forêt – usine – gentille – simplet – terrain – cuisine – agile

3 *Imaginez que Nonoche est un chat et non une chatte : faites les accords nécessaires.* *

(*Futile*), (*rêveur*), passionnée, (*gourmand*), caressante, (*autoritaire*), Nonoche rebute le profane et se donne aux seuls initiés qu'a marqués le signe du Chat.

Colette, « Nonoche », *Les Vrilles de la vigne*.

4 *Donnez le féminin des adjectifs entre parenthèses.* *

une boîte *(plein)* – une jupe *(gris)* – une chevelure *(brun)* – une idée *(idiot)* – une *(léger)* brise – une fillette *(mignon)* – une *(long)* file – une pluie *(fin)*

5 *Donnez le masculin pluriel des adjectifs suivants en commençant par* Des hommes... *

modeste – vieux – mystérieux – précis – terrible – méchant – indécis – agréable

6 *Donnez le féminin pluriel des adjectifs suivants en commençant par* Des femmes... **

nouveau – vieux – généreux – menteur – attentif – doux – fou – sec

7 *Recopiez le texte en accordant les adjectifs entre parenthèses.* **

«[...] il est *(bizarre)*: il a six *(gros)* pattes à poils frisés d'un *(joli)* bleu ciel, un ventre rebondi, une queue qui se tortille et une *(gros)* tête comme la courge que Firmin a vendue hier. Il ne faut pas oublier les deux *(beau)* cornes *(jaune)* qui tournent en rond de chaque côté de son mufle comme celles d'un bélier. [...]
À ce moment, le *(gros)* paquet ficelé aux *(joli)* poils frisottés *(bleu)* commence à en avoir assez. Il ouvre sa gueule, crache un jet de salive *(noir)* comme de la réglisse.

Anne-Marie Chapouton, *L'Année du Mistouflon*.

8 *Donnez le masculin des adjectifs suivants en commençant par* Il est... ***

nette – fière – cruelle – originale – publique – jolie – mineure – subtile

9 *Accordez les adjectifs avec les noms suivants.* ***

Les *(beau)* femmes – Des hommes *(matinal)* – une personne *(fou)* – Des hivers *(glacial)* – un mari *(jaloux)* – une *(nouveau)* rue – des pouvoirs *(total)* – des regards *(amical)*

10 *Accordez les adjectifs avec les groupes nominaux suivants.* ***

un livre et un cahier *(ancien)* – une robe et une jupe *(neuf)* – un gant et une serviette *(sec)* – un pays et une région *(lointain)* – une pomme et une poire *(délicieux)* – un sac et une sacoche *(lourd)*

11 *Retrouvez l'ordre des phrases suivantes.* ***
Ne vous laissez pas piéger par les accords.

a chaise – Vends – tabouret – et – blanche – .
b Vends – table – blanches – et – chaise – .
c un – et – fille – élégants – garçon – une – Voici – .
d un – fille – garçon – une – élégante – et – Voilà
e J' – cette – aime – et – bleu – pantalon – ce – robe – .
f cette – robe – J' – ce – pantalon – aime – bleue – et – .
g pantalon – robe – J' – et – cette – ce – bleus – aime – .

12 Faites le bilan

a *Relevez les sept adjectifs qualificatifs du texte en précisant pour chacun d'eux :*
– leur genre et leur nombre ;
– le nom ou le groupe nominal qu'il qualifie.

b *Remplacez* le roi *par* la reine *et faites les accords.*

c *Remplacez* femme *par* homme *puis par* hommes *et faites les accords.*

d *Décrivez l'image en utilisant au moins cinq adjectifs.*

Depuis plusieurs années le roi de la mer était veuf, et sa vieille mère dirigeait sa maison. C'était une femme spirituelle, mais si fière de son rang, qu'elle portait douze huîtres à sa queue tandis que les autres grands personnages n'en portaient que six. Elle méritait des éloges pour les soins qu'elle prodiguait à ses six petites filles, toutes princesses charmantes.

H. C. Andersen, *La Petite Sirène*.

9 LE SUJET

! Pour commencer

Le **sujet** remplit une **fonction essentielle** dans la phrase **verbale**. Il est lié au verbe conjugué.

1 CARACTÉRISTIQUES

Le sujet **ne peut pas être supprimé** : > ~~Les enfants~~ *jouaient dans la cour de l'école.* n'est pas grammaticalement correct.

• Le sujet commande **l'accord en personne et en nombre du verbe** conjugué.
> ***Un enfant jouait*** *dans la cour.* > ***Des enfants jouaient*** *dans la cour.*

• **Un seul verbe** peut avoir **plusieurs sujets** et **plusieurs verbes** peuvent avoir **un sujet commun.**
> ***Les enfants, les grands-parents, les parents*** *s'amusaient beaucoup.*
> ***Les enfants*** *s'amusaient, riaient, couraient.*

• **À l'impératif**, le sujet n'est **pas exprimé**. > *Allez jouer dans la cour de récréation !*

2 IDENTIFICATION

On peut identifier le sujet

- en utilisant l'expression **C'est… qui / Ce sont … qui**
> ***Ce sont*** *les enfants* ***qui*** *jouaient dans la cour.*
- en le remplaçant par un pronom personnel sujet **il, elle** …
> ***Ils*** *jouaient dans la cour.*
- en posant la question **« Qui est-ce qui ? »** ou **« Qu'est-ce qui ? »** avant le verbe
> ***Qui est-ce qui*** *jouaient dans la cour ? Les enfants.*

3 PLACE

Le sujet peut se trouver

avant le verbe. C'est le cas le plus fréquent.
Il peut être placé juste avant le verbe.
> ***Les enfants*** (SUJET) *jouaient* (verbe) *dans la cour.*

Il peut être éloigné du verbe dont il est séparé, le plus souvent par des compléments circonstanciels.
> ***Les enfants*** (SUJET), *avant la sonnerie, jouaient* (verbe).

après le verbe. Le sujet est **inversé**.
L'inversion du sujet est fréquente :
– dans les phrases interrogatives
> *Souhaites* (Verbe)-***tu*** (SUJET) *venir ?*

– avec les verbes de parole
> *Voici votre monnaie, dit* (Verbe) ***la vendeuse*** (SUJET)*.*

– après un complément circonstanciel
> *Après l'hiver* (CC) *vient* (Verbe) ***le printemps*** (SUJET).

Quand le sujet inversé est un pronom personnel, il faut relier le verbe et le sujet par un tiret.
> *As-tu compris ta leçon ?*

4 CLASSE GRAMMATICALE

Le sujet peut être

un nom ou **un groupe nominal**
GN > ***Le petit garçon*** *joue.*
Nom propre > ***Paul*** *joue.*

un pronom
Pronom personnel > ***Il*** *coûte cher.*
Pronom démonstratif > ***Cela*** *coûte cher.*
Pronom possessif > ***Le mien*** *coûte cher.*

Le sujet peut aussi être un verbe à l'infinitif ou une proposition (ils seront étudiés en classe de 5e).

! À retenir

– **Le verbe s'accorde** en **personne** et en **nombre** avec le **sujet**.
– Le **sujet** se place en général **avant le verbe**, mais il peut aussi être **inversé**.

1 Avez-vous compris ?

a *Donnez les sujets des verbes en gras.*

b *À quelle classe grammaticale appartient chaque sujet ?*

M. Maillot **avait évité** comme par miracle les pannes de voiture, jambes cassées et fièvres foudroyantes dont nous avions en imagination semé sa route jusqu'au collège. Ma copine Mathilde me **fit** un petit signe de la main qui voulait dire « Tant pis ! » et nous nous **apprêtâmes**, le cœur serré, à entrer en classe.
Mais que se passait-il ? M. Maillot avait beau fourrager dans la serrure, la porte ne **s'ouvrait** pas.

Jean-Philippe Arrou-Vignod, *Enquête au collège*.

2 – *Réécrivez chaque phrase en utilisant l'expression* C'est… qui / Ce sont… qui. *Soulignez le nom ou le groupe nominal encadré par cette expression.* *

– *Proposez pour chaque nom ou groupe nominal que vous aurez souligné, un pronom qui pourrait le remplacer.* *

a Éric regarde les poissons rouges dans l'aquarium.
b Devant la maison, mes frères lavent la voiture avec beaucoup de soin.
c Pour se déguiser, Salomé et Lucie cherchent quelques habits démodés dans le grenier.
d Marie a couché, dans son petit lit, son vieil ours en peluche.
e Dans un coin de la cave, une grosse araignée noire a tissé, depuis quelques jours, une magnifique toile.
f À la grande joie des enfants, les forains installent de nombreux manèges sur la grand-place.

3 – *Dans chacune des phrases suivantes, encadrez les verbes et soulignez le sujet.* *

– *Dites dans quelles phrases les sujets sont inversés.* *

a Le journal relate les événements de cette nuit.
b Mon frère achète un journal illustré à ma petite sœur.
c Cette année, toutes les classes de notre école sont équipées d'ordinateurs.
d Ce soir, Lyon joue contre Marseille.
e Dans le grand ciel gris d'automne, voltigent les dernières feuilles.
f Le petit chat, en hiver, reste à la maison toute la journée.
g La semaine dernière, mon frère a acheté un appareil photo numérique.
h Après les publicités, commencera le grand film.
i Ma voisine, pour se maintenir en forme, pratique la marche à pied.

4 *Identifiez les sujets des verbes en gras.* **

a Brigitte et Aloïs **rincent** les verres, les **essuient** et les **rangent** dans le buffet.
b Kevin, Irina, Capucine et Eric **jouent** au Monopoly.
c Elles **entrent** dans la boutique et **achètent** une robe.
d La voiture **surgit** et **traverse** le village sans ralentir.
e Monsieur Montreuil **reçoit** chaque jour le journal. Il le **lit** et le **prête** ensuite à son voisin.
f Patrick, Sébastien et son petit frère **consultent** le programme télévisé et **choisissent** leur émission.

5 *Complétez les phrases en piochant les sujets dans la liste proposée :* l'automne – le soleil – mes amis, Max et Yvan – les étoiles – Violette et moi – Pierre, Léo et David

Attention, il existe parfois plusieurs possibilités. **

a … jouent au football dans la cour.
b … arrivent en même temps.
c … jouons au volley-ball.
d Dans le ciel, brillent …
e Depuis ce matin, … brille.
f Quand … arrive, les feuilles des arbres tombent.

6 *Complétez les phrases en proposant un sujet de votre choix.* ***

a … partons quinze jours en vacances.
b … collectionne les timbres depuis l'âge de huit ans.
c … semble anxieux à l'approche des examens.
d … passaient des heures à se maquiller.

7 *Complétez ces phrases en respectant la classe grammaticale des sujets à trouver.* ***

a Le matin, … prend son petit-déjeuner, prépare son cartable et part à l'école.
→ GN
→ Nom propre
→ Pronom démonstratif

b … chantons pour la fête de fin d'année.
→ GN et pronom personnel
→ Nom propre et pronom personnel
→ Pronom personnel

8 Faites le bilan

a *Relevez les sujets des verbes en gras, en précisant leur classe grammaticale.*

b *Soulignez le ou les sujets inversés que vous avez relevés.*

c *De quel verbe le GN souligné est-il le sujet ? Remplacez-le par le pronom personnel qui convient.*

J'accélérai le pas, tâchant de finir un reste de tartine et de me remémorer ce que je **pouvais** bien savoir de la reproduction des vertébrés. […] <u>La confiture</u> me dégoulinait du menton, **poissait** le cahier de sciences-nat que j'avais péniblement tiré de mon cartable pour une ultime révision. Impossible de toute manière, de déchiffrer les hiéroglyphes qu'il **contenait**… Seul **restait** bien visible dans la marge un croquis de M. Maillot en pendu.

Jean-Philippe Arrou-Vignod, *Enquête au collège*.

10 L'ÉPITHÈTE

Pour commencer

– Le mot féminin « épithète » vient du grec *epitheton* = **qui est ajouté**.
– Lorsque l'**adjectif qualificatif est ajouté à un nom, à un pronom, ou à un groupe nominal**, sans l'intermédiaire d'un verbe, il a **la fonction** d'épithète.

1 CARACTÉRISTIQUES

L'épithète

Elle appartient au **groupe nominal** et s'accorde **en genre et en nombre avec le nom qu'elle caractérise.**
> *Il possède une **jolie** maison.* (une jolie maison : GN)

Elle **peut être** le plus souvent **supprimée.**
> *Le cochon (**rose**) est dans la porcherie.*

Plusieurs épithètes peuvent se rapporter à un **seul nom ou pronom.**
> *Leurs **petits** bras **potelés***
> ***Calme** et **silencieuse**, elle arrive.*

2 CLASSE GRAMMATICALE

L'épithète est un adjectif ou un participe passé employé comme un adjectif, sans auxiliaire. (→ fiche 28)
> *une robe **neuve** – une robe **usée***

3 PLACE

L'épithète liée

Elle n'est **pas séparée du nom.**

Cas le plus fréquent
Elle est placée après le nom.
> *De quelle couleur est le cheval **blanc** d'Henri IV ?*
> *Il a un chien **vieux** et **malade.***

Cas particulier
Elle peut se trouver avant le nom, particulièrement pour les adjectifs courts et fréquents.
> *C'est un **bel** homme !*
> *Je ne veux plus de ce **vieux** pantalon.*
> *C'était un très **grand** fumeur.*

Elle peut encadrer le nom.
> *Une **longue** bande **magnétique***

L'épithète détachée

Elle est **séparée du nom** par une virgule ou une pause vocale dans la phrase.

Sa place est libre :

– avant le nom
> ***Curieux**, les enfants, ne quittent pas la télévision du regard.*

– après le nom
> *Les enfants, **curieux**, ne quittent pas la télévision du regard.*

Attention, certains adjectifs changent de sens en changeant de place.
> *un couple **jeune*** = un couple récent / > *un **jeune** couple* = un couple de jeunes gens
> *un **grand** homme* = un homme célèbre, important / > *un homme **grand*** = un homme de grande taille

À retenir

– L'adjectif qualificatif épithète constitue une **expansion du nom** avec lequel il s'accorde en genre et en nombre.
– L'épithète peut être **liée**, c'est-à-dire collée au nom, ou **détachée**, c'est-à-dire séparée du nom par une virgule.
– Selon les cas, elle se place **avant le nom** ou **après** le nom.

1 Avez-vous compris ?

a *De quel nom chaque adjectif souligné est-il l'épithète ? Indiquez son genre et son nombre*

b *[L. 1] Pourrait-on supprimer l'adjectif « célèbre » ?*

Le célèbre été indien fait flamboyer les forêts d'érable du continent nord-américain. Le changement de couleur est dû à l'arrivée brutale des premiers froids intenses. Malheureusement, le réchauffement climatique modifie le climat de la région : l'été indien est beaucoup moins fort depuis plusieurs années.

Le Petit quotidien, article « Les plus belles forêts du monde en photos ».

2 *Complétez les groupes nominaux soulignés avec l'épithète de votre choix.* *

a L'année a été belle. b Les passants se précipitent dans le métro. c Il refuse d'aller dans ce jardin. d Noé est un homme. e Astérix est un Gaulois. f Une souris qui courrait dans l'herbe.

3 *Mettez le texte au féminin : « C'était une fille... » Quelles modifications avez-vous faites concernant les adjectifs épithètes ?* *

C'était un garçon bruyant, blême, leste, éveillé, goguenard, à l'air vivace et maladif.

Victor Hugo, *Les Misérables*.

4 *Complétez le texte suivant avec l'adjectif épithète qui convient.* **

blanc – soyeuse – bouclés – immense – noire – bouclée – chevrotante – longue

(Le Roi des Chèvres) avait des cheveux ... de mouton ..., ne mangeait que du fromage de chèvre, ne buvait que du lait de brebis et parlait d'une voix ... qui faisait frétiller sa ... et ... barbiche de bouc. [...] il ne quittait jamais son ... lit de laine ... et ... .

Daniel Pennac, *L'œil du loup*.

5 *Expliquez le sens de chacune de ces expressions.* **

un grand homme	un type sale
un homme grand	un sale type
un homme drôle	un type chic
un drôle d'homme	un chic type

6 *Constituez des groupes nominaux en associant un nom dans la liste A et deux épithètes dans la liste B. Soyez attentifs à la place de l'épithète et aux accords.* **

A : jambes – chenilles – été – village – pommes – fleurs – gâteau

B : tendre – savoureux – long – parfumé – poilu – jaune – vert – gros – magnifique – caniculaire – petit – sec – touristique – doux

7 *Soulignez les adjectifs épithètes. Précisez s'ils occupent la fonction d'épithète liée ou d'épithète détachée.* **

a En 1665, Molière a écrit une brève comédie : l'*Amour médecin*.

b L'intrigue, simple, raconte la fausse maladie de l'héroïne Lucinde.

c Les jeux de scène comiques, ont eu du succès auprès du public.

d Heureux, le dénouement a sauvé la jeune fille d'un mariage qu'elle refusait.

8 *Utilisez les épithètes dans une phrase de votre invention, d'abord comme épithète liée, puis comme épithète détachée.* **

a fille intelligente b enfant timide c énorme moustique d sœur stupéfaite

9 *Parmi les adjectifs soulignés, lequel n'a pas fonction d'épithète ? Pourquoi ? Classez les en deux colonnes : épithètes placées après le nom – épithètes placées avant le nom.* ***

Il y avait un jour un paquet d'allumettes extrêmement fières de leur haute naissance. Leur souche, c'est-à-dire le grand sapin (...) avait été jadis un des arbres les plus considérables de la forêt. Les allumettes étaient placées dans la cuisine, entre un briquet et un vieux pot de fer, à qui elles racontaient l'histoire de leur enfance. « Oui, disaient-elles ; lorsque nous étions une branche verte, nous étions heureuses comme au Paradis. »

Andersen, Le coffre volant.

10 Faites le bilan

a *Soulignez les adjectifs qualificatifs qui occupent la fonction d'épithète.*

b *Relevez le nom qu'ils complètent.*

c *« Il s'est posté là pour rêver... » : complétez la phrase avec une épithète détachée.*

d *Décrivez le chat de l'image à l'aide de deux épithètes détachées et quatre épithètes liées.*

Tout au bord d'un toit, un chat jaune et blanc s'est couché, et ne dort pas, n'a même point l'intention de dormir. [...] Il s'est posté là pour rêver [...].

Mais voici qu'à l'angle d'un pignon voisin, deux oreilles droites se dessinent, sortant de derrière une cheminée, deux yeux au guet, toute une tête en arrêt : un autre chat ! [...]

Le rêveur en robe jaune a quand même conscience de l'approche et brusquement retourne la tête : [...] grimace qui s'ébauche à ses lèvres, imperceptible mouvement de ses griffes qui se préparent sous sa fourrure douce...

Pierre Loti, *Reflets sur la sombre route*.

11 L'ATTRIBUT DU SUJET

Pour commencer

– L'attribut du sujet précise **un aspect, une qualité** du sujet.
– Il est relié au sujet par l'intermédiaire d'un **verbe** appelé **verbe attributif**.

1 EMPLOIS

L'attribut

Il appartient au **groupe verbal**.
> *Ma sœur* *est* ***pharmacienne***.
Sujet groupe verbal

En général, il se place **après** le verbe attributif.
> *Elle est* ***intelligente.***

Il ne peut pas être **supprimé.**
> *Les invités paraissent* ***contents***.
~~contents~~
≠ *Les invités paraissent*

2 CLASSE GRAMMATICALE ET ACCORDS

L'attribut peut être

un **adjectif qualificatif**
> *Cette femme est* ***grande.***

un **participe passé** employé comme adjectif
> *Il a l'air* ***endormi*** *ce matin.*

Il s'accorde toujours en genre et en nombre.
> *Elle est* ***grande.***
Il est ***grand.***
> *Elles sont* ***grandes.***
Ils sont ***grands.***

un **nom commun** > *Il est* ***banquier.***
un ***GN*** > *elle est* ***ma meilleure amie.***
un **nom propre** > *Il s'appelle* ***Pierre.***
un **pronom** > *Ce livre est* ***le mien.***

Il s'accorde en général en genre et en nombre.
> *Son fils est un fermier. – Sa fille est une fermière.*
> *Ses fils sont des fermiers. – Ses filles sont des fermières.*

Parfois, cet accord n'est pas possible.
> *La châtaigne est* ***un*** *fruit.*
> *Les gâteaux sont* ***sa*** *spécialité.*

un **verbe à l'infinitif**
> *Ton projet est* ***de partir***.

Il est **invariable.**
> *Son projet est* ***de partir.***
> *Leurs projets sont* ***de partir.***

3 VERBES ATTRIBUTIFS

Cas général

Les verbes d'état qui indiquent une apparence :
> *être, paraître, devenir, sembler, avoir l'air, passer pour, rester, demeurer…*

Ils peuvent se remplacer par ***être*** ou par un signe =
> *Il* ***est soucieux*** *ce matin. – Il* ***a l'air soucieux*** *ce matin. – Il* ***semble soucieux.*** *– Il* ***paraît soucieux****…*

Cas particuliers

Certains verbes d'action deviennent des verbes attributifs. Dans ce cas, ils peuvent se remplacer par *être* ou par un signe =
> *Ils* ***partent heureux*** *en vacances.*
partent peut se remplacer par ***sont.***

Il ne faut pas confondre

l'**attribut** et le **complément circonstanciel** (→ fiche 14)
> *Jean vit* ***à Paris.*** CC de lieu du verbe *vit*
> *Jean vit* ***heureux.*** attribut du sujet *Jean*
(= *Jean* ***est heureux***)

l'**attribut** et le **complément d'objet** (→ fiche 12)
> *Je finis* ***mon travail.*** COD du verbe *finis*
> *Je finis* ***première.*** attribut du sujet *je*
(= *je suis première*)

À retenir

– **L'attribut du sujet** exprime **un état** du sujet et est un élément **essentiel** de la phrase.
– Il s'emploie avec des **verbes attributifs** dont **le principal est le verbe « être ».**
– Le plus souvent c'est un **adjectif qualificatif** qui s'accorde en genre et en nombre avec le sujet.
– L'attribut du sujet peut aussi être un nom, un pronom ou un verbe à l'infinitif.

1 Avez-vous compris ?

a *Donnez la classe grammaticale des attributs du sujet soulignés.*

b *Relevez pour chacun le verbe attributif qui le lie au sujet.*

Le mistouflon est un mammifère provençal. Il a l'air d'un bouc à cause de ses cornes. Il y a bien longtemps, il a été recueilli par les habitants de Lourmarin qui demeurèrent stupéfaits de leur découverte. Ils restèrent longtemps muets en l'apercevant tant il semblait étrange. Pourtant, leur souhait a été de le garder et de le protéger des chasseurs.

D'après **Anne-Marie Chapouton**, *Le Mistouflon*.

2 *Relevez les adjectifs qualificatifs attributs du sujet. Indiquez quel est le sujet avec lequel ils s'accordent.* *

a Les enfants de la voisine sont restés sages.
b Cette femme est-elle compétente pour cette mission ?
c Cette nouvelle maison a l'air confortable.
d Dans le jardin, les roses sont rouges, roses et blanches.
e Tu sembles fiévreux aujourd'hui, rentre chez toi.
f Pourquoi demeure-t-il toujours immobile ?
g Ils ne sont pas contents du résultat final.
h Malgré la peur, vous resterez calmes et silencieux.

3 *Avec les groupes nominaux proposés, rédigez des phrases en utilisant un des verbes attributifs suivants :* être – sembler – paraître – avoir l'air – demeurer – devenir. *Relevez ensuite les mots devenus attributs du sujet.* *

une pâtisserie appétissante – cette robe bleue – le voyage difficile – une grande route escarpée – une montagne enneigée – un matin brumeux

4 *Relevez les attributs du sujet et indiquez leur classe grammaticale.* **

a Cette femme sera une actrice célèbre.
b Cette robe était la tienne.
c Il a été courageux pendant le combat.
d Comme vous le voyez, nous sommes contents.
e Les exploits d'Ulysse sont mémorables.
f Son souhait a toujours été de se reposer.

5 *Construisez des phrases en piochant dans les trois colonnes et en conjuguant le verbe attributif à la bonne personne. Attention aux accords entre le sujet et l'attribut du sujet.* **

sujet	verbe attributif	attribut du sujet
la nuit	est	malade
nous	paraissent	de vrais casse-cou
la neige	est	enchantées des vacances
Marie	as l'air	blanche
tu	ressemble à	une sorcière
Émile et Julie	passons pour	tombée

6 *Accordez les différents attributs du sujet et indiquez les sujets auxquels ils renvoient.* **

a Les deux enfants devinrent *(ami)*. b la maison était *(à vendre)*. c les chemises semblaient *(neuf et propre)*. d Son chien reste *(seul)* dans le salon. e Ces feuilles sont *(le tien)*. f Son père et sa mère sont *(boulanger)*.

7 *Parmi les mots soulignés, relevez les attributs du sujet. Indiquez à quel sujet ils renvoient.* ***

a Il s'appelle Pierre. Il est le frère de Lili.
b Comme il rentre très fatigué de l'école, il ne finit pas ses devoirs.
c Lili est sa sœur, elle ressemble à un garçon.
d Elle mange un gâteau. Elle est très gourmande.
e Le frère et la sœur passent pour des jumeaux tant ils se ressemblent.
f Ils ne se quittent jamais. Pierre aime Lili plus que tout.

8 *Relevez les phrases dans lesquelles les verbes sont employés comme verbe attributif.* ***

a Le cochon est un animal très sale.
b Le cochon est dans la porcherie.
c Je pars heureux en vacances.
d Je pars chez mes grands-parents.
e Louise se trouve aux États-Unis.
f Louise se trouve très intelligente.
g Ils vécurent heureux et eurent beaucoup d'enfants.
h Ils vécurent dans un beau château.

9 Faites le bilan

a *Relevez les sujets des verbes en gras et indiquez pour chacun son ou ses attribut(s).*

b *Donnez la classe grammaticale de chaque attribut relevé.*

c *Employez le verbe* sortir *dans une phrase où il ne sera pas attributif.*

d *Modifiez le titre souligné afin que le GN* créature des dieux *soit attribut du nom* Enkidu.

L'épopée de Gilgamesh

Qui est Gilgamesh ?
Fils d'une déesse et d'un demi-dieu, Gilgamesh **est** le jeune roi d'Uruk. Beau, courageux et fort, il **se croit** invincible.

Enkidu, créature des dieux

Les dieux veulent donner une leçon à cet homme orgueilleux ! Ils lui créent un rival, Enkidu. Gilgamesh, apprenant son existence, décide de l'affronter. Aucun ne **sort** vainqueur du combat et les adversaires **deviennent** des amis inséparables. Par défi, ils pénètrent dans la « Forêt des Cèdres », dont l'accès **est** pourtant interdit. Ils s'attirent alors la colère du géant Huwawa, gardien des lieux, et le tuent. Ils regagnent Uruk, fiers de leur exploit.

Françoise Perrudin, *Civilisations anciennes*.

12 LE COMPLÉMENT D'OBJET DIRECT

! Pour commencer

– **Le complément d'objet direct** appelé **COD** est un complément **essentiel** : il appartient au **groupe verbal**.
– Il est **directement relié** au verbe qu'il complète, sans préposition.

1 CLASSE GRAMMATICALE

Le COD peut être

un **nom** ou un **GN**
> *Le bateau quitte **Concarneau**.*
> *Il pêche **des poissons.***
> *Le marin affronte **la mer agitée.***

un **pronom** personnel, démonstratif, possessif
> *Il **les** attrape.*
> *Il vend **ceux-ci.***
> *Il conserve **les siens.***

Il ne faut pas confondre le pronom COD et l'article défini. > *Il prend le poisson et **le** vend.*
– l'article est suivi d'un nom. > *le poisson*
– le pronom COD est suivi d'un verbe. > ***le** vend*
Un verbe à l'infinitif, un pronom relatif ou une proposition subordonnée peuvent aussi être COD (ils seront étudiés en classe de 5e).

2 CARACTÉRISTIQUES

• Le COD **ne peut être ni déplacé ni supprimé** sans changer le sens de la phrase.
> *Il grossit **la réalité.** ≠ Il grossit.*

Il est **relié directement au verbe.**
> *Les insectes ont **six pattes.***

• Le COD se trouve :
– **après le verbe** généralement pour le **nom** ou le **GN**
> *Elle n'aime pas **les araignées.***
– **avant le verbe** pour le **pronom personnel**
> *Elle **les** craint.*

3 IDENTIFICATION ET RECONNAISSANCE

Avant de chercher le COD, il faut **toujours identifier** le **verbe** en premier, puis **le sujet** du verbe.
Ensuite, plusieurs vérifications sont recommandées

• On peut poser une question : « Que… ? »
> *Le chalutier rapporte un gros poisson.*
> ***Que** rapporte le chalutier **?** → **un gros poisson***

• On peut remplacer le GN COD par le pronom personnel **le, la, les, l'**
> *Il pêche **un gros poisson.** → Il **le** pêche.*

Il ne faut pas confondre

COD et sujet inversé (→ fiche 9)
• Le sujet inversé > *Sur le rocher éclatent **les vagues.***
– se déplace devant le verbe > ***Les vagues** éclatent.*
– se remplace par **il(s) ou elle(s)** > ***Elles** éclatent.*
• Le COD > *Le bateau affronte **les vagues.***
– ne peut pas se déplacer
– se remplace par **le, la, les, l'** > *Le bateau **les** affronte.*

GN COD et GN attribut du sujet (→ fiche 11)
• L'attribut > *Le pêcheur est **un bon marin.***
– le pêcheur = un bon marin
– le verbe indique un état (= verbe attributif)
• Le COD > *Le pêcheur rencontre **un bon marin.***
– le pêcheur ≠ un bon marin
– le verbe est un verbe d'action

La question « Quoi ? » est à éviter car trop de fonctions répondent à cette question, qui est source d'erreurs.

! À retenir

– Le **COD** est relié directement au verbe et est placé **après celui-ci** quand il s'agit d'un **nom** ou d'un **groupe nominal**.
– Il **faut toujours identifier le sujet** du verbe **avant de chercher le COD**.
– Le COD ne doit pas être **confondu** avec un **sujet inversé** ou un **attribut** du sujet.

1 Avez-vous compris ?

Relevez les COD des verbes en gras.

Enfin maman Bahuaud **avait pris** l'affaire en main. Elle qui achetait peu, habituée qu'elle était à vivre sur son domaine, elle m'**avait offert** Jules Verne et Hector Malot, Jack London et Stevenson… J'étais un lecteur comblé. C'est à partir de mes lectures que je me **bâtissais** des origines fabuleuses. […] Mais maintenant j'**avais** deux amis, deux vrais amis, et ma vie **avait pris** un autre cours…

Yvon Mauffret, *Une amitié bleu outremer*.

2 *Relevez chaque verbe et reliez-le par une flèche à son COD.* *

a Les forains ont installé de nombreux manèges.
b Les enfants regardent le spectacle de la fête foraine.
c Les loteries attirent un grand nombre de badauds.
d Des joueurs adroits brisent des assiettes de porcelaine
e Des jeunes gens attendent leur tour.

3 *Dans les phrases suivantes, les COD ont été soulignés. Indiquez leur classe grammaticale et le verbe qu'ils complètent.* *

a Caroline et Stéphane aiment <u>les bandes dessinées</u>.
b Les émissions de variété attirent <u>Antoine</u>. c Jean et moi écoutons <u>un disque</u>. Nous <u>l'</u>écoutons avec attention.
d Un incendie a détruit <u>ma maison de campagne</u>.
e Mes amis, je <u>les</u> ai rencontrés rue Dauphine.

4 *Recopiez les phrases en encadrant les COD. Donnez leur classe grammaticale.* **

a La tempête a déraciné le sapin du jardin. b Un cyclone a ravagé la Floride. c L'antiquaire a acheté un tableau. Il le trouvait extraordinaire. d Un voisin a appelé les pompiers. e Mes sœurs ont cueilli de belles fleurs. Elles les ont mises ensuite dans un vase.

5 *Identifiez le verbe et son sujet, puis trouvez le COD de chaque phrase en posant la question « que… ? qu'… ? ». Remplacez-le ensuite par un pronom personnel.* **

a L'élève pose à côté de sa trousse son agenda. b Maman prépare pour ce soir un succulent dîner. c Paul a acheté en prévision de la fête de Noël des guirlandes multicolores.
d Un violent orage retarda d'au moins vingt minutes le début de la cérémonie d'ouverture des jeux olympiques.
e Christophe répare avec d'anciens outils sa bicyclette.

6 *Recopiez les phrases dans lesquelles se trouve un COD. Dans chaque phrase recopiée, soulignez le COD et indiquez le verbe qu'il complète.* *** *Attention aux pièges.*

a Il mange pour son goûter un yaourt et deux carrés de chocolat. b Serena est une fille très discrète.
c L'automobiliste poursuivit sa route après une halte sur l'aire d'autoroute. d Sur le fauteuil ronronne le chat.
e La petite fille caresse le joli petit chat. f L'élève fait son exercice dans son cahier de brouillon. g Dans l'aquarium, nageaient deux poissons rouges.

7 *Indiquez la classe grammaticale de chaque mot en gras et lesquels sont COD.* ***

a **Les** vacances approchent, les élèves **les** attendent avec impatience.
b Brigitte, bonne nageuse, va souvent à la piscine. Elle ne craint pas de nager sous **l'**eau. **Les** plongeons **l'**attirent peu.
c **La** grand-place était illuminée pour les fêtes, une patinoire était installée devant **la** mairie.
d Le vent arrache les feuilles, **les** chasse dans notre entrée. Papa les ramasse et **les** entasse au fond du jardin.
e Flavie lance **la** balle. Antoine **la** rattrape.

8 *Remplacez les pronoms COD par un groupe nominal.* ***

a Dès son retour de l'école, Éric l'enlève.
b Mon père la répare.
c Le coureur prend les siennes.
d Il choisit celles-ci.
e Nawell les aime.

9 *Remplacez les groupes nominaux COD par le pronom COD demandé.* ***

a Le professeur de Français corrigera ses copies.
→ pronom possessif
b Le Rhône et la Saône traversent la ville de Lyon.
→ pronom personnel
c Le sportif souhaitait participer à cette grande compétition.
→ pronom démonstratif
d Le nouveau jeu attire le petit garçon. → pronom personnel.
e La secrétaire tape les compte-rendus du docteur.
→ pronom personnel.
f Le patient prend son dossier. → pronom possessif.

10 Faites le bilan

a *Identifiez et recopiez les COD des verbes soulignés.*

b *Indiquez pour chacun sa classe grammaticale.*

c *Recopiez la proposition en gras, soulignez le COD du verbe et indiquez sa classe grammaticale.*

d *Transformez cette proposition en remplaçant le COD par un pronom personnel puis par un pronom démonstratif.*

Il <u>prit</u> sous son bras gauche une dizaine d'illustrés, <u>quitta</u> sa chambre, descendit à la cuisine, <u>sortit</u> l'assiette de poulet et <u>passa</u> entièrement le tube géant de mayonnaise par-dessus : **Harp adorait la mayonnaise**. Il était incapable de résister, et la simple vue de cette belle couleur jaune le <u>faisait</u> saliver. Il <u>regarda</u> la pendule électrique de la cuisine et constata qu'il était huit heures vingt-quatre.

Claude Klotz, *Drôle de samedi soir*.

13 LE COMPLÉMENT D'OBJET INDIRECT ET LE COMPLÉMENT D'OBJET SECOND

! Pour commencer

– **Le complément d'objet indirect** appelé **COI** est un complément **essentiel** : il appartient au **groupe verbal**.
– Le **complément d'objet second** ou **COS** est le **deuxième complément d'objet d'un verbe**.

1 LE COMPLÉMENT D'OBJET INDIRECT (COI)

Classe grammaticale

Un **nom** ou un **GN prépositionnel**
> *Mes sœurs jouent* ***à la corde.***
> *Ils se souviennent* ***de Jean-Pierre.***

Un **pronom** personnel, démonstratif, possessif
> *Elle s'occupe* ***de lui.*** > *On parle* ***de ceux-ci.***
> *Tu écris à ta mère, j'écris* ***à la mienne.***

Le verbe à l'infinitif, le pronom relatif ou la proposition subordonnée peuvent aussi être COI. (ils seront étudiés en classe de 5e)

Caractéristiques

Le COI **ne peut être ni déplacé ni supprimé** sans changer le sens de la phrase.
> *Elle change* ***de robe*** *≠ elle change*

Quand il est placé après le verbe, il est **relié au verbe à l'aide d'une préposition.**
> *Nous ne croyons pas* ***aux fantômes.***

Le COI se trouve :
– généralement **après le verbe.**
> *Mes sœurs pensent* ***à leurs amis****. Elles parlent* ***d'eux****.*

– parfois **avant le verbe** pour les **pronoms personnel.** Dans ce cas on ne met **pas de préposition.**
> *Elles* ***lui*** *parlent. Il* ***leur*** *répond.*

Identification et reconnaissance

On peut remplacer le GN COI par les pronoms **lui, leur, en, y** devant le verbe ; **de lui, d'eux, d'elle, d'elles** après le verbe.
> *Le grand père parle* ***de ses souvenirs.*** → *Il* ***en*** *parle.*
> *Il parle* ***de ses enfants*** → *Il parle* ***d'eux.***

On peut poser une question : « À qui...? À quoi ... ? » ou « De qui ...? De quoi ... ? »
> *Le grand père parle de ses souvenirs.*
> ***De quoi*** *parle le grand–père ?* → ***de ses souvenirs***
> ***De qui*** *parle–t–il ?* → ***de ses enfants***

Il ne faut pas confondre :

- **COI et COD** (→ fiche 12)

Le COI est précédé généralement d'**une préposition**
> *Je téléphone* ***à*** *mes parents.*

à la différence du COD > *J'appelle mes parents.*

- **COI et complément circonstanciel** (→ fiche 14)

> *Mes sœurs jouent [****à la marelle****] [à midi].*
> COI — CC de temps

2 LE COMPLÉMENT D'OBJET SECOND OU COS

Le COS est le **deuxième complément d'objet** d'un verbe qui a déjà un COD ou un COI. Il est introduit par **la préposition *à***, sauf lorsqu'il s'agit d'un pronom personnel placé avant le verbe.

Attention : le COS n'est pas toujours **placé** en deuxième position.

> *Elle raconte une histoire* ***à ses élèves****. – Elle* ***leur*** *raconte une histoire.*
> COD — COS — COS — COD

! À retenir

– Le **COI** est généralement relié au verbe **à l'aide d'une préposition**.
– Le COI ne doit pas être **confondu** avec un **COD** ou un **complément circonstanciel.**
– Le **COS** est complément d'objet d'un verbe ayant déjà un autre complément d'objet.

1 Avez-vous compris ?

Identifiez les COI du texte.

Armand Bahuaud n'a rien dit. C'est un homme discret et qui sait tenir sa langue. Ensuite, maman Bahuaud a servi le café, sorti les gâteaux. On a parlé de tout, de la Bretagne, de la Vendée, des vaches ; des bateaux, presque pas.

Yvon Mauffret, *Une Amitié bleu outremer*.

2 *Relevez le GN prépositionnel COI de chaque verbe souligné. Entourez la préposition.* *

a Ce cadeau est offert à tous les clients. b Le professeur s'intéresse à ses élèves. c Mon cousin s'occupe de ses projets. d Ce bolide appartient à ce jeune pilote. e Les guides de montagne se soucient de la météo. f Finalement, elle a renoncé à son voyage. g La durée de nos vacances dépendra de notre budget. h Je m'attends chaque jour à sa visite.

3 *Recopiez ces phrases puis soulignez les COI. Dites à quelle classe grammaticale ils appartiennent.* **

a L'an prochain, au 15 août, Jean-Christophe et moi participerons à la régate dans la baie de Morlaix.
b Monsieur Legrand succèdera à Monsieur Lefort dans l'entreprise : nous avons beaucoup discuté de ceci.
c Cette maison lui plaît beaucoup. d Mon frère et moi, nous nous attendions à cette performance. e Ce roman policier lui appartient. f Sur cette photo, je souris à mes parents et toi, tu souris aux tiens.

4 *Reconstituez les phrases à l'aide des GN suivants. Soulignez ensuite les COI.* **

de ses voyages en mer – la nouvelle Mégane – une kermesse – ce roman – à mon oncle – à Jules César – de jolis cadres – la décoration de ton studio– de la sonorisation – de ses projets

a Cette jolie villa appartient ... b Les parents d'élèves ont organisé ... c Le navigateur parle souvent ...
d Vercingétorix s'est rendu ... e Ce magasin vend ...
f Maman aime beaucoup ... g Pour la kermesse, mes amis s'occuperont ... h À la médiathèque, mon petit frère a choisi ... i Le maire de la ville a parlé ...

5 *Dans les phrases ci-dessous, soulignez les COD et encadrez ensuite les COS.* **

a Jawar offre des fleurs à sa mère. b La forêt nous offre plusieurs possibilité de promenades. c Pour le déjeuner, Olivier propose des œufs brouillés à ses amis. d L'institutrice retire le point de bonus à l'élève bavard. e Le règlement du collège interdit aux élèves l'usage du téléphone portable pendant les cours.

6 *Inventez des GN prépositionnels COI pour remplacer les pronoms en gras.*
*Flavie **en** parle → Flavie parle **de ses projets de vacances**.* **

a Antoine **en** rêve → Antoine rêve ... b Alix **y** a répondu. → Alix a répondu ... c Katia et Antoine s'**en** souviennent très bien. → Katia et Antoine se souviennent très bien ...
d Faites-**y** attention. → Faites attention ...

7 *Recopiez ces phrases. Soulignez les COI quand il y en a un. Entourez les prépositions qui les introduisent.* *** *Attention aux pièges.*

a Les oiseaux manquent de nourriture. b Le vieux marin se souvient de sa jeunesse, de ses voyages lointains.
c Cette nuit, la tempête a renversé des arbres, emporté des toitures, détruit des maisons. d Les concurrents du Vendée Globe se préoccupent de la météo. e Dans cette parcelle de jardin bien exposée poussent des plantes aromatiques. f Cette voiture de collection appartient à mon oncle.

8 *Dans les phrases suivantes, remplacez les GN prépositionnels en italique par des pronoms personnels, démonstratifs ou possessifs.* ***

a J'attends l'arrivée du facteur : il parle *à mon voisin*.
b J'attends l'arrivée du facteur : il parle *à Lucie et Latifa*.
c Je me souviens bien de *ton ami*. d Je me souviens bien de *ton amie*. e Pierre parle de *ses amis*. f Pierre parle de *ses cousines*. g Loïc, mon cousin, parle *de ses projets*.
h Loïc, mon cousin, parle *de son travail*. i Mes cousines pensent déjà *aux vacances d'hiver*. j Mon grand–frère réfléchit *à son projet de vacances*.

9 *Ces verbes se construisent avec un COI. Employez chacun dans une phrase avec un GN COI puis un pronom personnel COI.* ***

penser à – s'apercevoir de – se souvenir de – se moquer de – renoncer à

10 Faites le bilan

a *Parmi les noms ou groupes nominaux soulignés, identifiez et relevez uniquement les COI. Donnez la classe grammaticale de ces COI.*

b *Remplacez ensuite les GN COI par un pronom personnel, démonstratif ou possessif.*

c *Dans la phrase en gras, relevez un COS. Indiquez sa classe grammaticale et le verbe qu'il complète.*

– Je deviendrai un grand musicien. Plus tard, je vivrai de ma musique. Je jouerai dans le monde entier et mon accordéon m'accompagnera partout. [...]
– Tu crois qu'il couche avec ? rigola Zaza en me montrant Zoltan qui entrait dans les toilettes du collège avec son baluchon musical.
Je n'étais pas d'humeur à plaisanter quand on s'attaquait à Zoltan.
– Pourquoi pas ? Tu dors avec ton chat et tes parents dorment avec leur chienne sur leur lit. **C'est toi qui me l'as dit**.

Jean-Paul Nozière, *Une Sixième en accordéon*.

14 LES GROUPES NOMINAUX COMPLÉMENTS CIRCONSTANCIELS

Pour commencer

– Les **circonstances** d'une action sont les conditions dans laquelle elle se produit : **quand** l'action se passe-t-elle ? **Où** ? De quelle **manière** ? Avec quel **moyen** ?
– Dans la phrase, les **compléments circonstanciels** permettent de répondre à ces questions.

1 CARACTÉRISTIQUES GÉNÉRALES

Le groupe nominal complément circonstanciel

est mobile
On peut le **déplacer.** Il peut être ou non détaché par une virgule.
> ***À Paris****, il a acheté un appartement.*
> *Il a acheté un appartement* ***à Paris.***

est facultatif
On peut le **supprimer**, il n'est pas indispensable à la construction grammaticale de la phrase.
> *Il a acheté un appartement* ***(à Paris).***

n'est pas limité en nombre
On peut trouver **un ou plusieurs** compléments circonstanciels dans la phrase.
> ***Cet après-midi****, Lucie partira voir sa famille* ***en avion****.*

La plupart des GN compléments circonstanciels sont introduits par une préposition : ce sont des GN prépositionnels (→ fiche 1).
> ***À*** *midi, il partira* ***en*** *avion* ***de*** *Paris* ***vers*** *Marseille.*

2 CONFUSIONS À ÉVITER

a Ne confondez pas les différentes valeurs des compléments circonstanciels.
Il faut poser la question qui permet de répondre.

> *Il mange…*

> *à la récréation*	> *à la cantine*	> *à volonté*	> *à la cuillère*
CC de temps	CC de lieu	CC de manière	CC de moyen
Quand mange-t-il ?	**Où** mange-t-il ?	**De quelle manière** mange t-il ?	**Par quel moyen** mange-t-il ?

b Ne confondez pas le complément circonstanciel et le complément d'objet direct (→ fiche 12)

> *Il mange…*

> *la journée*
Le complément circonstanciel peut se déplacer.
> ***La journée****, il mange. / Il mange* ***la journée.***
Le CC ne peut pas se remplacer par le pronom **le, la ou les.**

> *la salade*
Le COD ne peut pas se déplacer.
> *Il mange* ***la salade.*** */* ~~***la salade*** *il mange*~~
Le COD peut se remplacer par le pronom **le, la** ou **les**.
> *Il mange* ***la salade.*** */ Il* ***la*** *mange.*

c Ne confondez pas le complément circonstanciel de manière et le complément circonstanciel de moyen.
Ils répondent tous les deux à la question « **Comment** ? » :

- **Le CC de moyen** porte sur un **élément concret : un objet, un instrument**
> *Nous allons au gymnase* ***avec nos sacs de sport.***

- **le CC de manière** concerne un **élément abstrait : un sentiment, une idée**
> *Nous allons au gymnase* ***avec plaisir.***

3 PRINCIPALES VALEURS

Complément circonstanciel de TEMPS
pour indiquer

la **date** plus ou moins précise de l'action
Question : « **Quand ?** »
> *Molière a vécu* ***au XVIIe siècle.***
> ***Le matin****, il rencontrait sa troupe.*

la **durée** de l'action
Questions : « **Depuis combien de temps ?** », « **Pendant combien de temps ?** »
> *Molière a vécu* ***plus d'un demi siècle.***

la **fréquence** de l'action
Questions : « **Combien de fois ?** », « **À quelle fréquence ?** »
> ***Chaque année****, Molière écrivait une nouvelle pièce.*

Complément circonstanciel de LIEU
pour indiquer

une **localisation**
Question : « **Où ?** »
> *Molière a habité* ***à Paris.***

une **origine**, une **destination**
Questions : « **D'où à où ?** », « **Vers où ?** »
> ***Du nord au sud,*** *Molière a sillonné la France.*

un **passage**, un **déplacement**
Question : « **Par où ?** »
> *Avec l'Illustre théâtre, il a voyagé* ***à travers la France.***

Complément circonstanciel de MANIÈRE

Il indique **de quelle façon** l'action est accomplie.
> ***Avec soin*** *et* ***sans rature****, il écrit une lettre.*

Il répond à la question « **Comment ?** »
> *Il se comporte* ***avec gentillesse.***

Il est souvent introduit par **à – avec – dans – en – sans – selon.**
> *Il a avalé son verre* ***en une gorgée.***

Complément circonstanciel de MOYEN

Il indique **l'instrument** qui permet à l'action de se réaliser
> ***À l'aide d'un modèle****, il dessine* ***au crayon****.*

Il répond aux questions « **Par quel moyen ?**», « **Comment ?** »
> *Il travaille* ***au moyen de son ordinateur.***

Il est souvent introduit par **à – à l'aide de – de – au moyen de – avec – sans.**
> *Il a avalé son verre d'eau* ***avec une paille.***

Les compléments circonstanciels de cause et de but, ainsi que les adverbes, les verbes à l'infinitif et les propositions subordonnées compléments circonstanciels, seront étudiés en 5e.

! À retenir

– Les groupes nominaux compléments circonstanciels précisent **les circonstances dans lesquelles se fait l'action** exprimée par le verbe.
– Ils sont pour la plupart, **mobiles, facultatifs, supprimables**.
– Les principales circonstances d'une action sont **le lieu, le temps, la manière** et **le moyen**.

1 Avez-vous compris ?

a *Précisez si les circonstances exprimées par les groupes nominaux soulignés indiquent le lieu ou le temps.*

b *Réécrivez la deuxième phrase à partir de* « il a dit à maman » *en déplaçant les compléments circonstanciels soulignés.*

c *Quelle circonstance exprime les mots en gras : la manière ou le moyen ?*

Nous avons un invité pour le dîner, ce soir. Hier, papa est arrivé tout content et il a dit à maman qu'il avait rencontré **par hasard**, dans la rue, son vieil ami Labière, qu'il n'avait pas vu depuis des tas d'années.
– Léon, avait expliqué papa, c'est un ami d'enfance, nous sommes allés à l'école ensemble. Combien de souvenirs doux et frais nous avons en commun ! Je l'ai invité à dîner, pour demain.
L'ami de papa devait arriver à huit heures, mais nous, nous étions prêts depuis sept heures.

Sempé et Goscinny, « Souvenirs doux et frais », *La rentrée du Petit Nicolas*.

2 *Retrouvez les six groupes nominaux compléments circonstanciels de lieu.* *

Sous un arbre, devant la maison, se trouvait une table servie où le Lièvre de mars et le Chapelier étaient en train de prendre le thé ; un Loir, qui dormait profondément, était assis entre eux [...]
La table était très grande ; pourtant tous trois se serraient l'un contre l'autre à un même coin.
« Pas de place ! Pas de place ! », s'écria-t-elle avec indignation.
Puis elle s'assit dans un grand fauteuil à un bout de la table.

Lewis Carroll, *Alice au pays des merveilles*.

3 *Précisez si les compléments circonstanciels soulignés indiquent le lieu ou le temps.* *

Il y a quelques années, en face de cette marchande, se trouvait une boutique dont les boiseries d'un vert bouteille suaient l'humidité par toutes leurs fentes. L'enseigne, faite d'une planche étroite et longue, portait, en lettres noires, le mot *Mercerie*, et sur une des vitres de la porte était écrit un nom de femme : *Thérèse Raquin*, en caractères rouges. À droite et à gauche s'enfonçaient des vitrines profondes, tapissées de papier bleu.
Pendant le jour, le regard ne pouvait distinguer que l'étalage, dans un clair-obsur adouci.

Émile Zola, *Thérèse Raquin*.

4 *Relevez dans les phrases suivantes les groupes nominaux compléments circonstanciels de moyen et de manière, en précisant à chaque fois la circonstance exprimée.* *

a À l'école, le professeur demande d'écrire au stylo plume. b Je viendrai avec plaisir à ton anniversaire. c À l'aide d'une cuillère, c'est plus facile de manger un yaourt proprement. d Il s'habille selon ses goûts et non selon les miens. e Le voleur a réussi à pénétrer dans la maison sans clé. f La girafe court avec grâce.

5 *Complétez les phrases suivantes avec les compléments circonstanciels appropriés. Aidez-vous des prépositions.* *

(au) milieu de l'océan – (sur) le sable – Le premier soir – (au) lever du jour – (sur) un radeau – (à) mille milles de toute terre habitée

... je me suis donc endormi sur le sable à ... .J'étais bien plus isolé qu'un naufragé sur ... au ... . Alors vous imaginez ma surprise au ... quand une drôle de petite voix m'a réveillé.

Antoine de Saint-Exupéry, *Le Petit Prince*.

6 *Relevez les groupes nominaux compléments circonstanciels de manière, puis complétez la première et la dernière phrase à l'aide d'un groupe nominal CC de moyen.* **

Un motocycliste traverse le village en trombe. À son passage, des gamins en culotte courte [...], se sont arrêtés de guerroyer, médusés. [...] Casqué, ganté, les yeux protégés par d'épaisses lunettes qui lui mangent la moitié du visage, le motocycliste les a frôlés sans un regard.

Patrick Vendamme, *Le Violon assassiné*.

7 *Relevez les circonstances exprimées par les compléments circonstanciels. Classez-les dans un tableau à quatre colonnes : lieu, temps, moyen, manière.* **

a Suzanne est partie en avion en Italie puis s'est rendue en voiture de Milan à Florence.
b Dans un tunnel, sa voiture a été bloqué par un éboulis.
c Suzanne a heureusement pu en sortir, en moins d'une demie heure, à pied, grâce à la lampe qu'elle a toujours avec elle.
d Une fois le tunnel rouvert, elle a récupéré sa voiture et a rejoint Milan dans l'après-midi, sans précipitation.

8 *Complétez les phrases suivantes avec le groupe nominal complément circonstanciel demandé.* **

a *(temps)* la traite des vaches se faisait *(moyen)*.
b *(temps)* elle est plus facile car elle mécanisée.
c Le lait se déverse directement *(lieu)*.
d Un camion-citerne vient le chercher *(temps)*.
e La mécanisation a fait gagner du temps aux agriculteurs qui ont accueilli ce progrès *(manière)*.

9 *Employez chaque groupe nominal dans une phrase où il sera complément circonstanciel. Précisez à chaque fois la circonstance exprimée .* **

avec précipitation / au crayon de couleurs / sur la table de nuit / par la Bretagne / à Lyon / chaque jour / sans plaisir

10 *Dans le texte suivant, indiquez quelle circonstance traduit chaque groupe nominal souligné.* **

Autrefois, Egée habitait la ville d'Athènes, il en était le roi. Son fils Thésée, pour combattre le minotaure, qui vivait dans le labyrinthe, se rendit en Crète. Il voyagea pendant très longtemps, avant d'arriver chez le roi Minos. Là, il se rendit jusqu'au labyrinthe et assomma le monstre. Il ressortit de cette prison, grâce au fil d'Ariane, la fille de Minos. Il s'enfuit avec la jeune fille et l'épousa sans regret.

11 *Relevez le(s) complément(s) circonstanciel(s) du texte qui répond(ent) à chaque question posée en précisant la valeur et le verbe complété.* **

Quand l'histoire se déroule-t-elle ? D'où tombaient les flocons ? Où était assise la Reine ? Par quel moyen se piqua-t-elle le doigt ? Où les gouttes tombèrent-elles ?

Un jour, c'était au beau milieu de l'hiver et les flocons de neige tombaient du ciel comme du duvet, une reine était assise auprès d'une fenêtre encadrée d'ébène noir, et cousait. Et tandis qu'elle cousait ainsi et regardait neiger, elle se piqua le doigt avec son aiguille et trois gouttes de sang tombèrent dans la neige.

J. et W. Grimm, *Blanche-Neige*.

12 *Relevez les compléments circonstanciels en gras, indiquez le verbe qui est complété et entourez la préposition s'il y en a une.* Attention aux articles contractés. **

Chaque année, au mois de juillet, les *Rencontres internationales de Photographie* attirent à Arles une grande foule de photographes amateurs et professionnels. Pendant quelques jours, les expositions fleurissent à chaque coin de rue, de grands palabres se tiennent aux terrasses des cafés, le soir les invités de marque projettent leurs œuvres sur un vaste écran blanc.

Michel Tournier, *Les Suaires de Véronique*.

13 *Complétez chaque phrase avec quatre groupes nominaux exprimant chacun une circonstance différente : le lieu, le temps, la manière et le moyen.* ***

Les enfants jouent. – Le cuisinier travaille. – Le professeur écrit. – Le chat guette.

14 *Dites si les groupes nominaux soulignés sont des compléments circonstanciels ou pas.* ***

a Ma mère travaille le soir dans un supermarché.
b Mon père attend le soir pour lire son journal.
c Ma sœur aime, l'hiver, aller au ski.
d Mon frère n'aime pas les sports d'hiver.
e La salle de bain est occupée de 6 h à 9 h du matin.
f Mon grand père va dans la salle de bain le moins possible.
g J'apprécie ma chambre car elle est très calme.
h Il faut passer par ma chambre pour sortir.

15 *Reformulez la question qu'il faut poser pour identifier les groupes nominaux compléments circonstanciels soulignés.* ***

– À une époque très lointaine vivait Europe.
– La jeune fille habitait en Phénicie.
– Zeus amoureux d'elle, vole le cœur plein d'amour, jusqu'à elle.
– Il descend vers le pays de Sidon.
– Lui qui d'un mouvement de tête ébranle l'univers, prend alors la forme d'un taureau.
– Il enlève Europe et l'emmène vers l'île de Crète.

16 *Posez les questions auxquelles répondent les compléments circonstanciels soulignés. Écrivez ensuite le début d'un récit comportant quatre compléments circonstanciels, introduits par les prépositions* dans, avec, vers *et* à. ***

Un jour qu'il chassait dans une grande forêt, un roi se mit avec tant d'ardeur à la poursuite du gibier que personne de ses gens ne put le suivre. À la tombée du soir, il s'arrêta et regarda autour de lui ; alors il vit qu'il s'était égaré. Il chercha à sortir, mais ne trouva pas la moindre issue. Il vit alors une vieille femme au chef branlant qui se dirigeait vers lui ; or c'était une sorcière.

J. et W. Grimm, *Les Six Cygnes*.

17 Faites le bilan

a *[L. 8 et 9] : parmi les mots soulignés, relevez les GN compléments circonstanciels.*

b *Indiquez pour chacun la circonstance exprimée (temps, lieu, manière ou moyen).*

c *Relevez :*
– trois GN compléments circonstanciels de temps ;
– cinq GN compléments circonstanciels de lieu ;
– un GN complément circonstanciel de manière.

d « Ulysse affronte une tempête » *: ajoutez à cette phrase un GN complément circonstanciel de temps, un complément circonstanciel de lieu, un complément circonstanciel de manière, un complément circonstanciel de moyen. Vous les mettrez dans l'ordre que vous voudrez.*

Lors de ses nombreux voyages, le dieu Dionysos se rend en Lydie, en Asie Mineure. Il y rencontre le roi Midas qui lui rend service. Pour le remercier, Dionysos lui accorde une faveur. Midas, dans sa sottise, demande que tout ce qu'il touche se transforme en or.
Il s'aperçoit d'abord, avec joie, que son vœu est exaucé. Mais il comprend par la suite, que ce qu'il porte à sa bouche, se transforme aussi en or et qu'il va mourir de faim et de soif.
Pour annuler son vœu, le dieu lui demande d'aller se laver pendant un long moment dans le fleuve Pactole, qui coule près de Sardes.
À toute jambe, Midas court jusqu'au fleuve. Sans crainte, il entre dans l'eau. En même temps que son corps, il lave sa faute. Plus jamais, il ne cherchera à posséder tout l'or du monde !

15 LA PHRASE (DÉFINITION)

Pour commencer

La phrase est un énoncé formant une unité **de sens** qui est identifié à l'écrit par la **ponctuation**.

1 IDENTIFICATION

Elle commence par une **majuscule** et se termine par un **point**.

> ***D**emain, nous prendrons le train**.***

Elle constitue **un énoncé** qui a **un sens** : > ~~*Train prendrons demain nous.*~~ n'est pas une phrase.

a La phrase verbale et la phrase non verbale

• **La phrase verbale**
est construite autour d'un verbe.
Ce verbe peut être :
– un verbe conjugué > *Il **fera** sa valise demain.*
– un verbe à l'infinitif > *Ne pas **ouvrir** cette valise.*
Un verbe tout seul peut constituer une phrase verbale :
> ***Entrez** !*

• **La phrase non verbale**
ne comporte pas de verbe principal.
Elle est utilisée pour :
– un titre > *Alice au pays des merveilles.*
– un slogan > *Un pour tous, tous pour un.*
– une question > *Comment ?*
– une exclamation > *Quel livre intéressant !*

b La phrase verbale simple et la phrase verbale complexe

• **La phrase simple**
ne comporte qu'**un seul verbe** principal.
> *Le skieur **met** son bonnet et ses gants.*

Pour compter les propositions dans une phrase verbale, il faut compter les verbes principaux.
Une phrase verbale simple n'a qu'un verbe donc elle n'a qu'une seule proposition.

• **La phrase complexe**
comporte **plusieurs verbes** principaux.
> *Le skieur **met** ses gants et il **prend** son bonnet.*

Cette phrase **complexe** comporte **deux propositions** car elle a deux verbes principaux.
> *Le skieur met ses gants* : première proposition
> *et il prend son bonnet* : deuxième proposition

2 FORMES ET TYPES

On distingue **quatre types de phrases** (→ fiches 16 et 17)

Phrase déclarative
> *La pendule sonne.*

Phrase interrogative
> *La pendule sonne-t-elle ?*

Phrase injonctive
> *Faites sonner la pendule.*

Phrase exclamative
> *Comme la pendule sonne fort !*

On distingue **deux formes de phrases** (→ fiche 18)

Phrase de forme affirmative
> *Elle sonne.* > *Faites sonner la pendule.*

Phrase de forme négative
> *Elle ne sonne pas.* > *Ne faites pas sonner la pendule.*

À retenir

– La **phrase** est une **unité de sens** qui commence par une **majuscule** et se termine par un **point**.
– La plupart des phrases sont des **phrases verbales**, construites autour d'un verbe principal **conjugué** ou à **l'infinitif**.
– La **phrase simple** est construite autour **d'un seul verbe**. La **phrase complexe** comporte **plusieurs verbes** : elle a autant de **propositions** que de verbes principaux.

1 Avez-vous compris ?

a *Combien y a-t-il de phrases dans ce texte ?*

b *Quelle est la particularité de la phrase en gras ?*

c *Relevez les verbes conjugués. Dites pour chaque phrase s'il s'agit d'une phrase simple ou d'une phase complexe.*

« Qu'est-ce donc que cette crème renversée ?
– Mon père, c'est le chat.
– **Comment, le chat ?** Le chat a apporté au milieu de la chambre une chaudronnée de lait pour le répandre ?
– Non, mon père, c'est moi qui, en le portant l'ai renversé. »

Comtesse de Ségur, *La Petite Souris grise*.

2 *Indiquez le nombre de phrases que comporte le texte A et le texte B. Précisez pour chaque phrase s'il s'agit d'une phrase simple ou d'une phrase complexe. Recopiez la phrase non-verbale.* *

A **Le chèche**

Pour se protéger du soleil et du vent, les Touareg ont l'habitude d'entourer leur tête d'un voile de coton long de 4 à 5 m, le chèche, qui ne laisse que les yeux à découvert. Le coton peut être blanc ou noir, mais il le plus souvent coloré à l'indigo qui teint facilement la peau. D'où leur surnom d' « hommes bleus ». Mais cette couleur s'efface après un lavage énergique.

B **La tente**

Peu habitués au tissage de la laine, les Touareg utilisent pour leurs tentes des peaux tannées de chèvre ou d'antilope cousues ensemble, qu'ils posent sur une série de pieux fichés en terre. Une natte verticale, en jonc ou en tissu empêche le sable du désert de pénétrer à l'intérieur.

Giovanni Carrada, *Le Sahara, Terre-Histoire*.

3 *Transformez ces phrases non verbales en phrases verbales.* *

a Augmentation des impôts l'année prochaine.
b Début du match dans cinq minutes.
c Interdiction de fumer dans les lieux publics.
d Fermeture des grands magasins le lundi.

4 *Transformez ces phrases verbales en phrases non verbales.* *

a Il est interdit de marcher sur la pelouse du jardin public.
b Ce programme télévisé finit à minuit.
c Faites attention à la peinture fraîche !
d Le temps est couvert et orageux sur les Alpes.

5 *Reconstituez les phrases en ajoutant les points et les majuscules, puis classez-les dans le tableau ci-dessous.* **

Phrases verbales	*Phrases non verbales*

a le marché de Noël / pour / succès
b feuillette / une bande dessinée / Alexandre
c à Paris / collision mortelle
d ont assisté / au match / de nombreux spectateurs
e la pelouse / parsèment / de nombreuses pâquerettes
f a gagné / le match / samedi soir / l'équipe de Lyon

6 *Recopiez uniquement les phrases verbales en précisant si elles sont simples ou complexes.* **

a Importantes inondations dans le sud de la France.
b Mes amis reviennent de l'école.
c Chut !
d Thierry a acheté une baguette, la caissière lui rend la monnaie.
e Message urgent.
f Le chat fait sa toilette avec sa patte.
g Attention, danger !
h Les coureurs ont pris un excellent départ, le premier franchira donc assez rapidement la ligne d'arrivée.
i Les pneus de la voiture crissent dans les virages.

7 *Recopiez les phrases en précisant entre parenthèses s'il s'agit d'une phrase simple ou d'une phrase complexe.* ***

a Quelques minutes passent, puis le portail du château s'ouvre. (…)
b Les cheveux de la petite fille sont bouclés. (…)
c Le voleur se met à courir et disparaît bientôt au bout de la rue. (…)
d Il joue merveilleusement bien du violon. (…)
e Quand vous viendrez me voir, vous verrez ma nouvelle cuisine. (…)
f Dès que les bourgeons reviennent, les hirondelles réapparaissent. (…)
g Marc apporte le livre que je lui avais demandé. (…)
h La maison est dissimulée au milieu d'un parc arboré. (…)

8 *Inventez une suite à chaque phrase pour la rendre complexe.* ***

a Lorsque le temps le permet, … .
b Je rêve d'une maison … .
c Je prends ma valise et … .
d Le chef de gare regarda la pendule puis … .
e Le petit garçon s'approche de la vitrine car … .

9 Faites le bilan

a *Combien ce texte comporte-t-il de phrases ?*

b *Recopiez trois phrases non-verbales.*

c *Relevez un exemple de phrase simple et un exemple de phrase complexe. Justifiez vos réponses.*

d *Donnez un titre à ce texte sous la forme d'une phrase verbale puis sous la forme d'une phrase non-verbale.*

Une main très douce se pose sur l'épaule de Guillaume. Il se retourne, surpris, et pousse une exclamation de joie. Elle est là, devant lui. Avec ses longs cheveux bruns, son sourire, ses jolis yeux noisette. Et ses fossettes où l'on a envie de poser des baisers. Comme avant sa mort. Comme avant.

Gudule, *La Bibliothécaire*.

Pour commencer

– On distingue **quatre types de phrases** qui correspondent à des messages de nature différente : la phrase **déclarative** : *Tu achètes des fleurs.* – la phrase **interrogative** : *Achètes-tu des fleurs ?* la phrase injonctive : *Achète ces fleurs.* – la phrase exclamative : *Comme ces fleurs sont belles !*

1 IDENTIFICATION

Pour identifier un type de phrase, il faut observer :
- le **sens général** de la phrase et l'intention de celui qui produit l'énoncé ;
- à l'oral, **l'intonation**, car elle est différente selon le type de phrase prononcé ;
- à l'écrit, le **point final** de la phrase.

2 LA PHRASE DÉCLARATIVE

C'est un **type** de phrase qui **énonce un fait**, donne une **information** ou un **jugement**. Elle se termine par un **point** ou par des **points de suspension.**

> *Le match débute à 14 heures. J'espère que mon équipe va gagner…*

Phrase déclarative affirmative > *Il est en retard.* Phrase déclarative négative > *Il n'est pas en retard.* (→ fiche 18)

3 LA PHRASE INTERROGATIVE

a C'est un **type** de phrase qui pose **une question**.

La phrase interrogative

À l'oral, elle se caractérise par une **intonation montante**.

À l'écrit, elle se termine par un **point d'interrogation**.

Registre familier
> *Tu viendras ?*
> *Ton père a pris le train ?*

Registre courant
> *Est-ce que tu viendras ?*
> *Est-ce que ton père a pris le train ?*

Registre soutenu
> *Viendras-tu ?*
> *Ton père a-t-il pris le train ?*

Avec les questions « *Est-ce que… ?* » et « *Qu'est-ce que… ?* », le sujet n'est jamais inversé.
Dans le registre soutenu, quand le sujet est inversé, il faut obligatoirement **mettre un tiret** entre le **pronom personnel sujet inversé** et le **verbe**. (→ fiche 9)

b **On distingue :**

• **l'interrogation totale :**
la réponse attendue est **oui / si** ou **non.**

forme affirmative
> *Les enfants ont-ils vu le match ? oui / non*

forme négative
> *N'ont-ils pas vu le match ? si / non*

• **l'interrogation partielle :**
la réponse attendue est **différente de oui ou non.**

forme affirmative
> ***Qui** a regardé le match ? les enfants*
> ***Où** as-tu regardé le match ? chez moi*

forme négative
> ***Pourquoi** n'as-tu pas regardé le match ?*

À retenir

– La phrase **déclarative** se termine par un **point** ou par des **points de suspension**.
– La phrase **interrogative** se termine toujours par un **point d'interrogation**. Elle attend une **réponse**.
– Si la réponse attendue est **oui ou non**, l'interrogation est **totale** ; dans les autres cas, l'interrogation est **partielle**.

1 Avez-vous compris ?

a *Relevez les phrases déclaratives du texte.*
b *Relevez les phrases interrogatives.*

Un soir, en venant voir ses grands-parents, Charlie leur dit : « Est-il bien vrai que la Chocolaterie Wonka est la plus grande du monde ?
– Si c'est vrai ? s'écrièrent-ils en choeur. Bien sûr que c'est vrai ! Bonté divine, tu ne le savais donc pas ? Elle est à peu près cinquante fois plus grande que les autres ! »

Roald Dahl, *Charlie et la chocolaterie*.

2 *Remettez dans l'ordre ces phrases interrogatives. Aidez-vous de la ponctuation.* *

a Est-ce que / peur / avez / des / araignées ? / vous /
b la petite fille / romans d'aventure ? / Pourquoi / elle / lit / des /
c Quand / vous / partez / en vacances ?
d ici ? / le coucher de soleil / ne / Tu / pas / trouves / magnifique / que / est /
e Puis / vous / de / sortir ? / je / demander /

3 *Trouvez les questions dont les phrases déclaratives, ci-dessous sont les réponses.* *

a Paul, Léa et Margaux viendront dîner ce soir. b Et oui, j'ai déjà pris l'avion. c Non, non, le spectacle est prévu dans l'après-midi, en plein air. d J'habite rue de la mairie. e Papa arrive à midi.

4 *Dans le texte ci-dessous, relevez les phrases interrogatives.*
a *Comment sont-elles construites ?*
b *Réécrivez ces phrases interrogatives en inversant le sujet s'il n'est pas déjà inversé.* **

LE MÉDECIN.– Tu n'as pas mal à la tête ?
TOTO. – Non, Monsieur.
LE MÉDECIN.– Cette nuit, tu as bien dormi ?
TOTO. – Oui, Monsieur.
LE MÉDECIN. – Et tu as appétit, ce matin ? Mangerais-tu volontiers une petite sousoupe ?
TOTO. – Oui, monsieur.

Georges Courteline, *Le Petit malade*.

5 *À partir des mots proposés, construisez des phrases déclaratives puis des phrases interrogatives.* **

a chat – souris – courir b arroser – plantes
c les spectateurs – regarder d les enfants – les oiseaux – nourrir e Pierre – Nadia – inviter

6 *Transformez les phrases déclaratives suivantes en phrases interrogatives.* **

a Jérôme lit un roman. b Les enfants aiment aller à la patinoire. c Il avertit les gendarmes. d Elles partiront de bonne heure. e Elle sera partie quand vous arriverez.
f La tempête a soufflé toute la nuit. g Les employés du téléphone ont réparé les lignes.

7 *Lisez attentivement l'exemple suivant.* ***

Tu viendras me voir à la clinique ? → Est-ce que tu viendras me voir à la clinique → Viendras-tu me voir à la clinique ?

Sur le même modèle, trouvez les deux tournures interrogatives manquantes.

a Vous voyagerez par autocar ? → … → …
b Est-ce que tu connais les Antilles ? → … → …
c Les automobilistes roulent prudemment ? → … → …

8 *Indiquez si les interrogations sont totales ou partielles. Soulignez dans les réponses le groupe sur lequel porte chaque question.* ***

a Pourquoi tes cheveux sont-ils mouillés ? Mes cheveux sont mouillés parce que j'avais oublié mon parapluie.
b Comment le chat fait sa toilette ? Le chat fait sa toilette avec sa patte.
c Quand Pierre viendra-t-il ? Pierre viendra la semaine prochaine.
d Pourquoi est-il arrivé en retard ? Il est arrivé en retard en raison des embouteillages.

9 a *Écrivez deux phrases déclaratives pour légender chaque image.*
b *Posez sur chaque image une interrogation totale, puis une interrogation partielle.* ***

10 Faites le bilan

a *Dans les répliques des personnages, relevez les phrases verbales déclaratives.*
b *Relevez les phrases interrogatives du texte. Dites si elles sont totales ou partielles. Justifiez votre réponse.*
c « Vous êtes bien du canton ? » *Quel est le registre de langue de cette interrogation ? Trouvez deux autres façons de poser cette question.*

KNOCK.– C'est vous qui êtes la première, madame ? Vous êtes bien du canton ?
LA DAME EN NOIR. – Je suis de la commune.
KNOCK.– De Saint-Maurice même ?
LA DAME EN NOIR.– J'habite la grande ferme qui est sur la route de Luchère.
KNOCK.– Elle vous appartient ?
LA DAME EN NOIR.– Oui, à mon mari et à moi.

Jules Romains, *Knock*, Acte II, scène 4.

17 TYPES DE PHRASES : PHRASE INJONCTIVE ET EXCLAMATIVE

! Pour commencer

– On distingue **quatre types de phrases** qui correspondent à des messages de nature différente : la phrase **injonctive** : *Achète ces fleurs.* – la phrase **exclamative** : *Comme ces fleurs sont belles !* la phrase déclarative : *Tu achètes des fleurs.* – la phrase interrogative : *Achètes-tu des fleurs ?*

1 IDENTIFICATION

(→ fiche 16)

2 LA PHRASE INJONCTIVE

Caractéristiques

La phrase injonctive se termine par **un point**
> *Dis la vérité.*

parfois par **un point d'exclamation**.
> *Venez ici tout de suite !*

Elle exprime :
- **un ordre** > *Taisez vous. Tu te tais !*
- **un conseil** > *Lis bien les consignes.*
- **une invitation** > *Veuillez patienter.*
- **une interdiction** > *Ne pas fumer.*

On peut formuler une injonction

à l'aide d'**une phrase verbale.**

Cas général

Le verbe est au mode **impératif** (→ fiche 27).
> *Allez, cours plus vite.*

Autres cas

On utilise :
- le **présent de l'indicatif** > *Vous vous **dépêchez**, s'il vous plaît...*
- le **futur de l'indicatif** > *Vous **mélangerez** la sauce avec soin.*
- **un verbe à l'infinitif** > *Ne pas **déranger**.*
- le mode **subjonctif.** > *Qu'il **vienne** tout de suite.* (ce mode sera étudié en classe de 5e)

à l'aide d'**une phrase non verbale.**
> *Attention, danger !*
> *Chut. Silence.*

– Cette construction permet d'exprimer des ordres courts.

– Ces injonctions se trouvent souvent sur des panneaux, des affiches.
> *Stationnement interdit.*

3 LA PHRASE EXCLAMATIVE

Caractéristiques

La phrase exclamative se reconnaît :
- à l'oral par **son intonation**
- à l'écrit par **son point d'exclamation !**

Elle peut se combiner avec d'autres types de phrases : phrase injonctive exclamative
> *Tiens-toi bien !*

Elle exprime **un sentiment vif** :
- la joie > *Quel plaisir !*
- la surprise > *C'est vraiment incroyable !*
- la colère, la douleur... > *Comme c'est triste !*

On peut formuler une exclamation

à l'aide d'une **phrase verbale**
> *Que ce paysage **est** beau !*

à l'aide d'une **phrase non verbale**
> *Quel menteur ! Quelle élégance ! Stop ! Oh !*

! À retenir

- **La phrase injonctive** exprime souvent un **ordre** formulé avec le mode **impératif**.
- La phrase **exclamative** se termine toujours par un **point d'exclamation**.
- Une phrase peut être **à la fois** injonctive et exclamative.

1 Avez-vous compris ?

a *Combien comptez-vous de phrases exclamatives ?*
b *Relevez deux phrases injonctives comportant un verbe à l'impératif.*
c *Relevez une phrase exclamative non-verbale.*

Voyez leurs gestes ! Et voyez comme ils frappent d'abord la coquille du doigt pour s'assurer que la noix n'est pas pourrie ! Les noix pourries sonnent creux, et alors, pas la peine de les ouvrir ! Ils les jettent à la poubelle. Là ! Regardez ! Regardez bien le premier écureuil ! Je pense qu'il est tombé sur une mauvaise noix !

Roald Dahl, *Charlie et la Chocolaterie*.

2 *Relevez les phrases injonctives du texte. Comment ces injonctions sont-elles exprimées ?* *

Salade de pommes de terre, haricots et courge. Faites cuire à la vapeur ou au micro-ondes, séparément, la courge, les pommes de terre et les haricots. Mettez tous les légumes dans un saladier, versez la vinaigrette à l'estragon et mélangez.

Recettes « Marabout chef ».

3 a *Combien y a-t-il de phrases exclamatives ?* *
b *Identifiez et relevez une phrase exclamative construite sous forme : d'une phrase non-verbale, d'une phrase verbale.* *

Horreur ! M. Mortimer avait disparu ! J'entendis alors derrière moi des pas sourds qui se dirigeaient vers la porte d'entrée. J'étais pétrifiée. Il s'en allait !
Non ! Je perçus le bruit caractéristique d'une clef qu'on tourne dans une serrure. Il s'était enfermé dans le bâtiment et j'étais séquestrée, avec lui ! […] Quelle idiote j'avais été ! Retourner à la bibliothèque pour me prouver que M. Mortimer était bel et bien un monstre était stupide !

Robert Louis Stine, *La Fille qui criait au monstre*.

4 *Lisez les phrases suivantes. Indiquez celles qui expriment un conseil.* *

a Couvre-toi bien. N'oublie pas ton écharpe et tes gants. b Tu préfères le ski de fond ou le ski alpin ? c Attends que le feu passe au vert. d Soyez prudents sur l'autoroute. e Les enfants sont arrivés en retard ce matin. f Partez-vous dans les Vosges ou dans le Jura ?

5 *Lisez les phrases suivantes. Indiquez celles qui expriment un ordre.* *

a La neige tombe en abondance dans le Sud-Est. b Arrête-toi immédiatement. c Nous sommes arrivés à la gare de Lyon vers 20 heures. d Interdit de parler. e Tu me rendras ce travail à 17 heures précises. f Le concert de jazz commence à 21 heures. g Restons là. h Chut, silence.

6 *Relevez les phrases injonctives. Quelles sont celles qui sont injonctives et exclamatives ?* **

a Les villages anciens conservent un charme particulier. b Attention, danger ! c Écoute les conseils de tes professeurs ! Ils te profiteront. d Jérôme regarde volontiers les séries américaines. e Vous ferez des recherches dans des encyclopédies et vérifierez l'orthographe des mots dans le dictionnaire. f Dépêchons-nous ! g Vous téléphonez à vos amis. h Réfléchis avant d'agir ! i Lire attentivement le mode d'emploi.

7 *Classez les phrases injonctives en utilisant le tableau ci-dessous.* **

Impératif		
Indicatif	Présent	
	Futur	
Infinitif		
Phrase non verbale		

a Prendre deux gélules avant le petit-déjeuner. b Stationnement autorisé du 15 au 31 novembre. c Attention à la marche ! d Frappez avant d'entrer ! e Vous relisez bien les consignes avant de commencer l'exercice. f Ne pas dépasser le repère. g Vous bouclerez votre ceinture de sécurité. h Écoute les conseils de l'entraîneur.

8 *Transformez les phrases ci-dessous, suivant l'exemple :* **Elle est bavarde. → Qu'elle est bavarde ! → Quelle bavarde !** ***

a Il est maladroit. b Claire est courageuse. c La fillette est gourmande. d Érik est curieux. e Malik est travailleur.

9 *Transformez les phrases ci-dessous en phrases injonctives. Attention, il faut parfois supprimer certains mots ou groupes de mots.* ***

a Il faut traverser sur un passage clouté. b Le professeur demande aux élèves de soigner la présentation du travail. c Maman invite les voisins à dîner demain. d On souhaite à Didier de faire bonne route. e Nous te suggérons d'y aller en vélo.

10 Faites le bilan

a *Combien ce texte comporte-t-il de phrases exclamatives ?*
b *Relevez les phrases injonctives du texte qui sont des phrases verbales et indiquez si le verbe est à l'impératif, à l'infinitif ou au présent de l'indicatif.*
c *Relevez deux phrases injonctives qui sont non-verbales.*
d *Transformez la phrase* « On va faire le plus énorme bonhomme de neige que la terre ait jamais porté » *en phrase injonctive exclamative.*

Allez, les garçons ! a décidé papa pendant que maman défaisait les valises. Concours de bonhomme de neige ! Tous en bas dans deux minutes… […]
– Couvrez-vous ! a crié maman. Il fait un froid glacial.
[…] Papa s'amusait comme un petit fou. C'est lui qui a commencé à lancer la première boule. Bientôt, ça a été une bataille générale. […] alors papa a dit :
– Retour au calme. On va faire le plus énorme bonhomme de neige que la terre ait jamais porté. Au boulot, les enfants.

Jean-Philippe Arrou-Vignod, *L'Omelette au sucre*.

18 FORMES DE PHRASES : PHRASE AFFIRMATIVE ET NÉGATIVE

Pour commencer

La phrase, quel que soit son type, peut prendre **deux formes** : **la forme affirmative** et la **forme négative**.

1 DÉFINITIONS

• **La phrase est à la forme affirmative** lorsque le verbe **n'est pas accompagné d'une marque de négation.**

> *Alice est un personnage de conte.*

La phrase affirmative exprime **la réalité d'un fait**.

> *La Terre tourne autour du soleil.*

• **La phrase est à la forme négative** lorsque le verbe **est accompagné d'une marque de négation** qui porte sur la phrase entière.

> *Alice ne veut pas vivre dans le monde réel.*

La phrase négative nie **la réalité d'un fait**.

> *La Terre n'est pas une étoile.*

2 FORMES ET TYPES DE PHRASES

La forme affirmative ou négative concerne les quatre types de phrase :
– Phrase **déclarative** > *Tu lis l'histoire d'Alice. / Tu ne lis pas cette histoire.*
– Phrase **interrogative** > *Lis-tu l'histoire d'Alice ?/* (phrase **interro-négative**) > *Ne lis-tu pas cette histoire ?*
– Phrase **injonctive** > *Lisez l'histoire d'Alice. / Ne lisez pas cette histoire.*
– Phrase **exclamative** > *Tu lis l'histoire d'Alice ! Tu ne lis pas cette histoire !*

Il ne faut pas confondre la phrase déclarative (→ fiche 16) et la phrase affirmative.
La phrase déclarative peut être affirmative ou négative.

> *L'élève répond.*

> *L'élève **ne** répond **pas**.*

3 MARQUES DE LA NÉGATION

• **Le plus souvent, la négation se compose de deux mots** : *ne… pas, point, guère, jamais, plus*, etc.

– Ces mots encadrent le verbe conjugué.

> *Alice **n'**obéit **pas** toujours.*

> *Les pauvres gens **n'**ont **guère** d'argent.*

– Ils encadrent l'auxiliaire quand il s'agit d'une forme verbale composée.

> *Les fées **n'**ont **jamais** existé.*

– Ils se placent devant le verbe à l'infinitif.

> ***Ne pas** fumer.*

• Il ne faut pas confondre les mots **négatifs** et les mots **affirmatifs**.

> *Je vais **quelque part**. / Je **ne** vais **nulle part**.*

> *Tu mens **toujours**. / Tu **ne** mens **jamais**.*

> *Elle connaît **quelqu'un.** / Elle **ne** connaît **personne**.*

> *Il sait **tout.**/ Il **ne** sait **rien.***

> *Nous le savons **aussi.** / Nous **ne** le savons **pas non plus**.*

Remarques sur la phrase de forme négative :

• ***Ni*** remplace ***et*** et ***ou*** dans une phrase négative.

> *Alice ne rencontre **ni** lions **ni** loups.*
> *(= Alice ne rencontre pas de lions et pas de loups.)*

• Pour ne pas confondre ***on*** et ***on n'*** on peut remplacer ***on*** par ***nous***.

> ***On a** aimé l'histoire d'Alice.*

> ***On n'**a **pas** aimé…*
> *(= **nous n'**avons **pas** aimé)*

• Parfois le mot ***ne*** peut être **absent :**

– à l'oral dans un registre familier

> *Alice obéit pas.*

– dans les phrases non-verbales

> *Jamais d'obéissance chez Alice !*

> *Et pourquoi pas ?*

À retenir

On distingue deux formes de phrases et chaque phrase adopte toujours l'une ou l'autre forme :
– **la forme affirmative** lorsqu'on ne met pas de marque de négation ;
– **la forme négative** lorsqu'on trouve une marque de négation.

1 Avez-vous compris ?

a ***Relevez les quatre propositions à la forme négative et encadrez les marques de la négation.***
b ***Mettez les propositions relevées à la forme affirmative.***
c ***Mettez à la forme négative la proposition soulignée.***

Il faut bien que le dragon enlève quelqu'un. Il ne peut pas enlever la vieille femme, puisque c'est une fée et qu'elle a une épée magique cachée dans son fagot. Et s'il enlève le chevalier, ce n'est plus drôle du tout : la fée devra délivrer le jeune homme, et franchement, ce n'est pas l'affaire des femmes d'affronter les dragons. On n'a jamais vu ça dans les histoires.

Bernard Friot, *Histoires pressées.*

2 ***Relevez dans le texte les marques de la négation.*** *

L'abeille est un insecte de la famille des apidés. Elle ne vit pas seule, mais en colonie. Dans cette colonie, on ne trouve qu'une seule femelle. Les ouvrières ne sont pas fertiles. Les mâles ne récoltent jamais le pollen car leur langue n'est pas assez longue pour butiner les fleurs. N'ayant pas de dard, ils ne peuvent pas se défendre. Ils ne sécrètent pas de cire d'abeille ou de gelée royale. Ils ne sortent pas de la ruche en dehors de la période de reproduction.

3 ***Réécrivez les propositions soulignées à la forme affirmative.*** *

Ce n'était ni un bateau, ni un avion, mais un moyen de transports terrestre. Ce n'était ni le matin, ni le soir, mais midi. Ce n'était ni un bébé, ni un vieillard, mais un homme jeune. Ce n'était ni un ruban, ni une ficelle, mais du galon tressé. Ce n'était ni une procession, ni une bagarre, mais une bousculade.

Raymond Queneau, « Négativités », dans *Exercices de style.*

4 ***Mettez les phrases suivantes à la forme négative.*** *

Delphine et Marinette sont sages et obéissantes.
Elles ont promis d'être prudentes.
Mais elles ont ensuite accueilli le loup et le cerf dans leur ferme.
Ont-elles transformé la ferme en arche de Noé ?

5 ***Classez les phrases en deux colonnes : affirmatives et négatives. Soulignez les marques de la négation.*** **

a L'Espagne et le Portugal forment la péninsule ibérique.
b L'île de Madère n'appartient pas à l'Espagne.
c As-tu apprécié tes vacances au Portugal ?
d Moi, je n'ai jamais aimé aller en Espagne.
e La tradition du flamenco ne choque personne.
f Mais celle de la corrida soulève encore le scandale.

6 ***Répondez aux questions suivantes sous forme de phrase négative. Variez les marques de négation.*** **

a Aimez-vous les choux de Bruxelles ?
b Êtes-vous déjà allé en Belgique ?
c Lisez-vous toujours les albums du dessinateur belge Hergé ?
d Appréciez-vous aussi les BD de Philippe Geluck ?
e Connaissez-vous quelqu'un qui a déjà pris le Thalys ?

7 ***Mettez ces phrases à la forme négative à l'aide de*** **ne… pas** ***que vous placerez au bon endroit.*** ***

a Il lui a réparé son vélo.
b Films à conseiller aux enfants.
c Êtes-vous partis en vacances cet été ?
d Regarde cette image.
e Faire attention à la marche.
f C'est le chien de la voisine.
g Faites attention à la marche !

8 ***Transformez chaque phrase en une phrase négative, puis dites la même chose sous forme de phrase affirmative suivant l'exemple :***
Les sorcières réussissent toujours leurs maléfices. / Les sorcières ne réussissent jamais leurs maléfices. / Les sorcières ratent toujours leurs maléfices. ***

a Les sorcières connaissent la magie.
b Leurs potions sont encore buvables.
c Il est probable qu'elles échangent des conseils.
d Elles sont toujours sûres d'elles.
e Elles veulent garder leurs pouvoirs magiques.

9 ***Complétez les parenthèses par*** on ***ou*** on n'. ***

À la maison, *(…)* aime passer du temps en famille. *(…)* essaie de ne dîner ni devant la télévision, ni devant l'ordinateur. *(…)* espère ainsi entretenir le dialogue. Dans la famille, *(…)* a jamais eu de difficultés pour se parler. Encore aujourd'hui, *(…)* hésiterait pas à parler des soucis de chacun.

10 Faites le bilan

a ***Relevez les phrases à la forme négative et encadrez les marques de la négation.***
b ***Recopiez le texte en mettant à la forme affirmative les phrases négatives et à la forme négative les phrases affirmatives, afin d'en inverser le sens.***

Madame de Réan. – Parle, Sophie ! Paul a fait quelque chose de mal. Raconte-moi tout, tu dois toujours me dire la vérité. Je ne répèterai rien à sa maman.
Sophie. – Non, Paul n'a rien fait, ce n'est pas de sa faute. C'est moi. J'ai fait beaucoup de bêtises aujourd'hui !

D'après la **Comtesse de Ségur**, *Les Malheurs de Sophie.*

19 INFINITIF ET GROUPES DE VERBES

Pour commencer

– Le verbe est une **classe grammaticale de mots variables.**
– **L'infinitif** est un **mode non personnel**. Les infinitifs des verbes sont classés en **trois groupes**.

1 CARACTÉRISTIQUES

Le verbe :

- varie en **personne** et en **nombre** quand il est conjugué.
  > *je pren**ds** – nous pren**ons***
- se caractérise par son **mode** et son **groupe**.
  > *prendre* → infinitif du 3e groupe
- régit la fonction de nombreux mots de la phrase.
  Il est le **noyau** du **groupe verbal**.
  > *Je **suis** content.*
  sujet **verbe attribut**
  GV

2 GROUPES

On distingue **trois groupes** de verbes

1er groupe
Infinitif terminé par -**er**
> *chant**er***

2e groupe
Infinitif terminé par -**ir** dont le présent est terminé par -***issons*** à la 1re personne du pluriel
> *fin**ir** – nous fin**issons***

3e groupe
Tous les autres verbes
> *part**ir**, mett**re**, pr**endre**, cr**oire**…*

Le **groupe** auquel appartient un verbe permet de **déterminer sa conjugaison.**

3 MODES

a Modes personnels et non-personnels

On distingue **six modes**

quatre modes personnels :
le **verbe conjugué** porte une **marque de personne**.
Indicatif > *tu prends* – Conditionnel > *tu prendrais*
Impératif > *prends !* – Subjonctif > *que tu prennes*

deux modes non-personnels :
le **verbe** n'est **pas conjugué**.
Infinitif > *prendre*
Participe > *prenant – pris*

b Mode infinitif

C'est au mode infinitif que les verbes sont classés dans le dictionnaire.
La forme verbale est toujours l'infinitif :

- **après une préposition : à – de – pour**
  > *Il se prépare **à** manger / **à** partir.*
  > *Elle refuse **de** chanter / **de** partir.*
- **après un autre verbe, sauf** s'il s'agit d'**avoir** ou **être**
  > *Elle voulait **avancer**, mais elle a **reculé**.*
  > *Il pensait **partir**, mais il est **resté**.*

Il ne faut pas confondre un verbe à l'infinitif du 1er groupe en -**er** et un participe en -**é**.
Pour savoir duquel il s'agit, **on peut le remplacer par un verbe du 3e groupe** > *Il veut chant**er** / Il veut **partir** ≠ il a **chanté** / il est **parti***

À retenir

– **L'infinitif** est une forme **non conjuguée** du verbe. Il détermine la conjugaison du verbe.
– Quand il est conjugué, le **verbe** se caractérise par son **mode**, son **temps** et sa **personne**.

1 Avez-vous compris ?

a *Relevez tous les verbes de la phrase.*
b *Indiquez s'ils sont conjugués ou à l'infinif.*
c *Précisez leur groupe.*

Quand je lui ai demandé comment il ferait pour gagner son pain, il a dit qu'il voulait apprendre à frissonner.

J. et W. Grimm, « Apprendre à frissonner », *Contes*.

2 *Complétez les terminaisons des verbes de cette recette écrite à l'infinitif.* *

Le chocolat aux amandes

Fai... amoll... le chocolat au bain-marie. Le travaill... avec les jaunes d'œuf. Lorsque la pâte est bien lisse, ajout... le sucre et le beurre travaillé à l'avance en crème. Incorpor... les amandes, parfum... au rhum, et, pour fin... , mett... les blancs battus en neige bien ferme. Laisser prend... au frais. Serv... dans une coupe ou dans des petits pots.

3 *Conjuguez les verbes à la 1re personne du pluriel du présent de l'indicatif* (nous)*, puis indiquez pour-chaque verbe s'il est du 2e ou du 3e groupe.* *

partir – courir – suffire – avertir – vieillir – dormir – obéir – tenir – venir – agir

4 *Relevez parmi les verbes suivants conjugués au présent de l'indicatif ceux qui appartiennent au 1er groupe.* *

il reçoit – il remue – il nettoie – il aperçoit – il déploie – il conclut – il crie – il finit – il tue – il revoit

5 *Mettez les verbes entre parenthèses à l'infinitif ou au participe passé.* **

a Il veut *(se lever)* à cinq heures.
b Il a *(manger)* son gâteau.
c Avant de *(manger)*, il faut mettre le couvert.
d Pour *(entrer)* dans ce château, il faut *(posséder)* une autorisation spéciale.
e Jules a (demander) cette autorisation, et l'a *(visiter)*.
f Il n'a pas voulu *(manger)*, s'est *(lever)* et est parti se *(coucher)*.
g Le chien a *(déterrer)* son os, et s'est *(allonger)* sur le paillasson pour le *(ronger)*.

6 *Relevez les verbes du poème et indiquez leur groupe. En vous inspirant du poème de Michel Butor ci-dessous, écrivez, vous aussi, un* poème infinitif *en sept vers. Utilisez des verbes des trois groupes.* **

Poème infinitif
Ramper avec le serpent
se glisser parmi les lignes
rugir avec les panthères
interpréter le moindre signe
se prélasser dans les sables
se conjuguer dans les herbes
fleurir de toute sa peau.

Michel Butor.

7 *Recopiez le tableau suivant et classez tous les verbes du texte.* ***

Verbes conjugués	1er groupe	
	2e groupe	
	3e groupe	
Verbes à l'infinitif	1er groupe	
	2e groupe	
	3e groupe	

Contre le mur, il y avait des tas et des tas d'illustrés. Terrible ! On a commencé à regarder les couvertures, et puis on a tourné les couvertures pour voir l'intérieur, mais on ne pouvait pas bien ouvrir, à cause des pinces qui tenaient les revues ensemble. On n'a pas osé enlever les pinces, parce que ça n'aurait pas plu à M. Escarbille, et nous ne voulions pas le déranger.

Goscinny et Sempé, *Le petit Nicolas et les copains*.

8 Faites le bilan

a *Relevez dans le texte deux verbes de chaque groupe.*
b *Conjuguez-les au présent de l'indicatif à la 3e personne du singulier* (il).
c *Recopiez les vers en gras en complétant avec* -er *ou* -é.

Comment déguster une glace en cornet
Choisir une glace à la vanille
à la fraise et à la pistache
La faire brill... un instant au soleil
Les trois boules en équilibre
Dans l'ouverture du cornet
Lécher la vanille d'or pâle
Mord... un petit peu dans le vert pistache
Se frott... les lèvres sur la fraise rose vif
Se léch... les babines
Faire tourner la glace et recommencer
Un coup de dent à la vanille
Un baiser barbouill ...à la pistache
Un coup de langue à la fraise
Savourer doucement
Et puis du bout des dents
Saisir une brisure du cornet
Tout l'art est de savoir
Faire durer les trois boules
Sans leur donner le temps de fondre
Mais assez pour en goût...
La fraîcheur parfumée

Jacqueline Barral, *Solévent*.

Pour commencer

– Le **présent** de l'indicatif est un **temps simple**. Il est utilisé à **l'oral** comme à **l'écrit**.
– Il exprime un fait ou une action **en train de se dérouler** au moment **présent**. Mais il a aussi d'autres valeurs.

1 FORMATION ET CONJUGAISON

1re, 2e et 3e personnes du singulier
→ les terminaisons des verbes sont **différentes selon les groupes** (→ fiche 19)

Verbes du **1er groupe**	Verbes du **2e groupe**	Verbes du du **3e groupe**
Radical + **-e -es -e**	Radical + **-is -is -it**	Radical + **-s -s -t** ou **-d**
> *je chant**e** – tu chant**es** – il chant**e***	> *je fin**is** – tu fin**is** – il fin**it***	> *je croi**s** – tu croi**s** – il croi**t***

1re, 2e et 3e personnes du pluriel
→ les terminaisons des verbes sont **les mêmes pour tous les groupes**
Radical du verbe + **-ons -ez -ent** ou **-ont**
> *nous chant**ons** – vous chant**ez** – ils chant**ent***

Pour les infinitifs en **-ir**, la 1re personne du pluriel permet de distinguer les verbes du 2e groupe *fin**ir*** > *nous fin**issons*** et les verbes du 3e groupe *part**ir*** > *nous part**ons***

Verbes du **1er groupe**	Verbes du **2e groupe**	Verbes du **3e groupe**
> *nous chant**ons** – ils chant**ent***	> *nous fin**issons** – ils fin**issent***	> *nous vend**ons** – ils vend**ent***

Le **temps composé** avec l'auxiliaire conjugué au présent est le **le passé composé**. (→ fiche 24)
> *elle **a chanté** – il **est parti***

2 EMPLOIS ET VALEURS

Le présent de l'indicatif a trois valeurs principales :

• **Le présent d'énonciation**, exprime un fait qui se passe **au moment où on parle.**
> *Allo ? Où **es**-tu ? – Je **suis** en classe, je **travaille** !*

• **Le présent de narration** est employé pour **raconter** ou **décrire.**
– dans un récit au présent, comme temps principal ;
– dans un récit au passé, pour mettre en valeur une action.
> *Personne autre que moi n'était entré dans la chambre. On **m'interroge** : je **nie** d'avoir touché le peigne.*
(J.-J. Rousseau, *Les Confessions*)

• **Le présent de vérité générale** exprime une action ou un état **valable partout**, à n'importe quelle époque.
> *L'eau **bout** à cent degrés.*
> *Qui **vole** un œuf, **vole** un bœuf.*

À retenir

– **Le présent de l'indicatif** s'emploie beaucoup dans les **dialogues**.
– Il peut être le **temps principal d'un récit**. Quand il est employé dans un récit au passé, il est l'équivalent d'un imparfait ou d'un passé simple.
– Dans les proverbes, les morales ou les définitions, il exprime une **vérité générale**.

1 Avez-vous compris ?

a *Relevez tous les verbes conjugués au présent et indiquez à quel groupe ils appartiennent.*
b *Précisez à quelle personne ils sont conjugués.*
c *Comparez les terminaisons.*

« Le 2 avril 1991, après plus de 600 ans de sommeil, le Pinatubo se réveille. Une explosion retentit, puis une fissure longue de 1,5 km s'ouvre en arc de cercle sur le flanc nord du volcan. Poussières et cendres s'abattent aux alentours [...] Le 5 avril, les volcanologues arrivent sur les lieux et installent plusieurs sismographes : en l'espace de 24 heures, ils enregistrent 223 secousses. »

Évelyne Pradal, *Au cœur des volcans.*

2 *Indiquez les groupes des verbes entre parenthèses puis conjuguez-les au présent.* *

– Je *(lire).* – Tu *(gémir).* – Il *(crier).* – Nous *(sortir).* – Vous *(être).* – Elles *(remuer).* – Je *(dire).* – Tu *(savoir).* – Il *(contribuer).* – Nous *(partir).* – Vous *(conclure).* – Ils *(jouer).* – Je *(couvre).* – Tu *(rire).* – Il *(serrer).* – Elle *(servir).* – Nous *(pendre).* – Vous *(tendre).* – Ils *(éternuer).* – Elles *(gravir).*

3 *Parmi les verbes suivants conjugués au présent, lesquels sont du 1er groupe ?* **

il reçoit – il remue – il nettoie – il aperçoit – il déploie – il conclut – il crie – il finit – il tue – il revoit

4 *Mettez au présent à la première et à la troisième personne du singulier les verbes suivants :* **

exclure – tuer – gémir – crier – rire – fondre – fonder

5 *Trouvez le pronom personnel qui manque devant chaque couple de verbes. Attention, les deux verbes ont à chaque fois le même sujet.* **

... dormez et désobéissez
... joue et cours
... échouent et excluent
... ralentissons et partons
... avoue et choisit
... vends et distribues

6 *Complétez les phrases suivantes en mettant au présent les verbes entre parenthèses.* **

a Le héros ne *(s'avouer)* pas vaincu, il *(clouer)* le monstre au sol, *(saisir)* son poignard et le *(brandir)* avant de le lui planter dans la gorge. b L'animal *(sentir)* que sa proie approche, il le *(épier).* c Une fois revêtu de bronze éblouissant, Ajax *(bondir).* Son visage effrayant *(sourire)* et il *(marcher)* à grandes enjambées en brandissant sa javeline. À sa vue, les Argiens *(être)* en liesse tandis qu'une atroce terreur *(saisir)* les Troyens.

Homère, *L'Iliade.*

d Gilgamesh et Enkidou pénètrent dans la forêt : La forêt, aussitôt, les *(sentir)* et *(donner)* l'alerte. Un vent léger *(glisser)* à travers les cèdres. Puis l'air *(se réchauffer)* et un grésillement *(crépiter).* Des étincelles *(jaillir).* Des arbres *(s'ébrouer)* devant eux, comme des bêtes mouillées. Des voix graves *(bourdonner).* Les vieux esprits des premiers âges du monde, endormis sous la terre, *(remonter)* à la surface.
– Houmbaba, maître de la forêt ! prévient Enkidou. Il *(voir)* Gilgamesh. Il *(voir)* Enkidou. Il *(arriver).*
C'est alors qu'un hurlement *(secouer)* la montagne.

Jacques Cassabois, *Le Premier Roi du monde.*

7 *Dans les phrases suivantes, relevez les verbes au présent de l'indicatif et donnez leur valeur.* ***

a Quand tu trouves un diamant qui n'est à personne, il est à toi. Quand tu trouves une île qui n'est à personne, elle est à toi. Quand tu as une idée le premier, tu la fais breveter : elle est à toi. Et moi je possède les étoiles.

Antoine de Saint-Exupéry, *Le Petit Prince.*

b La mère crut que la lune se moquait d'elle et elle entra dans une telle colère qu'elle pria sa fille de na plus jamais remettre les pieds chez elle.
Voilà pourquoi la lune est seule et nue dans le ciel.

Muriel Bloch, *365 contes des Pourquoi et des Comment.*

c Le coq de la maison était perché en haut du portail et criait de toutes ses forces :
« Tu cries à nous casser les oreilles, dit l'âne. Que t'arrive-t-il donc ? »

W. et J. Grimm, *Les Musiciens de Brême.*

d Quant au crabe, il fut contraint de mettre ses yeux sur son tronc, sa bouche aussi.
Depuis ce jour, les crabes n'ont pas de tête.

Muriel Bloch, *365 contes des Pourquoi et des Comment.*

e Héraclès ne fut pas découragé par l'ampleur du travail. Arrivé chez Augias, il commence par négocier son salaire.

M.- A. Adam, *Les Héros de la mythologie grecque.*

8 Faites le bilan

a *Relevez dans le texte les neuf verbes conjugués au présent de l'indicatif et indiquez le groupe de chacun.*
b *Conjuguez le verbe en gras à toutes les personnes du présent de l'indicatif.*
c *Précisez la valeur du présent dans ce texte.*
d *Changez le titre pour proposer une phrase comportant un verbe conjugué au présent.*

Découverte des sources du Nil par John Speke et Richard Burton

Voyageant avec 132 porteurs africains et 36 mules, les deux hommes partent de Zanzibar et parviennent au lac Tanganyika le 13 février 1858. Speke prend alors trente hommes avec lui et poursuit sa route vers le nord. Il atteint un vaste lac qu'il baptise Victoria en l'honneur de la reine d'Angleterre, le 30 juillet. Speke **affirme** qu'il a atteint les sources du Nil et organise une nouvelle expédition en 1864 pour confirmer sa découverte. Malgré cela, de nombreux géographes mettent en doute ses affirmations.

Isememe Ibazebo, *L'Afrique.*

Pour commencer
– **L'imparfait** est un temps **simple** de l'indicatif.
– C'est un temps du **passé** utilisé à **l'oral** comme à **l'écrit**.

1 FORMATION ET CONJUGAISON

a Les terminaisons sont **les mêmes pour tous les verbes**, quel que soit leur groupe.

Radical du verbe + **-ais -ais -ait -ions -iez -aient**

Verbes du 1er groupe	Verbes du 2e groupe	Verbes du 3e groupe
> *je chant-**ais** – nous chant-**ions*** (radical de l'infinitif)	> *je finiss-**ais** – nous finiss-**ions*** (radical du participe présent)	> *je part-**ais** – nous part-**ions*** > *je vend-**ais** – nous vend-**ions*** (radical de l'infinitif)

Être : *j'ét**ais** – tu ét**ais** – il ét**ait** – nous ét**ions** – vous ét**iez** – ils ét**aient***
Avoir : *j'av**ais** – tu av**ais** – il av**ait** – nous av**ions** – vous av**iez** – ils av**aient***

Remarques :
– Si le radical du verbe se termine par un **i**, le verbe a alors deux **i**.
crier = radical > *cri- + -ions → nous cr**ii**ons*
rire = radical > *ri- + -iez → vous r**ii**ez*
– Les verbes du 1er groupe terminés par **-cer, -ger, -eler, -eter, -yer** ont des particularités orthographiques qui seront étudiées en classe de 5e.

b Le **temps composé** avec l'auxiliaire conjugué à l'imparfait est **le plus-que-parfait.** (→ fiche 25)
chanter > *elle **avait chanté*** – partir > *il **était parti***

2 EMPLOIS ET VALEURS

L'imparfait a trois valeurs principales :

• Il exprime **une action qui dure un certain temps.** > *La pluie **tombait** sans arrêt.* – Il exprime un **état** : on l'utilise dans les descriptions. > *Elle **était** brune et **avait** des yeux bleus.*	• Il s'emploie pour exprimer une **habitude** ou une **répétition**. > *Tous les jours, il **pleuvait**.*	• Dans **un récit au passé**, il présente une action **de second plan**, alors que le passé simple présente une action de premier plan. (→ fiche 22) > *La pluie **tombait**, il prit son parapluie et sortit.*

À retenir
– Les **terminaisons** de l'imparfait **sont les mêmes pour tous les groupes**.
– Il est utilisé dans les **récits au passé** en alternance avec le passé simple.
– Il exprime une **durée**, un **état**, une **habitude** ou une action **inachevée**.

1 Avez-vous compris ?

a *Relevez tous les verbes à l'imparfait.*
b *Relevez une expression et un indicateur de temps qui justifient l'emploi de l'imparfait.*
c *À quel temps est conjugué le verbe souligné ? Donnez son infinitif.*

Le Tisserand et le boa

Il était une fois un tisserand dont la jeune femme fut enlevée par un énorme boa. Ce monstre avait l'habitude de s'emparer de toutes les nouvelles mariées qu'il gardait prisonnières durant la semaine avant de les manger. Personne n'avait pu venir à bout de lui, car chaque fois qu'on lui tranchait la tête, il lui en repoussait une nouvelle.

Jean Muzi, *Vingt-six contes de la savane.*

2 *Complétez les verbes suivants avec la terminaison de l'imparfait qui convient.* *

ils arriv ... – tu appren ... – nous ven ... – elle pass ... – je choisiss ... – vous écriv ... – tu te tais ... – elles attend ...

3 *Les verbes suivants sont tous à l'imparfait. Identifiez leur infinitif et leur groupe. Ajoutez le pronom personnel sujet qui convient. Attention, parfois deux pronoms sont possibles.* *

... mettais – ... écoutaient – ... grandissons – ... mentez – ... avions – ... écrasait – ... invitions – ... épiiez – ... attachions – ... était – ... disais – ... achetaient

4 *Identifiez le groupe de chaque verbe puis conjuguez-les à l'imparfait à la 1re personne du singulier et du pluriel.* *

punir – chanter – avertir – remarquer – pâlir – savoir – penser – gémir – partir

5 *Faites le même exercice que le précédent, mais distinguez le radical et les terminaisons en les écrivant de deux couleurs différentes.* *

mentir – rire – remuer – tenir – vérifier – crier – saluer – prier – briller – scier

6 *Dans la liste, relevez seulement les verbes à l'imparfait puis ajoutez le pronom personnel qui convient. Parfois deux pronoms différents sont possibles.* **

... pensions – ... savais – ... répondions – ... venait – ... jouions – ... répondront – ... regardai – ... vivions – ... chassaient – ... parlerions – ... vidaient – ... vivront

7 *Dans les listes suivantes, relevez le verbe conjugué à l'imparfait. Indiquez son infinitif.* **

a je mettais – je mettrais – je mettrai
b j'avais – j'ai – j'aurais
c il faisait – il fait – il ferait
d je lavai – je lavais – je laverai
e elle sait – elle saurai – elle savait
f je pensai – je penserai – je pensais

8 *Dans la liste de verbes suivante, relevez les verbes à l'imparfait. Séparez le radical et la terminaison.* **

il chantait – nous mangions – je danserais – je vérifiais – je connais – je jouerai – tu allais – il campait – tu souhaiterais – tu agissais

9 *Mettez les verbes de ce texte à l'imparfait ou au passé simple.* **

Le héros prend les armes magiques forgées par Héphaïstos : la cuirasse étincelante qui lui assure une protection contre les lances ennemies, son casque qui rend invisible, son épée qui peut venir à bout des ennemis les plus redoutables. Il monte sur son char, il fouette ses chevaux et part à vive allure en direction du champ de bataille.

Homère, *L'Odyssée.*

10 *Relevez les verbes à l'imparfait. Indiquez ceux qui exprime une répétition, et ceux qui servent à décrire ou à expliquer.* **

Les deux aînées avaient beaucoup d'orgueil parce qu'elles étaient riches : elles faisaient les dames et ne voulaient pas recevoir les visites des autres filles de marchands. Elles allaient tous les jours au bal, à la comédie, à la promenade, et se moquaient de la cadette qui employait la plus grande partie de son temps à lire de bons livres.

Madame de Beaumont, *La Belle et la Bête.*

11 *Dans les phrases suivantes indiquez la valeur de l'imparfait des verbes soulignés.* ***

a Pour déguster son dessert, il mâchait longuement chaque bouchée.
b Tous les jours il prenait son autobus à huit heures.
c Quand il était petit, il n'aimait pas la soupe.
d Comme le soleil brillait, elle se promenait lentement toute la journée.
e Jadis un roi habitait dans ce château.

12 Faites le bilan

a *Recopiez les verbes entre parenthèses avec leur sujet et conjuguez-les à l'imparfait de l'indicatif.*
b *Relevez deux autres verbes à l'imparfait en séparant le radical et la terminaison. Indiquez leur infinitif et leur groupe.*
c *Indiquez la valeur de l'imparfait dans la première phrase.*

Désormais, je ne *(sortir)* plus de mon château (c'est ainsi que j'appelais mon campement) sans mes pistolets. J'*(élaborer)* toutes sortes de plans pour tuer ces cannibales qui m'inspiraient la plus profonde horreur. Et puis, peu à peu, je me dis que ces sauvages ne *(considérer)* sans doute pas le cannibalisme comme un crime. Ils *(avoir)* leurs propres lois, leurs propres coutumes, différentes de celles du monde d'où je *(venir)*. Dans ces conditions, quel droit *(avoir)*-je de les juger et de les tuer ? Aucun, certainement.

D'après **Daniel Defoe**, *Robinson Crusoé.*

22 LE PASSÉ SIMPLE

Pour commencer

– **Le passé simple** est utilisé essentiellement **à l'écrit** pour exprimer **des faits passés**.
– À l'oral, il appartient à la **langue soutenue**.

1 FORMATION ET CONJUGAISON

Verbes du 1er groupe voyelle caractéristique <u>a</u>	**Verbes du 2e groupe** voyelle caractéristique <u>i</u>	**Verbes du 3e groupe** voyelle caractéristique <u>i</u> ou <u>u</u>	
Modèle *chanter*	Modèle *finir*	Modèle *vendre*	Modèle *courir*
*Je chant**ai***	*Je fin**is***	*Je vend**is***	*Je cour**us***
*Nous chant**âmes***	*Nous fin**îmes***	*Nous vend**îmes***	*Nous cour**ûmes***

Être : *je f**us** – tu f**us** – il f**ut** – nous f**ûmes** – vous f**ûtes** – ils f**urent***
Avoir : *j'**eus** – tu **eus** – il **eut** – nous **eûmes** – vous **eûtes** – ils **eurent***

Au passé simple, la 1re et la 2e personne du pluriel ont toujours un accent circonflexe.
danser > *Nous dans**âmes**.* – partir > *Vous part**îtes**.*

Il ne faut pas confondre

• **le passé simple et le présent** des verbes du 2e groupe + le verbe du 3e groupe *dire* (→ fiche 20)
> *je grandis – tu grandis – elle grandit*
Pour identifier le temps du verbe, mettez-le au pluriel ou remplacez-le par un verbe du 1er groupe.

• **le passé simple et l'imparfait** (→ fiche 21) des verbes du 1er groupe
> *je chant**ai*** (passé simple) et *je chant**ais*** (imparfait).

Le **temps composé** avec l'auxiliaire conjugué au passé simple est **le passé antérieur** (→ fiche 25).
> *Elle **eut chanté**. – Il **fut parti**.*

2 EMPLOIS ET VALEURS

Le passé simple est **un temps du récit**. Il est utilisé **à l'écrit**, principalement pour exprimer :

• une succession de faits passés
> *Il **ouvrit** la porte, **entra** et **s'assit**.*

• un fait ponctuel
> *Il s'ennuyait et soudain il **eut** une idée.*

• un fait historique
> *Victor Hugo **naquit** en 1802.*

À retenir

– Les voyelles caractéristiques de la **conjugaison du passé simple** sont <u>a</u>, <u>i</u> , <u>u</u>.
– Attention à bien **différencier le passé simple** et les formes homonymes du présent et de l'imparfait.
– **À l'écrit**, le passé simple est un des principaux **temps du récit au passé**.

1 Avez-vous compris ?

a *Relevez les verbes conjugués au passé simple et indiquez leur infinitif et leur groupe.*
b *Indiquez le temps du verbe en gras.*

Le crocodile remplit d'eau les calebasses. À son retour, il la versa dans le chaudron. Il dut faire plusieurs allers et retours pour le remplir complètement. Quand il **eut terminé**, les animaux l'acclamèrent. Il ne répondit à aucune des questions qu'ils lui posèrent, se contentant de sourire avec modestie à tout le monde. Cela contraria ceux qui avaient échoué.

Jean Muzi, *Vingt-six contes de la savane.*

2 *Conjuguez les verbes du 1er groupe suivants au passé simple.* *

tu rentres – il parle – nous dansons – ils regardent – je pense – nous jouons – vous travaillez – ils oublient – tu cherches – je trouve

3 *Conjuguez les verbes suivants à la troisième personne du singulier du passé simple puis classez-les dans le tableau.* *

marcher – avertir – compter – définir – rendre – gémir – composer – parcourir – vendre – fonder

1er groupe **a**	2e groupe **i**	3e groupe **i** ou **u**

4 *Conjuguez les verbes entre parenthèses au passé simple.* **

je *(vendre)* – tu *(rester)* – il *(partir)* – nous *(rendre)* – vous *(marcher)* – ils *(manger)* – je *(courir)* – tu *(chanter)* – il *(obéir)* – nous *(décider)* – vous *(partir)* – elles *(maigrir)*

5 *Complétez les verbes des phrases suivantes en mettant les verbes entre parenthèses au passé simple.* **

Dès que Pinocchio ne *(sentir)* plus à son cou le poids très lourd et humiliant du collier, il *(s'enfuir)* à travers les champs. Il ne *(s'arrêter)* pas avant d'avoir rejoint la grande route, qui devait le conduire à la maison de la Fée.
Arrivé sur la grande route, il *(se retourner)* pour examiner la plaine et *(reconnaître)* la forêt où il avait eu le malheur de rencontrer le Renard et le Chat.

Mario Collodi, *Les Aventures de Pinocchio.*

6 *Indiquez si les verbes soulignés sont conjugués au passé simple, au présent ou à l'imparfait.* **

a Quand je <u>parlais</u> avec lui, il ne répondait jamais. b Aujourd'hui il <u>dit</u> que tout va bien mais hier il disait le contraire. c Elle prit sa baguette magique et le nain <u>grandit</u> aussitôt. d Il fit très attention et <u>choisit</u> la plus grosse part. e Elle <u>sourit</u> car elle est heureuse. f Je <u>pleurai</u>, je <u>criai</u> puis je <u>m'évanouis</u>.

7 *Indiquez l'infinitif et le groupe des verbes suivants.* ***

on fit – elle fut – il lut – elle vit – il dut – elle dit – on crut – il vécut

8 *Indiquez l'infinitif et le temps de chaque verbe. Ajoutez les accents circonflexes qui manquent.* ***

il fut – il grandit – vous grandite – nous fumes – il fume – vous fites – il lit – il lut – nous pensames – nous partimes – vous parlates

9 a *Relevez les verbes conjugués au passé simple, et indiquez leur infinitif.*
b *Justifiez l'emploi du passé simple.* ***

– L'écrivain Antoine de Saint-Exupéry naquit en 1900 à Lyon et disparut en mission de guerre en 1944. Il publia l'histoire du *Petit Prince* en 1943.

– Au bout de quelques années, il arriva que le fils du roi, qui chevauchait à travers la forêt, passa devant la tour. Il entendit une chanson, si belle qu'il s'arrêta. C'était Doucette qui, dans sa solitude, passait le temps à chanter de sa jolie voix.

W. et J. Grimm, *Le Roi Grenouille et autres contes.*

10 Faites le bilan

a *Mettez les verbes entre parenthèses au passé simple.*
b *Relevez un verbe au passé antérieur et donnez son infinitif.*
c *À quel temps sont conjugués les autres verbes du texte ?*
d *Pourquoi le passé simple est-il utilisé dans ce texte ?*

Quelques temps après, leur mère *(envoyer)* les deux enfants à la forêt pour y ramasser du petit bois. Quand elles y furent arrivées, elles *(voir)* un grand arbre abattu et quelque chose qui bondissait dans l'herbe, le long du tronc. En s'approchant, elles aperçurent un nain au visage vieux et ridé, avec une barbe longue d'une aune, blanche comme neige. La pointe de la barbe était coincée dans une fente de l'arbre, et le petit bout d'homme courait de-ci, de-là [...]. Il *(regarder)* les fillettes de ses yeux rouges et luisants et *(crier)* :
« Qu'est-ce que vous restez plantées là ! Qu'attendez-vous pour m'aider ? »

W. et J. Grimm, *Le Roi Grenouille et autres contes.*

23 LE FUTUR SIMPLE

! Pour commencer

Le **futur** est un temps **simple** de **l'indicatif** exprimant le plus souvent une action qui s'accomplira dans **l'avenir**.

1 FORMATION ET CONJUGAISON

a Les terminaisons sont **les mêmes pour tous les verbes**, quel que soit leur groupe.

Radical du verbe **+ -ai -as -a -ons -ez -ont**

Verbes du 1er et du 2e groupe	**Verbes du 3e groupe en -re**
Le radical est l'infinitif entier du verbe. > *je* ***chanter-ai*** > *je* ***finir-ai*** > *nous* ***chanter-ons*** > *nous* ***finir-ons***	Le radical est l'infinitif moins le e final. > *je* ***vendr-ai*** – *nous* ***vendr-ons***

Pour les **verbes du 1er groupe en -uer, -ouer, -ier, -éer,** il ne faut pas oublier le **e** de l'infinitif, même s'il ne se prononce pas.
> *je continu**e**rai – je jou**e**rai – je cri**e**rai – je cré**e**rai*

b Quelques verbes du 3e groupe ont un **radical particulier** à connaître **par cœur.**

Être : *je serai – nous serons*

Devoir : *je devrai – nous devrons*

Pouvoir : *je pourrai – nous pourrons*

Tenir (et ses dérivés) : *je tiendrai – nous tiendrons*

Venir (et ses dérivés) : *je viendrai – nous viendrons*

Falloir : *il faudra*

Avoir : *j'aurai – nous aurons*

Faire : *je ferai – nous ferons*

Savoir : *je saurai – nous saurons*

Vouloir : *je voudrai – nous voudrons*

Voir : *je verrai – nous verrons*

Valoir : *il vaudrait*

c Le **temps composé** avec l'auxiliaire conjugué au futur simple est **le futur antérieur** (→ voir fiche 25)
> *elle* ***aura chanté*** – *il* ***sera parti***

2 EMPLOIS ET VALEURS

Le futur simple a trois valeurs principales :

- Il exprime en général ce qui s'accomplira avec **certitude** dans un avenir proche ou lointain.
> *L'été prochain, nous* ***irons*** *en Bretagne.*

- Il exprime parfois une action **possible** ou probable, une supposition.
> *Si tu ne travailles pas, tu* ***tourneras*** *mal.*

- Il peut exprimer une **injonction** (ordre, conseil…).
> *Tu ne* ***tueras*** *point.*
> *Tu* ***feras*** *ce devoir pour demain.*

! À retenir

– Les terminaisons du futur sont les mêmes pour tous les verbes : **-ai -as -a -ons -ez -ont**.
– Le **radical** du futur simple est le plus souvent **l'infinitif** du verbe.
– Il exprime une **action future certaine** ou **probable** mais aussi une **injonction** ou un **conseil**.

1 Avez-vous compris ?

a *Relevez les verbes conjugués au futur simple.*
b *Indiquez leur groupe et la personne à laquelle ils sont conjugués.*
c *Relevez un verbe au futur antérieur.*

Le Renard dit au Petit prince : « Mais si tu m'apprivoises, […], je connaîtrai un bruit de pas qui sera différent de tous les autres. Les autres pas me font rentrer sous terre. Le tien m'appellera hors du terrier comme une musique. […] Alors ce sera merveilleux quand tu m'auras apprivoisé. »

Antoine de Saint-Exupéry, *Le Petit Prince*.

2 *Dans la liste suivante, relevez les verbes au futur simple et recopiez-les en mettant en rouge l'infinitif et en vert la terminaison.* *

je prendrai – tu arrivais – il chanterait – j'allumais – elle arbitrera – je déchirerai – il assurera – je capturai – on déchirera – elle accepta – nous ignorerons – nous rassurons

3 *Mettez les verbes entre parenthèses au futur simple.* **

a « Aujourd'hui, à l'école, je vais bien vite apprendre à lire. Demain je *(apprendre)* à écrire et après-demain à compter. Et puis, grâce à mon habileté, je *(gagner)* beaucoup d'argent. »

Mario Collodi, *Les Aventures de Pinocchio*.

b *Promesse de Gilgamesh à son ami mort :*
« Je ne t'*(oublier)* pas, Enkidou, sois tranquille. Je *(faire)* sculpter des statues de toi, […]. Je les *(planter)* à toutes les portes de mon royaume, afin que nul voyageur, en arrivant, n'ignore qui tu étais. Je *(dicter)* ta vie à mes scribes. Ils la *(recopier)* à l'infini pour qu'elle se raconte, à travers tout le monde habité. »

Jacques Cassabois, *Le Premier Roi du monde*.

c *Hector à Achille :*
« Je ne te *(fuir)* plus, fils de Pelée. Je t'*(avoir)* ou tu m'*(avoir)*. Prenons les dieux comme garants : ils *(être)* les meilleurs témoins et gardiens de nos accords. »

Homère, *L'Iliade*.

d *Énée à son père :*
« Allons, mon père, monte sur mes épaules, je te *(porter)* : cette charge ne me *(peser)* pas. Quoi qu'il arrive, notre sort *(être)* le même : nous *(affronter)* les dangers ensemble, ou nous *(avoir)* ensemble la vie sauve. »

Virgile, *L'Énéide*.

4 *Aux Enfers, Anchise révèle à Énée son fils l'avenir de sa famille ; pour reconstituer sa prédiction, mettez les verbes entre parenthèses au futur.* **

« Regarde celui-ci […] il *(être)* le premier à aller sur terre, mêlant notre sang au sang italien : c'est Silvius, ton dernier fils, que Lavinia, ta future épouse, te *(donner)* au soir de ta vie ; il *(être)* roi et père de rois et, par ses descendants, notre race (régner) sur Albe. Et voici celui qui *(rétablir)* son grand-père sur le trône d'Albe, Romulus, fils de Mars. […] Grâce à lui, mon fils, l'illustre Rome tiendra tout l'univers sous son empire et *(s'élever)* jusqu'à l'Olympe : elle *(se construire)* sur sept collines qu'elle *(entourer)* d'un rempart. »

Virgile, *L'Énéide*.

5 *Relevez les verbes conjugués au futur simple puis indiquez la valeur de ce temps : une action future certaine, probable, ou une injonction ?* ***

a L'année prochaine, je ne partirai pas en vacances.
b S'il fait beau, nous irons pique-niquer. Sinon, nous resterons peut-être à la maison.
c Reste dans ta chambre, tu apprendras tes leçons et tu auras intérêt à les savoir.
d Ils se marieront en juin, tout est prévu : ils inviteront la famille.
e Avant de partir, vous fermerez la porte à clé s'il vous plaît. Vous n'oublierez pas non plus de fermer la fenêtre.

6 *Dans les phrases suivantes, relevez les verbes conjugués au futur et ceux au futur antérieur.* ***

a *Athéna dit à Ulysse :* « Aussi longtemps que tu navigueras sur la mer, reste très prudent ; je te protégerai car Poséidon te surveillera. Mais quand tu seras arrivé à Ithaque, ce sont d'autres ennemis qui t'attendront. »
b *Circé dit à Ulysse :* « Lorsque tu auras dépassé le rocher des Sirènes, deux routes seront possibles : je ne peux rien te dire, tu choisiras toi-même laquelle prendre. »

Homère, *L'Odyssée*.

7 *Lisez le texte suivant.*

a *Relevez les verbes et identifiez leur temps.*
b *Placez-les sur l'axe du temps.* ***

Passé — *présent* — *futur* →

« C'est la première fille que je déteste comme ça. Je la détesterai toute ma vie, j'en suis sûr, même dans dix ans, quand je serai grand. Mais elle, est-ce qu'elle pensera encore à moi ? Jeudi dernier, à la récré, elle s'est bagarrée avec Frédéric. Elle lui a tordu le nez en criant devant tout le monde "je te déteste ! je te déteste !" »

Bernard Friot, *Histoires pressées*.

8 Faites le bilan

a *Relevez les verbes au futur simple et indiquez leur infinitif.*

b *Commencez la deuxième phrase par* dès que *et mettez le verbe* disperseront *au futur antérieur.* *Attention au participe passé.*

c *Indiquez la valeur du futur dans ce texte.*

Junon dit en parlant d'Énée et de la reine de Carthage :
« Je répandrai sur eux un nuage noir mêlé de grêle, et j'ébranlerai tout le ciel de coups de tonnerre pendant que les chasseurs s'activeront. Leurs compagnons se disperseront, une nuit épaisse les recouvrira. Didon et le chef troyen se réfugieront dans la même grotte ; je m'y trouverai et, si tu es d'accord, je les unirai par les lois inéluctables du mariage, je la lui donnerai pour femme. Ce sera leur hyménée[1]. »

Virgile, *L'Énéide*.

1. **Hyménée :** mariage.

24 LE PASSÉ COMPOSÉ

Pour commencer

Le **passé composé** fait partie des **temps composés** de l'indicatif avec le plus-que-parfait, le passé antérieur et le futur antérieur.

1 FORMATION

Un verbe au **passé composé** comporte un **auxiliaire au présent** et le **participe passé** du verbe.

Passé composé = auxiliaire conjugué au présent → avoir > *elle* ***a*** *chanté* / être > *elle* ***est*** *entrée* **+ participe passé du verbe**

- **Être ou avoir : quel auxiliaire choisir ?**

Auxiliaire être

– avec de nombreux verbes de mouvement
> *il* ***est*** *entré – il* ***est*** *sorti*

– avec certains verbes attributifs :
> *il* ***est*** *devenu – il* ***est*** *resté*

– avec les verbes naître et mourir
> *il* ***est*** *mort – il* ***est*** *né*

(→ fiche 28 pour les accords avec l'auxiliaire être)

Auxiliaire avoir

– avec les verbes qui ont un COD ou peuvent en avoir un
> *elle* ***a*** *mangé – elle* ***a*** *mangé une pomme*

– avec les verbes être et avoir
> *il* ***a*** *eu – il* ***a*** *été*

(→ fiche 28 pour les accords avec l'auxiliaire avoir)

2 CONJUGAISON

- **Être et avoir**

Être	**Avoir**
J'**ai** été	J'**ai** eu
Nous **avons** été	Nous **avons** eu

- **Les autres verbes**

1er groupe : -er		2e groupe : -ir (issons)	3e groupe
J'**ai** chanté	Je **suis** entré(e)	J'**ai** fini	Je **suis** sorti, j'**ai** vendu, j'**ai** pris, j'**ai** peint
Nous **avons** chanté	Nous **sommes** entré(e)s	Nous **avons** fini	Nous **sommes** sorti(es)

3 EMPLOIS

Le passé composé exprime principalement :

- une action passée. On l'utilise **à l'oral et** dans la langue courante et à la place du passé simple.
> *Ulysse dit à ses compagnons : « Par ma vertu, ma ruse et ma sagesse, nous* ***avons échappé*** *au Cyclope. »*

- une action qui s'est passée avant une autre action exprimée au présent.
> *Elle met le short qu'elle* ***a acheté*** *hier.*

À retenir

– Le passé composé est constitué d'un **auxiliaire conjugué au présent** et d'un **participe passé**.
– Il est employé pour indiquer une **action passée**.
– En général il est **employé à l'oral**. Pour le récit à l'écrit, on préfère utiliser le passé simple.

1 Avez-vous compris ?

a *Lisez le texte et relevez tous les verbes conjugués au passé composé.*
b *Quel verbe est conjugué avec l'auxiliaire* être *? Pourquoi ?*
c *Conjuguez au passé composé le verbe entre parenthèses.*

Hermès, messager des dieux, vient voir la déesse Calypso : « Tu me demandes pourquoi je suis venu, déesse. Je te répondrai franchement. C'est Zeus qui me l'a ordonné. Il dit qu'un homme est chez toi, le plus malheureux de ceux qui *(combattre)* sous les murs de Troie. »

Homère, *L'Odyssée*.

2 *Conjuguez les verbes suivants au passé composé en utilisant l'auxiliaire* avoir. *

je *(parler)* – tu *(prier)* – il *(mentir)* – elle *(choisir)* - nous *(commencer)* – vous *(compter)* – elles *(parler)* - tu *(finir)*

3 *Indiquez le groupe des verbes soulignés et conjuguez-les au passé composé.* **

À la maison mon père dit que je ne travaille plus à l'école parce que je traîne trop souvent avec les voyous des rues, au lieu de lire des livres comme avant, au Chaâba. Il ne veut pas comprendre que c'est la faute de Mme Vallard si je suis dix-septième. Alors, je me sauve dehors [...]

Azouz Begag, *Le Gone du Chaâba*.

4 *Conjuguez les verbes suivants au passé composé réfléchissant au choix de l'auxiliaire et à la terminaison du participe passé :* -é, -ée, -ées *ou* -i, -ie, -ies. **

je *(conduire)* – tu *(rester)* – il *(monter)* – nous *(réfléchir)* – vous *(partir)* – ils *(obéir)* – elles *(produire)* – ils *(entrer)*

5 *Conjuguez les verbes suivants au passé composé. Réfléchissez au choix de l'auxiliaire, à la terminaison et à la forme du participe passé.* **

je *(peindre)* – tu *(naître)* – il *(courir)* – elle *(devoir)* – nous *(croire)* – vous *(lire)* – ils *(faire)* – elles *(vivre)*

6 a *Mettez les verbes du texte ci-dessous au passé composé.*
b *Puis récrivez le texte en remplaçant* Isabelle *par* Paul et Samir, *puis par* ma soeur et moi. **

Une journée harassante !

Ce matin, Isabelle *(se lever)*..., *(prendre)*... son petit-déjeuner, *(mettre)*... ses affaires dans son sac, *(partir)*... pour le collège, *(suivre)*... les cours, *(déjeuner)*... au self, *(faire)* du sport..., *(rentrer)*... chez elle, *(faire)*... ses devoirs et *(apprendre)* ses leçons, et enfin *(se détendre)*... avec un bon livre.

7 *Relevez les verbes au passé composé et indiquez leur infinitif.* **

Attention à ne pas confondre les participes passés, les adjectifs et les verbes au passé composé.

« Actéon fuit, pourchassé dans ces lieux où tant de fois il a chassé lui-même. Hélas ! Il est devenu la proie de ses fidèles compagnons [...] Il remplit de ses cris de douleur ces lieux qu'il a tant de fois parcourus. »

Annie Collognat, *Vingt-cinq métamorphoses d'Ovide*.

« [Cet autel] appartient à cette déesse que Junon a exilée de l'univers et qui a obtenu avec tant de peine un refuge sur l'île de Délos. C'est là-bas, tu le sais sans doute, que la divine Latone a donné le jour à des jumeaux, malgré la colère de la jalouse Junon. »

Annie Collognat, *Vingt-cinq métamorphoses d'Ovide*.

« Je viens de Lydie, en Asie. Mon père était un pauvre pêcheur qui m'a enseigné son métier. Quand il est mort, il m'a laissé pour héritage l'eau dans laquelle nagent les poissons. Pour ne pas rester toute ma vie accroché à mon rocher, j'ai appris l'art de la navigation. »

F. Rachmuhl, *Seize Métamorphoses* d'Ovide.

8 *Relevez les verbes au passé composé. Indiquez ceux qui indiquent une action antérieure au présent.* ***

a Il montre le cadeau qu'il a acheté hier.
b En rentrant, nous avons déjeuné.
c Ils ont dit que tout allait bien.
d Les adolescents racontent le film qu'ils ont vu.
e Nous sommes partis en vacances où nous voulions.
f Depuis que tu es revenue ici, tu es heureuse.

9 Faites le bilan

a *Relevez les verbes conjugués au passé composé.*
b *Conjuguez les verbes entre parenthèses au passé composé.*
c *Quel est le verbe conjugué avec l'auxiliaire* être *? Pourquoi ?*
d *Pourquoi le passé composé est-il employé ?*

Depuis plusieurs mois que nous habitons là, cette menace est devenue rituelle dans la bouche du vieux à chaque fois qu'une difficulté surgit chez nous. La semaine dernière a été terrible. Il n'a pas donné le moindre franc à ma mère et il a même empoché tout le mandat des allocations familiales, de crainte qu'on ne gaspille l'argent. Nous n'*(acheter)* que du lait à l'épicerie et Emma *(cuire)* du pain de semoule tous les jours pour faire des économies [...]

Azouz Begag, *Le Gone du Chaâba*.

25 LES AUTRES TEMPS COMPOSÉS DE L'INDICATIF

Pour commencer

Le **plus-que-parfait**, le **passé antérieur**, et le **futur antérieur**, constituent avec le passé composé (→ fiche 24) les quatre **temps composés** du mode indicatif.

1 FORMATION

Les temps composés sont formés avec un **auxiliaire** *être* ou *avoir* et un **participe passé**.

temps composé = auxiliaire conjugué + **participe passé du verbe**

- avoir > *elle **avait chanté** – elle **eut chanté** – elle **aura chanté***
- être > *elle **était partie** – elle **fut partie** – elle **sera partie***

2 CONJUGAISON

a **Le plus-que-parfait : auxiliaire être** ou **avoir** à **l'imparfait** + participe passé

Avoir	Être	Chanter	Finir	Vendre	Partir
j' **avais** eu	j' **avais** été	j' **avais** chanté	j' **avais** fini	j' **avais** vendu	j' **étais** parti**(e)**

b **Le passé antérieur** : **auxiliaire** *être* ou *avoir* au **passé simple** + participe passé

Avoir	Être	Chanter	Finir	Vendre	Partir
j' **eus** eu	j'**eus** été	j' **eus** chanté	j' **eus** fini	j' **eus** vendu	je **fus** parti**(e)**

c **Le futur antérieur : auxiliaire être** ou **avoir** au **futur simple** + participe passé

Avoir	Être	Chanter	Finir	Vendre	Partir
j' **aurai** eu	j' **aurai** été	j' **aurai** chanté	j' **aurai** fini	j' **aurai** vendu	je **serai** parti**(e)**

À retenir

– À chaque temps simple de l'indicatif correspond un temps composé.
– Le **plus-que-parfait** a un auxiliaire conjugué à **l'imparfait**, le **passé antérieur** un auxiliaire conjugué au **passé simple** et le **futur antérieur** un auxiliaire conjugué au **futur simple**.

1 Avez-vous compris ?

a *À quel temps chaque verbe en gras est-il conjugué ? Pour chacun d'eux, conjuguez l'auxiliaire au futur : quel temps obtenez-vous ?*

Ulysse et ses compagnons entrèrent dans la grotte du Cyclope.
Quand ils l'**eurent explorée**, ils mangèrent les fromages que le monstre **avait rangés** et s'installèrent dans un coin sombre.

Homère, *L'Odyssée.*

2 *Identifiez le temps de chaque verbe et donnez son infinitif.* *

il aura fini – je fus perdu – tu avais terminé – nous aurons partagé – vous étiez descendus – ils auront marché – nous eûmes trouvé – tu auras attendu – nous étions montés – elles eurent dansé

3 *Conjuguez chaque verbe entre parenthèses à un temps composé. L'auxiliaire sera au même temps simple que le verbe en gras. Précisez le temps de chaque verbe.* ***

a Quand il *(finir)* de travailler, il se **reposa**. b Aussitôt que le signal *(donner)*, les coureurs **s'élançaient**. c On **sortira** le plat du four, une fois que le rôti *(préparer)*. d Dès qu'il *(acheter)* son pain, il **mangea** le croûton.

4 Faites le bilan

a *Relevez tous les verbes conjugués à un temps composé. Identifiez ce temps.*
b *Mettez le verbe entre parenthèses au plus-que-parfait, au passé antérieur, puis au futur antérieur.*

« H » s'était enfui par un soir de tempête. Cathy avait fini par se lasser de ses révoltes, de ses cheveux hirsutes, de son tempérament sauvage. Elle s'était fait de nouveaux amis, Edgar et Isabelle Linton, bien élevés, eux, bien vêtus, suavement parfumés, et elle avait abandonné « H » à ses guenilles, à sa rage, à lui-même. Il *(disparaître)* dans la nuit et plus personne ne l'avait revu.

Daniel Pennac, *Kamo l'Agence Babel.*

26 LE CONDITIONNEL

! Pour commencer

Le **conditionnel** a les mêmes terminaisons que l'imparfait avec lequel **il ne faut pas le confondre** (→ fiche 21).

1 FORMATION

a Verbes du 1er groupe et du 2e groupe

Radical = infinitif du verbe en entier + les terminaisons de l'imparfait **-ais -ais -ait -ions -iez -aient**

> *je chanter-**ais** – nous chanter-**ions** / je jouer-**ais** – nous jouer-**ions** / je finir-**ais** – nous finir-**ions***

b Verbes du 3e groupe

Radical = infinitif du verbe moins le e + les terminaisons de l'imparfait **-ais -ais -ait -ions -iez -aient**

> *je prendr-**ais** – nous prendr-**ions** / je croir-**ais** – nous croir-**ions***

2 RADICAUX PARTICULIERS

– Quelques **verbes du 3e groupe** ont un radical particulier.

Être *je serais – nous serions*
Devoir *je devrais – nous devrions*
Pouvoir *je pourrais – nous pourrions*
Tenir (et ses dérivés) *je tiendrais – nous tiendrions*
Venir (et ses dérivés) *je viendrais – nous viendrions*
Falloir *il faudrait*
Avoir *j'aurais – nous aurions*
Faire *je ferais – nous ferions*
Savoir *je saurais – nous saurions*
Vouloir *je voudrais – nous voudrions*
Voir *je verrais – nous verrions*
Valoir *il vaudrait*

À la **1re personne du singulier**, il ne faut pas confondre le conditionnel présent et le futur de l'indicatif (→ fiche 23).

Futur de l'indicatif → **-ai**		Conditionnel présent → **-ais**
> *Je suis sûr que **je réussirai.***	≠	> *J'étais sûr que **je réussirais.***
Remplacez ***je*** par ***tu*** > *Je suis sûr que **tu réussiras.***	≠	> *J'étais sûr que **tu réussirais.***

! À retenir

– Le **conditionnel présent** se forme avec **l'infinitif** du verbe et les **terminaisons de l'imparfait**.
– À la 1re personne, il ne faut pas confondre **le futur de l'indicatif en *-ai*** et **le conditionnel en *-ais***.

1 Avez-vous compris ?

a *Relevez les verbes conjugués au conditionnel.*

Les quatre compagnons délibérèrent pour savoir comment ils s'y prendraient pour chasser les voleurs. Finalement, ils découvrirent le moyen : l'âne appuierait ses pattes de devant sur le bord de la fenêtre, le chien sauterait sur son dos et le chat par-dessus. Le coq se percherait sur la tête du chat.

W. et J. Grimm, *Les Musiciens de Brême.*

2 *Recopiez les verbes en séparant le radical et la terminaison. Indiquez leur infinitif et leur groupe.* *

nous perdrions – je changerais – tu grandirais – elle marquerait – nous crierions – vous rendriez – ils choisiraient – on porterait – je répondrais – tu louerais

3 *Parmi les verbes suivants, relevez ceux qui sont au conditionnel. Indiquez leur infinitif.* *

je parlerai – tu marcherais – il finissait – nous vendrons – vous rendriez – je sauterais – tu échoueras – il répondrait – nous gagnions – vous poseriez – ils utiliseraient

4 *Conjuguez les verbes au conditionnel, en suivant l'ordre des personnes :* je, tu… **

partir – remplir – verser – dire – poser – contrarier

5 Faites le bilan

a *Mettez les verbes entre parenthèses au conditionnel présent.*
b *Écrivez en vert le radical, en rouge les terminaisons.*
c *Écrivez la suite de la prédiction de la vieille Fée en utilisant au moins cinq verbes au conditionnel présent :* « Mais la vieille Fée ajouta : ... »

La plus jeune [fée] donna pour don qu'elle *(être)* la plus belle personne du monde, celle d'après qu'elle *(avoir)* de l'esprit comme un Ange, la troisième qu'elle *(avoir)* une grâce admirable à tout ce qu'elle ferait, la quatrième qu'elle *(danser)* parfaitement bien, la cinquième qu'elle *(chanter)* comme un Rossignol, et la sixième qu'elle *(jouer)* de toutes sortes d'instruments dans la dernière perfection. Le rang de la vieille Fée étant venu, elle dit […] que la Princesse…

Charles Perrault, *La Belle au Bois-Dormant.*

27 LE PRÉSENT DE L'IMPÉRATIF

Pour commencer

– **L'impératif** est un **mode personnel**, comme l'indicatif, mais il ne comporte que **trois personnes**.

1 FORMATION ET CONJUGAISON

Caractéristiques

L'impératif n'est conjugué qu'**à trois personnes**.
la 2e personne du singulier
la 1re et la 2e personne du pluriel

Le pronom personnel sujet n'est pas exprimé.

Cas général

Pour former l'impératif présent, on ajoute au **radical du présent de l'indicatif** les terminaisons

1er groupe	2e groupe	3e groupe
-e -ons -ez	**-is -issons -issez**	**-s -ons -ez**
> *Chant-**e** !*	> *Fin-**is** !*	> *Par-**s** !*
> *Chant-**ons** ! Chant-**ez** !*	> *Fin-**issons** ! Fin-**issez** !*	> *Part-**ons** ! Part-**ez** !*

Cas particuliers

Certains verbes forment leur impératif à l'aide **du mode subjonctif.** (ce mode sera étudié en classe de 5e)

Avoir : aie – ayons – ayez
Savoir : sache – sachons – sachez
Être : sois – soyons – soyez
Pouvoir : puisse – puissions – puissiez

2 REMARQUES

À la 2e personne du singulier de l'impératif présent

Les **verbes du 1er groupe n'ont pas de -s** au présent de l'impératif.
> *chant**e** – mang**e** – arrêt**e***

Quand les verbes sont suivis des pronoms **en** ou **y** :
– on doit **ajouter un -s** pour la prononciation
> *Mang**e*** du gâteau ! *Mang**es-en*** !
> *V**a*** dans le jardin ! *V**as-y*** !
– on ajoute parfois **un -t de liaison**
> *Va-**t**-en* !
Dans ces deux cas, **le tiret est obligatoire**.
(→ fiche 33)

3 EMPLOIS ET VALEURS

L'impératif exprime :

- **un ordre** > ***Parle** plus fort.*
- **un conseil** > ***Emportez** un parapluie.*
- **un souhait** > ***Amusez**-vous bien.*
- **une prière** > ***Soyez** gentils.*
- **une défense** (avec une négation) > *Ne **crie** pas !*

À retenir

– Au mode impératif, le sujet du verbe n'est pas exprimé.
– La **2e personne du singulier** des verbes du 1er groupe **se termine par un e**, sauf quand le verbe est suivi des pronoms **en** ou **y**.
– Ce mode exprime un **ordre**, un **conseil**, un **souhait** ou une **prière**.

1 Avez-vous compris ?

a *Relevez les verbes au présent de l'impératif et donnez leur infinitif.*
b *Qu'exprime l'emploi de l'impératif dans ce poème ?*

Prenez un mot, prenez-en deux
Faites cuire comme des œufs
Prenez un petit bout de sens
Puis un grand morceau d'innocence
Faites chauffer à petit feu
Au petit feu de la technique
Versez la sauce énigmatique
Saupoudrez de quelques étoiles
Poivrez et puis mettez les voiles
Où voulez-vous donc en venir ?
À écrire.
Vraiment ? À écrire ??

Raymond Queneau, *Pour un art poétique*.

2 *Recopiez les verbes soulignés en les conjuguant à la 2e personne du pluriel de l'impératif présent.* *

Recette du cake au citron :
Préchauffer le four à 175° C.
Prendre et beurrer un moule à cake de 24 cm.
Mélanger la farine et la levure. Réserver.
Mettre les œufs et le sucre dans une terrine : les mélanger ; incorporer ensuite tous les ingrédients.
Répartir la pâte dans des moules bien huilés.
Enfourner, laissez cuire 30 min ;
Sortir les gâteaux du four et les laisser refroidir.

3 *Reconstituez l'extrait de la chanson en mettant les verbes entre parenthèses à l'impératif à la 2e personne du singulier. Indiquez le groupe de chaque verbe.* **

(Mettre) pas tes doigts dans le nez
Tu suces encore ton pouce
Qu'est-ce que t'as renversé
(Fermer) les yeux *(ouvrir)* la bouche
(Manger) pas tes ongles vilain
(aller) te laver les mains
Ne *(traverser)* pas la rue
Sinon panpan tutu
(Faire) pas ci *(faire)* pas ça
À dada prout prout cadet
À cheval sur mon bidet
(Laisser) ton père travailler
(Venir) donc faire la vaisselle
(Arrêter) de te chamailler
(Répondre) quand on t'appelle
(Être) poli *(dire)* merci [...]

Jacques Dutronc, « Fais pas ci, fais pas ça ».

4 *Mettez les verbes entre parenthèses à l'impératif à la personne indiquée. Dans chaque phrase indiquez quelle est la valeur de l'impératif.* ***

a « Ô reine [...] *(défendre – 2e pers. du sing.)* à tes sujets d'incendier nos navires, *(épargner – 2e pers. du sing.)* des gens pieux et *(comprendre – 2e pers. du sing.)* notre situation. »

Virgile, *L'Énéide*.

b Lorsqu'Apolaki vit ce qu'il avait fait, il demanda pardon à sa sœur et dit : « *(cesser – 1re pers. du plur.)* de nous battre, et *(partager – 1re pers. du plur.)* le royaume de notre père. »

Contes des Philippines, *Trente-six façons d'inventer le monde*.

c *(Venir – 2e pers. du sing.)* avec nous, *(aider – 2e pers. du sing.)*-nous, dieu bienveillant, *(rendre – 2e pers. du sing.)*-nous les astres du ciel favorables.

Virgile, *L'Énéide*.

d «*(Cesser – 2e pers. du plur.)* de faire le clown, Alceste ! a crié la maîtresse. Et ne *(loucher – 2e pers. du plur.)* pas ! S'il vient un courant d'air, vous resterez comme ça ! En attendant, *(sortir – 2e pers. du sing.)* ! »

Goscinny, *Le Petit Nicolas et les copains*.

e « Bon ! dit le crocodile. *(Attendre, 1re pers. du plur.)* que quelqu'un vienne boire à la rivière, et *(demander – 1re pers. du plur.)* -lui de juger entre nous. »

Amadou Hampâté Bâ, *Il n'y a pas de petite querelle*.

f « Alors, dit le crocodile, saisis-toi de cet homme ! *(Attraper – 2e pers. du sing.)*-le, oui, *(attraper – 2e pers. du sing.)*-le bien ! *(mordre – 2e pers. du sing.)*-le douloureusement, *(déchirer – 2e pers. du sing.)* ses chairs et *(entraîner – 2e pers. du sing.)*-le jusque dans les profondeurs du fleuve ! »

Amadou Hampâté Bâ, *Il n'y a pas de petite querelle*.

5 Faites le bilan

a *Analysez les verbes écrits en gras : infinitif et groupe, mode, temps, personne.*
b *Mettez les trois derniers verbes au même temps et au même mode à la première personne du pluriel, puis à la deuxième personne du pluriel.*
c *Qu'exprime l'emploi du mode impératif ici ?*

Sidouri dit à Gilgamesh :
« [...] toi, Gilgamesh
Que sans cesse ton ventre soit repu
Sois joyeux nuit et jour
Danse et joue
Fais chaque jour de ta vie
Une fête de joie et de plaisirs
Que tes vêtements soient propres et somptueux
Lave la tête et baigne-toi
Flatte l'enfant qui te tient par la main
Réjouis l'épouse qui est dans tes bras.
Voilà les seuls droits que possèdent les hommes. »

L'Épopée de Gilgamesh, traduit par Abed Azzié.

28 LE PARTICIPE PASSÉ

Pour commencer

Le **participe passé** est une **forme verbale** qui **ne porte pas de marques de personne**. Selon ses emplois, le participe peut ou non s'accorder.

1 CARACTÉRISTIQUES ET EMPLOIS

Le participe passé est un **mode non personnel,** c'est-à-dire qu'il ne porte pas la marque de la personne, contrairement aux verbes conjugués.

Le participe passé

s'associe avec l'**auxiliaire** *être* ou *avoir* dans les différents **temps composés**.
C'est l'**auxiliaire** qui porte la **marque de la personne**.
> *Tu as **changé**. – Elle a **fini**. – Il était **vendu**.*

peut être **employé comme un adjectif**.
Il marque **une action subie** ou **un état**.
> *L'acteur est prêt, **coiffé**, **costumé** et **maquillé**.*

2 FORMATION

Le participe passé au masculin singulier

1er groupe	2e groupe	3e groupe			
<u>é</u>	<u>i</u>	<u>i</u>	<u>u</u>	<u>s</u>	<u>t</u>
(il a) chanté	(il a) fini	(il a) guéri	vendu	pris	fait

Pour connaître la terminaison au masculin singulier d'un participe passé, on peut le mettre au féminin et enlever le <u>e</u>.
Voir > *une chose **vue** → il a **vu***
Prendre > *une chose **prise** → il a **pris***
Faire > *une chose **faite** → il a **fait***

3 RÈGLES D'ACCORDS (CAS SIMPLES)

a Le participe passé employé sans auxiliaire

Il **s'accorde** comme un adjectif qualificatif en genre et nombre **avec le nom ou le pronom** auquel il se rapporte. (→ fiches 8, 10 et 11)
> *une fleur **parfumée** – des fleurs **parfumées***

b Le participe passé employé avec un auxiliaire

– Le participe passé employé avec l'auxiliaire ***être*** **s'accorde** en genre et en nombre **avec le sujet.**
> *Elles sont **parties**.*
> *Ils sont **descendus**.*

– Le participe passé employé avec l'auxiliaire ***avoir*** **ne s'accorde pas avec le sujet**.
> *Elle a **chanté** et elle a **ri**.*
> *Il a **chanté** et il a **ri**.*

– Les règles d'accords plus complexes seront étudiées en classe de 5e et de 3e.

À retenir

– Le **participe passé** employé comme **adjectif s'accorde avec le nom ou le pronom** auquel il se rapporte.
– Quand il est accompagné de l'auxiliaire **être**, il **s'accorde avec le sujet** du verbe.

1 Avez-vous compris ?

a *Relevez les participes passés ; indiquez l'infinitif et le groupe du verbe.*
b *Quel participe passé est employé comme un adjectif ?*

Alors, j'ai été content quand papa m'a demandé d'aller chercher la salade. J'avais mal aux jambes à force de rester assis sans bouger.
Je suis allé à la cuisine. Tout était préparé sur une table roulante. Il y avait une petite coupe en cristal pour chaque invité, avec des feuilles de salade, des crevettes et des amandes grillées pour décorer.[...]

Bernard Friot, « Asticots », *Nouvelles Histoires pressées.*

2 *Relevez le participe passé de chaque verbe et indiquez pour chacun son infinitif.* *

ils ont mangé – elles ont aperçu – elle a été – ils ont offert – tu as eu – nous avons su – j'ai pris – vous avez su – tu es descendue – j'ai plaint

3 *Indiquez avec quel mot s'accorde le participe passé souligné dans les phrases suivantes.* *

a Très polie et bien élevée, la fille de la voisine me salue chaque matin. b Il aime voyager dans des pays lointains, encore peu visités. c Très étourdie de nature, elle a oublié ses clés. d Où vas-tu ainsi, si bien habillée ? e Trop occupés aujourd'hui, nous n'irons pas au cinéma. f Vous avez une belle maison, meublée avec goût !

4 *Mettez les verbes suivants au passé composé, à la troisième personne du singulier masculin. Puis justifiez la terminaison du participe passé en l'accordant avec un nom féminin.* **
Ex : Prendre → il a pris → une chose prise

vendre – partir – apercevoir – savoir – faire – chanter – voir – mettre – prendre – punir

5 *Complétez chaque ligne avec un verbe au participe passé, dans l'ordre : écrire – perdre – échanger – prévoir – finir.* *Attention aux accords !* **

j'ai ...	une lettre ...	un livre ...	des journaux ...
elle a ...	une bague ...	un collier ...	des fillettes ...
nous avons ...	une place ...	un article ...	des feuilles ...
vous avez ...	une sortie	un voyage	des activités ...
tu as ...	une histoire ...	un travail ...	des devoirs ...

6 *Dans les phrases suivantes, accordez le participe passé employé comme adjectif avec le nom ou le pronom qui convient.* **

a *(Parti)* dès le matin, nous sommes arrivés à l'heure.
b Elle a mis une robe *(pailleté)* et *(doré)*, *(couvert)* de rubans. c Les fruits *(récolté)* ici ont une chair *(parfumé)*.
d Bien *(lavé)* et bien (repassé), cette chemise sera impeccable.
e À minuit (sonné), ils ont traversé une rue *(animé)*. f Elles sont arrivées, le visage *(réjoui)* et les bras *(chargé)*.

7 *Dans les phrases suivantes, accordez le participe ou non avec le sujet, en fonction de l'auxiliaire qui l'accompagne.* **

a Elle a *(coupé)* de belles pommes. b nous avons *(apporté)* un moule dans lequel nous avons *(versé)* la pâte. c Quand la tarte sera *(cuit)* et que la cuisine sera (nettoyé), vous mettrez la table. d Dès que les invités furent *(arrivé)*, ils s'attablèrent. e Elle était à peine *(assis)* qu'elle avait déjà *(pris)* une part de gâteau. f Vous aurez bientôt *(terminé)* : vous aurez *(atteint)* votre but.

8 *Complétez les verbes avec* -é *ou* -er *selon qu'il s'agit du participe passé ou de l'infinitif.* ***

a Il a su répar... la télévision. b Elle a regard... la télévision toute la soirée. c Avez-vous pens... à nous ? d Pour prépar... la fête, il a décor... la salle. e Dans le jardin, il a plant... des fleurs. f Où a-t-il pu cach... son trésor ? g Ils ont lev... le mystère, tout est régl... . h Ne sois pas fâch... contre lui, reste dîn... !

9 *Accordez les participes passés entre parenthèses.* ***

a Mais j'ai *(voir)* soudain des vagues, des vapeurs et j'ai *(entendre)* des coups sourds. *(Effrayer)*, mes compagnons ont *(lâcher)* leurs rames qui ont *(claquer)* en retombant sur l'eau ; et le bateau s'est *(arrêter)*. Allant de l'un à l'autre, courant dans le bateau, je les ai encouragés avec ces douces paroles :
– Amis nous en avons *(voir)* d'autres ! Souvenez-vous du Cyclope.

Homère, *L'Odyssée.*

b Depuis, le lapin a (garder) ses grandes oreilles ; ses pattes de devant, qu'il étendit pour amortir sa chute, sont (rester) courtes ; quant à ses yeux, ils sont (devenir) rouges d'épouvante.

Muriel Bloch, *365 contes des Pourquoi et des Comment.*

11 Faites le bilan

a *Relevez tous les participes passés accompagnés d'un auxiliaire. Indiquez l'infinitif du verbe à chaque fois.*
b *Complétez la finale des verbes en gras par* -é *ou* -er.
c *Indiquez avec quel nom ou quel pronom s'accorde le participe* ému.

[Proserpine] te sera rendue, mais à la condition qu'elle n'ait goûté à aucune nourriture dans les Enfers. Telle est la décision des Parques qui gouvernent le destin.
Cérès est transportée de joie : elle croit déjà **ramen...** sa fille sur la terre, mais voilà que les Parques s'y opposent. Les trois vieilles fileuses sont formelles : au cours d'une promenade dans les jardins du palais de Pluton, la jeune déesse a déjà cueilli une grenade et elle en a **suc...** sept grains. Catastrophe ! Proserpine a-t-elle ainsi perdu tout espoir de retour ? Ému par sa détresse et celle de sa mère, Jupiter décide alors d'intervenir.

Annie Collognat, *Vingt-cinq Métamorphoses d'Ovide.*

29 LES TEMPS DU RÉCIT

Pour commencer

– Un **récit** peut être raconté au **passé** ou au **présent**.
– À **l'écrit**, les temps principaux du **récit au passé** sont le plus souvent le **passé simple** et **l'imparfait**.

1 TEMPS DU RÉCIT AU PASSÉ

Pour raconter à l'écrit :

- **L'imparfait** est utilisé pour les actions de **second plan** : descriptions, explications. (→ fiche 21)
On ne connaît pas la durée des actions.

- **Le passé simple** ou **le passé composé** sont utilisés pour les actions de **premier plan** : celles qui assurent la progression de l'action. (→ fiches 21 et 25)
Ces actions sont limitées dans le temps.

Imparfait : description

> Un jour qu'il *faisait* chaud, la royale enfant **partit** dans les bois, et **s'assit** au bord de la source fraîche. Et comme elle s'*ennuyait*, elle **prit** sa balle en or, la **jeta** et la **rattrapa**, c'*était* son jeu favori.

Imparfait : explication

Passé simple : actions de 1er plan

2 TEMPS DU RÉCIT AU PRÉSENT

Pour raconter à l'écrit ou à l'oral :

La différence entre premier plan et second plan disparaît ; le présent remplit ces deux fonctions. (→ fiche 20)

Présent : explication

> Le navire de Thésée **aborde** à l'île de Naxos. Comme la nuit *tombe*, les Grecs **montent** le camp sur la plage.

Présent *:* actions de 1er plan

3 TOUS LES TEMPS DU RÉCIT

	Ce qui s'est passé avant	Actions de 2nd plan : descriptions, explications	Actions de 1er plan	Actions à venir
Récits au passé	plus-que-parfait	imparfait	**passé simple / passé composé**	futur du passé (conditionnel temps)
Récits au présent	passé composé	présent	**présent**	futur

À retenir

Dans un **récit**, pour exprimer les faits passés ou à venir, **les temps verbaux changent** selon que le verbe utilisé pour les actions de premier plan est le **présent** ou le **passé simple / passé composé**.

1 Avez-vous compris ?

a *Relevez les verbes et indiquez leur temps.*
b *Parmi les verbes au présent, quels sont les deux verbes qui indiquent une action de premier plan ?*
c *Quels verbes servent à donner des explications ?*
d *Quel verbe indique une action qui est passée ? Lequel indique une action à venir ?*

En ce temps-là sur Thèbes règne le roi Laios. Il est l'arrière petit-fils de Cadmos. Avant lui, son grand-père puis son père ont régné. Mais Laios ne pourra pas transmettre à son tour le trône car il n'a pas d'enfant. Son mariage avec Jocaste, la fille d'un des hommes « semés » par son ancêtre, demeure stérile. Malheureux, il consulte l'oracle de Delphes qui lui répond : « Ce malheur n'en est pas un en réalité car, si tu avais un fils de Jocaste, il te tuerait ».

Marie-Thérèse Adam, *Les Héros de la mythologie grecque*.

2 *Dans le texte suivant, repérez les verbes qui expriment une action de premier plan. Transposez ensuite ce texte en utilisant le passé simple ou l'imparfait.* *

Thésée poursuit son voyage jusqu'au village suivant. Là, les paysans sont terrorisés par une énorme truie blanche qui ravage les cultures, s'attaque aux bergers, aux brebis et agneaux. Même les taureaux et les molosses les plus belliqueux ne peuvent rien contre cet ennemi redoutable. Pourtant, armé de sa massue, de l'épée de son père et d'un javelot, Thésée la pourchasse et la tue. Ainsi les paysans peuvent-ils se remettre aux travaux agricoles sans crainte.

Marie-Thérèse Adam, *Les Héros de la mythologie grecque*.

3 *Recopiez le texte suivant et soulignez en rouge les actions de premier plan, en vert, les actions de second plan. Réécrivez ensuite ce texte au présent.* *

Le singe, le léopard et l'hippopotame

Le singe avait trois fils dont il était très fier. Un jour, le léopard les mangea. Le singe en fut profondément attristé et jura de se venger. Mais le léopard se méfiait et parvenait toujours à l'éviter quand il se déplaçait dans la savane. Le singe dut patienter. Plusieurs mois passèrent sans qu'il trouvât la moindre occasion.
Un jour, elle se présenta enfin. Le singe pêchait au bord du fleuve.

Jean Muzi, *Vingt-six contes de la savane*.

4 *Transformez les phrases suivantes en mettant les verbes en gras au présent et les verbes soulignés au passé composé.* *

a Le Cyclope **but** le vin qu'Ulysse lui avait donné.
b Le loup **dévora** la petite fille qu'il avait rencontrée dans la forêt. c La louve **éleva** les enfants qu'elle avait recueillis.
d Le crocodile **dit** au chien qu'il avait vu un bel os au fond de la rivière. e Le loup, qui avait vu les chasseurs, **prit** la fuite.

5 *Transformez les phrases en mettant les verbes au passé simple et au plus-que-parfait.* **

a L'Ogre enferme les enfants qu'il a capturés.
b Pinocchio appelle la fée qui lui est déjà venue en aide.
c Ulysse dit au Cyclope qu'il a apporté du vin.
d Achille tue les ennemis qui l'ont provoqué.
e Il mange les prisonniers qu'il a enfermé dans sa grotte.

6 *Transformez les phrases suivantes en mettant les verbes en gras au passé simple et les verbes soulignés au conditionnel.* ***

a C'est ainsi que le petit enfant **a** la vie sauve. Le berger **détache** ses liens, lui **masse** les pieds mais ils sont enflés et le resteront toute sa vie. Il en tirera son nom, *Oedipe*.
b [Oedipe] **prédit** [à ses fils] qu'ils se tueront l'un l'autre. Enfin, quand ses fils le **font** emprisonner, il leur **annonce** qu'ils se partageront son héritage les armes à la main.
c Un jour, [Orphée] **relève** la tête ; il **a pris** une décision : il ira chercher Eurydice aux Enfers. Il forcera la porte du royaume des morts et ramènera sa femme. Il l'arrachera au souverain de ces lieux, l'impitoyable Hadès.

Marie-Thérèse Adam, *Les Héros de la mythologie grecque*.

7 *Transformez les phrases suivantes en mettant les verbes conjugués au passé simple au présent, et les verbes conjugués au conditionnel au futur.* ***

a Pinocchio promit qu'il obéirait désormais à son père.
b Les dieux décidèrent qu'Ulysse rentrerait à Ithaque.
c La fée promit que la princesse serait belle et aurait toutes les qualités.
d Quand je lui ai demandé comment il ferait pour gagner sa vie, il a dit qu'il voulait apprendre à frissonner.

8 Faites le bilan

a *Complétez le tableau en y classant les verbes conjugués du texte.*

Ce qui s'est passé avant	Actions de second plan	Actions de premier plan	Actions à venir

Le père et la mère, les voyant occupés à travailler, s'éloignèrent d'eux insensiblement, et puis s'enfuirent tout à coup par un petit sentier détourné. Lorsque ces enfants se virent seuls, ils se mirent à crier et à pleurer de toute leur force. Le Petit Poucet les laissait crier, sachant bien par où il reviendrait à la maison ; car en marchant il avait laissé tomber le long du chemin les petits cailloux blancs qu'il avait dans les poches.

Charles Perrault, *Le Petit Poucet*.

b *Mettez les actions de premier plan au présent et faites les transformations nécessaires pour les autres verbes.*
c *Expression écrite : racontez en une dizaine de lignes la suite du récit. Vous utiliserez les quatre temps relevés dans le texte.*

30 LETTRES ET SYLLABES

! Pour commencer
Le mot **alphabet** vient de *alpha*, nom grec de la lettre a, et de *bêta*, nom grec de la lettre b.

1 LES LETTRES

L'alphabet français comporte **26 lettres**

6 voyelles
A E I O U
la lettre **y** prononcée [i] est une voyelle
> *un cygne*

20 consonnes
B C D F G H J K L M N P Q R S T V W X Z
la lettre **y** prononcée prononcée [j] est une consonne
> *une rayure*

L'ordre alphabétique
– Le **classement par ordre alphabétique** suit l'ordre des lettres dans l'alphabet qu'il faut connaître **par cœur**.
– Ce classement s'appuie d'abord sur la première lettre du mot > 1 *amour* – 2 *bêtise* – 3 *chagrin,*
puis sur la deuxième lettre 1 ***ai**mer* – 2 ***am**our,* la troisième lettre, et les lettres suivantes > 1 ***ama**nt* – 2 ***ami**tié*

2 LES SYLLABES

a L'écrit et l'oral

• **La syllabe écrite**
Elle s'appuie sur les voyelles, même le **e muet**.
> *lune* a deux syllabes écrites ***lu/ne***

• **La syllabe orale**
Elle se prononce en une seule émission de voix.
> *lune* a une syllabe orale ***[lyn]***

b L'écrit

Le découpage en syllabes écrites

Chaque syllabe comporte au moins une voyelle.
> **sa**/**lut** – **o**/**li**/**ve**

Un mot comprend une ou plusieurs syllabes écrites.
> ***riz*** → une syllabe
> ***gas/tro/no/mi/que*** → cinq syllabes

Quand deux ou trois consonnes se suivent dans un mot

au début du mot, elles sont inséparables.
> ***pl**u/me* – ***ch**a/peau* – ***scr**u/ter* – ***abs**en/ce*

à l'intérieur d'un mot, le découpage en syllbabes les sépare.
> *do**n**/**n**er* – *cou**s**/**s**in* – *so**r**/**t**ir* – *e**s**/**p**é/rer* – *pa**r**/**l**er*

La troisième consonne se sépare des deux premières.
> *do**mp**/**t**eur*

Cas particuliers, il existe des consonnes que le découpage ne sépare jamais :

• ch – ph – rh – th – gn
> *a/po/thé/ose – mor/pho/lo/gie*

• une consonne suivie de **l** ou **r** comme bl, br, cl, cr…
> *per/dre – ré/flé/chir – ex/pli/quer*

À l'écrit, pour couper un mot **à la fin d'une ligne**, il faut respecter **le découpage en syllabes**.
Cas particuliers, on ne coupe jamais à la fin d'une ligne :

• entre deux voyelles.
> ***maïs*** ne se coupe pas.

• avant ou après les consonnes x ou y placées entre deux voyelles.
> ***vexé*** – ***crayon*** ne se coupent pas.

• avant ou après une voyelle isolée.
> ***achat*** ne se coupe pas.

! À retenir
– L'ordre **alphabétique** permet de retrouver facilement un mot dans le **dictionnaire**.
– Les mots sont composés d'une ou plusieurs **syllabes** qui comprennent obligatoirement une **voyelle**.
– À l'écrit, à la fin d'une ligne, il faut respecter **les règles du découpage** des mots en syllabes.

1 Avez-vous compris ?

a *Combien ce texte comporte-t-il de mots en majuscules ?*
b *Classez-les selon l'ordre alphabétique.*
c *Découpez en syllabes écrites chacun de ces mots.*

Redoutez la GRISAILLE et l'ENNUI
Oubliez les CHAGRINS et les inutiles REMORDS
Écartez la GROGNE et la VANITÉ
Fermez la porte aux GÊNEURS et aux ENVIEUX
Pensez À ÊTRE HEUREUX !

2 *Classez par ordre alphabétique chaque liste de mots.* *

a chien – chameau – cheval – crinière – poil – sabot – patte – bosse – queue
b chèvre – chevrette – chevreau – chevrier – chevreuil – chevroter – chevrotant – chevrotine
c servir – tracer – suivre – tirer – trotter – soutenir
d saler – sucrer – peser – remuer – mélanger – verser – presser – ouvrir – éplucher – écailler – mesurer

3 *Recopiez ces mots découpés en syllabes écrites, soulignez ceux qui peuvent être coupés en fin de ligne et indiquez à quel endroit.* *

mar/chan/di/se – a/mi/tié – o/pé/ra/tion – é/tang – o/bé/ir – ex/pli/quer – thé/â/tre – pou/bel/le

4 *Retrouvez les deux syllabes écrites des mots suivants.* *

bocal – paille – palier – soigneux – spectre – poilu – obscur – philtre – bossu – ovale

5 *Relevez les mots qui ont le même nombre de syllabes à l'écrit et à l'oral.* *

calendrier – jour – dimanche – lundi – semaine – mois – trimestre – juillet – septembre – décembre

6 *Retrouvez les trois syllabes écrites de chaque mot suivant.* **

exode – obstiné – opinion – montagne – ébahir – orchestre – champagne – éléphant

7 *Découpez en syllabes écrites les mots suivants.* **

basketteur – explorateur – conducteur – directrice – journaliste – alpiniste – entrée – plancher – murs – escalier – cave – grenier – chinois – japonais – américain – français – espagnol – italien – africain – australien

8 *Classez les mots suivants selon qu'ils comprennent deux ou trois syllabes écrites.* ***

fragile – métier – pitié – abeille – minuit – prière – béante – féodal – bétail – luire

9 *Découpez les mots suivants en syllabes écrites. Soulignez ceux que vous ne pourrez pas couper à la fin d'une ligne.* ***

soir – poésie – espoir – épée – étoile – examen – excès – oral – air – caïman

10 *Un journal a publié un texte. Corrigez les erreurs dans la manière dont l'ordinateur a coupé ce texte en fin de ligne.* ***

Au début du XVIIIe les récits d'a-
ventures extraordinaires, mais vé-
cues, réelles, et de destin hors du co-
mmun mais authentiques, étaient très
à la mode. Daniel Defoe a eu l'i-
dée géniale d'imiter le ton et le style de
ces récits, et de donner à un perso-
nnage imaginaire, Robinson, tout-
es les apparences de l'authenticité,
de la réalité, créant ainsi l'illusion d'
une histoire vécue.[...]

Magazine jeunesse « Virgule » n° 32.

11 Faites le bilan

a *Recopiez les mots en gras en marquant en rouge les voyelles.*
b *Découpez les mots relevés en syllabes écrites, puis en syllabes orales. Soulignez les mots qui ont le même nombre de syllabes à l'écrit et à l'oral.*
c *Classez ces mots dans l'ordre alphabétique.*
d *Dans le premier vers, quels sont les mots qu'on ne peut pas couper à la fin d'une ligne ?*
e *Relevez dans le texte deux noms qui ne comportent qu'une seule syllabe écrite.*

Le chameau est, dit-on, le vaisseau du désert.
Pourtant il n'a ni pont, ni voiles
Et il ne gagne pas le large.
Imaginez-vous un **chameau** qui chavire ?
Et tanguent, et roulent, et tanguent ses deux **bosses**
Quand il porte sa charge dans l'infini de sable.

Oui, ce **vaisseau** sans pont ni voiles
A ce qu'il faut pour les **voyages** :
L'O de ses bOsses, l'EAU du chamEAU,
L'eau si précieuse, l'eau si rare
Dans ses voyages sans rivages.

31 ÉCRIT ET ORAL

Pour commencer
– Les **lettres** de l'alphabet se combinent pour former des **syllabes** et des **mots**.

1 UNE GRAPHIE ET PLUSIEURS SONS

a La langue écrite n'étant pas phonétique, il existe **plusieurs manières de prononcer la même lettre**.

Exemple d'une **consonne**

*ve**x**er* → **x** se prononce [ks]
*soi**x**ante* → **x** se prononce [s]
*di**x** heures* → **x** se prononce [z]
*un e**x**amen* → **x** se prononce [gz]
*un pri**x*** → **x** ne se prononce pas

Exemple d'une **voyelle**

*le s**e**l* → **e** se prononce [ɛ]
*un r**e**çu* → **e** se prononce [ə]
*une f**e**mme* → **e** se prononce [a]
*une p**e**nte* → **e** se prononce [ã]
*une vi**e*** → **e** ne se prononce pas

b L'écrit ne se prononce pas toujours de la même manière :
– selon **les régions**
> *rose* se prononce *[r o z]* ou *[r ɔ z]*
– selon le pays d'**origine des mots**
> *un week-end – un clown*

2 UN SON ET PLUSIEURS GRAPHIES

Un même son peut **s'écrire de plusieurs façons différentes**.

Exemple d'un **son-consonne** [s] qui peut s'écrire
t *minu**t**ieux*
ss *la cha**ss**e*
c *la chan**c**e*

Exemple d'un **son-voyelle** [a] qui peut s'écrire
a *une p**a**rt*
e *prud**e**mment*

Cela complique l'écriture, mais **facilite la lecture et la compréhension** :
– en permettant de distinguer les homophones à l'écrit.
> *le **sel** de table – la **selle** du cheval*
– en permettant de comprendre l'origine du mot.
> *feminam* → *femme*

Remarque :
À l'écrit, certains mots peuvent être abrégés ; quand on les lit à voix haute, il faut les prononcer en entier.
> *M.* → *Monsieur*
> *etc.* → *et caetera* [ɛtsetera]

À retenir
– Une **lettre** ne correspond pas à **un seul son**. Un **son** peut **s'écrire de différentes manières**.
– Pour transcrire les sons, on utilise **l'alphabet phonétique** (→ p. 357).

1 Avez-vous compris ?

a *Lisez à voix haute cette recette fantaisiste.*
b *Récrivez-le en orthographiant correctement les mots.*

Ressette maléfik

Vou prené dézastico du jardin. Vou lé trampé dan de la konfituralafrèze. Vou zajouté dézarégné. Vou métė oçi dézépinne. Il fo bien mélanjé. Apré vou zécrazé tou. Vou choffé danlfour é vou manjé avek vozami.

2 *Chassez l'intrus de chaque liste en observant la prononciation des consonnes en gras.* *

a un ma**c**aron – une se**c**onde – un **c**arré – un **c**ôté
b un **ch**œur – un or**ch**estre – du **ch**rome – un **ch**apeau
c un é**ch**o – un **ch**ant – une é**ch**arpe – une **ch**emise
d un a**sc**enseur – un e**sc**alier – la pi**sc**ine – de**sc**endre
e une lan**c**e – un ré**c**it – ra**c**onter – rin**c**er

3 *Dans les différents mots proposés, relevez ceux où l'on prononce le son-voyelle [i].* *

un roi – un radis – la loi – le paradis – éteindre – un matin – le levain – l'ennui – l'appétit – un trait

4 *Complétez en écrivant le son [o] correctement.* **

a Il boit de l'… au goul… de la bouteille.
b Ces chap… sont rigol… ,mais ils ne sont pas b… .
c Cet enfant est s …, il ne comprend rien.
d J'ai caché les boc… dans le placard du h…t.
e Au fond du p… se trouvait un gr… lézard.

5 *Choisissez la bonne graphie entre les deux graphies proposées au début de chaque liste.* **

– **ph / f /** : une am…ore – le con…ort – la …armacie – la métamor…ose – trans…ormer
– **qu /ch** : une …iche – un ar… éologue – trafi…er – une …orale – un …otidien
– **z / s** : pe…er – de l'eau ga…euse – un …oo – un oi…eau – du poi…on
– **ill / y** : Il boit avec une pa…e. – il n'a pas la mo…enne car il n'a pas trava…é. – un ra…on
– **g / j** : une bou…ie – un …eu d'adresse – les …ens – une grande …oie – Il …èle dehors.

6 *Choisissez la bonne graphie entre les deux graphies du son-voyelle.* **

[a] avec **a** ou **e** : f…cile – méch…mment – pati…mment – un dr…me – une po…le
[i] avec **y** ou **i** : Il a résolu le m…stère rap…dement – Nous donnons à manger aux c…gnes du lac – Je pars faire du sk… avec mon am… .

7 *Parmi les mots soulignés, relevez les mots dans lesquels la lettre finale se prononce.* **

un <u>sourcil</u> – un <u>accroc</u> – une <u>clef</u> – un <u>bœuf</u> – des <u>os</u> – des <u>œufs</u> – un <u>os</u> – un <u>virus</u> – un <u>nerf</u> – il n'est <u>plus</u> là – <u>bref</u> – il veut <u>plus</u> de silence – un <u>cerf</u> – un <u>cil</u>

8 *Complétez les rimes avec les mots qui conviennent, en les orthographiant correctement.* ***

Soleils couchants

Une aube affaiblie
Verse par les ch …
La mélancolie
Des soleils couchants.
La mélancolie
Berce de doux ch … .
Mon cœur qui s'oub …
Aux soleils couchants.
Et d'étranges r … ,
Comme des sol …
Couchants sur les grèves
Fantômes vermeils,
Défilent sans tr … ,
Défilent, pareils
A des grands sol … .
Couchants sur les grèves.

Verlaine, « Paysages tristes », *Poèmes saturniens.*

9 *Lisez à voix haute ce texte écrit en prononçant chaque lettre en majuscule, puis orthographiez-le correctement.* ***

M-A et sonVTT (Emma et son VTT)

I-R, M-A A U une I-D.
L C D-si-D À H-T un VTT.
L A K-C sa tirelire
É L A É-T O bois pour l'É-C-YÉ.

Patratas ! L É tom-B, É le VTT A É-T K-C.
C-T pas de chance ! L R-S-T KO, L A-V D bleus.
Le guidon P-T, M-A É-T très N-R-V.
L A-U peur, L en A-U A-C du VTT !

10 Faites le bilan

a *Recopiez les trois premiers sms en orthographiant correctement tous les mots.*
b *Relevez un nom où la lettre <u>a</u> est prononcée [o].*
c **j'é- / j'ai / gé-** *: Recopiez les trois mots du 4*[e] *sms de Sam qui contiennent la lettre <u>g</u> en choisissant la bonne orthographe.*
d *Écrivez correctement les mots R-reur – S-È-ye – StratéJ.*

SMS

Sms de Sam. Tu C la nouv-L ? J'M L-N ! G des L ! As-tu son tél ?
Sms de Léo. Je C qui C. On É-T o CM2 ensemble.
Sms de Sam. L-N, C la + belle ! Quand L se prom-N, L a l'R d'1 D-S. C la véri-T !
Sms de Léo. T fou ! Pas d'R-eur ! T fou ! C pas 1 bonne I-D.
Sms de Sam. Pas la P-ne d'insis-T ! Je ne pense K L ! As-tu son tél ?
Sms de Léo. Non. S-È-ye 2 la croiser dans l'S-K-lier, S-È-ye 2 lui parler.
Sms de Sam. Hier G-mis mon T-shirt de football pour l'É-pa-T. G-T G-nial ! Mais L m'a pas regar-D ! Donne-moi son tél !
Sms de Léo. C-T pas la bonne stratéJ ! C 1 fan de rugby ! Laisse tom-B.

32 LA PONCTUATION

Pour commencer

– Les **signes de ponctuation** sont des marques de la langue **écrite**.
– Ils **organisent** les divers éléments de la phrase ou les phrases entre elles selon des **règles.**

a Les signes qui marquent la fin d'une phrase

Le point **.**	Il termine la phrase déclarative. > *Je suis en colère ce matin.*
Le point d'interrogation **?**	Il termine la phrase interrogative. > *As-tu pris ton petit déjeuner* **?**
Le point d'exclamation **!**	Il termine la phrase exclamative. > *Quelle perte de temps* **!**
Les points de suspension **...**	Ils achèvent une énumération. > *Les lipides se trouvent dans le chocolat, les gâteaux, les biscuits salés*... Ils créent une attente, un suspense. > *Vous pensez que*...

Les signes qui se trouvent à l'intérieur de la phrase

La virgule **,**	– Elle marque une pause brève. – Elle sépare les mots ou les groupes de mots. **Attention !** On ne sépare jamais par une virgule le verbe de son sujet ou le verbe de son complément.	> *Le matin***,** *il faut manger du pain***,** *un fruit et un laitage.* > ~~*Il faut, manger, un fruit.*~~
Les deux points **:**	– Ils marquent une pause courte. – Ils annoncent une suite : une explication, une conséquence, une énumération.	> *David n'a eu peur de rien* **:** *il a même affronté le géant Goliath.* > *Il avait sur sa liste de courses* **:** *du pain, du sucre, du café.*
Le point-virgule **;**	– Il marque une pause plus longue. – Il sépare deux propositions à l'intérieur d'une phrase.	> *Le petit déjeuner est essentiel* **;** *il apporte les réserves de la journée.*
Les points de suspension **...**	– Ils marquent une longue pause correspondant à un temps d'hésitation. – Entre crochets [...], ils indiquent une coupure dans une citation.	> *Les glucides sont des acides gras* **...** *à moins que ce ne soir les lipides.* > *Les glucides* **[...]** *lipides.*
Les guillemets **« »**	Ils permettent d'attirer l'attention sur un mot.	> *Les* **«** *spartiates* **»** *sont des sandales faites de lanières de cuir.*
Les parenthèses **( )**	Elles isolent une information secondaire. Il ne faut pas en abuser !	> *On trouve des lipides* **(***qui sont des acides gras***)** *dans le chocolat.*

b La ponctuation dans le dialogue

Les deux points **:**	Ils marquent l'entrée dans le dialogue.	> *En le quittant, elle lui dit* **:** **«** *Quelle excellente soirée !* *– Merci, répondit-il. Reviendrez-vous ?* *– Sûrement !* **»***, répliqua-t-elle en le saluant une dernière fois.*
Le tiret **–**	Ils marquent les répliques du dialogue, les différentes prises de paroles.	
Les guillemets **« »**	– Ils marquent le début et la fin du dialogue. – Leur utilisation n'est pas toujours obligatoire.	

c Les majuscules

Elles s'emploient :

- au début d'une phrase
  > ***L****e soleil brille.*
- au début de chaque vers d'un poème
  > ***L****e temps a laissé son manteau*
  D*e vent, de froidure et de pluie,*
  E*t s'est vêtu de broderies,*
  D*e soleil luisant, clair et beau*
- pour signaler un nom propre ou un titre
  > ***J****acques* ***P****révert a écrit un recueil intitulé* Paroles.

À retenir

– Pour être **compréhensible**, un texte doit être **ponctué**.
– **Les signes de ponctuation** séparent les mots et les phrases à l'écrit. Une phrase commence toujours par une **majuscule** et se termine par un **point**.

1 Avez-vous compris ?

a *Relevez les différents signes de ponctuation du texte.*
b *Justifiez l'emploi des majuscules.*
c *Expliquez l'emploi des signes de ponctuation surlignés en vert.*

Il faut cependant que je vous raconte les choses nouvelles et extraordinaires que j'ai observées, durant mon séjour dans la Lune. Et d'abord ce ne sont point des femmes, mais des mâles qui y perpétuent l'espèce : les mariages n'ont donc lieu qu'entre mâles [...]. Ce n'est point dans le ventre qu'ils portent leurs enfants, mais dans le mollet. Quand l'embryon a été conçu, la jambe grossit ; puis, plus tard, au temps voulu, ils y font une incision et en retirent un enfant.

Lucien de Samosate, *Histoire vraie*.

2 *Ponctuez le dialogue en rétablissant les signes de ponctuation manquants :* « » *: et* – . *

Finalement la Chenille retira son narguilé de sa bouche, puis demanda d'une voix languissante et endormie
Qui es-tu ?
Alice répondit d'un ton timide
Je … Je … ne sais pas très bien, madame, du moins pour l'instant … [...]
Que veux-tu dire ? demanda la Chenille d'un ton sévère. Explique-toi !
Je crains de ne pas pouvoir m'expliquer, madame, parce que je ne suis pas moi, voyez-vous !
Non, je ne vois pas.
J'ai bien peur de ne pas pouvoir m'exprimer plus clairement, reprit Alice.

Lewis Carroll, *Alice au pays des merveilles*.

3 *Expliquez l'emploi des signes de ponctuation surlignés en vert.* *

Nous, on va former une bande... C'est Geoffroy qui a eu l'idée [...]
Quand je suis arrivé dans le terrain vague, Geoffroy, Rufus, Eudes, Alceste et Joachim y étaient déjà. J'avais été un peu retenu en classe par la maîtresse, qui me disait que je m'étais trompé dans un devoir d'arithmétique ; il faudra que je dise à papa de faire attention.
– Le mot de passe ? m'a demandé Alceste en m'envoyant des petits bouts de croissant à la figure (il mange tout le temps, Alceste).

Sempé et Goscinny, « Les Invincibles », *La rentrée du Petit Nicolas*.

4 *Lisez ces phrases à voix haute en respectant la ponctuation pour marquer les différences de sens.* *

a Esteban, dit mon père, fait souvent les courses.
b Esteban dit : « Mon père fait souvent les courses. »
c Pierre change, le projet aussi. d Pierre change le projet aussi.
e Il a vu un homme sauter, de la fenêtre. f Il a vu un homme sauter de la fenêtre. g Ces personnes attendent, Nora. h Ces personnes attendent Nora.

5 *Ponctuez le texte en choisissant parmi les signes de ponctuation proposés.* **

Vous rêvez d'un monde où les enfants commanderaient aux parents [, ou ;] où les pères qui feraient preuve d'autorité à l'égard de leurs fils seraient sévèrement punis [: ou ?] Un tel monde existe [: ou ?] Savinien de Cyrano de Bergerac l'a inventé au XVIIe siècle [. ou ;] Et si vous voulez comme lui le visiter [... ou ,] apprenez à marcher à quatre pattes [, ou ;] cela vous évitera [. ou ,] une fois sur la Lune [... ou ,] quelques mésaventures désagréables [! ou ...]

Magazine « Virgule », n° 52.

6 *Rétablissez les majuscules et la ponctuation dans les phrases suivantes.* ***

a je pratique le ski la natation le patin à glace et l'équitation
b pourquoi est-il parti si vite
c voici la cause de l'absence de malika elle a la grippe
d demain à huit heures erwann devra prendre sans faute son train

7 *Ponctuez correctement les petites annonces en retrouvant pour chacune d'elles les six signes de ponctuation manquants. Aidez-vous des majuscules.* ***

a Rongeurs à garder Lycéenne qualifiée pour cette activité disponible toute l'année prix intéressants Numéro de téléphone 01 00 00 00
b Renault Clio équipée série 3 jantes alu alarme couleur bleue 5 200 €
c Occasion à saisir 3 véhicules électriques tous terrains ultra légers 210 kg à vide confortables attendent conducteurs expérimentés Emotions garanties

8 Faites le bilan

a *Rétablissez les majuscules et les six signes de ponctuation manquant dans le passage en gras.*
b *À quoi sert le point d'exclamation ?*
c *Comment s'appelle le signe surligné et à quoi sert-il ?*
d *Combien de virgules sont utilisées dans la dernière phrase ? À quoi servent-elles ?*

mme roland répondit avec tranquillité
oui oui je sais où il est ; j'irai le chercher tout à l'heure
Donc elle avait menti ! Elle avait menti en répondant, ce matin-là, à son fils qui lui demandait ce qu'était devenue cette miniature :
« Je ne sais pas trop... peut-être que je l'ai dans mon secrétaire. »
Elle l'avait vue, touchée, maniée, contemplée quelques jours auparavant, puis elle l'avait recachée dans le tiroir secret, avec des lettres, ses lettres à lui.

Maupassant, *Pierre et Jean*.

33 ÉLISIONS ET LETTRES DE LIAISON

! Pour commencer

– Un **hiatus** est le fait de prononcer deux voyelles à la suite (**a**é**rer** – Il **a été**.)
– À l'oral, pour éviter un hiatus, on peut **élider** une voyelle, c'est-à-dire la supprimer, ou bien ajouter une consonne de liaison, appelée **lettre euphonique**.

1 L'ÉLISION

L'élision consiste à **supprimer une voyelle finale** pour **la remplacer par une apostrophe** :
– **devant** un mot commençant par une **voyelle**.
– **devant** un mot commençant par un **h muet**.

• **On élide la voyelle a**
– de l'article défini ***la***
> ***l'****arête* – ***l'****échelle* – ***l'****île* – ***l'****orange* – ***l'****usine*
> ***l'****hirondelle* (mais *la harpe* – *la hotte*)
– du pronom personnel ***la***
> *Je* ***la*** *vois et je* ***l'****appelle. – Ta poupée, tu* ***l'****habilles.*

• **On élide la voyelle i**
du mot ***si*** uniquement quand il est suivi d'un autre **i**
> ***s'****il vient* (et non pas ~~*si il vient*~~) – ***si*** *elle vient*

• **On élide la voyelle e**
– de l'article défini ***le***
> *l'arbre – l'éléphant – l'iris – l'œil – l'usage*
> *l'horizon* (mais : *le héros – le hibou*)
– des pronoms personnels ***je – me – te – se – le***
> ***J'****appelle. – Je* ***t'****entends. – Il* ***s'****arme. – Je* ***l'****invite.*
– du pronom démonstratif ***ce***
> ***C'****est toi. – C'était vrai.*
– de l'adverbe ***ne***
> *Je* ***n'****oublie pas.*
– de ***que*** *et de ses dérivés*
> ***Qu'i****l vienne* – ***lorsqu'i****l viendra*

Attention à ne pas confondre les phrases qui se prononcent de la même manière.
> *On est là. – On* ***n'****est pas là.*
À l'écrit, dans une phase à la forme négative, il faut toujours mettre ***ne*** **ou** ***n'***. (→ fiche 18)

2 L'AJOUT D'UNE LETTRE EUPHONIQUE

L'ajout d'une lettre euphonique consiste à **ajouter une consonne de liaison** :

• **Ajout obligatoire d'un t relié par des tirets**
entre le verbe et les sujets inversés **il – elle – on,**
si le verbe se termine par une voyelle (→ fiche 9)
> ***A-t-elle*** *son stylo ?* ***A-t-il*** *raison ?* ***A-t-on*** *écouté ?*
– Imprudent ! ***s'écrie-t-elle***

• **Ajout facultatif d'un l'**
devant le pronom *on*
> *Savez-vous ce que* ***l'on*** *dit ?* ***L'on*** *parle parfois de cette histoire.*

Attention, quand un verbe se termine par un **-d**, la liaison orale est **toujours -t** :
il est **inutile** d'ajouter un ***-t*** dit euphonique.
> *Pren****d****-il le train ? – Je crois bien, répon****d****-il.*

À l'écrit, il ne faut pas confondre le **-t** et **-d** : pensez à l'infinitif du verbe (*pren****d****re – répon****d****re*)

! À retenir

– À l'oral, les **voyelles élidées** et les **consonnes euphoniques facilitent la prononciation**.
– À l'écrit, pour savoir si l'on doit **ajouter un -t entre le verbe et le sujet inversé**, il faut réfléchir à l'infinitif du verbe et à sa conjugaison.

1 Avez-vous compris ?

a *Dans cet extrait, relevez les mots qui ont une lettre élidée et indiquez leur classe grammaticale.*
b *Rétablissez les lettres élidées.*

Cœur de rubis
Je voulais t'avoir
j' voulais t' posséder
Je jouais à l'amour
j'ai seul'ment triché

Ton cœur de rubis
qu'est-ce que j'en ai fait ?
Maintenant, c'est trop tard
j'ai tout saccagé

Jacques Prévert, *Histoires*.

2 *Recopiez les mots soulignés en gras en rétablissant les lettres élidées. Parmi ces mots, relevez un pronom personnel et un article défini.* *

[Aladdin] dit :
« Fais-moi sortir **d'**ici, vite… »
Il **n'**avait pas fini de parler **qu'**il était dehors, tremblant, à **l'**endroit même où ils avaient allumé le feu. Et le génie ? Évanoui, disparu…
Libre, Aladdin reprit la route du retour. Cette fois, on **n'**avait nul besoin de **l'**encourager : il vola quasiment jusqu'à la maison de sa mère.

Contes des Mille et une Nuits.

3 *Mettez les phrases suivantes au singulier en faisant les élisions nécessaires.* **

a Les oiseaux se sont envolés.
b Ce sont les armoires de la famille.
c Les animaux des îles se sont enfuis.
d Les horribles serpents te regardent.
e Les abeilles se préparent.

4 *Ajoutez un article défini singulier en faisant une élision quand c'est nécessaire.* **

héron – Hollande – hippopotame – héros – hélicoptère – hibou – haricot – histoire – hutte – héroïne

5 *Dans les phrases qui suivent, ajoutez un* n' *à la bonne place.* **

a On a pas de place ici.
b On espère pas revenir.
c On a rien trouvé.
d On a pas fait de mal.
e On a guère de chance.
f Jamais on y a pensé
g On est pas encore arrivé
h On est vraiment pas loin !

6 *Quand les phrases sont négatives, ajoutez un* n'. **

a On a eu très peur.
b Depuis hier, on avait plus entendu de bruit dans ce lieu.
c Après la pluie, on a guère envie de se promener.
d On a toujours rêvé de partir au loin.
e Enfant, on a envie de grandir au plus vite.
f On a aucune difficulté dans ce domaine.
g Jamais on oubliera cela.

7 *Élidez les mots entre parenthèses quand c'est possible.* **

a *(Si)* il arrive tôt, nous irons au cinéma.
b Il est *(si)* intelligent qu'il comprend tout.
c Dès *(que)* elle sera là, dis-le moi.
d *(Si)* elle est en retard, tant pis.
e Il sait *(que)* il a gagné.
f Dis-*(le)* à ton ami.

8 *Inversez le sujet et mettez le tiret obligatoire. Ajoutez un* t- *euphonique quand c'est nécessaire.* ***

il y a – on s'écrie – il répond – elle remarque – il ajouta – elle prend – ils hurlent – on regarde

9 *Conjuguez les verbes entre parenthèses au présent et inversez le sujet. Ajoutez le tiret obligatoire. Mettez aussi un* -t *euphonique si nécessaire.* ***

elle *(écrire)* – il *(mettre)* – il *(crier)* – on *(perdre)* – ils *(être)* – elle *(manger)* – ils *(jouer)* – on *(avoir)* – il *(être)* – elle *(partir)*

10 Faites le bilan

a *Relevez un article défini élidé avec le nom qu'il détermine. Indiquez son genre.*
b *Relevez une consonne euphonique avec les deux mots qu'elle relie.*
c *Relevez tous les autres mots élidés et rétablissez la voyelle manquante.*
d *Mettez la phrase en gras à la forme interrogative en ajoutant le pronom* il *comme sujet inversé.*

C'en était trop. Non seulement le léopard n'avait pas remercié ses ouvriers, non seulement il ne leur avait rien offert de ce qu'il avait rapporté de la chasse, mais voilà que, bien pis, il dévorait l'un des leurs ! **L'éléphant, cette nuit-là, marcha sur la maison du léopard et la renversa.** Quant au léopard, affolé, il s'enfuit dans la jungle où l'on peut l'entendre toujours, qui gronde et qui renâcle.

Jan Knappert, « La Maison du Léopard », *Contes et Fables d'Afrique*.

34 L'ACCENT AIGU ET L'ACCENT GRAVE

! Pour commencer

– L'accent aigu se place sur la voyelle <u>é</u> pour signaler qu'elle se prononce [**e**] comme ***été***.
– L'accent grave se place sur la voyelle <u>è</u> pour signaler le son [ɛ] comme *flèche*.
– Les voyelles <u>à</u> et <u>ù</u> peuvent aussi porter un accent grave sans qu'il modifie leur prononciation.

1 L'ACCENT AIGU

a Caractéristiques

• Il ne se place que sur la voyelle <u>e</u>.
> *un **été** – la v**é**rit**é***

• Il a la forme d'une virgule.
Il se trouve à la fin de la syllabe.
> ***vé** /ri/ **té** – **é**/**té***

b Prononciation

– Il indique que la voyelle <u>e</u> se prononce [**e**].

Le son [**e**] s'écrit <u>é</u> à la fin de certains mots

la plupart des noms terminés par -**ité** ou -**tié**
> *la major**ité** – la sincér**ité** – la pit**ié** – l'ami**tié***

le participe passé d'un verbe du 1er groupe
> *il est rest**é** – il a regard**é***

Le son [**e**] peut s'écrire aussi

-**er**
Noms > *le papi**er** – un boulang**er***
Verbes à l'infinitif > *Ne pas fum**er***

-**ez**
Terminaisons verbales > *vous chant**ez***
<u>À noter</u> : > *le n**ez** – ass**ez** – ch**ez** vous*

Dans ce cas, le <u>e</u> ne prend pas d'accent, car il ne termine pas la syllabe.

2 L'ACCENT GRAVE

a Placé sur la voyelle <u>e</u>

• Il indique que la voyelle <u>e</u> se prononce [ɛ].
> *la s**è**ve – les ch**è**vres*

• Il a une forme ressemblant au <u>c</u>.

L'accent grave ne se place que sur un <u>e</u> qui termine la syllabe, sauf pour quelques mots terminés en -**ès**.
> *tr**ès** – pr**ès** de toi – d**ès** le matin – apr**ès** – le progr**ès**...*

La voyelle **e** ne prend jamais d'accent :
– devant un <u>**x**</u> > *un réfl**<u>e</u>x**e*
– devant une consonne double > *une gal**<u>e</u>tt**e – une p**<u>e</u>ll**e*
– devant deux consonnes différentes prononcées séparément > *un **<u>e</u>sp**ace – une proj**<u>e</u>ct**ion*

b Placé sur les voyelles <u>a</u> ou <u>u</u>

Il ne change pas la prononciation. Il permet de distinguer des homophones (→ fiche 42) :

– l'adverbe **où**	> ***Où** vas-tu ?*	≠	la conjonction de coordination **ou** > *À la campagne **ou** à la mer ?*
– l'adverbe **là**	> *Viens **là** !*	≠	l'article défini **la** > ***La** salle est fermée.*
– la préposition **à**	> *la salle **à** manger*	≠	le verbe **avoir** > *Elle **a** beaucoup de chance.*

! À retenir

– L'accent **aigu** et l'accent **grave** donnent des indications sur la prononciation de la voyelle <u>e</u>.
– **L'accent grave** sur **les voyelles <u>o</u> et <u>u</u>** permet de distinguer des **homophones** : **à – où – là – çà**.

1 Avez-vous compris ?

a *Relevez les mots dont la terminaison se prononce [e] : quelles finales ne portent pas d'accent ?*
b *Relevez les mots comportant une voyelle e prononcée [ɛ].*

« – Salut l'échappé !
Grand Lu sursauta et manqua basculer sur le tapis.
– T'es pas fou d'entrer comme ça, non ! Tu pourrais frapper au moins !
– Et puis quoi encore ? répliqua P'tit Lu. Tu veux peut-être que je prenne des patins ? »

Christine Ehm, *L'Angle mort*.

2 *La lettre e en gras se prononce [ɛ]. Ajoutez-lui un accent grave si l'orthographe le demande.* *

a (une) m**e**re – (un) rep**e**re – (un) pi**e**ge – (une) ni**e**ce
b (une) s**e**lle – (une) chauss**e**tte – (ils) compr**e**nnent – (elles) app**e**llent
c (une) v**e**ste v**e**rte – (la) p**e**ste – **e**xprimer – (un) **e**spoir – d**e**stin – **e**scrime – (un) r**e**staurant

3 *Complétez par* -er *ou* -é. *

a L'enfant est all**[e]** achet**[e]** du pain.
b Le délégu**[e]** est invit**[e]** à s'exprim**[e]**.
c L'équipe a décid**[e]** de remport**[e]** la victoire.
d On a toujours cherch**[e]** à all**[e]** plus vite et plus loin, et à vol**[e]** toujours plus haut.

4 *Mettez l'accent aigu sur e si la prononciation ou l'orthographe l'exige.* **

mesure – messagerie – enveloppe – ecolier
peniblement – interieurement – evenement – separement
(une) pensee – (une chose) utilisee – (un mot) cree
– (une nouvelle salle) creee
(la) facilite – (la) difficulte – (la) bonte – (l') amitie
– (la) montee

5 *Découpez les mots en syllabes puis mettez un accent aigu ou un accent grave sur le e en gras.* **

un t**e**l**e**film – un **e**l**e**ve – la v**e**rit**e** – une r**e**gle – un v**e**lo – une cr**e**ation – **e**blouir – les l**e**vres – **e**prouver – d**e**primer – une ch**e**vre – **e**ternel – r**e**el – r**e**fl**e**chir

6 *Complétez par* -ez, -er *ou* -é. **

a Sav**[e]**-vous plant**[e]** un arbre ? C'est plus compliqu**[e]** qu'on ne le croit !
b Vous n'oser**[e]** pas vous mesur**[e]** à nous !
c Notre équipi**[e]** le plus valeureux a céd**[e]** le ballon ; il était désespér**[e]**!

7 *Mettez l'accent grave sur le e en gras si la prononciation ou l'orthographe l'exige.* **

à l'arri**e**re de la b**e**nne – il est t**e**nu de r**e**ster - d**e**rri**e**re la f**e**rme – pr**e**s de la fort**e**resse – d**e**s la f**e**rmeture – à l'**e**xtérieur du coll**e**ge – le r**e**pas est t**e**rminé d**e**puis peu – poign**e**t – sorb**e**t – proj**e**t – r**e**sp**e**ct

8 *Recopiez le texte en orthographiant comme il convient les sons [e] et [ɛ].* ***

Athéna a donn**[e]** l'olivi**[e]** aux habitants d'une cit**[e]** ; c**[ɛ]** derni**[e]** en ont tir**[e]** de l'huile pour faire la cuisine **[e]** pour s'éclair**[e]**. Athéna **[ɛ]** désormais leur d**[e][ɛ]**sse pr**[e]**f**[e]**r**[e]**. Pour la rem**[ɛ]**rci**[e]**, ils app**[ɛ]**llent leur ville « Ath**[ɛ]**nes ». Voy**[e]** la grande bienveillance d'Athéna !

9 *Recopiez les phrases en ajoutant les accents aigus ou graves là où ils manquent.* ***

a La chanteuse entre en scene ; elle porte une robe violette tres elegante et de superbes escarpins, egalement violets ; elle a un succes phenomenal avant même d'avoir commence à chanter !
b Du the et des desserts au miel ont ete offerts aux voyageurs etrangers venus visiter le desert algerien.
c Le sorcier et la sorciere allerent au festival de la magie et demanderent à une celebre magicienne quel serait leur avenir dans la modernite.

10 *Choisissez l'une des deux graphies proposées pour compléter les mots de chaque liste.* ***

– **a** ou **à** ? Pour repérer le verbe ou auxiliaire *avoir*, remplacez [a] par *avait*.
a Jeanne **[a]** de la peine **[a]** parler tant elle **[a]** du chagrin.
b La course **[a]** pied du Marathon de Paris **[a]** attiré des foules. c Qu' **[a]** -t-il dit ? Personne n'**[a]** compris **[a]** cause du bruit.
– **la** ou **là** ?
d Cette fois-**[la]**, le roi avait oublié de fermer **[la]** porte de **[la]** pièce aux trésors. e Quand il revint, il ne retrouva pas **[la]** pipe et **[la]** bague de son grand-père, **[la]** où il les avait cachées.
– **ou** ou **où** ? Ou peut être remplacé par *ou bien*.
f Dis-moi **[u]** tu as trouvé ce stylo. g Va-t-elle me détester **[u]** m'aimer ? h Il y a des jours **[u]** tout se passe à merveille. i Mon oncle viendra samedi **[u]** dimanche.
j Paul ne sait pas s'il doit rire **[u]** pleurer. k **[u]** se dirige cet avion ?

11 Faites le bilan

a *Recopiez le texte en remplaçant les signes phonétiques par l'orthographe qui convient, avec ou sans accent.*
b *Précisez la classe grammaticale et l'accord du mot* abandonn[e].
c *Employez un homophone de* çà *et un homophone de* là *dans une phrase.*

À gauche s'**[e]**levait un vieux moulin abandonn**[e]**, aux ailes immobiles, dans les ruines duqu**[ɛ]**l une chou**[ɛ]**tte faisait entendre son cri aigu, p**[e]**riodique et monotone. **Çà** et **là** dans la plaine, **[a]** droite et **[a]** gauche du chemin que suivait le lugubre cort**[ɛ]**ge, apparaissaient qu**[ɛ]**lques arbres bas et trapus, qui semblaient des nains difformes accroupis pour gu**[ɛ]**tt**[e]** les hommes **[a]** c**[ɛ]**tte heure sinistre.

Alexandre Dumas, *Les Trois Mousquetaires*.

35 L'ACCENT CIRCONFLEXE ET LE TRÉMA

Pour commencer

L'accent **circonflexe** (^) et le **tréma** (¨) sont deux signes qui se placent sur des **voyelles**.

1 PLACE ET EMPLOI DE L'ACCENT CIRCONFLEXE

L'accent circonflexe peut se trouver sur les voyelles.

A E I O U

> *g**â**teau – ch**ê**ne – cha**î**ne – cl**ô**ture – piq**û**re*

L'accent circonflexe s'emploie

pour rappeler la disparition d'une lettre qui existait à l'origine

– le plus souvent il s'agit de **remplacer un s**

> **î**le *s'écrivait* i**s**le *à cause du latin* in**s**ula.

– Attention dans une famille de mots, certains mots peuvent **garder le s** les autres prennent **un accent circonflexe**

> *cro**û**te – cro**û**ton – cro**us**tillant – cro**us**tiller*

pour distinguer deux homonymes

(→ fiche 42)

> *Il est **sûr** d'être **sur** le bon chemin.*

> *Il a **dû** prendre **du** sirop pour la toux.*

Remarques

L'accent circonflexe peut indiquer comment prononcer la voyelle.

> *une c**o**te – une c**ô**te / le j**eu**ne – le j**eû**ne / r**e**venir – r**ê**ve*

Au passé simple, il caractérise la 1re et la 2e personne du pluriel.

> *nous f**û**mes – vous f**û**tes* (→ fiche 22 et tableaux de conjugaison)

2 PLACE ET EMPLOI DE DU TRÉMA

Le tréma peut se trouver sur les voyelles.

e i

> *No**ë**l – ma**ï**s*

Le tréma s'emploie
pour indiquer comment prononcer le mot

Cas le plus fréquent

Le tréma indique qu'il faut prononcer en séparant distinctement chaque voyelle

o + e a + i o + i A + in o + in

> *can**oë** – n**aï**f – ég**oï**ste – C**aïn** – c**oïn**cider*

Cas particuliers

Placé sur le i, le tréma indique que le i se prononce [j].

> *fa**ï**ence – a**ï**eul – gla**ï**eul – na**ï**ade*

Placé sur le e, le tréma indique que le E final ne se prononce pas.

> *un son aigu – une voix aigu**ë***

À retenir

– **L'accent circonflexe** permet de **distinguer des homonymes** ou de rappeler la **disparition d'une lettre**, en général **un s**. Dans certains cas, il indique **comment prononcer** la voyelle.
– **Le tréma** est une indication importante pour savoir **comment prononcer** le mot.

1 Avez-vous compris ?

a *Relevez les mots dans lesquels se trouve un tréma.*
b *Relevez les mots dans lesquels se trouve un accent circonflexe.*
c *Dans les mots* aïoli – fraîches – raisin *et* Caraïbes *: comment se prononcent les voyelles soulignées ?*

Menu de Noël

Asperges à l'aïoli
Pâté en croûte
Côte de bœuf à la poêle
Ananas des Caraïbes
Pêches et raisin
Boissons fraîches à volonté.

ACCENT CIRCONFLEXE

2 *Reliez chaque verbe avec le nom entre parenthèses de la même famille.* *

a arrêter *(un arrêt / une artère)* b prêter *(un pré / un prêt)* c pêcher *(le pêcheur / le péché)* d châtier *(un chaton / un châtiment)* e brûler *(la brutalité / une brûlure)* f mâcher *(une machine / une mâchoire)*

3 *Placez l'accent circonflexe sur la voyelle qui convient.* **

la guepe – un cone – une buche – un bateau – le crane – la croute – la chaine – un chateau – un gateau – un baton – un rateau – une machoire

4 *Dans ces phrases complétez avec le mot entre parenthèses qui convient.* **

a *(pâte / patte)* Je préfère la pizza à … fine. / La mouche agite ses … b *(mal / mâle)* Le … de la gazelle a du … à grimper sur ce rocher. c *(jeûne / jeune)* Ce … homme a entamé un … d *(boîte / boite)* Le clown … en essayant de porter une énorme … e *(mur / mûr(e))* Perché sur un …, je déguste de délicieuses fraises, … et juteuses
f *(tacher / tâcher)* Je vais … de ne pas … mes vêtements.

5 *À partir des mots suivants trouvez un nom de la même famille dans lequel un accent circonflexe remplace le s disparu.* (→ festival / fête) **

bestial – défenestrer – bastonner – hospitaliser – arrestation – dégustation

6 *Certains de ces mots ont un accent circonflexe, mais pas tous. Placez l'accent sur la voyelle quand c'est nécessaire.* ***

la chataigne – un bateau – la paleur – l'entrainement – écouter – un chainon – un maitre – un rateau – un paturage – couter – raisonner – une maratre

7 *Dans chaque liste, trouvez le ou les mots comportant un s dans leur radical.*
Reliez-les ensuite à l'un des mots en gras. ***

a **goutter – goûter** – égoutter – gouttelette – gustatif
b **pêcher – pécher** – poisson – pécheresse – pisciculture
c **Pâques – paquet** – empaqueter – pascal – paquetage
d **forêt – foret** – forestier – déforestation – forage
e **maître – mettre** – maestro – metteur en scène – magistral

8 *Complétez ces mots avec la graphie es ou ê et as ou â.* ***

v … tir – v … te – v … timentaire – v … tement – se dév … tir – p … turage – p … teur – p … tre – p … toral

TRÉMA

9 *Lisez les mots suivants à haute voix puis relevez les mots dans lesquels on doit prononcer [j] comme dans* faïence. *

un aïeul – un caïman – une héroïne – une coutume païenne – ovoïde – Gaël – un canoë – naïf – (une chose) inouïe – une troïka

10 *Les mots suivants comportent un tréma : mettez-le sur la bonne voyelle.* **

un canoe – coincider – naif – une troika – une baionnette – l'ouie – ils haissent – Raphael

11 *Ajoutez le tréma quand c'est nécessaire.* **
Attention, certains mots n'en ont pas.

la mosaique – la Jamaique – une haie – un caid – hébraique – égoiste – héroique – une faience – hair – un accent aigu – une voix aigue – poesie

12 *Complétez les mots suivants avec : ï ou y selon le cas.* ***

un pa … en – un mo … en – une na … ade – une no … ade – une pa … e – de la ma … onnaise

13 Faites le bilan

a *Dans les mots soulignés, ajoutez un tréma ou un accent circonflexe sur la lettre qui convient.*
b *Ajoutez un accent circonflexe manquant sur l'un des deux mots en gras.*
c *Employez le mot* sûr *dans une phrase de votre invention.*
d *Complétez les mots de la même famille que* bête *avec es ou ê :* b…tial – b…tement – b…tiaire – b…tise.

On raconte de nombreuses légendes **sur** les menhirs de Carnac. Pour nos aieux, saint Cornély était le protecteur des bêtes à cornes. Il parait que le saint homme, pourchassé par une horde de soldats paiens, s'est retourné pour transformer ses poursuivants en menhirs. Une croyance archaique dit que depuis ce temps, les menhirs de Carnac, tels des bœufs, vont boire aux ruisseaux voisins chaque nuit de Noel. Mais ce n'est pas **sur** !

36 LES CONSONNES PRONONCÉES [S]

Pour commencer

Le son-consonne [s] s'écrit généralement s ; cependant il existe d'autres lettres pour écrire ce son-consonne.

1 LE SON CONSONNE [S] ÉCRIT AVEC LA LETTRE S

a À l'intérieur d'un mot

• **entre deux voyelles,**
il faut écrire deux s = **ss** > *un pa**ss**ant – une bo**ss**e*

↓

Attention, il n'y a qu'un seul s **prononcé [s]** dans des mots formés de deux radicaux ou d'un préfixe + d'un radical

> *vrai/**s**emblable – para/**s**ol*

Mais > *re**ss**ortir – re**ss**aisir – de**ss**errer – bi**ss**ectrice*

• **à côté d'une autre consonne,**
il faut écrire un seul s = **s** > *une e**s**trade – une an**s**e*

↓

Attention, **un seul s entre deux voyelles se prononce [z]**

> *Il sai**s**it un va**s**e.*

b À la fin d'un mot

Au singulier comme au pluriel, la lettre s ne se prononce généralement pas > *Je vi**s** la souri**s**.*
Quelques exceptions > *un o**s** – un our**s** – un viru**s***

c En début de mot

s se prononce toujours [s] > *une **s**alle **s**péciale*

2 LE SON CONSONNE [S] ÉCRIT AVEC LA LETTRE C OU Ç

(→ fiche 37)

• la lettre **c**
devant les voyelles **e, i, y**
> *un ber**ce**au – une **ci**gogne – un **cy**clone*

• la lettre **ç**
devant les voyelles **o, u**
> *une le**ço**n – un re**çu***

3 LE SON CONSONNE [S] ÉCRIT AVEC LA LETTRE T , LES LETTRES SC OU LA LETTRE X

• **t** devant i suivi d'une voyelle
> *dic**ti**onnaire – pa**ti**ent – spa**ti**al*

• à la fin de nombreux mots terminés par **[sjõ]**
> *initia**tion** – fic**tion***
(mais > ***expression – connexion)***

• **sc** devant les voyelles **e** et **i**
> ***sc**ène – adole**sc**ence – **sc**ie*

• **x** dans quelques mots
> *soi**x**ante-di**x** – si**x***

4 DES POINTS DE REPÈRE

– On retrouve **dans les mots d'une même famille la même graphie**.
> *s**c**ience → con**sc**ience, con**sc**ient, incon**sc**ient*
> *pre**ss**é → pre**ss**ion*
> *préten**t**ion → préten**t**ieux*
> *per**c**er → per**ç**age*
– L'étymologie permet de comprendre la graphie.
> le latin *na**t**ionem* a donné → la na**t**ion > *de**sc**endere* → de**sc**endre > ***sc**ire* (savoir) → **sc**ience.

À retenir

Les graphies du son-consonne [s] sont principalement **ss entre deux voyelles, c** ou **ç, -tion, -tien, sc.**

1 Avez-vous compris ?

a *Quelles règles expliquent les graphies du son [s] dans* élança, rassembla *?*
b *Écrivez le verbe* s'élança *au présent ; quelle règle appliquez-vous ?*

Le monstre s'affaissa, perdant ses forces et son sang ; mais dans un dernier sursaut, il s'élança encore sur le chasseur, qui rassembla toutes ses forces pour frapper, et réussit à lui trancher la queue, avant de retomber, lui aussi, exténué, incapable d'achever le vaincu.

J. et W. Grimm, « Les deux Frères », *Contes*.

2 *Relevez les mots où l'on prononce [s].* *

un ro**ss**ignol – une mé**s**ange – une ro**s**e – un bi**s**on – une bo**ss**e – une po**s**te – une blou**s**e – un mor**s**e – un poi**s**on – un poi**ss**on

3 *Pour avoir le son [s], complétez avec s ou ss.* *

Me...ieurs – Mon...ieur – un me... age – un men...onge – une trou...e – un fe...tin – une de...tination – une proue...e

4 *Complétez les mots par c ou ç.* *

a Je me balan...e sur une balan...oire qui n'est pas stable.
b Nous commen...ions à nous pla...er en rang quand Hervé lan...a un cri. c Un rempla...ant va venir.
d Mon voisin me lan...e un regard plein de soup...ons.

5 *Placez, entre les voyelles, sept fois ss (son [s]) et trois fois s (son [z]).* **

a J'ai réu...i cette proue...e de hi...er ma petite sœur sur un rocher, puis de la faire gli...er tout doucement.
b La bi...e de l'hiver souffle et je fri...onne malgré mon épai...e doudoune.
c Ma cou...ine est pre...ée de finir la fri...e qui va décorer son cahier.

6 *Complétez avec ss ou c pour obtenir le son [s].* **

a Ne pou...ez pas ! b Il m'a pin...é ! c Qui peut effa...er le tableau ? d Je suis pre...é ! e Tu pourrais tou...er discrètement ! f L'ailier gauche s'est ble...é ; il a été au...itôt rempla...é. g Le bambou pou...e à une vite...e prodigieuse h Mon neveu su...e son pou...e depuis sa nai...an...e i Ma grand-mère est pa...ée pour nous embra...er et nous remer...ier de lui avoir fait un cadeau.

7 *Complétez les phrases avec* ce *ou* se. **

a Il ... leva joyeusement, ... matin-là. b Elle ... met à ... peigner. c ... jour-là, il fallut ... dépêcher. d Elle ... hâte vers ... bâtiment. e Je ne comprends pas ... langage.

8 *À partir du mot donné, écrivez un mot de la même famille, en gardant la même graphie de [s].* **

influencer → *(nom)* – annoncer → *(nom)* – patienter → *(nom)* – distancer → *(nom)*
citer → *(nom)* – situer → *(nom)* – circuler → *(nom)*
le divorce → *(verbe)* – une façon → *(verbe)* – un pressentiment → *(verbe)* – l'astuce → *(adjectif)* – le caprice → *(adjectif)* – la prétention → *(adjectif)* – l'impatience → *(adjectif)*

9 *En observant le nom donné, écrivez le verbe de la même famille. Attention aux deux n.* **

confection → confec... – collection → collec... – fonction → fonc... – fraction → frac... – section → sec... . – passion → se pa... – impression → impre...

10 *Trouvez les diverses graphies du son [s] : une par liste. Aidez-vous du dictionnaire si nécessaire.* **

a po...e...ion – pre...ion – impre...ion
b pen...ion – dimen...ion – compréhen...ion
c ber...eau – bi...yclette – an...ien – pré...ieux
d por...ion – fric...ion – produc...ion – prédic...ion
e pa...ient – préten...ieux – Mar...ien – quo...ient
f pi...ine – ...ène – de...ente – ...ientifique – con...ient

11 *Complétez avec s, c, sc ou ti pour obtenir [s]* ***

une a...en...ion – un fait e...en...iel – la gla...ia...ion – une ...itua...ion difficile – la ...ita...ion d'une phrase

12 *Complétez avec ss ou s pour avoir le son [s] entre les deux voyelles, en vous demandant si la partie du mot soulignée est un radical, un préfixe ou une simple syllabe.* ***

tourne...ol – para...ol – bro...e – ultra...on – pa...age – pré...alé.

13 Faites le bilan

a *Relevez les mots incomplets et complétez-les une des graphies du son [s] : ç – ss – s – t.*
b *Mettez le verbe* « Je me lan...ai » *au présent à la 1re personne du singulier et du pluriel, puis à l'imparfait à la 1re personne du pluriel.*
c *Donnez un mot de la même famille que les trois mots soulignés, en gardant la même graphie du son [s].*
d *Relevez un mot du texte où s entre deux voyelles se prononce [z] selon la règle habituelle.*

Mes vêtements s'étant usés et déchirés, je me confec...ionnai à partir de peaux de bêtes un habit curieux, mais ...olide, et un bonnet de poils. J'eus même l'heureuse idée de me faire un para...ol, sous lequel je m'abritais des rayons trop chauds du soleil ; ainsi accoutré, je pouvais partir explorer mon domaine, ses prairies, ses forêts, ses sources et ses cascades.
Je me lan...ai dans l'agriculture, en ...emant dans un champ quelques graines d'orge et de blé récupérées au fond d'un ...ac ainsi, à la saison prochaine, peut-être mes moi...ons me permettraient-elles de vivre mieux.

D'après **Daniel Defoe**, *Robinson Crusoë*.

37 PARTICULARITÉS DES CONSONNES C ET G

Pour commencer

Les lettres c et g ne se prononcent pas de la même manière selon les voyelles qu'elles précèdent.

1 LA LETTRE G

• **La lettre g se prononce *[g]***
devant les voyelles **a – o – u**

a > *un **gâ**teau*
o > *un **go**rille*
u > ***Gu**stave*

• **Devant e et i, pour obtenir le son [g],**
il faut ajouter un **u**

e > *la **gue**rre*
i > *une **gui**tare*

• **La lettre g se prononce *[ʒ]***
devant les voyelles **e – i – y**

e > *un **ge**ste*
i > *ima**gi**ner*
y > *le **gy**pse **ce**rise*

• **Devant a – o – u**, pour obtenir le **son** [ʒ],
il faut ajouter un **e**

a > *un **geai***
o > *un pi**geon***

Attention à l'orthographe des mots
> *or**gue**il – or**gue**illeux*

Dans certains mots d'origine étrangère, on ajoute un **h**
> *des spa**ghe**tti*

Remarque :
Le son [j] s'écrit aussi avec la lettre **j** > ***ja**mais – **je**une – **jo**uer – **ju**rer*

2 LA LETTRE C

• **La lettre c se prononce [k]**
devant les voyelles **a – o – u**

a > *une **ca**s**ca**de*
o > *un **co**q*
u > *une **cu**ve*

• **Devant e et i**, pour obtenir **le son** [k], il faut ajouter un **u**

e, i > *une é**cue**lle* **–** *une **cui**rasse*

Attention à l'orthographe des mots
> *re**cueil** – ac**cueil** – cer**cueil** – **cuei**llir*

• **La lettre c se prononce [s]**
devant les voyelles **e – i – y**

e > *une **ce**rise*
i > *un **ci**tron*
y > *un **cy**gne*

• Pour obtenir **le son [s]**, il faut ajouter une **cédille sous le c → ç**

a > *une fa**ça**de*
o > *une le**ço**n*
u > *une ger**çu**re*

Remarque :
Le son [k] s'écrit aussi avec les lettres :
• **qu** > *une **qui**che – un **quo**tidien*
• **k** > *un **ko**ala – un **ka**yak*
• **ch** > *une **cho**rale*

Les autres graphies du son [s] sont étudiées sur la fiche 36.

À retenir

– La lettre **g** devant **a**, **o**, **u**, se prononce [**g**] ; pour obtenir le son [**j**] il faut un **e** entre **g** et **a**, **o**, **u**.
– La lettre **c** devant **a**, **o**, **u**, se prononce [**K**] ; pour obtenir le son [**s**], il faut une **cédille** sous le **c**.
– Quand il est **précédé** d'un **c prononcé** [**k**] , ou de **g** prononcé [**g**], ***-euil*** s'écrit ***-ueil.***

1 Avez-vous compris ?

a *Relevez les trois mots où l'on entend [ʒ] ; combien de graphies distinguez-vous ?*
b *Relevez un mot où la lettre c se prononce [s] et un mot où elle se prononce [k].*

Il ne neigeait plus, mais un vent âpre commençait à souffler. Avant de rentrer, la panthère s'accorda un moment de repos et s'allongea dans la neige.

Marcel Aymé, *Les Contes bleus du chat perché.*

2 *Ajoutez g ou ge pour respecter la prononciation [j].* *

a j'enra...e – vous enra...iez ? – ils enrag...ient – c'est enrag...ant !
b un plon...eur – un plong...oir – je plong...ai – vous plong...iez.
c se ven...er – il se ven...era – il se ven...a – la ven...ance.
d coura...eux – encoura...ant – un encoura...ement – nous t'encoura...ons.
e rou...e – rou...ir – rou...oyant – rou...âtre.

3 *Pour avoir le son [g], écrirez-vous g ou gu ?* *

a ...erre – ...irlande – ...arantie – ...êpe – ...érir – ...orge – ...aulois – ...aieté – dé...ainer – se dé...iser
b Cet athlète est vi...oureux – Ce jeune enfant a une vi...eur étonnante!
c Que de zigzags ! Zigza...er entre les passants, c'est une prouesse ! Je zigza...e, tu zigza...es, mes amis et moi zigza...ons habilement.

4 *Recopiez les mots suivants en ajoutant une cédille si c'est nécessaire.* *

cave – facade – cube – glacure – glacé – glacage – balcon – facon – berceau – caution

5 *Complétez les verbes suivants par c ou ç pour avoir le son [s].* *

a pla...er : je pla...e – je pla...ais – je pla...erai – je pla...ai – j'ai pla...é
b aper...evoir : elle aper...oit – elle aper...evait – elle aper...ut – elle a aper...u

6 *Complétez les mots avec c, g ou gu, puis chassez l'intrus de chaque liste.* **

a ...entil – un or...e – le visa...e – une ima...e – la ...ymnastique
b un ...hetto – une ba...ette – une oran...e – un re...ard – une va...e –
c une se...onde – la ...uisine – un ...amp – un ...uré – un ...arré
d un ré...it – un bo...al – i...i – une ...itrouille – une ré...eption

7 *Pour compléter ces mots, écrirez-vous -euil ou -ueil ?* **

Un chat tout maigre s'est arrêté au s... de ma maison ; j'ai proposé à ma mère de le rec...lir; avec l'accord de ma famille, je lui ai fait un acc... chaleureux. À présent, je le promène avec org... dans tout le quartier.

8 *Complétez les mots (une lettre par trait).* ***

a Le lang--- des signes permet aux sourds-muets de communiquer. / Il est utile d'apprendre une lang-- étrangère.
b La conjug----- de ces verbes est difficile ; nous les conjug---- malgré tout!
c On va prolon-er le RER. / L'arbitre décide la prolong----- du match. / Nous prolong---- notre séjour sur l'île.
d La navig----- sur ce fleuve est difficile : les bateaux y navig---- rarement.

9 *Relevez les mots où apparaissent les lettres c et g. Classez-les selon leur prononciation [k], [s], [g] ou [ʒ].* ***

À mi-chemin de la cage au cachot, la langue française a cageot, simple caissette à claire-voie vouée au transport de ces fruits qui de la moindre suffocation font à coup sûr une maladie.
Agencé de telle façon qu'au terme de son usage il puisse être brisé sans effort, il ne sert pas deux fois. Ainsi dure-t-il moins encore que les denrées fondantes ou nuageuses qu'il enferme.

Francis Ponge, « Le Cageot », dans *le Parti Pris des Choses.*

10 *Retrouvez les lettres effacées dans cette recette magique où l'on fait cuire la viande de certains animaux. Vous devez trouvez six fois le son [ʒ] et cinq fois le son [g].* ***

Procurez-vous un pi...on, un rou...e-...or...e, trois ...énisses, deux ...irafes, un ...épard. Ce ra...oût, bien mi...oté, est particulièrement revi...orant.

11 Faites le bilan

a *Recopiez les mots en gras en les complétant avec g ou gu.*
b *Relevez un nom où le son [j] ne s'écrit pas avec la lettre [ʒ].*
c *Relevez les six mots où la lettre c suivie d'une voyelle se prononce [k] ou [s]. Classez-les selon leur écriture et leur prononciation.*
Relevez dans le texte trois mots où le son [k] ne s'écrit pas avec la lettre c

Encoura...é, il marcha franchement jusqu'au rocher, le contourna, et aussitôt s'arrêta, les jambes tremblantes, découvrant les **...ens** qui l'avaient attiré dans ce lieu. Il n'en était pas un qui ait chair sur les os. Tous étaient des squelettes grinçants, **a...ités** de convulsions horribles. [...] Toquin voulut crier, il ne fit que ...émir. Il faillit tomber, se raccrocha au rocher et **dé...erpit**.

Henri Gougaud, « L'étoile », *L'Arbre aux trésors.*

38 LES VOYELLES NASALES

Pour commencer

– Les sons-voyelles [ɑ̃], [ɛ̃], [œ̃], [ɔ̃] se prononcent avec le nez : ce sont des voyelles nasales.
– Ces sons s'écrivent avec les voyelles **a**, **e** , **i**, **o**, **u** ou **y** associées à la consonne **n**.

1 GRAPHIE DES VOYELLES NASALES

a Elles s'écrivent avec une **combinaison** de **deux** ou **plusieurs lettres** :

Graphies en [ɑ̃]

an > ***an**tique*
en > ***en**trée*

À noter, trois exceptions :
> **aon** → *paon, faon, taon*

Graphies en [ɛ̃] et [œ̃]

in > *mal**in***
ain > le *p**ain*** / **ein** > *un r**ein***
un ou **um** > ***un** ours br**un** – du parf**um***
yn ou **ym** > *s**yn**chroniser – du th**ym***

À noter, les graphies :
oin → *un p**oin**g* et **ouin** → *un ping**ouin***

Graphies de [ɔ̃]

on > *m**on** **on**cle*

b Quand la consonne **n** est suivie de **b**, **m** ou **p**, elle devient toujours **m** :

m + b
> *ja**m**be – e**mb**aumer – ti**mb**re – sy**mb**ole – so**mb**re – hu**mb**le*

em + m
> ***em**magasiner*

m + p
> *ca**mp**er – e**mp**orter – i**mp**air – sy**mp**athie – co**mp**arer*

2 REMARQUES SUR LA PRONONCIATION

– Parfois **-en** se prononce [ɛ̃]. > *un moy**en** – un indi**en***
– Dans des mots d'origine anglaise, toutes les lettres se prononcent. > *p**ing**-p**ong** – park**ing***

3 DES POINTS DE REPÈRE POUR L'ORTHOGRAPHE

a Si le mot se termine par **une consonne muette**, cette consonne se retrouve dans les autres mots de **la même famille** :

Graphies de [ɑ̃]

> *gr**and** → gr**and**e*
> *le s**ang** → s**ang**uin*

Graphies en [ɛ̃] et [œ̃]

> *le t**eint** → t**eint**er*
> *un empr**unt** → empr**unt**er*

Graphies de [ɔ̃]

> *le fr**ont** → fr**ont**al*
> *un b**ond** → b**ond**ir*

b Les mots de même famille conservent la même graphie de [ɑ̃] ou [ɛ̃].
> *bl**an**c → bl**an**chir / cr**ain**te → cr**ain**tif – cr**ain**dre / p**ein**dre → p**ein**ture*

c L'étymologie permet de comprendre l'orthographe.
> *c**en**tum* → c**en**t
> *c**an**tare* → c**an**tique
> *f**am**em* → la f**aim**
> *f**in**em* → la f**in**
> *co**m**item* → le co**m**te

À retenir

– Pour **orthographier** un mot qui contient les voyelles nasales [ɑ̃], [ɛ̃] ou [œ̃], on peut avoir recours à d'autres mots de la **même famille**.
– Il faut connaître la **règle** : la consonne **n** devant **b**, **m**, ou **p**, devient **m**.

1 Avez-vous compris ?

a *Soulignez les lettres qui expriment les sons : [ɑ̃], [ɛ̃], [ɔ̃]. Combien de graphies a-t-on pour chacun de ces sons ? Notez-les en colonnes.*
b *Quel est le point commun orthographique des mots en gras ?*

Le roi ne voulut pas encore lui accorder la **récompense** promise et exprima une troisième exigence. Avant ses noces, le tailleur devait encore lui attraper un sanglier qui causait de grands dégâts dans la forêt ; les chasseurs lui prêteraient main-forte. « Bien, dit le tailleur, ce n'est qu'un jeu d'enfant. » Il n'**emmena** pas les chasseurs dans le bois et ils en furent bien contents. [...]

J. et W. Grimm, *Le Vaillant Petit tailleur*.

2 *Trouvez la graphie de [ɑ̃], [ɛ̃] ou [ɔ̃] commune aux mots de chaque liste.* *

a le p[ɛ̃] – une m[ɛ̃] – une s[ɛ̃]te – un parr[ɛ̃]
b le mat[ɛ̃] – un sap[ɛ̃] – du v[ɛ̃] – du rais[ɛ̃]
c un éléph[ɑ̃] – un enf[ɑ̃] – un coll[ɑ̃] – un aim[ɑ̃]
d un tobogg[ɑ̃] – un pl[ɑ̃] – un cr[ɑ̃] – un sult[ɑ̃]
e prud[ɑ̃] – l'arg[ɑ̃] – le présid[ɑ̃] – il m[ɑ̃]
f ils s[ɔ̃] – ils v[ɔ̃] – un m[ɔ̃] – un affr[ɔ̃]

3 *Complétez les mots par une graphie du son [ɑ̃].* *

a Le v[ɑ̃] secoue les br[ɑ̃] ...ches. b Le menuisier scie des pl[ɑ̃]ches. c Le skieur [ɑ̃]tre en piste et dévale la p[ɑ̃]te. d D[ɑ̃]s ce mur, on voit une f[ɑ̃]te inquiét[ɑ̃]te ; est-il d[ɑ̃] gereux ? e Le p[ɑ̃] est un oiseau majestueux.
f Il p[ɑ̃]che sa tête pour boire.

4 *Remplacez le son entre crochets par l'une des graphies proposées.* *

– **an** ou **am** : une cr[ɑ̃]pe – une [ɑ̃]bul[ɑ̃]ce – la gr[ɑ̃]deur – un s[ɑ̃]glier – [ɑ̃]plifier
– **en** ou **em** : [ɑ̃]flammer – [ɑ̃]mancher – [ɑ̃]barquer – [ɑ̃]poigner – [ɑ̃]cercler
– **in** ou **im** : gr[ɛ̃]per – gr[ɛ̃]cer – [ɛ̃]fluencer – [ɛ̃]pressionner – [ɛ̃]biber – [ɛ̃]verser – [ɛ̃]clure – [ɛ̃]terdire – [ɛ̃]manquablement – [ɛ̃]croyable – [ɛ̃]visible – [ɛ̃]possible
– **on** ou **om** : un [ɔ̃]gle – s[ɔ̃]bre – c[ɔ̃]plet – c[ɔ̃]bler – mon [ɔ̃]cle – une fr[ɔ̃]de

5 *Trouvez la terminaison des mots masculins, à partir des féminins.* *

Noms
une Normande – une surveillante – une commerçante – une gardienne – une citoyenne – une Troyenne – une sultane

Adjectifs
a contente – gourmande – émouvante – persane – évidente – géante – gitane
b taquine – Célestine – alpine – souterraine – africaine – moyenne – indienne
c blonde – longue – bonne – seconde – mignonne – féconde – ronde

6 *Avec quelle graphie du son [ɛ̃] écrit-on ces mots ?* **

un cl[ɛ̃] d'œil – une c[ɛ̃]ture – une voix pl[ɛ̃]tive – un gros chagr[ɛ̃] – un mar[ɛ̃] [ɛ̃]trépide – un enfant cr[ɛ̃]tif – une p[ɛ̃]ture – un br[ɛ̃] de muguet

7 *Trouvez les adjectifs qualificatifs correspondant aux noms suivants.* **

la chance – l'imprudence – la vaillance – l'insolence – l'humanité – la sérénité

8 *Écrivez la terminaison en [ɛ̃] de ces noms en vous aidant du mot de la même famille proposé.* **

a finir → la f[ɛ̃] – dessiner → le dess[ɛ̃] – la matinée → le mat[ɛ̃] – chagriner → le chagr[ɛ̃] – latiniste → le lat[ɛ̃] – venimeux → le ven[ɛ̃] – maline → un mal[ɛ̃]
b granivore, granulé → le gr[ɛ̃] – manuel → la m[ɛ̃] – affamé → la f[ɛ̃] – balnéaire → le b[ɛ̃] – panier → le p[ɛ̃]

9 *Dans les adjectifs de la liste suivante, soulignez la voyelle qui précède le n, puis écrivez les noms qui leur correspondent.* ***
prudent → la prudence

a présent – absent – bienveillant – permanent – malveillant – impertinent
b océanique – continental – oriental – occidental

10 *Placez les homophones selon le sens des phrases.* ***

a **tente / tante** : Ma ... m'a proposé de faire du camping ; nous allons acheter une ... .
b **taon(s) / temps / tant** : À la campagne, quand le t ... est à l'orage, les t... tourmentent t ... les randonneurs qu'ils préfèrent rentrer.
c **fend / faon** : Le bûcheron ... un grand arbre ; le bruit fait fuir le petit ... .
d **vente / vante** : En mer, l'hiver, il ... terriblement ; on ..., à juste titre, le courage des marins.
e **sang / sans / sent / sens** : Mon frère a perdu mon CD préféré ; je ... que mon ... ne fera qu'un tour ! ... doute a-t-il prévu ma colère, car il s'est enfui.
f **teinte / tinte** : Le soir, la cloche lointaine ... mélancoliquement ; le ciel prend une ... rosée.
g **faim / fin** : C'est la ... de la matinée : j'ai grand ... !

11 Faites le bilan

a *Complétez les mots en gras avec la bonne graphie.*
b *Relevez deux graphies du son [ɑ̃], deux graphies du son [ɛ̃] et deux graphies du son [ɔ̃]. Repassez à chaque fois la graphie en rouge dans les mots relevés.*
c *Trouvez dans le texte le mot issu du latin* pavonem *et le mot issu de* manum*. Entourez dans le mot latin les lettres que l'on retrouve dans le mot français.*

Son front est surmonté d'une coiffe gigantesque, faite de plumes de paon. Il porte des vêtements artistiquement drapés. Son pantalon bouffant laisse voir ses babouches aux pointes relevées. Sans doute, dans un instant, ce riche **march**[ɑ̃] va-t-il offrir au sultan les **s[ɔ̃]ptueux prés**[ɑ̃]**s** qu'il tient dans ses mains.

39 PLURIEL EN -AUX, -OUX, -EUX

Pour commencer

Certains **noms** ou **adjectifs** ont **la même terminaison** au **singulier** mais ne **forment pas leur pluriel de la même manière** : comment savoir s'ils se terminent au **pluriel par -s ou -x** ?

1 NOMS ET ADJECTIFS EN S AU PLURIEL AVEC DES EXCEPTIONS EN X

Noms au singulier en -ail

Règle générale

singulier -**ail** → pluriel -**ails**

> *Un évent**ail** → des évent**ails***

> *des chand**ails** – des dét**ails** – des port**ails**…*

Sept exceptions

singulier -**ail** → pluriel -**aux**

> *un trav**ail** → des trav**aux** – un vitr**ail** à des vitr**aux***

de même pour > *bail – corail – émail – soupirail*

Cas particulier > *de l'**ail** – des **aulx***

Noms et adjectifs au singulier en -ou

Règle générale

singulier -**ou** → pluriel -**ous**

> *un f**ou** → des f**ous***

> *un ventre m**ou** → des ventres m**ous***

Sept exceptions

singulier -**ou** → pluriel -**oux**

> *un bij**ou** → des bij**oux***

> *des caill**oux** – des ch**oux** – des gen**oux** – des hib**oux** – des jouj**oux** – des p**oux***

2 NOMS ET ADJECTIFS EN X AU PLURIEL AVEC DES EXCEPTIONS EN S

Noms et adjectifs au singulier en -al, -eau ou -au

Règle générale

singulier -**al** → pluriel -**aux**
singulier -**eau** → pluriel -**eaux**
singulier -**au** → pluriel -**aux**

> *un journ**al** spéci**al** → des journ**aux** spéci**aux***

> *un nouv**eau** chât**eau** → des nouv**eaux** chât**eaux***

> *un tuy**au** → des tuy**aux***

Exceptions

– singulier -**al** → pluriel -**als**
Certains noms > *un b**al** → des b**als***

> *des carnav**als** – des cérémoni**als** – des chac**als** – des festiv**als** – des récit**als** – des rég**als***

Certains adjectifs > *Un hiver glaci**al** → des hivers glaci**als** ban**als** – banc**als** – fat**als** – fin**als** – nat**als** – nav**als***

– singulier -**au** → pluriel -**aus**
exception > *un landau → des land**aus***

Noms au singulier en -eu

Règle générale

singulier -**eu** → pluriel -**eux**

> *un j**eu** → des j**eux** – un chev**eu** → des chev**eux***

Deux exceptions

pneu et *bleu*

> *un pn**eu** → des pn**eus** – (un pull)*

> *bl**eu** → (des pulls) bl**eus***

Cas particulier > *Le **ciel** → les **cieux** — un **œil** → des **yeux** – un **aïeul** → des **aïeux***

À retenir

– En règle générale, les noms ou adjectifs en **-ail** et **-ou** prennent un **-s** au pluriel et les noms et les adjectifs en **-al, -au, -eau, -eu** prennent un **-x** au pluriel.
– Le seul moyen de **retenir les exceptions** est de **les apprendre par cœur**.

1 Avez-vous compris ?

a *Mettez au pluriel les GN en gras.*
b *Donnez le singulier des mots :* ruisseaux – troupeaux – taureaux sauvages.

Allez voir **le ciel bleu et lumineux** de la Camargue, les grandes étendues d'eau mouvante, les milliers de ruisseaux qui courent vers le fleuve. Observez **le travail** des gardians qui veillent sur les troupeaux de taureaux sauvages.

2 *Mettez ces noms au pluriel* -ails *ou* -aux *et employez-les dans une phrase.* *

un rail – un chandail – un travail – un détail – un soupirail – un épouvantail

3 *Complétez les mots par* -ous *ou* -oux . *

a Ils sont f…, ceux qui détruisent la beauté des paysages. b De splendides bij… ont été retrouvés dans les tombes mycéniennes. c Nous nous sommes fait mal aux gen… d L'avare compta ses s…, puis les cacha dans des tr… de la muraille. e Les petits voy… s'amusaient à lancer des caill… .

4 *Mettez ces GN au pluriel avec* -eux *ou* -eus. *

un adieu – un feu – un pieu – un pneu poreux – un milieu prestigieux – un œil bleu – un dieu amoureux – un neveu curieux– un aïeul glorieux – un ciel brumeux

5 *Retrouvez le singulier des noms suivants :* -ail, -al *ou* -au. **

les tuyaux – les travaux – les boyaux - les vitraux – les chevaux – les coraux – les métaux – les bocaux – les totaux

6 *Écrivez le pluriel des GN suivants en accordant l'adjectif avec* -als *ou* -aux. **

un besoin vital – un soin médical – un arbre tropical – un exercice oral – un combat loyal – un comportement anormal – un horaire matinal – un muscle dorsal

7 *Mettez les GN suivants au singulier.* **

des chants mélodieux – des cieux lumineux – des bruits caverneux – des adieux tumultueux – des taureaux furieux – des dieux majestueux – des cultes ancestraux – des travaux colossaux – des récitals régionaux

8 *Complétez les mots par* -aux *ou* -eaux. **

a Le soleil fait chatoyer les couleurs des vitr … de la cathédrale. b Des poissons multicolores évoluent entre les cor … de ces lagons tropic … . c Les ém … kabyles sont fort b … ; on peut admirer certains de ces joy … dans des musées. d Les journ … annoncent que les rivières atteignent des niv … inquiétants.

9 *Chassez l'intrus de chaque liste puis mettez les GN au singulier.* **

a des châteaux – des gâteaux – des bateaux – des journaux
b des épieux – des queues – des adieux – des yeux
c des voix – des prix – des faux – des jeux – des houx
d des vœux – des feux – des creux – des bleus

10 *Lisez le texte suivant et répondez aux questions.* ***
a *Quel est le septième mot que le hibou a oublié ?*
b *Quelle est la particularité des sept mots évoqués par le hibou ?*
c *Écrivez le pluriel des mots écartés de la liste par le hibou au vers 7.*
d *Mettez au pluriel les GN en gras.*

Caillou, genou, chou, pou, joujou, bijou,
Répétait sans fin le petit hibou.

Joujou, bijou, pou, chou, caillou, genou,
Non, se disait-il, non, ce n'est pas tout.

Il y en a sept pourtant, sept en tout :
Bijou, caillou, pou, genou, chou, joujou.

Ce n'est ni bambou, ni clou, ni filou...
Quel est donc le septième ? Et le hibou,

La patte appuyée **au creux de sa joue**,
Se cachait de honte **à l'ombre du houx**.

Et il se désolait, si fatigué
Par tous ses devoirs de jeune écolier

Qu'il oubliait, en regardant le ciel
Entre les branches épaisses du houx,

Que son nom, oui, son propre nom, hibou,
Prenait, lui aussi, un X au pluriel.

Maurice Carême, « Le Hibou ».

11 Faites le bilan

a *Mettez au singulier les GN en gras.*
b *Mettez au pluriel le nom* ciel.
c *Indiquez avec quel nom s'accorde l'adjectif* beaux. *Donnez son genre et son nombre.*
d *Dans le GN souligné, remplacez le nom* demeure *par* château *et faites les accords. Mettez ensuite le GN au pluriel.*

Le soir venu, parée de ses plus beaux atours, elle fit **ses adieux** à ses parents, les joues baignées de larmes. Accompagnée de la mère d'Aladdin, et d'une centaine d'esclaves tenant **des flambeaux** d'or qui illuminaient le ciel comme en plein jour, elle rejoignit <u>sa nouvelle demeure</u> et s'y installa.
Assise sur un trône, elle répondait par **des sourires gracieux** à tous ceux qui se pressaient pour l'admirer, la féliciter et lui offrir **des cadeaux**.

Thierry Aprile, *Aladdin*.

40 LES ORIGINES DE LA LANGUE FRANÇAISE

! Pour commencer

Le nom **étymologie** est formé sur le mot **grec *etymon*** qui signifie « **vrai** ». L'étymologie permet de connaître la vérité d'un mot, son **origine**, sa **racine**, son premier sens.

1 LES ORIGINES DU FRANÇAIS

a Le latin

– La **majorité** des mots français **proviennent du latin**.
– Le français est une **langue romane** comme l'italien, l'espagnol, le portugais ou le roumain.
– Les mots issus du latin proviennent soit d'une **transformation au cours des siècles** dite formation populaire, soit d'un emprunt direct, dit formation savante.

mots latins	français de formation populaire (ayant déformé le latin)	français de formation savante (fidèle au latin)
potionem	un poison	une potion
gustare	goûter	déguster

b Le grec

– Le **grec ancien** a servi et sert encore à la **formation savante** de très nombreux mots français.
> *gyro* (tour) + *phare* (phare) = un gyrophare – *chrono* (temps) + *mètre* (mesure) = *un* chronomètre.

– Généralement, les mots contenant **ch** prononcé [k], **th**, **ph** ou **y** sont d'origine grecque.

c Les emprunts à d'autres langues

Au cours des siècles, la langue française a emprunté des mots à de nombreuses autres langues.

gaulois > chêne, blé, charrue, alouette, drap	**germain** (langue des Francs) > guerre, hache, jardin, blanc, bleu	**italien** (depuis la Renaissance) > bambin, escorte, opéra	**espagnol** > cordonnier, guitare
anglais > wagon, week-end	**néerlandais** > dune	**arabe** > chiffre, hasard	**aztèque** > tomate

2 LES RACINES DES MOTS FRANÇAIS

a L'étymologie permet de **connaître la racine d'un mot** et sa formation. (→ fiche 41)

La racine d'un mot

peut **s'associer avec une racine d'origine différente.**
> grec + latin → un interphone = ***inter*** (entre en latin) + ***phone*** (son en grec)
> latin + anglais → un superman = ***super*** (au-dessus en latin) + ***man*** (homme en anglais)

peut **se retrouver dans d'autres mots.**
> la racine grecque ***tele*** (= loin) a donné **télé**phone, **télé**vision, **télé**graphier, **télé**portation

b L'étymologie **donne des informations** sur le mot :

• **l'orthographe**
> ***corpus*** (latin) → le **corps** : les lettres **p** et **s** sont étymologiques.

• le **sens**
> ***oto*** (*oreille* en grec) → une **otite** est une infection des oreilles, une **otarie** a de petites oreilles.

! À retenir

– **L'étymologie** permet de retrouver la **racine** d'un mot, c'est-à-dire de connaître le mot latin, grec, ou d'une autre langue à partir duquel s'est formé ce mot français.
– Identifier la racine du mot permet souvent de mieux le **comprendre** et de bien **l'orthographier**.

1 Avez-vous compris ?

a *Trouvez un adjectif d'origine grecque. Quel indice vous a guidé ?*
b *Quel mot vient du latin* nomen *?*
Quelles lettres du mot latin ont disparu en français ?
c *Le mot* frère, *issu du latin* fratrem, *est-il de formation populaire ou savante ?*

C'est donc à Héraclès qu'appartient la gloire d'avoir institué les Jeux et de leur avoir donné le nom d'olympique. Il décida qu'ils auraient lieu tous les cinq ans, parce que ses frères et lui étaient cinq.

Pausanias, *L'Élide, dans Les mots des sportifs.*

2 *Groupez deux par deux un mot latin et un mot français. Quelles lettres latines ont disparu ?* *

mots latins : *barbam – filiam – lacum – purum – ossum – exilium – longum – corpus – sperare – spiritum – scholam – scribere*
mots français : lac – os – exil – barbe – fille – corps – école – esprit – pur – long – écrire – espérer

3 *Complétez les phrases suivantes qui montrent que certains noms communs sont issus de noms propres, puis retrouvez chacun des noms communs.* *

a Joseph Guillot... inventa un couperet pour les condamnés → la gui... b Eugène Pou.... instaura l'usage de la boîte à ordures → la p... c Le Comte de Sandw... mangeait son repas dans du pain → un s... d Na... est l'héroïne d'un roman → une... e Ambroise Calep... a donné son nom à un carnet de notes → un cal... f L'ingénieur John Mac... inventa un revêtement pour la chaussée → le maca...

4 *Complétez le tableau suivant en écrivant, à partir du mot latin, un mot de formation savante.* **

mots latins	français de formation populaire	français de formation savante
feminam	femme	(un vêtement) ...
florem	fleur	(une décoration) ...
securum	sûr	(la) ...
spatium	espace	(un vaisseau) ...
masticare	mâcher	(la) ...

5 *Associez à chaque mot latin de la liste A un mot de formation savante et un mot de formation populaire de la liste B. Employez dans une phrase chaque mot de formation savante.* **

A *linguam – solum – horam – vigilare – noctem – auscultare*
B langue – heure – bilingue – ausculter – seul – horaire – solitude – nuit – veiller – vigile – écouter – nocturne

6 *En vous aidant des définitions, complétez les mots pour retrouver six mots latins passés tels quels du latin au français.* **

a Cahier aux pages blanches pour ranger des photographies : un alb... b Ce qu'on ajoute à la fin d'une lettre : un post-s... c Le fait de se tromper de situation ou de personne : un qui... d Abréviation qui signifie qu'on ne précise pas tout : et ... e Sert pour se laver les mains : un lav... f Carnet pour noter ce qu'on a à faire : un ag...

7 *Les mots suivants combinent une racine latine et une racine grecque ; soulignez celles-ci de couleurs différentes.* **

autodiscipline – télévision – polyvalent – parasol – bicyclette – biomasse – monoparental

8 *Parmi les mots soulignés, relevez ceux qui sont d'origine anglaise. Aidez-vous d'un dictionnaire pour préciser l'origine des autres mots.* **

a Mon cousin aime le <u>judo</u>. b Ce <u>sport</u> se pratique en <u>kimono</u>. c Après chaque entraînement, nous mangeons une <u>pizza</u> ou un <u>hot-dog</u>. d Il est déconseillé de mâcher du <u>chewing-gum</u> pendant un combat. e Il est très <u>fair-play</u> : quand il perd il reste <u>zen</u>.

9 *Dans ces phrases, repérez les mots empruntés à l'anglais.* ***

a À la fin du match, l'arbitre a sifflé un penalty. b Pendant le week-end, j'ai lu un livre passionnant. c L'équipe adverse a un excellent goal. d La baby-sitter est très attentionnée. e Il fait si chaud que je vais mettre un short. f Samir aime surfer sur le web. g Dans notre studio, nous n'avons qu'une kitchenette.

10 *Retrouvez dans la liste les mots français issus de* panem – hominem – arborem *et* noctem. *Constituez ensuite quatre groupes en associant à chacun les autres mots des autres langues. Quelles sont les lettres latines qui se sont conservées ?****

Français (la nuit – le pain – l'homme – l'arbre) –
Espagnol (pan – hombre – árbol – noche) –
Portugais (homem – noite – pão – árvore) –
Roumain (noapte – arbore – om – pâine) –
Italien (uomo – notte – albero – pane) –
catalan (arbre – pa – home – nit)

11 Faites le bilan

a *Relevez dans le texte le mot qui a pour racine le latin* tempus. *Indiquez en rouge dans le mot français les lettres étymologiques qui ne se prononcent plus.*
b *Relevez le mot du texte qui a pour racine le latin* imagines.
c *Le mot* jeune, *issu du latin* juvenem, *est-il de formation populaire ou savante ?*
d *Trouver, dans le texte, un mot d'origine anglaise et un mot d'origine japonaise.*
e *Dans le nom* cyberculture *du titre, relevez la racine latine et la racine grecque.*

Les jeux électroniques ou la cyberculture

Il suffit de pratiquer un peu pour savoir que le temps n'a plus la même valeur devant un écran et passe beaucoup plus vite. Les jeux informatiques passionnent des millions d'adeptes, jeunes ou vieux, aventuriers de l'électronique ou simples consommateurs d'images, footballeurs de salon ou héros de canapé, enfants de la « génération Nintendo » en quête de frissons numériques.

Jérôme Colombain, *La Cyberculture.*

41 LA FORMATION DES MOTS

Pour commencer

– La langue française est une **langue vivante** : des mots **disparaissent** et des mots nouveaux **sont créés**.
– Les **mots nouveaux** sont souvent **formés sur le radical d'un mot existant**.

1 MOTS SIMPLES ET MOTS COMPLEXES

On distingue **deux sortes de mots**

Les mots simples
Ce sont des **mots-radicaux** :
ils ne sont constitués que d'un radical.
> *une **fleur***

Les mots complexes
Ce sont des mots **dérivés** ou **composés** :
le radical du mot n'est plus seul.
> *un **fleur**iste – re**fleur**ir – un chou-**fleur***

Les mots qui sont **formés sur le même radical** sont des mots de **la même famille**.

2 CARACTÉRISTIQUES DES MOTS COMPLEXES

Les **mots complexes** peuvent être formés par dérivation ou composition

Les mots dérivés

Ils sont formés par l'ajout d'affixes au radical :

– un **préfixe avant** le radical
> ***ob**long (**ob**- + long)*

– un **suffixe après** le radical
> *une long**(u)eur** (long + -**(u)eur**)*

– à la fois un **suffixe et** un **préfixe**
> *long**er** (long + -**er**)*

Un mot dérivé peut modifier une ou plusieurs lettres du radical.
> *la **douleur** → **doulou**reux – in**dolor**e – en**dolor**i*

Les mots composés

Ils sont formés de plusieurs radicaux :

– souvent **deux mots radicaux**
> ***long**temps*

– parfois **trois mots radicaux** (ou plus...)
> *une arrière-grand-mère*

Les radicaux des mots composés peuvent être reliés par un **tiret, collés** l'un à l'autre ou parfois simplement **juxtaposés** > *un garde champêtre*

Les radicaux grecs sont à l'origine de nombreux mots composés.
> un ***thermomètre*** est composé de deux radicaux radical *thermo* + du radical *mètre*

3 AUTRES CAS

– Un **mot nouveau** peut se former par un **changement de classe grammaticale**.
> *Il va **dîner**. → Le **dîner** est prêt.* (verbe à l'infinitif nom commun)

– Un **nom propre** peut devenir un **nom commun**.
> *La **béchamel** est une sauce mise au point par le maître d'hôtel Louis **Béchamel**.*

À retenir

– Les mots **simples** sont **des mots radicaux**. Les mots **complexes** sont **dérivés** ou **composés**.
– Les mots **dérivés** sont formés par l'ajout d'un **suffixe** ou/et d'un **préfixe**.
– Les mots **composés** sont formés de **deux ou plusieurs radicaux**.

1 Avez-vous compris ?

a *Recopiez tous les mots dérivés de l'adjectif* douce. *Encadrez le radical.*
b *Parmi ces mots, lequel est formé avec un préfixe et un suffixe ?*
c *Trouvez dans le texte un mot composé et indiquez sa formation.*

– Tout ça , c'est des histoires. Sauvez-moi d'abord. Après on verra, fulmina l'ennemie mortelle de Planche-Beige.
Puis radoucie :
– Soignez-moi, épousez-moi, et je me ferai belle à merveille, douce comme une amande douce, doucette, douceronne, doucissime, douçaillonne, douciste, doucebèque, bref douze fois douce…

Pef, « Motordu », *Sang-de-Grillon et autres contes.*

2 *Associez un radical de la liste* A *à un mot dérivé de la liste* B. *

A brume – orage – temps– neige – climat – soleil
B acclimater - déneiger – ensoleillé – embrumé – orageux – intemporel

3 *Retrouvez la famille du radical* lune *et la famille du radical* un. *

alunir – réunion – unité – unisson – lunatique – désunir – unifier – lunaison

4 *Recopiez les noms dérivés suivants en séparant le radical et le suffixe.* *

colonnade – lunaire – glissade – trouvaille – communal – cuillerée – cimenterie – aimable – sonnette – paresseux

5 *Recopiez les mots suivants en séparant le radical et le préfixe.* *

déshonneur – irréel – inélégant – préhistoire – revoir – minuit – déplaire – prédire

6 *Faites précéder les mots de la liste par le préfixe dé- ou dés- pour obtenir des dérivés antonymes* *

faire – apprendre – former – s'habiller – croître – humaniser – intérêt – intéressé – articulé

7 *Ajoutez aux mots suivants le préfixe in- et faites les modifications nécessaires selon la première consonne du radical (*in- il- im-, -ir*).* **

détectable – mobile – logique – responsable – réel – actif – légal – vulnérable – possible – respectueux – prudent – imaginable – respirable – habituel – offensif

8 *Classez ces dérivés en deux groupes selon que le préfixe* in- *signifie* ne… pas *ou* dans, en. **

invisible – inspirer – incroyable – injection – importer – indétectable – indestructible – illuminé

9 *Retrouvez la famille du radical* habit *et du radical* habile. **

habileté – habillage – habilleuse – malhabile – déshabiller – habilement

10 *Recopiez les mots en séparant le préfixe, le radical et le suffixe.*
Formez un autre mot dérivé avec le radical. **

embranchement – acheminer – apposition – embellir – déshabillage – arrangement

11 *Complétez le tableau avec les mots ayant comme radical* terre. **

enterrer – déterrer – terrier – terrasse – terrain – terreau – atterrir – terre-plein – souterrain – méditerranéen – terre-à-terre – parterre

Mots dérivés préfixés	Mots dérivés suffixés	Mots dérivés préfixés et suffixés	Mots composés

12 *Indiquez le ou les radicaux des mots suivants.* **

Méditerranée – amaigrissement – hôtellerie – café-concert – téléfilm – ensanglanté – assagi – ressemblance – prénommer

13 *Assemblez les radicaux deux par deux pour former des mots composés. Attention, deux mots n'ont pas de tiret.* ***

femme – porte – entre – ciel – passer – feuille – sol – laissez – gratte – sage

14 *Dans chaque famille de mots, recopiez les différentes formes prises par un même radical.* ***

Nuit : nocturne – minuit – nuitée – équinoxe
Pluie : parapluie – pluvieux – pluvial – pleuvoir
Pied : piedestal – podium – pédestre – piéton
Eau : aquarium – aiguière – évier – aigue-marine

15 Faites le bilan

a *Relevez les mots de la même famille que* tisserand.
b *Relevez le mot-radical dont est issu le participe* effilée. *Indiquez la formation de ce participe.*
c *Relevez un nom composé et indiquez précisément sa formation.*
d *De quel nom du texte est dérivé le verbe* décolorer ?

Arachné et Minerve

Elles dressent leurs métiers à tisser, tendent la chaîne de leur toile qu'elles fixent au cadre. Un roseau sépare les fils ; entre les fils glisse la trame qui se déroule sous leurs doigts agiles conduite par la navette effilée […]
Sous leurs doigts, les nuances des couleurs brillent et se fondent exactement comme brillent et se fondent les couleurs de l'arc-en-ciel. Elles mêlent aussi de longs fils d'or à la laine et de grands tableaux se dessinent sur leur tissu.

A. Collognat, *Vingt-cinq métamorphoses d'Ovide.*

42 LES HOMONYMES

! Pour commencer

Le mot « homonyme » vient du grec *homo* = **semblable** et *onyme* = **nom**.
Les homonymes sont des mots qui se **ressemblent**.

1 HOMOPHONES ET HOMOGRAPHES

Les homonymes n'ont pas le même sens.

Parmi **les homonymes**, on trouve

Les homophones

Ils se prononcent de la même façon, mais attention à leur **écriture**.

> *Au **mois** d'avril, je vous inviterai chez **moi**.*

Ils peuvent **se distinguer à l'écrit** :

– par leurs lettres

> *Il était une **fois** une marchande de **foie** qui se dit : ma **foi** !*

– par des accents grave ou circonflexe

> ***Là**, **la** mère a parlé à sa fille.*
> *Il est **sûr** de rester **sur** place.*

Les homographes

Ils s'écrivent de la même façon, mais attention à leur **lecture**.

> *Ils **affluent**. – un **affluent***

Ils peuvent **se distinguer à l'oral** :

– par le sens de la phrase et le contexte

> *Les **fils** servent à coudre. – Son **fils** a cinq ans.*

– par leur prononciation

> *Nous **portions** des **portions** de gâteau.*

Certains homonymes sont **à la fois homophones et homographes** :
ils s'écrivent et se prononcent de la même façon mais attention à l'**analyse grammaticale**.

> *Ce sportif a perdu, **or** il a reçu le ballon d'**or** !*

2 HOMOPHONES À NE PAS CONFONDRE

Pour ne pas confondre les mots, suivre les conseils entre parenthèses.

et (remplacer par **et aussi**)	**est** (remplacer par **était**)	> *Il **est** grand **et** fort.* → *Il **était** grand **et aussi** fort.*
à (on **ne peut pas** le remplacer par **avait**)	**a** (remplacer par **avait**)	> *Elle **a à** manger.* → *Elle **avait à** manger.*
on (remplacer par **il**)	**ont** (remplacer par **avaient**)	> ***On** dit que les absents **ont** tort.* → *Il dit que les absents **avaient** tort.*
ces (remplacer par **cet** ou **cette**)	**ses** (remplacer par **son** ou **sa**)	> ***Ces** enfants-là ne sont pas **ses** enfants.* → ***Cet** enfant-là n'est pas **son** enfant.*
mais (remplacer par **cependant**)	**mes** (remplacer par **mon** ou **ma**)	> ***Mais** je sais **mes** leçons !* → ***Cependant** je sais **ma** leçon !*
son (remplacer par **ses** ou **sa**)	**sont** (remplacer par **étaient**)	> *Ce **sont** les amis de **son** fils.* → ***C'étaient** les amis de **sa** fille.*

! À retenir

– Les homonymes sont des mots qui **se prononcent** ou **s'écrivent de la même façon**.
– L'**orthographe**, la **prononciation** et **le sens de la phrase** permettent de les distinguer.

1 Avez-vous compris ?

a *Relevez dans le texte deux mots et leurs deux homophones.*
b *Connaissez-vous d'autres mots qui sont les homophones des mots relevés ?*

« Je ne sais plus que faire : j'ai consulté deux médecins. Le premier veut m'envoyer à Pau pour une maladie de foie, le second à Foix, pour une maladie de peau ! »

Francis Blanche.

2 *Lisez ces phrases à voix hautes en distinguant les homographes surlignés.* *

Il **est** parti à **l'est** du pays. – Je **sens** que suis dans le bon **sens**. – Hier, tu **bus** de l'eau dans le **bus**. – On peut se **fier** à cet homme **fier**. – Pour réviser, nous **notions** sur une feuille les **notions** enseignées.

3 *Écrivez les mots homophones des propositions surlignées. Attention à l'orthographe.* *

L'ami Caouette
Me fait la tête
Qu'a Caouette ?
Mam'zelle Gibi
M'traite d'abruti
Qu'a Gibi ?
L'ami Outchou
M'jette des cailloux
Qu'a Outchou ?

Mam'zelle Binet
S'est débinée
(oh) **qu'a Binet** ?
Le p'tit Member
Me jette des pierres
Qu'a Member ?
Mam'zelle Lamar
D'moi en a marre
Qu'a Lamar ?

Serge Gainsbourg, « L'Ami Caouette ».

4 *Groupez par trois les homophones suivants puis complétez la phrase avec le mot qui convient.* **

court – vers – cou – cours – mère – vert – coût – cour – maire – coup – mer – verre

Tout à c ... , il c ... v ... sa m ....

5 *Choisissez l'un des homophones pour compléter les phrases qui suivent.* **

a **plaine/ pleine** : Elle est ... d'enthousiasme.
b **voix/ voie** : Cette espèce d'oiseau est en ... de disparition.
c **mois/ moi** : Tu préfères le ... de mai ; ..., je préfère le ... d'août.
d **mer/ mère/ maire** : Oh ... ! me croiras-tu ? J'ai sauvé le ... qui se noyait en pleine ... !
e **sot / seau** : Il est tellement ... qu'il a renversé le ...
f **guerre/ guère** : Je n'aime ... les topinambours à la moutarde.
g **soi/ soie/ soit** : ... tu sors, ... tu entres, mais décide-toi !

6 *Trouvez pour les mots suivants un homophone ; puis employez chacun de ces mots dans une phrase.* ***

fin – eau – porc – patte – mur – cher – pot – quart – sur – pose – chant – voie

7 *Classez les mots suivants en deux colonnes selon leur classe grammaticale : verbes ou noms.*
Attention, six d'entre eux peuvent être soit l'un, soit l'autre. ***

travail – travaille – ennuie – ennui – cri – crie – piègent – piège – lits – lit – lis – relis – relie – veille – veillent – passions – passion – colles – col

8 *Complétez en vous aidant du tableau sur les homophones difficiles.* ***

a / à : a Il ... réussi ... trouver la réponse ! b ... -t-elle fini de donner ... manger ... la chatte ? c Qu'... -t-il ... faire ainsi la tête ?
sont / son : a Les feuilles de ... classeur ... bien rangées. b Le champion brandit ... trophée ; les supporters ... enthousiastes. c ... -t-elles attentives ?
ont / on : a ... dit que les gens ... souvent peur des changements. b Comprend- ... bien qu'il faut protéger la planète ? c Les journalistes ... fait un reportage que les lecteurs ... apprécié car ... en a rarement vu sur ce sujet.
mes / mais : a J'avais ... clés dans ma poche, ... je ne les retrouve pas ! b J'adore ... grands-parents, ... je les vois rarement. c ... où sont donc ... lunettes ?
ces / ses : a Chacun fait attention à ... affaires. b À la cour du roi, Ulysse a raconté ... épreuves. c Regarde : je trouve ... dessins merveilleux !
ce / se : a La fée ... demanda ... qu'elle offrirait au prince. b Les équipes ... sont surpassées : ... tournoi a été un grande réussite. c ... n'est pas grave : tu peux refaire ... travail.

9 Faites le bilan

a *Relevez un homonyme du nom* colle *(v. 1). Quelle est sa classe grammaticale ?*
b *Relevez deux homophones commençant par la lettre s ?*
c *Proposez un autre homophone de ces deux mots et employez-le dans une phrase.*
d *Trouvez un autre mot du texte qui peut avoir un homophone. Employez cet homophone dans une phrase.*
e *« C'est une école » (v. 8) : quelle est la classe grammaticale de* est *? Rédigez une phrase avec un homographe de ce mot.*

La colle au pinceau
Colle au pinceau
Faut que ça colle
Car si ça ne colle pas
L'affiche s'envolera
La colle au pinceau

Colle au pinceau
C'est une école
Si tu n'es qu'un sot
Tu n'auras qu'un seau
Tu n'auras qu'un seau
Mais pas de pinceau

Les Frères Jacques, *La Colle au Pinceau*, 1956.

43 SYNONYMES, ANTONYMES, ET PARONYMES

Pour commencer

– **Synonyme**, **antonyme** et **paronyme** ont en commun le radical grec ***onyme*** qui signifie **mot** : chacun de ces termes nous invite donc à observer **les mots de la langue**.
– Deux mots synonymes ou antonymes appartiennent **à la même classe grammaticale**.

1 LES SYNONYMES

a Caractéristiques

Les mots **synonymes**

ont presque le **même sens.**
> *un plat **délicieux** → **exquis**, **succulent***

appartiennent à la **même classe grammaticale.**
verbe > ***s'exclamer*** syn. verbe → ***s'écrier***…
nom > ***gentillesse*** syn. nom → ***bonté***

b Emplois

Ils permettent d'éviter les répétitions et de rendre le vocabulaire varié et expressif.

Les mots **synonymes**

expriment des **nuances** ou une intensité variable.
> *inquiétude = peur = angoisse = terreur*

appartiennent à des **niveaux de langue différents.**
> ***lassant*** → *soutenu*
> ***ennuyeux*** → *courant*
> ***embêtant*** → *familier*

varient pour un même mot **selon son sens.**
> *un cartable **lourd** → **pesant***
> *un temps **lourd** → **orageux***
> *un sommeil **lourd** → **profond**.*

2 LES ANTONYMES

a Caractéristiques

Les mots **antonymes**

ont des **sens contraires.**
> La *richesse* est le contraire de la *pauvreté.*
> **la *richesse* et la *pauvreté* sont deux antonymes.**

appartiennent à la **même classe grammaticale.**
> adjectif ***gros*** → ant. adjectif ***maigre***
> nom ***gentillesse*** → ant. nom ***cruauté***

b Formation et emplois

Les mots **antonymes**

peuvent avoir un **autre radical.**
> *peureux* → antonyme *courageux, vaillant, brave, intrépide*…
> *gagner* → antonyme *perdre, échouer, rater*

peuvent se former avec un **préfixe.**
in-/il-/im-/ir- > *visible* – ***in****visible*
mé-/més- > *content* – ***mé****content*
dé- > *faire* – ***dé****faire.*
dis- > *paraître* – ***dis****paraître*

varient selon le sens du mot.
> *un homme méchant*
→ antonyme *gentil*
> *une méchante grippe*
→ antonyme *légère*
> *de méchante humeur*
→ antonyme *bonne*

3 LES PARONYMES

Deux paronymes sont **très proches par la prononciation et l'écriture**, mais **leur sens est différent** : il faut les distinguer soigneusement.
> *les <u>phases</u> de la lune ≠ les <u>phrases</u> d'un texte*

À retenir

– **Les synonymes** sont **des mots de sens très proche**.
– **Les antonymes** expriment un **sens contraire** souvent **grâce à un préfixe**.
– **Les paronymes** peuvent se **confondre à l'oral** mais ils n'ont **pas du tout le même sens**.

1 Avez-vous compris ?

a *Ce texte contient-il des synonymes, des antonymes ou des paronymes ?*
b *Continuez la liste avec deux mots du langage soutenu.*

« Il a l'esprit dérangé ! » s'écria l'un des pères, consterné, et les autres parents se mirent à crier en chœur. « Il est fou ! » crièrent-ils.
« Il est cinglé ! »
« Il est sonné ! »
« Il est cintré ! »
« Il est marteau ! »
« Il est piqué ! »
« Il est tapé ! »
« Il est timbré ! »
« Il est toc-toc ! »
« Il est maboul ! »
« Il est dingue ! »
« Il est cincque ! » […]

Roald Dahl, *Charlie et la Chocolaterie*.

2 *Regroupez les synonymes deux par deux.* *

a le calme – la colère – la sottise – la bonté – l'imbécillité – la tranquillité – la bienveillance – le courroux
b dissimuler – dérober – se souvenir – savoir – cacher – connaître – voler – se rappeler
c insolent – splendide – orgueilleux – poltron – impudent – somptueux – peureux – prétentieux

3 *Variez votre vocabulaire et remplacez par un synonyme.* *

a le verbe **avoir** : (*comporter – posséder – éprouver – disposer de – se composer de*)
Ce fermier a un troupeau de quarante vaches. – J'ai une terrible peur. – Ce livre a huit chapitres. – Le palais du sultan avait cinquante pièces. – Sur mon bureau, j'ai deux dictionnaires.
b l'expression **plein (de)** : (*une foule – envahi(e) – parsemé(e)– bondé – une avalanche*)
Il a posé plein de questions. – Elle traversa un jardin plein de ronces. – Tous les ans, la Joconde a plein de visiteurs admiratifs. – La pelouse, au printemps, est pleine de pâquerettes. – Le bus est plein ; on a peine à respirer.

4 *Groupez deux par deux les antonymes.* *

a bienveillant – hideux – cruel – lent – négligeant – rapide – consciencieux – magnifique
b accepter – accueillir – refuser – nier – repousser – affirmer
c la petitesse – la clarté – la hauteur – la pesanteur – la grandeur – l'obscurité – la profondeur – la légèreté

5 *Parmi les mots* aimable – dur – froid – grave, *trouvez l'adjectif antonyme qui convient dans ces expressions (n'oubliez pas d'accorder l'adjectif).* *

(une voix) aiguë – *(des paroles)* douces – *(des couleurs)* chaudes – *(un ton)* cassant

6 *Regroupez deux par deux les mots synonymes en observant soigneusement leur classe grammaticale.* **

a agité – s'énerver – agitation – énervé – énervement – s'agiter
b craindre – craintif – peur – peureusement– crainte – redouter – craintivement – peureux

7 *Trouvez l'antonyme des mots en ajoutant un préfixe.* **

espérer – la prudence – heureux – la politesse – l'entente – lisible – l'habillage – faire – coudre – le respect

8 *Complétez les phrases avec l'un des mots entre parenthèses.* **

a Cet enfant a beaucoup d'(*affection / infection*) pour ses parents b Cette pièce est pratique car elle bien (*aménagée / emménagée*) c Il distribue son argent avec une grande (*largesse / largeur*) d Il a été (*enduit / induit*) en erreur. e Le roi a un (*sceptre / spectre*) dans la main.

9 *Recopiez le texte suivant en remplaçant* le sorcier *par* la fée, *puis chaque mot souligné par un antonyme.* ***

Le sorcier demanda à son apprenti de lui rapporter l'eau de malveillance. Cette eau avait le pouvoir d'enlaidir quiconque la buvait, de le rendre faible, poltron, stupide et détestable aux yeux de tous. L'apprenti refusa cette tâche ignoble.

10 *Placez ces paronymes de façon à donner un sens clair aux phrases suivantes. N'oubliez pas les accords.* ***

impudent – imprudent – compréhensif – compréhensible – intention – attention
a Quel insolent, c'est un valet vraiment … !
b Il est … d'escalader un sommet par mauvais temps.
c Souafi s'exprime d'une manière claire : il est …
d Mes parents sont indulgents, ils sont très …
e Le surveillant attire notre … sur l'importance de la discipline.
f Il n'a pas l'… de venir ce soir.

11 Faites le bilan

a *Trouvez dans le texte un antonyme de* gentil.
b *Relevez un synonyme de chaque mot souligné.*
c *Relevez les synonymes des mots suivants :* la rage – l'envie – convier – se rendre.
d *La reine est-elle* affligée *ou* infligée *?*
e *A-t-elle* l'attention *ou* l'intention *d'aller au mariage ?*

[…] la méchante reine fut invitée aussi. Elle revêtit sa plus belle **parure**, puis elle interrogea son miroir :
« Miroir, mon beau miroir, dis-moi qui est la plus belle ? »
Le miroir répondit : « Madame la reine, vous êtes la plus belle ici, mais la jeune souveraine est mille fois plus jolie. »
La reine **poussa un cri** de fureur. Elle pensa d'abord ne pas aller au mariage, mais la jalousie la tenaillait trop.

J. et W. Grimm, *Blanche-Neige*.

44 SENS PROPRE ET SENS FIGURÉ

Pour commencer

– Le **sens** d'un mot est la **signification** du mot. Le **dictionnaire** donne le sens des mots en donnant leur **définition**.
– Le mot peut être employé dans un sens imagé appelé **sens figuré**.

1 UN MOT ET PLUSIEURS SENS

Un mot a souvent plusieurs sens : on parle de **polysémie** d'un mot (de *poly* = nombreux et *sémie* = signification).

a Le sens d'un mot a pu **évoluer** au cours du temps :

- **sens étymologique**

> *La fée utilise un **charme** pour transformer la citrouille.*

charme → pouvoir magique

- **sens courant moderne**

> *Cet endroit a du **charme**, il est agréable d'y vivre.*

charme → attrait

b Le **contexte**, c'est-à-dire le texte qui entoure le mot, permet de comprendre le sens.

> *Le professeur nous demande de faire deux **opérations** : une addition puis une multiplication.* → ***opération*** signifie un *calcul mathématique*.

> *L'**opération** a été effectuée sous anesthésie.* → ***opération*** signifie une *intervention chirurgicale*.

> *Il a réussi à vendre son appartement plus cher qu'il ne l'avait acheté : c'est une belle **opération**.* → ***opération*** signifie une *affaire commerciale*.

2 LE SENS PROPRE ET LE SENS FIGURÉ

a On distingue le sens courant appelé **sens propre** et le sens imagé appelé **sens figuré** :

- **sens propre**

C'est le sens premier d'un mot, c'est-à-dire le sens le plus simple et qui est souvent le premier sens donné par le dictionnaire.

> *Il lui a donné un **coup** de poing.*

- **sens figuré**

C'est un sens imagé et abstrait d'un mot.

> *Elle a pris un **coup** de froid à la sortie du restaurant.*

Le mot *coup* est employé pour exprimer la rapidité du fait de prendre froid.

b Le sens figuré peut concerner un mot tout seul ou une expression.

> *L'hiver est **froid**.* → adjectif *froid* au sens **propre**

> *Son regard est **froid.*** → adjectif *froid* au sens **figuré**

> *Il **tient sa langue**.* → expression **figurée** signifiant *il se tait*.

c Le passage du sens propre au sens figuré s'appuie sur des rapprochements.

> *Il **dévore** un livre.* → *Il **lit** un livre **vite et avec passion**.*

Le verbe *dévorer* remplace le verbe *lire* pour exprimer de **manière imagée** la façon de lire.

Remarque : Le sens figuré est souvent utilisé par les poètes pour faire des rapprochements poétiques.

À retenir

– Un mot peut être **polysémique**, c'est-à-dire avoir plusieurs sens. C'est le **contexte** qui permet de comprendre le sens d'un mot.
– Le **sens propre** est **le sens premier** d'un mot. **Le sens figuré** est le **sens imagé** d'un mot.

1 Avez-vous compris ?

a *Dites si les mots soulignés sont employés au sens propre ou au sens figuré.*
b *Expliquez ensuite le sens figuré des mots en vous aidant du contexte.*
c *Employez les mots au sens figuré dans des phrases où ils auront un sens propre.*

Sous le vieux pont
L'eau, sous le vieux pont,
coule, coule, et chante,
l'eau sous le vieux pont,
berce de son chant
les poissons d'argent.

Max Jacob.

2 *Précisez si les mots soulignés sont employés au sens propre ou au sens figuré.* *

a J'ai souvent mal à la tête en fin de journée.
b Ce souvenir est gravé dans ma mémoire.
c Il vaut mieux consolider le bagage à l'aide de cordes.
d Il a tué le temps en regardant un film.
e Il tombe des cordes depuis ce matin.
f Ce criminel a tué un homme.
g Le sculpteur a gravé son nom sur la pierre.

3 *Les mots soulignés sont employés au sens figuré : remplacez-les par un des mots de la liste en les accordant si nécessaire.* *

brûlant – subir – grande quantité – solution – sévère – idiote

a Le tribunal l'a condamné à une peine très lourde.
b Elle a la clé du problème.
c Il reste une montagne de linge à repasser.
d Cette bécasse a perdu ses gants neufs.
e Il a essuyé une défaite.
f Quel soleil de plomb !

4 *Complétez les phrases suivantes avec l'un des noms de la liste. Précisez à chaque fois s'il est employé au sens propre ou au sens figuré.* **

gel – flamme – torchon – tissu

a Recommence ce travail, ta copie est un ... .
b La ... de la bougie vous éclaire.
c Avec ce ... , je me coudrai une robe.
d Le ... des prix permet d'économiser.
e Son récit est un ... de mensonges.
f Il a déclaré sa ... à celle qu'il aime.
g Essuie les verres avec ce ... .
h Par temps de ... , tu mets ton écharpe.

5 *Reliez chacune de ses expressions à sa signification.* **

- avoir l'eau à la bouche
- avoir une dent contre quelqu'un
- avoir la grosse tête
- avoir le souffle coupé

> être étonné
> éprouver de la rancune
> être mis en appétit
> être prétentieux

6 *Trouvez l'explication de chacune de ces expressions de sens figuré. Aidez-vous du dictionnaire.* **

Expression de sens figuré	Explication du sens figuré
avoir la main verte	être habile à cultiver les plantes
être dans la lune	
couper la poire en deux	
jeter l'argent par les fenêtres	
prendre les jambes à son cou	

7 *Dans les phrases suivantes, relevez les adjectifs qualificatifs employés au sens figuré puis employez-les au sens propre dans des phrases de votre invention.* ***

a Il éprouve un amour fou pour sa fiancée.
b Elle a une peur bleue des araignées.
c Pourquoi a-t-elle des idées noires ?
d Son regard glacial est effrayant.
e Sa voix chaude nous enchante.
f Il a un accent rocailleux.

8 *Retrouvez ces expressions contenant le mot* cœur*. Aidez-vous des définitions.* ***

a parler à ... → parler avec sincérité, sans rien cacher
b avoir le ... → être très généreux
c réchauffer ... → réconforter
d accepter de ... → accepter volontiers, avec plaisir

9 Faites le bilan

a *Classez les mots en gras en deux groupes : les mots employés au sens propre et les mots employés au sens figuré.*
b *Relevez l'expression figurée utilisée pour désigner l'eau du fleuve.*
c *Expliquez le sens figuré des expressions :* elle s'en balance – elle se la coule douce.
d *Précisez le sens propre des verbes* balancer *[v. 9]* et couler *[v. 11].*

Chanson de la Seine
La Seine a de la chance
Elle n'a pas de soucis
Et quand elle **se promène**
Tout au long de **ses quais**
Avec sa belle robe verte
Et ses lumières dorées
Notre-Dame jalouse,
Immobile et sévère
Du haut de toutes **ses pierres**
La **regarde** de travers
Mais la Seine s'en balance
Elle n'a pas de soucis
Elle se la coule douce
Le jour comme la nuit [...]

Jacques Prévert, *Spectacle*.

45 LE CHAMP LEXICAL

! Pour commencer

Un **champ lexical** regroupe un **ensemble de mots** appartenant tous au **même domaine** : ils se rapportent à une **même idée** ou à une **même réalité**.

1 IDENTIFIER UN CHAMP LEXICAL

a Les mots d'un même champ lexical **ont tous un lien thématique.**
Un champ lexical regroupe tous les mots ou expressions du vocabulaire **liés au même thème** :

Champ lexical de la vue

- La **lumière** > *la clarté, sombre, l'obscurité, éblouir, illuminer…*
- Les **yeux** > *le regard, regarder, les prunelles, observateur, transpercer du regard, jeter un œil…*
- La **couleur** > *colorer, iriser, bleu, rouge, vert…*

b Les mots d'un même champ lexical appartiennent à des **classes grammaticales différentes** :

Champ lexical de la vue

- Des **verbes** > *dévisager, apercevoir, distinguer, illuminer…*
- Des **noms** ou des **GN** > *la lumière, la clarté, la vue, les yeux…*
- Des **adjectifs** > *lumineux, sombre, coloré…*

2 RELEVER LES MOTS D'UN CHAMP LEXICAL

La lecture d'un texte permet de d'identifier le **thème principal**. Le repérage des principaux champs lexicaux facilite la compréhension du texte.

Champ lexical de la guerre

- Les mots **synonymes** (→ fiche 43) > *un conflit = un combat = une boucherie = une bataille…*
- Les mots appartenant **à la même famille** > *la **guerre** – le **guerr**ier – **guerr**oyer*
- Les mots **relevant du même domaine** > *un **soldat** dans une **troupe** avec un **capitaine** et des **armes**…*

Remarque : souvent, plusieurs thèmes se croisent ; il faut savoir **différencier les champs lexicaux.**

! À retenir

– Un **champ lexical** est constitué de **mots** liés à un **même thème** : la présence d'un champ lexical est liée à la thématique du texte.
– **Plusieurs champs lexicaux** peuvent apparaître dans un **même texte**.

1 Avez-vous compris ?

a *Trouvez le champ lexical auquel les mots soulignés appartiennent.*
b *Identifiez les six mots qui composent le champ lexical du corps.*

À peine elle avait achevé sa prière qu'une lourde torpeur envahit tout son corps. Son tendre sein s'enveloppe d'une mince écorce, ses cheveux poussent en frondaisons et se bras en rameaux. Son pied, naguère si rapide, s'attache à des racines immobiles, sa tête porte une cime.

Ovide, « Daphné », *Les Métamorphoses*.

2 *À quel champ lexical correspondent les mots soulignés ?* *

prends la ligne D du RER
et erre dans les rues sévères
d'une ville pleine de caractère
prends la ligne 13 du métro
et va bouffer au MacDo, dans les bistros
d'une ville pleine de bonnes gros et de gros clandos
si t'aimes voyager, prends le tramway et va au marché
en 1h tu traverseras Alger et Tanger […]

Grand Corps Malade, « Saint-Denis ».

3 *Identifiez le champ lexical de chaque liste de mots et trouvez l'intrus.* *

a littoral – rivage – collines – galets – récifs – écueils – falaises
b pré – avenues – bois – collines – champ – vallons – coteaux
c univers – pays – région – contrée – province – corniche
d carottes – radis – cerfeuil – poires – potirons – courges – poireaux
e mots – syllabes – signes – caractères – hiéroglyphes – ciseaux
f champignons – feuilles – chemin – arbres – branches – maison

4 *Complétez le texte suivant à l'aide du champ lexical du livre puis classez les mots selon leur point de ressemblance (mots synonymes – et mots appartenant au même domaine).* **

éditions – livres – ouvrages – rayonnages – papier – couvertures – éditions – parchemins– volumes

L'endroit est extraordinaire : des ... couvrent les murs et s'alignent les uns derrière les autres, formant d'étroites allées. Combien y a-t-il de ... ici ? Dix mille, cent mille, un million ? Une odeur de vieux ... à ... âcre et doucereuse, émane du fantastique amas d'... , dont certains ont plus d'un siècle. ... de cuir, de tissu, de carton, aux tranches dorées ; ... roulés ; ... rares et ... populaires pleins de naïves illustrations ; tout le savoir du monde semble rassemblé ici.

Gudule, *La Bibliothécaire*.

5 *Construisez le champ lexical de la tristesse puis le champ lexical de la joie en trouvant un minimum de trois noms, trois adjectifs et trois verbes. Utilisez les mots trouvés dans des phrases.* **

6 *Classez les mots suivants en quatre groupes, selon qu'ils appartiennent au champ lexical du toucher, de l'ouïe, du goût et de l'odorat.* **

empester – les oreilles – savourer – brûlant – un chuchotement – doux – odorant – une caresse – rugueux – froid – nauséabond – frôler – amer – palper – embaumé – tonitruant – sucré – murmurer – un régal – le nez – entendre – écouter – une puanteur – une saveur – une odeur – salé – crier – la nausée – un parfum – aigu – la peau – goûter – humer – la bouche

7 *Identifiez le champ lexical de cet extrait et soulignez tous les mots qui le composent. Qu'apprend-il au lecteur sur le palais de Phébus ?* ***

Le palais du Soleil s'élançait en colonnes immenses, éclatant d'or brillant et de pyrope pareil aux flammes. Un ivoire resplendissant en recouvrait le faîte. Les battants du portail irradiaient des feux de l'argent. [….]
Phébus siégeait, revêtu dune robe de pourpre, sur un trône aux lueurs d'éclatantes émeraudes.

Ovide, « Phaéton », *Les Métamorphoses*.

8 *Identifiez les thèmes principaux de l'extrait en relevant deux champs lexicaux.* ***

Le Cancre
Il dit non avec la tête
Mais il dit oui avec le cœur
Il dit oui à ce qu'il aime
Il dit non au professeur
Il est debout
On le questionne
Et tous les problèmes sont posés
Soudain le fou rire le prend
Et il efface tout
Les chiffres et les mots
Les dates et les noms
Les phrases et les pièges
Et malgré les menaces du maître
Sous les huées des enfants prodiges
Avec des craies de toutes les couleurs
Sur le tableau noir du malheur
Il dessine le visage du bonheur.

Jacques Prévert, *Paroles*.

9 Faites le bilan

a *Relevez les mots appartenant au champ lexical du déluge et classez-les selon leur classe grammaticale.*
b *Nommez le champ lexical auquel appartiennent les mots soulignés.*
c *Déduisez-en sur quoi les traducteurs de la Bible veulent insister.*

Au bout de la semaine, la grande inondation submergea la terre.
L'année où Noé eut six cents ans, le dix-septième jour du deuxième mois, les eaux souterraines jaillirent impétueusement de toutes les sources, et les vannes du ciel s'ouvrirent en grand. Il se mit à pleuvoir sur la terre ; la pluie allait durer quarante jours et quarante nuits.

La Bible, Genèse, VII, 10-12.

46 LES REPRISES LEXICALES

Pour commencer

Dans un texte, pour **éviter les répétitions** et **varier l'écriture**, un nom ou un groupe nominal peut être repris et remplacé par **d'autres noms** ou par un **pronom**.

1 LA REPRISE NOMINALE

Le nom ou le GN peut être **repris par un autre nom ou GN**.

On peut le remplacer par

un **synonyme** (→ fiche 43)

→ mot de sens voisin

> *voleur = cambrioleur = malfaiteur…*

un nom **générique**

→ terme qui englobe toute une catégorie de personnes ou d'objets

> *Héraclès se trouve face au lion géant. **Le fauve** tente de l'attaquer.*

fauve est un terme générique pour désigner un ensemble comprenant *les lions, les guépards, les léopards, les tigres…*

une **périphrase**

→ expression désignant une personne ou une chose par ses caractéristiques

> *Le lion attaque Héraclès. **Le fils de Zeus** l'assomme avec sa massue.*

Héraclès = ***le fils de Zeus***

La périphrase donne des indications sur le personnage.

2 LA REPRISE PRONOMINALE

Le nom ou le GN peut être **repris par un pronom**.

On peut le remplacer par

un **pronom personnel** : (→ fiche 6)

le – la – l' – les – lui

> *Le héros voit le monstre.*

> ***Il** saisit son épée et **lui** fait face.*

un **pronom démonstratif** : (→ fiche 7)

celui-ci, …

> ***Celui-ci** saisit son épée.*

un **pronom possessif** : (→ fiche 7)

le mien, le sien, …

> *Il saisit **la sienne**.*

3 EMPLOIS

Les reprises nominales ou pronominales sont utilisées pour :

– **éviter des répétitions**.

> *Le loup voit l'agneau ; **il** veut **le** manger.*

– apporter des **précisions, des jugements de valeur**, insister sur **certaines caractéristiques.**

> ***Le cruel animal** se jette sur lui.*

À retenir

– Les **pronoms, synonymes** et noms **génériques** permettent d'**éviter les répétitions**.
– Les **périphrases** donnent aussi des informations complémentaires sur le nom ou le GN remplacé.

1 Avez-vous compris ?

a *Relevez les trois pronoms personnels qui désignent Œdipe.*
b *Relevez les noms ou groupes nominaux qui le désignent : ces noms apportent-ils des informations ?*

C'est ainsi que **le petit enfant** a la vie sauve. Le berger détache ses liens, lui masse les pieds mais ils sont enflés et le resteront toute sa vie. Il en tirera son nom, **Œdipe**. Le berger commence par nourrir **l'enfant** du lait de ses brebis puis l'apporte à son roi, Polybe, qui n'a pas d'enfants et le regrette. Sa femme et lui adoptent **le nourrisson**.

Marie-Thérèse Adam, *Les Héros de la mythologie grecque*.

2 *Remplacez le nom répété par un terme générique.* *

a Le lion sauta sur la gazelle. Le lion la lacéra de ses griffes et l'égorgea.
b Zeus décida de punir les mortels insolents. Zeus brandit le foudre et la lança sur la terre.
c Le héros prit l'épée que lui avaient fabriquée les dieux. Son épée, faite en bronze, était magnifique.
d Le petit prince prit la rose avec précaution. La rose en effet cachait bien ses épines.

3 *Dans les phrases suivantes, remplacez le terme répété par un synonyme.* *

a Le médecin ausculte le malade ; le malade, inquiet, est tout pâle. b La mère nourrit son bébé ; le bébé ne pleure plus. c Le roi décida de pardonner aux voleurs ; c'était un roi tout-puissant. d On lui a volé sa voiture ; la voiture était pourtant garée devant chez lui.

4 *Imaginez une périphrase pour chacun des mots suivants ; rédigez ensuite deux phrases. Dans la première vous utiliserez le nom, dans la deuxième, la périphrase qui le représente.* **

le tigre – … ; le chêne – … ; la tour Eiffel – … ;
les étoiles – … ; le chien – … .

5 *Relevez les pronoms personnels et dites quel nom ou GN ils remplacent.* **

a J'ai égaré mes lunettes ; je les avais mises dans mes affaires, mais elles ont dû tomber. b Paul et Thomas ont emprunté des chaussures à leurs frères, mais ils les leur ont rendues. c Farid n'a toujours donné à Paul sa récompense, pourtant, il la lui a promise. d Nora et Céline attendent les vacances, mais elles sont encore loin.

6 *Remplacez les noms répétés par un pronom possessif ou démonstratif.* **

a Nous partirons tous en voiture ; je pourrai prendre cette voiture. b Mes parents m'attendent à la gare. Tes parents seront-ils là ? c Vos vacances débutent cette semaine ; nos vacances sont encore loin. d Attaqués de toutes parts, les soldats se précipitent pour prendre leurs armes ; comme il ne trouve pas son arme, Hector prend l'arme de son frère.

7 *Relevez les noms ou les périphrases qui reprennent les noms ou GN soulignés ; dites s'ils nous donnent des informations complémentaires.* ***

a Ils parvinrent au bois sacré d'<u>Athéna</u> où le divin Ulysse s'arrêta. Aussitôt il supplia la fille du grand Zeus :
– Entends-moi, fille de Zeus qui porte l'Égide !

Homère, *L'Odyssée*.

b Quand Zeus eut enlevé <u>Europe</u> qui jouait avec ses compagnes sur la plage de Tyr, son père n'eut de cesse qu'on la retrouve. Il envoya <u>ses fils</u> à sa recherche en leur interdisant de revenir sans la ramener. Mais les jeunes gens se rendirent vit compte que leur quête était inutile car Zeus avait mis leur sœur à l' abri.

Marie-Thérèse Adam, *Les Héros de la mythologie grecque*.

c Un jour qu'<u>[Yvan]</u> pêchait avec son <u>frère</u>, ils virent <u>une sirène</u> qui dormait non loin de la côte. Les deux complices se glissèrent sans bruit dans la mer et nagèrent avec mille précautions. Ils saisirent les longs cheveux blonds qui flottaient et amenèrent leur proie sur la plage.

Bernard Clavel, *Légendes de la mer*.

8 *Expression écrite*

Faites le compte-rendu d'un exploit sportif : décrivez votre champion en variant les reprises : une périphrase, un nom générique, un synonyme, des pronoms personnels.

9 Faites le bilan

a *Relevez les reprises nominales concernant :* **Bellérophon ; Pégase ; Bellérophon et Pégase ; la Chimère.**
b **Celui-ci** *[l. 3 et 8] : indiquez la classe grammaticale de ce mot et dites quels sont les mots remplacés.*
c *Que remplacent* **l'** *[l.8] ?* **lui** *[l.9] ?*

Le héros Bellérophon, monté sur le cheval ailé Pégase, se lance à l'attaque de la Chimère, un monstre mythologique. Cependant l'épaule du héros saigne, atteinte par une griffe de la Chimère, et l'aile gauche de Pégase a perdu nombre de ses plumes d'argent. […].

[…] ils s'élancent sur le monstre. Mais celui-ci a vu venir l'attaque. Bondissant au-devant de ses ennemis, il enroule autour de Pégase ses anneaux visqueux. Le cheval hennit de douleur, mais reprend son essor[1], emmenant dans les nues[2] l'horrible Chimère qui tourne sa gueule de serpent vers Bellérophon.
Celui-ci ne doit qu'à son bouclier de n'être pas brûlé vif. Il ne peut plus guère se défendre car les terribles griffes l'assaillent à droite et à gauche. Va-t-il succomber ? Non, il se raidit dans un dernier effort et profite de ce que la Chimère a découvert sa poitrine pour lui enfoncer son glaive dans le cœur.
Le monstre desserre son étreinte et tombe dans le vide.

Nathaniel Hawthorne, *Les Héros de la mythologie grecque*.

1. Essor : envol.
2. Nues : ciel.

47 LES NIVEAUX DE LANGUE

Pour commencer

– **On s'exprime différemment** en fonction de son **interlocuteur** (ami d'école, professeur, ...) et des **circonstances** (familiales, sociales ...).
– Il existe ainsi **trois niveaux de langue bien distincts** qu'un même individu peut utiliser tout à tour.

Les emplois des différents niveaux de langue

Niveau courant	> *Comme cette plage est belle !*	– à l'oral, parfois à l'écrit ; – dans la presse, à l'école, dans la littérature jeunesse.
Niveau soutenu	> *Quelle splendeur que cette plage !*	– essentiellement à l'écrit ; – dans des textes littéraires, des rapports officiels.
Niveau familier	> *Ouahh, j'adore c'te plage !*	– essentiellement à l'oral ; – dans un usage quotidien : familial ou amical.

Les marques des différents niveaux de langue

	Vocabulaire	Construction des phrases	Temps et mode des verbes
Niveau courant	**courant, usuel** > *un enfant*	– **phrases simples** – **correctes grammaticalement** > *Nous ne vous avions pas dit que nous avions perdu notre chien. N'est-ce pas ?*	**usuels** : présent, imparfait, passé composé (préféré au passé simple) > *Plus tard, le comte a beaucoup aimé la comtesse.*
Niveau soutenu	**recherché, soigné** > *une progéniture*	– **phrases complexes** – écrites dans une **grammaire parfaite** > *Nous avions omis de vous dire que nous avions égaré notre animal de compagnie. N'est-il pas vrai ?*	**élaborés** : passé simple, subjonctif, ... > *Plus tard, le comte s'éprit éperdument de la comtesse.*
Niveau familier	**familier**, souvent **imagé**, s'appuyant sur des mots abrégés, populaires ou argotiques > *un gamin / un môme*	– **phrases simples** – souvent **incorrectes grammaticalement** : • **« on »** remplace le pronom « nous » • **la négation** omet souvent le « ne » • **le sujet** n'est pas inversé dans les interrogations > *On vous a* **pas** *dit qu'on a paumé notre clébard.* ***C'est pas vrai ?***	**peu variés** : surtout le présent ainsi que des verbes limités à « avoir » et « être ». > *Et après, le comte est raide dingue de la comtesse.*

À retenir

– **Les niveaux de langue** varient en fonction de **la situation de communication**.
– On distingue **la langue écrite** et la **langue orale** : le niveau familier est généralement réservé à la langue orale. Le niveau courant est le registre le plus utilisé. Le niveau soutenu est recommandé à l'écrit.

1 Avez-vous compris ?

a *Relevez dans le texte 2, les mots qui correspondent aux mots soulignés dans le texte 1.*
b *Comment reconnaissez-vous le langage familier ?*

1 « Sans mentir, si votre ramage
Se rapporte à votre plumage
Vous êtes le Phénix des hôtes de ces bois. »

La Fontaine, *Fables*, « Le Corbeau et le Renard », I, 2.

2 « Eh, du Corbac, si tu jactes aussi bien qu't'es nippé,
T'es l'mecton à la r'tourne de tous les pt'its mecs du quartier! »

2 *Trouvez l'intrus parmi les listes suivantes.* *

a forçat – détenu – prisonnier – taulard
b becquetter – bouffer– casser la dale – manger – casser la croûte
c beurre – blé – flouze – fric – argent – pèse – thune
d guilleret – folâtre – frétillant – fringant – allègre – marrant
e belette – bombe – gonzesse – meuf – nana – femme

3 *Récrivez le texte en remplaçant les mots familiers soulignés par des mots du langage courant.* **

Hier, j'avais rencart avec un super pote. Il s'est pointé à midi comme prévu et on a voulu se balader. Mais on n'a pas eu de bol, le temps a changé, il s'est mis à flotter. Alors, on a poireauté un peu, puis on a décidé de rentrer. Nos fringues et nos godasses étaient trempées, on se caillait. Cette journée a été un vrai bide.

4 *Transposez dans un langage courant les phrases familières.* **

– Si j'étais lui, j'irais pas.
– Au collège, une de mes copines, sa mère, elle a eu un accident.
– Paul ? il vient d'où ?
– J'ai pas fermé l'œil de la nuit.
– On s'en fiche total.

5 *Comparez les phrases de même sens pour identifier les différentes marques du niveau de langue familier : vocabulaire, phrases, temps et modes des verbes. Transposez-les dans le niveau de langue de votre choix.* **

– Amène-toi, v'la les keufs ! / Viens vite, voilà la police !
– T'as pas vu ma rem ? / Aurais-tu aperçu ma mère ?
– Samuel, lui, il a pas peur du noir. / Samuel ne craint pas l'obscurité.
– C'est ta caisse ? / Est-ce ta voiture ?
– Hé, si t'es pas jouasse, faut pas venir. / Hé bien, il ne faut pas venir, si cela ne te plaît pas
Même que mon père a halluciné total en voyant que ma sœur, elle a pas fait son contrôle.
Mon père a été stupéfait en constatant que ma sœur n'avait pas effectué son contrôle.

6 *Associez un élément de la colonne de gauche à un élément de la colonne de droite pour former une phrase, en respectant le bon niveau de langue.* ***

À 6 heures du matin	où il y a de super bons déj
Ne plaisante pas	qui sert de délicieux déjeuners
À 6 plombes du mat'	la petite fille est partie
Je ne parle pas	je n'ai jamais eu aussi peur de ma vie
Te marre pas	la gosse s'est tirée
J'cause pas	à un mec aussi moche
Moi, j'connais un resto	à un garçon aussi laid
Je connais un restaurant	jamais eu une telle trouille

7 *Complétez le tableau suivant.* ***

Niveau de langue soutenu	Niveau de langue courant	Niveau de langue familier
automobile	voiture	bagnole
	travail	
		baraque
		Quelle galère !
Prends garde !		
	Dépêchez-vous !	

8 *Imaginez une phrase en langage soutenu pour illustrer les situations suivantes.* ***

a demander le nom d'une rue à un passant
b ne pas vouloir prêter son vélo à un copain
c dire à sa sœur qu'on la trouve laide
d dire qu'on aime la vie
e s'emporter contre la mort
f féliciter un ami pour son courage
g demander à quelqu'un de partir de chez soi

9 Faites le bilan

a *Faites correspondre chaque colonne à un niveau de langue.*
b *Relevez dans les extraits 2 et 3 les synonymes de* se donner de la peine *et* survivre.
c *Récrivez l'extrait 1 dans un autre niveau de langue que vous préciserez.*

Extrait 1	Extrait 2 Yves Tarantik	Extrait 3 Jean de La Fontaine
Quand l'hiver lui tomba dessus, la Cigale fut dans la dèche : plus un rond pour casser la dalle. Elle radina chez la fourmi qui créchait à côté.	Un matin qu'elle s'échine, avec balais et chiffon, Alentour de la maison, Surgit une limousine Et son chauffeur en livrée…	Elle alla crier famine Chez la fourmi sa voisine, La priant de lui prêter Quelque grain pour subsister Jusqu'à la saison nouvelle.

Tableaux de conjugaison

ÊTRE verbe du 3e groupe et auxiliaire

INDICATIF

TEMPS SIMPLES	TEMPS COMPOSÉS
Présent	**Passé composé**
Je **suis**	J'**ai** été
Tu **es**	Tu **as** été
Il/elle **est**	Il/elle **a** été
Nous **sommes**	Nous **avons** été
Vous **êtes**	Vous **avez** été
Ils/elles **sont**	Ils/elles **ont** été
Imparfait	**Plus-que-parfait**
J'**étais**	J'**avais** été
Tu **étais**	Tu **avais** été
Il/elle **était**	Il/elle **avait** été
Nous **étions**	Nous **avions** été
Vous **étiez**	Vous **aviez** été
Ils/elles **étaient**	Ils/elles **avaient** été
Passé simple	**Passé antérieur**
Je **fus**	J'**eus** été
Tu **fus**	Tu **eus** été
Il/elle **fut**	Il/elle **eut** été
Nous **fûmes**	Nous **eûmes** été
Vous **fûtes**	Vous **eûtes** été
Ils/elles **furent**	Ils/elles **eurent** été
Futur simple	**Futur antérieur**
Je **serai**	J'**aurai** été
Tu **seras**	Tu **auras** été
Il/elle **sera**	Il/elle **aura** été
Nous **serons**	Nous **aurons** été
Vous **serez**	Vous **aurez** été
Ils/elles **seront**	Ils/elles **auront** été

CONDITIONNEL	SUBJONCTIF
Présent	**Présent**
Je **serais**	Que je **sois**
Tu **serais**	Que tu **sois**
Il/elle **serait**	Qu'il/elle **soit**
Nous **serions**	Que nous **soyons**
Vous **seriez**	Que vous **soyez**
Ils/elles **seraient**	Qu'ils/elles **soient**

IMPÉRATIF	INFINITIF	
Présent	**Présent**	**Passé**
Sois	**être**	avoir été
Soyons		
Soyez		

PARTICIPE	
Présent	Passé
étant	**été**

AVOIR verbe du 3e groupe et auxiliaire

INDICATIF

TEMPS SIMPLES	TEMPS COMPOSÉS
Présent	**Passé composé**
J'**ai**	J'**ai** eu
Tu **as**	Tu **as** eu
Il/elle **a**	Il/elle **a** eu
Nous **avons**	Nous **avons** eu
Vous **avez**	Vous **avez** eu
Ils/elles **ont**	Ils/elles **ont** eu
Imparfait	**Plus-que-parfait**
J'**avais**	J'**avais** eu
Tu **avais**	Tu **avais** eu
Il/elle **avait**	Il/elle **avait** eu
Nous **avions**	Nous **avions** eu
Vous **aviez**	Vous **aviez** eu
Ils/elles **avaient**	Ils/elles **avaient** eu
Passé simple	**Passé antérieur**
J'**eus**	J'**eus** eu
Tu **eus**	Tu **eus** eu
Il/elle **eut**	Il/elle **eut** eu
Nous **eûmes**	Nous **eûmes** eu
Vous **eûtes**	Vous **eûtes** eu
Ils/elles **eurent**	Ils/elles **eurent** eu
Futur simple	**Futur antérieur**
J'**aurai**	J'**aurai** eu
Tu **auras**	Tu **auras** eu
Il/elle **aura**	Il/elle **aura** eu
Nous **aurons**	Nous **aurons** eu
Vous **aurez**	Vous **aurez** eu
Ils/elles **auront**	Ils/elles **auront** eu

CONDITIONNEL	SUBJONCTIF
Présent	**Présent**
J'**aurais**	Que je **aie**
Tu **aurais**	Que tu **aies**
Il/elle **aurait**	Qu'il/elle **ait**
Nous **aurions**	Que nous **ayons**
Vous **auriez**	Que vous **ayez**
Ils/elles **auraient**	Qu'ils/elles **aient**

IMPÉRATIF	INFINITIF	
Présent	**Présent**	**Passé**
aie	**avoir**	avoir eu
ayons		
ayez		

PARTICIPE	
Présent	Passé
ayant	**eu (e)**

CHANTER verbe du 1er groupe

INDICATIF

TEMPS SIMPLES	TEMPS COMPOSÉS
Présent	**Passé composé**
Je chant**e**	J'**ai** chanté
Tu chant**es**	Tu **as** chanté
Il/elle chant**e**	Il/elle **a** chanté
Nous chant**ons**	Nous **avons** chanté
Vous chant**ez**	Vous **avez** chanté
Ils/elles chant**ent**	Ils/elles **ont** chanté
Imparfait	**Plus-que-parfait**
Je chant**ais**	J'**avais** chanté
Tu chant**ais**	Tu **avais** chanté
Il/elle chant**ait**	Il/elle **avait** chanté
Nous chant**ions**	Nous **avions** chanté
Vous chant**iez**	Vous **aviez** chanté
Ils/elles chant**aient**	Ils/elles **avaient** chanté
Passé simple	**Passé antérieur**
Je chant**ai**	J'**eus** chanté
Tu chant**as**	Tu **eus** chanté
Il/elle chant**a**	Il/elle **eut** chanté
Nous chant**âmes**	Nous **eûmes** chanté
Vous chant**âtes**	Vous **eûtes** chanté
Ils/elles chant**èrent**	Ils/elles **eurent** chanté
Futur simple	**Futur antérieur**
Je chante**rai**	J'**aurai** chanté
Tu chante**ras**	Tu **auras** chanté
Il/elle chante**ra**	Il/elle **aura** chanté
Nous chante**rons**	Nous **aurons** chanté
Vous chante**rez**	Vous **aurez** chanté
Ils/elles chante**ront**	Ils/elles **auront** chanté

CONDITIONNEL	SUBJONCTIF
Présent	**Présent**
Je chante**rais**	Que je chant**e**
Tu chante**rais**	Que tu chant**es**
Il/elle chante**rait**	Qu'il/elle chant**e**
Nous chante**rions**	Que nous chant**ions**
Vous chante**riez**	Que vous chant**iez**
Ils/elles chante**raient**	Qu'ils/elles chant**ent**

IMPÉRATIF	INFINITIF	
Présent	**Présent**	**Passé**
chant**e**	**chanter**	avoir chanté
chant**ons**		
chant**ez**		

PARTICIPE	
Présent	**Passé**
chantant	**chanté (e)**

FINIR verbe du 2e groupe

INDICATIF

TEMPS SIMPLES	TEMPS COMPOSÉS
Présent	**Passé composé**
Je fini**s**	J'**ai** fini
Tu fini**s**	Tu **as** fini
Il/elle fini**t**	Il/elle **a** fini
Nous finiss**ons**	Nous **avons** fini
Vous finiss**ez**	Vous **avez** fini
Ils/elles finiss**ent**	Ils/elles **ont** fini
Imparfait	**Plus-que-parfait**
Je finiss**ais**	J'**avais** fini
Tu finiss**ais**	Tu **avais** fini
Il/elle finiss**ait**	Il/elle **avait** fini
Nous finiss**ions**	Nous **avions** fini
Vous finiss**iez**	Vous **aviez** fini
Ils/elles finiss**aient**	Ils/elles **avaient** fini
Passé simple	**Passé antérieur**
Je fini**s**	J'**eus** fini
Tu fini**s**	Tu **eus** fini
Il/elle fini**t**	Il/elle **eut** fini
Nous fin**îmes**	Nous **eûmes** fini
Vous fin**îtes**	Vous **eûtes** fini
Ils/elles fin**irent**	Ils/elles **eurent** fini
Futur simple	**Futur antérieur**
Je fini**rai**	J'**aurai** fini
Tu fini**ras**	Tu **auras** fini
Il/elle fini**ra**	Il/elle **aura** fini
Nous fini**rons**	Nous **aurons** fini
Vous fini**rez**	Vous **aurez** fini
Ils/elles fini**ront**	Ils/elles **auront** fini

CONDITIONNEL	SUBJONCTIF
Présent	**Présent**
Je fini**rais**	Que je finiss**e**
Tu fini**rais**	Que tu finiss**es**
Il/elle fini**rait**	Qu'il/elle finiss**e**
Nous fini**rions**	Que nous finiss**ions**
Vous fini**riez**	Que vous finiss**iez**
Ils/elles fini**raient**	Qu'ils/elles finiss**ent**

IMPÉRATIF	INFINITIF	
Présent	**Présent**	**Passé**
fini**s**	**finir**	avoir fini
finiss**ons**		
finiss**ez**		

PARTICIPE	
Présent	**Passé**
finissant	**fini (e)**

PARTIR verbe du 3e groupe

INDICATIF

TEMPS SIMPLES	TEMPS COMPOSÉS
Présent	**Passé composé**
Je par**s**	Je **suis** parti (e)
Tu par**s**	Tu **es** parti (e)
Il/elle par**t**	Il/elle **est** parti (e)
Nous part**ons**	Nous **sommes** partis (es)
Vous part**ez**	Vous **êtes** partis (es)
Ils/elles part**ent**	Ils/elles **sont** partis (es)
Imparfait	**Plus-que-parfait**
Je part**ais**	J'**étais** parti (e)
Tu part**ais**	Tu **étais** parti (e)
Il/elle part**ait**	Il/elle **était** parti (e)
Nous part**ions**	Nous **étions** partis (es)
Vous part**iez**	Vous **étiez** partis (es)
Ils/elles part**aient**	Ils/elles **étaient** partis (es)
Passé simple	**Passé antérieur**
Je part**is**	Je **fus** parti (e)
Tu part**is**	Tu **fus** parti (e)
Il/elle part**it**	Il/elle **fut** parti (e)
Nous part**îmes**	Nous **fûmes** partis (es)
Vous part**îtes**	Vous **fûtes** partis (es)
Ils/elles part**irent**	Ils/elles **furent** partis (es)
Futur simple	**Futur antérieur**
Je parti**rai**	Je **serai** parti (e)
Tu parti**ras**	Tu **seras** parti (e)
Il/elle parti**ra**	Il/elle **sera** parti (e)
Nous parti**rons**	Nous **serons** partis (es)
Vous parti**rez**	Vous **serez** partis (es)
Ils/elles parti**ront**	Ils/elles **seront** partis (es)

CONDITIONNEL	SUBJONCTIF
Présent	**Présent**
Je parti**rais**	Que je part**e**
Tu parti**rais**	Que tu part**es**
Il/elle parti**rait**	Qu'il/elle part**e**
Nous parti**rions**	Que nous part**ions**
Vous parti**riez**	Que vous part**iez**
Ils/elles parti**raient**	Qu'ils/elles part**ent**

IMPÉRATIF	INFINITIF	
Présent	**Présent**	**Passé**
Par**s**	**partir**	être parti(e)
Part**ons**		
Part**ez**		

PARTICIPE	
Présent	Passé
partant	**parti (e)**

CONNAÎTRE verbe du 3e groupe

INDICATIF

TEMPS SIMPLES	TEMPS COMPOSÉS
Présent	**Passé composé**
Je connai**s**	J'**ai** connu
Tu connai**s**	Tu **as** connu
Il/elle connaî**t**	Il/elle **a** connu
Nous connaiss**ons**	Nous **avons** connu
Vous connaiss**ez**	Vous **avez** connu
Ils/elles connaiss**ent**	Ils/elles **ont** connu
Imparfait	**Plus-que-parfait**
Je connaiss**ais**	J'**avais** connu
Tu connaiss**ais**	Tu **avais** connu
Il/elle connaiss**ait**	Il/elle **avait** connu
Nous connaiss**ions**	Nous **avions** connu
Vous connaiss**iez**	Vous **aviez** connu
Ils/elles connaiss**aient**	Ils/elles **avaient** connu
Passé simple	**Passé antérieur**
Je conn**us**	J'**eus** connu
Tu conn**us**	Tu **eus** connu
Il/elle conn**ut**	Il/elle **eut** connu
Nous conn**ûmes**	Nous **eûmes** connu
Vous conn**ûtes**	Vous **eûtes** connu
Ils/elles conn**urent**	Ils/elles **eurent** connu
Futur simple	**Futur antérieur**
Je connaît**rai**	J'**aurai** connu
Tu connaît**ras**	Tu **auras** connu
Il/elle connaît**ra**	Il/elle **aura** connu
Nous connaît**rons**	Nous **aurons** connu
Vous connaît**rez**	Vous **aurez** connu
Ils/elles connaît**ront**	Ils/elles **auront** connu

CONDITIONNEL	SUBJONCTIF
Présent	**Présent**
Je connaît**rais**	Que je connaiss**e**
Tu connaît**rais**	Que tu connaiss**es**
Il/elle connaît**rait**	Qu'il/elle connaiss**e**
Nous connaît**rions**	Que nous connaiss**ions**
Vous connaît**riez**	Que vous connaiss**iez**
Ils/elles connaît**raient**	Qu'ils/elles connaiss**ent**

IMPÉRATIF	INFINITIF	
Présent	**Présent**	**Passé**
connai**s**	**connaître**	avoir connu
connaiss**ons**		
connaiss**ez**		

PARTICIPE	
Présent	Passé
connaissant	**connu (e)**

CROIRE verbe du 3e groupe

INDICATIF

TEMPS SIMPLES	TEMPS COMPOSÉS
Présent	**Passé composé**
Je croi**s**	J'**ai** cru
Tu croi**s**	Tu **as** cru
Il/elle croi**t**	Il/elle **a** cru
Nous croy**ons**	Nous **avons** cru
Vous croy**ez**	Vous **avez** cru
Ils/elles croi**ent**	Ils/elles **ont** cru
Imparfait	**Plus-que-parfait**
Je croy**ais**	J'**avais** cru
Tu croy**ais**	Tu **avais** cru
Il/elle croy**ait**	Il/elle **avait** cru
Nous croy**ions**	Nous **avions** cru
Vous croy**iez**	Vous **aviez** cru
Ils/elles croy**aient**	Ils/elles **avaient** cru
Passé simple	**Passé antérieur**
Je cr**us**	J'**eus** cru
Tu cr**us**	Tu **eus** cru
Il/elle cr**ut**	Il/elle **eut** cru
Nous cr**ûmes**	Nous **eûmes** cru
Vous cr**ûtes**	Vous **eûtes** cru
Ils/elles cr**urent**	Ils/elles **eurent** cru
Futur simple	**Futur antérieur**
Je croi**rai**	J'**aurai** cru
Tu croi**ras**	Tu **auras** cru
Il/elle croi**ra**	Il/elle **aura** cru
Nous croi**rons**	Nous **aurons** cru
Vous croi**rez**	Vous **aurez** cru
Ils/elles croi**ront**	Ils/elles **auront** cru

CONDITIONNEL	SUBJONCTIF
Présent	**Présent**
Je croi**rais**	Que je croi**e**
Tu croi**rais**	Que tu croi**es**
Il/elle croi**rait**	Qu'il/elle croi**e**
Nous croi**rions**	Que nous croy**ions**
Vous croi**riez**	Que vous croy**iez**
Ils/elles croi**raient**	Qu'ils/elles croi**ent**

IMPÉRATIF	INFINITIF	
Présent	**Présent**	**Passé**
croi**s**	**croire**	avoir cru
croy**ons**		
croy**ez**		

PARTICIPE	
Présent	**Passé**
croyant	**cru (e)**

PRENDRE verbe du 3e groupe

INDICATIF

TEMPS SIMPLES	TEMPS COMPOSÉS
Présent	**Passé composé**
Je pren**ds**	J'**ai** pris
Tu pren**ds**	Tu **as** pris
Il/elle pren**d**	Il/elle **a** pris
Nous pren**ons**	Nous **avons** pris
Vous pren**ez**	Vous **avez** pris
Ils/elles prenn**ent**	Ils/elles **ont** pris
Imparfait	**Plus-que-parfait**
Je pren**ais**	J'**avais** pris
Tu pren**ais**	Tu **avais** pris
Il/elle pren**ait**	Il/elle **avait** pris
Nous pren**ions**	Nous **avions** pris
Vous pren**iez**	Vous **aviez** pris
Ils/elles pren**aient**	Ils/elles **avaient** pris
Passé simple	**Passé antérieur**
Je pr**is**	J'**eus** pris
Tu pr**is**	Tu **eus** pris
Il/elle pr**it**	Il/elle **eut** pris
Nous pr**îmes**	Nous **eûmes** pris
Vous pr**îtes**	Vous **eûtes** pris
Ils/elles pr**irent**	Ils/elles **eurent** pris
Futur simple	**Futur antérieur**
Je prend**rai**	J'**aurai** pris
Tu prend**ras**	Tu **auras** pris
Il/elle prend**ra**	Il/elle **aura** pris
Nous prend**rons**	Nous **aurons** pris
Vous prend**rez**	Vous **aurez** pris
Ils/elles prend**ront**	Ils/elles **auront** pris

CONDITIONNEL	SUBJONCTIF
Présent	**Présent**
Je prend**rais**	Que je prenn**e**
Tu prend**rais**	Que tu prenn**es**
Il/elle prend**rait**	Qu'il/elle prenn**e**
Nous prend**rions**	Que nous pren**ions**
Vous prend**riez**	Que vous pren**iez**
Ils/elles prend**raient**	Qu'ils/elles prenn**ent**

IMPÉRATIF	INFINITIF	
Présent	**Présent**	**Passé**
pren**ds**	**prendre**	avoir pris
pren**ons**		
pren**ez**		

PARTICIPE	
Présent	**Passé**
prenant	**pris (e)**

FAIRE verbe du 3e groupe

INDICATIF

TEMPS SIMPLES	TEMPS COMPOSÉS
Présent	**Passé composé**
Je fai**s**	J'**ai** fait
Tu fai**s**	Tu **as** fait
Il/elle fai**t**	Il/elle **a** fait
Nous fais**ons**	Nous **avons** fait
Vous fai**tes**	Vous **avez** fait
Ils/elles fo**nt**	Ils/elles **ont** fait
Imparfait	**Plus-que-parfait**
Je fais**ais**	J'**avais** fait
Tu fais**ais**	Tu **avais** fait
Il/elle fais**ait**	Il/elle **avait** fait
Nous fais**ions**	Nous **avions** fait
Vous fais**iez**	Vous **aviez** fait
Ils/elles fais**aient**	Ils/elles **avaient** fait
Passé simple	**Passé antérieur**
Je f**is**	J'**eus** fait
Tu f**is**	Tu **eus** fait
Il/elle f**it**	Il/elle **eut** fait
Nous f**îmes**	Nous **eûmes** fait
Vous f**îtes**	Vous **eûtes** fait
Ils/elles f**irent**	Ils/elles **eurent** fait
Futur simple	**Futur antérieur**
Je fe**rai**	J'**aurai** fait
Tu fe**ras**	Tu **auras** fait
Il/elle fe**ra**	Il/elle **aura** fait
Nous fe**rons**	Nous **aurons** fait
Vous fe**rez**	Vous **aurez** fait
Ils/elles fe**ront**	Ils/elles **auront** fait

CONDITIONNEL	SUBJONCTIF
Présent	**Présent**
Je fe**rais**	Que je fass**e**
Tu fe**rais**	Que tu fass**es**
Il/elle fe**rait**	Qu'il/elle fass**e**
Nous fe**rions**	Que nous fass**ions**
Vous fe**riez**	Que vous fass**iez**
Ils/elles fe**raient**	Qu'ils/elles fass**ent**

IMPÉRATIF	INFINITIF	
Présent	**Présent**	**Passé**
fai**s**	**faire**	avoir fait
fais**ons**		
fai**tes**		

PARTICIPE	
Présent	Passé
faisant	**fait (e)**

DIRE verbe du 3e groupe

INDICATIF

TEMPS SIMPLES	TEMPS COMPOSÉS
Présent	**Passé composé**
Je di**s**	J'**ai** dit
Tu di**s**	Tu **as** dit
Il/elle di**t**	Il/elle **a** dit
Nous dis**ons**	Nous **avons** dit
Vous di**tes**	Vous **avez** dit
Ils/elles dis**ent**	Ils/elles **ont** dit
Imparfait	**Plus-que-parfait**
Je dis**ais**	J'**avais** dit
Tu dis**ais**	Tu **avais** dit
Il/elle dis**ait**	Il/elle **avait** dit
Nous dis**ions**	Nous **avions** dit
Vous dis**iez**	Vous **aviez** dit
Ils/elles dis**aient**	Ils/elles **avaient** dit
Passé simple	**Passé antérieur**
Je di**s**	J'**eus** dit
Tu di**s**	Tu **eus** dit
Il/elle di**t**	Il/elle **eut** dit
Nous d**îmes**	Nous **eûmes** dit
Vous d**îtes**	Vous **eûtes** dit
Ils/elles di**rent**	Ils/elles **eurent** dit
Futur simple	**Futur antérieur**
Je di**rai**	J'**aurai** dit
Tu di**ras**	Tu **auras** dit
Il/elle di**ra**	Il/elle **aura** dit
Nous di**rons**	Nous **aurons** dit
Vous di**rez**	Vous **aurez** dit
Ils/elles di**ront**	Ils/elles **auront** dit

CONDITIONNEL	SUBJONCTIF
Présent	**Présent**
Je di**rais**	Que je dis**e**
Tu di**rais**	Que tu dis**es**
Il/elle di**rait**	Qu'il/elle dis**e**
Nous di**rions**	Que nous dis**ions**
Vous di**riez**	Que vous dis**iez**
Ils/elles di**raient**	Qu'ils/elles dis**ent**

IMPÉRATIF	INFINITIF	
Présent	**Présent**	**Passé**
di**s**	**dire**	avoir dit
dis**ons**		
di**tes**		

PARTICIPE	
Présent	Passé
disant	**dit (e)**

ALLER verbe du 3e groupe

INDICATIF

TEMPS SIMPLES	TEMPS COMPOSÉS
Présent	**Passé composé**
Je vai**s**	Je **suis** allé(e)
Tu va**s**	Tu **es** allé (e)
Il/elle va	Il/elle **est** allé (e)
Nous all**ons**	Nous **sommes** allés (es)
Vous all**ez**	Vous **êtes** allés (es)
Ils/elles vo**nt**	Ils/elles **sont** allés (es)
Imparfait	**Plus-que-parfait**
J'all**ais**	J'**étais** allé (e)
Tu all**ais**	Tu **étais** allé (e)
Il/elle all**ait**	Il/elle **était** allé (e)
Nous all**ions**	Nous **étions** allés (es)
Vous all**iez**	Vous **étiez** allés (es)
Ils/elles all**aient**	Ils/elles **étaient** allés (es)
Passé simple	**Passé antérieur**
J'all**ai**	Je **fus** allé (e)
Tu all**as**	Tu **fus** allé (e)
Il/elle all**a**	Il/elle **fut** allé (e)
Nous all**âmes**	Nous **fûmes** allés (es)
Vous all**âtes**	Vous **fûtes** allés (es)
Ils/elles all**èrent**	Ils/elles **furent** allés (es)
Futur simple	**Futur antérieur**
J'i**rai**	Je **serai** allé (e)
Tu i**ras**	Tu **seras** allé (e)
Il/elle i**ra**	Il/elle **sera** allé (e)
Nous i**rons**	Nous **serons** allés (es)
Vous i**rez**	Vous **serez** allés (es)
Ils/elles i**ront**	Ils/elles **seront** allés (es)

CONDITIONNEL	SUBJONCTIF
Présent	**Présent**
J'i**rais**	Que j'aill**e**
Tu i**rais**	Que tu aill**es**
Il/elle i**rait**	Qu'il/elle aill**e**
Nous i**rions**	Que nous all**ions**
Vous i**riez**	Que vous all**iez**
Ils/elles i**raient**	Qu'ils/elles aill**ent**

IMPÉRATIF	INFINITIF	
Présent	**Présent**	**Passé**
Va	**aller**	être allé(e)
All**ons**		
All**ez**		

PARTICIPE	
Présent	Passé
allant	**allé (e)**

VOULOIR verbe du 3e groupe

INDICATIF

TEMPS SIMPLES	TEMPS COMPOSÉS
Présent	**Passé composé**
Je veu**x**	J'**ai** voulu
Tu veu**x**	Tu **as** voulu
Il/elle veu**t**	Il/elle **a** voulu
Nous voul**ons**	Nous **avons** voulu
Vous voul**ez**	Vous **avez** voulu
Ils/elles veul**ent**	Ils/elles **ont** voulu
Imparfait	**Plus-que-parfait**
Je voul**ais**	J'**avais** voulu
Tu voul**ais**	Tu **avais** voulu
Il/elle voul**ait**	Il/elle **avait** voulu
Nous voul**ions**	Nous **avions** voulu
Vous voul**iez**	Vous **aviez** voulu
Ils/elles voul**aient**	Ils/elles **avaient** voulu
Passé simple	**Passé antérieur**
Je voul**us**	J'**eus** voulu
Tu voul**us**	Tu **eus** voulu
Il/elle voul**ut**	Il/elle **eut** voulu
Nous voul**ûmes**	Nous **eûmes** voulu
Vous voul**ûtes**	Vous **eûtes** voulu
Ils/elles voul**urent**	Ils/elles **eurent** voulu
Futur simple	**Futur antérieur**
Je voud**rai**	J'**aurai** voulu
Tu voud**ras**	Tu **auras** voulu
Il/elle voud**ra**	Il/elle **aura** voulu
Nous voud**rons**	Nous **aurons** voulu
Vous voud**rez**	Vous **aurez** voulu
Ils/elles voud**ront**	Ils/elles **auront** voulu

CONDITIONNEL	SUBJONCTIF
Présent	**Présent**
Je voud**rais**	Que je veuill**e**
Tu voud**rais**	Que tu veuill**es**
Il/elle voud**rait**	Qu'il/elle veuill**e**
Nous voud**rions**	Que nous voul**ions**
Vous voud**riez**	Que vous voul**iez**
Ils/elles voud**raient**	Qu'ils/elles veuill**ent**

IMPÉRATIF	INFINITIF	
Présent	**Présent**	**Passé**
veuill**e** ou veu**x**	**vouloir**	avoir voulu
voul**ons**		
veuill**ez** ou voul**ez**		

PARTICIPE	
Présent	Passé
voulant	**voulu (e)**

METTRE verbe du 3e groupe

INDICATIF

TEMPS SIMPLES	TEMPS COMPOSÉS
Présent	**Passé composé**
Je met**s**	J'**ai** mis
Tu met**s**	Tu **as** mis
Il/elle me**t**	Il/elle **a** mis
Nous mett**ons**	Nous **avons** mis
Vous mett**ez**	Vous **avez** mis
Ils/elles mett**ent**	Ils/elles **ont** mis
Imparfait	**Plus-que-parfait**
Je mett**ais**	J'**avais** mis
Tu mett**ais**	Tu **avais** mis
Il/elle mett**ait**	Il/elle **avait** mis
Nous mett**ions**	Nous **avions** mis
Vous mett**iez**	Vous **aviez** mis
Ils/elles mett**aient**	Ils/elles **avaient** mis
Passé simple	**Passé antérieur**
Je m**is**	J'**eus** mis
Tu m**is**	Tu **eus** mis
Il/elle m**it**	Il/elle **eut** mis
Nous m**îmes**	Nous **eûmes** mis
Vous m**îtes**	Vous **eûtes** mis
Ils/elles m**irent**	Ils/elles **eurent** mis
Futur simple	**Futur antérieur**
Je mett**rai**	J'**aurai** mis
Tu mett**ras**	Tu **auras** mis
Il/elle mett**ra**	Il/elle **aura** mis
Nous mett**rons**	Nous **aurons** mis
Vous mett**rez**	Vous **aurez** mis
Ils/elles mett**ront**	Ils/elles **auront** mis

CONDITIONNEL	SUBJONCTIF
Présent	**Présent**
Je mett**rais**	Que je mett**e**
Tu mett**rais**	Que tu mett**es**
Il/elle mett**rait**	Qu'il/elle mett**e**
Nous mett**rions**	Que nous mett**ions**
Vous mett**riez**	Que vous mett**iez**
Ils/elles mett**raient**	Qu'ils/elles mett**ent**

IMPÉRATIF

Présent

met**s**

mett**ons**
mett**ez**

INFINITIF

Présent	Passé
mettre	avoir mis

PARTICIPE

Présent	Passé
mettant	**mis (e)**

CRAINDRE verbe du 3e groupe

INDICATIF

TEMPS SIMPLES	TEMPS COMPOSÉS
Présent	**Passé composé**
Je crain**s**	J'**ai** craint
Tu crain**s**	Tu **as** craint
Il/elle crain**t**	Il/elle **a** craint
Nous craign**ons**	Nous **avons** craint
Vous craign**ez**	Vous **avez** craint
Ils/elles craign**ent**	Ils/elles **ont** craint
Imparfait	**Plus-que-parfait**
Je craign**ais**	J'**avais** craint
Tu craign**ais**	Tu **avais** craint
Il/elle craign**ait**	Il/elle **avait** craint
Nous craign**ions**	Nous **avions** craint
Vous craign**iez**	Vous **aviez** craint
Ils/elles craign**aient**	Ils/elles **avaient** craint
Passé simple	**Passé antérieur**
Je craign**is**	J'**eus** craint
Tu craign**is**	Tu **eus** craint
Il/elle craign**it**	Il/elle **eut** craint
Nous craign**îmes**	Nous **eûmes** craint
Vous craign**îtes**	Vous **eûtes** craint
Ils/elles craign**irent**	Ils/elles **eurent** craint
Futur simple	**Futur antérieur**
Je craind**rai**	J'**aurai** craint
Tu craind**ras**	Tu **auras** craint
Il/elle craind**ra**	Il/elle **aura** craint
Nous craind**rons**	Nous **aurons** craint
Vous craind**rez**	Vous **aurez** craint
Ils/elles craind**ront**	Ils/elles **auront** craint

CONDITIONNEL	SUBJONCTIF
Présent	**Présent**
Je craind**rais**	Que je craign**e**
Tu craind**rais**	Que tu craign**es**
Il/elle craind**rait**	Qu'il/elle craign**e**
Nous craind**rions**	Que nous craign**ions**
Vous craind**riez**	Que vous craign**iez**
Ils/elles craind**raient**	Qu'ils/elles craign**ent**

IMPÉRATIF

Présent

crain**s**

craign**ons**
craign**ez**

INFINITIF

Présent	Passé
craindre	avoir craint

PARTICIPE

Présent	Passé
craignant	**craint (e)**

POUVOIR verbe du 3e groupe

INDICATIF

TEMPS SIMPLES	TEMPS COMPOSÉS
Présent	**Passé composé**
Je peu**x**	J'**ai** pu
Tu peu**x**	Tu **as** pu
Il/elle peu**t**	Il/elle **a** pu
Nous pouv**ons**	Nous **avons** pu
Vous pouv**ez**	Vous **avez** pu
Ils/elles peuv**ent**	Ils/elles **ont** pu
Imparfait	**Plus-que-parfait**
Je pouv**ais**	J'**avais** pu
Tu pouv**ais**	Tu **avais** pu
Il/elle pouv**ait**	Il/elle **avait** pu
Nous pouv**ions**	Nous **avions** pu
Vous pouv**iez**	Vous **aviez** pu
Ils/elles pouv**aient**	Ils/elles **avaient** pu
Passé simple	**Passé antérieur**
Je p**us**	J'**eus** pu
Tu p**us**	Tu **eus** pu
Il/elle p**ut**	Il/elle **eut** pu
Nous p**ûmes**	Nous **eûmes** pu
Vous p**ûtes**	Vous **eûtes** pu
Ils/elles p**urent**	Ils/elles **eurent** pu
Futur simple	**Futur antérieur**
Je pour**rai**	J'**aurai** pu
Tu pour**ras**	Tu **auras** pu
Il/elle pour**ra**	Il/elle **aura** pu
Nous pour**rons**	Nous **aurons** pu
Vous pour**rez**	Vous **aurez** pu
Ils/elles pour**ront**	Ils/elles **auront** pu

CONDITIONNEL	SUBJONCTIF
Présent	**Présent**
Je pour**rais**	Que je puiss**e**
Tu pour**rais**	Que tu puiss**es**
Il/elle pour**rait**	Qu'il/elle puiss**e**
Nous pour**rions**	Que nous puiss**ions**
Vous pour**riez**	Que vous puiss**iez**
Ils/elles pour**raient**	Qu'ils/elles puiss**ent**

IMPÉRATIF

Présent

inusité

INFINITIF

Présent	Passé
pouvoir	avoir pu

PARTICIPE

Présent	Passé
pouvant	**pu (e)**

VENIR verbe du 3e groupe

INDICATIF

TEMPS SIMPLES	TEMPS COMPOSÉS
Présent	**Passé composé**
Je vien**s**	Je **suis** venu (e)
Tu vien**s**	Tu **es** venu (e)
Il/elle vien**t**	Il/elle **est** venu (e)
Nous ven**ons**	Nous **sommes** venus (es)
Vous ven**ez**	Vous **êtes** venus (es)
Ils/elles vienn**ent**	Ils/elles **sont** venus (es)
Imparfait	**Plus-que-parfait**
Je ven**ais**	J'**étais** venu (e)
Tu ven**ais**	Tu **étais** venu (e)
Il/elle ven**ait**	Il/elle **était** venu (e)
Nous ven**ions**	Nous **étions** venus (es)
Vous ven**iez**	Vous **étiez** venus (es)
Ils/elles ven**aient**	Ils/elles **étaient** venus (es)
Passé simple	**Passé antérieur**
Je v**ins**	Je **fus** venu (e)
Tu v**ins**	Tu **fus** venu (e)
Il/elle v**int**	Il/elle **fut** venu (e)
Nous v**înmes**	Nous **fûmes** venus (es)
Vous v**întes**	Vous **fûtes** venus (es)
Ils/elles v**inrent**	Ils/elles **furent** venus (es)
Futur simple	**Futur antérieur**
Je viend**rai**	Je **serai** venu (e)
Tu viend**ras**	Tu **seras** venu (e)
Il/elle viend**ra**	Il/elle **sera** venu (e)
Nous viend**rons**	Nous **serons** venus (es)
Vous viend**rez**	Vous **serez** venus (es)
Ils/elles viend**ront**	Ils/elles **seront** venus (es)

CONDITIONNEL	SUBJONCTIF
Présent	**Présent**
Je viend**rais**	Que je vienn**e**
Tu viend**rais**	Que tu vienn**es**
Il/elle viend**rait**	Qu'il/elle vienn**e**
Nous viend**rions**	Que nous ven**ions**
Vous viend**riez**	Que vous ven**iez**
Ils/elles viend**raient**	Qu'ils/elles vienn**ent**

IMPÉRATIF

Présent

vien**s**

ven**ons**
ven**ez**

INFINITIF

Présent	Passé
venir	être venu (e)

PARTICIPE

Présent	Passé
venant	**venu (e)**

Glossaire
(textes, étude de la langue, histoire des arts)

A

accent : signe placé sur certaines voyelles. L'accent peut être aigu, grave (p. 314), ou circonflexe (p. 316).

acrostiche : poème dont les initiales de chaque vers forment verticalement un nom. (p. 138)

adjectif qualificatif : qualifie un nom, un GN ou un pronom avec lequel il s'accorde en genre et en nombre.
> *un **petit** animal **gris*** (p. 262)

adjuvant : qui aide le héros dans sa quête. (p. 18)

aède : dans l'Antiquité, poète musicien. (p. 154)

affixes : désigne l'ensemble des préfixes et des suffixes. (p. 328)

alexandrin : vers de 12 syllabes prononcées. (p. 145)

anagramme : mot réalisé avec les lettres mélangées d'un autre mot. *user/ruse* (p. 138)

antiquité : longue période de l'histoire dont on situe la fin au Ve siècle après Jésus-Christ.

antonymes : mots de sens contraires, mais de même classe grammaticale. > *grand / petit* (p. 332)

aparté : au théâtre, paroles prononcées bas pour que certains personnages n'entendent pas. (p. 209)

architecte : lexiqu'art → p. 28

architecture : lexiqu'art → p. 28

argile : lexiqu'art → p. 168

argument : (1) preuves ou explications pour défendre une idée ou la condamner. (p. 124)
(2) résumé d'une pièce. (p. 234)

article : déterminant qui se place devant le nom qu'il détermine. L'article peut être défini (*le, la , les*), indéfini (*un, une, des*) ou partitif (*du, de la*). (p. 252)

arts premiers : lexiqu'art → p. 96

attributif (verbe) : verbe d'état > *être, sembler, paraître…* (p. 268)

B

baignoire (au théâtre) : loge pour spectateur au rez-de-chaussée d'une salle de spectacle. (p. 217)

balcon (au théâtre) : étage d'un théâtre où sont situées des places ; premier balcon, deuxième balcon. (p. 217)

bronze : lexiqu'art → p. 74

C

cadre : ce qui entoure l'œuvre pour la délimiter. (p. 53)

calligramme : poème dont les mots sont disposés de manière à former un dessin. (p. 138)

cédille : signe pouvant se placer sous la consonne **c**.
> *une le**ç**on.* (p. 320)

champ lexical : ensemble des mots relevant d'un même thème. p. 336

chapiteau : lexiqu'art → p. 74

chorégraphie : lexiqu'art → p. 142

classe grammaticale : nature ou catégorie d'un mot variable ou invariable. (p. 248)

comédie : pièce qui vise à faire rire. (p. 234)

comique : qui vise à faire rire. On parle de comique de gestes, de mots, de situation (p. 229), et de caractère (p. 231).

complément
- **circonstanciel (CC) :** complément précisant les circonstances (lieu, temps, manière, moyen) dans lesquelles se déroule l'action exprimée par le verbe. En général, il est supprimable et déplaçable. (p. 274)
- **d'objet direct (COD) :** relié directement au verbe sans préposition. > *Il mange **une pomme**.* (p. 270)
- **d'objet indirect (COI) :** généralement relié au verbe à l'aide d'une préposition. > *Il pense **à sa famille**.* (p. 272)
- **d'objet second (COS) :** deuxième complément d'objet d'un verbe. > *Elle envoie une lettre **à son ami**.* (p. 272)

complémentaires : voir **couleurs**

composition : organisation et agencement des éléments d'une œuvre. (p. 31)

conditionnel : forme verbale utilisée comme un temps ou comme un mode. (p. 299)

conte : court récit merveilleux au cadre indéfini et contenant une leçon. (p. 26)

conte explicatif : récit merveilleux proposant une explication sur l'origine du monde, les phénomènes naturels ou le comportement des hommes. (p. 94)

contracté : se dit d'un article combiné avec une préposition.
> *à le* = ***au*** (p. 252)

contraste : rapprochement de deux éléments opposés comme l'ombre et la lumière. (p. 77)

contre-plongée : procédé qui donne l'impression au spectateur d'être en-dessous de ce qu'il voit. (p. 193)

couleurs :
- **primaires :** bleu, jaune, rouge. (p. 123)
- **secondaires :** vert, orange, violet. (p. 123)
- **complémentaires :** rouge et vert, bleu et orange, jaune et violet. (p. 123)

coup de théâtre : renversement de situation soudain et surprenant. (p. 233)

D

décasyllabe : vers de dix syllabes prononcées. (p. 59)

demi-dieu : dans la mythologie, fils d'un dieu et d'une mortelle. (p. 179, 188)

démonstratif : déterminant (p. 256) ou pronom (p. 260)

dénouement : fin d'une pièce de théâtre. (p. 233)

dérivé : mot complexe formé par ajout d'affixes (préfixe et/ ou suffixe) au radical. (p. 328)

destinataire : celui à qui s'adresse le message, dans une situation de communication. (p. 209)

déterminant : se place devant le nom qu'il détermine. (p. 248) Le déterminant peut être un *article* (p. 252), un déterminant *possessif* (p. 254), un déterminant *démonstratif* (p. 256).

dialogue : situation où plusieurs personnages discutent ensemble. (p. 209)

didascalies : indications de mise en scène. (p. 205)

discours direct : paroles rapportées, placées entre guillemets ou après un tiret, et prononcées par un personnage.

E

élément

- **de résolution :** ce qui permet à l'action d'un récit de se terminer. (p. 21)
- **perturbateur :** ce qui déclenche l'action dans un récit. (p. 21)

élision : suppression d'une voyelle finale remplacée par une apostrophe. (p. 312)

émetteur : celui qui produit le message, dans une situation de communication.

épithète : fonction d'un adjectif qualificatif ajouté à un nom, à un pronom ou à un GN, sans l'intermédiaire d'un verbe. > *un **petit** enfant* (p. 266)

épithète homérique : expansion du nom (complément du nom, adjectif, proposition relative) répétée tout au long de l'épopée et caractérisant un personnage. > *Ulysse **aux mille ruses*** (p. 160)

épopée : poème qui raconte les exploits d'un héros aux prises avec des forces supérieures. > *L'Odyssée est une épopée.* (p. 31 et p. 42)

étymologie : donne l'origine d'un mot. (p. 326)

explicite : qui est exprimé clairement.

exposition (scène /acte d') : début d'une pièce de théâtre. (p. 227)

F

fable : court récit, souvent en vers, contenant une leçon ou une morale. (p. 54)

figure : personne, personnage, par ex. *de la Bible*. (p.72)

figures (noires, rouges) : lexiqu'art → p. 44

fonction d'un mot : rôle occupé dans la phrase par un mot ou un groupe de mots. (p. 248)

formation d'un mot : simple, complexe, dérivé ou composé (p. 328)

forme de phrase : distinction entre la phrase affirmative et la phrase négative. (p. 284)

futur antérieur : temps composé du mode indicatif. L'auxiliaire est au futur. (p. 298)

futur simple : temps simple du mode indicatif. (p. 294)

G

GN : voir **groupe nominal**

GV : voir **groupe verbal**

généralité : ce qui concerne tout le monde, souvent exprimée avec un présent de vérité générale. (p. 25)

genre : désigne le *masculin* ou le *féminin* d'un mot.

graphie : écriture.

gravure : lexiqu'art → p. 50

griot : conteur musicien africain. (p. 84)

groupe nominal : (ou GN) groupe grammatical dont le noyau est un nom (p. 250). Introduit par une préposition, c'est un groupe nominal prépositionnel (p. 274).

groupe verbal : (ou GV) groupe grammatical dont le noyau est un verbe. (p. 248)

H

hémicycle : lexiqu'art → p. 214

héroïne : féminin de **héros**.

héros : 1. dans l'Antiquité, souvent un demi-dieu qui se distingue par ses qualités et une vie extraordinaire. (p. 179) 2. personnage principal d'un récit. (p. 18)

homérique : voir **épithète homérique**

hiatus : prononciation de deux voyelles à la suite. (p. 312)

homographes : mots s'écrivant de la même manière. > *Il **est** à l'**est**.* (p. 330)

homonymes : désigne les homographes et les homophones. (p. 330)

homophones : mots qui se prononcent de la même manière mais de sens différents. > *un seau / sot / un saut* (p. 330)

huile sur toile : lexiqu'art → p. 238

I

illustration : lexiqu'art → p. 120

imparfait : temps simple du mode indicatif. (p. 290)

impératif : mode verbal de l'injonction. (p. 300)

implicite : qui est sous-entendu.

indicatif : mode verbal. (p. 342)

infinitif : mode non conjugué du verbe. (p. 286)

initiale : voir **situation initiale**

L

leçon : voir **morale**

légende : récit à caractère merveilleux où des faits historiques sont transformés par l'imagination populaire ou l'invention poétique. (p. 94)

M

marbre : lexiqu'art → p. 190

merveilleux : ce qui est magique ou surnaturel (*fées, ogres, animaux qui parlent, métamorphoses...*). (p. 23)

métamorphose : changement d'une forme en une autre. (p. 41)

mise en scène : désigne la manière de jouer un texte de théâtre devant un public. (p. 21)

mode verbal : désigne les modes personnels (*l'indicatif, le subjonctif, le conditionnel, l'impératif*) et les modes non-personnels (*l'infinitif, le participe*). (p. 286)

monochrome : lexiqu'art → p. 50

monologue : situation dans laquelle le personnage est seul sur scène et parle à voix haute. (p. 209)

morale : enseignement d'un conte ou d'une fable souvent exprimée sous la forme d'une généralité.

mot composé : mot complexe formé de plusieurs radicaux.
> *un **arc-en-ciel*** (p. 328)

muse : dans la mythologie, chacune des neuf déesses des différents arts. (p. 156)

mythe : récit dont les personnages sont des dieux et des héros. (p. 85)

mythologie : ensemble de récits qui racontent des mythes.

N

narrateur : celui qui raconte le récit. (p. 25, 43, 100, 157)

niveau de langue : on distingue trois niveaux de langue (*courant, familier, soutenu*) qui varient selon la situation de communication. (p. 340)

nom : classe grammaticale. Le nom peut être *commun* ou *propre*. (p. 250)
- **générique :** terme englobant une catégorie de personnes ou d'objets. (p. 338)

nombre : désigne le *singulier* ou le *pluriel* d'un mot.

noyau : mot principal d'un groupe de mots.

nymphe : divinité féminine de la nature. (p. 46 et 56)

O

octosyllabe : vers de 8 syllabes prononcées. (p. 145)

opposant : qui s'oppose au héros dans sa quête. (p. 18)

orchestre (au théâtre) : places situées au rez-de-chaussée du théâtre. (p. 217)

P

paragraphe : partie d'un texte marqué au début par un retrait et à la fin par un changement de ligne.

parodier : imiter de manière comique. (p. 27)

paronymes : mots proches par la prononciation et l'écriture mais possédant des sens différents.
> *une **attention** / une **intention*** (p. 332)

participe passé : mode non conjugué du verbe. (p. 302)

passé
- **antérieur :** temps composé de l'indicatif. L'auxiliaire est au passé simple. (p. 298)
- **composé :** temps composé de l'indicatif. L'auxiliaire est au présent. (p. 296)
- **simple :** temps simple du mode indicatif. (p. 292)

péripétie : événement qui fait avancer l'action d'un récit ou d'une pièce de théâtre. (p. 21)

périphrase : expression désignant une personne ou une chose par ses caractéristiques. > *la lune* = ***l'astre de la nuit*** (p. 338)

personnage : créature figurant dans une œuvre d'art, littéraire ou artistique. (p. 18)

personne : les marques de personne sont la 1re, 2e, 3e personne du singulier et 1re, 2e, 3e *personne* du *pluriel*.

perturbateur : voir **élément perturbateur**

phonétique : concerne la prononciation des mots. (p. 308)

photographie : lexiqu'art → p. 238

phrase : énoncé formant une unité de sens. Une phrase commence par une majuscule et se termine par un point. (p. 278)
- **affirmative :** forme de phrase ne comportant pas de marque de négation. > *Elle part*. (p. 284)
- **complexe :** phrase comportant plusieurs verbes principaux. (p. 278)
- **déclarative :** type de phrase. (p. 280)
- **exclamative :** type de phrase terminé par un point d'exclamation. (p. 282)
- **injonctive :** type de phrase exprimant un ordre. (p. 282)
- **interrogative :** type de phrase posant une question. (p. 280)
- **négative :** forme de phrase portant une marque de négation. > *Elle **ne** part **pas***. (p. 284)
- **non-verbale :** phrase ne comprenant pas de verbe principal. (p. 278)
- **simple :** phrase comportant un seul verbe principal. (p. 278)
- **verbale :** phrase construite autour d'un verbe principal conjugué ou à l'infinitif. (p. 278)

plan (premier-, arrière-) : situation des différents éléments, personnages ou objets, dans une image, un tableau. (p. 239)

plongée : procédé qui donne l'impression au spectateur d'être au-dessus de ce qu'il voit. (p. 171)

plus-que-parfait : temps composé de l'indicatif. L'auxiliaire est à l'imparfait. (p. 298)

poème : texte écrit en vers ou en prose, accordant une attention particulière aux rythmes, aux sonorités et aux images. (p. 54)

polychrome : lexiqu'art → p. 96

ponctuation : signes permettant d'organiser une phrase ou un texte. (p. 310)

possessif : déterminant (p. 254) ou pronom (p. 260).

poterie : lexiqu'art → p. 44

poulailler (au théâtre) : places situées tout en haut de la salle. (p. 217)

préfixe : s'ajoute devant le radical pour former un mot dérivé. > ***re**faire* (p. 328)

préposition : mot invariable introduisant un autre mot. > *une salle **à** manger* (p. x)

présent de l'indicatif : temps simple ayant trois valeurs principales : présent d'énonciation, de narration, ou de vérité générale. (p. 288)

primaires : voir **couleurs**

pronom : remplace un nom ou un groupe nominal. Un pronom peut être *personnel* (p. 258), *démonstratif* ou *possessif* (p. 260).

proposition : ensemble de mots formant une unité grammaticale dont le noyau est généralement un verbe, conjugué ou non.

prose : écrit en lignes, par opposition aux vers.

Q

quiproquo : malentendu souvent comique entre deux personnages.

R

radical : racine d'un mot. (p. 328)

réplique : parole de chaque personnage au théâtre. (p. 209)

reprise (nominale ou pronominale) : utilisée pour éviter les répétitions. (p. 338)

résolution : voir **élément de résolution**

rimes : sonorités qui se font écho deux par deux à la fin des vers. (p. 51)

rythme : cadence d'un vers donnée par des temps forts et des pauses. (p. 51)

S

scène d'exposition : voir **exposition**

schéma narratif : étapes d'un récit (situation initiale, élément perturbateur, péripéties, élément de résolution, situation finale). (p. 21)

sculpture : lexiqu'art → p. 56

secondaires : voir **couleurs**

sens
- **figuré :** sens imagé d'un mot. (p. 334)
- **propre :** sens premier d'un mot. (p. 334)

sensations : ce qui est perçu par le corps. (p. 47)

sentiments : émotions intérieures. (p. 47)

situation
- **finale :** fin du récit. (p. 21)
- **initiale :** début du récit. (p. 21)

stéréotype : correspond à un modèle qu'on reconnaît. (p. 18)

strophe : dans un poème, plusieurs vers formant un ensemble et séparés des autres par un espace. (p. 47)

suffixe : s'ajoute après le radical pour former un mot dérivé. > *une haut**eur*** (p. 328)

sujet : fonction essentielle dans la phrase verbale. Le verbe s'accorde en personne et en nombre avec le sujet. (p. 264)
- **inversé :** sujet placé après le verbe. (p. 264)

syllabe : groupe de lettres comportant au moins une voyelle. (p. 306)

symbole : être, objet ou fait représentatif de quelque chose d'abstrait. > *La colombe est le symbole de la paix.* (p. 69)

symétrie : disposition d'éléments face à face de chaque côté d'un axe ou d'un point. (p .145)

synonymes : mots de sens proches et de même classe grammaticale. > *gros / énorme* (p. 332)

T

technique : lexiqu'art → p. 28

temps
- **composé :** temps formé avec un auxiliaire et un participe passé. (p. 296 et 298)
- **du récit :** emplois et concordances. (p. 304)

théâtre à l'italienne : lexiqu'art → p. 214

toile : support d'une peinture ; lexiqu'art → p. 238

tour (de potier) : lexiqu'art → p. 168

tradition orale : transmission de récits racontés de génération en génération.

tréma : signe placé sur les voyelles. > *No**ë**l* p. 316

trompe-l'oeil : illusion d'un relief, peinture qui trompe le regard. (p. 217)

type de phrase : indique si la phrase est déclarative, interrogative, injonctive ou exclamative. (p. 280 et 282)

V

valeur (temps) : est liée à l'emploi d'un temps verbal et en explique la nuance.

verbe : classe grammaticale de mots variables. Les verbes se classent en 3 groupes. (p. 286)
- **attributif :** fonction exprimant un état du sujet. L'attribut est toujours lié au sujet par un verbe attributif. (p. 268)

vers : ligne d'un poème qui contient un nombre déterminé de syllabes prononcées.

visuel : image, dessin sur une affiche associé à un texte. (p. 99)

Index des auteurs et des artistes

Index des genres littéraires

Index des genres artistiques

L'alphabet

Il comprend des **voyelles** et des **consonnes**.
La lettre y est tantôt une voyelle, tantôt une consonne.

A B C D E F G H I J K L M N O P Q R S T U V W X Y Z
a b c d e f g h i j k l m n o p q r s t u v w x y z

A B C D E F G H I J K L M N O P Q R S T U V W X Y Z
a b c d e f g h i j k l m n o p q r s t u v w x y z

L'alphabet phonétique international (ou API)

Il permet de transcrire les **sons** de la langue.
La transcription phonétique s'écrit entre **crochets**.

Voyelles		Consonnes	
[a]	une p**a**tte, l**à**, une f**e**mme	[b]	**b**eau, un ra**bb**in
[ɑ]	la p**â**te	[p]	une **p**ou**p**ée, a**pp**orter, sto**p**
[e]	un b**é**b**é**, une f**ée**, mang**er**, un n**ez**	[d]	**d**evoir, une a**dd**ition
[ɛ]	le p**è**re No**ë**l, la for**ê**t, la n**ei**ge, f**ai**re	[t]	un **t**ube, a**tt**endre, un **th**éâtre
[i]	r**i**re, une **î**le, un c**y**gne, du ma**ï**s	[g]	**g**arder, une **gu**itare, a**gg**raver, des spa**gh**etti, une se**c**onde
[ɔ]	un p**o**rt, un podi**u**m	[k]	une **c**o**q**ue, une **ch**orale, un **k**ilo, a**cc**order
[o]	une m**o**t**o**, ch**au**d, nouv**eau**	[v]	**v**oir, un **w**agon
[u]	un c**ou**, **où**, g**oû**ter, a**oû**t	[f]	une **f**able, un e**ff**ort, un **ph**armacien
[y]	s**u**r, des m**û**res, il **eu**t	[z]	un **z**èbre, du rai**s**in
[œ]	s**eu**l, un b**œu**f, c**ue**illir	[s]	**s**avoir, pa**ss**er, une pi**sc**ine, le pa**t**ient, la le**ç**on, la chan**c**e
[ø]	un p**eu**, un v**œu**	[ʒ]	un **j**eu, une bou**g**ie, un pi**ge**on
[ə]	j**e**, l**e**, une br**e**bis	[ʃ]	la **ch**aleur, un **sch**éma, un fla**sh**
Voyelles nasales		[l]	un calcu**l**, inte**ll**igent
[ɑ̃]	ch**an**t**ant**, v**en**dre, un p**aon**	[r]	**r**ouler, a**rr**iver, un **rh**inocéros
[ɛ̃]	mal**in**, la f**aim**, le p**ain**, un moy**en**, du th**ym**	[m]	une **m**ule, un gra**mm**e
[œ̃]	br**un**, du parf**um**	[n]	une **n**oix, do**nn**er, l'auto**mn**e
[ɔ̃]	t**on**, la col**om**be	[ɲ]	la monta**gn**e
Semi-voyelles			
[j]	la fi**ll**e, un gri**ll**on, l'écureu**il**, le fo**y**er		
[ɥ]	la n**u**it, l'éc**u**elle		
[w]	**ou**i, un **w**estern		

Crédits photographiques et illustrations

12	Gustave Doré, Bibliothèque des Arts Décoratifs, Paris, 1862/Archives Charmet/Bridgeman-Giraudon
14 hg, bd	Akg Images
15	Richard Soberka/Photoway.com
18 hd	Bradfort Art Galleries and Museums, UK/ Bridgeman-Giraudon
18 hg	Réalisateur Kevin Sarandon, Photo12.com/ Archives du 7e Art
21	© 2006 Nord-Ouest Production - Mac Guff Ligne - Studio O - France 3 Cinéma - Rhône-Alpes Cinéma - Artémis Production - Zahorimédia - Institutions Films - Lucky Red
23 hd	BNF Département de la reproduction/ © Adagp, Paris 2009
23 hg	Kay Nielsen, DR/BNF Département de la reproduction
25 hd	Sarah Moon
25 hg	BNF Département de la reproduction/ © Adagp, Paris 2009
27 bg	Geoffroy de Pennart : *Chapeau rond rouge*, © kaléidoscope, 2004
27 m	© Editions Glénat, 1981
28 bd	© Peau d'Ane, 2003- Succession Jacques Demy, Cine-Tamaris
28 bg	Famille Sauvebeuf
28 hg	Claudio Beduschi/Cubolimages srl/Alamy
29 hd	Studio Ghibli, Collection ChristopheL
29 hg	Courtesy galerie La B.A.N.K.
31	Les Armateurs, La Fabrique, Studio O, Gebeka Films avec la participation du Centre National du Film et de Canal +/Photo12.com/Archives du 7e Art
32	Dargaud
35 b	Geoaltas
35 h	Les Films Paul Grimault, Les Films Gibé, Antenne 2/Photo12.com/Archives du 7e Art
36	Museo Civico Ala Ponzone, Cremona, Italie/The Bridgeman-Giraudon
38 bd	Mary Evans/ Rue des Archives
38 hg	Coll. Arciv. F. Kunst & Geschichte/Akg Images
39 bg	Lewis Carroll, The Metropolitan Museum of Art, New York/Photo RMN
39 hd	Archives Larousse, Paris/Bridgeman-Giraudon
41	Doug Scott/Age Fotostock/Eyedea.com
43 hd	Mary Evans/Rue des Archives
43 hg	Mary Evans Picture Library/Arthur Rackham
45, 47	Photo RMN/Daniel Arnaudet
49	*Willy Wonka au pays enchanté*, réalisateur Mel Stuart, 1971 © Wolper/Warner Bros/The Kobal Collection/Picture Desk
50 hd	© Editions Grasset & Fasquelle, 1974
50 hg, bg	Illustrations Helen Oxenbury, éditions Flammarion, 1999
51 hd	Les Aventures d'*Alice au pays des merveilles* illustrées par Anthony Browne, © Kaléidoscope, 1989 pour l'édition française
51 hg	Private collection/Ken Welsh/Bridgeman-Giraudon
52	Collection «Pommes Pirates Papillons» © Editions Motus
53	Textes de Thierry Aprile © Editions Gallimard Jeunesse
54	Films du Paradoxe, SNC, Heritiers Jean Cocteau, DR
55	Isabelle Forestier, 2009
57 hd	Gallerie Borghese, Rome, Italie/Lauros/Giraudon/ Bridgeman-Giraudon
57 a1	Danimages/Fotolia.com
57 a2	Claire Pons/Fotolia.com
57 a4	TAlex/Fotolia.com
57 b1	Auteur/Fotolia.com
57 b2	Onidji/Fotolia.com
57 b3	Eric Isselée/Fotolia.com
57 c1	Erica Guilane Nachez/Fotolia.com
57 c2	Orlando Florin Rosu/Fotolia.com
57 c3	Zeus tenant le foudre et un aigle, détail d'un amphore antique à figures rouges, 480-470 av. J.-C., Vulci, Poutalès Collection
59 hc	*Les Métamorphoses* d'Ovide, collection «Contes et légendes», auteur Laurence Gillot, 1999 © Nathan, 1999
59 hd	© Pocket Junior, 1999
59 hg	Ced, Makaka Editions
59 mg	*Contes* de Charles Perrault illustrations de Gustave Doré dans la collection Classiques de Poche © Livre de Poche Jeunesse, 2006
60	La Collection/Domingie & Rabatti
63	Yan Gilbert/Nouvel Obs
65 hd, hg	Bridgeman-Giraudon
67	Jean-Gilles Berizzi/Photo RMN
69	Akg Images
71 hd	The Pierpont Morgan Library, © 2004 Photo Pierpont Morgan Library/Art Resource/Photo Scala, Florence
71 hg	Collection NB/Kharbine-Tapabor
73 bg	Puig Prestige Beauté/Marylin Agency/Bookmarker
73 hd	BHV
73 hg	FT/SG/DJ/PI/DM
74 b	La Collection/Jean-Paul Dumontier
74 hg	Photo Scala, Florence
75 hd, bd	Photo Scala-Ministero Beni e Att., Florence Culturali
77	Bridgeman-Giraudon
78 1a, e	Richard Villalon/Fotolia.com
78 1b	Laurent Joly/Fotolia.com
78 1c	Djano/Fotolia.com
78 1d	Sergey Nikolaev/Fotolia.com
78 1f	Edward Hicks, *Arche de Noé*, 1849
78 1g	Matthew Collingwood/Fotolia.com
78 1h	Ackley Road Photos/Fotolia.com
78 3a	Collection ChristopheL
78 3b	Réalisateurs Bill Boyce et John Stronach, Collection ChristopheL
78 3c	Atletico Editions
79	Franck Raux/Photo RMN
81	Collection ChristopheL
82, 84	Michel Renaudeau/Hoa-Qui/Eyedea.com
84 hd	Famille Diop, DR
85	Elodie Nouhen, Valérie Voyer, *Comptines et berceuses du baobab*, Editions Didier Jeunesse, 2002
90	Laine/Cosmos
91	Private collection/Bridgeman-Giraudon
92	© Adagp, Banque d'Images, Paris 2009
93	Philippe Roy/Hoa-Qui/Eyedea.com
95 b	Wayner McGregor, chorégraphe et metteur en scène, photo Vincent Muto
95 h	*Kirikou et la Sorcière* © 1998 Les Armateurs/Odec Kid Cartoons/France 3 Cinéma/Monipoly/Trans Europe Film/Exposure/RTBF/Studio O
96 d1	Erich Lessing/Akg Images
96 d2	Photo Werner Forman Archive/Photo Scala, Florence
96 d3	François Guenet/Art Resource, NY
97 d4	William Wilson © Adagp, Paris 2009
97 d5	© Succession Picasso 2009/Photo RMN/Béatrice Hatala
98	© Le Cherche Midi Editeur
99	Plaine Commune et Dynamo Plus
103	The Art Archive/Museo Banco Central de Quito, Ecuador/Gianni Dagli Orti
104	Nous remercions Alyssia
105 hd	Fonds Andrée Chédid/Archives IMEC
105 hg	Jean Vigne/Kharbine-Tapabor
106	Arthur Rackham © 2004, Photo Pierpont Morgan Library/Art Resource/Photo Scala, Florence
108 hd	BNF Département de la reproduction
108 hg	Fototeca/Leemage
109	Portrait de Jean de la Fontaine par Jean Cocteau, 1960, lithographie, collection Musée Jean de La Fontaine, Château-Thierry/© Adagp, Paris 2009
110	Gravure de Gouget, Photothèque Hachette Livre
111	Editions Nuages, Milan/© Adagp, Paris 2009
113	Photothèque Hachette Livre
115 hd	DR
115 hg	Collection Jonas/Kharbine-Tapabor
117	Leemage
120 d1	François Chauveau, «Le Geay paré des plumes du Paon», 1668, gravure livre IV fable 9, Collection Musée Jean de La Fontaine, Château-Thierry
120 d2	AKG-Images/© Adagp, Paris 2009
120 d3	Collection Jonas/Kharbine-Tapabor
121 d4	Editions Sepia
121 d5	«Fables de Jean de La Fontaine inspirées d'Esope», illustration Willy Aractingi, 1995, Z'Editions, DR
123	Uffe Christoffersen
127	Photothèque Hachette Livre
128	© Adagp, Banque Images, Paris 2009
130 bd	Portrait Paul Verlaine par Aman-Jean Edmond-François, huile sur toile, Musées de Metz Métropole La Cour d'Or. Clichés Jean Munin
130 hg	Collection Kharbine-Tapabor
130 md	AKG Images/Erich Lessing
131	Albert Harlingue/Roger-Viollet/© Adagp, Paris 2009
133	DR
135	M.C. Escher's *Reptiles* © 2009 The M.C. Escher Company-Holland. All rights reserved. www.mcescher.com
137	© Keith Haring Foundation Used by permission
138 hd	Collection Kharbine-Tapabor
139	Pierre Gleizes/Réa/© Adagp, Paris 2009
141 3a	Auteur/Designer: Vanina Crescionni/Sophie Roberty/Photo Pylones
141 3b	Designer: Green & Associates/Photo Pylones
142 d1	Erich Lessing/Akg Images
142 d2	Photo RMN/Franck Raux
142 d3	Akg Images
143 d4	Photo RMN-Gestion des droits d'auteur, Ministère de la Culture-Médiathèque du Patrimoine, Dist. RMN/Roger Corbeau
143 d5	Dispat Films, Paris/Gemma cinematografica, Rome/Turpan Films, São Paulo/Collection ChristopheL
143 d6	Chorégraphie Pina Bausch, photo Benoite Fanton/ CIT' en scène
145	Photo RMN/René-Gabriel Ojéda
147 bd	Michel Beau
147 md	Sarah Fistol
149	Visuel Plongée - Comité Martiniquais du Tourisme
150 bg	Sculpture de Charles Correia, DR, photo de Remi Jouan, Wikipedia
150 mg	Portrait Louise Labé, Wikipédia
151 hd	*L'arbre en poésie* présenté par Georges Jean © Editions Gallimard Jeunesse, 1980
151 hg	© Editions Pocket, 2002
152	Photo Musée Picasso Antibes/© Succession Picasso 2009
154	Photo Josse/Leemage
160	Leemage
163 b	Erich Lessing/Akg Images
163 h	Peter Connolly/Akg Images
165	BNF Département de la reproduction/ © Adagp, Paris 2009
167 bg	European Insurance Services France, Eisfrance
167 hd	Guides de voyage Ulysse, DR
167 hg	Ulysse Mag, Courrier International
167 mg	Ulysse Transport
168 d1a	Photo Josse/Leemage
168 d1b	Bridgeman-Giraudon
168 d2	Photo RMN/The Trustees of the Bitish Museum
169 d3	2004 Photo Scala, Florence/Ludiano Romano
169 d4	BNF Département de la reproduction/ © Succession H. Matisse
171	Isabelle Forestier, 2009
172	Sébastien Ferran, Emmanuel Proust Editions
175	Photo RMN/The Trustees of the Bitish Museum
176	Collection ChristopheL
178	Musée Carnavalet/Roger-Viollet
181	Photo Scala, Florence
183	Peter Connolly/Akg Images
184	Photo RMN/René-Gabriel Ojéda
185	«Tomb Raider: Underworld» © Eidos Interactive Limited 2008
187	Photo Scala, Firenze/Ministero Beni e Attività Culturali
189 bg	Berti Hanna/Réa
189 hd	Renaud Visage/Age Fotostock/Eyedea.com
190 d1	Collection Dagli Orti/Museo Nazionale Palazzo Altemps Rome/ Gianni Dagli Orti/Picture Desk
190 d2	Photo RMN/Hervé Lewandowski
191 d3	Galleria dell'Academia, Florence, Italy/Ken Welsh/ Bridgeman-Giraudon
191 d4	96B
193	Warner Bros Pictures/Collection ChristopheL
197	Dargaud
198	*Prométhée* de Gustave Moreau, XIXe siècle, huile sur toile, 0,410 x 0,280 m, Paris, Musée Gustave Moreau © Photo RMN/Stéphane Maréchalle
199 bg	The Philadelphia Museum of Art/Art Resource/ Photo Scala, Florence
199 m	*L'Odyssée* auteur Homère, Collection Carrés

classiques, 2006 © Nathan, 2006

200 © Photothèque R. Magritte - Adagp, Paris 2009
202 bd Collection Kharbine-Tapabor
202 hg Archives Alinari, Florence, Dist RMN/Maurc CSE - Alinari Archives, Florence/Photo RMN
203 Robert Doisneau/Rapho/Eyedea.com
205 CDDS Bernand
207 Comstock/Jupiterimages
209 Marc Enguerand/CDDS
211 Pascal Gely/CDDS
213 bg Juan Mora
213 h Pascal Gely/Agence Bernand/CDDS
214 d1 Altitude/Yann Arthus-Bertrand
215 d2 Norman Godwin/Hoa-Qui/Eyedea.com
215 d3 Jeanneau Deshoulieres Architectes/Michel Denancé/Artedia.com
216 4a Laurent Saccomano/Fotolia.com
216 4b Elena Elisseeva/Fotolia.com
216 4c Thierry Burot/Fotolia.com
216 4d, e, f Nathalie P/Fotolia.com
217 bg Pierre Tachot, www.trompe-l-oeil.info
217 hg Illustration de Bernard Ciccollini, *L'image au collège*, éditions Belin, 2002
218 Caraman/Fotolia.com
221 bd Manic Blu/Fotolia.com
221 bg Kirsty Pargeter/Fotolia.com
221 mg Daniel Fallot/INA
222 Ramon Senera/CDDS/Agence Bernard
224 b Dessins de André Degaine/Librairie A. G. Nizet
224 hd Bridgeman-Giraudon
225 Bridgeman-Giraudon
227 Rapahel Gaillarde/Gamma/Eyedea.com
229 The Art Archive/Museo della Civita Romana Rome/Gianni Dagli Orti
230 Ramon Serna/Agence Bernard/CDDS
231 Ministère de la Culture-Médiathèque du Patrimoine, Dist; RMN/Studio Harcourt
233 © Editions Glénat, 2005
235 bg Benjamin RENOUT Agence Enguerand/CDDS
235 h Pascal GELY Agence Bernand/CDDS
236 d1 Mary Evans/Rue des Archives
236 d2 Photo RMN/Patrice Schmidt
236 d3 Bridgeman-Giraudon
237 d4 Akg images/© Succession Picasso 2009
237 d5 Photo RMN/Hervé Lewandowski/ © Adagp, Paris 2009
238 a1 Ivzfoto/Fotolia.com
238 a3 Elgris/Fotolia.com
238 b2 Orlando Florin Rosu/Fotolia.com
238 b3 Goran Bogicevic/Fotolia.com
238 c1 Daniel Sainthorant/Fotolia.com
238 c3 Lys/Fotolia.com
238 c6 Marie-Thrèrese Guihan/Fotolia.com
238 d1 Ashley Whitworth/Fotolia.com
238 d2 Mikko Pitkänen/Fotolia.com
238 d3 Christophe Schmid/Fotolia,com
239 Raphael Gaillarde/Gamma/Eyedea.com
240 1a, d Erich Lessing/Akg Images
240 1b The Art Archive/British Museum/Eileen Tweedy
240 1c Photo RMN/Hervé Lewandowski
243 4a Maria Mora
243 4b Niv Koren/Fotolia.com
243 4c Claudio Calcagno/Fotolia.com
243 h Marc Enguerand/CDDS
244 *Le Malade Imaginaire* par la Compagnie Neo Vent mise en scène Marie Martine et Pascal Montel
245 hd Salon du livre et de la presse jeunesse Seine-Saint-Denis
245 hg Atelier Nomades, Avignon/Association Eveil Artistique des jeunes publics
263 E.S. Hardy, private collection/Bridgeman-Giraudon
267 Eric Isselée/Fotolia.com
281 Monkey Business/Fotolia.com
281 Chris 32m/Fotolia.com

Crédits textes

19 a © Editions Gallimard
19 b Collection Le farfadet belu, éditions L'Idée bleue, 1997
24 © Albin Michel Jeunesse, 1999
24 © Editions Gallimard
26 © Editions Gründ, 1966
27 © L'Ecole des Loisirs, 2006
32 © Editions Milan, 1988
33 © Editions Gründ, 1966
34 © Editions Milan, 1988
40 © Editions Gallimard
42 © Editions Fayard
46 © Livre de Poche Jeunesse, 2007
48 © Editions Hatier, 2005
49 © Editions Gallimard
55 © Editions Fayard
56 © Livre de Poche Jeunesse
64, 66, 68, 70, 72, 80 Texte biblique extrait de la Traduction Oecuménique de la Bible © Société biblique française - Editions du Cerf 1988, 2004
70, 72, 80 © Editions Gallimard
79 «Samuel», XVII, 1, in *La Bible*, Bibliothèque de la Pléiade, traduction d'Edouard Dhorme © Editions Gallimard
79 *Les scènes de la bible. Je m'amuse à les reconnaître* rédigé par Isabelle Béraud-Sudreau et Michèle Vizzavona, © Éditions Bonneton, 2007
86 © Présence Africaine, 2001
99 © Editions Gallimard
100 © Livre de Poche Jeunesse
100 b © Syros, 2000
101 Félicien Challaye, DR
102 © Librairie Générale Française, 1983
102 b Editions Flies France, 1999
110 © Les Belle Lettres, Paris
114 Pierre Gamarra
119 a © Editions Gallimard
119 b Le Dé Bleu editions, 1997
124 © Editions Flammarion, 1999
126 © Les Belles Lettres, Paris
132 a Teruro Yamazaki, DR
134 a © Livre de Poche Jeunesse
134 b © Actes Sud, 1992
136 b © Editions Gallimard
136 c Léopold Sédar Senghor, «Jardin de France», Poèmes divers, in *Oeuvre Poétique* © Editions du Seuil, 1964, 1973, 1979, 1984 et 1990
138 © Casterman, 1998
138 © Albin Michel Jeunesse, 2002
138 b Caligramme «La cravate et la montre», recueille dans «Caligrammes» de Guillaume Apollinaire, 2004 © Editions Gallimard
140 © Livre de Poche Jeunesse, 2002
141 a Pilote Le Hot
141 b Editions Tutti Intersong Editions © Avec l'aimable autorisation de Warner Chappell Publishing France
144 © Editions Fayard, 2004
146 © Editions Gallimard
146 © Les Temps des cerises, 2005
147 © Editions Atelier
173 a © Editions Armand Collin
173 b © Librairie Générale Française, 2005
173 c © Editions Hatier, 1965
174 d © Livre de Poche Jeunesse, 1988
180 © Hachette Education
182 © Editions Nathan, 2003
184 © Le livre de poche jeunesse, 2004
186 © Editions Gallimard Jeunesse
188 © Editions Larousse, 1985
193 Robert collège 2008
196 Geroges Chandon, DR
206 © Editions Gallimard
208 © L'Arche Editeur Paris 1961, *Arlequin Valet de deux maîtres* de Carlo Goldoni. Traduit de l'italien par Michel Arnaud
218 recuilli dans *Si Camille me voyait...* © Éditions Gallimard
218 extrait *Les Diablogues et autres inventions à deux voyait...* © Editions Gallimard
220 © Editions Gallimard
221 © Actes Sud, 1999
240 © Editions Gallimard
241 © Editions Milan
249 ex1, 9 Henri Bosco, *L'enfant de la rivière*, collection Folio Junior, 1987 © Editions Gallimard, 1987
249 ex7 Jean Giono, *Le Hussard sur le toit*, collection Folio Plus, 1995 © Editions Gallimard
251 ex8 Jean Muzi, « Le Chasseur et la Lionne » dans *Vingt-six contes de la Savane*, collection Castor Poche, Flammarion, 2007
251 ex9 Jan Knappert, « Le cheval » dans *Trente-sept fables d'Afrique*, collection Castor Poche, Flammarion, 1998
251 ex10 Béatrice Tanaka, «Peau de Pou», *La fille du grand serpent*, Contes du Brésil, Editions La Farandole, 1973
251 ex1, 2 Bernard Friot, «Ogre», *Nouvelles histoires minutes*, Milan jeunesse, 2007
253 ex1 Auteur-compositeur Daniel Balavoine, (c) Avec l'aimable autorisation de Bicycle Editions Musicales, Warner Chappell Music France
253 ex3 Bernard Friot, *Histoires pressées*, Editons Milan Jeunesse, 2005
253 ex4 Daniel Pennac, *L'oeil du loup*, Nathan Jeunesse, 2002
253 ex9 Brigitte Coppin, *Corsaires et Pirates*, BBC France, Fleurus, 2007
255 ex4 Roald Dahl, *Sacrées Sorcières*, traduction de Marie Raymond Farré, collection Folio Junior, 1984 © Editions Gallimard Jeunesse
255 ex1 Gudule, *La Bibliothécaire*, Livre de Poche Jeunesse, 1995
257 ex4 René Goscinny et Jean-Jacques Sempé, *Les histoires inédites du Petit Nicolas*, volume 3 « La rentrée du Petit Nicolas », collection Folio Junior, Editions Gallimard Jeunesse, 2008 © Imav Editions
257 ex11 Jérôme K. Jérôme, *Trois hommes dans un bateau*, collection Folio Junior,1997 © Editions Gallimard Jeunesse
257 ex8 Michèle Kahn, *Contes et légendes de la Bible*, Pocket Jeunesse, tome I, 1994
259 ex9 Odile Weulersse, *Le Messager d'Athènes*, Le Livre de poche Jeunesse, 1996
259 ex4 Jean Muzi, « La Naissance du Fleuve » dans *Contes et fables d'Afrique*, collection Castor Poche, Flammarion, 2002
259 ex5 Muriel Bloch, « Comment sefait-il qu'il y ait des chauves-souris ? » dans *365 contes des Pourquoi et des Comment*, collection Giboulées, Editions Gallimard Jeunesse, 1997 © Garaé/Hésiode
261 ex1 Jérôme K. Jérôme, *Trois hommes dans un bateau*, collection Folio Junior, , 1997 © Editions Gallimard Jeunesse
261 ex10 Henri Bosco, *Le Renard dans l'île*, collection Folio Junior, 1989 © Editions Gallimard Jeunesse
263 ex1 Liliane Korb et Laurence Lefèvre, *Neuf récits de Paris*, collection Castor Poche, Flammarion, 1998
263 ex12 H. C. Andersen, *La Petite Sirène*, collection GF, Flammarion, 2006
263 ex3 Colette, «Nonoche», *Les Vrilles de la vigne*, collection Livre de poche, LGF, 1969
263 ex7 Anne-Marie Chapouton, *L'année du Mistouflon*, collection Castor Poche, Flammarion, 1998
265 ex1, 8 Jean-Philippe Arrou-Vignod, *Enquête au collège*, collection Folio Junior, 1991 © Editions Gallimard
267 ex1 «Les plus belles forêts du monde en photos», Le Petit Quotidien, le 6 octobre 2008, Play Bac
267 ex4 Daniel Pennac, *L'oeil du loup*, Nathan Jeunesse, 2002
267 ex9 H. C. Andersen, *Le coffre volant*, collection GF, Flammarion, 2006
269 ex1 Anne-Marie Chapouton, *L'année du Mistouflon*, collection Castor poche, Flammarion, 1998
269 ex9 Françoise Perrudin, *Civilisations anciennes*, collection Imagia, Fleurus, 1999
271 ex1 Yvon Mauffret, *Une amitié bleu outremer*, collection Cascade, Rageot éditeur, 1994
271 ex10 Claude Klotz, *Drôle de samedi soir*, Livre de Poche Jeunesse, 1995
273 ex1 Yvon Mauffret, *Une amitié bleu outremer*, collection Cascade, Rageot éditeur, 1994
273 ex10 Jean-Paul Nozière, *Une Sixième en accordéon*, collection Cascade, Rageot éditeur, 1996

276 ex1 René Goscinny et Jean-Jacques Sempé, *Les histoires inédites du Petit Nicolas*, volume 3 « La rentrée du Petit Nicolas », « Souvenirs doux et frais », collection Folio Junior, Editions Gallimard Jeunesse, 2008 © Imav Editions
276 ex2 Lewis Carroll, *Alice au pays des merveilles*, collection Folio Junior, Editions Gallimard Jeunesse, 1961 © Fayard Editions
276 ex5 Antoine de Saint-Exupèry, *Le Petit prince*, © Editions Gallimard, 1946
276 ex6 Patrick Vendamme, Le violon assassiné, Syros jeunesse, 1997
277 ex1 J. et W. Grimm, *Blanche-Neige*, Mijade Editions, 2007
277 ex12 Michel Tournier, «Les Suaires de Véronique», *Le Coq de Bruyère*, collection Folio, Editions Gallimard, 1980
277 ex16 J. et W. Grimm, *Les Six Cygnes*, DR
279 ex1 Giovanni Carrada, *Le Sahara*, traduit de l'italien par Geneviève Cattan, collection Terre-histoire, Casterman, 1996
279 ex9 Gudule, *La Bibliothècaire*, Livre de Poche Jeunesse, 1995
281 ex1 Roald Dahl, *Charlie et la chocolaterie*, traduction de E. Gaspar, collection Folio Junior, 1987 © Editions Gallimard Jeunesse
281 ex10 Jules Romains, *Knock ou le triomphe de la médicine*, collection Folio, 1988 © Editions Gallimard
283 ex1 Roald Dahl, *Charlie et la chocolaterie*, traduction de E. Gaspar, collection Folio Junior, 1987 © Editions Gallimard Jeunesse
283 ex10 Jean-Philippe Arrou-Vignod, *L'Omelette au sucre*, collection Folio Junior, 2006 © Editions Gallimard Jeunesse
283 ex2 *Recettes*, collection Marabout chef, Marabout, 2001
283 ex3 Robert Louis Stine, *La fille qui criait au monstre*, collection Folio Junior, Editions Gallimard Jeunesse, 1997 © Editions Bayard
285 ex1 Bernard Friot, *Histoires pressées*, Editons Milan Jeunesse, 2005
285 ex3 Raymond Queneau, «Négatives», extrait recuilli dans *Exercices de style*, © Editions Gallimard
287 ex1 J. et W. Grimm, «Apprendre à frisonner» dans *Le Roi grenouille et autres contes*, traduits par Pierre Durand, Le Livre de poche jeunesse, 2002
287 ex6 Michel Butor, «Poème infinitif», *Agenda du (presque) poète*, de Bernard Friot et Hervé Tullet, La Martinière Jeunesse, 2007
287 ex7 René Goscinny et Jean-Jacques Sempé, *Le petit Nicolas et les copains*, collection Folio Junior n° 94, Editions Gallimard, 1963 © Denoël Editions
287 ex8 Jacqueline Barral, «Solèvent» © Editions du Blé, 1988
289 ex1 Evelyne Pradal, *Au coeur des volcans*, Fleurus, 2004
289 ex6c Homère, *Iliade*, adapté du grec ancien par Chantal Moriousef, collection Folio Junior, Les universels, 2006 © Editions Gallimard Jeunesse
289 ex6d Jacques Cassabois, *Le premier roi du monde: l'épopée de Gilgamesh*, Le Livre de Poche Jeunesse, 2004
289 ex7a Antoine de Saint-Exupèry, **Le Petit prince**, 1946 © Editions Gallimard
289 ex7b, d Muriel Bloch, *365 contes des Pourquoi et des Comment*, collection Giboulées, Editions Gallimard Jeunesse, 1997 © Présence Africaine
289 ex7c J. et W. Grimm, «Les musiciens de Brême» dans *Le Roi grenouille et autres contes*, traduits par Pierre Durand, Le Livre de Poche Jeunesse, 2002
289 ex7e Marie-Therèse Adam, *Héros de la mythologie grecque*, collection Folio Junior, Les universels, © Editions Gallimard Jeunesse, 2006
289 ex8 Isememe Ibazebo, *L'Afrique*, collection J'Explore, Editions Bayard, 1996
291 ex1 Jean Muzi, « Le Tisserand et le boa » dans *Vingt-six contes de la Savane*, collection Castor Poche, Flammarion, 2007
293 ex1 Jean Muzi, *Vingt-six contes de la Savane*, collection Castor Poche, Flammarion, 2007
293 ex5 Mario Collodi, *Les Aventures de Pinocchio*, collection Livre de Poche, LGL, 2003
293 ex9, 10 J. et W. Grimm, *Le Roi grenouille et autres contes*, traduits par Pierre Durand, Le Livre de Poche Jeunesse, 2002
295 ex1 Antoine de Saint-Exupèry, *Le Petit prince*, © Éditions Gallimard, 1946
295 ex3a Mario Collodi, *Les Aventures de Pinocchio*, collection Livre de Poche, LGL, 2003
295 ex3b Jacques Cassabois, *Le premier roi du monde: l'épopée de Gilgamesh*, Le Livre de Poche Jeunesse, 2004
295 ex3c Homère, *Iliade*, adapté du grec ancien par Chantal Moriousef, collection Folio Junior, Les universels, © Editions Gallimard Jeunesse, 2006
295 ex3d, 4, 8 Virgile, *L'Enéide*, traduction d'Anne Dubourdieu, © Casterman 1994
295 ex7 Bernard Friot, *Histoires pressées*, Editons Milan Jeunesse, 2005
297 ex3, 9 Azouz Begag, *Le gone du Chaâba*, Editions du Seuil, 1986
297 ex7 Françoise Rachmühl, *Seize Métamorphoses d'Ovide*, collection Castor Poche, Flammarion, 2003
297 ex7 A. Collognat, *25 métamorpheses d'Ovide*, Le Livre de Poche Jeunesse, 2007
298 ex4 Daniel Pennac, *Kamo l'Agence Babel*, collection Lecture Junior, 1992 © Editions Gallimard Jeunesse
299 ex1 J. et W. Grimm, «Les Musiciens de Brême» dans *Le Roi grenouille et autres contes*, traduits par Pierre Durand, Le Livre de poche jeunesse, 2002
301 ex4b, 5 *36 façons d'inventer le monde*, LGF, 1983
301 ex4 René Goscinny et Jean-Jacques Sempé, *Le petit Nicolas et les copains*, collection Folio Junior, n° 94, Editions Gallimard, 1963 © Editions Denoël
301 ex1 Raymond Queneau, *Pour un art poétique (suite)*, extrait receuilli dans *Le chien à la mandoline* © Editions Gallimard
301 ex3 *Fais pas ci, fais pas ça*, auteurs Jacques Lanzmann et Anne Segalen, compositeur Jacques Dutronc, 1968 © Alpha Editions Musicales
301 ex4a, c Virgile, *L'Enéide*, traduction d'Anne Dubourdieu, © Casterman 1994
301 ex4e, f Amadou Hampate Ba, *Il n'y a pas de petite querelle*, Editions Stock, 2000
303 ex1 Bernard Friot, Asticots, *Nouvelles histoires pressées*, Editions Milan Jeunesse, 2005
303 ex11 A. Collognat, *25 métamorpheses d'Ovide*, Le Livre de Poche Jeunesse, 2007
303 ex9a Homère, *L'Odyssée*, traduction du grec ancien de Isabelle Pandazopoulos, collection Folio Junior, Les universels, 2007 © Editions Gallimard Jeunesse
303 ex9b Muriel Bloch, *365 contes des Pourquoi et des Comment*, collection Giboulées, Editions Gallimard Jeunesse, 1997
305 ex1, 2, 6 Marie-Therèse Adam, *Héros de la mythologie grecque*, collection Folio Junior, Les universels, 2006 © Editions Gallimard Jeunesse
305 ex3 Jean Muzi, « Le singe, le léopard et l'hippopotame » dans *Vingt-six contes de la Savane*, collection Castor Poche, Flammarion, 2007
307 ex10 Editions Faton
311 ex2 Lewis Carroll, *Alice au pays des merveilles*, collection Folio Junior, Editions Gallimard Jeunesse, 1961 © Editions Fayard
311 ex3 René Goscinny et Jean-Jacques Sempé, *Les histoires inédites du Petit Nicolas*, volume 3 « La rentrée du Petit Nicolas » « Les invincibles», collection Folio Junior, Editions Gallimard Jeunesse, 2008 © Imav Editions
311 ex1 Lucien de Samasote, «Histoires vraies», *Voyages extraordianaires*, collection classiques poche, Belles Lettres, 2009
311 ex5 Editions Faton
313 ex1 Jacques Prévert « Cœur de rubis » dans *Histoires*, collection Folio, n° 119, Editions Gallimard, 1972
313 ex10 Jan Knappert, « La Maison du Léopard », *Contes et Fables d'Afrique* d'Ashley Bryan, Jan Knappert et Jean Muzi, traduction de Rose Marie Vassallo, collection Castor Poche, Flammarion, 2002
315 ex1 Christine Ehm, *L'angle mort*, collection Mystère, © Casterman 1999
319 ex1 J. et W. Grimm, « Les deux frères » in *Contes*, traduction d'Armel Guerne, Flammarion, 1986
321 ex1 Marcel Aymé, «Le Canard et la panthère» *Les Contes bleus du chat perché*, collection Folio Junior, 1987 © Editions Gallimard Jeunesse
321 ex11 Henri Gougaud, «L'étoile», *L'arbre aux trésores: legéndes du monde entier*, Seuil, 1987
321 ex9 Francis Ponge « Le Cageot » dans *Le Parti Pris des Choses*, 1942 © Editions Gallimard
323 ex1 J. et W. Grimm, *Le vaillant petit tailleur*, DR
325 ex10 Maurice Carême, *L'Arlequin*, Editions Nathan, 1970
325 ex11 Thierry Aprile, *Sur les traces d'Aladin*, Editions Gallimard Jeunesse, 2001
327 ex1 Pausanias, «L'Elide», *Les mots des sportifs*, Editions Ramsay, 1996
327 ex11 Jérôme Colombain, *La cyberculture*, Editions Milan, 1997
329 ex15 A. Collognat, *25 métamorpheses d'Ovide*, Le Livre de Poche Jeunesse, 2007
329 ex1 Pef, *Mortordu, Sang-de-Grillon : et autres contes*, collection Gallimard album, 2008 © Editions Gallimard
331 ex9 *La colle au pinceau*, 1956, paroles Francis Blanche, Marcel Cabriden, musique Guy Laforge, Pierre Philippe, extrait de l'opérette «La Belle Arabelle», Royalty des Editions SOc, Chappell Theatrales Pord (c) Avec l'aimable autorisation de Warner Chappell Publishing France
331 ex1 Francis Blanche, DR
331 ex3 *L'Ami Caouette* Paroles et musique Serge Gainsbourg (c) 1975 by Melody Nelson Publishing
333 ex1 Roald Dahl, *Charlie et la chocolaterie*, traduction de E. Gaspar, collection Folio Junior, 1987 © Editions Gallimard
333 ex11 J. et W. Grimm, *Blanche-Neige*, Mijade Editions, 2007
335 ex1 Max Jacob intitulé « Sous le vieux pont » publié dans *60 poésies et 60 comptines*, éditions Centurion Jeunesse, 1978
335 ex9 Jacques Prévert, « Chanson de la Seine », extrait de *Spectacle*, collection Folio, n° 104, Editions Gallimard, 1972
337 ex1, 7 Ovide, *Métamosphoses*, DR
337 ex2 *Saint-Denis*, texte de Grand Coprs Malade © Anouche Productions, www.grandcorpsmalade.com
337 ex4 Gudule, *La Bibliothècaire*, Le Livre de Poche Jeunesse, 2007
337 ex8 Jacques Prévert, «Le Cancre», *Paroles*, collection Folio, 1976 © Editions Gallimard
337 ex9 Texte biblique extrait de la Traduction Oecuménique de la Bible © Société biblique française - Editions du Cerf, 1997
339 ex1, 7b Marie-Therèse Adam, *Héros de la mythologie grecque*, collection Folio Junior, Les universels, 2006 © Editions Gallimard Jeunesse
339 ex7a Homère, *L'Odyssée*, traduction du grec ancien de Isabelle Pandazopoulos collection Folio Junior, Les universels, 2007, © Editions Gallimard Jeunesse
339 ex7c Bernard Clavel, *Légendes de la mer*, Le Livre de Poche Jeunesse, 1975
339 ex9 Nathaniel Hawthorne, *Les héros de la mythologie grecque*, traduit de l'anglais par Pierre Leyris, collection Pocket Junior, © Pocket Jeunesse département Univers poche, 2003
341 ex9 Yves Tarantik, *La Cigale et la Fourmi* © 2009 Yves Tarantik

Achevé d'imprimer par Rotolito (Italie) en Avril 2009 - Dépôt légal : 6445-01

Les auteurs présentés dans le manuel

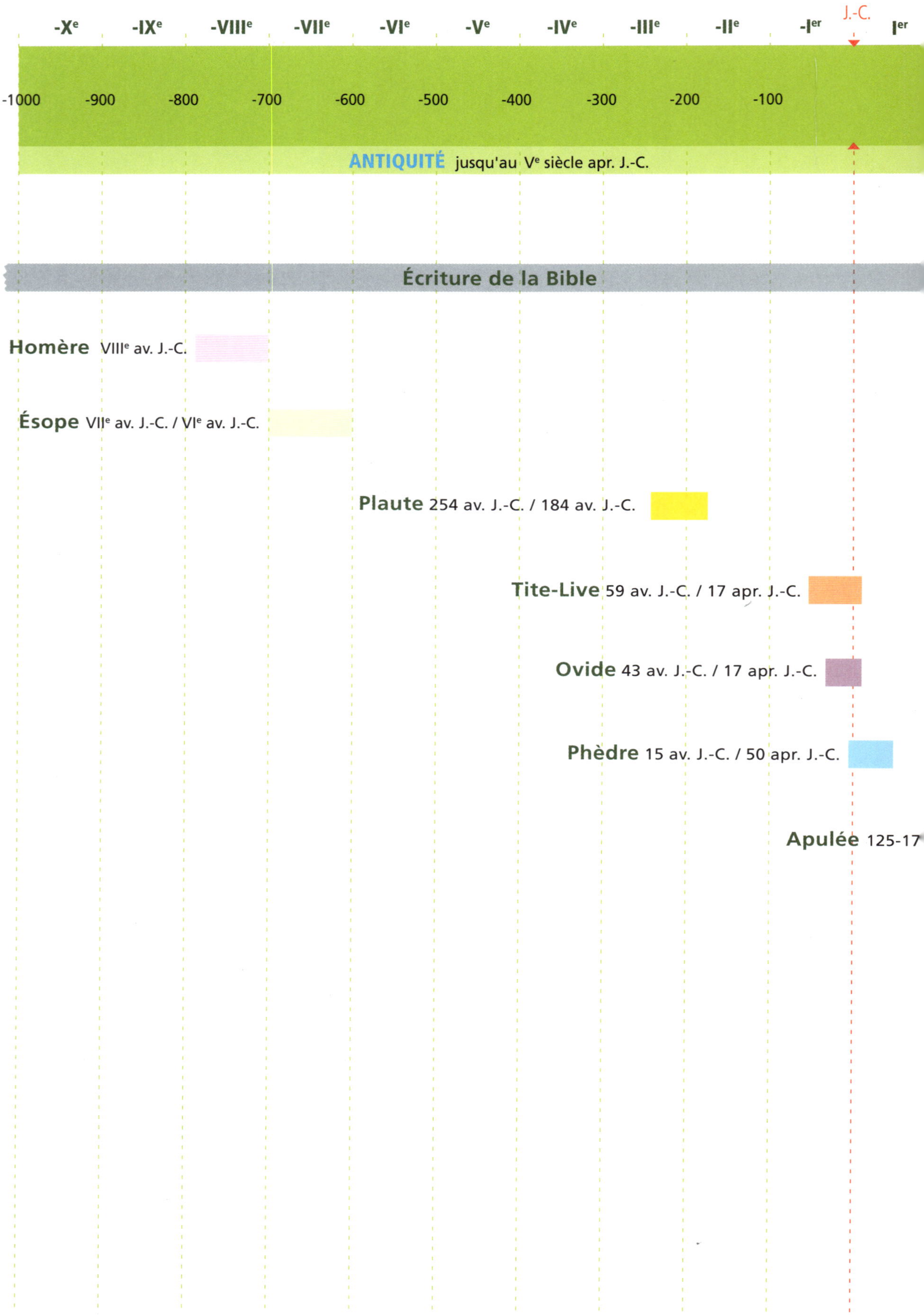

fil d'Ariane 6e

L'essentiel du projet pédagogique

didier

éditorial

Fil d'Ariane... du récit mythologique à l'expression entrée dans la langue.
Cette nouvelle collection a la belle ambition de tisser des liens entre textes et langue, entre la littérature et les autres arts, entre différentes époques d'écriture, l'Antiquité, période privilégiée en 6e, et les époques plus proches de la nôtre. Liens aussi entre textes et images : ils entretiennent d'étroits rapports mais possèdent chacun leur langage. Liens enfin entre les supports pédagogiques, le papier et le numérique qui permet d'animer le travail en classe par l'usage d'une pluralité de médias. Ces différentes passerelles sont destinées à guider les élèves et leur éviter de se perdre dans le labyrinthe des savoirs et des savoir-faire...
Dans ce document, vous découvrirez ce qui a inspiré la collection, les différents supports qui enrichissent le manuel (CD audio-rom, DVD, pochette de transparents) et un extrait du guide pédagogique.
Nous espérons très sincèrement que vous éprouverez plaisir et satisfaction pédagogique à utiliser avec vos élèves, les différentes composantes de *Fil d'Ariane*.

les auteurs

- **Odile Marais**
  Directrice de collection
  Agrégée de Lettres Modernes, elle a travaillé avec des élèves du premier au second degré et avec des classes post-bac, notamment en ZEP. Elle nourrit son enseignement du français par de nombreux projets en interdisciplinarité (arts plastiques, histoire géographie, langues vivantes), et des partenariats avec la Comédie-Française et le MAC VAL (Musée d'art contemporain du Val-de-Marne). Son expérience dans l'animation de stages ou la formation contribue à enrichir ses pratiques et sa réflexion.

- **Bérengère Humbert-Vier**
  Certifiée de Lettres Modernes, elle a commencé sa carrière auprès d'élèves non-francophones et d'élèves en difficulté. Elle est très investie dans les projets interdisciplinaires, notamment avec les documentalistes.

- **Geneviève Ginter**
  Certifiée de Lettres Modernes et diplômée en dramaturgie, elle a enseigné en lycée et est actuellement professeur de collège.

- **Armelle Larvor**
  Certifiée de Lettres Classiques, elle a enseigné en ZEP de nombreuses années et s'est occupée de stagiaires en tant que conseillère pédagogique pour l'IUFM de Créteil

- **Marie-Pierre Verhille**
  Certifiée de Lettres Modernes, elle a poursuivi en parallèle un cursus de documentaliste.

- **Marion Weber-Pallez**
  Auteur du CD-rom
  De formation Lettres Classiques, elle a travaillé à la réalisation de plusieurs sites Internet et CD-rom éducatifs et/ou culturels (rédaction de contenus, jeux et exercices interactifs).

sommaire

Toute la collection fil d'Ariane 6e

Pour le manuel, nous vous proposons plusieurs formules combinables, selon les options prises dans votre établissement pour répondre au mieux à la problématique du poids du cartable :

- **le livre unique** et le CD audio-rom (360 p.)

Le CD audio-rom
Dans la partie audio, les enregistrements d'une sélection de textes du manuel lus et interprétés par des comédiens.
Dans la partie rom, des exercices auto-correctifs pour renforcer les compétences en langue.

- **le volume 1 *Textes et images*** (256 p.) et **le volume 2 *Étude de la langue*** avec son CD-rom (108 p.). Les contenus du livre unique sont scindés et répartis dans ces deux ouvrages.
Dans le CD-rom, des exercices autocorrectifs pour renforcer les compétences en langue.

- **le manuel numérisé**
Il reprend les contenus du manuel imprimé, enrichis des documents sonores de la partie audio du CD. Par ses différentes fonctionnalités (modes d'affichages, liens entre les contenus), il facilite le travail collectif sur les textes et les images grâce à la vidéo projection en classe.

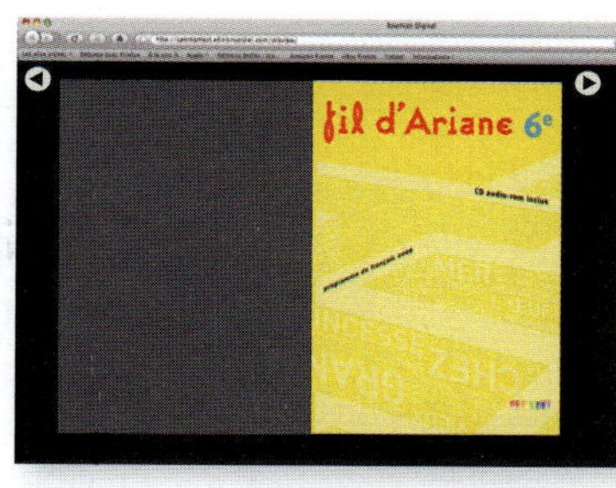

le guide pédagogique

Facilitant le travail de l'enseignant, il lui propose pour chacune des séquences pédagogiques du manuel, une explicitation des choix des auteurs, les corrigés de l'ensemble des questionnements et des exercices, et des variantes pour construire d'autres séquences. *À découvrir page 11.*

la pochette de transparents

Elle comporte une sélection d'images du manuel et des fiches d'exploitation destinées à faciliter la lecture d'images en classe.

le DVD Images et sons

Destiné à enrichir et animer le travail sur les séquences en classe, il regroupe une sélection de médias : images fixes extraites du manuel (celles proposées dans la pochette de transparents), images animées (extraits de film de fiction, captations de spectacle vivant, spot publicitaire, etc.) et de sons (ceux de la partie audio du CD audio-rom).

Fil d'Ariane 6e

Livre unique + CD audio-rom .... réf. 4748703
Pack volume 1 Textes et images + volume 2 langue............ réf. 9724014
Vol. 1 Textes et images.. réf. 4728663
vol. 2 Étude de la langue avec son CD-rom .... réf. 4748729
CD audio-rom élève de remplact livre unique...................... réf. 4742292
Pack de 10 CD audio-rom de remplact livre unique............ réf. 9724006
Guide pédagogique .... réf. 4728622
DVD-rom + livret .... réf. 4728648
Transparents .... réf. 4728655

Manuel numérique : conditions commerciales
- Licence élève : 3 euros pour les utilisateurs de la version papier.
- Licence classe : 90 euros pour les utilisateurs de la version papier.
- Support : fichier à télécharger

} Voir modalités d'accès sur www.kiosque-edu.com

www.editionsdidier.com/fil_d_ariane/
- Découvrez la collection avec une visite interactive, les interviews des auteurs, les extraits des différents supports et les questions / réponses sur la mise en œuvre.
- Téléchargez gratuitement le guide pédagogique.

Suivons le fil d'Ariane...

Nous avons le plaisir de vous présenter les partis pris qui ont guidé la conception de cette nouvelle collection et la réalisation de ses premiers supports pédagogiques.

Au programme, continuité et nouveaux apports

Le programme de 2008 s'inscrit dans une continuité par rapport au celui de 1995, reprenant l'idée majeure d'articulation étroite entre littérature et langue. Le choix d'œuvres porte de façon privilégiée, mais non exclusive, sur l'Antiquité et les différents types de lecture (analytique, cursive, d'extraits d'œuvres ou d'œuvres intégrales) sont préconisés.
L'étude de la langue (grammaire, orthographe, lexique) est très valorisée et ses contenus précisément identifiés pour la 6e, comme pour les autres classes du collège.
Nouveauté, l'initiation à l'histoire des arts ouvre des passerelles vers l'Histoire et les Arts plastiques.
Enfin, l'articulation entre l'enseignement du français et les technologies de l'information et de la communication est renforcée.

Un livre unique en un... ou deux volumes

Nous avons fait le choix pédagogique du livre unique, ensemble des contenus mettant en œuvre les nouveaux programmes de 6e, décliné sur le plan pratique, sous deux formes : un seul volume qui vous est adressé en spécimen (intégralité des contenus) ou deux volumes (« Textes et images » et « Étude de la langue », correspondant respectivement aux 1re et 2e partie du livre unique en un volume).
La première partie du manuel que vous avez reçu, compte dix séquences pédagogiques qu'il est possible de mettre en œuvre en tant que telles dans la classe ou de recomposer en opérant d'autres regroupements de textes (le guide pédagogique suggère des variantes, voir p. 20 de ce document).
Chaque séquence forme un ensemble en trois temps : parcours textes et images, entraînement et évaluation.
Au fil de la séquence, des passerelles sont créées entre textes, images et langue (questions de compréhension et de langue sur les textes, activités de lecture de textes et d'images) et activités d'expression orale et écrite sont travaillées de façon équilibrée pour encourager dès la 6e, l'acquisition de bons réflexes par les élèves.
En clôture de la séquence pédagogique, une évaluation est proposée sur les différents plans (lecture de texte et d'image, orthographe, connaissance des auteurs).

...qui préserve la liberté pédagogique

Chacun des domaines, langue et textualité, peut être travaillé dans sa spécificité selon les besoins de la classe.

Faire découvrir un patrimoine littéraire vivant

Le choix de textes du manuel *Fil d'Ariane* 6e s'appuie sur les recommandations du programme, qui insiste sur l'idée d'une culture partagée par l'ensemble des élèves, et privilégie la période de l'Antiquité, pour permettre un travail en interdisciplinarité avec l'Histoire. Nos propositions sont tirées de ce patrimoine reconnu, et de créations plus récentes qui s'en inspirent (rubrique *Toujours d'actualité*).
Nous avons ouvert la lecture des textes écrits sur la langue orale : la partie audio du CD offre une sélection d'enregistrements de textes du manuel interprétés par des comédiens de talent. Les élèves percevront ainsi aisément que les contes, poèmes, pièces de théâtre, entretiennent un rapport privilégié avec la langue orale. Ils auront aussi plaisir à écouter et mieux comprendre des récits tirés de la Bible ou de la mythologie (voir p. 7 de ce document).

Faciliter la bonne maîtrise de la langue

La deuxième partie du livre unique envoyé avec ce document est consacrée à l'étude de la langue. Chaque point de langue du programme de 6e y est traité dans un ensemble autonome : leçon synthétique (souvent sous forme de schéma favorisant la compréhension et la mémorisation) et série d'exercices d'application de difficulté graduée. Nous avons fait le choix d'une terminologie accessible, en limitant le métalangage, qui fait souvent obstacle à la bonne assimilation des élèves. Une attention particulière a été portée aux difficultés récurrentes des élèves en début de collège en orthographe, syntaxe, etc.
Et puis, la partie rom du CD joint au manuel constitue un précieux complément, par son large éventail d'exercices correctifs (voir p. 6-7 de ce document).

Des élèves plus autonomes

Le manuel constitue un outil complet et pratique sur lequel les élèves vont travailler en classe, à la maison ou au CDI.
Il est aisément utilisable, grâce à plusieurs types d'aides, facilitant la transmission par l'enseignant et l'appropriation par l'élève : présentation des auteurs par de courtes biographies vivantes et des flèches du temps les situant dans l'Histoire (*Et si les auteurs nous parlaient ?*), rappels synthétiques jalonnant le travail sur les textes (*L'Essentiel*), schémas d'aide à la lecture des images (*Des mots pour lire l'image*), bilan de fin de séquence qui peut être réalisé en autonomie (*Construire le bilan sur...*), glossaire et frise générale des auteurs de fin d'ouvrage.
Une attention particulière est accordée à la méthodologie dans les pages *De la classe au CDI* qui proposent des travaux d'expression, de recherche documentaire, des réalisations de classe, des tâches dans l'esprit du B2I, pouvant être menés avec le ou la documentaliste de votre collège.

Langage des images et histoire des arts

Dans *Fil d'Ariane*, une très belle place est accordée aux arts : le manuel offre une riche iconographie et le DVD une sélection de séquences filmiques à visionner en classe (voir p. 9 de ce document).
Il s'agit d'initier les jeunes collégiens à l'histoire des arts. La rubrique *Enquêt'art* propose des activités sur un motif, une figure traversant plusieurs arts (« Le château dans le conte de fée », « Pierrot et Arlequin » dans la séquence sur la comédie, etc.). En utilisant les facultés d'observation, la curiosité des élèves de 6e, ces ouvertures sont aussi de belles occasions de montrer les liens étroits tissés entre la littérature et les autres arts.
Enfin le manuel donne aux élèves quelques clés simples pour lire les images, fixes ou animées (« Le cadrage », « Les contrastes de lumière », « Les couleurs » dans la rubrique *Des mots pour lire l'image* du manuel), les images ayant leur propre langage, qu'il faut apprendre à décoder...

L'Éditeur et les auteurs

Le CD audio-rom de l'élève

Partie intégrante du manuel en un volume, le CD audio-rom est un outil que l'élève pourra utiliser de façon autonome ou sur le conseil de son enseignant. Il se compose de deux parties distinctes : la partie rom porte sur l'étude de la langue, la partie audio comporte les enregistrements d'une sélection de textes lus et interprétés par des comédiens.

La partie rom

Prolongement de la partie « Étude de la langue » du manuel, cet outil utilise les apports du multimédia pour entraîner l'élève en grammaire, orthographe et vocabulaire et l'aider à progresser.
Il propose plus de 300 exercices auto-correctifs sous forme d'activités d'appariement, de classement, d'ordonnancement, de complétion, de sélection, de vrai / faux.

S'exercer et se tester

Nous proposons à l'élève de s'entraîner de deux façons.
Dans « S'exercer », il choisit le point de langue du programme sur lequel il souhaite s'améliorer et effectue les exercices, qui complètent ceux du manuel.
Dans « Se tester », il travaille sur des exercices qui croisent l'utilisation de plusieurs points de langue, ce qui constitue un entraînement continu sur l'année.

Encourager l'auto-évaluation...

Dans chacun de ces types d'entraînement, la démarche pédagogique oriente progressivement l'élève vers le corrigé, en valorisant ses réponses (en cas d'erreur, affichage d'indices facilitant l'auto-correction) et en lui permettant de se situer dans sa maîtrise des points de langue travaillés (en fin de parcours, affichage et mémorisation des scores).

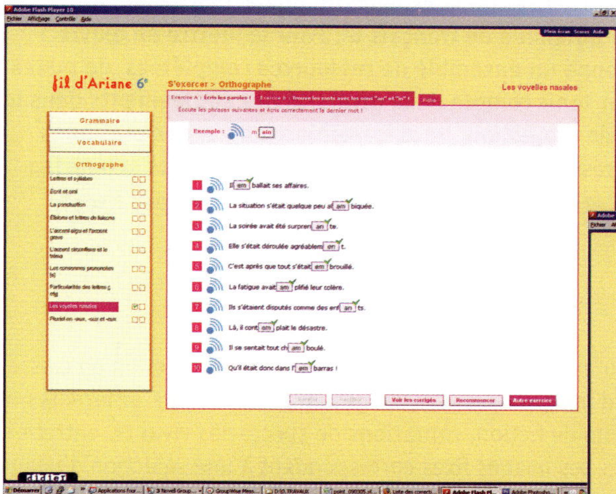

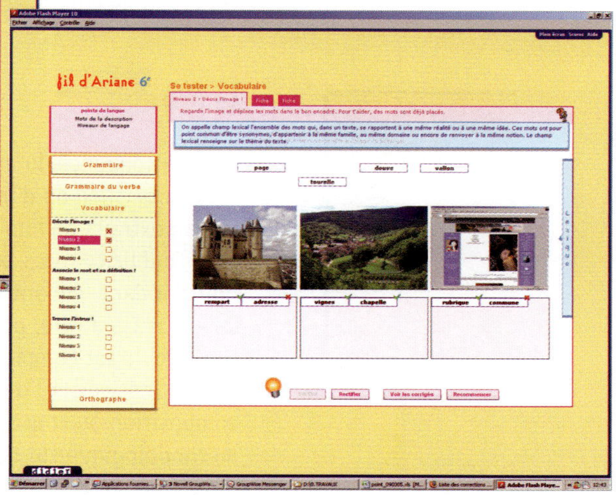

… et le travail en autonomie de l'élève

Un ensemble d'aides permet l'utilisation du CD-rom en autonomie par l'élève. Il peut accéder aux leçons de langue du manuel qui sont reproduites sous format pdf, trouver rapidement la définition d'une notion sur laquelle il travaille ou celle d'un mot de vocabulaire difficile.

La partie audio

Les genres littéraires inscrits au programme de français 6e (le conte, la poésie, le théâtre…) entretiennent un rapport intime avec l'oralité. C'est ce que nous avons souhaité faire entendre aux élèves… Nous proposons dans cette partie une sélection de textes lus et interprétés par plusieurs comédiens.

Par la lecture expressive des textes, ces enregistrements en éclairent le sens, en donnent une interprétation et peuvent constituer un support de travail dans l'esprit de la rubrique *S'exercer à l'oral* du manuel. L'écoute de ces extraits sonores est aussi une belle invitation faite à l'élève, à poursuivre seul, la lecture de l'œuvre.

Les comédiens

Valérie Bezançon
Comédienne de théâtre, elle porte à la scène des textes littéraires (*Le Mari, et autres petits meurtres…* de Tchekov, *Sur la Lecture* de Marcel Proust). Pédagogue, elle anime des formations pour acteurs sur le théâtre français versifié.

Arnaud Caron
Comédien et marionnettiste, il joue dans des créations pour le jeune public, interprète les classiques (Shakespeare, Molière, Tchekov) et prête sa voix pour des enregistrements audio (documentaires et fictions).

Philippe Houriet
Il exerce ses talents de comédien dans des pièces d'auteurs contemporains (Koltès, Barker) et classiques (Beaumarchais, Giraudoux) et a aussi tourné pour le cinéma et la télévision.

Médias et multimédia dans la classe

La lecture d'images fixes et animées demeure une activité majeure préconisée par le programme de français 6e. Pour la mettre en œuvre, nous avons sélectionné un ensemble de ressources complétées de pistes d'exploitation. Pour tenir compte de la diversité des équipements dans les collèges (matériel de projection, de rétro-projection) et des pratiques pédagogiques, les ressources sont disponibles sur différents supports : DVD (images fixes et animées, sons) et transparents (images fixes).

Le DVD

Chaque séquence du manuel pourra être enrichie par la projection en classe, d'extraits vidéo ou d'images fixes. Les images animées sont de différentes natures : extraits de film de fiction, captations de spectacles vivants, entretiens, spots publicitaires... Les images fixes correspondent à une sélection d'images figurant dans le manuel et permettent d'aborder les différents genres ou supports (peinture, photographie, dessin, sculpture, etc.).
L'ensemble est complété d'un livret pédagogique qui présente chaque ressource (notice sur l'œuvre et l'artiste, rappel des techniques, analyse de la composition ou construction utilisées) et en propose une exploitation (travail méthodologique sur la lecture d'image, mise en lien du texte et de l'image, ouverture sur l'histoire des arts...) via une fiche de travail à distribuer aux élèves.
Le DVD comprend aussi les extraits sonores du CD audio-rom.

Les transparents

La pochette de transparents comprend la sélection d'images fixes et le livret d'exploitation associé.

Exemple d'objectif : étudier la composition d'une œuvre picturale (lignes et couleurs)

Le manuel numérisé

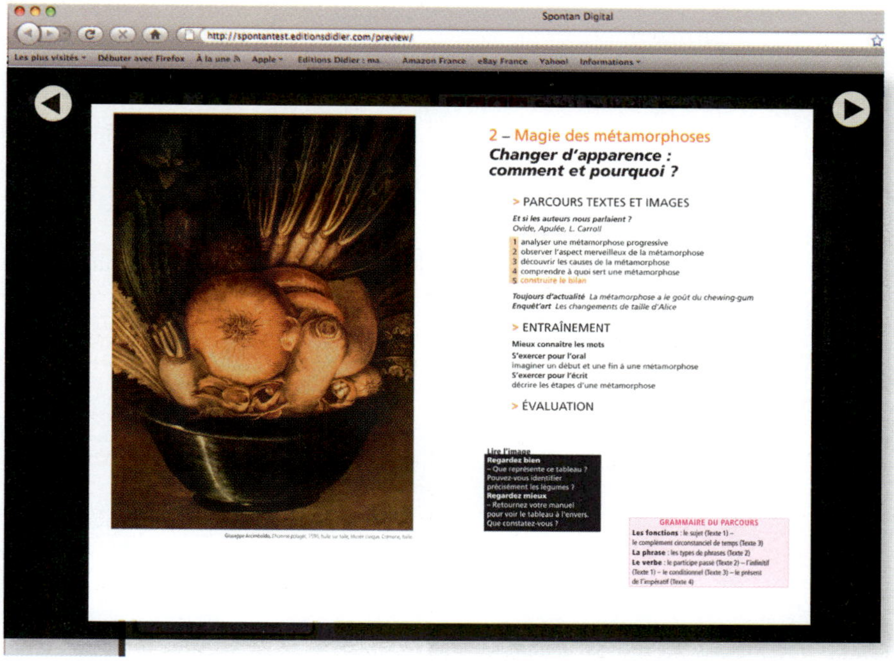

À vidéo-projeter en classe ou à installer sur poste individuel, le manuel numérisé dynamise le travail en séquences : hyperliens clicables pour circuler entre les différents contenus du manuel, accès direct aux enregistrements audio, possibilité de zoomer sur les images.

D'autres outils permettent d'en faire un usage personnalisé : insertion de notes, surlignage,...

À découvrir sur **manuelnum.editionsdidier.com** et conditions p. 3.

le nouveau site www.editionsdidier.com :
une mine de ressources pour l'enseignant

La collection *Fil d'Ariane* a son espace sur lequel vous disposez de nombreux contenus et fonctionnalités pour :

- **Découvrir la pédagogie des auteurs et consulter les différents supports.**
  Par les visites guidées, des interviews d'auteurs, les ouvrages à feuilleter, les extraits à télécharger, accédez à nos publications de façon dynamique.
- **Faciliter vos pratiques de classe**
  Les conseils des auteurs et les ressources numériques enseignants vous accompagnent dans l'utilisation de la collection.
- **Échanger et vous informer**
  Le site accueille vos questions, témoignages, contributions et propose les analyses pédagogiques des auteurs pour une ouverture à d'autres pratiques et réflexions.
- **Enrichir les séquences pédagogiques**
  Les ressources numériques pour les élèves et la classe sont accessibles directement à partir de l'espace collection.

[Extrait du Guide pédagogique]

Disponible en version papier, le guide est aussi téléchargeable gratuitement sur le site.

2 – Magie des métamorphoses

Au programme...
• Textes de l'antiquité :
Les Métamorphoses, d'Ovide
• Contes et récits merveilleux :
Les Mille et Une Nuits
Alice au pays des merveilles, de Lewis Carroll

Présentation de la séquence
La séquence s'appuie sur un thème transversal, décliné dans un corpus comportant des textes de différentes époques. Ce choix permet des comparaisons, des rapprochements et des analyses, qui soulignent la pérennité du motif de la métamorphose dans l'Histoire de l'art en général, et de la littérature en particulier. Le corpus de textes et d'images permet de mettre en évidence la spécificité de chaque auteur et de chaque époque.
La progression part de l'observation du phénomène (texte 1), pour ensuite le caractériser (texte 2), et l'expliquer (textes 3 et 4).

> Ce corpus permet une grande liberté d'exploitation :
– il peut être étudié après avoir défini avec les élèves la notion de *merveilleux* ou en introduction à cette notion ;
– il pourra permettre de relier les contes et les récits de l'Antiquité ou bien d'introduire la notion de *texte antique*. Le tableau des variantes donne des pistes pour relier le corpus aux autres séquences.

> Il est possible d'adapter la séquence selon les élèves :
– pour les classes ayant un bon niveau : deux textes d'étude complémentaires sont proposés après les corrigés.
– pour les classes ayant un niveau plus faible : les textes 2 et 4 permettent de répondre aux principaux objectifs.

Bibliographie
Apulée, *L'Âne d'or ou les Métamorphoses*, traduction de Pierre Grimal, Folio Classique.
Annie Collognat, *Vingt-Cinq Métamorphoses d'Ovide*, Le Livre de Poche Jeunesse
Les Mille et une Nuits, traduction d'Antoine Galland, téléchargeable sur le site de la BNF (Gallica) http://gallica.bnf.fr
Lewis Carroll, *Alice au pays des merveilles*, traduction de Jacques Papy, Gallimard.
Ovide, *Les Métamorphoses*, traduction de Jean-Pierre Néraudau, Folio Classique.

Objectifs et ressources pédagogiques

Objectifs	La progression dans le manuel *Textes et images*	Autres propositions *Textes et images*	
		dans la séquence 2	dans les autres séquences
1 Analyser une métamorphose progressive	Texte p. 40 Image p. 41	– Texte p. 44 – Texte « Toujours d'actualité », p. 49 – Texte d'évaluation, p. 56 – « S'exercer pour l'oral », p. 54 – Images p. 47, p. 54, 55 et 57 – « Enquêt'art » p. 50	**Séquence 4** Texte *Fari l'ânesse* p. 89
2 Observer l'aspect merveilleux de la métamorphose	Texte p. 42 Image p. 43	– Textes p. 40, 44, 46, 48 – Texte « Toujours d'actualité », p. 49 – Texte d'évaluation, p. 56 – Texte complémentaire 1	**Séquence 4** Texte *Fari l'ânesse* p. 86 **Séquence 4** p. 100, p. 101, p.102
3 Découvrir les causes de la métamorphose	Texte p. 44 Image p. 45	– Texte p. 46 et 48 – Texte complémentaire 2	**Séquence 4** Texte *Fari l'ânesse* p. 86
4 Comprendre à quoi sert une métamorphose	Texte p. 46 Image p. 47	– Texte p. 48	**Séquence 4** p. 101 et 102 **Séquence 5** p.114

Étude de la langue dans la séquence 2

Grammaire	
Les classes de mots	
Le groupe nominal	Texte 1
Les fonctions	
La fonction sujet	Texte 1
Le complément circonstanciel de temps	Texte 2
La phrase	
La phrase déclarative	Texte 2
La phrase exclamative	Texte 3 Texte d'évaluation
Le verbe	
Relevé de verbes exprimant un changement de matière ou de forme	Texte 1
Le futur simple	Texte d'évaluation
Le présent du conditionnel	Texte 3
Le présent de l'impératif	Texte 4
Participe passé	Texte 2
Orthographe	
La ponctuation : emploi des lettres majuscules	Texte 3
Accent grave et accent aigu	Texte 1
Graphies et prononciation de la lettre <u>g</u>	Texte 2
Noms terminés par la lettre <u>x</u> au pluriel	Texte 4
Graphies du son [j]	Dictée d'évaluation
Homophones : distinction entre « *et* » et « *est* »	Texte 1
Vocabulaire	
Les origines de la langue française	Texte 4 « Comprendre », p. 52 Texte d'évaluation
La formation des mots : les mots dérivés	Texte 1 – Texte 3 « Comprendre », p. 52
Les homonymes	« Jouons avec les mots », p. 52
Antonymes et synonymes	Texte 1 – Texte 2 « Observer », p. 52 « Enrichir son vocabulaire », p. 53
Sens propre et sens figuré	Texte d'évaluation
Le champ lexical	Texte 1 – Texte 3
Les reprises lexicales	Texte 3

Lecture d'image d'ouverture

Giuseppe Arcimboldo, *L'Homme-potager*
Cette œuvre, dans laquelle le spectateur est invité à participer à la métamorphose en changeant son point de vue, permet d'entrer dans la séquence de manière simple et ludique.

Regardez bien
Le tableau représente des légumes et des fruits dans un saladier. On reconnaît un navet, des champignons, un oignon, une botte de carottes. On voit aussi des noisettes et des noix (une noix ouverte et des bogues).

Regardez mieux
En retournant le manuel, on découvre la tête du jardinier qui a cultivé les légumes. Le saladier est son chapeau, un navet forme son nez, les racines deviennent les sourcils, une noisette et une noix ouverte les yeux, deux champignons la bouche, un oignon la joue, des fanes de carottes la barbe.

CORRIGÉS
[PARCOURS TEXTES ET IMAGES]

p. 41 • ANALYSER UNE MÉTAMORPHOSE PROGRESSIVE

LIRE LE TEXTE

Une manipulation qui tourne mal

1 Le héros, Lucius, espère se métamorphoser en hibou.
« *un vol* », « *un oiseau* », le « *duvet* », la « *plume* » appartiennent au champ lexical de cet animal.

2 Le héros espère se métamorphoser grâce à Photis, la servante de Pamphile la magicienne, et grâce à l'onguent qui se trouve dans la boîte.

3 Finalement, Lucius est métamorphosé en âne : « *Et tandis que, incapable de rien faire pour me sauver, j'aperçois, en regardant mon corps, non pas un oiseau, mais un âne.* » [l. 18-19]

Un changement physique

4 [L. 3 à 7] Le héros embrasse la boîte, puis il lui parle, et enfin il enlève tous ses vêtements.

5 [L. 10 à 17]

Verbes exprimant un changement de matière	Verbes exprimant un changement de forme
[L. 10] *s'épaississent* (s'épaissir)	[L. 13] *se ramassent* (se ramasser)
[L. 11] *se durcit* (se durcir)	[L. 15] *s'allonge* (s'allonger)
[L. 17] *se hérissent* (se hérisser)	[L. 16] *grandissent* (grandir)

6 [L. 11 à 17]
<u>mes poils</u> → *deviennent* des crins ; <u>ma peau</u> → *se durcit* ; <u>ma bouche</u> → *s'allonge* ;
<u>mon visage</u> → *est* difforme ; <u>mes oreilles</u> → *grandissent* et *se hérissent* de poils.
Les six groupes nominaux soulignés sont sujets des verbes en italique.

Les réactions psychologiques

7 L'expression « *à la hâte* » [l. 5] montre l'impatience du héros ; l'adverbe « *avidement* » confirme cette impatience.

8 Le héros n'est pas satisfait de sa métamorphose. Il le manifeste à Photis en la « *maudissant* » [l. 20], puis il lui « *lance [...] un regard de côté* » [l. 23] pour lui « *adresser [...] des reproches muets* ».

9 Orthographe (> fiches 34 et 42)
« *Mais tout va bien, car le remède* ***à*** *cette m<u>é</u>tamorphose est facile* ***à*** *trouver et abondant.* »
Distinction des homonymes : pour distinguer la conjonction de coordination « *et* » et le verbe « *est* », il faut essayer de les remplacer par « et aussi » puis par « était ».

10 Vocabulaire (> fiches 41 et 43)
- devenir épais > *s'épaississent* [l. 10] ; antonyme > *s'affinent*
- devenir dur > *se durcit* [l. 11] ; antonyme > *se ramollit*
- devenir long > *s'allonge* [l. 15] ; antonyme > *se raccourcit*
- devenir grand > *grandissent* [l. 10] ; antonyme > *rapetissent*

LIRE L'IMAGE
- Les paysans sont en train de se transformer en grenouilles.
- Le personnage debout a encore un corps d'homme, mais sa main n'a plus que quatre doigts et commence à se palmer. Sa tête a déjà la forme d'une tête de grenouille, avec des yeux globuleux et un crâne lisse. Dans l'eau et en arrière-plan, on voit des paysans déjà complètement transformés.

Pour représenter le processus de la métamorphose, les sculpteurs ont placé dans la fontaine des personnages qui traduisent chacun une étape de la métamorphose : certains sont totalement transformés ; d'autres partiellement : les uns ont leur tête modifiée, les autres leurs membres. Pour voir la métamorphose s'effectuer, le spectateur doit tourner autour de la fontaine.

p. 43 • OBSERVER L'ASPECT MERVEILLEUX DE LA MÉTAMORPHOSE

Ce texte est proposé en version audio dans le CD. Son étude peut être précédée ou suivie par l'écoute en classe.

LIRE LE TEXTE

Un monde merveilleux

1 Les deux interlocuteurs d'Alice au cours de l'épisode sont la chenille et le pigeon. Ces deux animaux sont ici merveilleux car ils sont doués de parole.

2 Le conseil de la chenille : « *Un côté te fera grandir, l'autre côté te fera rapetisser.* » [l. 5] est prononcé d'un ton assuré, comme le montre l'emploi du futur de l'indicatif. La phrase est déclarative.
3 Le champignon possède le pouvoir de modifier la taille d'Alice.

Un processus merveilleux
4 Le texte précise : « *elle finit par étendre les deux bras autour du champignon aussi loin qu'elle le put* » [l. 12-13], ce qui montre qu'elle est si petite que le champignon, en comparaison, lui paraît très grand.
5 Relevé des participes passés avec auxiliaire : « *était tombé* » [l. 18] s'accorde avec le pronom personnel « *il* », qui représente « *le menton* » ; « *était comprimé* » [l. 23] s'accorde avec le GN « *son menton* » ; « *est dégagée* » s'accorde avec « *ma tête* ».
Ce relevé apporte une information sur la taille d'Alice : « *était tombé* » traduit qu'elle rapetisse, « *était comprimé* » marque l'absence de cou, donc une taille minuscule, et « *est dégagée* » traduit au contraire qu'elle a de nouveau grandi.
6 Pour sa deuxième métamorphose, le cou d'Alice s'allonge démesurément si bien qu'elle surplombe le paysage : elle ne voit plus ses épaules « *ses épaules ne se trouvaient nulle part* » [l. 30], sa tête se retrouve au-dessus des arbres : « *au-dessus d'un océan de feuilles vertes, bien loin au-dessous d'elle.* » [l. 32 et 33].
7 Le cou d'Alice est comparé à une tige [l. 32] et à un serpent [l. 35 et 42] car son cou trop long est devenu mou et flexible : « *son cou se tordait aisément dans toutes les directions* » [l. 35].

Orthographe (> fiche 37)
– La lettre g suivie de la voyelle u se prononce [g] dans « *narguilé* » et suivie de la voyelle e, se prononce [ʒ] dans « *pigeon* ».
– [L. 28 à 43] La lettre g est suivie d'une voyelle et se prononce [ʒ] dans « *tige* », « *plonger* », « *feuillages* », « *pigeon* », « *visage* ».
– La lettre g suivie d'une voyelle se prononce [g] dans « *regardant* », « *aigu* ».

Vocabulaire (> fiche 43)

Mots	Synonymes
pensive	songeuse
terrifiée	épouvantée
ravie	heureuse
inquiète	soucieuse
enchantée	comblée
indignée	scandalisée

LIRE L'IMAGE
– La première image représente le début du texte, lorsque Alice rencontre la chenille [l. 1 et 2]. On notera que l'illustrateur a représenté la chenille fumant le narguilé, comme le texte le précise, et avec des lunettes, pour accentuer son aspect de personnage averti et expérimenté. La deuxième image représente la fin du texte, au moment où le pigeon heurte la tête d'Alice [l. 40 à 44].
Rackham humanise la chenille (un visage avec des lunettes, des bras et des mains), contrairement à Robinson qui laisse au pigeon son apparence animale.
– Pour représenter la métamorphose et la longueur immense du cou d'Alice, l'illustrateur a dessiné un cou dont on ne voit pas la fin : il se perd dans le paysage et fait plusieurs boucles. En plaçant la tête d'Alice sur un fond de ciel bleu avec des nuages, il suggère la hauteur à laquelle elle se trouve.

p. 45 • DÉCOUVRIR LES CAUSES DE LA MÉTAMORPHOSE

LIRE LE TEXTE

La vengeance de Sidi Nouman
1 Sidi Nouman métamorphose sa femme en cavale, c'est-à-dire en jument, comme le montrent les mots « *cavale* » [l. 7], « *crins* » [l. 9], « *écurie* » [l. 9], « *licou* » [l. 10].
2 Relevé du champ lexical de la faute : « *crime* » [l. 11], « *méchanceté* » [l. 11], et de la punition : « *reprochant* » [l. 10], « *châtiai* » [l. 11], « *fouet* » [l. 11], « *châtiment* » [l. 13].

3 [L. 13] « *chaque jour* » est un groupe nominal complément circonstanciel de temps du verbe « faire ».
Ce GN montre la colère de Sidi Nouman qui est déterminé à punir sévèrement sa femme.
4 En transformant sa femme en cavale, il veut l'assujettir et la rabaisser au rang des bêtes de somme.

La sagesse du calife
5 Le calife donne raison à Sidi Nouman d'avoir voulu punir sa femme, mais il pense que la métamorphose est une punition déjà très sévère et qu'il est inutile de la battre [l. 23 à 25].
6 Il est préférable cependant qu'elle reste un animal, car le calife rappelle « *l'opiniâtreté et la dureté incorrigibles des magiciens et des magiciennes qui abusent de leur art* ».
Une fois redevenue femme, elle pourrait se venger avec ses pouvoirs magiques.
7 [L. 25] Le verbe « *je t'ordonnerais* » est conjugué au présent du conditionnel. Il ne s'agit pas d'un ordre : il imagine ce qu'il pourrait ordonner, mais finalement il ne l'ordonne pas.

Orthographe (> fiche 32)
8 Les majuscules sont employées pour marquer le début d'une phrase : « *Commandeur* » [l. 14], « *Quand* » [l. 19], « *Ton histoire* » [l. 20], « *Aussi* » [l. 21], « Mais » [l. 23], « Je t'ordonnerais » [l. 25].
Elles sont également utilisées pour indiquer un nom propre : « *Sidi Nouman* » [l. 14, l. 19] ou bien pour souligner une appellation honorifique : « *Commandeur des croyants* », « *Votre Majesté* » [l. 15].

Vocabulaire (> fiches 41 et 46)
9 Le calife est désigné par une périphrase : « *Commandeur des croyants* » [l. 14] et par différents GN : « *Votre Majesté* » [l. 15], « *le calife* » [l. 19], « *le sultan* » [l. 20].
10 Le nom « *cavale* » contient l'élément « caval- » qui signifie « cheval ». D'autres mots contiennent cet élément : un cavalier – une cavalcade – une cavalerie – cavalièrement – cavaler.

LIRE L'IMAGE
L'œuvre de Liberale da Verona est un panneau de bois appartenant à un coffre de mariage.
– Au lieu de représenter un moment de l'épisode, le peintre a choisi de rapporter trois péripéties essentielles : la séduction d'Europe par Zeus (entouré de ses compagnes, elle monte sur le taureau), l'enlèvement (Europe assise en amazone, se tient aux cornes du taureau, le regard tourné vers ses compagnes), l'arrivée en Crète (Zeus a repris sa forme humaine, Europe et Zeus, debout, se regardent amoureusement).
– La lecture s'effectue de droite à gauche : cette lecture linéaire et synthétique s'inscrit dans la tradition du Moyen-Âge.

p. 47 • COMPRENDRE À QUOI SERT UNE MÉTAMORPHOSE

LIRE LE TEXTE

À l'origine de la métamorphose
1 Narcisse méprise les nymphes [l. 1]. Il se croit au-dessus d'elles : il est qualifié d'« *orgueilleux* » [l. 4].
2 Le verbe « écouter » est conjugué au présent de l'impératif : « *écoutez* » [l. 4].
Il exprime une prière adressée aux dieux par la nymphe.
3 Les verbes « *a entendu* » et « *exaucer* » montrent que la déesse Némésis a pris en compte la demande de la nymphe.

Le narcissisme
4 Narcisse tombe amoureux de lui-même : « *il est séduit par son image* » [l. 14], « *il tombe amoureux* » [l. 15], « *il s'admire, il reste figé* » [l. 17], « *il contemple* » [l. 19 et l. 29].
5 Plusieurs comparaisons sont utilisées pour décrire les différentes parties de son corps : « *ses yeux* » sont comparés à des « *étoiles* » [l. 20], « *ses cheveux flamboyants*» sont comparés à ceux « *du dieu Apollon* » [l. 20], son « *cou* » ressemble à de « *l'ivoire* » [l. 21], son « *teint* » est celui du « *lis* » ou de la « *rose* » [l. 21]. Cette description flatteuse montre la beauté de Narcisse, ce qui explique qu'il s'aime tant.
6 [L. 22 à 26] Le comportement de Narcisse est décrit avec des phrases exclamatives. Elles expriment l'émotion qui saisit le personnage et traduisent la force du sentiment amoureux qui l'anime.

La transformation en fleur
7 Le lecteur comprend qu'il ne faut pas ne penser qu'à soi : pour vivre, il faut se tourner vers les autres et non pas se replier sur soi.

8 L'épisode explique l'origine des « *narcisses* » : ces fleurs poussent au bord de l'eau, pour rappeler la mort de Narcisse.

Orthographe (> fiche 39)
9 Le nom « *yeux* » [l. 37] a pour singulier « œil », le nom « *eaux* » [l. 40] a pour singulier « eau » et le nom « *cheveux* » [l. 41] a pour singulier « cheveu ».

Vocabulaire (> fiche 41)
10 Un « narcotique » est un médicament pour dormir. Il est formé sur le radical « narco- » issu de Narcisse.
11 Quelqu'un qui parle trop de lui-même est qualifié de « narcissique ».

LIRE L'IMAGE
1 Le tableau de Nicolas Poussin représente le moment où Narcisse affaibli, est en train de mourir et commence à se transformer : il s'agit du dernier paragraphe du texte.
2 Narcisse a les cheveux qui commencent à devenir des fleurs.

p. 48 • CONSTRUIRE LE BILAN SUR LA MÉTAMORPHOSE

1 Le texte comporte des personnages merveilleux que sont les dieux et déesses : Cérès, la déesse de l'agriculture, Aurore et Vesper (expliquées en note du texte) ; il comporte aussi des personnages ordinaires : une vieille femme et un enfant.
2 L'enfant est métamorphosé en lézard, comme le signale la phrase « *il est plus court qu'un petit lézard* » [l. 21] ; les mots « *taches* » [l. 18], « *des pattes* » [l. 19], « *une queue* » [l. 19], le fait qu'il ait « *rétréci* » et qu'il devienne un « *animal étrange* » [l. 23], marquent sa transformation.
3 L'enfant « *méchant et insolent* » [l. 14] se moque de la déesse et l'insulte en la traitant de « *goinfre* » [l. 15].
4 La déesse veut lui imposer l'humilité et l'obéissance. Le nom « stellion » (du latin *stellionem* > « lézard ») a la même racine que le mot *stellam* (« étoile » en latin), car les taches qu'il porte sur la peau rappellent les étoiles dans le ciel.

p. 49 • TOUJOURS D'ACTUALITÉ

1 Le corps de Violette Beauregard se métamorphose peu à peu. D'abord elle devient bleue : son nez, ses joues, son menton puis tout son visage, ses cheveux, ses mains, ses jambes et son cou. Ensuite elle gonfle comme un ballon et elle devient une énorme boule bleue.
2 Cette métamorphose est déclenchée par le chewing-gum que Violette se met à mâcher.
3 Son prénom est un nom de couleur : elle devient violette.

> À vous !
L'observation de photogrammes du film *Charlie et la Chocolaterie*, de Tim Burton (2005), pourra compléter de manière éclairante l'étude de ce texte et nourrir l'imagination des élèves. Elle fera le lien avec l'exercice d'expression proposé.

p. 50 et 51 • ENQUÊT'ART

OUVRONS L'ENQUÊTE
1 Doc. 1a et 1b : les illustrations sont réalisées en adoptant le point de vue d'Alice. Quand elle grandit (doc. 1a), le spectateur voit la table d'en haut, comme Alice. Quand elle a rapetissé, le spectateur voit la table par en-dessous (doc. 1b).
2 Le spectateur comprend le changement de taille à l'aide du changement de point de vue mais aussi par la taille d'Alice dans l'image. Sur le doc. 1a, elle occupe une large place, sur le doc. 1b, elle est minuscule. La table et la clé posée dessus servent d'échelle : vue de haut, la table paraît petite pour rappeler la grandeur d'Alice ; vue par en-dessous, la table paraît immense (on peut aussi observer le doc. 3 sur lequel Alice est vue en contre-plongée, pour accentuer sa grandeur).
3 Doc. 2 : l'artiste représente les différentes étapes de la métamorphose en superposant plusieurs fois l'image d'Alice, décomposant ainsi le mouvement : le spectateur a l'impression de voir Alice rétrécir, impression renforcée par le point de vue en plongée et le triangle. Cette forme triangulaire accompagne de manière dynamique le rétrécissement par sa position pointe en bas. Alice rétrécie en bas à gauche sort du triangle, pour indiquer au spectateur le résultat du processus.
On peut compléter l'étude des images en comparant les doc. 1a et 1b qui représentent le résultat de la métamorphose, et le doc. 2 qui en illustre le processus.

COMPLÉMENT D'ENQUÊTE

Observez

1 Sur le doc. 3, l'illustrateur a souligné le cadre avec un trait noir, ce trait marquant aussi les murs, le plafond et le sol de la pièce où se trouve Alice ; sur le doc. 4, c'est la page du livre qui constitue le cadre.

2 Alors que dans le doc. 3 Alice est enfermée dans le cadre, dans le doc. 4 elle sort du cadre : elle a tellement grandi qu'on ne voit plus que ses jambes et ses pieds.

Exprimez vos sentiments

3 Dans les deux illustrations, on comprend qu'Alice est trop grande pour le cadre : sur le doc. 3, elle est obligée de plier ses jambes pour se mettre à genoux et sa tête touche le plafond ; sur le doc. 4, elle ne rentre pas dans le cadre.

4 L'éventail et les gants qui se trouvent à terre sont très petits par rapport à Alice : le spectateur comprend qu'elle a une taille plus grande que la normale. Ils servent d'échelle.

Interprétez

5 Sur chaque document, les gestes ou l'expression d'Alice montrent qu'elle n'est pas particulièrement contente d'avoir grandi.
Sur le doc. 1a, elle lève les épaules, les bras écartés, comme prise au dépourvue et désemparée ; sur le doc. 2, l'expression de son visage (les sourcils, le regard, la bouche) marque la surprise et l'inquiétude ; sur le doc. 3, son visage a pris une expression de tristesse, sa main portée à sa bouche indique une interrogation, elle paraît soucieuse.

RAPPORT D'ENQUÊTE

Pour compléter le rapport d'enquête, on peut utiliser le tableau suivant proposant des variantes et des approfondissements :

Notions abordées	Dans la séquence 2	Dans les autres séquences du manuel
Vue en plongée	« Enquêt'art », p. 50 Illustration de Rackham, p. 43	**Séquence 7** p. 171 (« Des mots pour lire l'image »)
Vue en contre-plongée	« Enquêt'art », p. 50	**Séquence 6** p. 113 (accentuation de la grandeur du lion, point de vue du rat), p. 143 doc. 4 **Séquence 7** p. 172 (accentue la menace que constitue Poséidon) **Séquence 8** p. 176, 185, 193 (« Des mots pour lire l'image »)
Processus de la métamorphose	« Enquêt'art », p. 50 Images p. 41, 47, 54, 55, 57	
Cadrage	« Enquêt'art », p. 51 « Des mots pour lire l'image », p. 53	**Séquence 1** p. 31 (« Des mots pour lire l'image ») **Séquence 7** p. 163 (fresque l'Alessandro Allari : le spectateur doit imaginer ce qui sort du cadre)

[ENTRAÎNEMENT]

p. 52-53 • MIEUX CONNAÎTRE LES MOTS

ÉTYMOLOGIE

1 Mots d'origine grecque : une métamorphose – la morphologie
Mots d'origine latine : une transformation – une formation – difforme

2 – qui a une forme unique > uniforme
– qui a plusieurs formes > multiforme
– qui a la forme d'une croix > cruciforme
– qui a la forme d'un fil > filiforme
– qui a la forme d'une poire > piriforme

3 a Après son mariage, sa *transformation* a été complète.
b Sur cette photo personne ne le reconnaît : il est *difforme*.
c Il mesure plus de deux mètres : il a la *morphologie* d'un géant.

JOUONS AVEC LES MOTS – LE VERLAN DES OISEAUX
Beau corps > corbeau
Ange mais > mésange
Lents égaux > goéland
Ouf de samba > fou de bassan

ENRICHIR SON VOCABULAIRE
1 Les verbes à compléter sont :
– Changer de couleur > bleuir – noircir – blanchir – verdir – jaunir – rougir
– Changer de forme > arrondir – allonger – élargir – grossir – agrandir – rapetisser – mincir
2 Les mots et les définitions à associer sont :
– pulvériser, broyer > réduire en poudre
– pétrifier, immobiliser > changer en pierre
– liquéfier, fondre > devenir liquide

DES MOTS POUR LIRE L'IMAGE – LE CADRAGE
Cette image qui illustre un épisode d'Aladdin, pourra aussi reliée au texte 3 tiré des *Mille et une Nuits*.
1 Le cadre 1 est constitué par la page ; le cadre 2 est marqué par une bordure décorative, rappelant les ornements orientaux ; le cadre 3 est formé par la porte de la ville.
2 Le regard du spectateur est dirigé vers les deux personnages vus de dos, qui sortent de la ville et se dirigent vers la campagne. Le regard accompagne le mouvement de cette sortie.
Le cadrage donne plus de profondeur au paysage en arrière-plan.
Les cadres sont bien différenciés, cependant l'artiste a unifié l'ensemble par le choix des couleurs.

p. 54 • S'EXERCER POUR L'ORAL

L'ordre des images est le suivant :
– de l'homme à la bête > A – C – E – F – D – B
– de la bête à l'homme > B – D – F – E – C – A

p. 55 • S'EXERCER POUR L'ÉCRIT

1 L'ordre des étapes du texte à retrouver est e – f – d – b – a – c :
e) Elle se mit effectivement à grandir, et plus tôt qu'elle ne s'y attendait.
f) Avant d'avoir bu la moitié du contenu de la bouteille, elle s'aperçut que sa tête était pressée contre le plafond, si bien qu'elle dut se baisser pour éviter d'avoir le cou rompu
d) Elle continuait à grandir sans arrêt, et, bientôt elle fut obligée de s'agenouiller sur le plancher.
b) Une minute plus tard, elle n'avait même plus assez de place pour rester à genoux.
a) Elle essaya de voir si elle serait mieux en se couchant, un coude contre la porte, son autre bras replié sur la tête.
c) Puis, comme elle ne cessait toujours pas de grandir, elle passa un bras par la fenêtre, mit un pied dans la cheminée.

[ÉVALUATION] • p. 56-57

Lecture de texte
1 Dans son état initial, Daphné est une nymphe très belle ; dans son état final, elle s'est transformée en laurier, c'est-à-dire en un arbuste.
2 Elle veut se métamorphoser pour échapper au dieu Apollon qui la poursuit car il est tombé amoureux d'elle. Elle veut se libérer de sa beauté qui a séduit Apollon.
3 [L. 1 à 3] Les phrases sont exclamatives et injonctives à la fois. Elles contiennent la prière que Daphné adresse à son père et expriment son désespoir.
4 La transformation du corps de Daphné : « *ses cheveux se changent en feuillage* » [l. 5], « *ses bras s'allongent en rameaux* » [l. 6], ses pieds « *prennent racine* » [l. 7], sa poitrine se couvre d'une « *fine écorce* »[l. 5].
5 Trois verbes différents conjugués au futur simple : *seras* [l. 13], verbe « être », 3e groupe ; *viendra* [l. 14], verbe « venir », 3e groupe ; *fanera* [l. 17], verbe « faner », 1er groupe.
Ces verbes expliquent que le laurier est un arbre dont les feuilles restent toujours vertes et ne tombent pas.

6 « *Une métamorphose* » [l. 2] : une métamorphose est une transformation, le passage d'un état à un autre état.
« *La nymphe* » [l. 11] : une nymphe est une divinité grecque de la nature (ce nom est expliqué aux élèves p. 46).
7 « S'endormir sur ses lauriers » signifie qu'on se contente de ce que l'on a gagné ou réussi, sans chercher à obtenir d'autres succès.
Dans cette expression, le nom « lauriers » est employé au sens figuré, il représente la victoire ou le succès.

Orthographe
Dictée à énigmes phonétiques
Bientôt arrivent directement du **foyer** le potage **bouillant** et les divers plats chauds. Vient ensuite le second service : des noix, des figues sèches, des dattes toutes ridées, des prunes, des pommes parfumées dans de larges **corbeilles**, du raisin fraîchement **cueilli**. Enfin un large **rayon** d'un miel savoureux couronne le festin. Les dieux sont surtout ravis de l'**accueil** simple et chaleureux qu'ils reçoivent.

Lecture de l'image – Histoire des arts
1 La statue présentée est faite en marbre.
2 Daphné est en train de se transformer en laurier.
3 Le sculpteur a représenté la métamorphose en train de s'effectuer : elle n'est pas terminée. On voit des racines qui commencent à pousser au bout de ses pieds et des branches au bout de ses mains. Ses cheveux sont encore présents sur sa tête, mais on voit déjà des branches et des feuilles. Sa jambe droite n'est pas encore transformée, mais sa jambe gauche est presque entièrement recouverte d'écorce.

Échos et rapprochements
– Le processus de la métamorphose :
On pourra comparer cette statue avec d'autres métamorphoses en train de s'effectuer : les paysans se transformant en grenouilles, image p. 41, ou Narcisse se transformant en fleur, image p. 47.
– *Les Métamorphoses* d'Ovide :
Narcisse transformé en fleur, texte p. 46 – Cérès transformant l'enfant en lézard, texte p. 48 – *L'enlèvement d'Europe*, image p. 45 – Les paysans de Lycie transformés en grenouilles, image p. 41
– Les statues du Bernin : une autre statue du même sculpteur se trouve p. 75.

Connaissance des auteurs et de leurs œuvres
1 A > Lewis Carroll (le compas et la règle évoquent son métier de professeur de mathématiques, le mot *yes* rappelle qu'il était anglais, la silhouette évoque Alice.)
B > Apulée (le lingot d'or et l'âne rappellent le titre de son ouvrage *L'âne d'or*, le chapeau et la baguette évoquent son goût pour la magie.)
C > Ovide (la lyre rappelle que la poésie antique était chantée – voir p. 142-143 –, le laurier évoque Apollon, dieu de la poésie et personnage des *Métamorphoses* d'Ovide.)
2 Chronologie
A > Ovide, B > Apulée, C > Lewis Carroll.

VARIANTES ET OUVERTURES

Les deux textes ci-dessous peuvent se substituer aux textes 2 et 3 proposés dans le manuel, si le professeur préfère travailler sur un groupement de textes exclusivement construit autour de l'Antiquité gréco-romaine.

***Texte complémentaire n° 1* – Circé la magicienne**
Objectif : faire le lien avec la séquence 7 en étudiant un extrait de *L'Odyssée* qui traite le thème de la métamorphose.

Arrivés sur une île nouvelle, Ulysse a vu de la fumée et envoient ses compagnons en reconnaissance.

Ils trouvèrent dans une vallée, en un lieu découvert, la demeure de Circé. Des loups de montagne et des lions erraient tout autour : Circé les avait domptés avec des breuvages magiques. Ils ne se jetèrent point sur mes hommes mais ils les approchèrent en remuant leurs longues queues, comme des chiens caressant leur maître après un repas, car il leur donne toujours quelques bons morceaux. Mes compagnons furent effrayés de voir ces bêtes féroces. Ils s'arrêtèrent devant la porte de la Déesse aux beaux cheveux et l'entendirent chanter à belle voix ; elle tissait une grande toile, légère et brillante. Polytès, le plus cher et le plus honorable de mes compagnons, parla le premier :

– Amis, dans cette demeure, une femme tisse une grande toile et chante d'une belle voix. Est-ce une déesse ou une mortelle ? Crions et appelons pour le savoir !

Il les persuada ainsi de crier et d'appeler. Circé sortit aussitôt, ouvrit les portes magnifiques et les invita. Tous la suivirent, sans réfléchir. Seul Euryloque resta dehors, car il soupçonnait un piège. Circé convia mes compagnons à entrer et les fit asseoir sur des sièges et dans des fauteuils. Puis elle mélangea le vin de Pramnios avec du fromage, de la farine et du miel ; mais elle mit une drogue dans la nourriture afin de leur faire oublier la patrie. Elle leur offrit cette boisson et ils burent. Aussitôt, les frappant de sa baguette, elle les enferma dans la porcherie. Ils avaient la tête, la voix, le corps et les soies des porcs ; mais leur esprit resta le même qu'auparavant. Ainsi enfermés, ils pleuraient. Circé leur donna des glands et des fruits de cornouiller à manger : c'est ce que mangent les porcs qui se traînent par terre.

Homère, *L'Odyssée*, chant X, d'après la traduction de Leconte de Lisle.

LECTURE DU TEXTE

Une magicienne dangereuse

1 Comment Circé attire-t-elle les compagnons d'Ulysse ?
2 [L. 13 et 14] Relevez le sujet des verbes « *tisse* » et « *chante* » (> Grammaire, fiche 9)
3 Quel détail montre la beauté de son palais ?
4 Relevez une épithète homérique qui caractérise Circé.
5 Comment Circé s'y prend-elle pour droguer les compagnons d'Ulysse ?

Des hommes imprudents

6 Quels indices à l'extérieur auraient pu alerter les hommes ?
7 Quelle expression du texte souligne l'imprudence des compagnons d'Ulysse ?
8 Lequel se méfie ? Pourquoi ?
9 [L. 27] Donnez la classe grammaticale et la fonction du mot « *enfermés* ». (> Verbe, fiche 28)

10 Orthographe (> fiche 34)
Relevez dans le texte trois graphies différentes du son [e].

11 Vocabulaire (> fiche 45)
Relevez les mots appartenant au champ lexical de la nourriture. Classez-les en deux colonnes : ceux qui concernent les humains, ceux qui concernent les animaux.

Expression écrite
Euryloque retourne sur ses pas et rapporte à Ulysse ce qui s'est passé :
– Donnez-lui la parole et en quelques lignes, faites-le parler.
– Vous emploierez des phrases déclaratives, interrogatives, exclamatives et injonctives.

LECTURE D'IMAGE

1 Observez l'illustration de la p. 55 et décrivez avec précision la transformation.

Corrigé du texte complémentaire n° 1 – Circé la Magicienne (Homère, *L'Odyssée*)

Une magicienne dangereuse

1 Circé attire les compagnons d'Ulysse avec sa belle voix et son hospitalité. Elle les accueille et leur donne à manger pour endormir leur vigilance.
2 Le sujet des verbes « *tisse* » et « *chante* » est « *une femme* » [l. 13].
3 Son palais a des « *portes étincelantes* ».
4 Circé est appelée la déesse « *aux cheveux bouclés* ».
5 Pour droguer les compagnons d'Ulysse, elle mélange la drogue aux aliments qu'elle leur donne.

Des hommes imprudents

6 Les hommes auraient pu être alertés par la présence des animaux à l'extérieur du palais.
7 Leur imprudence est signalée par l'expression « *dans leur inconscience* ».
8 « *Effrayés* » est un participe passé employé comme adjectif. C'est une épithète détachée qui s'accorde avec le GN « *mes compagnons* », masculin pluriel.
9 Euryloque est le seul à se méfier. Il pense qu'il s'agit d'un piège.

10 Orthographe
Graphies du son [e] : *Circé* – une *vallée* – *chanter* – *le premier*

11 Vocabulaire
Nourriture humaine : *fromage* – *farine* – *miel* – *vin*
Nourriture animale : *glands* – *fruits de cornouiller*

Texte complémentaire n° 2 – Les paysans de Lycie (Ovide, *Les Métamorphoses*, livre VI)
Objectif : compléter l'étude de l'image proposée p. 41 et permettre aux professeurs qui le souhaitent de mettre l'accent sur Ovide.
Ce texte, court et d'une compréhension relativement aisée, pourra remplacer le texte 4 de la séquence, un peu plus difficile.

Portant ses deux enfants, Apollon et Diane, dans ses bras, la déesse Latone, assoiffée, supplie les paysans de la laisser boire l'eau d'un étang.

Mais ces paysans refusent de l'écouter, et, sans la moindre émotion, ils repoussent Latone. Bientôt, ils ajoutent les menaces aux insultes : ils lui ordonnent de se retirer sur-le-champ. Ce n'est pas assez ! avec leurs mains, avec leurs pieds, ils font exprès de troubler l'eau de l'étang. Par pure méchanceté, ils sautent et ressautent partout pour faire remonter la vase.

Cependant, la colère a fait oublier sa soif à la déesse ; sans s'abaisser davantage à des prières humiliantes, elle lève ses mains vers le ciel et s'écrie : « Eh bien ! vivez donc éternellement dans la boue de votre marécage ! » Déjà son souhait est exaucé. Les paysans plongent dans l'eau. Désormais, c'est leur élément : tantôt ils disparaissent tout au fond, tantôt ils montrent la tête, parfois ils nagent à la surface. Souvent ils se posent sur la rive de l'étang, souvent ils sautent pour rentrer d'un bond dans leur froide demeure aquatique. Sans même avoir honte de leur châtiment, ils exercent encore leur vilaine langue pour continuer à parler grossièrement. Même sous l'eau, on entend leurs cris qui insultent Latone. Mais déjà leur voix est devenue rauque, ils soufflent et leur gorge se gonfle sous l'effort, leur bouche béante se distend en proférant des injures ; leur tête rejoint leurs épaules et leur cou disparaît ; leur dos verdit ; leur ventre, qui constitue désormais la plus grande partie de leur corps, blanchit ; ils bondissent dans la boue du marais. Ce sont des grenouilles !

Annie Collognat, *Vinq-Cinq Métamorphoses d'Ovide*,
Livre de Poche jeunesse, 2007.

Étude de la langue – CORRIGÉS

p. 250 • FICHE 2 LE NOM ET LE GROUPE NOMINAL

1 Avez-vous compris ?
a Les noms communs sont : *forêt – fée – radis.*
Le mot *observe* est un verbe ; le mot *magique* est un adjectif qualificatif.
b Les noms propres du texte sont : Nora – Lio – Sami.

2 *(sa) cachette* : féminin singulier – *(un) enfant* : masculin singulier – *(des radis)* : masculin pluriel – *(l') école* : féminin singulier – *(l') autobus* : masculin singulier

3 a J'aime le coucher du soleil. (nom commun)
b Il doit se coucher à 20 heures. (verbe à l'infinitif)
c Voici des paquets : il faut que tu les livres tout de suite. (verbe au présent de l'indicatif)
d Son déjeuner est prêt. (nom commun)
e Elle achète des livres pour l'école. (nom commun)
f Il trace un rectangle. (verbe au présent de l'indicatif)
g Le chasseur suit la trace du loup. (nom commun)
h Tâche de bien travailler ! (verbe au présent de l'impératif)

4 a Capitale : nom commun – la France : nom propre – Paris : nom propre – une ville : nom commun.
b L'équipe : nom commun – Angleterre : nom propre – les Italiens : nom propre
c Pierre : nom propre – Allemagne : nom propre – mois : nom commun
d Carmen : nom propre – le sud : nom commun – l'Espagne : nom propre
e Les Romains : nom propre – latin : nom commun

5 a des pays, **un pays**
b des ennemis, **un ennemi**
c des croix, **une croix**
d des soucis, **un souci**
e des amis, **un ami**
f des choix, un choix
g des cris, un cri
h des puits, un puits

6 Ce **matin**, je suis allé au **marché**. J'ai acheté de la **viande**, des **oranges** bien mûres et des **citrons** verts. À **l'épicerie**, j'ai aussi acheté du **beurre** bien frais et une **tarte**.

7 **a un** pétale **b un** déluge **c une** atmosphère **d un** hymne **e un** éloge

8 Les douze noms communs du texte sont les suivants : (L') eau – (les) animaux – (la) lionne – (la) force – (les) gnous – (les) gazelles – (ses deux) lionceaux – (plusieurs) jours – (leur) survie – (la) progéniture – (le) chacal – (les) petits

9 un humble cheval – un cou un peu plus long – des pattes un peu plus hautes – un ventre un peu plus rond – une poitrine plus profonde – un arrière-train dansant

10 Faites le bilan
a Le nom propre du texte est : Jean.
b aubergiste : ce nom commun n'a pas de genre, il peut être féminin ou masculin. Il est au singulier.
cuisinier : ce nom commun est masculin singulier.
c Les dix groupes nominaux du texte sont : les rues animées – les gens bien habillés – ses pieds nus – ses poches vides – la forêt toute proche – le soir - sur la forêt – son hamac – à deux arbres – un petit feu.

Deux formules pour un livre unique

Livre unique

ou

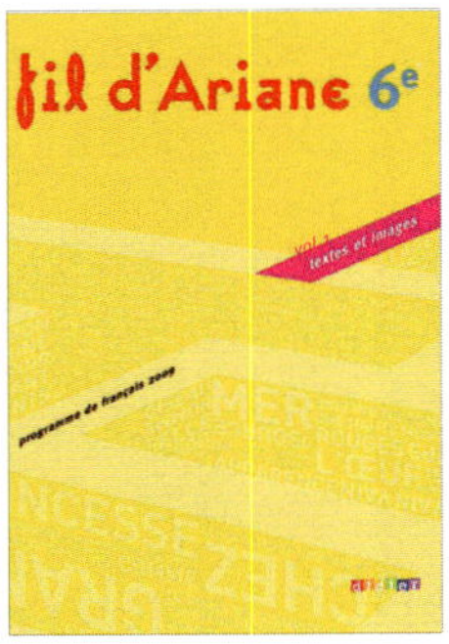

Volume 1
Textes et images

Volume 2
Étude de la langue

didier

Commandes enseignants
Les Éditions Didier
Commandes enseignants
BP 60076 / 86501 Montmorillon Cedex.
Tél. : 05 49 91 87 77 / Fax : 05 49 91 87 78
Imprimé en FRANCE par IME.

Site Didier
www.editionsdidier.com
avec la commande en ligne
sécurisée, facilitez-vous la vie

Informations pédagogiques
Tél. : 01 44 41 31 31
contact@editions-didier.fr

Accueil enseignants
L'espace Raspail
59, boulevard Raspail
75006 Paris
Tél. : 0810 153 923

99 3633 7